F. Mannino/Lara Pessina/MICHELIN

# Sicile

| | |
|---|---|
| **Direction** | David Brabis |
| **Rédaction en chef** | Nadia Bosquès |
| **Informations pratiques** | Natacha Brumard |
| **Traduction** | Michal Brammer, Véronique Nègre, Adeline Guichard, Blandine Lecomte, Jean-Claude Saturnin |
| **Documentation** | Isabelle du Gardin |
| **Cartographie** | Alain Baldet, Geneviève Corbic, Aurélie Huot |
| **Iconographie** | Catherine Guégan |
| **Secrétariat de rédaction** | Mathilde Vergnault, Danièle Jazeron |
| **Correction** | Catherine Cohen |
| **Mise en page** | Michel Moulin, Frédéric Sardin |
| **Graphisme** | Agence Carré Noir à Paris 17e (couverture), Christiane Beylier |
| **Fabrication** | Pierre Ballochard, Renaud Leblanc |
| **Marketing** | Agathe Mérel |
| **Ventes** | Antoine Baron (France), Robert Van Keerberghen (Belgique), Christian Verdon (Suisse), Nadine Audet (Canada), Pascale Isoard (grand export) |
| **Relations publiques** | Gonzague de Jarnac |
| **Pour nous contacter** | Le Guide Vert Michelin – Éditions des Voyages 46, avenue de Breteuil 75324 Paris Cedex 07 ☎ 01 45 66 12 34 Fax : 01 45 66 13 75 www.ViaMichelin.fr LeGuideVert@fr.michelin.com |

**Parution 2004**

# À la découverte
# de la Sicile

*Trois : nombre parfait et entier. Trois comme les pointes de la Sicile, terre riche et fertile en pleine Méditerranée. C'est de là que vient son ancien nom Trinakria, trois pointes (du grec « trêis ákrai »).*

*L'emblème de la Sicile est la tête de la Méduse (une des trois Gorgones) autour de laquelle tournent trois jambes fléchies qui se poursuivent, symbole du soleil sous ses trois formes (dieu du printemps, de l'été, de l'hiver), ou de la lune, ou tout simplement du mouvement. Le nom actuel Sicile (son sens le plus probable serait « terre fertile ») n'a pas effacé cette figure symbolique si évocatrice, qu'on utilise encore aujourd'hui.*

*Un voyage en Sicile permet de comprendre l'attirance que l'île exerçait sur les Anciens : soleil, champs de blé, collines verdoyantes au printemps, brûlées en été, chaleur, mer cristalline, couleurs et parfums, tout concourt à faire de cette terre un mythe.*

*Un mythe qui se dévoile aujourd'hui dans l'infinie diversité de ses paysages, dans les saveurs authentiques de ses produits, dans la force de sa nature qui bouillonne encore au fond des volcans, et dans la beauté de ses monuments qui montrent à quel point la civilisation méditerranéenne y a trouvé ses racines.*

*L'équipe du Guide Vert Michelin*
*LeGuideVert@fr.michelin.com*

# Sommaire

## Invitation au voyage

## Informations pratiques

M. Magni/MICHELIN

*Qui voudra affronter ce redoutable guerrier ?*
*Le carnaval de Sciacca vous attend.*

G. Bludzin/MICHELIN

*Les murets de pierre sèche des monts Iblei.*

## Villes et sites

Détail d'une charrette.

Filets de pêche à Porticello.

# Cartes
# et plans

## Les cartes routières qu'il vous faut

Les produits Michelin sont complémentaires. Chaque site présenté dans ce guide est accompagné, dans la rubrique « la situation », de ses références cartographiques sur les différentes gammes de cartes que nous proposons :

• **Carte n° 565 Sicile** : une carte routière à l'échelle 1/400 000 avec index alphabétique des localités et plans d'Agrigente, Catane, Messine, Palerme et Syracuse.

Et pour se rendre en Sicile...

• **Carte n° 735 Italie** : une carte routière à l'échelle 1/1 000 000 qui offre une vision d'ensemble de la route à parcourir

• **Atlas Italie** : un atlas à spirales très pratique à l'échelle 1/300 000 qui comprend un index alphabétique des localités et les plans d'agglomération de près de 70 villes.

Enfin, sur le site Internet www.ViaMichelin.fr, vous pourrez retrouver nos cartes et nos plans, ainsi qu'une sélection de restaurants et d'hôtels du Guide Rouge Italia. Vous pourrez en outre élaborer votre itinéraire et calculer le kilométrage.

Galleria delle Carte Geografiche dei Musei Vaticani/SCALA

## Cartes thématiques

## Plans de villes

## Cartes des circuits décrits

## Cartes des sites archéologiques

## Plans de monuments

# Légende

## Monuments et sites

| | |
|---|---|
| ◉ ➡ | Itinéraire décrit, départ de la visite |
| 🏠 ♱ | Église |
| 🏠 ♱ | Temple |
| 🕍 ✉ 🕌 | Synagogue - Mosquée |
| | Bâtiment |
| ■ | Statue, petit bâtiment |
| ♱ | Calvaire |
| ◎ | Fontaine |
| ●▬ | Rempart - Tour - Porte |
| ✕ | Château |
| ⁞ | Ruine |
| ᴗ | Barrage |
| ✿ | Usine |
| ☆ | Fort |
| ⋂ | Grotte |
| ◪ | Habitat troglodytique |
| ⛩ | Monument mégalithique |
| ▼ | Table d'orientation |
| ᴠ | Vue |
| ▲ | Autre lieu d'intérêt |

## Sports et loisirs

| | |
|---|---|
| 🐎 | Hippodrome |
| ⛸ | Patinoire |
| ♒ 🏊 | Piscine : de plein air, couverte |
| 🎥 | Cinéma Multiplex |
| ⛵ | Port de plaisance |
| ⛺ | Refuge |
| ▫■■■▫ | Téléphérique, télécabine |
| ▫+++++▫ | Funiculaire, voie à crémaillère |
| 🚂 | Chemin de fer touristique |
| ♦ | Base de loisirs |
| 🎡 | Parc d'attractions |
| 🦌 | Parc animalier, zoo |
| ✤ | Parc floral, arboretum |
| ◓ | Parc ornithologique, réserve d'oiseaux |
| 🚶 | Promenade à pied |
| 👶 | Intéressant pour les enfants |

## Signes particuliers

| | |
|---|---|
| ⬦ | Gendarmerie (Carabinieri) |
| ⛭ | Temple, vestiges gréco-romains |
| 🏖 | Plage |

## Abréviations

| | |
|---|---|
| H | Hôtel de ville (Municipio) |
| J | Palais de justice (Palazzo di Giustizia) |
| M | Musée (Museo) |
| P | Préfecture (Prefettura) |
| POL. | Police (Polizia) (dans les grandes villes : Questura) |
| T | Théâtre (Teatro) |
| U | Université (Università) |

| | site | station balnéaire | station de sports d'hiver | station thermale |
|---|---|---|---|---|
| **vaut le voyage** | ★★★ | ≗≗≗ | ✸✸✸ | ♯♯♯ |
| **mérite un détour** | ★★ | ≗≗ | ✸✸ | ♯♯ |
| **intéressant** | ★ | ≗ | ✸ | ♯ |

## Autres symboles

| | | |
|---|---|---|
| 🛈 | | Information touristique |
| ══ ══ | | Autoroute ou assimilée |
| ❶ | ❶ | Échangeur : complet ou partiel |
| ▭ ══ | | Rue piétonne |
| I═══I | | Rue impraticable, réglementée |
| ⊞⊞⊞ ---- | | Escalier - Sentier |
| 🚂 | 🚉 | Gare - Gare auto-train |
| 🚌 | S.N.C.F. | Gare routière |
| ⊸─── | | Tramway |
| ◖ | | Métro |
| P/R | | Parking-relais |
| ♿ | | Facilité d'accès pour les handicapés |
| ⊗ | | Poste restante |
| ☎ | | Téléphone |
| ⊠ | | Marché couvert |
| •⚔• | | Caserne |
| △ | | Pont mobile |
| ∪ | | Carrière |
| ✗ | | Mine |
| B | F | Bac passant voitures et passagers |
| 🛥 | | Transport des voitures et des passagers |
| ⛴ | | Transport des passagers |
| ③ | | Sortie de ville identique sur les plans et les cartes Michelin |
| Bert (R.)... | | Rue commerçante |
| **AZ B** | | Localisation sur le plan |
| ►► | | Si vous le pouvez : voyez encore... |
| ⊘ | | Conditions de visite en fin de volume |

## Carnet pratique

| | |
|---|---|
| | Catégories de prix : |
| ⊜ | À bon compte |
| ⊜⊜ | Valeur sûre |
| ⊜⊜⊜ | Une petite folie ! |
| 20 ch. : 118/ 180€ ⇌ | Nombre de chambres : prix de la chambre pour une personne/ Chambre pour deux personnes, petit déjeuner compris |
| « ch. doubles » | Chambres pour deux personnes uniquement |
| ⇌ 5€ | Prix du petit déjeuner lorsqu'il n'est pas indiqué dans le prix de la chambre |
| demi-pension ou pension complète 78€ | Prix par personne, sur la base d'une chambre occupée par deux clients (pension ou demi-pension obligatoire) |
| 100 appart./ ch. sem. 200/300€ | Nombre d'appartements ou de chambres, prix mini/maxi par semaine (seulement « agriturismo » ou hébergement loué obligatoirement à la semaine en été) |
| 100 lits 15€ | Nombre de lits (auberges de jeunesse, refuges ou équivalents) et prix par personne |
| 150 empl. 19€ | Nombre d'emplacements de camping : prix de l'emplacement pour deux personnes avec voiture |
| 10/26€ | Restaurant : prix mini/maxi pour un repas complet (boisson non comprise) |
| réserv. | Réservation recommandée |
| ⊘ | Cartes bancaires non acceptées |
| P | Parking réservé à la clientèle de l'hôtel |
| ⊰ | Piscine |
| ▤ | Air conditionné |
| ⇸ | Hôtel : chambres réservées aux non-fumeurs Restaurant : salles réservées aux non-fumeurs |
| ♿ | Chambres accessibles aux handicapés physiques |

*Les prix sont indiqués pour la haute saison.*

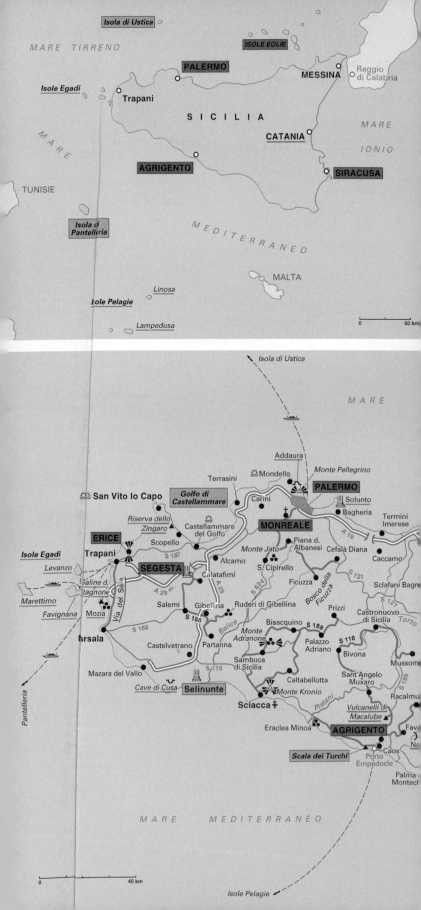

# Les plus beaux sites

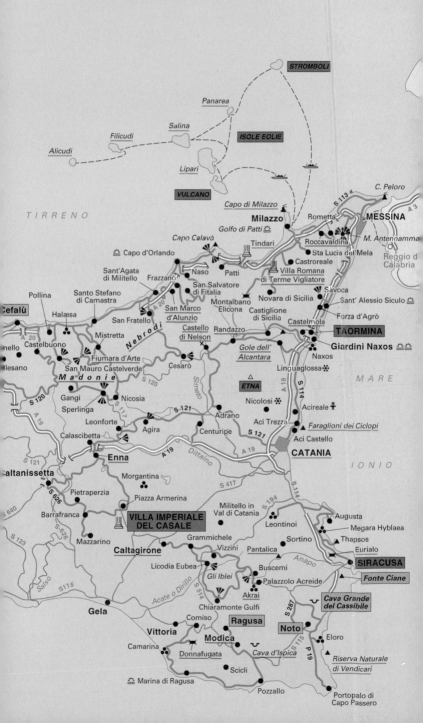

| PALERMO | ★★★ | Vaut le voyage |
| Selinunte | ★★ | Mérite un détour |
| Modica | ★ | Intéressant |
| Gangi | | Autre site décrit dans ce guide. |

La cotation des stations (balnéaires ⌂, thermales ♯ et de sports d'hiver ❋) répond à des critères liés à leur activité.

Itinéraire décrit dans ce guide: rechercher dans l'index en fin de guide un des sites du parcours pour retrouver la description détaillée de l'ensemble du circuit.

STROMBOLI

Panarea

Salina

Filicudi

ISOLE EOLIE

Alicudi

Lipari

VULCANO

Capo di Milazzo

TIRRENO

Milazzo

Golfo di Patti ⌂

Rometta

MESSINA

M. Antennamma

Reggio di Calàbria

Capo Calavà

Tindari

Roccavaldina

Sta Lucia del Mela

Capo d'Orlando ⌂

Naso

Patti

Castroreale

Villa Romana di Terme Vigliatore

Sant'Agata di Militello

Frazzanò

San Salvatore di Fitalia

Sàvoca

Novara di Sicilia

Sant' Alessio Siculo ⌂

Pollina

Santo Stefano di Camastra

San Marco d'Alunzio

Montalbano Elicona

Cefalù

Halæsa

San Fratello

Mistretta

Castiglione di Sicilia

Forza d'Agrò

Castelmola

TAORMINA

Castello di Nelson

Randazzo

Giardini Naxos ⌂ ⌂

nello

Castelbuono

Nebrodi

Gole dell' Alcàntara

Naxos

ilesano

Fiumara d'Arte

Cesarò

Linguaglossa ❋

Madonie

San Mauro Castelverde

Símeto

ETNA

MARE

S 120

S 120

Gangi

Nicosia

Nicolosi ❋

Aci Trezza

Acireale ♯

Sperlinga

A 18

S 114

Leonforte

Agira

Adrano

Calascibetta

S 121

Centuripe

Aci Castello

Faraglioni dei Ciclopi

Aci Trezza

S 121

Enna

Dittaino

A 19

CATANIA

Caltanissetta

Morgantina

IONIO

Pietraperzia

Piazza Armerina

S 417

Militello in Val di Catania

Augusta

Barrafranca

VILLA IMPERIALE DEL CASALE

Leontinoi

Megara Hyblaea

Thapsos

Mazzarino

Grammichele

Sortino

Euríalo

Caltagirone

Vizzini

Pantàlica

SIRACUSA

Licodìa Eubea

Buscemi

Fonte Ciane

Gli Iblei

Palazzolo Acreide

Gela

Akrai

Cava Grande del Cassibile

Chiaramonte Gulfi

Comiso

Ragusa

Noto

Eloro

Vittoria

Modica

Riserva Naturale di Vendicari

Camarina

Donnafugata

Cava d'Ispica

Scicli

Marina di Ragusa ⌂

Pozzallo

Portopalo di Capo Passero

# Circuits de découverte

*Pour de plus amples explications, consulter la rubrique du même nom
dans la partie "Informations pratiques" en début de guide*

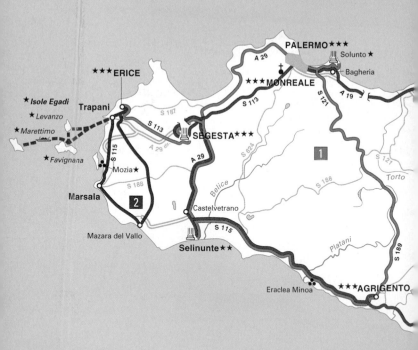

Isola di Ustica

MARE

**★★★ ERICE**

★ *Isole Egadi*

★ *Levanzo*

Trapani

★ *Marettimo*

★ *Favignana*

S 187

S 113

Mozia ★

S 188

Marsala

**2**

Mazara del Vallo

S 115

A 29 di

A 29

**SEGESTA ★★★**

S 624

Belice

Castelvetrano

S 115

**Selinunte ★★**

**PALERMO ★★★**

A 29

Soluto ★

Bagheria

**★★★ MONREALE**

A 19

S 113

S 121

**1**

S 127

S 188

Torto

Platani

S 189

Eraclea Minoa

**★★★ AGRIGENTO**

MARE        MEDITERRANEO

0                    40 km

1 Les sites antiques: 500 km (9 jours dont 3 à Palerme et 2 à Agrigente)

2 Salines et madragues: 150 km (8 jours dont 4 aux îles Égades)

3 La montagne sicilienne: 250 km (5 jours)

4 La Sicile baroque: 350 km (9 jours dont 3 à Syracuse)

5 Sites antiques et naturels: 400 km (10 jours dont 4 aux îles Eoliennes)

6 La Sicile du Grand Tour: 850 km (15 jours)

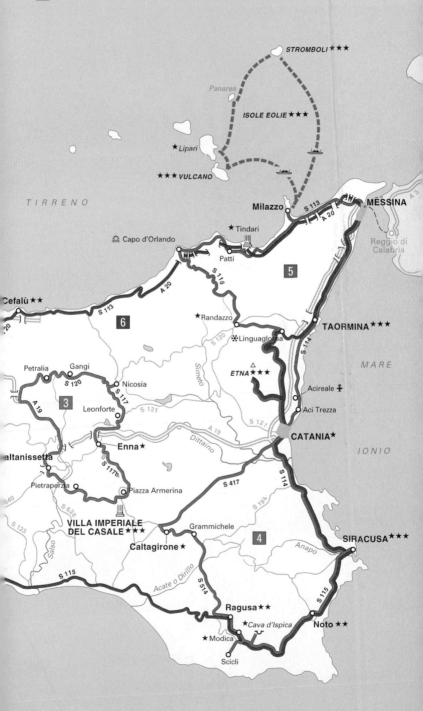

# Informations pratiques

# Avant le départ

## adresses utiles

### INTERNET

Nous vous indiquons ci-dessous quelques sites intéressants pour préparer votre voyage.

#### SITES SUR L'ITALIE

www.enit.it/default.asp (site de l'Office national italien du tourisme, très complet avec tous les renseignements pratiques ; en français)
www.museionline.it/ (informations sur les musées italiens ; en italien)
www.fs-on-line.com/ (site des chemins de fer italiens ; en français)

#### SITES SUR LA SICILE

www.regione.sicilia.it (site officiel de la Sicile ; en italien)
www.bestofsicily.com/magazine.htm (magazine sur la Sicile ; en anglais)
www.parks.it/regione.sicilia/index.ht ml (parcs et réserves naturelles ; en italien)
www.wwfsicilia.it/default.asp (site du WWF, antenne sicilienne ; en italien)
www.festedisicilia.it/ (en italien) et www.insicilia.it/ sicilia_eventi_spettacoli.htm (manifestations et événements ; en italien)
www.insicilia.it (portail consacré au tourisme en Sicile ; en français)
www.siciliano.it (moteur de recherche sicilien, avec une importante rubrique consacrée aux livres ; en anglais et italien)
www.viaggioinsicilia.com/default.htm (circuits thématiques ; en anglais et italien)

#### SITES SUR LES PROVINCES SICILIENNES

**Agrigente** : www.aaa-agrigento.it/turismo/turismo.html (en italien) et www.lampedusa.to/ (Lampedusa ; en italien) ;
**Caltanissetta** : www.aapit.cl.it/ (en anglais et italien) ;
**Catane** : www.turismo.catania.it/ (en italien), www.comune.ct.it/ conoscerect/filodarianna/filodarianna. htm (circuits dans la ville ; en italien), www.parcoetna.ct.it/ (site officiel du parc de l'Etna ; en italien) ;
**Enna** : www.ennaonline.com/aast/home.asp (en italien) ;
**Messine** : www.azienturismomessina.it/ (en anglais et italien), www.netnet.it/aasteolie/ (en italien) et www.portaledelleolie.it/index.php (îles Éoliennes ; en italien), www.taormina-network.it/ (Taormine ; en anglais et italien) ;

**Palerme** : www.aapit.pa.it/ (en italien), www.cefalu-tour.pa.it/ (Cefalù ; en français) ;
**Raguse** : www.ibla.net/ (en italien) ;
**Syracuse** : www.flashcom.it/aatsr/ (en italien) ;
**Trapani** : www.apt.trapani.it/, www.egaditourism.it (îles Égades ; en italien).

### OFFICES DE TOURISME

Pour organiser son voyage, rassembler la documentation nécessaire, vérifier certaines informations, s'adresser en premier lieu à l'**Office national italien du tourisme** ou **ENIT (Ente Nazionale Italiano per il Turismo)** dont le site Internet est indiqué ci-dessus :
– à **Paris**, 23 r. de la Paix (75002), ☎ 01 42 66 66 68, fax 01 47 42 19 74 ; enit.parigi@wanadoo.fr
– à **Bruxelles**, av. Louise, 176 (1050), ☎ 02 647 11 54, fax 02 640 56 03 ; enit-info@infonie.be
– à **Zurich**, Uraniastrasse, 32 (8001), ☎ 01 211 79 17, fax 01 211 38 85 ; enit@bluewin.ch
– à **Toronto**, 175 Bloor Street E. Suite 907, South Tower (M4W3R8), ☎ (416) 925 48 82, fax (416) 925 47 99 ; enit.canada@on.aibn.com

On peut également s'adresser à la **Compagnie italienne de tourisme (CIT)** qui possède des bureaux dans un certain nombre de grandes villes partout dans le monde. Vous trouverez sur le site Internet *www.citvoyages.com* les coordonnées des différentes agences en France (à Bordeaux, Cannes, Lille, Lyon, Marseille, Nice et Paris) et sur le site *www.citgroup.net* les adresses des agences en Belgique, en Suisse et au Canada.
– à Paris, 3 bd des Capucines (75002), ☎ 01 44 51 39 51, fax 01 44 51 39 67.

On peut aussi consulter la bibliothèque de l'**Institut culturel italien** (plusieurs instituts en France) et participer aux activités proposées :
– à Paris, 50 r. de Varenne, 75007 Paris, ☎ 01 44 39 49 39 ; www.iicparis.org

### AMBASSADES ET CONSULATS

#### AMBASSADES

De **France** : à Rome, Palazzo Farnese, piazza Farnese 67 (00186), ☎ 06 68 60 11, fax 06 68 60 13 60 ; www.france-italia.it
De **Belgique** : à Rome, via dei Monti Parioli 49 (00197), ☎ 06 36 09 511, fax 06 32 26 935 ; www.diplomatie.be/romefr

Du **Luxembourg** : à Rome, via Santa Croce in Gerusalemme 90 (00185), ☎ 06 77 20 11 77, fax 06 77 20 10 55.
De **Suisse** : à Rome, via Barnaba Oriani 61 (00197), ☎ 06 80 95 71, fax 06 80 88 510 ; www.eda.admin.ch/rome_emb/i/home.html
Du **Canada** : à Rome, via G.B. de Rossi 27 (00161), ☎ 06 44 59 81, fax 06 44 59 82 905 ; www.dfaitmaeci.gc.ca/canadaeuropa/italy/menu-fr.asp

### CONSULATS ET CONSULATS HONORAIRES EN SICILE

De **France** : à Palerme, via Segesta 9 (90141), ☎ 091 58 50 73, fax 091 32 29 96.
De **Belgique** : à Palerme, via Libertà 159 (90143), ☎ 091 30 84 97, fax 091 34 70 93.
Du **Luxembourg** : à Palerme, via Siracusa 34 (90141), ☎ 091 62 56 218, fax 091 62 56 234.
De **Suisse** : à Catane, viale Alcide de Gasperi 151 (95127), ☎ 095 38 69 19, fax 095 37 54 75.

# formalités

## PAPIERS D'IDENTITÉ

Pour un voyage de moins de trois mois, il suffit d'être en possession d'une carte d'identité en cours de validité pour les citoyens de l'Union européenne ou d'un passeport (éventuellement périmé depuis moins de cinq ans). Pour les mineurs, se renseigner auprès de la mairie ou du commissariat de police.

## CONDUCTEURS

Permis de conduire français à trois volets ou permis de conduire international.

## DOCUMENTS POUR LA VOITURE

Outre les papiers du véhicule, il est recommandé de se munir d'une carte internationale d'assurance automobile, dite « **carte verte** ». Se renseigner auprès de sa propre compagnie d'assurances.

## SANTÉ

Afin de profiter d'une assistance médicale en Italie au même coût que dans leur pays d'origine, les citoyens de l'UE doivent se procurer le formulaire **E 111** (il en est de même pour les citoyens de la Principauté de Monaco). Les Français doivent s'adresser à leur centre de paiement de Sécurité sociale (obtention possible par Internet : www.cerfa.gouv.fr). Pour les accidents de voiture, les Suisses jouissent de la Convention prévue par le formulaire ICH.

## ANIMAUX DOMESTIQUES

Se munir d'un certificat vétérinaire de moins de dix jours prouvant que son animal de compagnie a été vacciné contre la rage depuis plus d'un mois et moins de onze.
Attention, les Italiens ont beaucoup moins d'animaux domestiques que les Français. Nombre d'établissements hôteliers et de terrains de camping ne les admettent pas : consulter le **Guide Rouge Italia** de l'année pour choisir un hôtel acceptant les chiens.

# quand partir

## CLIMAT

« Ce climat qui nous inflige six mois de fièvre à 40 °C », disait le prince Salina dans *Le Guépard*. Heureusement, la réalité est quelque peu différente ! Les zones les plus chaudes sont les côtes et l'arrière-pays du Sud de l'île, où souffle le sirocco. Les régions côtières au Nord et à l'Est, ainsi que les petites îles, jouissent d'un climat plus doux, grâce aux chaînes montagneuses parallèles à la côte qui les protègent des vents chauds africains. Le climat des reliefs intérieurs est un climat de montagne, avec des étés frais (surtout le soir) et des hivers rigoureux. Catane est une ville très chaude, en partie à cause de la circulation et de la pollution qui intensifient la sensation de canicule. De façon générale, on peut dire que les mois de juillet et d'août sont les plus difficiles à supporter du point de vue de la température, tandis que les mois d'avril, de juin, de septembre et d'octobre offrent une chaleur agréable. Les pluies sont très rares, mais la pénurie d'eau dont souffre l'île depuis des siècles n'a généralement pas de conséquences pour les touristes, car la plupart des hôtels sont équipés de citernes autonomes.

*Sur la plage de Cefalù*

B. Morandi/MICHELIN

# Conseils photos Kodak

## Bien s'équiper lorsqu'on voyage

> Prévoir un sac pour votre appareil photo avec des piles de rechange, un chiffon pour nettoyer l'objectif et des pellicules en nombre suffisant pour vous éviter le souci d'en trouver sur place. Vous aurez bien d'autres choses à faire !

> Aujourd'hui, vous avez le choix entre différents types d'appareils photo : Compact et reflex 135, numérique et APS. La technologie APS s'adapte particulièrement bien aux photos de voyage avec ses 3 formats de prise de vue au choix : classique (10x15 cm), 16/9e (10x18 cm) et panoramique (10x25 cm).

> Pensez à prendre des films de différentes sensibilités car vous allez sûrement rencontrer des situations et des conditions d'éclairage variées. Vous pouvez également utiliser un film très polyvalent, tel que Kodak Ultra, qui s'adapte à toutes les conditions : en plein soleil, par une faible luminosité, sur des sujets en mouvement ou immobiles. Il est également particulièrement recommandé lors de prises de vue avec le flash car il permet d'augmenter sa portée.

> Garder vos pellicules dans leur étui en plastique avant et après utilisation pour une meilleure protection de vos négatifs (contre le sable, la poussière, les écarts de température, l'humidité...).

> Lors de vos voyages en avion, pensez à prendre vos pellicules avec vous dans votre bagage à main. Les rayons X utilisés pour inspecter les bagages de soute risquent d'endommager vos films. Ils sont beaucoup plus puissants que ceux utilisés pour les bagages à main pour lesquels les pellicules supportent 8 à 10 passages sans se voiler.

> Pensez à prendre un appareil photo jetable en complément de votre équipement :
• Léger et compact, il peut être emporté partout (escalade, randonnée...) pour prendre des photos même dans les situations les plus risquées (Kodak Ultra Compact).
• Il existe maintenant des appareils jetables étanches jusqu'à 10 mètres (Kodak Ultra Sport) particulièrement adaptés pour la plongée, la navigation ou les temps très pluvieux...
• Entièrement mécaniques, les appareils jetables sont moins sensibles aux très basses températures que les appareils électroniques.

## Les astuces pour réussir ses photos

> **Utilisation du flash**. Ne pas hésiter à utiliser le flash en extérieur pour raviver les couleurs de vos photos et atténuer les ombres sur les visages. Le flash permet également d'augmenter la vitesse d'obturation de votre appareil et donc de figer le mouvement. Il évite ainsi l'effet de flou du sujet en action.

> **Filtres**. L'utilisation permanente d'un filtre UV protègera l'objectif de votre appareil des chocs et de la poussière. De plus, lorsque vous photographiez des paysages, il permet de diminuer l'effet du voile atmosphérique et d'augmenter la netteté de votre photo. Vous pouvez aussi utiliser un filtre polarisant, qui vous permettra de diminuer certains reflets dans les vitres et de raviver les couleurs de vos sujets.

> **Conditions de lumière et de prise de vue**. Les conditions de lumière sont importantes : préférez la matinée ou la fin de journée. Le soleil bas dans le ciel, crée des ombres profondes qui donnent de la texture aux images. En milieu de journée, le soleil donne au contraire une lumière écrasante qui aplatit l'image.
Si vous voulez prendre des photos à travers une vitre (bus, voiture, avion) :
• Placez-vous de préférence du côté de l'ombre, afin d'avoir le soleil derrière vous.
• Approchez l'objectif le plus près possible de la vitre, afin que l'autofocus ne fasse pas la mise au point dessus. Surtout, ne le collez pas à la vitre pour éviter que les vibrations du véhicule ne rendent votre photo floue.
• Débrayez votre flash pour éviter de photographier les reflets de l'éclair dans la vitre.

> **Composition des photos**. Pour composer vos images, vous pouvez suivre la "loi du tiers", vos photos seront ainsi plus dynamiques. Par exemple : placez la ligne d'horizon au tiers haut ou tiers bas du cadre, ou placez le pic de la montagne au tiers gauche ou tiers droit de l'image. Lorsque vous composez votre cadre, pensez à utiliser un premier plan pour donner de la profondeur à vos images.

# Kodak ULTRA

## Des photos réussies dans toutes les conditions.

www.kodak.fr

Toutes vos émotions se partagent en images.

Il est important de tenir compte de la saison lorsque l'on envisage un voyage en Sicile. Le **printemps** est pour de nombreuses raisons la saison idéale : le climat est doux, les arbres en fleurs recouvrent le sol d'un tapis de pétales multicolores et les hordes estivales de touristes ne sont pas encore arrivées (vous croiserez tout de même quelques groupes en visite dans les grandes villes d'art). Cependant, il faut prendre en compte que, jusqu'au début du mois de mai, le sommet de l'Etna n'est généralement pas accessible à cause de la neige, que les bains de mer sont réservés aux intrépides et que la saison touristique sur les petites îles ne débute que vers avril/mai pour finir en octobre. Ceux qui apprécient les fêtes et les traditions populaires programmeront de préférence leur visite à **Pâques**, lorsque l'île n'est plus que célébrations et réjouissances.

L'**été** est la saison touristique par excellence : la capacité d'accueil des touristes est à son maximum et les musées et monuments restent ouverts plus longtemps. L'inconvénient reste bien entendu la chaleur, qui devient vite insupportable dans certaines régions (le centre de l'île, la côte Sud, Catane, Palerme), et l'afflux massif de touristes qui envahissent les localités les plus renommées. L'**automne** est une saison très plaisante, aussi agréable que le printemps pour les visites. L'**hiver** est la saison idéale pour ceux qui veulent se consacrer aux visites culturelles, mais il ne faut pas oublier que les musées et les monuments ferment alors plus tôt. De plus, l'arrière-pays sicilien présentant un relief montagneux, il faut prendre en compte le mauvais temps et les chutes de neige que vous pourriez rencontrer lors de vos déplacements.

# budget

Le coût de la vie en Sicile n'est pas très élevé mais la vocation touristique de l'île tend à rendre cette affirmation de moins en moins vraie. Les localités les plus fréquentées comme Taormine, Agrigente, Cefalù, l'Etna ou les îles Éoliennes jouissent à présent d'une renommée mondiale et les prix s'en trouvent inévitablement augmentés (surtout durant la haute saison) alors que la qualité et le service ne sont pas toujours au rendez-vous. Pour pouvoir séjourner en Sicile avec un budget limité, il vaut mieux opter pour les campings, les quelques auberges de jeunesse que compte l'île ou les agritourismes, une solution intéressante qui connaît un développement important.

Pour savoir comment dépenser moins, en particulier pour les billets d'avion et de train, nous vous renvoyons à la rubrique « Voyager moins cher » un peu plus loin.

Si l'on dispose d'un **budget restreint**, il est possible de séjourner en Sicile pour environ 50€ par jour et par personne en séjournant en chambre double dans des structures d'accueil basiques, en déjeunant sur le pouce (avec un sandwich ou une part de pizza) et en dînant dans une pizzeria ou une trattoria (15€). Les campings et les auberges de jeunesse permettent évidemment de faire baisser le coût de l'hébergement, coût qui tend à augmenter lorsque l'on voyage seul. Pour un **budget moyen**, on peut compter environ 80€ par jour, ce qui comprend le séjour en chambre double dans un bon hôtel, un en-cas à midi et un dîner dans un restaurant moyen (30€). Si en revanche, on dispose d'un **budget élevé**, on peut alors se permettre les « petites folies » proposées dans le guide (*voir Informations pratiques : Hébergement, restauration*).

Les entrées pour les musées et les monuments ne grèveront pas votre budget, mais les excursions guidées (en particulier sur l'Etna) et les sorties en bateau pourront en revanche se révéler coûteuses. À Agrigente, Palerme et Syracuse, vous trouverez des billets groupés à un tarif intéressant pour les visites des différents monuments.

# tourisme et handicapés

Un certain nombre de curiosités décrites dans le guide (musées, palais, etc.) sont accessibles aux handicapés et signalées à votre attention par le signe &#9855; lorsque le site est totalement équipé ou par (&#9855;) s'il l'est partiellement.

Toutes les précisions concernant l'accessibilité aux handicapés des sites et monuments peuvent être obtenues auprès de l'**Associazione Italiana Assistenza Spastici**, via Vitadini 3, Milan, &#9742; 02 58 32 00 88 ou du **Consorzio Cooperative Integrate (CO.IN)**, via di Torricola 87, 00178 Rome, &#9742; 06 71 29 011°, fax 06 71 29 01 25.

Le site Internet www.italiapertutti.it/ (en italien, anglais, allemand) fournit des informations sur les hôtels, restaurants, musées et monuments accessibles aux personnes handicapées.

Pour de plus amples renseignements sur les conditions d'accessibilité, nous vous conseillons toutefois de téléphoner préalablement au musée que vous souhaitez visiter.

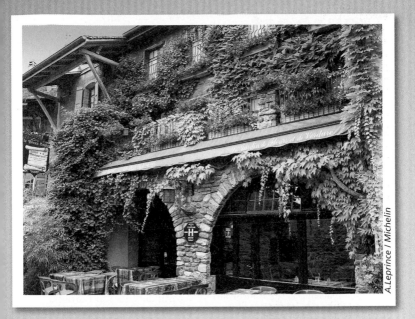

*A.Leprince / Michelin*

☐ a.        **Hôtel agréable de grand luxe**

☐ b.    **"Bib hôtel" : bonnes nuits à petits prix**

☐ c.    **Hôtel très tranquille**

**Vous ne savez pas quelle case cocher ?**
**Alors plongez-vous dans Le Guide Michelin !**

**MICHELIN**

**HÔTELS & RESTAURANTS**

**FRANCE**
**2004**

De l'auberge de campagne au palace parisien,
du Bib Hôtel au 🏰🏰🏰🏰, ce sont au total plus de
45000 hôtels et restaurants à travers l'Europe
que les inspecteurs Michelin vous recomman-
dent et vous décrivent dans ce guide. Plus de
300 cartes et 1600 plans de villes vous
permettront de les trouver facilement.
Le Guide Michelin Hôtels et Restaurants,
le plaisir du voyage

# Transport

Voir la rubrique « Voyager moins cher » pour les tarifs les plus intéressants pour les billets d'avion et de train.

## comment arriver

### EN AVION

Les deux principaux aéroports siciliens sont l'aéroport **Falcone e Borsellino** de Palerme et l'aéroport **Fontanarossa** de Catane, tout proche de la ville. L'aéroport de Catane est le plus pratique pour ceux qui souhaitent se rendre sur la côte Est où se trouvent les destinations les plus prisées telles que Taormine et Syracuse. Un autre aéroport pouvant être utile, mais qui n'est pas en Sicile, est celui de **Reggio di Calabria**, tout proche du détroit de Messine.
Les autres aéroports siciliens sont l'aéroport de **Trapani Birgi**, qui relie Trapani à Pantelleria, Rome et Milan, et les aéroports de **Pantelleria** et de **Lampedusa** qui, en été, relient ces îles aux principales villes italiennes. *Pour plus d'informations, voir Pantelleria et Lampedusa.*

### EN TRAIN

Il n'existe pas de train direct reliant les villes d'Europe du Nord à la Sicile et il vous faudra donc changer de train à Milan, Turin ou Rome, ce qui rend le trajet particulièrement long pour un prix qui n'est pas forcément avantageux. Le train n'est vraiment intéressant que si vous êtes déjà en Italie. Le voyage comprend systématiquement la traversée du détroit de Messine : le train embarque sur le bateau à Villa San Giovanni et le prix du billet comprend la liaison maritime. Pour tout renseignement, consulter le site Internet des chemins de fer italiens : *www.fs-on-line.com* (en français).

### EN AUTOCAR

Vous pouvez vous rendre en autocar jusqu'à Rome (renseignements auprès de la compagnie Eurolines à Paris, 28, avenue du Général-de-Gaulle, BP 313, 93541 Bagnolet Cedex, ☎ 08 36 69 52 52, www.eurolines.fr) et, de là, prendre un autre autocar (compagnie Segesta Internazionale) qui vous amènera à Palerme (en 12h) et à Trapani. *Pour plus d'informations, voir p. 285.*

### EN BATEAU

Il existe différentes liaisons entre Palerme et Gênes (20h), Livourne (17h), Naples (11h ou 4h30 en hydrofoil) et Cagliari en Sardaigne (13h30). *Pour plus d'informations, voir p. 285.*

### EN VOITURE

*Dans les premières pages du guide, vous trouverez sous le titre Cartes et plans les cartes Michelin qui peuvent vous être utiles pour vous rendre en Sicile et explorer l'île.*

En attendant la construction du « pont du Détroit », que l'on l'espère imminente, la liaison entre la Sicile et le reste de l'Italie est assurée par des services de ferry-boats et d'hydrofoils (*Traghetti* et *Aliscafi*) desservant Messine au départ de Reggio di Calabria ou Villa San Giovanni. Les chemins de fer italiens effectuent le transport des voitures à partir de **Villa San Giovanni** (☎ 0965 75 60 99). La durée de la traversée varie de 25 à 45mn selon le type de ferry (transport de voitures seul ou de voitures et de trains). Le transport par ferry est également assuré par la Società Caronte Shipping, ☎ 0965 75 14 13. En raison de la grande fréquence des traversées (toutes les 30mn environ), il n'y a pas lieu de réserver et il suffit de se présenter à l'embarcadère. À partir de **Reggio di Calabria** les liaisons n'assurent que le transport de passagers, par ferry (Stazione Ferrovie dello Stato, ☎ 0965 86 35 25) et par hydrofoils (Aliscafi SNAV, ☎ 0965 29 568).

G. Bludzin/MICHELIN

## sur place

*Voir aussi la carte « Circuits de découverte » au début du guide.*

### AU VOLANT

La voiture est certainement l'un des meilleurs moyens de locomotion si l'on entend visiter aussi bien les grandes villes que les localités plus petites.

E. Baret / Michelin - (06 - Roubion)

- ☐ a. **Départementale D17**
- ☐ b. **Nationale N202**
- ☐ c. **Départementale D30**

Une fois la destination atteinte, il est cependant conseillé de garer sa voiture au plus vite : la circulation dans les grands centres urbains comme Palerme est tellement chaotique qu'il vaut mieux se déplacer en transport en commun ou à pied et dans les villes moins importantes, les rues sont parfois si étroites et enchevêtrées que la conduite devient difficile.

### CODE DE LA ROUTE

Les départementales et les nationales sont balisées par des panneaux de signalisation routière bleus avec des inscriptions en blanc, les autoroutes par des panneaux verts avec des inscriptions en blanc.

**Limitation de vitesse pour les voitures (moins de 3,5 t)** : 130 km/h sur autoroute (depuis le 1er janvier 2003, certains tronçons d'autoroute peuvent être limités à 150 km/h, ils sont alors signalés par un panneau), 110 km/h sur route principale hors agglomération, 90 km/h sur route secondaire hors agglomération, 70 km/h sur voie rapide (avec signalisation), 50 km/h en agglomération.

**Ceinture de sécurité** : elle est obligatoire à l'avant et à l'arrière du véhicule.

**Panneaux routiers** : pour les indications routières les plus communes, consulter le lexique à la fin du guide.

### RÉSEAU ROUTIER ET AUTOROUTIER

Le réseau autoroutier sur l'île ne couvre pas l'ensemble du territoire. Les liaisons sont Palerme-Messine-Catane (A 18 et A 20), avec toutefois un tronçon de route nationale entre la sortie pour Castelbuono (10 km à l'Est de Cefalù) et Acquedolci (sortie Furiano), Palerme-Trapani-Mazara del Vallo (A 29) et Palerme-Enna-Catane (A 19). Les tronçons Messine-Furiano (A 20), Catane-Messine (A 18) et Cefalù-Buonfornello (A 20) sont à péage. Les autres sont gratuits. Pour le reste, les villes sont en général reliées par des voies rapides. On rencontrera nécessairement plus de difficultés pour rejoindre les petits villages de montagne, accessibles par des parcours magnifiques, mais tortueux et donc plus longs.

Le **péage sur les autoroutes italiennes** peut être effectué en espèces ou avec la carte **Viacard**. Cette carte magnétique est en vente dans les bureaux régionaux de l'Automobile Club français et, en Italie, à l'entrée des autoroutes, dans les restaurants Autogrill ou dans les bureaux de l'ACI (Automobile Club d'Italia).

### PARKING

Sur les plans de ville, les symboles 🅿 indiquent les principaux parkings. Le stationnement est souvent réglementé dans les grandes villes comme dans les petites. Pour le stationnement payant (le plus souvent de 8h à 20h, généralement signalé par des lignes bleues au sol), il vous faudra soit vous servir d'un horodateur, soit acheter des cartes de stationnement à gratter dans les bureaux de tabac, kiosques à journaux ou cafés (« gratta e parcheggia »), soit payer votre dû à un préposé. Pour le stationnement limité, vous devrez vous reporter aux panneaux : les deux marteaux croisés indiquent les jours ouvrables tandis que la croix signale le dimanche et les jours fériés.

Dans les grandes villes, de grands panneaux rectangulaires portant l'inscription « **Zona a traffico limitato riservata ai veicoli autorizzati** » ceinturent le centre historique. Ils signalent le début d'une zone à trafic limité (réservée aux véhicules autorisés) : évitez de pénétrer dans ces quartiers anciens, aux rues généralement très étroites, voire sans trottoir, et garez-vous impérativement en dehors.

Ne laissez aucun objet de valeur dans votre voiture et ne mettez rien en évidence.

### SECOURS ROUTIER

Secours routier de l'ACI (Automobile Club d'Italia) : ☎ 803 116 (intervention rapide 24h/24) et ☎ 06 49 98°23°00 (informations).

### CARBURANT

**Super** = essence super.
**Senza piombo** = essence sans plomb, indice d'octane 95.
**Super Plus ou Euro Plus** = essence sans plomb, indice d'octane 98.
Les stations-service ferment généralement de 12h à 16h et la nuit. Certaines stations sont automatisées (paiement par carte de crédit ou liquide).

### LOCATION DE VOITURES

Les principales agences de location sont présentes dans les grandes villes et les aéroports. Certains organismes de voyages proposent des forfaits « avion plus auto ».

### EN TRAIN

Ce n'est pas le moyen le plus pratique de se déplacer en Sicile car le réseau ne couvre pas toute l'île. Les lignes les plus importantes suivent la côte : Messine-Syracuse (environ 3h), Messine-Palerme (environ 3h), Palerme-Agrigente (environ 2h) et Palerme-Trapani (environ 2h30). Il faut également savoir qu'il est plutôt difficile de se rendre dans l'arrière-pays montagneux en train.

## EN AUTOCAR

Il existe de nombreuses lignes d'autocar qui relient les villes et les petits villages siciliens. C'est certainement le moyen de transport le plus pratique si l'on ne dispose pas d'une voiture. Pour de plus amples informations, contacter les différents Offices de tourisme *(voir « La situation » au début de chacun des chapitres)*.

# Hébergement, restauration

## les adresses du guide

### POUR TOUS LES BUDGETS

Pour que votre séjour soit le plus agréable possible, nous avons sillonné toute la région pour repérer les gîtes d'agritourisme, les hôtels, les restaurants, et même les campings, les plus représentatifs de la Sicile, que ce soit par leur position remarquable ou par leur cuisine traditionnelle. Nous avons pris en compte tous les types de budget, en n'oubliant pas les plus jeunes. Au fil des pages, vous découvrirez nos « **Carnets pratiques** » : ils proposent une sélection d'adresses choisies pour leur rapport qualité/prix intéressant, leur situation géographique, leur atmosphère particulière (hôtels historiques, anciens bâtiments transformés, *bagli*, couvents), leur cadre agréable, leur caractère insolite ou leur cuisine typique.

### L'HÉBERGEMENT

Dans chaque carnet, les hôtels sont classés en trois catégories de prix pour répondre à toutes les attentes. Dans la catégorie « ☻ », vous trouverez des campings, des auberges de jeunesse, des hôtels ou des pensions sobres, mais honnêtes et bien tenus, qui proposent des chambres doubles pour moins de 70€/nuit. Si votre budget est un peu plus large, piochez vos étapes dans la catégorie « ☻☻ » : vous y découvrirez des hôtels plus confortables, souvent pleins de charme, pour des prix allant de 70 à 130€ pour une chambre double. Pour ceux, enfin, qui souhaitent se faire plaisir ou veulent rendre leur séjour inoubliable, la catégorie « ☻☻☻ » signale des grands hôtels, des chambres d'hôtes B&B et des gîtes d'agritourisme offrant un maximum de confort dans une atmosphère luxueuse. Le prix pour une chambre double commence à 130€. Dans les localités prestigieuses (et donc chères), il faut garder à l'esprit que les hôtels rentrant dans cette catégorie seraient classés dans la deuxième catégorie s'ils étaient situés ailleurs.

Nous ne saurions trop vous conseiller d'effectuer vos réservations longtemps à l'avance, notamment si vous partez dans des régions très touristiques, en particulier pour la période allant d'avril à octobre. Généralement, de novembre à mars, les prix pratiqués sont revus à la baisse pour l'hébergement et de nombreux établissements pratiquent des tarifs intéressants ou proposent des forfaits économiques pour des week-ends ou des séjours prolongés.

Pour chaque établissement, le premier prix indiqué est celui d'une chambre simple et le second prix celui d'une chambre double. Les cas particuliers sont signalés (les gîtes d'agritourisme, par exemple, qui ne disposent souvent que de chambres doubles). Le petit-déjeuner est généralement compris, mais il arrive que les petits établissements ne pratiquent pas cette formule. Dans ce cas, le prix du petit-déjeuner est indiqué immédiatement après celui des chambres.

### HÔTELS ET PENSIONS

Il n'est pas toujours facile de faire la différence entre une pension et un hôtel, surtout dans les grandes villes comme Palerme où les hôtels n'occupent souvent qu'un étage de l'immeuble. Habituellement, une pension est une petite structure familiale qui offre un confort de base et où, souvent, les chambres ne sont pas équipées de salle de bains. Dans tous les cas, avant de réserver, il vaut mieux vérifier les prix par téléphone, car ils peuvent varier en fonction de la période de l'année ou de la disponibilité des chambres. Pensez également à demander si la salle de bains est dans la chambre, si le petit-déjeuner est compris et assurez-vous que les cartes de crédit sont acceptées.

### GÎTES D'AGRITOURISME

C'est ce qui correspond à nos gîtes ruraux. Dans la plupart des cas, la formule prévoit l'hébergement et la possibilité de goûter aux produits et spécialités de la ferme (huile, vin, miel, légumes et viande). Ces dernières années, certaines régions italiennes ont connu un véritable boom de l'agritourisme et la formule se fait parfois si raffinée que le client est traité aussi bien que dans les meilleurs hôtels (en termes de prix aussi, il faut bien le reconnaître !). Dans certaines structures, vous pourrez vous régaler d'un repas préparé avec les produits de l'exploitation ; dans d'autres, votre appartement sera équipé d'un coin cuisine, ce qui vous permet d'être totalement autonome. Il existe également des gîtes qui ne proposent que le petit-déjeuner. Concernant les établissements inclus dans le guide, il est généralement possible de ne rester qu'une seule nuit mais pendant la haute saison, certains gîtes privilégient les séjours à la semaine ou proposent une formule avec demi-pension ou pension complète pour un séjour d'une durée minimum. Les prix de ces formules ne sont indiqués que lorsque celles-ci sont obligatoires. Notez également que, dans la plupart des cas, les gîtes ne disposent que de chambres doubles et que le prix indiqué se réfère par conséquent à une chambre pour deux personnes ; si vous voyagez seul, vous pouvez toujours essayer de négocier le prix, on ne sait jamais ! Dans tous les cas, vu le succès croissant de ce genre d'établissements, nous ne pouvons que vous recommander de réserver très longtemps à l'avance.

Pour avoir les coordonnées et caractéristiques des gîtes, se procurer dans toute bonne librairie italienne les guides Turismo Verde in Sicilia (proposé par le Consorzio Villaggio Globale, qui dépend de la Confederazione Italiana Agricoltori di Palermo, ☎ 091 30 81 51), Vacanze e Natura (édité par l'association Terranostra, ☎ 06 48 28 862, www.terranostra.it, avec une sélection d'adresses), Agriturismo e Vacanze Verdi (édité par l'association Agriturist, corso Vittorio Emanuele 101, Rome, ☎ 06 68 52 342, fax 06 68 52 424, www.agriturist.it, avec une sélection d'adresses), Guida all'Agriturismo de Demetra et Vacanze Verdi, publié par Edagricole. Vous trouverez également des adresses intéressantes dans le Guida del Turismo alternativo (Sicilia occidentale et Sicilia orientale) que l'on peut acheter dans les kiosques et librairies ou demander directement au Sicilian Tourist Service (piazza Don Bosco 6, Palerme, ☎ 091 36 15 67, fax 091 63 72 482 ; www.stsitalia.it/), qui fournit également des informations et s'occupe des réservations. Pour plus d'informations, on peut aussi contacter Turismo Verde (Via Caio Mario 27 à Rome, ☎ 06 36 11 051 ; www.turismoverde.it, avec une sélection d'adresses).

## BED AND BREAKFAST

Les Bed and Breakfast ne sont souvent pas très différents des hôtels (en confort comme en prix), si ce n'est que l'ambiance y est plus intime puisque vous logez dans une maison privée, en général chez une famille. Une durée minimum de séjour est souvent demandée, et les cartes de crédit sont rarement acceptées.
Il n'existe pas encore de véritable législation différenciant les Bed and Breakfast et les chambres chez l'habitant et les services proposés sont souvent les mêmes.
Pour avoir une vue d'ensemble du secteur, contactez les **Bed & Breakfast Italia**, Palazzo Sforza Cesarini, corso Vittorio Emanuele II 282, 00186 Rome, ☎ 06 68 78 618, fax ☎ 06 68 78 619 ; www.bbitalia.it ou les **Bed & Breakfast Bon Voyage**, via Procaccini 7, 20154 Milan, ☎ 02 33 11 814, fax 02 33 13 009. Consulter également les sites :
www.bedandbreakfast.it ;
www.primitaly.it/bb/ ;
www.bedebreakfast.it ;
www.dolcecasa.it et www.caffelletto.it

## CAMPINGS

Les campings permettent de se loger pour un prix très abordable dans un cadre verdoyant. Ils disposent en général d'un restaurant, d'un bar, d'un petit magasin d'alimentation, et parfois même d'une piscine. Certains mettent à votre disposition des bungalows ou des mobile homes d'un confort moins spartiate ; renseignez-vous directement auprès des campings pour les tarifs. Les prix indiqués dans le guide s'entendent par nuit pour deux personnes, avec un emplacement de tente et une voiture.
Pour toute information, adressez-vous à la **Federazione Italiana del Campeggio e del Caravanning**, via Vittorio Emanuele II, 50041 Calenzano (FI), ☎ 055 88 23 91, fax 055 88 25 918 ; www.federcampeggio.it

## LES AUBERGES DE JEUNESSE ET MAISONS RELIGIEUSES

Les auberges de jeunesse sont réservées aux seuls membres. La carte peut être facilement obtenue auprès de n'importe quelle auberge associée à la Fédération et permet de séjourner dans les centaines d'auberges situées dans le monde entier. Il n'y a pas de limite d'âge et la carte est valable une année. En Italie, ces auberges sont gérées par l'Association italienne des auberges de jeunesse (l'**Associazione Italiana Alberghi per la Gioventù ou AIG**), via Cavour 44, 00184 Rome, ☎ 06 48 71 152 ; www.ostellionline.org Les « maisons religieuses » permettent quant à elles de passer à moindre coût une nuit dans une grande ville.

Le cadre est très simple, mais soigné. Seul inconvénient : le « couvre-feu » ! Il faut être rentré vers 22h30. Pour toute information, contacter les Offices de tourisme et le Centre italien de tourisme social, Association pour l'hébergement religieux, (CITS, Centro Italiano Turismo Sociale, Associazione dell'ospitalità religiosa) ☎ 06 48 73 145.

## LA RESTAURATION

Pour chaque restaurant, nous avons indiqué le prix minimum et le prix maximum pour un repas complet, boisson non comprise. Dans les lieux très touristiques, les adresses ont été divisées en deux catégories : « ☺ » pour les établissements dont le prix minimum est inférieur à 25€ et « ☺☺ » pour ceux qui sont au-dessus de ce seuil.

En Sicile, on mange relativement tard : les Siciliens déjeunent entre 13 h et 14h30 et dînent après 20h30. Il est toujours préférable de réserver, surtout durant la haute saison. Le service est souvent compris, mais il est de coutume de laisser un pourboire. Les rares cas où le service n'est pas compris ont été indiqués : après le prix, vous trouverez le pourcentage à appliquer en sus. Le pain et le couvert *(pane e coperto)* devraient être inclus dans le prix, mais dans certaines trattorias, et surtout dans les pizzerias, ils sont encore comptés à part.

Rappelez-vous que les cartes de crédit sont rarement acceptées dans les petits restaurants et dans les trattorias familiales.

Si vous voulez en savoir plus, reportez-vous au chapitre « La cuisine sicilienne » *(p. 62)*.

### RESTAURANTS, TRATTORIAS ET OSTERIAS

Il n'est plus si facile aujourd'hui de distinguer nettement ces trois types d'établissements : en règle générale, dans un **restaurant**, vous trouverez un service et un cadre soignés, voire élégants ; dans une **trattoria** ou une **osteria**, de gestion familiale, on vous servira une cuisine authentique à des prix plus abordables, dans une atmosphère animée et conviviale, arrosée par un pichet de vin maison (de qualité variable). Dans les trattorias typiques, ne vous étonnez pas si le serveur ou le propriétaire vous énonce à haute voix la liste des plats du jour ; pour éviter toute mauvaise surprise au moment de l'addition, n'hésitez pas à demander un menu ! Attention au menu touristique, le choix est parfois très limité. On vous proposera en général une carte des vins offrant une bonne sélection de vins régionaux.

Pour ceux qui souhaitent prendre un repas « **sur le pouce** », notamment le midi, les bars, pâtisseries, boulangeries et pizzerias proposent des plats chauds et des spécialités locales telles que les *arancine* (boulettes de riz), les *panelle* (beignets de farine de pois-chiches) les *schiacciate* (sorte de fougasses) ou des parts de pizza.

On peut bien sûr aussi choisir de déjeuner d'une délicieuse coupe de glace, d'un granité ou d'une brioche à la crème !

### PETITES PAUSES

Pour faire une petite pause gourmande entre deux visites, vous trouverez de bonnes adresses dans le « Carnet pratique » ou dans des petits encadrés tout au long du texte.

R. Mattes/MICHELIN

## et aussi...

### LE GUIDE ROUGE ITALIA

Si d'aventure, vous n'avez pas pu trouver votre bonheur parmi toutes nos adresses, vous pouvez consulter le **Guide Rouge Italia**. Pour chaque établissement, le niveau de confort et de prix est indiqué, en plus de nombreux renseignements pratiques. Les symboles « **bib gourmand** » ou « **petites pièces** » indiquent un excellent rapport qualité/prix.

## choisir son lieu de séjour

Sur la carte des lieux de séjour sont indiquées les destinations pour différents séjours, disposant toutes d'une bonne capacité d'accueil. Pour ceux qui privilégient un **séjour culturel**, les encadrés verts indiquent une ville à ne pas manquer. Si en revanche vous n'êtes que de passage,

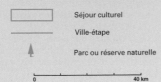

# Lieux de séjour

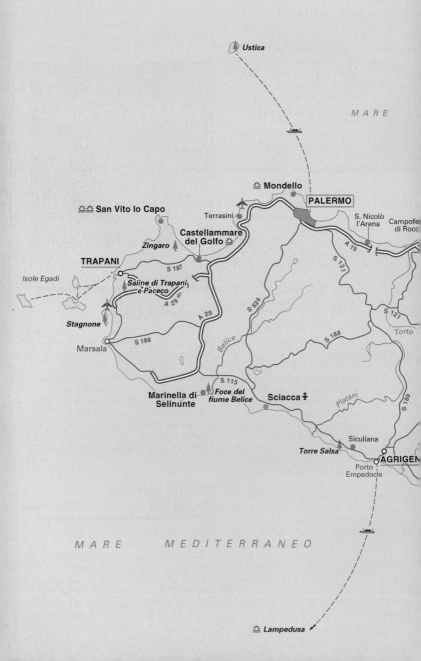

- ● Station balnéaire
- ● Station thermale
- ● Station de sports d'hiver

La cotation des stations (balnéaires ⌂, thermales ✚ et de sports d'hiver ✤)
répond à des critères liés à leur activité.

☐ Séjour culturel

── Ville-étape

🌲 Parc ou réserve naturelle

0 ─────────── 40 km

*Ustica*

M A R E

⌂ **Mondello**

Terrasini

**PALERMO**

S. Nicolò
l'Arena

Campofe…
di Rocc…

⌂⌂ **San Vito lo Capo**

**Castellammare
del Golfo** ⌂

*Zingaro*

**TRAPANI**

S 187

A 19

S 121

*Isole Egadi*

**Saline di Trapani
e Paceco**

A 29 dir

S 624

S 121

*Stagnone*

A 29

S 188

Torto

Marsala

S 188

Belice

**Marinella di
Selinunte**

⌂ *Foce del
fiume Belice*

S 115

**Sciacca** ✚

Platani

S 189

Siculiana

*Torre Salsa*

**AGRIGEN…**

Porto
Empedocle

M A R E    M E D I T E R R A N E O

⌂ *Lampedusa*

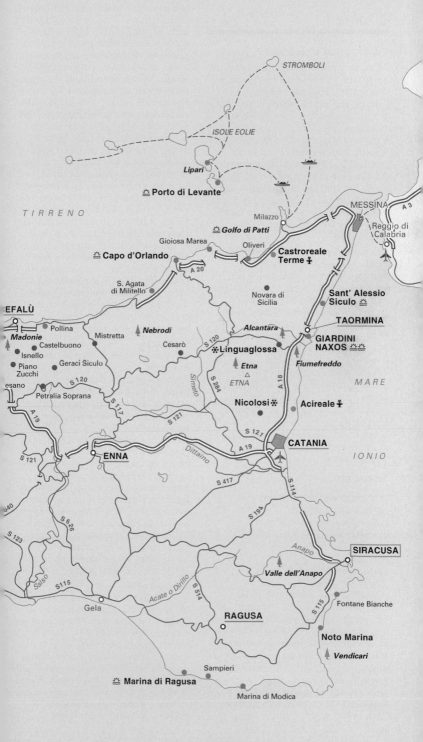

mais souhaitez visiter une des nombreuses villes d'art, arrêtez-vous dans les **villes étapes**, soulignées en vert sur la carte.

Pour avoir une idée des différents **lieux de séjour**, jetez un œil aux parcs et réserves naturelles, et aux symboles ⚶ **(stations thermales)**, ⚘ **(stations balnéaires)** et ❋ **(stations de sports d'hiver)**.

# à table !

## CONSTITUTION D'UN REPAS

Le repas traditionnel se compose d'un **antipasto** ou hors-d'œuvre (crudités, charcuterie, légumes confits, etc.) ; d'un **primo** (*primo piatto* : le premier plat), essentiel, composé de riz et surtout de pâtes sous toutes leurs formes et accommodées de multiples façons ; d'un **secondo** (viande ou poisson) que l'on peut accompagner d'un **contorno** (légumes ou salade). Après le fromage – **formaggio** –, sont servis les fruits ou **frutta**, ainsi que de nombreux desserts : gâteau ou **dolce**, glace ou **gelato**, gâteau glacé ou **semifreddo**.

**Boisson** – L'**eau** se consomme peu en carafe mais plutôt en bouteille ; on demande alors de l'*acqua minerale*, sans préciser de marque, *non gassata* ou *naturale* (plate), ou *gassata* (gazeuse). Les **vins** se commandent à la carte, mais de nombreux établissements proposent du vin en pichet lorsque l'on souhaite moins d'une bouteille (demander du vin *in caraffa* ou **vino sfuso**, en précisant un quart – *un quartino* – ou un demi-litre *mezzo litro*) ou la cuvée du patron (*vino della casa*). Quant à la **bière,** elle peut être servie en bouteille ou à la pression *(alla spina)* ; les principales marques italiennes sont : Moretti, Forst, Peroni...

## SPÉCIALITÉS

### PETIT DICTIONNAIRE DES PÂTES LES PLUS COURANTES

**Cannelloni** : gros tubes farcis de ragoût ou d'une autre sauce.
**Farfalle** : pâtes en forme de papillon.
**Fettuccine** : tagliatelle romaines (légèrement plus étroites).
**Fusilli** : petites pâtes en spirale.
**Lasagne** : larges feuilles de pâte que l'on prépare en superposant plusieurs fois pâte, ragoût à la sauce tomate et parmesan, le tout passé au four.
**Maccheroni** : pâtes en forme de petits tubes.
**Ravioli** : petits coussinets fourrés de toutes sortes de préparations.
**Spaghetti** : le grand classique, pâtes fines et longues.

**Tagliatelle** : rubans de pâte étroits et longs.
**Tortellini** : pâtes enroulées sur elles-mêmes, garnies de viandes ou de jambon et servies dans un bouillon ou accompagnées de crème fraîche.

### LE CAFÉ

Grande spécialité des Italiens, qui, semble-t-il, le torréfient légèrement plus que les Français, le café se boit à toute heure. L'**espresso** correspond à notre express : il est particulièrement serré et remplit juste le fond de la tasse. Si l'on préfère un café un peu plus long, de l'ordre de l'express français, demander alors un **caffè lungo**. Le café **corretto** est « corrigé » d'eau-de-vie. Le **caffè latte** est un simple café au lait, différent du café **macchiato** servi dans une petite tasse et simplement « taché » de lait. Le célèbre **cappuccino** (ou *cappuccio*), enfin, se rapproche du café crème quoique le lait soit battu en mousse et saupoudré à volonté de cacao.

Le sucre en morceaux est très peu utilisé en Italie : ne pas s'étonner par conséquent de ne trouver que du sucre en poudre au comptoir des bars (présenté généralement dans des récipients de différentes formes où chacun se sert grâce à une cuillère). En règle générale, dans les bars, on paye d'abord sa consommation à la caisse, et ensuite seulement, muni du ticket, on peut commander au comptoir auprès du serveur qui ne manipule pas d'argent.

### LES GLACES

Réputés à travers le monde, les glaces et sorbets italiens – **gelati** – participent au plaisir des vacances. Outre les sorbets les plus originaux, quelques parfums sont peu connus des Français : la **stracciatella** est une glace au lait relevée de pépites de chocolat ; la **gianduia** fait référence à de petits chocolats au lait, oblongs et fondants, parfumés à la noisette ; le **bacio** est une glace au chocolat au lait, **fior di latte** (ou **panna** qui lui ressemble énormément) simplement à la crème de lait ; la **cassata,** proche de notre plombière et la **crema,** une crème jaune parfumée de vanille.

Le **tiramisù** est un gâteau glacé ou *semifreddo*, parfumé au café.

### LES SANDWICHS

À la différence de la France, la garniture d'un sandwich n'a rien de vraiment traditionnel. On ne peut pas dire que l'on trouvera immanquablement un jambon-beurre ! Premier point, faites votre deuil du beurre (un mince filet d'huile rendra tout aussi onctueux votre pain) et savourez la dentelle de jambon cru ou cuit – **prosciutto crudo** ou **cotto** – assaisonnée de cœurs

d'artichaut, de tomates, de petits champignons ou d'épinards. La mortadelle est également fréquente. Vous trouverez parfois des anchois, ainsi que des fromages frais tels que la mozzarelle ou le stracchino... Bref, n'hésitez pas à prendre tout votre temps pour choisir ce que vous verrez exposé derrière une petite vitrine (comme chez nos pâtissiers) déjà tout préparé ou en mesure de l'être selon votre goût (bocaux et charcuterie à la coupe pourront répondre à votre envie du moment).
Ne vous laissez pas surprendre par les différents types de « pain ». Généralement plus petits, les sandwichs italiens se présentent principalement sous trois formes :
– la **schiacciata** ou **focaccia** : sorte de fougasse fourrée, de large diamètre et se présentant fréquemment comme des parts de gâteau.
– le **tramezzino** : sandwich triangulaire fait avec du pain de mie coupé en diagonale.
– le **panino** : tout simplement préparé avec un petit pain rond ou long.
N'oubliez pas non plus qu'un **taglio di pizza** peut faire l'affaire : la pizza dans les bars est effectivement préparée sur de grandes plaques de métal et donc vendue à la part (taglio).

# La Sicile au quotidien

## voyager moins cher

Pour les offres de logement les plus économiques, reportez-vous directement à la rubrique « L'hébergement » dans les pages précédentes.

### LES TARIFS LES PLUS INTÉRESSANTS...

#### EN TRAIN
La carte **Inter-Rail** vous permet de voyager librement en 2$^e$ classe dans 29 pays en Europe et en Afrique du Nord (exception faite de votre pays de résidence) pendant 12 jours, 22 jours ou 1 mois. Les tarifs varient selon l'âge du voyageur, la durée et le nombre de zones. S'informer dans les gares ou les agences de voyages agréées ou visiter le site : www.interrailnet.com
Les coupons **Euro Domino** vous permettent, quel que soit votre âge, de circuler librement dans 29 pays en Europe et en Afrique du Nord (exception faite de votre pays de résidence) pendant 3 à 8 jours. Ces jours de libre circulation peuvent être consécutifs ou non et vous pouvez les répartir comme vous le souhaitez dans une période de validité d'un mois. Les prix dépendent de la formule choisie. S'informer dans les gares ou les agences de voyages agréées.
En Italie, la **Carta Club Eurostar** (77,47€, valable un an) donne droit à une réduction de 20 % sur tous les billets de train de 1$^{re}$ classe, pour la partie italienne du trajet. Carte personnelle et non cessible.
La **Carta Amicotreno** (50€, valable un an) permet quant à elle de profiter d'une réduction de 50 % sur quelques trains locaux et de 20 % sur de nombreux trains (moyen et long trajet), avec quelques restrictions sur les jours d'utilisation. Intéressante surtout si vous avez l'intention de vous déplacer souvent dans la région ou dans le pays. Les réductions sont également valables pour une personne accompagnant le titulaire de la carte.

#### EN AVION
Les compagnies aériennes offrent des tarifs intéressants si l'on achète le billet plusieurs semaines à l'avance, mais sans possibilité de remboursement en cas d'annulation. Il existe en outre des tarifs week-end, des promotions pour les vols hors saison ou à des horaires peu fréquentés et des réductions de dernière minute sur les invendus. Consulter les sites Internet des compagnies aériennes et des voyagistes ou se rendre dans une agence de voyages.

### VOYAGER JEUNE...

#### EN TRAIN
Les cartes **Inter-rail** et **Euro Domino** décrites ci-dessus sont moins chères pour les moins de 26 ans. S'informer dans les gares ou les agences de voyages agréées.
La **Carta Verde** (25,82€, valable un an) vous permet de bénéficier d'une réduction de 20 % en 1$^{re}$ et 2$^e$ classe, dans tous les trains, pour la partie italienne du trajet. Carte personnelle et non cessible.

#### EN AVION
Tarifs réduits pour les jeunes de plus de 12 ans et de moins de 26 ans au moment du départ.
... et moins jeune

#### EN TRAIN
Les plus de 60 ans pourront bénéficier, grâce à la **Carta d'Argento** (25,82€, valable un an) d'une

réduction de 20 % en 1re et 2e classe, dans tous les trains, y compris les Eurocity pour la partie italienne du trajet et les Eurostar. Carte personnelle et non cessible.

### EN AVION

Les plus de 60 ans au moment du départ ont droit à des réductions. Les plus de 65 ans au moment du départ bénéficient d'une réduction de 10 % sur le tarif Pex réservé aux « moins » jeunes.

## VOYAGER EN FAMILLE OU EN GROUPE

### EN TRAIN

Les familles et les groupes de 3 à 5 personnes bénéficient d'une réduction de 20 % en 1re et 2e classes, à condition de voyager ensemble ; les enfants de 4 à 12 ans ne payent que la moitié du prix réduit, les enfants de moins de 4 ans voyagent gratuitement. L'offre est valable sur tous les trains y compris les Eurocity pour la partie italienne du trajet et les Eurostar, sauf en juillet, août, et pendant les périodes de Pâques et de Noël.

### EN AVION

Les familles bénéficient de tarifs avantageux aux conditions suivantes : que le groupe familial voyage ensemble et soit composé d'au moins 4 personnes (2 adultes maximum, et 2 enfants minimum, âgés de 2 ans à moins de 12 ans) ; qu'au moins un des adultes soit le père ou la mère des enfants, l'autre adulte ne devant pas avoir nécessairement de lien de parenté avec le groupe familial.

# bon à savoir

## URGENCES

Quelques numéros de téléphone toujours valables en cas d'urgence (appels gratuits) :
**SOS Police Secours** : ☎ 113 (Police, Croix-Rouge... n'appeler qu'en cas d'urgence absolue)
**Intervention d'urgence des carabiniers** : ☎ 112
**Pompiers** : ☎ 115.
**Urgences sanitaires** : ☎ 118
**SOS Feux de forêt** : ☎ 1515
**Secours routier de l'ACI** : ☎ 803.116

### SANTÉ

Les pharmacies (farmacia) sont signalées par une croix rouge et blanc. Les jours de fermeture, on y trouve affichés les noms des médecins et de la pharmacie de garde.

## ARGENT

### DEVISES

Depuis début 2002, la lire a laissé place à l'euro. Pour les Français, les Belges et les Luxembourgeois, aucun change n'est donc à prévoir.

### BANQUES

Elles sont généralement ouvertes de 8h30 à 13h30 et de 15h à 16h, et fermées le samedi, le dimanche et les jours fériés.
Pour les ressortissants de pays n'appartenant pas à l'UE, on peut également changer de l'argent à la poste (sauf les chèques de voyage) et dans les agences de change. Une commission est toujours perçue.

### CARTES DE CRÉDIT

Il est de plus en plus courant de pouvoir payer par carte, les commerçants et les établissements hôteliers (tout particulièrement dans les grandes villes) s'étant équipés des appareils nécessaires, mais ce n'est pas encore le cas partout. Le **Guide Rouge Italia** signale les cartes de crédit acceptées par les hôtels et restaurants sélectionnés par ses soins, lorsque ces établissements permettent ce type de paiement.
Les distributeurs automatiques acceptent généralement toutes les cartes de crédit internationales.
Une dernière recommandation : il est rare en Italie de composer son code dans les magasins, une signature suffit ; faites donc bien attention à ne pas vous faire dérober votre carte, les voleurs peuvent l'utiliser facilement !

## POSTE

Les bureaux de poste sont ouverts de 8h à 14h (8h30 à 12h le samedi). Les timbres (francobolli) sont en vente dans les postes et les bureaux de tabac. Pour des envois en Italie et en Europe, comptez 0,41€ pour une carte postale ou une lettre ordinaire et 0,62€ pour une lettre ordinaire expédiée par courrier prioritaire. En Italie, les boîtes aux lettres sont rouges. Les lettres pour l'étranger peuvent aussi être postées dans les boîtes aux lettres bleues réservées au courrier international que vous trouverez dans les grandes villes italiennes.

## TÉLÉPHONE

Les cabines à pièces tendent à disparaître et vous ne trouverez quasiment plus que des **cabines à carte**. On peut se procurer des cartes magnétiques (scheda telefonica) dans les agences Telecom Italia ainsi que dans les bureaux de tabac. Prix des cartes : 1€, 2,50€, 5€ et 7,50€. Ne pas oublier de détacher le coin prédécoupé pour que la carte fonctionne !
Parmi les numéros utiles (voir plus haut) :
☎ **176** : renseignements internationaux (International Directory Assistance). Fournit des informations sur les numéros de téléphone à l'étranger, en italien et en anglais. Service payant.

**☎ 170** : appels internationaux par l'intermédiaire d'opérateurs (Operator Assisted International Calls). Service payant.

### APPELS INTERNATIONAUX

**Appels depuis l'Italie :**
vers la France : 00 + 33 + le
n° du correspondant sans le 0 initial ;
vers la Belgique : 00 + 32 + n° de la
zone sans le 0 + n° du correspondant ;
vers le Luxembourg : 00 + 352
+ n° de la zone sans le 0 + n° du
correspondant ;
vers la Suisse : 00 + 41 + n° de la
zone sans le 0 + n° du correspondant.

**Appels vers l'Italie :**
depuis la France, la Belgique, le
Luxembourg et la Suisse : 00 + 39
+ n° du correspondant (avec le 0 pour
les téléphones fixes, sans le 0 pour les
portables).

### APPELS À L'INTÉRIEUR DU PAYS

Composer l'indicatif de la ville
commençant toujours par 0 + le n° du
correspondant.
Attention : nouvelle numérotation
pour les portables sans le 0 initial.

### ÉLECTRICITÉ

Le voltage est le même qu'en France
(220 V), mais l'écartement des prises
de branchement varie parfois quelque
peu par rapport aux normes
françaises : il est recommandé
en conséquence de se munir
d'un adaptateur.

### JOURNAUX

Les trois plus grands quotidiens sont *La Gazzetta del Sud* (région de Messine), *La Sicilia* (région de Catane) et *Giornale di Sicilia* (région de Palerme).

### SHOPPING

Avant même d'essayer, sachez que les
tailles des vêtements italiens ne
correspondent pas aux tailles
françaises : retirez 2 tailles pour
obtenir la taille française (un 44
italien correspond à un 40 français).
À l'inverse, pour les pointures de
chaussures, ajoutez-en une (un 37
italien correspond à un 38 français).

D. Hée/MICHELIN

### HORAIRES D'OUVERTURE

Dans le centre des grandes villes,
les magasins restent généralement
ouverts à l'heure du déjeuner. Les
autres adoptent l'horaire suivant :
9h-12h, 15h30-19h30. Beaucoup de
magasins restent ouverts tard le soir
dans les stations balnéaires.

# horaires de visite

Dans la partie descriptive du guide,
les conditions de visite des
monuments sont précisées. Ces
informations sont données à titre
indicatif dans la mesure où les prix
peuvent varier, les horaires être
modifiés et les sites momentanément
fermés pour cause de restauration. Il
est donc conseillé de téléphoner
auparavant car, en raison du manque
de personnel, les horaires sont très
« élastiques » et les heures d'ouverture
et de fermeture, tout particulièrement
en hiver, sont décidées presque au
jour le jour.
Les indications sont valables pour
les touristes voyageant seuls et ne
bénéficient d'aucune réduction. Pour
les ressortissants de l'UE, beaucoup
d'institutions prévoient l'entrée
gratuite pour les moins de 18 ans et
les plus de 65 ans, et une réduction
de 50 % pour les moins de 25 ans.
Renseignez-vous à la caisse avant
d'acheter votre billet. Pour les
groupes, il est généralement possible
d'obtenir des conditions particulières
concernant les horaires et les tarifs,
sous réserve d'accord préalable.
À l'occasion de la Semaine du
patrimoine (Settimana dei Beni
Culturali), dont la date est fixée
d'une année sur l'autre, certaines
institutions publiques ouvrent leurs
portes gratuitement. Informations
plus détaillées auprès des Offices
de tourisme.
Si, dans un musée, une église
ou une institution, un gardien
vous accompagne pendant votre
visite, il est d'usage de lui laisser
un pourboire.
En dehors des grandes villes, la Sicile
somnole aux heures les plus chaudes
de la journée. Entre 13h et 16h, nous
vous conseillons donc de programmer
vos déplacements (si vous disposez
d'une voiture climatisée) ou de faire
une halte dans un endroit frais.

### SYMBOLES ET ABRÉVIATIONS

Les symboles ♿ et (♿) indiquent
l'accessibilité totale ou partielle aux
personnes handicapées.
Les jours de la semaine : lun., mar.,
mer., jeu., ven., sam., dim.
Les mois : janv., fév., mars, avr., mai,
juin, juil., août, sept., oct., nov., déc.
Matin et après-midi : mat., ap.-midi.

Jours ouvrables et jours fériés :
j. ouvrables, j. fériés
Heures et minutes : h, mn

## MUSÉES, SITES ARCHÉOLOGIQUES ET PARCS

La plupart des musées ferment leur billetterie une demi-heure ou une heure avant leur fermeture même. Cette règle, rigoureusement appliquée, rend pratiquement impossible l'entrée dans un musée à quelques minutes de sa fermeture. En général, ils sont fermés le lundi. Les sites archéologiques ferment environ une heure avant le coucher du soleil.
Dans de nombreux musées, les sacs doivent être déposés au vestiaire à l'entrée. En outre, l'usage du flash est généralement interdit

## ÉGLISES

En règle générale, les églises peuvent être visitées le matin entre 8h30 et 12h et l'après-midi entre 16h et 18h, si aucun office n'est en cours bien sûr. Lorsque leur ouverture est soumise à un horaire différent, celui-ci est précisé dans les conditions de visite. Dans certains cas, nous n'avons pas pu obtenir les conditions de visite.

Une tenue appropriée est de mise (pantalons pour les hommes, jupes d'une longueur correcte et épaules couvertes pour les femmes). Le personnel responsable est habilité à refuser l'entrée aux visiteurs ne respectant pas cette règle. Il est préférable de programmer la visite le matin, car, pour des raisons de personnel, les églises n'arrivent pas toujours à assurer l'ouverture l'après-midi ; en outre, on peut bénéficier le matin d'un meilleur éclairage naturel de l'intérieur. Il est également utile d'avoir de la monnaie pour l'éclairage de certaines œuvres. Enfin, il est conseillé de se munir de jumelles afin de pouvoir admirer dans les meilleures conditions les œuvres d'art situées en hauteur.

## JOURS FÉRIÉS

Un jour férié se dit *giorno festivo*, un jour ouvrable *giorno feriale*. Sont fériés les 1er et 6 janvier, dimanche et lundi de Pâques, 25 avril (anniversaire de la libération de 1945), 1er mai, 2 juin, 15 août (Ferragosto), 1er novembre, 8, 25 et 26 décembre. De plus, en Italie, chaque ville fête son saint patron.

# Propositions de séjour

La Sicile, au vu de sa richesse touristique et culturelle, mérite qu'on lui consacre au moins une semaine, mais l'idéal est de prévoir au moins deux semaines afin d'inclure dans votre programme les îles mineures. Cependant, nous donnons également quelques conseils pour les séjours courts, destinés à ceux qui visitent la Sicile pour la première fois ou à ceux qui, au cours de leur séjour balnéaire, souhaitent consacrer quelques jours à la découverte de l'île.

dans la Vallée des Temples d'**Agrigente** et s'il vous reste assez de temps, une halte de quelques heures à la **villa impériale du Casale**, près de Piazza Armerina, s'impose.

## À NE PAS MANQUER DEPUIS PALERME

Si vous choisissez de visiter la côte septentrionale ou si vous arrivez en avion à **Palerme**, vous pourrez consacrer votre première journée à la visite des principaux monuments de la ville. Le deuxième jour, allez admirer

## idées pour 3 ou 4 jours

### À NE PAS MANQUER DEPUIS CATANE

En arrivant par bateau à Messine ou par avion à Catane, vous pouvez effectuer une courte excursion sur un versant de l'**Etna** et passer une demi-journée à **Taormine**. Durant la belle saison, profitez des jolies plages de la région pour faire une pause. Une autre journée peut être consacrée à la visite de **Syracuse** (Ortygie et site archéologique) et, si cela est possible, à une promenade au coucher du soleil à **Noto** ou à **Ragusa Ibla**. Vous pourrez passer la troisième journée

*Détail du cloître de Monreale.*

D. Boggini/MICHELIN

les magnifiques mosaïques du Dôme de **Monreale** et de celui de **Cefalù**. Vous pourrez ensuite vous reposer sur l'une des belles plages proches de Cefalù. Le troisième jour peut être employé à visiter la Vallée des Temples d'**Agrigente** ou la très jolie ville d'**Erice**, en programmant auparavant une halte à **Ségeste** afin d'admirer son magnifique temple dorique.

### LA CÔTE IONIENNE

Si vous séjournez sur la côte ionienne, vous pourrez ajouter à votre programme, en plus de la visite de Taormine et des localités côtières, des excursions d'une journée sur l'**Etna**, dans les gorges de l'**Alcantara**, à **Catane** et à **Syracuse** (à environ 100 km de Taormine, compter 1h30).

### LES ENVIRONS DE PALERME

Palerme est un excellent point de départ pour explorer l'une des zones les plus fascinantes de la Sicile. Vous pourrez consacrer une journée à la découverte de **Scopello** et de la **réserve du Zingaro**, une autre journée à **Erice** et à la **Route du sel** entre Trapani et Marsala, et enfin, une dernière journée pour suivre le circuit dans l'**arrière-pays palermitain** (*voir p. 314*).

### QUELQUES JOURS EN MONTAGNE

Si vous séjournez sur la côte tyrrhénienne, à **Cefalù** ou à **Capo** d'**Orlando**, vous pourrez découvrir une Sicile insolite et alpine en suivant les circuits proposés au chapitre **Madonie et Nebrodi**.

## idées pour une semaine

Si vous disposez d'une semaine, vous pourrez consacrer un peu plus de temps aux séjours proposés ci-dessus ou abréger les circuits décrits ci-dessous. Si vous visitez la Sicile pour la première fois et que vous souhaitez voir le plus de choses possible, nous vous proposons également un itinéraire « express ».

### LE GRAND TOUR... DE FORCE

Si vous voulez avoir une vue d'ensemble (certes un peu superficielle) de la Sicile et si vous êtes prêt à vivre 7 jours plutôt intenses, nous vous suggérons le programme suivant : deux jours pour la visite de **Palerme**, **Monreale** et **Cefalù**, une journée pour **Ségeste** et **Erice**, une journée à la Vallée des Temples d'**Agrigente**, une journée pour la visite de la **villa impériale du Casale** et des hauts lieux du **baroque** (Ragusa Ibla, Noto, Modica), une journée à **Syracuse**, et enfin, une journée pour l'**Etna** et **Taormine**. Reprenez votre souffle, vos vacances sont finies, vous pouvez maintenant vous reposer !

# Circuits de découverte

Consultez la **carte des circuits de découverte** (*p. 12*) afin d'avoir une vue d'ensemble des circuits conseillés pour découvrir l'île. Le temps nécessaire pour suivre un circuit est subjectif et dépend du rythme que chacun veut donner à ses vacances. Le nombre de jours nécessaires a été calculé pour vous laisser le temps de profiter au maximum du voyage et du paysage, d'approfondir la visite des différents sites et d'effectuer des haltes hors programme.

### ①  LES SITES ANTIQUES

**Circuit de 500 km (9 jours dont 3 à Palerme et 2 à Agrigente)** – Le circuit passe par les principaux sites antiques de l'île. Après un séjour à **Palerme**, en longeant le golfe de Carini, vous atteindrez **Ségeste**, avec son magnifique temple dorique, et **Erice**, spectaculaire nid d'aigle médiéval. Revenez sur vos pas, prenez l'A 29 vers le Sud et après une halte dans la charmante ville de **Castelvetrano**, poursuivez vers l'ancienne cité grecque de **Sélinonte**.

Prenez ensuite la SS 115 qui, en suivant la côte, vous amène aux ruines d'**Eraclea Minoa** avec sa très belle plage, puis à **Agrigente** et à sa célèbre Vallée des Temples. Pendant deux jours, profitez-en pour découvrir également le centre historique d'Agrigente et les localités alentour. En revenant vers Palerme, vous traverserez le superbe paysage montagneux de l'arrière-pays ; avant d'atteindre votre destination, faites un petit détour (bifurcation à droite sur l'A 29) pour aller voir les ruines de la cité punique de **Solonte**.

### ②  SALINS ET MADRAGUES

**Circuit de 150 km (8 jours dont 4 aux îles Égades)** – Après avoir passé quelques jours dans l'archipel des **îles Égades**, où a lieu la *mattanza* (mise à mort traditionnelle des thons) comme en témoigne le grand complexe de Favignana, revenez à **Trapani** et, après avoir visité la ville, dirigez-vous vers le Sud en suivant la nationale bordée par les **salins** (*voir Via del Sale*) qui relie Trapani à

*Agrigente, le temple d'Hercule.*

M. Guillot/MICHELIN

Marsala. En chemin, les ruines de l'ancienne colonie phénicienne de **Mozia** valent la peine que l'on y consacre une demi-journée. Reprenez la route pour arriver à **Marsala**, où est produit le célèbre vin du même nom. Ne manquez pas l'épave du navire carthaginois conservé dans le Musée archéologique Baglio Anselmi. Continuez vers le Sud-Est pour atteindre **Mazara del Vallo**, petit bout d'Afrique avec son port-chenal grouillant de bateaux et de gens. Revenez vers Trapani pour visiter **Erice**, joyau médiéval situé dans un merveilleux site panoramique. Non loin de là se trouve la **Tonnara de Bonagia**.

### 3 LA MONTAGNE SICILIENNE

**Circuit de 250 km (5 jours)** – Ce circuit permet de découvrir la face cachée de l'île, entre panoramas montagneux et hauts plateaux dénudés. Commencez par la visite d'**Enna**, le plus haut chef-lieu de province italien avec ses 948 m d'altitude, puis prenez la S 117 vers le Nord. Après avoir admiré les villages de montagne magnifiquement situés comme **Calascibetta** et **Leonforte**, vous arriverez aux pentes méridionales des Madonie. Après une halte à **Nicosia**, avec ses ruelles médiévales enchevêtrées à 700 m d'altitude, prenez la S 120 vers l'Ouest pour arriver à **Gangi**, où vous pourrez vous promener dans les petites rues caractéristiques qui s'enroulent autour des maisons de pierre. De là, montez jusqu'à **Petralia Soprana** à 1 147 m, la commune la plus haute des Madonie. Poursuivez encore un peu sur la nationale pour atteindre l'A 19 qui vous conduira à **Caltanissetta**. Dirigez-vous ensuite vers **Pietraperzia** et, en continuant sur la S 191, allez jusqu'à la **villa impériale du Casale**, somptueuse demeure romaine avec de splendides pavements en mosaïques. À quelques kilomètres de là se trouve **Piazza Armerina**, petite

ville de structure médiévale dont le noyau baroque est concentré autour d'un Dôme imposant. La S 117 b continue ensuite dans un joli paysage jusqu'à Enna, après avoir longé le **lac de Pergusa**.

### 4 LA SICILE BAROQUE : MORT ET RENAISSANCE EN **1693**

**Circuit de 350 km (9 jours dont 3 à Syracuse)** – Le circuit célèbre le triomphe du baroque sicilien, caractérisé par une pierre calcaire aux tons chauds, des grilles travaillées avec une minutie extrême et de splendides consoles décorées de figures fantastiques et monstrueuses. De **Catane**, qui conserve de précieux témoignages de son passé, suivez la côte jusqu'à **Syracuse**. Là, en plus de l'île d'Ortygie et du site archéologique, vous pourrez visiter les différents musées de la ville et effectuer une excursion en bateau sur le **fleuve Cyane**. En poursuivant sur la SS 115, vous arriverez à **Noto**, splendide joyau baroque. La nationale continue jusqu'à Ispica, non loin de là se trouve la **falaise d'Ispica**, une faille de plus de 10 km de long parsemée d'habitations troglodytiques et de nécropoles. Reprenez ensuite la SS 115 et continuez jusqu'à la route menant à **Scicli**, autre haut lieu du baroque. De là, revenez vers **Modica**, où l'on peut, en plus des chefs-d'œuvre baroques, apprécier de délicieuses douceurs chocolatées. Non loin de là se trouve **Raguse**, dont la partie basse (Ibla) présente un fascinant centre médiéval entouré de palais baroques. La SS 514 borde les monts Iblei jusqu'à **Grammichele**, dont le tracé très régulier s'inscrit autour d'une place hexagonale. De là, poursuivez vers **Caltagirone**, la ville de la céramique, après laquelle vous pourrez reprendre la SS 417 qui vous ramènera à Catane.

### 5 SITES ANTIQUES ET NATURELS

**Circuit de 400 km (10 jours dont 4 aux îles Éoliennes)** – Après avoir visité **Catane**, tentez l'ascension de l'**Etna** (si les conditions du volcan vous le permettent), où les Géants forgent, selon la mythologie, des armes pour Héphaïstos, dieu du Feu. Longez ensuite le versant oriental du volcan jusqu'à **Linguaglossa**. De là, prenez la SS 284 vers **Randazzo**, ville noire couleur de la pierre de lave utilisée pour construire routes et bâtiments. Laissez l'Etna derrière vous et prenez la SS 116 qui vous conduira à, en traversant de beaux paysages de montagne, jusqu'à la côte, à **Capo d'Orlando**. En suivant la côte vers l'Est, vous découvrirez les stations balnéaires de la région ainsi que les sites archéologiques de la villa romaine de **Patti**, de la colonie grecque de

**Tyndaris** et de la villa romaine de **Terme Vigliatore**. Vous arrivez ensuite à **Milazzo**, d'où partent les bateaux pour les **îles Éoliennes**, demeure d'Éole, dieu des Vents. Après avoir passé quelques jours à explorer ce magnifique archipel, revenez à Milazzo pour aller visiter **Messine**. Longez ensuite la côte ionienne vers le Sud jusqu'à **Taormine**, le joyau touristique de l'île, avec son superbe théâtre grec d'où l'on jouit d'un panorama exceptionnel. Continuez à suivre la côte jusqu'à la **Riviera dei Ciclopi** (*voir Acireale*) et devant le petit port d'Aci Trezza, observez les énormes rochers que le Cyclope Polyphème aurait lancés contre Ulysse.

*Vers le sommet de l'Etna.*

M. Guillot/MICHELIN

### 6 LA SICILE DU GRAND TOUR

**Circuit de 850 km (15 jours)** – Sur les traces des voyageurs illustres du passé, le circuit suit les côtes siciliennes et permet de visiter les plus beaux sites artistiques et naturels de l'île. Après **Palerme** et **Monreale**, visitez le temple dorique de **Ségeste**. Continuez ensuite vers le Sud en suivant le circuit 1 jusqu'à **Agrigente**. Poursuivez le long de la côte sur la SS 115 en faisant une halte à Gela pour visiter le Musée archéologique, puis rejoignez **Raguse**. De là, suivez le circuit 4 en sens inverse jusqu'à **Catane**. Poursuivez ensuite vers **l'Etna**, **Linguaglossa**, **Taormine**, **Messine** et la côte Nord-Ouest, en suivant à peu près le circuit 5 jusqu'à **Capo d'Orlando**. Continuez le long de la côte jusqu'à **Cefalù** et, après avoir visité les villas baroques de **Bagheria**, reprenez le chemin de Palerme.

# Itinéraires à thème

### LES ROUTES DU VIN EN SICILE

L'Institut régional de la vigne et du vin (*Istituto Regionale della Vite e del Vino, via Libertà, 66, Palerme,* ☎ *091 62 78 111, fax 091 34 78 70*) propose différents circuits permettant de découvrir les grands vins siciliens. Pour obtenir de plus amples informations et les adresses des exploitations vinicoles, demandez la brochure ou contactez le site www.infcom.it/irvv.
En Italie, l'appellation contrôlée correspondant à notre AOC s'appelle DOC (*Denominazione di origine controllata*).
**La route de l'alcamo DOC** – L'alcamo est un vin blanc, sec et frais, qui accompagne parfaitement tout type de cuisine. Ce circuit vous emmènera à Castellammare del Golfo, Scopello, Alcamo, Ségeste et Calatafimi.
**La route du marsala et du moscato di Pantelleria** – Le moscato passito di Pantelleria est un vin de dessert fait à partir de raisins Zibibbo (importés par les Arabes au 9e s.), à la couleur ambrée et aux arômes doux et délicats. Pour plus d'informations sur le marsala, voir le chapitre du même nom. Le circuit du marsala passe par Erice, Trapani, Marsala, Salemi et Gibellina. Pour le moscato, la visite est concentrée sur l'île de Pantelleria.

**La route de l'insolia** – Le cépage insolia (ou ansonica), présent dans presque tous les vins siciliens DOC, rend les vins blancs les plus robustes frais et agréables en bouche et leur donne un nez fleuri. Le circuit passe par les villes de la côte Sud, de Mazara del Vallo à Agrigente, traverse ensuite l'intérieur de l'île (Sambuca di Sicilia, Santa Margherita Belice et Monreale) et s'achève aux portes de Palerme.
**La route du nero d'Avola et du cerasuolo di Vittoria** – Le nero d'Avola (ou calabrese) est le cépage de base des grands vins rouges DOC de la Sicile (*voir aussi p. 279*). De l'union du nero d'Avola et du frappato naît le cesaruolo di Vittoria, un vin élégant au goût chaleureux et harmonieux en bouche. Le circuit traverse la Sicile de l'arrière-pays de Cefalù jusqu'à Raguse en passant par Castelbuono, Piazza Armerina, Caltagirone, Vittoria, Comiso et Modica.
**La route du moscato di Noto et du moscato di Siracusa** – Ces deux muscats moelleux et harmonieux déploient des arômes délicatement fleuris. Le circuit explore l'extrême Sud-Est de la Sicile et passe par Syracuse, Noto, Palazzo Acreide et Pantalica.

**La route de l'etna** – Avec une production de rouges, de blancs et de rosés, l'etna a été le premier vin sicilien à obtenir une DOC. Ce circuit vous fera découvrir la côte ionienne de Catane à Taormine, pour remonter ensuite les pentes de l'Etna.

**La route du malvasia delle Lipari** – La vinification se fait selon une technique très ancienne, en faisant sécher les raisins sur des claies spéciales faites de cannes. On obtient ainsi un vin délicat et parfumé. Le circuit fait le tour des différentes îles de l'archipel.

## LES PARCS LITTÉRAIRES

Les parcs littéraires unissent les lieux réels et virtuels liés à la vie et à l'œuvre de l'auteur auquel le parc est consacré. Parmi les différentes initiatives proposées, on découvrira les « voyages sentimentaux », des visites thématiques accompagnées par des guides-chanteurs et souvent animées par des groupes théâtraux. Les visites ne sont normalement organisées que pour les groupes et nous conseillons aux touristes isolés de téléphoner suffisamment à l'avance pour pouvoir se joindre à un groupe. Pour plus d'informations, consultez le site www.parchiletterari.com/

**Parc littéraire Luigi Pirandello** – Ce parc littéraire rassemble les lieux liés à l'écrivain entre Agrigente et Porto Empedocle. *Pour toute information : Il Cerchio, via Ugo La Malfa a Monte 1, Agrigente, ☎ 0922 40 28 62, fax 0922 55 40 37, www.parcopirandello.it*

**Parc littéraire Salvatore Quasimodo** – Ce parc comprend Modica (ville natale du poète) et Roccalumera (entre Messine et Taormine), dont la tour lui inspira une poésie. *Pour toute information : corso Umberto I 242, Modica, ☎ 0932 75 38 64.*

**Parc littéraire Leonardo Sciascia** – Ce parc se trouve à Racalmuto, ville natale de l'écrivain,

et à Caltanissetta, où Sciascia étudia. *Pour toute information, contacter la Fondation Leonardo Sciascia, viale della Vittoria 3, Racalmuto, ☎ 0922 94 19 93.*

**Parc littéraire Tomasi di Lampedusa** – Le parc s'étend entre Palerme, ville natale de l'auteur, Santa Margherita Belice, où il passa une grande partie de son enfance et de son adolescence, et Palma di Montechiaro, fief de la famille. *Pour toute information : Vicolo della Neve all'Alloro 2-5 (qui débouche sur la piazza Marina), Palerme, ☎ 091 61 60 796, fax 091 61 00 618 ; palermo@parcotomasi.it ; Palazzo Ducale, Palma di Montechiaro ☎ 0922 96 83 99, fax 0922 96 82 57, palma@parcotomasi.it*

**Parc littéraire Giovanni Verga** – Le parc comprend Catane, Aci Castello et Aci Trezza, où vécurent l'auteur ainsi que ses personnages les plus célèbres. *Pour toute information : Ghenea, via Provinciale 27, Aci Trezza, ☎ 095 71 16 950, fax 095 71 17 147.*

**Parc littéraire Elio Vittorini** – *Le parc se trouve à Syracuse, dans la via S. Sebastiano au n° 14, ☎ 0931 48 12 00.*

### SUR LES TRACES DU COMMISSAIRE MONTALBANO

Si vous appréciez les romans d'**Andrea Camilleri**, sachez que les aventures de son personnage principal, le commissaire Montalbano, se déroulent entre Agrigente et Sciacca. Dans les livres, les lieux réels changent de nom : Vigàta, la ville de Salvo Montalbano, est en réalité Porto Empedocle et Montalusa correspond à Agrigente. Les autres villes voient leurs noms légèrement transformés, ce qui les rend facilement reconnaissables : Bibera-Ribera, Comisini-Comitini, Fela-Gela, Fiacca-Sciacca, Montereale-Realmonte, Ragòna-Aragona et Sampedusa-Lampedusa. À vous de suivre la piste maintenant !

# Découvrir autrement la région

## dans les parcs et les réserves

### LES PARCS RÉGIONAUX

Il y a quatre parcs régionaux en Sicile. Dans l'arrière-pays, entre Palerme et Messine, se trouvent le **parc des Madonie** et le **parc des Nebrodi** qui offrent de nombreuses possibilités de randonnées, de difficulté et de durée variables *(voir Madonie et Nebrodi)*. Le **parc de l'Etna** permet également d'effectuer de belles excursions avec des parcours très variés et quelques sentiers de nature. Il est conseillé de s'adresser aux organismes spécialisés (surtout si vous prévoyez de monter jusqu'aux cratères) et de se faire accompagner d'un guide. Non loin de là se trouve le **parc fluvial de l'Alcantara**, avec les superbes gorges du même nom *(voir p. 370)*. Pour toute information : parc fluvial de l'Alcantara, ☎ 0942 98 10 38 ; www.parcoalcantara.it/

M. Magni/MICHELIN

### LES RÉSERVES RÉGIONALES

Les réserves régionales sont nombreuses ; citons notamment :
la **Cava Grande del Cassibile** *(voir Noto)* ;
le **Fiume Ciane e le Saline di Siracusa** *(voir Siracusa)* ;
la **Riserva del fiume Freddo** *(voir Etna)* ;
la **Foce del fiume Belice e dune limitrofe** *(voir Castelvetrano)* ;
la **Riserva Naturale della Foce dell'Irminio**, près de Marina di Ragusa. Pour toute information ☎ 0932 67 51 11 (Provincia Regionale di Ragusa, viale del Fante, 2, 97100 Raguse) ;
la **Riserva delle Macalube di Aragona** *(voir Agrigento)* ;

la **Riserva naturale Oasi del Simeto** *(voir Etna)* ;
l'**Oasi Faunistica di Vendicari** *(voir Noto)* ;
la **Riserva della Valle dell'Anapo** *(voir Pantalica)* ;
la **Riserva dello Zingaro** *(voir Golfe de Castellammare)* ;
et la **Riserva Naturale Orientata Monte Pellegrino**, confiée aux Rangers d'Italie, viale Diana, località Giusino, Palerme, ☎ 091 67 16 066.

Pour obtenir la liste complète, consultez le site www.parks.it/regione.sicilia/index.html. Si vous souhaitez avoir plus d'informations sur les réserves citées ou sur d'autres en projet, contactez l'**Assessorato Regionale Territorio e Ambiente**, via La Malfa, 169, Palerme, ☎ 091 75 42 071 et 091 68 90 630, ou les antennes locales du **CAI** (Club Alpino Italiano) que vous trouverez à :
Catane, piazza Scammacca, 1, ☎ 095 71 53 515
Messine, via Natoli, 20, ☎ 090 65 10 126
Palerme, via N. Garzilli, 59, ☎ 091 32 94 07
Syracuse, via Maestranza, 33, ☎ 0931 64 751

### LES RÉSERVES WWF

Le WWF gère les réserves suivantes :
la **Riserva Naturale Orientata Capo Rama**, à deux kilomètres de Terrasini. Pour toute information : via delle Rimembranze, 18, 90049 Terrasini, ☎/fax 091 86 85 187 ;
les **Saline di Trapani e Paceco** *(voir Via del Sale)* ;
la **Riserva Naturale Integrale del Lago Preola e dei Gorghi Tondi**, à quelques kilomètres au Sud-Est de Mazara del Vallo. Pour toute information : via F. Maccagnone, 2/b, 91026 Mazara del Vallo, ☎ 0923 93 40 55 ;
la **Riserva Naturale Orientata di Torre Salsa** *(voir Agrigento)* ;
et la **Riserva Regionale di Isola Bella** *(voir Taormina)*.

Pour de plus amples informations, contactez la délégation de Sicile du WWF, via E. Albanese 98, Palerme, ☎ 091 58 30 40 ; www.wwfsicilia.it/default.asp

## à bicyclette

Certaines voies de chemins de fer abandonnées ont été transformées en pistes cyclables. La ligne **Agrigente-Castelvetrano** suit la SS 115 et passe par Realmonte, Eraclea Minoa et Sciacca. La ligne **Syracuse-Vizzini-Raguse** traverse les monts Iblei et passe par Pantalica, Palazzolo Acreide, Monterosso Almo, Vizzini et Chiaramonte Gulfi. La ligne **Noto-Pachino** suit un tracé presque parallèle à la S 19 et traverse Noto Marina et Vendicari. Pour de plus amples informations, contactez les Offices de tourisme locaux ou le comité régional de la Fédération cycliste italienne, c/o Velodromo Paolo Borsellino, via Lanza di Scalea, 90146 Palerme, ☎ 091 67 18 715, fax 091 67 18 711.

La société **Siciclando** (www.siciclando.com) propose des circuits individuels ou en groupe pour découvrir la Sicile à vélo. Pour toute information, contactez l'APT de Palerme, piazza Castelnuovo, 35, ☎ 091 58 38 47 ou 091 60 58 351, fax 091 58 63 38 ; www.aapit.pa.it/

## en train touristique

Vous pourrez faire le tour de l'Etna en train avec la ligne **Circumetnea,** qui va de Catane à Riposto en 5h environ. Une fois à Riposto, vous devrez prendre un autobus ou un train « normal » pour rentrer à Catane. Pour toute information : Ferrovia Circumetnea, via Caronda, 352/A, Catane, ☎ 095 54 11 11 ; www.circumetnea.it.

## avec vos enfants

L'idéal pour visiter la Sicile avec des enfants est de venir au moment des fêtes traditionnelles (fêtes de Pâques et du Carnaval, pour ne citer que les plus importantes) lorsque les villes et les villages voient leurs rues envahies de sons et de couleurs. *Voir le Calendrier festif p. 45.*
Nous vous indiquons ci-dessous quelques idées pour animer le séjour des plus petits (mais aussi des plus grands). Dans le guide, ces propositions sont signalées par le symbole ©.

À Acireale, le **musée des Marionnettes** *(Museo dei Pupi dell'Opra)* et son théâtre *(voir Acireale).*
À Catane, le **musée du Jouet** *(Museo del Giocattolo)*, via Vittorio Emanuele, 201, qui expose des jouets anciens. *Tlj sf lun. 9h-19h. 3,5€ (enf. : 2€).* ☎ 095 32 01 11.
À Belpasso, au pied de l'Etna, l'**Etnaland-Parco Zoo di Sicilia**, avec un incroyable parc aquatique, un parc zoologique et un parc de la préhistoire. *Tlj sf mer. (sf pour le parc aquatique) 9h-3h avant le coucher du soleil. Fermé nov.-mars (parc zoologique), de mi-sept. à mi-juin (parc aquatique). 19€ (enf. : 10€) pour les trois parcs, 8,55€ (enf. : 5,55€) pour le parc zoologique et de la préhistoire.* ☎ 095 79 13 333, fax 095 79 13 334 ; www.parcozoo.it/
À Linosa, le **Centre d'étude des tortues de mer** *(Centro Studi sulle Tartarughe marine, voir p. 226).*
À Nubia, les **salins** avec le musée du Sel et le moulin à vent *(voir Via del Sale).*
À Palerme, le **musée international des Marionnettes** *(Museo Internazionale delle Marionette, voir p. 308).*

## tourisme écologique

Le WWF tout comme l'association écologiste Legambiente organisent divers camps et centres de protection de la nature. Le WWF en particulier possède trois centres de préservation des animaux sauvages à Alcamo, Enna et Messine, un centre d'élevage d'animaux domestiques en voie de disparition (comme la poule sicilienne, la chèvre de Girgente et l'âne de Sicile) à Alcamo, et plusieurs centres de sauvegarde et de préservation des tortues. Plusieurs camps sont organisés chaque année en été. Pour toute information s'adresser à la délégation de Sicile du WWF, via E. Albanese, 98, Palerme, ☎ 091 58 30 40. Legambiente (☎ 091 30 16 63) organise aussi des camps d'été qui changent d'une année sur l'autre. Lampedusa en accueille généralement un (sur la protection des tortues marines), ainsi que Pantelleria.

# Sports et loisirs

La Sicile à pied, à cheval, en plongée, en canoë, en bateau à voile, à bicyclette, en VTT... D'infinies possibilités s'offrent à ceux qui désirent passer des vacances proches de la nature. Le livre **Guida per il turismo alternativo** en deux volumes, l'un consacré à la Sicile orientale, l'autre à la partie occidentale, est un excellent outil pour s'organiser, trouver des idées et de l'inspiration. Disponible en kiosque, librairie ou sur commande au ☎ 091 54 35 06.

## spéléologie

La **Federazione Speleologica Regionale Siciliana** coordonne les différentes associations qui s'occupent de spéléologie. Pour toute information ☎ 0932 62 16 99. En Sicile, certaines réserves spéléologiques naturelles sont ouvertes au public ; elles sont gérées par le CAI *(adresse et numéro de téléphone, voir plus haut « Les parcs et les réserves »)* et par l'association Legambiente dont l'antenne régionale se trouve via Agrigento, 67, à Palerme, ☎ 091 30 16 63. Nous vous indiquons ci-dessous quelques-unes de ces réserves :
– la **Riserva Grotta di Carburangeli** à Carini dans la province de Palerme *(pour les visites, contacter Legambiente, corso Umberto I 64, Carini, ☎ 091 86 69 797).*
– la **Riserva Grotta di S. Ninfa** dans la province de Trapani *(pour les visites, contacter Legambiente, via S. Anna 101, Santa Ninfa, ☎ 0924 62 376).*
– la **Riserva Naturale Grotta Conza** dans la province de Palerme *(pour les visites, contacter le CAI Sicilia, via Roma 443, Palerme, ☎ 091 32 26 89).*
– la **Riserva Naturale Monte Conca** dans la province de Caltanissetta *(pour les visites, contacter le CAI Sicilia, corso Pietro Nenni 4, Milena (CT), ☎ 0934 93 32 54)*
– la **Riserva Naturale Grotta di Entella** à Contessa Entellina dans la province de Palerme *(pour les visites, contacter le CAI Sicilia, Monreale, ☎ 091 84 65 770).*
Pour plus d'informations sur les réserves spéléologiques citées ou sur d'autres en projet, contactez l'**Assessorato Regionale Territorio e Ambiente**, via La Malfa 169, Palerme, ☎ 091 75 42 071 et 091 68 90 630 ou les antennes locales du **CAI** *(voir « Les réserves régionales » pour les coordonnées).*

## ski

Le lieu de prédilection pour la pratique du ski en Sicile est sans aucun doute l'Etna avec ses deux grandes stations, Nicolosi et Piano Provenzana (Linguaglossa), dont les installations ont malheureusement été très endommagées par la dernière éruption du volcan. Sur les Madonie, il est possible de skier à Piano Battaglia à 1 600 m d'altitude. Pour de plus amples informations, contactez les Offices de tourisme locaux.

## plongée

Les côtes siciliennes recèlent des paysages sous-marins très intéressants, aux multiples aspects. Cependant les véritables paradis pour plongeurs sont les îles, aux eaux particulièrement limpides et aux fonds marins très riches. À **Ustica** *(voir ce nom)*, une **réserve naturelle marine** a été créée ; des sorties-découvertes en mer, des séances de plongée ou des cours particuliers (archéologie et photographie sous-marine) y sont organisés. Pour toute information : Federazione Italiana Pesca Sportiva Attività Subacquea, Comitato Regionale Sicilia, via Terrasanta 93, Palerme, ☎ 091 30 23 02.

Riserva Naturale Marina di Ustica

## au fil de l'eau

Les amateurs de **voile** pourront contacter la Federazione Italiana Vela, via E. Albanese, 7, Palerme, ☎ 091 34 28 20, tandis que les passionnés de **canoë-kayak** s'adresseront au Comitato Regionale Canoa-Cayak, via Chianchitta 101, Giardini Naxos, ☎ et fax 0942 50 250.
Selon les experts, les meilleurs spots siciliens de **planche à voile** sont

Mondello, Cefalù, Capo d'Orlando, Marinello-Oliveri, Tremestieri (au Sud de Messine), Scaletta, Catane, Portopalo, Marina di Ragusa, Agrigente, Pozziteddu (Capo Granitola, au Sud de Campobello di Mazara) et le Stagnone. Pour le **surf**, Mondello, Aspra et Termini Imerese sont particulièrement recommandés et pour le **kitesurf**, on ira plutôt à Marina di Ragusa, Pozzallo et Scoglitti. Vous trouverez des informations supplémentaires sur les sites : www.kitesicilia.it/ (kitesurf), www.windsurfitalia.da.ru et www.shorebreak.it/ (planche à voile), www.fuddittu.tk/ (kitesurf et planche à voile).

## canyoning

Les passionnés de canyoning pourront obtenir des informations sur la pratique de ce sport en eaux vives auprès de l'Associazione Italiana Canyoning, Sezione Sicilia (M. Diego Leonardi), ☎ 095 70 81 995, www.canyoning.it. Une autre association à contacter en Sicile est l'association Etna Canyoning, via E. Longo 8 à Zafferana Etnea ; etnacanyoning@telvia.it

## équitation

De nombreux gîtes d'agritourisme organisent des promenades et des randonnées à cheval. Pour plus d'informations concernant le tourisme équestre en Sicile, contactez la Federazione Italiana Turismo Equestre, Comitato Regionale, via Lupis 62, Raguse, ☎/fax 0932 25 76 39 ; www.fiteec-ante.it/index.html

## deltaplane

Ceux qui souhaitent voir la Sicile d'en haut pourront s'adresser à l'Accademia Siciliana Volo Libero, via degli Astronauti, 14 trav. C, Altofonte (province de Palerme), ☎ 091 66 40 535.

## golf

Les passionnés de golf pourront exercer leur sport favori à l'ombre de l'Etna au Picciolo Golf de Castiglione di Sicilia (province de Caltanissetta), ☎/fax 0942 98 62 52.

# Forme et santé

## thermalisme

Le patrimoine thermal sicilien remonte à l'époque grecque et romaine. Vous trouverez ci-dessous les principaux établissements thermaux de l'île, classés par province :
Agrigente : Terme di **Sciacca** *(voir ce nom)* ; Terme d'Acqua Pia, loc. Acque Calde, **Montevago**, ☎ 0925 39 026 ;
Catane : **Acireale** *(voir ce nom)*, www.terme.acireale.gte.it ;

Messine : Fonte di Venere, viale Stabilimento 85, **Terme Vigliatore**, ☎ 090 97 81 078 ; Terme di Giuseppe Marino, via Roma 25, ☎ 0942 71 50 31 et Terme di Granata Cassibile, via Crispi 1/13, ☎ 0942 71 50 29, tous deux à **Alì Terme ;** Terme di **Vulcano** (Îles Éoliennes, *voir ce nom*) ;
Palerme : Terme di **Termini Imerese**, piazza delle Terme 2, ☎ 091 81 13 557 ;
Trapani : Terme di Gorga, contrada Gorga, **Calatafimi**, ☎ 0924 23 842.

# Souvenirs

Les souvenirs à rapporter de Sicile ne manquent pas et il y en a pour tous les goûts !

## pour le plaisir du palais

La région de Trapani et les îles Égades (en particulier Favignana) sont spécialisées dans le **thon** préparé de façon traditionnelle (thon à l'huile, boutargue de thon, thon séché) et font également de l'espadon fumé. Pantelleria et Salina produisent d'excellentes **câpres**. Un peu partout sur les marchés ou dans les magasins de fruits et légumes, vous pourrez acheter les **épices** et les **aromates** typiques utilisés dans la cuisine sicilienne : origan, fenouil sauvage, raisins secs, pistache (dans la région de Bronte), safran sicilien. Dans la région de Palerme, vous trouverez les délicieuses **spécialités en massepain** (« pâte royale ») et sur la côte ionienne, une excellente **pâte d'amandes**. Vous ne pourrez hélas pas rapporter les célèbres granités, mais vous pourrez en faire chez vous grâce aux pains de pâte d'amandes, qui servent à fabriquer le lait d'amandes. Le choix de **vins** est également très important, surtout pour les vins de dessert : moscato di Noto, moscato passito di Pantelleria, marsala et malvasia delle Lipari, pour ne citer que les plus célèbres.

## pour la maison

L'un des produits les plus typiques de l'artisanat sicilien est la céramique. Les centres de fabrication les plus importants sont Caltagirone, Santo Stefano di Camastra, Erice et Sciacca : vous y trouverez des vases, des statuettes, des plats, et toutes sortes de petits objets et de récipients. Outre la céramique, on trouve nombre d'objets manufacturés ou produits naturels traditionnels en Sicile : le corail, surtout à Trapani où son travail est un art à part entière, les tapis dans la région d'Erice, les célèbres éponges naturelles de Lampedusa et les produits issus du travail du papyrus (papier et toile), typique de Syracuse.
Et, bien évidemment, les célèbres marionnettes (*pupi*) et charrettes siciliennes, symboles dc l'artisanal sicilien. Il y en a de tous types, des plus rudimentaires vendues dans les magasins de souvenirs aux plus précieuses que l'on trouve en général chez les antiquaires et les brocanteurs ou directement chez les quelques derniers fabricants.

Guidorlando/Lara Pessina/MICHELIN

# Kiosque

Il semble qu'il n'y ait que les écrivains étrangers ou siciliens qui parlent de la Sicile, comme si l'essence complexe, énigmatique et parfois insolite de l'île ne pouvait être perçue avec justesse que par ceux qui l'observent de très loin ou bien de très près, de « l'intérieur ». À la liste d'ouvrages que nous conseillons ci-dessous, il faut ajouter les livres et les auteurs cités dans la partie consacrée à la littérature (voir p. 112). Une liste très complète des livres consacrés à la Sicile (classés par genre) se trouve sur le site www.siciliano.it/indexlibri.cfm (en italien).

## récits de voyages et guides photographiques

Le Voyage en Sicile, D. Vivant Denon, Le Promeneur.
Du Vésuve à l'Etna, R. Peyrefitte, Livre de Poche.
Un voyage en Italie, G. Ceronetti, Albin Michel.
Sicile des dieux et des hommes, V. et F. Sarano, Vilo, 1998.
Le Voyage d'Italie : dictionnaire amoureux, D. Fernandez et F. Ferranti, Plon.
Palerme et la Sicile, D. Fernandez et F. Ferranti, Stock.

## art, histoire, essais

La Sicile antique, M. I. Finley, Macula.
La Sicile islamique, A. Ahmad, Publisud.
Histoire de la Sicile, J. Huré, coll. Que sais-je ? PUF.
Sicile, M. Padovani, Seuil.
Les Siciliens, D. Fernandez, Denoël.
Cosa Nostra, M. Padovani et G. Falcone, Édition 1/ Austral.
Demeures de Sicile, A. Zalapi, Konemann Verlag.
La Sicile au temps des Guépards, J.-B. Naudin, G. Géfen et L. Fasoli, Éd. du Chêne.

## littérature

**Giovanni Verga**
Maître Don Gesualdo, Plon ; Les Malavoglia, Gallimard, coll. Folio.
**Federico De Roberto**
Les Vice-rois, Stock.
**Luigi Pirandello**
Romans :
L'Exclue, Actes Sud ; Nouvelles, Livre de Poche ; Nouvelles pour un an, Gallimard ; Un, personne et cent mille, Gallimard, coll. L'Imaginaire.
Théâtre :
Liolà, Gallimard ; L'Amie de leurs femmes, L'Arche.
**Giuseppe Tomasi di Lampedusa**
Le Guépard, Seuil, coll. Points ; Le Professeur et la Sirène, Seuil, coll. Points.
**Vitaliano Brancati**
Journal romain, Fayard.
**Elio Vittorini**
Journal en public, Gallimard ; Les Femmes de Messine, Gallimard ; Conversation en Sicile, Gallimard.
**Leonardo Sciascia**
L'Affaire Moro, Grasset, coll. Les Cahiers rouges ; Du côté des infidèles, Grasset, coll. Les Cahiers rouges ; Mots croisés, Fayard ; Œil de chèvre, Fayard ; Petites Chroniques, Fayard ; Pirandello et la Sicile, Grasset, coll. Les Cahiers rouges ; De la Sicile et de la vie en général (entretiens avec Domenico Porzio), Éd. Liana Levi, coll. Opinion.
**Gesualdo Bufalino**
Argos l'aveugle, Éd. de Fallois, coll. L'Âge d'Homme ; La Lumière et le Deuil, Julliard ; Qui Pro Quo, Julliard ; Le Semeur de peste, Éd. de Fallois, coll. L'Âge d'Homme ; Calendes grecques : souvenirs d'une vie imaginaire, Verdier.
**Giuseppe Bonaviri**
Le Tailleur de la Grand-Rue, Gallimard ; La Dormeveille, Gallimard.
**Andrea Camillleri**
La Saison de la chasse, Fayard ; La Forme de l'eau, Pocket.
**Lawrence Durrell**
Le Carrousel sicilien, Folio.

## cuisine

Sicile à table, collectif, Bonecchi Casa Editrice

# Calendrier festif

Ce chapitre ne mentionne pas toutes les manifestations folkloriques ou d'intérêt touristique qui ont lieu dans la région, et qui se multiplient pendant les périodes de Pâques et du Carnaval. Pour en avoir une liste complète, il est conseillé une fois encore de s'adresser à l'*Azienda di Promozione Turistica* ou à l'Office du tourisme de la ville ou de la région à visiter.

*Lorsque le nom de la ville est suivi d'une étoile \*, cela signifie que la manifestation est également citée dans la rubrique « Calendrier » du chapitre consacré à cette ville.*

## célébrations de Pâques

| | |
|---|---|
| *Processione del Cristo morto e dell'Addolarata* l'après-midi du Vendredi saint. | **Alcamo** |
| Procession de seize groupes de statues. | **Caltanissetta\*** |
| Vendredi : procession. Dimanche matin : *Festa dell'Aurora,* célébrée depuis 1860. | **Castelvetrano** |
| Processions des Confréries le Vendredi saint. | **Enna\*** |
| Procession des Mystères le Vendredi saint. | **Erice\*** |
| Procession du Jeudi saint. | **Marsala\*** |
| *Processione delle Barette* le Vendredi saint. | **Messine\*** |
| Au cours de la Semaine sainte, les habitants revêtent les costumes traditionnels brodés d'or et d'argent. Le vendredi interviennent le chœur du *Simenon Kremate* et la procession des *Enkomia.* Le dimanche a lieu un lâcher de colombes blanches, on lance des branches de romarin et on distribue des œufs peints en rouge. | **Piana degli Albanesi** |
| Le dimanche matin : *U n'contru – U ballu di diavula* (La rencontre – La danse des diables). | **Prizzi** |
| Vendredi saint : Procession des Mystères et retraite aux flambeaux. À Ibla, évocation du martyre de saint Georges. | **Raguse\*** |
| Procession du Christ ressuscité appelée *U gioia* (La Joie). | **Scicli\*** |
| Procession des Mystères vendredi après-midi et samedi matin. | **Trapani\*** |

## entre sacré et profane

**6 janvier**
Célébrations et fêtes du rite orthodoxe (Noël orthodoxe). **Piana degli Albanesi**

**20 janvier**
*Festa di S. Sebastiano* **Acireale\***

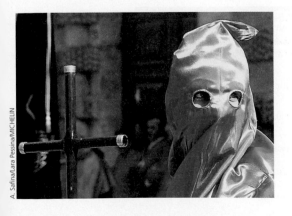

La procession des Mystères de Trapani.

A. Safina/Lara Pessina/MICHELIN

**1ʳᵉ semaine de février (5 février)**
*Festa di Sant'Agata.*                                    **Catane***

**3 février**
*Festa dei Pani di S. Biagio,* fête du quartier Rabato avec    **Salemi**
confection de petits pains décoratifs.

**Semaine de Carnaval (Mardi gras)**
Fêtes de Carnaval avec défilé de chars allégoriques.    **Acireale*, Sciacca*,**
                                                        **Termini Imerese***

**Samedi précédant le 19 mars**
*Cavalcata di S. Giuseppe*                               **Scicli***

**19 mars**
*Cene di S. Giuseppe* (Repas de saint Joseph),          **Salemi**
comprenant la confection de pains votifs.

**Fin mai**
*Festa della Battaglia delle Milizie.*                   **Scicli***

**Dernier dimanche de mai**
Évocation du martyre de saint Georges.                   **Raguse***

**14-15 juillet**
« *U fistinu* » en l'honneur de la patronne de la ville,    **Palerme***
sainte Rosalie.

**24-25 juillet**
*Festa di San Giacomo* avec *la Luminaria.*              **Caltagirone***

**2-6 août**
*Festa di S. Salvatore.*                                 **Cefalù***

**14 août**
*Madonna della Luce* avec procession de barques.        **Cefalù***

**21-24 août**
*Festa di San Bartolomeo,* avec feux d'artifice en mer.    **Lipari***

**2 septembre**
*Festa della Madonna Odigitria,* patronne de Piana,    **Piana degli Albanesi**
avec défilé de femmes en costume et course
de chevaux.

**7-8 septembre**
*Madonna della Luce* avec la procession des deux Géants    **Mistretta***
Chronos et Mytia.

**Novembre-janvier**
*Festa del presepe,* exposition-vente de crèches en terre    **Caltagirone***
cuite.

**2 novembre**
Fête des Morts.                                          **Palerme***

# *festivals et manifestations culturelles*

**1ʳᵉ et 2ᵉ semaine de février**
*Sagra del mandorlo in fiore* (Fête de l'Amandier en fleur)    **Agrigente***
à l'occasion du Festival international du folklore.

**Mai-juin**
Représentations classiques au théâtre grec.             **Syracuse***

**Juin-décembre**
*Orestiadi,* festival de théâtre, musique et cinéma.    **Gibellina***

**Juillet-septembre**
Concerts et représentations théâtrales au théâtre       **Ségeste***
grec.
*Taormina Arte,* festival de musique, théâtre, cinéma et    **Taormine***
danse.
*Tindari estate :* théâtre, musique et danse            **Tindari***

*La Fête de l'Amandier en fleur d'Agrigente.*

**Fin juillet**
*Marsala Doc Jazz Festival.*

**Automne (période variable)**
Semaine de musique sacrée.

**Fin novembre à mi-décembre**
*Festival di Morgana.*

**Marsala\***

**Monreale\***

**Palerme\***

## autres rendez-vous traditionnels

**Avril-mai**
Fête du costume et de la charrette siciliens.

**25 avril**
*Sagra della Ricotta.*

**3ᵉ dimanche de mai**
*Primavera barocca* (Printemps baroque), avec l'Infiorata.

**12-14 août**
*Palio dei Normanni.*

**14 août**
*Passeggiata dei Giganti* (promenade des Géants).

**2ᵉ ou 3ᵉ dimanche d'octobre**
*Sagra della Mostarda.* La mostarda est une pâte obtenue à partir de la pulpe de figues de Barbarie cuite avec de la farine et des aromates, elle est utilisée dans la fabrication de différents gâteaux.

**Taormine\***

**Vizzini**

**Noto\***

**Piazza Armerina\***

**Messine\***

**Militello in Val di Catania**

# Lexique

## sur la route et en ville

| | | | |
|---|---|---|---|
| **a destra,** | à droite, à gauche | **largo** | rue très large |
| **a sinistra** | | **lavori in corso** | travaux en cours |
| **banchina** | bas-côté | **neve** | neige |
| **binario** | quai (de gare) | **passaggio a livello** | passage à niveau |
| **corso** | boulevard | **passo** | col |
| **discesa** | descente | **pericolo** | danger |
| **dogana** | douane | **piazza** | place |
| **fermata** | arrêt (d'autobus) | **piazzale** | esplanade |
| **(d'autobus)** | | **stazione** | gare |
| **fiume** | fleuve, rivière | **stretto** | étroit |
| **frana** | éboulement | **uscita** | sortie |
| **ghiaccio** | verglas | **viale** | avenue |
| **ingresso** | entrée | **vietato** | interdit |

M. Magni/MICHELIN

# sites et curiosités

| | | | |
|---|---|---|---|
| **abbazia** | abbaye | **mausoleo** | mausolée, tombeau |
| **affreschi** | fresques | | |
| **aperto** | ouvert | **mercato** | marché |
| **basilica** | basilique, église | **navata** | nef |
| **cappella** | chapelle | **palazzo** | palais |
| **casa** | maison | **passeggiata** | promenade |
| **castello** | château, forteresse | **piano** | étage |
| **cattedrale** | cathédrale | **ponte** | pont |
| **certosa** | chartreuse | **priorato** | prieuré |
| **chiesa** | église | **quadro** | tableau |
| **chiostro** | cloître | **(in) restauro** | (en cours de) restauration |
| **chiuso** | fermé | | |
| **cinta muraria** | mur d'enceinte | **rivolgersi a...** | s'adresser à... |
| **città** | ville | **rocca** | château médiéval, forteresse |
| **città vecchia** | vieille ville | | |
| **collegiata** | collégiale | **rovine, ruderi** | ruines |
| **convento** | couvent | **sagrestia** | sacristie |
| **cortile** | cour | **scala** | escalier |
| **dintorni** | environs | **scavi** | fouilles |
| **duomo** | dôme, cathédrale | **seggiovia** | télésiège |
| **fortezza** | forteresse | **spiaggia** | plage |
| **funivia** | téléphérique | **teatro** | théâtre |
| **giardini** | jardins | **tesoro** | trésor |
| **gole** | gorges | **torre** | tour |
| **lago** | lac | **vista** | vue |
| **lungomare** | promenade de bord de mer | | |

# mots usuels

| | | | |
|---|---|---|---|
| oui, non | **sì, no** | peu | **poco** |
| monsieur | **signore** | plus | **più** |
| madame | **signora** | moins | **meno** |
| mademoiselle | **signorina** | cher | **caro** |
| hier | **ieri** | combien ça coûte ? | **quanto costa ?** |
| aujourd'hui | **oggi** | | |
| demain | **domani** | grand | **grande** |
| matin | **mattina** | petit | **piccolo** |
| soir | **sera** | la route pour... ? | **la strada per... ?** |
| après-midi | **pomeriggio** | où ? | **dove ?** |
| s'il vous plaît | **per favore** | quand ? | **quando ?** |
| merci | **grazie** | où est... ? | **dov'è... ?** |
| pardon | **scusi** | peut-on visiter ? | **si può visitare ?** |
| assez | **basta** | quelle heure est-il ? | **che ore sono ?** |
| bonjour | **buon giorno** | je ne comprends pas | **non capisco** |
| bonsoir | **buona sera** | | |
| au revoir | **arrivederci** | tout, tous | **tutto, tutti** |
| beaucoup | **molto** | | |

# chiffres et nombres

| | | | | | |
|---|---|---|---|---|---|
| 0 | zero | 10 | dieci | 20 | venti |
| 1 | uno | 11 | undici | 30 | trenta |
| 2 | due | 12 | dodici | 40 | quaranta |
| 3 | tre | 13 | tredici | 50 | cinquanta |
| 4 | quattro | 14 | quattordici | 60 | sessanta |
| 5 | cinque | 15 | quindici | 70 | settanta |
| 6 | sei | 16 | sedici | 80 | ottanta |
| 7 | sette | 17 | diciassette | 90 | novanta |
| 8 | otto | 18 | diciotto | 100 | cento |
| 9 | nove | 19 | diciannove | 1 000 | mille |

# La Liste du Patrimoine mondial

En 1972, l'Organisation des Nations unies pour l'éducation, la science et la culture (Unesco) a adopté une convention concernant la protection des sites culturels et naturels. Aujourd'hui, 128 « États parties » ont ratifié la Convention et 754 sites de « valeur universelle exceptionnelle » de par le monde sont inscrits sur la Liste du patrimoine mondial. Chaque État partie propose l'inscription de ses propres sites nationaux ; chaque année, les demandes sont examinées par un comité de représentants de 21 États membres, assisté d'organisations techniques : ICOMOS (Conseil international des monuments et des sites), UICN (Union internationale pour la conservation de la nature), ICCROM (Centre international d'études pour la conservation et la restauration des biens culturels, Centre de Rome).

La Convention définit comme éléments du patrimoine culturel des monuments (édifices, sculptures, structures de caractère archéologique), des ensembles (groupe de bâtiments) et des sites (œuvres combinées de l'homme et de la nature) ayant une valeur exceptionnelle du point de vue de l'histoire, de l'art ou de la science. Le patrimoine naturel est constitué, notamment, de monuments naturels, de formations géologiques, de zones strictement délimitées constituant l'habitat d'espèces menacées, de sites naturels.

Les signataires de la Convention s'engagent à coopérer afin de préserver et protéger ces sites en tant que patrimoine universel et contribuent financièrement au Fonds du patrimoine mondial, utilisé aussi bien pour participer à la restauration d'un monument que pour aider à la surveillance d'un parc naturel.

Parmi les biens inscrits, on peut citer la Grande Muraille de Chine (1987), le Canal du Midi (1996) ou encore le centre historique de Bruges (2000) et les jardins botaniques royaux de Kew (en Grande-Bretagne, 2003).

## En Italie, les sites culturels et naturels sont :

Les peintures rupestres du Val Camonica
L'église et le couvent de S. Maria delle Grazie, avec *La Cène* de Léonard de Vinci, à Milan
Le centre historique de Florence
Venise et sa lagune
La piazza del Duomo, à Pise
Le centre historique de San Gimignano
Les quartiers troglodytiques de Matera
La ville de Vicence et les villas palladiennes en Vénétie
Le centre historique de Sienne
Le centre historique de Naples
Crespi d'Adda
Ferrare, la ville Renaissance et le Delta du Po
Castel del Monte
Les « trulli » d'Alberobello
Les monuments paléochrétiens et les mosaïques de Ravenne
Le centre historique de Pienza
Le palais royal de Caserte, avec le parc, l'aqueduc de Vanvitelli et le complexe de S. Leucio
Les résidences des Savoie, à Turin
Le jardin botanique, à Padoue
La cathédrale, la Torre Civica et la Piazza Grande, à Modène
Les zones archéologiques de Pompei, Herculanum et Torre Annunziata
La villa impériale du Casale, à Piazza Armerina
Le nuraghe Su Nuraxi, à Barumini
Portovenere, les Cinque Terre et les îles (Palmeria, Tino, Tinetto)
La côte amalfitaine
La zone archéologique d'Agrigente
Le parc national du Cilento et du Vallo di Diano, avec les sites archéologiques de Paestum et Velia et la chartreuse de Padula
La zone archéologique et la basilique d'Aquilée
Le centre historique d'Urbin
La villa Adriana et la villa d'Este, à Tivoli
La ville de Vérone
Les îles Éoliennes
La basilique St-François et autres lieux de mémoire franciscaine, à Assise
L'opera dei Pupi siciliani (patrimoine immatériel)
Les villes baroques du Val di Noto
Rome et le Saint-Siège
Le centre historique de Rome, le Vatican et St-Paul-hors-les-murs
Les Monts sacrés du Piémont et de Lombardie

# Invitation au voyage

# Une terre
# de contrastes

*« Montez à bord de cette arche triangulaire de rochers qui flotte sur les ondes des millénaires. Elle a échappé à tant de tempêtes, elle survivra aux fusées... Et glissez dans votre poche un dictionnaire grec : vous pourriez rencontrer, surgie des eaux et désireuse de bavarder avec vous, Aphrodite Anadiomène... »*
*Gesualdo Bufalino, « La Lumière et le Deuil »*

Trois nymphes parcouraient le monde pour recueillir ce que la Terre avait de mieux à leur offrir. Tombant sous le charme d'une mer à la beauté exceptionnelle, elles interrompirent leur voyage et laissèrent glisser de leurs mains les fleurs et les fruits ramassés en chemin. Les vagues de la mer donnèrent alors naissance à la « terre aux trois pointes » (Cap Peloro, Cap Passero et Cap Lilibeo), écrin de toutes les beautés de l'univers.

Ce mythe est peut-être le seul qui peut expliquer la beauté de cette île dont la forme harmonieusement triangulaire lui a valu le nom de *Trikeles* (trois jambes) chez les Grecs et de *Triquetra* (trois sommets) chez les Romains. L'emblème de la Trinacrie, représentant une tête de Méduse entourée de trois jambes, est devenu le symbole intemporel de la Sicile.

La beauté est sans aucun doute la composante maîtresse de la terre sicilienne. La beauté de la mer, du ciel, de la ligne impérieuse des montagnes qui suivent et protègent les côtes. La beauté d'une nature qui ne murmure pas, mais fait entendre

avec force sa voix par des couleurs éclatantes, des parfums intenses et des paysages uniques. Une nature qui a assisté avec un détachement altier au croisement de mille destins différents : les Grecs ont construit les fondations sur lesquelles les Romains ont érigé leurs monuments, les Arabes ont bâti de magnifiques édifices et jardins dont les Normands ont fait leurs palais, les Français et les Espagnols ont mêlé sur les façades des bâtiments la rigueur gothique à l'exubérance baroque... et en 1860, lorsque Garibaldi, le « héros des deux mondes », a débarqué à Marsala, de nouveaux fils sont venus tisser la toile sicilienne et, une fois encore, tout a changé et tout est resté comme avant.

Trois mille ans d'histoire tumultueuse ont dessiné un tableau complexe, dont l'art n'est que la manifestation la plus sensible et la plus fascinante. L'histoire modèle tout d'abord les gens et leur regard sur le monde et s'il est difficile de débrouiller les fils de l'écheveau culturel, il est encore plus ardu d'interpréter avec justesse la mosaïque sociale et humaine. Cette complexité peut pourtant se résumer en quelques mots, des mots qui attireront touristes et journalistes : mer, soleil, temples, mafia, omerta, granités, figues de Barbarie... Les faits divers desservent sans aucun doute la Sicile et les Siciliens sont bien souvent les premiers à se sentir perdus et découragés face aux plaies qui affligent l'île, oscillant entre un amour inconditionnel et une intolérance absolue à l'égard de leur terre. Comme l'indique le titre d'un recueil de Gesualdo Bufalino, *La Lumière et le Deuil*, cette terre est plurielle et manichéenne, et ce n'est certainement pas un hasard si l'écrivain qui a su le mieux décrire la dualité, l'apparence, la multiplicité et la subjectivité, à savoir Luigi Pirandello, est sicilien.

Bufalino écrivait : « Destinés par le sort à jouer le rôle de charnière entre des continents et des cultures divergents ; pétris de calcul et d'instinct, de rationalisme européen et de magie africaine ; condamnés depuis toujours à subir sur le visage, comme les héros pirandelliens, la violence de masques successifs, tous crédibles et tous faux, nous autres Siciliens décourageons vraiment quiconque souhaite résumer dans une formule univoque les multiples éclats de notre pluralité contradictoire. »

En préparant son voyage, il est donc préférable de laisser les lieux communs de côté et ne pas avoir la prétention de comprendre la Sicile et son peuple en quelques jours. Mieux vaut aborder l'île avec humilité et candeur et se préparer à l'enchantement comme à la déception, à l'admiration comme à la déconvenue. Si le voyage est avant tout une aventure spirituelle qui nous mène dans des lieux chargés d'histoires, connues ou inconnues, partons alors à la découverte de la Sicile avec la certitude d'y trouver une multitude d'histoires : des récits si célèbres qu'ils en sont devenus mythes ou des anecdotes, inédites et précieuses, qui composent l'extraordinaire mosaïque de la terre aux trois pointes.

# Mille formes et mille couleurs

*Si le vert des alpages finit par se mêler au bleu enivrant de la mer, si les figuiers de Barbarie poussent sur les pistes de ski chauffées par le volcan ou si, en plein hiver, la blancheur des amandiers en fleur vous éblouit, pas de doute à avoir : vous êtes en Sicile !*

Il est impossible de définir la Sicile en un mot ou une image car les ingrédients qui la composent changent, se complètent, se mélangent ou s'annulent réciproquement. Les saisons qui se succèdent créent une palette de couleurs éclatantes qui vont du jaune des genêts et des mimosas au rouge des coquelicots et des bougainvillées, en passant par le vert des prairies et l'ocre de la terre brûlée par le soleil. Au printemps, le parfum des fleurs d'oranger et des genêts envahit cette terre d'exception et les sens s'exaltent et s'égarent devant la beauté absolue de ce paysage toujours surprenant, qui passe, en quelques kilomètres, des hauteurs de l'Etna, le plus haut sommet de l'île et le plus haut volcan d'Europe avec ses 3 000 m d'altitude, à une petite crique de sable fin. Il ne s'agit là que d'un visage de la Sicile, peut-être son visage le plus connu et le plus apprécié, mais il existe de nombreuses autres facettes à découvrir, toutes plus surprenantes les unes que les autres.

*Le petit port de Cefalù.*

## Petite leçon de géographie

La Sicile est la plus grande île de la Méditerranée. Le détroit de Messine, dont la largeur n'excède pas 3 km, la sépare de l'Italie péninsulaire, et par le détroit de Sicile elle n'est qu'à environ 140 km de l'Afrique. Elle a une forme approximativement triangulaire : ses côtés les plus longs donnent sur la mer Tyrrhénienne au Nord et le détroit de Sicile au Sud ; le côté court, sur la mer Ionienne à l'Est. Après la domination musulmane, l'île fut divisée en trois grandes « vallées » (provinces, districts) : le **Val di Mazara** à l'Ouest, le **Val Demone** au Nord-Est et le **Val di Noto** au Sud-Est.

*Sicile insolite et fascinante : un moulin des salins de Trapani.*

J. Malburet/MICHELIN

## Une île entre les îles

La Sicile comprend aussi de nombreuses petites îles : les îles **Éoliennes** (ou Lipari) et Ustica au large de la côte septentrionale dans la mer Tyrrhénienne, les îles **Égades** à l'Ouest, à peu de distance de Trapani, Pantelleria et les îles **Pelage** avec Lampedusa (qui se trouve à 113 km de la Tunisie et à 205 km de la côte sicilienne) au Sud, dans le détroit de Sicile. À ces îles vient s'ajouter un petit îlot qui a momentanément fait surface pendant quelques mois en 1831 en face de Sciacca : il s'agit de l'île **Ferdinandea** (Graham pour les Anglais et Julie pour les Français), qui se trouve actuellement à 8 mètres sous l'eau et qui semble à nouveau vouloir faire surface.

## Entre plages de sable et falaises

Les côtes siciliennes s'étirent sur plus de 1 000 km. Au Nord, sur la mer Tyrrhénienne, la côte qui s'étend du cap Peloro, dans les environs de Messine, au cap Lilibeo, proche de Marsala, est généralement élevée et accidentée. Sur le segment assez court de côte occidentale entre Trapani et Marsala, le paysage côtier change soudainement, avec un relief bas ponctué par les taches blanches des salins. La côte Sud possède elle aussi un relief bas, avec des plages de sable, jusqu'au cap Passero, pointe Sud-Est de l'île. Des baies peu prononcées modifient légèrement la linéarité du littoral près des principaux centres côtiers, comme Mazara del Vallo, Sciacca ou Gela, située au centre du golfe du même nom entre Licata et Marina di Ragusa.
En parcourant le littoral oriental sur la mer Ionienne, on rencontre d'abord une côte basse, articulée autour de trois baies principales : le golfe de Noto, le golfe d'Augusta et enfin le vaste golfe de Catane, dont la bande côtière s'ouvre sur la plus grande plaine de la Sicile. Au Nord de Catane, le paysage littoral jusqu'à Messine se caractérise à nouveau par de hautes falaises abritant de nombreuses criques pittoresques. La lave noire de l'Etna et les parois calcaires des monts Peloritani (prolongement insulaire de l'Apennin calabrais) façonnent d'imposantes falaises à pic sur la mer, créant des panoramas d'une beauté incomparable, comme les côtes de Taormine ou d'Acireale.

## Entre monts et vallées

Le territoire sicilien est composé essentiellement de vallées (62 % de la superficie), puis de montagnes (24 %), enfin de très peu de plaines (14 %). Son point culminant est l'**Etna**, volcan de 3 323 m d'altitude, qui imprime fortement sa marque sur le paysage sicilien, car on l'aperçoit pratiquement de chaque point élevé de l'île. Au Nord de l'Etna, de l'autre côté de la vallée de l'Alcantara, s'élèvent les flancs abrupts de la principale chaîne montagneuse de l'île, qui s'étend sur 200 km parallèlement à la côte tyrrhénienne. Sur le plan géologique, cette chaîne constitue le prolongement de la chaîne de l'Apennin calabrais, d'où son appellation **Appennino Siculo**. Elle s'articule en trois sections distinctes. La portion orientale, comprise entre Messine et Patti, est constituée des **monts Peloritani**, à l'aspect âpre et déchiqueté, dont le sommet le plus élevé est la Montagna Grande (1 374 m). Les torrents qui entaillent les flancs de ce massif d'altitude modeste charrient des alluvions qui vont former les étroites plaines côtières. La chaîne continue vers l'Ouest avec les **monts Nebrodi**, caractérisés par des pentes plus douces et des cimes arrondies et boisées qui culminent au Monte Soro (1 847 m). Aux Nebrodi succèdent à l'Ouest les **Madonie**, moins étendus, mais dont les cimes principales sont plus élevées. Le **Pizzo Carbonara**, second sommet de l'île, domine le groupe avec ses 1 979 m. À l'Ouest des Madonie, la chaîne s'interrompt.

La région comprise entre Termini Imerese et la côte de Trapani est caractérisée par de légers plissements et de vastes vallées. Dans cette région se trouvent trois massifs mineurs, qui conservent des affinités géologiques avec la chaîne septentrionale : les **monts de Termini Imerese**, les **monts de Palerme** et les **monts de Trapani**. Vers le Sud, les reliefs montagneux laissent la place à une vaste étendue formée de hauts plateaux arides (appelés soufrières du fait de la présence abondante de soufre), qui s'étire de Marsala à Caltanissetta. Les seuls reliefs de cette région sont les **monts Sicanes**, au-dessus d'Agrigente, et les **monts Erei**, à l'Est de Caltanissetta. Dans la partie Sud-Est de l'île s'élève la vaste chaîne calcaire des **monts Iblei**, dont le sommet ne dépasse pas 1 000 m.

La principale plaine de Sicile est la **plaine de Catane** qui s'étend des flancs méridionaux de l'Etna jusqu'aux premiers reliefs des Iblei. Sillonnée par d'importants cours d'eau, la plaine est renommée pour la fertilité de ses sols qui permettent la culture intensive d'agrumes, de fruits et de légumes. L'île présente également des surfaces moins étendues comme la plaine de Palerme, dite **Conca d'Oro**.

## Le manque d'eau

Depuis toujours, l'eau manque cruellement en Sicile, du fait d'une terre peu perméable et d'une répartition inégale des précipitations (ce à quoi s'ajoute une gestion exécrable de cette précieuse ressource). Les cours d'eau qui se jettent dans la mer Tyrrhénienne, bien que nombreux, sont courts et ont des régimes de torrents, dus à la proximité de la source par rapport à la mer.

Les rivières au Sud sont beaucoup plus longues et ont un débit plus important parce qu'elles possèdent des bassins plus étendus. Elles coulent toute l'année, même si quelquefois leur débit s'affaiblit. Le système hydrographique le plus important de l'île est constitué par les rivières **Gornalunga**, **Dittaino** et **Simeto**, dont les eaux abondantes permettent d'irriguer la plaine fertile de Catane, qu'elles traversent avant de se jeter dans la mer Ionienne. La Sicile ne possède pratiquement pas de lacs naturels (le seul lac naturel est le lac Pergusa), mais on rencontre fréquemment des bassins artificiels dans les zones de montagne.

Le long des côtes, on trouve fréquemment des marais d'eau saumâtre, dits *bivieri* ou *pantani*, qui se forment derrière les dunes côtières. On peut en observer quelques exemples sur le littoral au Sud-Est de l'île ou près du cap Peloro. Bon nombre de ces étangs ont été drainés récemment afin de permettre la mise en culture de quelques plaines.

B. Kaufmann/MICHELIN

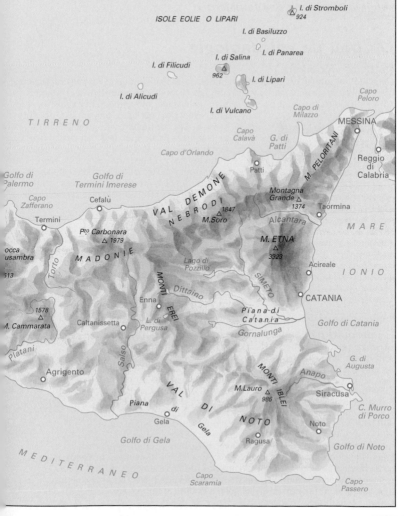

ISOLE EOLIE O LIPARI

I. di Stromboli
924

I. di Basiluzzo

I. di Salina · I. di Panarea
962

I. di Filicudi

I. di Lipari

I. di Alicudi

I. di Vulcano

Capo
Peloro

Capo di
Milazzo

MESSINA

TIRRENO

Capo
Calavà

G. di
Patti

Reggio
di
Calabria

Capo d'Orlando

Patti

M. PELORITANI

Golfo di
Palermo

Golfo di
Termini Imerese

VAL DEMONE

NEBRODI

Montagna
Grande △
1374

Taormina

Capo
Zafferano

Cefalù

M.Soro △ 1847

Alcantara

MARE

Termini

Pzo Carbonara
△ 1979

M. ETNA
△
3323

occa
usambra

MADONIE

Lago di
Pozzillo

Acireale

IONIO

613

Torto

MONTI
EREI

Dittaino

SIMETO

1578
△
M. Cammarata

Enna

Caltanissetta

L. di
Pergusa

Piana di
Catania

CATANIA

Golfo di Catania

Gornalunga

Platani

Salso

Agrigento

VAL

DI

MONTI IBLEI

Anapo

G. di
Augusta

DI

NOTO

Siracusa

Piana

di

M.Lauro △
986

C. Murro
di Porco

Gela

Gela

Noto

Golfo di Noto

MEDITERRANEO

Golfo di Gela

Ragusa

Capo
Scaramia

Capo
Passero

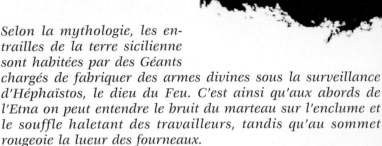

# Quand les géants se réveillent

*Selon la mythologie, les entrailles de la terre sicilienne sont habitées par des Géants* chargés de fabriquer des armes divines sous la surveillance d'Héphaïstos, le dieu du Feu. C'est ainsi qu'aux abords de l'Etna on peut entendre le bruit du marteau sur l'enclume et le souffle haletant des travailleurs, tandis qu'au sommet rougeoie la lueur des fourneaux.

## Un peu de volcanologie

### L'activité volcanique

L'activité volcanique est traditionnellement classée suivant quatre types éruptifs : plinien, hawaïen, strombolien et vulcanien. Les éruptions **stromboliennes** (typiques du Stromboli) se manifestent par une activité persistante moyennement explosive, alternant avec des périodes d'inactivité de durée variable. Elles se manifestent principalement par des fontaines de lave, et aussi par des coulées de lave périodiques. Ces fontaines de lave, pouvant atteindre des centaines de mètres de haut, sont accompagnées d'expulsions de lave, et sont associées à des émissions de gaz. Les éruptions **vulcaniennes** (observées pour la première fois à Vulcano en 1888) sont caractérisées par des émissions de lave associées à des écoulements pyroclastiques (constitués de matériaux en suspension dans des nuages de gaz très dense, à une température très élevée) qui déferlent le long des flancs du volcan à une vitesse pouvant atteindre 300 m/sec. Ces éruptions sont également appelées éruptions hydrovolcaniques, parce qu'elles résultent de l'interaction explosive du magma avec les eaux souterraines.

**UNE HYPOTHÈSE INTÉRESSANTE**
Dans **Les Métamorphoses**, Ovide raconte que durant le combat contre le géant Typhée, Zeus lui lança la Sicile dessus et « L'orgueilleux Typhée, qui dans son audace osa lui disputer l'Olympe, gémit et souvent s'agite en vain sous cette énorme masse. Sur sa main droite est le cap de Péloros; sur sa gauche, le promontoire de Pachynos; sur ses pieds, l'immense Lilybée. L'Etna charge sa tête. C'est par le sommet de ce mont que sa bouche ardente lance vers les cieux des flammes et des sables hurlants. Il lutte pour briser ses fers ».

*Délicates fleurs volcaniques.*

### Les produits de l'activité volcanique

Au cours d'une éruption volcanique, trois principaux produits sont émis : les laves, les pyroclastites et les gaz. Les **laves** sont constituées d'un liquide magmatique qui, en remontant en surface, se refroidit et se solidifie après un parcours plus ou moins important le long des parois du volcan. Les laves fluides forment des coulées lisses qui souvent se plissent près des obstacles qui ralentissent leur flux, tandis que les laves visqueuses s'écoulent avec difficulté et se fragmentent en blocs. Ces deux types peuvent être couramment observés sur les flancs de l'Etna, où l'on peut également rencontrer des **tunnels de lave**, véritables conduits souterrains autour desquels la croûte superficielle s'est solidifiée alors qu'à l'intérieur la forme creuse demeure. Au cours du refroidissement, la lave peut prendre, par contraction, l'aspect d'un ensemble de piliers accolés, une formation qui se rencontre dans les gorges de l'Alcantara et aux Faraglioni dei Ciclopi (écueils des Cyclopes).

L'Etna, spectaculaire et menaçant.

Les **pyroclastites** sont émises au cours des éruptions explosives et sont constituées de fragments de roches préexistantes impliquées dans l'éruption, de cristaux (parties solides contenues du magma) et de juvéniles (le magma solidifié proprement dit). Selon leur dimension, les juvéniles se divisent en *cendres*, *lapillis* et *bombes*. Suivant le temps de refroidissement, le gaz contenu dans les lapillis et les bombes se libère en quantité variable : si le fragment se refroidit rapidement, il crée des produits denses, comme l'*obsidienne* et les *verres*; si, au contraire, le fragment se refroidit lentement, le gaz peut se libérer, en donnant aux morceaux de lave l'aspect spongieux typique des *pierres ponces* et des *scories*.

Les **gaz volcaniques** sont émis en grande quantité pendant les éruptions, mais peuvent aussi représenter le seul produit de l'activité volcanique. L'Etna et Vulcano ont, par exemple, une importante *activité de fumerolles* qui se produit sans aucune autre émission. Le gaz volcanique dominant est la vapeur d'eau associée à l'anhydride carbonique, l'hydrogène et aux vapeurs de soufre *(solfatare)*. Les fumerolles et les phénomènes thermiques sont liés au refroidissement du magma en profondeur.

# Les régions volcaniques de la Sicile

### Les îles Éoliennes

La région volcanique des îles Éoliennes s'étend sur environ 200 km et comprend huit îles émergées (les îles Éoliennes et Ustica) et plusieurs volcans subaquatiques. L'île de **Stromboli** est constituée de plusieurs édifices volcaniques superposés, qui se sont développés au cours des cent mille dernières années. De nombre et position variables, les bouches éruptives s'ouvrent aujourd'hui à près de 700 m d'altitude au sommet de la Sciara del Fuoco. Au large de la côte Nord-Est de Stromboli, à environ 1,5 km, le **Strombolicchio** surgit de la mer. Ce rocher haut de 40 m est tout ce qui reste d'une cheminée volcanique appartenant au plus ancien appareil de l'île.

### L'Etna

L'**Etna** est le plus grand volcan d'Europe en activité, avec plus de 3 300 m d'altitude et un diamètre de base d'environ 40 km. L'activité volcanique a commencé il y a entre 700 000 et 500 000 ans par des intrusions magmatiques subaquatiques dans la région de Aci Castello et des effusions subaériennes près des Paternò; au cours des cent mille dernières années, l'axe éruptif s'est déplacé vers l'Ouest. L'aspect actuel du volcan est le résultat d'un phénomène explosif qui a eu lieu il y a environ 14 000 ans et qui a déterminé la forme du cratère Elliptico par effondrement de l'ancien cratère. L'Etna possède quatre cratères

Violettes de l'Etna.

sommitaux actifs (cratère Sud-Est, Bocca Nuova – bouche neuve, Voragine – gouffre, cratère Nord-Est), trois principales zones de fracturation radiale et près de deux cent cinquante bouches excentrées, qui ont émis d'importantes quantités de lave, et cela même encore récemment.

### Le détroit de Sicile

On remarque dans le détroit de Sicile deux îles d'origine volcanique (Pantelleria et Linosa) et plusieurs volcans subaquatiques. Dans cette zone, le volcanisme est lié au rift continental, importante zone de fracture qui sépare la Sicile de la Tunisie. Les derniers épisodes volcaniques enregistrés ont eu lieu en 1831, avec la formation, à 50 km au Nord-Est de Pantelleria, de l'île Ferdinandea, actuellement submergée mais qui semble bien décidée à refaire surface et, en 1891, avec une éruption qui s'est produite sur le fond marin à environ 7 km au Nord-Ouest de Pantelleria. En raison de leurs caractères particuliers, les roches volcaniques que l'on peut voir à **Pantelleria** prennent le nom de *pantellerite*.

# Agrumes, oliviers, figuiers...

*D'une saison à l'autre, c'est une véritable symphonie de couleurs et de parfums qui se joue en Sicile. En janvier, les délicats nuages blancs des amandiers en fleur se font les premiers annonciateurs de la fin de l'hiver, suivis par le jaune éclatant des mimosas qui fleurissent au printemps, lorsque l'air se remplit du parfum capiteux des fleurs d'oranger et que les lauriers-roses colorent le paysage de blanc, de rose et de jaune. Puis vient l'été, et avec lui les bouquets violets et rouge flamboyant des bougainvillées, les grandes fleurs colorées des hibiscus et les figuiers de Barbarie, habillés du rouge de leurs fruits.*

Avec son climat très doux, la Sicile a une végétation typiquement méditerranéenne, du moins près des côtes et dans la plaine.

On y trouve en abondance buissons de myrte, arbousiers, lentisques et l'euphorbe de Bivona, arbuste poussant jusqu'à 1,50 m, caractéristique de l'Ouest de la Sicile, et dont les branches de couleur rouge, très ramifiées, ne se garnissent de feuilles qu'après l'été avec les premières pluies. Le genêt, avec ses feuilles solitaires et persistantes, se fait remarquer à la fin du printemps par sa splendide floraison d'un jaune éclatant. Ces arbustes alternent avec les lauriers-roses, aux feuilles allongées et toujours vertes, qui se parent au printemps et en été de fleurs blanches, roses ou jaunes; les caroubiers (surtout dans la région de Raguse), caractérisés par leurs baies brunâtres; les eucalyptus, toujours frémissants de leurs feuilles persistantes lancéolées et aromatiques, dont on extrait une substance désinfectante; les oliviers sauvages *(olivastri)*, épineux qui servent souvent pour la greffe des oliviers cultivés; les pins maritimes, dont le fût long et droit supporte un panache conique, et les pins parasols, à la cime si caractéristique.

On voit de grandes étendues plantées de vignobles, d'oliviers au tronc noueux et au typique houppier vert argenté, et

M. Magni/MICHELIN

G. Bludzin/MICHELIN

*Après une longue période végétative pouvant durer jusqu'à 50 ans, l'agave fleurit et produit une longue tige en forme de candélabre atteignant de 6 à 8 m de hauteur. Sur cette tige se greffent une multitude de fleurs jaune d'or intensément parfumées, mais dont l'inflorescence entraîne la mort de la plante. C'est de cette tragique floraison qu'est née la transfiguration légendaire de la plante en une jeune fille qui, un an seulement après un mariage longuement attendu, trouve la mort.*

M. Magni/MICHELIN

d'agrumes, citronniers, orangers, et mandariniers. Ces derniers constituent l'élément caractéristique du « jardin » qui, en Sicile, indique une plantation d'agrumes et non un espace vert purement ornemental tel que nous le concevons. Les terres plus arides sont couvertes d'épineux, tels les chardons, et de plantations de palmiers nains, plante vivace particulièrement répandue dans la zone du Zingaro *(voir p. 158)*, réserve naturelle dont elle est l'emblème.

L'une des caractéristiques essentielles du territoire sicilien est la présence de toutes les variétés de plantes succulentes (c'est-à-dire à tissus charnus riches en eau), mieux connues sous l'appellation de plantes grasses. Parmi celles-ci, on reconnaîtra de gigantesques agaves, une infinie variété de cactées et les incontournables figuiers de Barbarie.

J. Malburet/MICHELIN

Parmi les espèces qui fleurissent, les premières à colorer le paysage sont les nuées blanches des amandiers (dans la région d'Agrigente), ainsi que les touffes jaunes des mimosas et les flocons parfumés des fleurs des orangers, suivis, à la fin du printemps, des lauriers-roses et des grandes corolles colorées des hibiscus, des cascades violettes ou rouge flamboyant des bougainvillées, des petites fleurs blanches ou crème du jasmin, au parfum capiteux, et, surtout dans les îles (Pantelleria et Éoliennes), des superbes pétales roses des fleurs de câprier. Sur les reliefs dominent le chêne vert, au feuillage persistant et lustré, dont les glands sont si appréciés des porcs, le châtaignier, le chêne, et, aux altitudes les plus élevées, le hêtre, à la mince écorce gris cendré, et les conifères.

Chaque région possède également une flore plus locale, comme le chêne-liège aux alentours de Niscemi (dans l'arrière-pays de Gela), le papyrus le long du fleuve Ciane (tout près de Syracuse) ou le frêne à manne, dans la région de Castelbuono (Madonie).

# La cuisine sicilienne

*Riche en parfums et en saveurs, la cuisine sicilienne propose, à l'image de l'île, un délicieux équilibre entre terre et mer. La découverte de ses recettes, issues d'une longue tradition et du mélange de multiples influences, est un véritable voyage dans le voyage.*

Pendant des siècles, la Sicile a été l'objet de l'intérêt et de la convoitise de peuples de tous horizons et les différents ingrédients, épices et parfums, qui composent les plats en sont une preuve. Les nombreuses dominations ont profondément marqué le paysage en introduisant des cultures agricoles nouvelles et ont laissé des traces dans les habitudes et les modes de vie, encore facilement repérables de nos jours, surtout dans le domaine culinaire. Il est impossible de parler de la cuisine sicilienne comme d'une entité unique. La diversité engendrée par les multiples influences culturelles s'ajoute aux différences entre cuisine de la côte et cuisine de l'arrière-pays, deux mondes encore éloignés, entre lesquels existait autrefois un fossé profond à cause des difficultés de communication. Penser la tradition gastronomique sicilienne revient alors à imaginer un éventail de couleurs, de tonalités fortes, à côté de teintes subtiles, un jeu de rappels et de renvois plus suggestifs qu'identifiables. On peut sans doute tracer ici quelques lignes indicatives, sachant que la réalité offrira d'agréables surprises.

## Une cuisine typiquement méditerranéenne

Comme dans toutes les cuisines modestes, la tradition du plat unique est bien établie ; les pâtes de toutes sortes, enrichies des saveurs des produits locaux et accommodées de mille manières, finissent par constituer le repas entier. Il en est ainsi pour la **pasta con le sarde** (pâtes aux sardines), spécialité palermitaine qui s'est étendue à toute l'île, pour les pâtes aux légumes de l'intérieur des terres, pour les différentes pâtes au four telles que les **pasta 'ncaciata** de Messine, et enfin pour les variantes riches en résonances culturelles comme les **pasta alla Norma** de Catane, aux tomates, aubergines et ricotta salée (fromage de brebis frais).

Toutefois, plus encore que les pâtes, le pain remplit une fonction nutritive essentielle. Toutes les variétés de pain qui abondent en Sicile ont toujours été accompagnées de ce qu'offrait la région : huile, origan et tomate pour le plus simple et le plus courant, le **pane cunzato** (pain assaisonné), qui se mange chaud, à peine sorti du four, tandis que le plus insolite, le **pane ca'meusa** est un petit pain au ris de veau, vendu sur les étals dans les rues de Palerme.

C'est la familiarité avec les produits naturels et une simplicité fondamentale qui définissent encore aujourd'hui le mieux la cuisine de la partie orientale de l'île, berceau de la Grande Grèce. On peut facilement constater des analogies avec la cuisine de l'intérieur des terres, empreinte des mœurs paysannes et caractérisée par l'utilisation de crudités et de légumes. L'aubergine en est un bon exemple. Elle constitue la base de mets appétissants et atteint sa gloire dans la parmigiana. L'élevage du mouton occupe une place privilégiée, mais la consommation de viande représente l'exception souvent réservée aux fêtes. Le mode de préparation le plus courant est *alla brace* (braisé) que l'on retrouve surtout pour le porc, et plus encore pour le délicieux **castrato** (agneau).

CANTINE FLORIO

Dans l'Ouest de l'île, région marquée par l'influence arabe et les traditions de cour, la cuisine se fait plus raffinée, plus recherchée, et s'enrichit de contrastes insolites. De même que dans les paysages urbains, les raffinements des « Mille et Une Nuits » de la Palerme arabe viennent remplacer l'austère simplicité du temple grec.

La **caponata di melanzane** (sorte de ratatouille aux aubergines avec câpres, poivrons et vinaigre) est l'illustration d'une des mille manières dont on peut préparer les légumes ; pour les viandes, le **falsomagro** (gros roulé de viande fourré au jambon, au fromage et aux œufs) ou les **involtini alla palermitana** (paupiettes à la

*Pasta alla Norma.*

J. Malburet/MICHELIN

palermitaine, avec chapelure, raisins secs, pignons, fromage, le tout parfumé de laurier et d'oignons); et pour les poissons, les **sarde a beccaffico** (sardines à la chapelure, au citron et pignons). La complexité de ces plats avait avant tout pour objectif l'étalage de sa richesse.

Cependant, dans les grandes villes, on trouve aussi une cuisine d'inspiration populaire, des cuisines de rue comme les *friggitorie*, fours et étals qui proposent à toute heure toutes sortes de plats (**sfinciuni** et **panelle**, petites pizzas et beignets de farine de pois chiches, pour n'en citer que deux).

Pour revenir aux influences historiques, c'est aux Arabes que l'on doit l'introduction des agrumes, du sucre, de la cannelle et du safran, ainsi que du riz qui rencontra ici des modes de cuisson différents de ceux du Nord, mais trouva une diffusion tout aussi large : il suffit de penser aux **arancine** (grosses boulettes de riz à la sauce tomate avec de la viande et des petits pois ou au fromage et au jambon), sorte d'emblème de la cuisine insulaire et, bien souvent, première découverte gastronomique d'un voyage en Sicile.

Le poisson, bien sûr, se présente en une infinité de modes de préparations et de variétés, au nombre desquelles le **thon** doit être cité, ne serait-ce que pour la place qu'il occupe depuis toujours dans la tradition populaire; tandis que les sardines et les anchois sont proposés partout, l'**espadon** (pesce spada) est davantage une tradition de la région de Messine. Assez particulières sont les spécialités dites **à la ghiotta** (aux oignons, olives, câpres et tomates) et, dans la région de Trapani, le **cuscusu**, version sicilienne, au poisson, du couscous d'origine maghrébine.

## Et pour les gourmands

La pâtisserie, qui appartient en Sicile aux habitudes quotidiennes, mérite qu'on s'y attarde : son parfum flotte dans l'air, tout comme celui des herbes aromatiques (romarin, fenouil sauvage, origan, sarriette) que l'on rencontre au gré de son voyage.

Certaines friandises créées dans les couvents, pour ne citer que la **Frutta Martorana** *(voir p. 298)*, fruits en pâte d'amandes aux mille couleurs, qui tiennent leur nom du monastère palermitain, ont agréablement envahi l'île. **Cannoli**, **cassate**, **pignoccata**, **biancomangiare** ou le traditionnel **gelo di « mellone »** (gelée de pastèque) sont les plus courants,

### RECETTE DES « ARANCINE »

Ingrédients pour 4 personnes : 400 g de riz, 1/2 sachet de safran, 150 g de viande de veau hachée, 1/2 tomate pelée, 100 g de petits pois écossés, 6 œufs, 75 g de caciocavallo frais (fromage au lait de vache en forme de poire), 100 g de beurre, 1/2 oignon, 300 g de farine, 300 g de chapelure. Faites cuire le riz al dente, égouttez-le et mélangez-le avec le safran, 3 œufs et la moitié du beurre. Laissez refroidir. Faites bouillir les petits pois, égouttez-les et faites-les dorer dans le beurre restant. Dans une autre casserole, faites frire l'oignon haché, puis ajoutez la viande et la tomate pelée. Salez, poivrez et laissez cuire à feu doux avec un couvercle. Lorsque ce mélange est prêt, ajoutez-y les petits pois. Vous pouvez alors commencer la préparation des *arancine* : prenez un peu de riz et formez un creux dans lequel vous mettrez un peu du mélange et un dé de caciocavallo; couvrez ensuite avec un peu de riz pour former une boule. Passez ensuite cette boule dans la farine, dans les œufs battus et salés et, pour finir, dans la chapelure. Faites frire dans beaucoup d'huile et servez bien chaud.

mais chaque province est riche en variétés et surprises.

Et, comment ne pas mentionner les **glaces** et les **granités**, excellents produits de l'ingéniosité des artisans, mais avant tout habitudes, traditions héritées du passé. En été, on est tenu d'accueillir son hôte avec un granité, au café, au citron ou aux amandes (accompagné ou non d'une brioche chaude), mais la littérature mentionne des raffinements tels que le granité au jasmin, consommé par les frères Piccolo dans leur refuge de Cala Novella.

## Les vins

À cause de leur degré d'alcool, les vins de l'île étaient autrefois considérés comme de simples vins de coupage, mais aujourd'hui, même s'ils n'ont pas tous atteint la renommée du liquoreux **marsala** *(voir p. 243)*, certains vins de table et d'appellation contrôlée DOC (Denominazione di origine controllata) comme l'alcamo, le nero d'Avola, l'etna rouge, le corvo ou le regaleali réservent des moments de grand plaisir.

Parmi les vins sucrés, outre le marsala déjà cité, rappelons le **moscato di Noto**, le **passito di Pantelleria** et le **malvasia delle Lipari**. *Pour une description des routes du vin en Sicile, voir p. 37.*

# Les « pupi »

*« Nous ne sommes que des pantins, cher monsieur Fifì! L'esprit divin entre en nous et se fait pantin. Un pantin, moi, un pantin, vous, des pantins tout le monde. »*
Luigi Pirandello,
*Le Bonnet de fou*

Les *pupi* et les marionnettes connaissent leur premier succès en Italie au 16ᵉ s., quand les nobles commencent à s'intéresser aux spectacles de marionnettes à fil. L'ouverture vers un public plus large (et payant) se fait au cours du 18ᵉ s., mais ce n'est qu'à partir du milieu du 19ᵉ s. (et au moins jusqu'en 1950) que l'on peut parler du spectacle de *pupi* tel qu'on le connaît aujourd'hui, avec armures étincelantes, épées, rapidité du mouvement, l'ensemble permettant un très bon rendu, en particulier des scènes de combats.

Les marionnettistes siciliens ou *pupari* mettent en scène des histoires de bandits ou de saints, des drames shakespeariens, voire des petites anecdotes locales; mais ce sont surtout des histoires chevaleresques, extraites en particulier du cycle carolingien, qui les inspirent. Ils rédigent un texte qui suit les lignes essentielles de l'intrigue, mais multiplient les combats entre paladins français et Sarrasins « infidèles », car la bataille est le temps fort du spectacle. En Sicile autrefois, mais aussi en Italie du Sud, l'arrivée des marionnettes était un événement très attendu, surtout pour les classes défavorisées.

C'est pourquoi les marionnettistes pouvaient construire leurs histoires en plusieurs épisodes, et les présenter sous forme de « feuilletons » qui duraient des mois. Chaque épisode devait comporter au moins une bataille, d'où la multiplication des combats. Pour aider le public à mieux se souvenir de l'histoire, le marionnettiste préparait des panneaux, les *cartelli*, partagés en dessins illustrant les différents temps forts. Les scènes représentées au cours du spectacle étaient identifiées par un petit écriteau que le marionnettiste changeait à chaque représentation. Le panneau, exposé à l'entrée du théâtre, servait à la fois d'affiche publicitaire et de rappel des épisodes. En 2001, le théâtre des marionnettes siciliennes a été déclaré Chef-d'œuvre du patrimoine oral et immatériel de l'humanité par l'Unesco.

## Les principaux personnages

Inspirés des croisades, les protagonistes sont les paladins de Charlemagne (ceux de *La Chanson de Roland*) et les Sarrasins. Le spectacle repose sur des valeurs et opinions sans équivoque : d'un côté les bons, les paladins chrétiens; de l'autre, les méchants, les Infidèles, les impies et les traîtres comme Ganelon. Le public participe au spectacle et manifeste bruyamment son approbation ou son désaccord. Il soutient, encourage et acclame les héros, et se moque des méchants, se réjouissant de leur défaite et de leur mort.

Autrefois, les spectacles de *pupi* avait un tel succès que le public reconnaissait immédiatement les différents personnages. Le plus simple est d'observer les boucliers : Roland possède un bouclier de croisé, tandis que Renaud et Bradamante (reconnaissable aux cheveux longs) ont un bouclier avec un lion.

R. Corbel/MICHELIN

« Ganelon » (Gano di Magonza) regarde toujours de travers, car un traître ne peut pas regarder droit dans les yeux.

« Ferraù », l'Infidèle, po[rte] le costume sarrasin typic[al] avec des cul[ottes] bouffantes e[t un] bouclier déco[ré] d'un croissan[t] de lune.

La belle « Angelica » (Angélique), que se disputent Roland et Renaud, est la fille du roi du Cathay.

*Le valeureux roi
Charlemagne
« Carlo Magno »
se reconnaît
facilement grâce
à sa couronne.*

## La représentation

Le spectacle suppose le concours de trois
« intervenants » : la marionnette sur la scène ;
le marionnettiste, qui joue en retrait, dirigeant
et faisant parler plusieurs personnages ; et la
musique, qui souligne les temps forts, notamment les duels. Par exemple, au cliquetis des
épées s'ajoutera une sarabande jouée par un
piano mécanique ou des instruments à vent.
Le spectacle doit toujours comporter au moins
une scène de combat, moment le plus attendu
du public. Pour les effets spéciaux, on utilise
des marionnettes dont la tête se détache, ou
dont le corps se coupe en deux pour revenir
entier, comme par magie, dans les scènes ou
les représentations suivantes ; ou alors leur
visage se transforme, comme pour les sor-
cières, dont la moue enfantine peut brusquement devenir le masque de la mort.

*« Roland (Orlando) et Renaud
(Rinaldo) » sont les deux compagnons
d'armes divisés par l'amour de la belle
Angélique. Roland incarne le sérieux,
l'honnêteté, le dévouement, mais aussi
la malchance en amour. D'origine
pauvre, Renaud a appris à se
débrouiller par lui-même, c'est un fin
séducteur, gai et rebelle, qui se dérobe
lorsque l'occasion s'en présente.
Comme tous les paladins de France, ils
sont vêtus de tuniques. Roland arbore
un bouclier de croisé, et Renaud un
bouclier à tête de lion, à l'instar de sa
sœur Bradamante, qui combat elle
aussi, mais que l'on distingue de son
frère grâce à ses cheveux longs.*

## Deux traditions

Les *pupi* sont en bois (les guerriers possèdent
une armure métallique) et on les actionne par
des fils de fer fixés à la tête et à la main droite. Les armures, en laiton ou en cuivre,
sont travaillées au repoussé. Il existe deux grandes écoles de *pupi* : Palerme et
Catane (associée à Aci). Le **pupo palermitain** mesure de 80 cm à 1 m de haut et
pèse 8 kg ; ses genoux sont articulés, et il peut dégainer et rengainer son épée. C'est
une marionnette souple, rapide, qui sautille et rebondit sans cesse et réagit immédiatement aux coups d'épée. Les marionnettes sont actionnées par le côté : le
marionnettiste garde le bras tendu quand la marionnette est au milieu de la scène.
Le **pupo catanais** mesure 1,40 m et pèse entre 16 et 20 kg. Ses genoux sont fixes
et son épée est toujours dégainée, prête à frapper. Ses mouvements sont plus
posés, plus amples et emphatiques, ses déplacements et ses chutes se produisent
avec lenteur, ce qui donne une impression de réalisme. Le **pupo d'Aci** possède les
mêmes caractéristiques que son cousin de Catane, mais il est un peu plus petit
(1,20 m) et plus léger (15 à 18 kg). Les *pupi* d'Aci et de Catane, plus lourds, sont
dirigés par en haut au moyen de longs fils de fer : le marionnettiste se tient derrière le rideau sur une estrade, ou sur un banc de 1,90 m de haut pour les marionnettes d'Aci.

# La Sicile en fête

*Rites païens, célébrations religieuses ou foires villageoises, les fêtes sont les temps forts de la vie sociale sicilienne : elles ont pour rôle de susciter l'étonnement, de réveiller les émotions, de parler à l'imaginaire... et tous ceux qui ont eu l'occasion d'assister à une fête en Sicile pourront le confirmer.*

Les fêtes les plus suivies sont Pâques, le Carnaval et la fête du saint patron de la ville. Mais on commémore aussi des événements historiques, comme au Palio dei Normanni (course des Normands) à Piazza Armerina, qui fait revivre l'entrée de Roger II dans la cité. On reprend aussi des rites païens, comme pour la Sagra della Spiga (fête de l'Épi de blé) à Gangi, où un somptueux cortège honore Cérès, déesse de la moisson et de la Sicile. On célèbre aussi des fêtes liées à la nature, la Sagra del Mandorlo à Agrigente qui marque la floraison des amandiers ou la Sagra della Ricotta à Vizzini...

## Le saint patron

Les fêtes pour le saint patron sont plus spectaculaires dans les grandes villes. À **Palerme**, U fistinu, « la petite fête », dédiée à sainte Rosalie, dure six jours dans un tourbillon ininterrompu de festivités, dont le couronnement est le passage triomphal du char de la sainte sous les acclamations de la foule. À **Catane**, tous les espoirs sont mis dans la bienveillance de sainte Agathe, dont le précieux buste en argent, émaux et pierres précieuses qui renferme les reliques de la sainte, est porté en procession pendant trois jours par les *nudi* (nus), revêtus pour l'occasion d'une simple toile de jute, en souvenir de cette nuit de 1126 où les habitants s'étaient précipités dans la rue sans prendre le temps de s'habiller pour accueillir les reliques, apportées de Constantinople. À l'autel ambulant de sainte Lucie à **Syracuse**, protectrice de la vue, on suspend des yeux en cire, en argent ou en laiton, en remerciement pour les bienfaits accordés. À **Messine**, le 15 août, on célèbre l'Assomption avec un char spectaculaire aux dimensions colossales, véritable pyramide d'anges et de saints couronnée par la Vierge dite Vara dell'Assunta, qu'un millier de personnes tirent jusqu'au Dôme, où il reste pendant deux jours, veillé par quatorze jeunes filles vêtues de blanc. La fête de la Vierge est aussi la commémoration de l'arrivée dans la cité du comte Roger. Ainsi le profane rejoint le sacré, mêlant intimement dévotion religieuse, divertissement, événement social et goût du spectacle.

*Un inquiétant diable de Prizzi.*

N. Reitano/Lara Pessina/MICHELIN

## Pâques

Pâques est la fête la plus attendue par les Siciliens. Toutes les bourgades, jusqu'au moindre hameau, s'engagent avec ferveur dans un rituel qui n'a pas changé depuis des siècles. Chaque village orchestre ses temps de célébration : préparation au Mystère, Mystère proprement dit. Les processions transforment les rues au centre des

### LA MUSIQUE SICILIENNE

Si l'on a quelques notions de musique, le mot Sicile rappelle une ancienne danse populaire des bergers, la siciliana, qui a été fréquemment reprise dans les pièces instrumentales et vocales des 17e et 18e s.

Les instruments qui accompagnent ces danses sont le *fiscalettu* ou *friscaleddu*, petite flûte droite en roseau, et le *marranzanu*, ou encore le scacciapensieri. La languette de ce minuscule instrument, tout en métal, produit diverses variations rythmiques. Mais comme toujours, pour l'exécution, tout dépend de l'habileté du musicien. Si l'on ne sait pas jouer avec les dents, les lèvres, les joues, la langue, les cordes vocales et le souffle, on ne fera sortir que du bruit du scacciapensieri.

Les chants qui égayent le temps qui passe sont ceux de la *carrittera*, c'est-à-dire « pour les charretiers » et ceux des cantastorie, modernes ménestrels qui vont de village en village avec leur guitare et des dessins illustrant les scènes de l'histoire passionnée qu'ils entonnent. Le plus célèbre est Ciccio Buscacca (Paternò, 1926), assistant de Dario Fo, et interprète de *Lamento per la morte di Turiddu Carnivali* et de *Treno del sole*, écrits par Ignazio Buttitta.

Lara Pessina/MICHELIN

villes en lieux sacrés. On renouvelle chaque année le parcours que doit suivre la Vierge désespérée à la recherche de son fils, le lieu où l'on dresse le calvaire et où se joue la Passion. Les étapes les plus marquantes se déroulent du jeudi au dimanche, mais elles peuvent avancer de quelques jours. À **Trapani** par exemple, les jours précédant la grande procession du vendredi, plusieurs statues de la Vierge quittent leur église. Chaque confrérie (similaires aux anciennes corporations professionnelles) promène à travers les rues du centre historique l'effigie de sa Madone protectrice (Madre dei Massari, Madre Pietà del Popolo...). Portée sur les épaules d'hommes vigoureux, la Vierge en gloire est illuminée par de grands cierges. Les porteurs rivalisent pour être choisis. L'effigie progresse en tanguant un peu sur la mer humaine, avec des arrêts réguliers sur les lieux de culte ou devant les maisons des personnes qui lui font une offrande. La Vierge rend presque hommage aux gens qui la vénèrent. Les palais ouvrent leurs portes et leurs cours splendides aux visiteurs, à la foule et à des groupes de musiciens, qui alternent musique et temps de silence. Le Vendredi saint, vingt groupes sculptés sont portés à bout de bras à tra-

N. Rettano/Lara Pessina/MICHELIN

vers les rues, sous un jeu symbolique d'ombres et de lumière qui durera une vingtaine d'heures, commençant l'après-midi pour s'achever, après la nuit, le samedi matin. Ces processions font revivre la souffrance de la Vierge et la Passion du Christ, dont l'épreuve subie par les porteurs se fait un peu l'écho. À **Caltanissetta** a lieu une procession aussi impressionnante, où l'on fait défiler seize groupes de statues.

À **Marsala**, ce sont des hommes et des femmes en chair et en os qui remplacent les statues pour mettre en scène la Passion. À **Enna**, les temps forts de la procession ont lieu le Vendredi saint, quand les membres des diverses confréries, encapuchonnés, défilent le long des rues du centre, portant deux lourdes effigies du Christ défunt et de la Vierge aux Sept Douleurs. Les deux statues se rencontrent devant le Dôme et poursuivent ensemble leur chemin, en une marche exténuante qui durera toute la nuit. Même procession le dimanche suivant, mais avec une différence majeure : la Vierge retrouve le Christ ressuscité, et la fête bat alors son plein. À **Prizzi**, le dimanche de Pâques donne lieu à des festivités particulières : c'est l'*U ballu di diavula*, « la danse des diables ». Vêtus de rouge, les épaules recouvertes de peaux de chèvres et le visage caché derrière un horrible masque en fer, les « diables » courent à travers le village en compagnie d'un personnage jaune, masqué lui aussi, et armé d'une arbalète en bois : c'est la Mort. Celui qu'il touche de ses traits est transporté au café, censé représenter l'Enfer, où il doit offrir une tournée générale. Ces personnages peu recommandables ont pour mission, par leurs danses infernales, leurs sauts et leurs menaces, de faire obstacle à la rencontre de Marie et du Christ ressuscité. Le jeu se poursuit jusqu'à ce que les deux anges qui se tiennent aux côtés de la Vierge les rattrapent et les terrassent. Seule la Mort ne peut être touchée, signe de la prise de conscience de l'homme, qui doit se résigner à sa destinée, mais signe aussi de l'évidente toute-puissance du Christ, seul à avoir vaincu la mort. À **Terrasini**, la tradition prend une coloration profane avec la fête des *schietti*, durant laquelle les hommes célibataires doivent prouver leur force et leur virilité en portant un oranger à bout de bras. Dans d'autres villes, les rues elles-mêmes sont revêtues de toutes sortes de décors fastueux, comme les gigantesques arcs de triomphe de **San Biagio Platani**, ornés de véritables sculptures réalisées en pâte à pain.

# L'héritage du passé

Au 14<sup>e</sup> s. avant J.-C., la Méditerranée jouait un rôle capital dans l'histoire des hommes. Les peuples se pressaient sur ses côtes « comme des grenouilles autour d'un étang », disait Platon. Au cœur de cette mer, la Sicile s'est tout naturellement trouvée à la croisée de nombreuses civilisations et cultures. Dans l'Antiquité, elle était une escale sur la route des navigateurs venant de l'Est et ses côtes, accueillantes ou perfides, ont été transfigurées par le mythe et la poésie.

G. Blot/RMN

« Vue de l'intérieur du temple de Ségeste

## La Sicile pré-hellénique

L'historien grec Diogène d'Halicarnasse décrit de manière très rigoureuse les expéditions maritimes qui naviguaient de l'Est vers la péninsule italienne et la Sicile. L'archéologie en offre des preuves plus concrètes. Des traces de la civilisation mycénienne ont en effet été retrouvées à Thapsos, sur Panarea (bris de céramique portant des inscriptions en alphabet syllabique mycénien, le « linéaire B »). L'île aurait donc été une escale commerciale pour les navires marchands mycéniens.

- **5<sup>e</sup> millénaire** – Gravures rupestres des **grottes de l'Addaura**, près de Palerme.
- **15<sup>e</sup>-13<sup>e</sup> s.** – Site préhistorique de **Thapsos**.
- **1270-650** – Âge tardif du bronze : découvertes significatives dans les nécropoles de Pantalica (cinq mille tombes) et de Cassibile. L'arrivée des Hellènes semble apporter l'usage du fer et une civilisation plus développée techniquement.

Lorsque l'historien athénien Thucydide décrit, dans *la Guerre du Péloponnèse*, la Sicile archaïque, il traite non seulement de la colonisation grecque, mais aussi de populations indigènes, les **Sicules** et les **Sicanes**. Les premiers s'étaient installés dans la partie orientale et le Centre Sud de l'île, l'arrière-pays de Syracuse, dans la zone sacrée qui entoure un des lacs Pàlici (le lac Naftia, aux environs de la ville actuelle de Palagonia) et dans la ville de Morgantina. C'est peut-être dans la péninsule italienne qu'il faudrait rechercher l'origine des Sicules, car de nombreux indices les rattachent à la civilisation continentale des Apennins. En revanche, les Sicanes, qui occupaient la partie occidentale de l'île, n'apparaissent pas comme une population indo-européenne mais sont probablement d'origine ibérique, et l'analogie de leur nom avec celui des Sicules n'est pas encore bien expliquée.

Quant au peuple des **Élymes**, fondateurs d'Erice et de Ségeste, il semble appartenir à l'antique famille des populations méditerranéennes pré-indo-européennes. Divers indices révèlent des contacts avec l'Orient (culte d'Aphrodite Érycine) mais aussi leur rapide hellénisation (temple dorique de Ségeste).

Les **Phéniciens de Carthage** se sont établis à Solunto, Panormo (la Palerme d'aujourd'hui) et Mozia, dans la zone Nord-Ouest, où plus tard s'élèvera la forteresse de Lilibeo (l'actuelle Marsala), place forte imprenable, point d'appui de la puissance militaire de Carthage.

*l.*

# Sikelia : la Sicile grecque

- **8ᵉ s.** – Installation de **comptoirs phéniciens** sur la côte Ouest (fondation de Motya, future Mozia).
- **775** – Fondation du comptoir commercial de Pitechusa à Ischia. Cette date marque le **début de l'implantation hellénique** dans la péninsule italienne.
- **Vers 735** – Fondation de **Naxos**, première colonie grecque en Sicile, décisive pour le contrôle des routes commerciales du détroit de Messine. En 734, fondation de Syracuse par les Corinthiens.
- **730-700** – Les Chalcidiens fondent Catane, Lentini, **Zancle** (l'actuelle Messine); les Mégariens fondent Megara Hyblæa.
- **688** – Les colons de Rhodes et de la Crète créent Gela, ville qui fondera **Akragas** (la future Agrigente) en 580.
- **598** – Fondation de Camarina.
- **570** – **Phalaris**, tyran d'Akragas.
- **491** – **Gélon** devient tyran de Gela. Il triomphe en 488 dans la course de chars à Olympie, ce qui lui assure un grand prestige aux yeux des Grecs.
- **485** – Gélon devient tyran de Syracuse.
- **480** – Bataille d'**Himère** : les Syracusains écrasent l'armée carthaginoise. Grâce au tribut payé, la ville s'enrichit de nombreux bâtiments publics et devient l'une des cités les plus puissantes du monde grec.
- **480-479** – Les Grecs de Sicile doivent affronter l'hostilité des Carthaginois et des Étrusques, probablement suscitée par l'aggravation de la menace des Perses contre la mère patrie hellène.
- **474** – **Hiéron**, tyran de Syracuse, remporte près de Cumes une victoire navale décisive sur les Étrusques. Catane, cité ionienne, est occupée par des colons doriens et son administration est confiée au fils de Hiéron.
- **465** – Le tyran **Trasibule** est chassé. Syracuse est dirigée par une démocratie modérée.
- **453** – Rébellion de **Doukétios**, qui, s'autoproclamant « roi des Sicéliotes », organise en confédération toutes les cités sicules. Le soulèvement est réprimé en 450.
- **415-413** – En lutte contre Sélinonte, Ségeste fait appel à l'aide d'Athènes : la flotte grecque, conduite par Nicias et Alcibiade, vient mettre le siège devant Syracuse. Finalement, les Athéniens sont vaincus sur l'Assinaras, perdant au cours de la

*Un décadrachme.*

guerre cinquante mille hommes (dont mille deux cents citoyens) et plus de deux cents trirèmes.

● **409** – Les Carthaginois, venus au secours de Ségeste, attaquent et détruisent Sélinonte et Himère avant de s'emparer d'Agrigente.

● **406** – Le général **Denys I$^{er}$ l'Ancien** prend le pouvoir à Syracuse. Les années suivantes, il conquiert un vaste territoire en Italie méridionale et sur le flanc adriatique (conquête de Crotone et fondation d'Ancône).

● **403** – Denys fait raser Naxos dont les survivants fondent, non loin de là, **Tauromenion** (future Taormine).

● **392** – La paix est établie entre les Carthaginois et Denys I$^{er}$.

● **367** – Mort de Denys I$^{er}$.

● **347** – **Denys II le Jeune**, précédemment chassé par son beau-frère Dion, disciple de Platon, revient à Syracuse.

● **344** – Corinthe, mère patrie, envoie à Syracuse sept cents soldats conduits par Timoléon, qui bat les Carthaginois sur le fleuve Crimiso (341).

● **316** – D'origine modeste, **Agathoclès** prend la tête d'une révolte contre les aristocrates et s'empare du pouvoir à Syracuse.

● **310** – Agathoclès débarque en Afrique à la tête de quatorze mille hommes : il est vaincu par les Carthaginois près d'Ecnome.

● **289** – Mort d'Agathoclès. La même année, les Mamertins, mercenaires d'origine campanienne, s'emparent de Messana (Messine).

● **280** – Pyrrhus en Italie. Entre 278 et 275, il tente en vain d'unifier la Sicile.

● **269** – **Hiéron II**, un ancien officier de Pyrrhus, après une victoire sur les Mamertins, se donne le titre de *basileus* (roi) de Syracuse.

● **264-241** – **Première Guerre punique**, opposant Rome, que les Messiniens ont appelé, à leur secours à Carthage. Les troupes d'Hamilcar sont défaites à Agrigente (262) et Myles (260) et aux Égades (241). La porte est désormais ouverte à la romanisation de l'île.

## La Sicile romaine

Gouvernée par un préteur assisté de deux questeurs, la Sicile est la première province romaine. Le tribut qu'elle doit à Rome est calculé pour couvrir au moins un cinquième des besoins de celle-ci. Il s'élève à environ 2 millions de boisseaux de blé qui doivent être « engrangés » suivant des modalités établies par **Hiéron II** (d'où l'appellation *lex hieronica*). Malgré les effets désastreux de deux révoltes d'esclaves et de la rébellion de Syracuse, qui sera punie par la destruction de la ville, l'île conserve son importance économique. Terre de *latifondia*, la Sicile compte de nombreuses propriétés de l'aristocratie de l'*Urbs*, villas aussi vastes qu'élégantes, ayant souvent abrité les divertissements littéraires des aristocrates romains.

● **227** – La Sicile devient province romaine.

● **218-201** – **Deuxième Guerre punique.** En 211, le consul Marcellus, après un long siège (au cours duquel **Archimède** s'illustre par ses inventions défensives), met à sac Syracuse insurgé contre Rome.

● **149-146** – **Troisième Guerre punique** et destruction définitive de Carthage.

● **138-131** – Première révolte des esclaves en Sicile conduite par **Eunus**, un esclave syrien : après s'être emparés de Taormine, ils sont écrasés à Enna dont ils avaient fait leur place forte.

● **104-99** – Seconde révolte dirigée par l'esclave **Trifone**.

● **70** – Verrès, préteur de Sicile, est accusé de malversations par certaines cités siciliennes, auxquelles Cicéron servira d'avocat (cf. *les Verrines*).

● **48** – Bataille de Pharsale : déroute des partisans de Pompée et triomphe de César.

● **46** – César concède le *jus latii* à la province : les notables deviennent citoyens romains.

- **44** – Le fils de Pompée, Sextus Pompée, contrôle avec ses flottes la Sardaigne, la Corse et la Sicile. Il est défait à Nauloque en 36 avant J.-C. par Marcus Vipsanius Agrippa, amiral d'Octave.
- **31** – Bataille d'Actium.
- **2ᵉ s. apr. J.-C.** – Propagation du christianisme dans l'île.
Syracuse devient le premier siège épiscopal de Sicile.
- **468** – Genséric, roi des Vandales établis en Afrique, soumet l'île.

# La Sicile arabe

À l'époque médiévale, la Sicile est au faîte de sa splendeur, à la fois grâce à sa puissance économique inchangée et à l'épanouissement culturel que favorise tout autant que dans l'Antiquité le croisement fécond de plusieurs cultures riches et vivantes. L'île va tirer profit pendant près de deux siècles de la domination arabe, avant de connaître le gouvernement normand et de devenir un point d'appui pour les projets impériaux de la famille souabe des Hohenstaufen. En témoignent les admirables édifices arabo-normands, et les traditions florissantes d'étude et de littérature en langue vulgaire qui font de la Sicile médiévale une terre riche de culture, indispensable à la compréhension de l'histoire européenne tout entière (c'est en Sicile, au 11ᵉ s., que certains des *Dialogues* de Platon sont traduits pour la première fois en latin).
- **491** – Les Ostrogoths de Théodoric annexent l'île ; elle est réorganisée selon une administration inspirée du modèle impérial. Les possessions territoriales de l'Église romaine y sont étendues.
- **535** – Au début de la guerre gotho-byzantine, Bélisaire, général de Justinien, annexe la Sicile à l'Empire romain d'Orient. La Sicile, où l'on parlait communément aussi bien le grec que le latin, est proche culturellement de l'Orient byzantin.
- **652** – Premières incursions des Arabes dans l'île.
- **663** – Pour des raisons d'opportunité politique, le basileus byzantin, **Constantin II**, réside à Syracuse.
- **725** – Crise iconoclaste. La Sicile reste fidèle au culte des images. En 732, l'Église sicilienne dépend du Patriarcat de Constantinople.
- **827** – Débarquement des Arabes à Mazara. Les envahisseurs (généralement des Berbères et des Perses) conquièrent Palerme en 831. Ils en font leur capitale.
- **842-859** – Messine, Modica, Raguse et Enna tombent ; l'armée byzantine est dispersée et la résistance des habitants chrétiens est vaincue. Seule la partie Nord-Est réussit à résister grâce au soutien des Byzantins.
- **878** – Syracuse, l'ancienne capitale, est vaincue et détruite.
- **902** – Dernière place forte byzantine en Sicile, Taormine tombe.
- **948-1040** – La dynastie de l'émir des Kalbites, d'origine arabe et fidèle aux califes du Caire, gouverne l'île.
L'arrivée des Arabes provoque une fracture dans la vie politique et économique de l'île : si la partie occidentale a su tirer profit de l'invasion et susciter une alliance entre indigènes et envahisseurs, la région de Syracuse ne s'est jamais totalement soumise à la domination arabe, même si leur arrivée a marqué la décadence de l'ancienne métropole et de la Sicile orientale, de langue et de culture grecques. La partie Nord-Est en particulier, affirmant pleinement son christianisme, tente de résister de toutes ses forces.

## SUR LES TRACES DES ARABES

C'est principalement dans la langue que se manifeste la résistance à l'arrivée des Normands, résistance cristallisée ensuite dans la toponymie et dans certains noms communs. Parmi les principaux toponymes d'origine arabe, on trouve Calascibetta, Calatafimi, Caltabellotta, Caltagirone, Caltanissetta et Caltavuturo, dérivant tous de *kalat*, signifiant château. Marsala vient de *marsa* (port), Mongibello, Gibellina et Gibilmanna de *gebel* (mont), Modica de *mudiqah* (indiquant un passage rétréci), Racalmuto et Regalbuto de *rahal* (hameau) et enfin Sciacca de *shaqqah* (fissure : celles du mont Kronio en l'occurrence). Parmi les arabismes les plus courants dans la langue italienne, on retrouve *albicocca* (abricot), *alcool*, *algebra* (algèbre, de *al giabr*, signifiant transport - des termes d'une équation), *arancia* (orange), *bizzeffe* (à foison, de *bizzef*, beaucoup), *calibro* (calibre, de *qalib*, mesure pour les chaussures), *carciofo* (artichaut), *cifra* (chiffre) et *zero* (zéro) (tous deux dérivés de *sifr*, vide), *cotone* (coton), *dogana* (douane), *limone* (citron), *magazzino* (magasin), *melanzana* (aubergine), *ragazzo* (garçon, de *raqqas*, messager), *taccuino* (agenda, de *taquim*, en bon ordre), *tazza* (tasse), *tariffa* (tarif), *zafferano* (safran), *zecca* (de *sikka*, monnaie) et *zucchero* (sucre).

« *Le Christ couronnant Roger II* », La Martorana, Palerme.

(c) Archivi Alinari/Archivio Seat, Firenze

Palerme devient le symbole de la civilisation arabo-sicule. Très peuplée (environ 300 000 habitants), riche, ceinturée de faubourgs agricoles et administratifs, elle compte trois cents mosquées et autant de *médersas* (écoles coraniques). L'émir s'entoure d'une assemblée influente *(giama'a)*, composée de l'aristocratie locale. La région palermitaine offre le meilleur exemple de réussite économique sous la domination arabe. Le fractionnement des propriétés terriennes au profit des nouveaux arrivants impose des méthodes de culture intensives et sophistiquées, souvent favorisées par d'efficaces réseaux de *qanat*, canaux d'irrigation qui captent l'eau des nappes *(voir p. 286)*, valorisées par la culture d'espèces précieuses et rares, comme le coton, le lin, le chanvre, la canne à sucre, le riz, les agrumes, le henné, les dattes, les fruits secs.

Parallèlement aux richesses matérielles, la vie culturelle s'épanouit au contact de la civilisation de l'islam méditerranéen (l'Andalousie pour les lettres, le Maghreb et l'Égypte pour les sciences). La magnifique littérature de langue arabe qui fleurit à la cour de Palerme, en particulier la poésie, en est une brillante illustration. Écoutons Ibn Hamdis évoquer avec mélancolie la terre de Sicile, tombée aux mains des Normands, « un pays auquel la colombe a prêté son collier, et que le paon a recouvert de ses plumes chatoyantes ».

● **1061** – Les Normands débarquent en Sicile. La reconquête chrétienne met une trentaine d'années pour chasser les Arabes de l'île. Néanmoins, la culture islamique prospère jusqu'au seuil du 13e s.

# La Sicile normande

Les « hommes du Nord », ayant quitté leurs terres scandinaves, se sont établis en 911 dans l'actuelle Normandie. Des groupes de mercenaires normands partiront combattre dans le Sud de la péninsule italienne, en épousant les querelles qui opposent les pontifes romains, les ducs lombards de Bénévent et de Salerne, les Arabes de Sicile, les Byzantins des Pouilles et de Calabre. Par l'**accord de Melfi** (1059), les Normands obtiennent le privilège d'être considérés comme vassaux du pape, et acquièrent en même temps des droits féodaux sur l'Italie méridionale. Après avoir obtenu le titre de duc des Pouilles, l'un de leurs chefs, appartenant à la famille des **Hauteville**, **Robert Guiscard** (c'est-à-dire le rusé) assujettit Bari et Salerne. Son frère, le comte **Roger** (1031-1101) commence la conquête de la Sicile et entre à Palerme en 1072. Mais la dernière place forte arabe, Noto, ne capitule qu'en 1091. L'ambitieux Roger obtient le titre de légat pontifical de l'île, c'est-à-dire de représentant direct du Saint-Siège.

● **1130 – Roger II** (1095-1154) obtient de l'anti-pape Anaclet II les titres de roi de Sicile et de duc de Campanie ; cet apanage est confirmé à nouveau par Innocent II neuf ans plus tard.

● **Roger II** étend les frontières de son royaume jusqu'au Tronto, en y joignant Capoue, Amalfi, et Naples ; Palerme est prise pour capitale. Le souverain prétend avoir des droits sur toute terre, et alloue en récompense des territoires à ses partisans. C'est pendant cette période qu'une organisation de type féodal se répand en Sicile. La caractéristique du règne sicilien est la présence d'une administration centrale très complexe, héritage de la domination byzantine et arabe : le roi est assisté de six officiers et de magistrats établis dans les provinces (*justiciarii* et *connestabuli*). On y trouve également une administration financière (*dohana* en arabe) et une forme de gouvernement autonome concédée à la communauté arabe de Palerme, régie par un *qadj*. Des prérogatives spéciales en matière d'organisation ecclésiastique sont accordées aux souverains normands, nommés par Urbain II légats du pape : il leur revient d'extirper les racines de l'islam et de lutter contre l'influence du christianisme gréco-byzantin, principaux objectifs imposés par la papauté. À la cour de Roger II, la culture arabe demeure. Le géographe **al-Idrisi** construit à Palerme un grand planisphère d'argent, et rédige entre autres un traité de géographie au titre significatif de *Kitab-Rugiar*, c'est-à-dire *Le Livre de Roger*.

- **1147** – Incursions de la flotte normande dans l'Empire byzantin : Corfou, Thessalonique et Thèbes sont saccagées. De nombreux artisans originaires de cette ville, experts dans le travail de la soie, sont déportés en Sicile.
- **1154 – Guillaume I<sup>er</sup>** de Hauteville (1120-1166) succède à son père Roger II. Entré en conflit avec l'empereur germanique **Frédéric I<sup>er</sup>** de Hohenstaufen dit **Barberousse**, Guillaume doit aussi affronter une révolte de ses barons, réprimée en 1156.
- **1166 – Guillaume II** (1153-1189), fils de Guillaume I<sup>er</sup>, est couronné roi. En soutenant la papauté et les villes du Nord dans la lutte contre Barberousse, il peut s'attaquer à l'Empire byzantin en déclin. Il se joint aux partisans de la III<sup>e</sup> croisade dirigée contre Saladin : les troupes normandes arrivent au secours de Tripoli. Il désigne comme héritière sa tante Constance, promise en mariage à Henri, l'aîné de Barberousse, permettant ainsi à la dynastie souabe des Hohenstaufen d'avoir des prétentions légitimes au trône de Sicile.

## Les Souabes et les Angevins

- **1186** – Mariage à Milan du fils de Barberousse, **Henri VI** de Hohenstaufen, et de Constance de Hauteville.
- **1190-1197** – Règne de Henri VI de Souabe, empereur et roi de Sicile.
- **1198** – Innocent III est élu pape. L'obstination de Constance permet le couronnement de son fils **Frédéric II** à l'âge de 4 ans comme roi de Sicile dans la cathédrale de Palerme *(voir p. 78)*. Ce dernier grandit protégé dans le palais des Normands.
- **1209** – Frédéric II épouse Constance, sœur de Pierre, roi d'Aragon.
- **1214** – Innocent III excommunie l'empereur Othon de Brunswick et nomme à sa place son rival Frédéric II, déjà roi de Sicile. Frédéric rejoint l'Allemagne, et ne reviendra en Sicile qu'en 1220.
- **1228** – Exhorté par le pape Grégoire IX, Frédéric part pour la Terre sainte, où il signe des accords de paix avec le sultan. En 1229, il se fait couronner roi de Jérusalem.
- **1231** – Frédéric II promulgue les *Constitutions de Melfi*, code de lois destiné à former un État centralisé au-dessus de l'arbitraire des féodaux.

« *Les Vêpres siciliennes* », par Erulo Eruli.

• **1250** – Mort de Frédéric II.
• **1250-1254** – Son fils, Conrad IV (1228-1254), lui succède et est couronné empereur en dépit de l'opposition de Manfred (1232-1266), fils naturel de Frédéric II, que Dante décrit comme « blond... beau et de noble figure » (*La Divine Comédie, Purgatoire*, chant III).
• **1265** – Le pape Clément IV bat le rappel des princes chrétiens pour combattre Manfred. **Charles d'Anjou**, prince français, accourt.
• **1266** – Bataille de Bénévent. Manfred est battu et tué.
• **1268** – Défaite définitive des Gibelins, partisans de l'empereur germanique, à Tagliacozzo. Conrad, dit Corradino (Conradin), héritier des Souabes, âgé de 15 ans à peine, est décapité à Naples. C'est le début de la domination des Guelfes angevins sur l'Italie méridionale.

## La guerre des Vêpres et l'avènement des Aragonais (1282-1416)

• **1282** – À Palerme éclate la **révolte des Vêpres siciliennes** *(voir p. 283)*, entraînant le soulèvement de Corleone et de Messine, alors siège du vice-roi angevin. La révolte a besoin d'aide et, dans l'été 1282, une assemblée de barons et de représentants de la cité demande du secours à **Pierre III d'Aragon** (1239-1285). Celui-ci, marié à une Souabe, Constance, fille de Manfred, revendique des droits sur la couronne de Sicile. Du reste, la puissante flotte catalane contrôle depuis quelque temps la Méditerranée. Elle est sur le point de conquérir des positions en Afrique et en Italie pour mieux contrer la puissance de Pise et de Gênes. On offre à Pierre III la couronne de Sicile. Il n'y aura pas d'affrontement royal, car Charles d'Anjou se retire de Messine le 29 septembre. La guerre commencée, le parti siculo-aragonais trouve un chef militaire de valeur en Roger de Lauria, le grand amiral, qui remporte en juin 1283 une victoire décisive sur les forces angevines dans les eaux napolitaines.
• **1285** – **Charles d'Anjou** meurt sans avoir pu reprendre la Sicile.
• **1296** – Frédéric d'Aragon accorde au parlement des barons le droit de se réunir au moins une fois l'an. La Sicile est fréquentée durant tout le 14ᵉ s. par des marchands étrangers : Génois et Anglais s'établissent à Messine et Trapani. L'immigration grecque et albanaise débute dans sept villes siciliennes. Ces communautés conserveront intactes certaines traditions culturelles et religieuses jusqu'au 20ᵉ s. Ce fut également l'époque d'une impressionnante vague d'immigration des « Lombards », autrement dit des Italiens du Nord, à Palerme et à Corleone.
• **1302** – Fin de la guerre des Vêpres avec la paix de Caltabellotta.
À la fin de la guerre, **Frédéric d'Aragon**, fils de Pierre, est nommé roi de Trinacrie, à condition que le royaume revienne à sa mort à Robert d'Anjou. Le traité n'est pas respecté, et le royaume normand, si puissant et florissant autrefois, est divisé en deux. La tentative de Charles d'Anjou de faire du royaume de Sicile l'avant-poste d'un grand État qui étendrait son influence sur la péninsule italienne tout entière a définitivement échoué.
• **1425-1442** – **Alphonse V d'Aragon** intervient contre les Angevins de Naples. L'île et le continent sont de nouveau réunis sous un seul roi.
• **1434** – Fondation de l'université de Catane.

## La Sicile moderne

• **1482** – Institution des premiers tribunaux de l'Inquisition en Espagne. Sur le même modèle, des tribunaux inquisitoriaux s'installent en Sicile à partir de 1497.
• **1492** – Les juifs sont chassés d'Espagne et, en Sicile même, les communautés florissantes de Salerne et de Palerme doivent bientôt quitter l'île.
• **1535** – Visite de Charles Quint à Palerme. On le porte en triomphe pour ses victoires en Méditerranée sur les pirates barbaresques d'Algérie.
• **1556** – On compte soixante-douze barons sur l'île (en 1810, ils seront deux cent soixante-dix-sept). Ils ont le droit de siéger au Parlement, institution très ancienne, très appréciée des Siciliens, car elle est le symbole de l'autonomie de l'île. Divisé en trois *brazos* ou chambres, l'une réservée au haut clergé, la seconde aux barons et aux militaires, et la troisième aux villes dépendant directement du roi, ce Parlement n'a qu'un pouvoir consultatif.
• **1570** – Messine devient la base de la grande flotte chrétienne, composée de galères vénitiennes, espagnoles, toscanes et papales, qui remportera en octobre

1571 la célèbre **victoire de Lépante** contre les Turcs. Les nombreux rameurs et hommes d'équipage sont recrutés en Calabre et en Sicile.

● **1624** – Épidémie de peste à Palerme. Selon la rumeur populaire, la découverte miraculeuse des ossements de **sainte Rosalie** contribuera à vaincre l'épidémie. La sainte devient la patronne de la cité.

● **1647** – Rébellion de Palerme, en même temps que le soulèvement de Tommaso Aniello à Naples. Le mouvement anti-espagnol a pour chefs deux hommes du peuple, **Nino de la Pelosa** et **Giuseppe d'Alessi**. La rébellion est vite réprimée. En 1674, Messine, soutenue par le roi de France, se soulève également contre les Espagnols, mais la ville est brutalement reconquise par les Espagnols en 1678.

● **1669** – Catane est enfouie sous les laves de l'Etna.

● **1693** – Un terrible tremblement de terre frappe le Sud-Est de la Sicile et rase Noto.

● **1713** – Le traité d'Utrecht attribue la Sicile à la maison de Savoie. Le nouveau roi Victor-Amédée visite l'île.

● **1718-1720** – L'Espagne reconquiert la Sardaigne puis menace Naples et Palerme. Mais la flotte espagnole est détruite à Capo Passero par la flotte anglaise. La Sicile est attribuée à l'empereur d'Autriche, qui en échange cède la Sardaigne à la maison de Savoie.

● **1735** – Couronnement, à Palerme, de **Charles de Bourbon** (1716-1788) sous le nom de Charles VII et avec le titre de roi de Naples et de Sicile. Début de la domination de la dynastie des Bourbons.

● **1781-1786** – **Caracciolo** est nommé vice-roi de l'île ; quelques réformes sont introduites dans le but d'augmenter la petite propriété. Abolition de l'Inquisition.

● **1794** – La découverte de la méthode Leblanc pour obtenir le carbonate de soude révolutionne certains procédés industriels : le soufre devient compétitif.

À partir de 1790, exportation massive des agrumes dans toute l'Europe. En 1814, plusieurs établissements produisent des vins de dessert à Marsala ; leurs propriétaires sont anglais.

● **1806** – Les troupes anglaises s'établissent en Sicile pour la protéger des armées napoléoniennes qui se sont déjà emparées de Naples pour installer sur le trône Joseph Bonaparte. Cette présence favorise une remarquable prospérité économique.

● **1812** – Grâce à l'intervention du représentant britannique en Sicile, lord Bentinck, une constitution d'inspiration libérale est instaurée. Elle abolit les droits féodaux et prévoit deux chambres sur le modèle parlementaire anglais.

● **1816** – Formation du royaume des Deux Siciles ; les couronnes de Naples et de Palerme sont unifiées et le drapeau sicilien est aboli. La constitution de 1812 est aussi abrogée.

*Le débarquement des Mille à Marsala.*

- **1820** – Soulèvement carbonariste à Palerme.
- **1840** – On déplore le fléau du contrôle illicite de l'eau, surtout dans la région de Palerme, touchée par l'épuisement des nappes phréatiques. La contrebande est aussi florissante.
- **1847** – Une étude révèle que la moitié des surfaces boisées de l'île a été détruite au cours du siècle. Le climat devient plus aride.

*La Lettera da Malta* de Francesco Ferrara est publiée. Cette œuvre est un combat pour le respect de l'autonomie de la Sicile dans le cadre d'une fédération des États italiens.

- **1848-1849** – Insurrections séparatistes à Palerme et à travers la Sicile.
- **1860** – En avril, une insurrection éclate à Palerme, à l'instigation d'agents envoyés du Nord de l'Italie.

**Expédition des Mille** en Sicile sous la conduite de **Garibaldi** (*voir Marsala*). Le 21 octobre, un plébiscite (432 000 oui, 600 non) sanctionne l'union de l'île au royaume d'Italie.

- **1866** – Révolte de Palerme, provoquée par une situation économique difficile (quinze mille chômeurs). La flotte italienne finit par bombarder la ville, et quatre mille soldats mettent fin à la rébellion.

ROGER-VIOLLET

- **1886** – Le rapport Jacini sur l'état de l'agriculture italienne révèle la pénurie alimentaire dans laquelle se trouve l'île ; elle est aggravée par l'augmentation de la population. Entre 1880 et 1914, environ un million d'habitants quittent l'île pour émigrer, surtout aux États-Unis. Le phénomène favorise le retour de fonds expédiés par les émigrants (environ cent millions de lires en 1907).
- **1893** – Le scandale Notarbartolo éclate. Le directeur du Banco di Sicilia est assassiné pour avoir dénoncé les mœurs politiques et financières.
- **1894** – Une mauvaise récolte et des inégalités dans la distribution des terres de l'Église amènent les membres des *Fasci di lavoratori* (organisations fondées en 1889 qui regroupaient les paysans les moins riches) à provoquer désordres et émeutes. Répugnant à employer la force, le gouvernement Giolitti est renversé. Un autre gouvernement est formé, présidé par le Palermitain Francesco Crispi ; celui-ci envoie cinquante mille soldats sur l'île et impose la loi martiale.
- **1908** – Terrible tremblement de terre à Messine. On compte plus de soixante mille morts.
- **1911** – Recensement de la population : 58 % des Siciliens sont analphabètes.
- **1925** – Le gouvernement fasciste mène aussi en Sicile la « bataille du blé » pour rendre l'Italie indépendante de l'importation de céréales. À Palerme, prise de fonction du **préfet Mori**, surnommé le « préfet de fer » en raison de la dureté et de la violence de ses méthodes de lutte contre la mafia.

## La Sicile contemporaine

- **1940** – Le gouvernement annonce une réforme agraire. La guerre éclate et la réforme n'a pas lieu.
- **1943** – **Opération Husky** : début juillet, les premiers régiments de la VIIIe armée britannique et de la VIIe armée américaine débarquent à Licata et Augusta. Un grand déploiement d'hommes et de moyens sous le commandement d'Eisenhower a vite raison des quatre divisions italiennes et des deux divisions allemandes

attachées à la défense de l'île. Palerme tombe le 22 juillet. Puis c'est le tour de Messine, d'où les régiments allemands réussissent à rejoindre le continent au détriment des régiments italiens. À Cassibile, près de Syracuse, les émissaires du gouvernement Badoglio signent le 3 septembre l'armistice avec les délégations alliées.

● **1947** – Les séparatistes, qui réclament la sécession de l'île du reste de l'Italie, recueillent moins de 10 % des voix aux élections. De nombreux Siciliens rêvaient d'annexer l'île aux États-Unis. Les séparatistes recherchaient l'appui des armes. Le premier mai 1947, **Salvatore Giuliano**, en clandestinité depuis 1943, colonel de l'EVIS (Armée volontaire pour l'indépendance sicilienne) fait tirer sur une manifestation de paysans à Portella delle Ginestre. Il y a douze morts et l'événement soulève l'indignation de la nation. Giuliano est trouvé mort le 5 juillet 1950 à Castelvetrano, dans des circonstances obscures. Les séparatistes disparaîtront de la scène politique avec les élections de 1951.

● **1950** – Mise en œuvre de la réforme agraire : les propriétés supérieures à 300 ha sont expropriées pour former des lots de 4 ou 5 ha, à répartir entre de nombreux petits paysans. Les bénéficiaires seront plus de dix-huit mille et les superficies distribuées couvriront 115 000 hectares.

● **1951-1975** – On note l'émigration de un million de Siciliens vers l'Italie du Nord et le Nord de l'Europe.

● **1953** – Découverte de pétrole à Raguse et Gela. En 1966, production de huit millions de tonnes de brut.

Le 15 mai 1946, un décret royal promulgue la loi sur l'autonomie sicilienne. Le 26 février 1948, l'Assemblée constituante transforme en loi constitutionnelle le statut de la Sicile, selon les dispositions de l'article 116 de la Constitution qui prévoit des formes et des conditions particulières d'autonomie pour cinq régions italiennes. Le statut régional prévoit un Conseil régional, appelé Parlement, composé de quatre-vingt-dix membres qui siègent au palais des Normands, à Palerme. Le Parlement élit parmi ses membres, selon le principe de la majorité absolue, la Commission régionale et son président. Ce dernier a le droit de siéger au Conseil des ministres à Rome lorsque le débat concerne des questions siciliennes. Le Parlement peut approuver des lois applicables dans toute l'île. Ses pouvoirs, établis par l'article 117 de la Constitution, sont très étendus. Des départements spéciaux du Conseil d'État et de la Cour des comptes siègent en permanence à Palerme, pour permettre une décentralisation administrative efficace.

● **1958** – Le quotidien palermitain *L'Ora* est détruit par un attentat à la dynamite pour avoir révélé la puissance de la mafia.

● **1968** – Un tremblement de terre catastrophique frappe la vallée du Belice.

● **1973-1976** – Déroulement des travaux de la Commission parlementaire contre la mafia.

● **1974** – Enquête sur la bureaucratie : plus de deux cents services administratifs sont recensés dans l'île ; ils coûtent plus de 1 500 milliards de lires de l'époque sans permettre un bon fonctionnement de l'administration des biens et services.

● **27 juin 1980** – Un DC9 de la compagnie Itavia s'écrase en mer au large d'Ustica au cours d'un vol Bologne-Palerme, faisant 81 victimes.

● **3 septembre 1982** – Le préfet de Palerme, le **général Carlo Alberto Dalla Chiesa**, son épouse et un homme de son escorte, sont victimes d'un attentat.

● **1986** – Tensions entre la Libye et les États-Unis en Méditerranée. Les Libyens lancent plusieurs missiles et touchent Lampedusa.

● **1992** – Le 12 mars est assassiné à Palerme l'homme politique Salvo Lima. Le 23 mai, le **juge Giovanni Falcone**, responsable des affaires pénales au ministère de la Justice, est tué par une charge explosive placée près de la bretelle de l'autoroute de Capaci. Son épouse et trois hommes de l'escorte sont également tués dans l'attentat. Le 19 juillet, le **juge Paolo Borsellino** est tué par une voiture piégée dans la Via D'Amello à Palerme ; quatre agents de police, dont une femme, trouvent également la mort. Le 6 septembre, arrestation du « parrain » Giovanni Madonia.

● **15 janvier 1993** – Arrestation à Palerme du « parrain » Salvatore Riina, qui dirigeait le clan des Corleonesi.

● **13 mars 1996** – La coupole et une bonne partie de la nef centrale de la cathédrale de Noto s'écroulent.

● **12 mai 1997** – Réouverture du Teatro Massimo de Palerme, après plus de 20 ans de fermeture.

● **2001-2002** – L'Etna fait de nouveau entendre sa voix menaçante et détruit le funiculaire et une partie de l'esplanade du Rifugio Sapienza sur le versant Sud, ainsi que les installations et la pinède de Piano Provenzana, sur le versant Nord. En décembre 2002, c'est au tour du Stromboli de se manifester : l'écroulement d'une arête de la célèbre coulée vers la mer Sciara del Fuoco (traînée de feu), provoque un impressionnant raz-de-marée.

# Le chevalier de l'esprit

*Frédéric II concédant des privilèges à la ville*

« *C'est la lumière de la grande Constance qui du second vent de Souabe engendra la troisième et l'ultime puissance.* »
Dante Alighieri,
« *La Divine Comédie, le Paradis, chant III* »

### Vie de Frédéric II

Faisons un saut dans le passé. Nous sommes à Milan, le 27 janvier 1186 : Constance de Hauteville, héritière de la couronne de Sicile, épouse en grande pompe Henri VI de Souabe, fils de Frédéric Ier Barberousse et héritier au titre d'empereur du Saint Empire romain. Constance a alors 31 ans, soit près de quinze ans de plus que son jeune époux, et a depuis longtemps dépassé l'âge habituel du mariage à l'époque. Il faudra encore attendre huit ans avant la naissance d'un héritier. Le 26 décembre 1194, les douleurs de l'accouchement la saisissent à Jesi et, peut-être afin d'écarter tous les doutes qui entourent sa maternité à un âge aussi « avancé », Constance décide de faire naître l'enfant sous un grand chapiteau tendu sur la place principale de la ville. En 1197, à 32 ans, Henri VI meurt des suites d'une fièvre contractée lors d'une partie de chasse sur l'Etna. L'année suivante, c'est au tour de Constance de s'éteindre, non sans avoir auparavant réussi à confier la tutelle de son fils au pape Innocent III, qui le couronne roi de Sicile en 1198. En raison des difficultés politiques et dynastiques, Frédéric II connaît une enfance difficile et solitaire à Palerme où, abandonné à lui-même, il fréquente les quartiers mal famés et entre en contact avec des individus de tout rang et de toute religion. Ce sont ces expériences cosmopolites qui alimenteront l'éclectisme du futur empereur et contribueront à la grandeur de son œuvre politique. Revenu dans une ambiance de cour, Frédéric reprend une éducation digne de son rang : il est curieux de tout, aime la nature aussi bien que la culture, étudie le latin et les sciences naturelles et approfondit sa connaissance des classiques arabes et de la culture islamique.

*Frédéric II dans le Rouleau de l'Exultet, Bibliothèque diocésaine de Salerne.*

SCALA

### LES QUATRE FEMMES DE FRÉDÉRIC II

1209 : **Constance d'Aragon**, qui lui donnera pour fils Henri VII. Ce dernier se révoltera contre son père. Constance meurt en 1222.

1225 : **Isabelle de Brienne**, héritière de la couronne de Jérusalem. De leur union naîtra Conrad IV et Marguerite. Isabelle meurt en 1228.

1235 : **Isabelle d'Angleterre**, sœur du roi d'Angleterre, qui donnera naissance à Henri. Elle meurt en 1241

1250 : **Bianca Lancia**. Frédéric II épouse juste avant sa mort la Dame à laquelle il était lié depuis de nombreuses années et qui lui avait déjà donné pour enfants Manfred, son fils préféré, Constance et peut-être Violante.

*'Asti « Codex Astensis ».*

Othon IV est couronné empereur du Saint Empire romain, mais est excommunié en 1214 par le pape Innocent III, qui nomme à sa place Frédéric II. Ce dernier rejoint l'Allemagne et ne reviendra en Sicile qu'en 1220. En 1227, il est excommunié à son tour par le pape Honorius III et en 1229, au terme de la « Croisade des excommuniés », il s'autoproclame roi de Jérusalem. L'année suivante, le pontife lève son excommunication.

Le 13 décembre 1250, après plusieurs années de rapports orageux avec la papauté qui lui valent de nouvelles excommunications, Frédéric II s'éteint dans son château de Fiorentino et est enterré dans la cathédrale de Palerme.

## « Stupeur du monde et innovateur fabuleux » (Matteo da Parigi)

Homme politique de valeur, à la fois grand dirigeant et grand législateur, il fut un passionné d'arts et de sciences et rédigea même un célèbre traité de fauconnerie intitulé *De arte venandi cum avibus*. Il alliait à l'aspect sacré et encore médiéval de son rôle d'empereur un éclectisme et un œcuménisme culturels d'une extraordinaire modernité pour l'époque. À sa cour se pressaient des érudits de toutes les confessions, des hommes de lettres, des mathématiciens, des astronomes, des médecins et des musiciens. C'est à lui que l'on doit la fondation de l'Université de Naples, l'organisation de l'école de médecine de Salerne, où fut créée une chaire d'anatomie, et la naissance de l'École poétique sicilienne.

### L'ÉCOLE POÉTIQUE SICILIENNE

À la cour de Frédéric II, la *Magna Curia*, la littérature prend une place privilégiée en tant qu'art noble, pratiqué par les princes et les hauts fonctionnaires, qui voient dans la poésie un passe-temps élégant. Les poètes siciliens s'inspirent des thèmes et du style du lyrisme provençal et de « l'amour courtois », où le chevalier se dévoue respectueusement à sa dame. La langue utilisée est un sicilien épuré de ses termes populaires, s'inspirant du latin et du provençal : on voit naître ainsi une langue brillante et savante, strictement littéraire. Ce dialecte soigné, aux antipodes du réalisme, va progressivement influencer toute la poésie italienne. Parmi les poètes de l'école sicilienne figurent des têtes couronnées comme Frédéric II, auquel on attribue quatre chansons et un traité de chasse, et ses fils **Henri, Frédéric, Manfred** et **Enzo**, roi de Sardaigne. Parmi tant d'autres, on trouve **Giacomo da Lentini**, notaire à la cour, considéré comme l'inventeur du sonnet, **Pier della Vigna** (rendu célèbre aussi par un épisode de Dante, *L'Enfer*, chant XIII, vers 25 et suivants) et **Cielo d'Alcamo**, auteur d'un célèbre débat en vers, *Rosa Fresca Aulentissima*. La grande époque de l'école sicilienne s'éteint avec le déclin de la *Magna Curia*.

Il est difficile de tracer un portrait équitable de l'empereur souabe sans mentionner l'enthousiasme d'une bonne partie de l'historiographie tant ancienne que moderne. **Dante** atteste sa renommée d'homme de culture et le décrit comme *« loico e clerico grande »*, à la fois grand laïc et grand clerc. Défini comme féru de connaissances, patron des arts et poète courtois, on le remarque dans des actes dénués de préjugés politiques. On soulignera son propre désir d'être considéré comme le prophétique « empereur des derniers temps », appelé à restaurer l'Âge d'or et la justice sur terre. Cette interprétation allégorique de sa personnalité et de son rôle s'oppose violemment aux véhémentes accusations de la Curie papale, qui tend à voir en Frédéric II l'Antéchrist biblique. En effet, Frédéric II se considérait presque comme un élu divin, s'appuyant sur certains indices comme la similitude du nom de son village natal, Jesi, près d'Ancône, avec celui de Jésus, ou comme la forme octogonale de son château de Castel del Monte, antique symbole d'éternité ; il souhaitait d'autre part être couronné dans Jérusalem.

Ombres et lumières, gloire et damnation composent le portrait de ce vrai « Chevalier de l'esprit », comme le définit le titre d'un livret de Manlio Sgarambro, philosophe contemporain et analyste attentif de la pensée du souverain souabe. Ce livret a été mis en musique par Franco Battiato en 1994, à l'occasion du huitième centenaire de la mort du souverain.

# Les Grecs en Sicile

*Nous sommes au 8e s. avant J.-C. :
Neptune est en colère : un sacrifice en
son honneur a été mal consommé...
Déchargeant sa colère sur les res-
ponsables, il provoque leur naufrage
devant la côte orientale de la Sicile.
L'unique rescapé trouve refuge dans la
vaste anse située entre le cap Taormine et
le cap Schisò. Frappé par la beauté du lieu,
il retourne en Grèce pour convaincre ses
concitoyens d'y fonder une colonie... C'est ainsi
que débute la grande aventure grecque en Sicile.*

## Histoire et société

Les contacts entre le monde grec et la Sicile remontent aux sources de la civilisation
grecque elle-même : de nombreuses découvertes archéologiques attestent de l'existence d'un commerce crétois et mycénien sur les côtes orientales et méridionales de
la Sicile à partir du milieu du deuxième millénaire avant J.-C. Toutefois cette forme
de précolonisation se limite exclusivement à des escales maritimes : entre les 13e et
8e s. avant J.-C., on ne trouve pas trace d'établissement permanent. La colonisation
débute seulement quand la situation intérieure en Grèce devient intolérable :
famine, guerres civiles, mais aussi pression sociale exercée par une classe composée

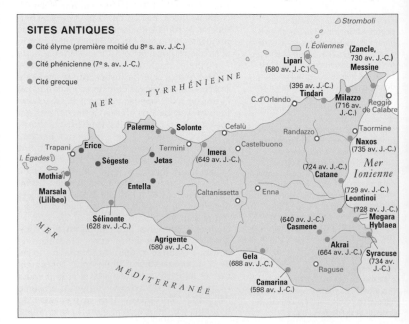

SITES ANTIQUES

● Cité élyme (première moitié du 8e av. J.-C.)

● Cité phénicienne (7e s. av. J.-C.)

● Cité grecque

Stromboli

I. Éoliennes

(Zancle,
730 av. J.-C.)
Messine

Lipari
(580 av. J.-C.)

MER TYRRHÉNIENNE

MER

C.d'Orlando

Tindari
(396 av. J.-C.)

Milazzo
(716 av.
J.-C.)

Reggio
de Calabre

Palerme

Solonte

Cefalù

Randazzo

Taormine

Trapani

Erice

Termini

Castelbuono

Naxos
(735 av. J.-C.)

I. Égades

Ségeste

Jetas

Imera
(649 av. J.-C.)

Mothia

Entella

Caltanissetta

Enna

Catane
(724 av. J.-C.)

Mer
Ionienne

Marsala
(Lilibeo)

Sélinonte
(628 av. J.-C.)

Agrigente
(580 av. J.-C.)

Gela
(688 av. J.-C.)

Camarina
(598 av. J.-C.)

Casmene
(640 av. J.-C.)

Raguse

Leontinoi
(729 av. J.-C.)

Megara
Hyblaea
(728 av. J.-C.)

Akrai
(664 av. J.-C.)

Syracuse
(734 av.
J.-C.)

MER

MÉDITERRANÉE

SCALA

L'« Olympe » de Luigi Sabatelli,
salle de l'Illiade du Palazzo Pitti, Florence.

de cadets de famille écartés de la propriété agricole en raison des règles de succession et poussés à rechercher de nouvelles terres, plus riches et fertiles, pour s'établir et commencer une nouvelle existence. Régions voisines, la Sicile et, de façon générale, l'Italie méridionale offrent à ces Grecs avides de terres des conditions idéales pour construire une (plus) « Grande Grèce ».

### Les fondations

Des peuplades grecques d'origines différentes participent à la colonisation de la Sicile. Les Ioniens ouvrent la voie : la première grande expédition remonte à 735, quand un groupe de Chalcidiens de l'Eubée conduit par **Théocle** s'installe près du cap Schisò et fonde Naxos. Ces colons essaiment ensuite à Leontinoi, Catane et Zancle (Messine). Presque simultanément arrivent les Doriens : un groupe de Corinthiens fonde Syracuse, tandis que les Mégariens s'établissent à Megara Hyblæa. Au début du 7ᵉ s., des habitants de Rhodes et de la Crète fondent Gela, sur la côte méridionale de l'île. Cette première expansion grecque se fait de manière dispersée, par une occupation d'endroits très éloignés les uns des autres, d'approche facile et bien approvisionnés en eau. C'est par l'intermédiaire de ces avant-postes qu'auront lieu par la suite les implantations secondaires.

### Les fondateurs

Chaque expédition, composée la plupart du temps d'hommes, mais pas exclusivement, est conduite par un **oikistès** (fondateur) généralement issu d'une des familles les plus importantes de la ville d'origine. Il est probable qu'avant la fondation d'une cité, l'*oikistès* effectuait des missions d'exploration pour localiser le site le plus adapté à l'implantation. Quoi qu'il en soit, les expéditions sont toujours précédées d'un voyage à Delphes, où l'oracle d'Apollon Archagète (celui qui guide) indique l'endroit où les dieux désirent qu'une nouvelle cité s'élève. L'*oikistès* dispose d'un grand pouvoir et d'un grand prestige : c'est lui qui va transporter le feu et les cultes de la métropole vers la colonie. Ses décisions ont un caractère sacré et, à sa mort, on l'honore presque comme un dieu. Accompagné d'arpenteurs, d'ingénieurs et de devins choisis avant le départ, il préside à la construction de la citadelle et des édifices publics et administre la justice. Il a aussi pour mission de garantir le bon fonctionnement du tirage au sort des terres à répartir, afin que personne ne soit privilégié. Tout le terrain n'est pas distribué, une partie est réservée pour l'accueil de nouveaux colons.

### La colonie

Le fondateur donne à la nouvelle cité des institutions qui ne sont pas toujours identiques à celles de la ville d'origine. Chaque colonie (en grec *apoikia*, « nouvelle famille ») est totalement indépendante. Corinthe essaiera, mais en vain, de contrôler ses colonies. Agissant comme des entités politiques séparées, elles vont revendiquer avec force leur autonomie. Ainsi, Agrigente a d'excellents rapports commerciaux avec les Carthaginois, ennemis officiels des Grecs, Zancle et Reggio ferment le détroit de Messine et exigent le paiement de taxes portuaires par les navires grecs. Les colons perdent la citoyenneté de leur cité d'origine et acquièrent celle de la nouvelle ville. Ils conservent des attaches religieuses et affectives, en plus de la possibilité d'obtenir facilement la citoyenneté de l'une ou l'autre cité en cas de transfert. Autonomes vis-à-vis de la mère patrie, les colonies le sont aussi entre elles : chaque cité peut conduire sa politique de façon indépendante, à la condition de conclure alliance avec les autres villes dans certaines circonstances particulières.

*Le théâtre de Ségeste.*

Rendues prospères grâce au commerce et aux terres fertiles, les cités grecques se développent rapidement : soutenue par une hausse de la natalité et un afflux continuel de colons, la croissance démographique entraîne un développement de l'arrière-pays et la fondation de colonies de seconde génération.

On assiste aux 7e et 6e s. à une véritable **nouvelle colonisation**, caractérisée par une tendance au regroupement territorial : les Chalcidiens de Zancle occupent Milazzo, affirment leur suprématie sur la côte tyrrhénienne et la plaine de Mela, et fondent Himère à l'Ouest. Catane et Leontinoi étendent leur influence vers l'Etna, dans les vallées du Simeto et de ses affluents. Syracuse fonde Akrai puis Casmene et s'assure le contrôle du plateau situé en altitude dans l'arrière-pays. Elle établit alors des communications avec l'intérieur de la Sicile et la plaine de Dirillo où, par la suite, elle créera Camarina. Étranglée entre Syracuse et Leontinoi, Megara Hyblæa trouve une ouverture en fondant Sélinonte, la plus occidentale des villes grecques de Sicile, à partir de laquelle s'édifiera vers le milieu du 6e s. Eraclea Minoa, colonie de troisième génération de Megara. En 580, des colons en provenance de Cnide s'installent sur les îles Lipari.

Dans l'Ouest de la Sicile se trouvent des territoires dominés tout d'abord par les Phéniciens, puis par les Carthaginois, avec les importantes cités de Marsala, Mozia et Panormo (la future Palerme).

## Les Grecs et les indigènes

Les rapports avec les populations locales sont extrêmement divers. Il s'instaure dans certains cas des relations totalement pacifiques, comme peuvent le laisser supposer les témoignages d'échanges commerciaux et religieux. En fait, les premières fondations helléniques, situées le long de la côte, dérangent peu la population locale, installée la plupart du temps à l'intérieur des terres. Mais l'expansion grecque dans l'arrière-pays conduit à des conflits ouverts, susceptibles d'aboutir à de véritables campagnes d'extermination, comme durant la grande révolte des autochtones qui bouleverse la partie orientale de l'île vers le milieu du 5e s. Les populations vaincues doivent payer des tributs et sont parfois réduites en esclavage : on sait qu'à Syracuse leurs descendants sont contraints de cultiver les terres de leurs seigneurs, descendants des premiers colons. Par la force, mais aussi grâce à l'état avancé de la civilisation dont ils sont porteurs, les **Sicéliotes**, ainsi qu'on nomme les Grecs établis en Sicile, sauront imposer leur culture dans l'île jusqu'à l'hellénisation complète du territoire entre les 6e et 5e s.

## L'économie

Les cités prospèrent grâce à la terre fertile de Sicile, dont les habitants savent aussi améliorer le rendement en greffant des plantes sauvages, en acclimatant le blé, en plantant des amandiers et des grenadiers et en sélectionnant les têtes de bétail pour la reproduction. Les travaux de bonification des sols se multiplient aussi ; les plus connus ont lieu à Camarina et Sélinonte, dirigés par Empédocle. Mais en plus de l'agriculture et de l'élevage, les Grecs de l'Ouest font fortune avec le commerce. Des échanges très importants s'effectuent non seulement avec la Grèce, mais aussi avec l'Espagne, l'Italie méridionale et l'Afrique du Nord. On importe des céramiques de facture fine, des parfums, des métaux. On exporte le bois, le blé et la laine. Bientôt, l'intensité des échanges contraint les cités sicéliotes à battre monnaie. Les monnaies les plus anciennes sont en argent, et présentent une face en relief tandis que le côté pile est en creux. Au début du 5e s., l'endroit et le revers commencent à être tous deux en relief, et l'on choisit aussi comme métaux l'or et le bronze.

## L'évolution politique

Pour être un citoyen et pouvoir participer à la vie politique, le colon doit posséder une parcelle de terre et une habitation. Au début, la majeure partie des Grecs vit de l'artisanat, de la pêche, du commerce et du recouvrement des taxes douanières. Par la suite, ils sont très nombreux à prendre part aux travaux publics : on estime qu'un tiers au moins de la population était employé dans la réalisation des grands travaux, du bûcheron qui fournissait le bois jusqu'au peintre chargé des décors. Et nombreux sont ceux qui vivent au jour le jour, sans toit ni emploi fixe. Ces mêmes inégalités que les colons avaient cru fuir en quittant la Grèce vont donc réapparaître en l'espace de quelques années. Les aristocrates et ceux qui détiennent les meilleures terres, en concentrant entre leurs mains tous les pouvoirs, chassent aussi bien les nouveaux riches pratiquant le commerce que ceux qui n'ont pas de terre. Pour sortir des crises continuelles provoquées par la compétition économique et la forte pression sociale, quelques cités essaient de rétablir un principe d'égalité en passant de la loi orale à la loi écrite. Le premier code de lois est celui de **Charondas de Catane** (6ᵉ s.). Il inspire de nombreuses cités, parmi lesquelles Athènes. Il fixe les droits et devoirs à l'intérieur de la famille, instaure des peines pour les violents et les parjures, et la peine de mort pour celui qui entre armé dans une assemblée. Il institue une forme de jury des citoyens, et inflige des amendes proportionnelles à leur revenu à ceux qui refusent d'y prendre part.

## La tyrannie

L'autre voie permettant d'échapper aux crises économiques et sociales est le recours à la tyrannie, voie moyenne entre la monarchie patriarcale des époques les plus archaïques et la démagogie de la période classique. Le **tyran**, issu en général de la classe des nouveaux riches ou de l'armée, concentre entre ses mains ou celles de ses fidèles le plus grand nombre de pouvoirs. C'est précisément sous le règne des tyrans que Syracuse, avec Gélon d'abord, puis Hiéron ensuite, atteint son apogée en imposant son autorité sur toute l'île. La vaillante résistance des villes sicéliotes reste sans grand effet et, dans leur tentative de sauver leur indépendance, elles en viennent à appeler à l'aide les Carthaginois (Himère, Sélinonte) ou Athènes (Ségeste et Leontinoi). Tirant profit des luttes intestines entre Grecs, la menace carthaginoise s'accroît. Après une période d'anarchie, dans la seconde moitié du 4ᵉ s., Timoléon, venu de Corinthe en aide aux colonies, restaure la paix et la démocratie en Sicile. Mais après sa mort éclatent à nouveau des discordes entre Grecs, et d'autres conflits entre Grecs et Carthaginois, jusqu'à ce que, dans la seconde moitié du 3ᵉ s., les habitants de Messine appellent Rome à leur secours, ouvrant ainsi les portes de la Sicile à la conquête romaine.

# La culture

La légende raconte qu'**Alphée**, dieu du fleuve du même nom dans le Péloponnèse, errant à travers la région grecque de l'Arcadie, tombe amoureux d'**Aréthuse**, l'une des nymphes d'Artémis. Alors qu'il est sur le point de s'en emparer, Aréthuse se transforme en ruisseau, se jette dans la mer Ionienne et réapparaît sous la forme d'une fontaine à Syracuse. Alphée la suit jusqu'en Sicile, où il unit ses eaux à celles de la nymphe. Diffusée par les Grecs de Sicile, cette légende symboliserait le passage de la culture de la mère patrie à la nouvelle terre de colonisation. Loin d'être en retrait par rapport à la Grèce, l'île abrite quelques-uns des plus prestigieux sites de la civilisation grecque, mais elle a aussi vu naître des personnages célébrés dans tout le monde hellénique.

ULYSSE EN SICILE

MER TYRRHÉNIENNE

Royaume d'Éole

Charybde

Scylla

Rochers Errants

Messine

Île des Chèvres

Palerme

Bœufs du Soleil

Trapani

Île du Soleil

Enna

Cyclopes

Sirènes

Lotophages

Caltanissetta

Catane

Agrigente

Lestrygones

Syracuse

Raguse

MER MÉDITERRANÉE

Des spécialistes affirment même que la culture grecque serait débitrice à la Sicile d'une de ses œuvres maîtresses, **L'Odyssée** : c'est dans « l'île du Soleil », ainsi qu'**Homère** appelle la Sicile, que se déroulent nombre des aventures d'Ulysse (à telle enseigne qu'Apollodore définit *L'Odyssée* comme une sorte de voyage intérieur en Sicile). On y reconnaît de nombreux sites de l'île (voir la carte des lieux homérique) : les îles Éoliennes sont le royaume d'Éole et les « rochers errants » évoqués par Circé dans le chant XII seraient les faraglioni situés entre Lipari et Vulcano ; Charybde et Scylla symbolisent les courants impétueux du détroit de Messine et le port près duquel les compagnons d'Ulysse volent les bœufs du Soleil est Messine ; les sirènes (toujours selon une interprétation « pro-sicilienne » du texte homérique) guettaient les marins aux alentours du cap Peloro, l'antre des Cyclopes serait situé dans les profondeurs de l'Etna et les rochers lancés par Polyphème auraient échoué dans la mer devant Aci Trezza. Pour finir, les Lestrygons, géants anthropophages du chant X, auraient vécu près de Lentini, et les Lotophages (chant IX) entre Agrigente et Camarina.

## Le mécénat des tyrans

Aristote affirme que la comédie est née en Sicile : il rappelle, en effet, qu'elle est revendiquée par « les Mégariens, ceux d'ici et ceux de Sicile » (*La Poétique*, 18448 b). Les deux premiers auteurs dramatiques dont on ait connaissance, Epicharme et Phormis, travaillaient tous deux à la cour de Gélon et sont donc assurément des Siciliens de Syracuse. Les tyrans se distinguent par leur mécénat, appelant à leur cour les meilleurs poètes de l'époque, qui, en échange de leur hospitalité, les célèbrent dans leurs vers. Parmi les plus illustres hôtes des tyrans de Syracuse, on rencontre le célèbre poète **Simonide de Céos**, auteur d'épigrammes et de complaintes funèbres, qui a dédié de nombreux vers à la Sicile, racontant par exemple comment Héphaïstos et Déméter se disputèrent cette île si riche en feu et en moissons. La présence simultanée de poètes renommés provoque une âpre rivalité entre eux : **Bacchylide** et **Pindare** se disputent pendant des années les faveurs de Hiéron, composant des chants de victoire exaltant ses prouesses comme conducteur de quadrige aux jeux Olympiques. Le grand tragique **Eschyle** est ainsi, au sommet de sa gloire, l'hôte de Hiéron. À l'occasion de la conquête et de la nouvelle fondation par le tyran de la ville d'Etna, nouveau nom de la Catane antique, il met en scène *Les Etnéennes* (aujourd'hui perdues) et *Les Perses*. À cette occasion, Pindare compose la première *Pythique*. C'est à **Théocrite**, né à Syracuse (première moitié du 4ᵉ s. avant J.-C.), qu'on attribue la naissance de la poésie pastorale.

## La philosophie

La Sicile donne naissance à deux des penseurs présocratiques les plus remarquables, **Empédocle**, natif d'Agrigente, et **Gorgias**, de Leontinoi (5ᵉ s.). Le premier s'attache à la philosophie de la nature. C'est un personnage complexe, à la fois mystique, thaumaturge, médecin. Il place à l'origine de toutes choses les quatre éléments, terre, eau, air et feu, qui, régulés par les deux forces

*Sélinonte.*

universelles de l'amitié et de la discorde, auraient permis la création du Cosmos tout entier. La légende raconte que, voulant faire croire à ses concitoyens qu'il était appelé par les dieux, il est mort en se précipitant dans le cratère de l'Etna. Gorgias appartient à un courant culturel différent, celui des sophistes, ouverts aux idées de la démocratie naissante et attachés surtout aux questions morales et politiques. C'est un orateur reconnu, un « maître de sagesse » qui œuvra à Athènes. Les doctrines des pythagoriciens connaissent une large diffusion en Sicile, en particulier à Agrigente et à Catane. L'**école pythagoricienne**, née à Crotone entre les 6e et 5e s. à l'image d'une confrérie religieuse, si elle appuie le principe d'une structure arithmétique et géométrique de l'univers, influence aussi le milieu politique, en proposant une aristocratie idéale fondée sur les

Museo Pio-Clementino, Roma/SCALA

*Platon.*

nouvelles classes sociales qui pratiquent le commerce. La Sicile est aussi le pays où **Platon** pense qu'il pourra instaurer l'État utopique dirigé par des philosophes *(La République)*. Ami de Dion, frère du tyran Denys Ier, Platon est leur hôte à Syracuse en 388. Devenu suspect aux yeux du tyran, il est incarcéré puis vendu comme esclave à Égine. Il revient en Sicile une seconde fois lorsque Denys II succède à son père. Il croit tout d'abord trouver en lui l'un de ses meilleurs disciples, mais par la suite Dion est exilé et Platon lui-même est retenu prisonnier.

### Savants et historiens

Dans le domaine des sciences surgit immédiatement le nom d'**Archimède** (première moitié du 3e s.). Cas unique dans le monde grec, il a su réunir la théorie et la pratique dans la connaissance scientifique. En dehors d'importantes découvertes dans le domaine des mathématiques et de la géométrie, son nom reste attaché à l'ingénierie hydraulique et nautique, mais aussi à l'invention de machines de guerre utilisées contre les Romains. Ceux-ci crurent bien à cette occasion avoir à lutter contre des dieux. **Diodore de Sicile** est un célèbre historien natif d'Agyrium (1er s.), auteur d'une histoire universelle en quarante livres intitulée *Bibliothèque historique*, où il traite de l'histoire grecque, depuis les temps mythiques précédant la guerre de Troie jusqu'à son époque. Ce travail représente encore de nos jours une précieuse source de renseignements pour les spécialistes.

# La religion

La religion imprègne toute la vie de l'homme grec, qui voit en chaque événement, petit ou grand, la manifestation possible du divin. Elle n'a toutefois rien de dogmatique : en contact avec d'autres peuples, les Grecs sont toujours disposés à admettre d'autres dieux dans l'Olympe et à les assimiler aux leurs. Aux dieux, personnifications des forces de la nature ou de caractéristiques morales, on attribue des traits humains, tant physiques que psychologiques. Le seul élément qui les différencie des hommes est l'immortalité. On s'adresse à eux pour obtenir protection et faveurs. Prières, sacrifices et purifications sont les fondements du culte. La prière s'accompagne généralement d'une offrande, de libations de lait ou de vin, d'un dépôt devant l'autel de gâteaux, galettes et fruits. Pour une faveur plus conséquente, on recourt au sacrifice d'animaux, dont on consume une partie sur l'autel, le reste étant partagé entre le prêtre et les fidèles. Les cérémonies publiques les plus importantes sont célébrées à l'occasion de festivités particulières. Elles s'accompagnent d'activités qui, pour l'homme moderne, n'ont rien à voir avec le sacré, tels les concours dramatiques ou les jeux et compétitions sportives comme les jeux Panhelléniques qui se tiennent tous les quatre ans à Olympie, et auxquels participent les tyrans siciliens eux-mêmes.

Chaque ville grecque est consacrée à des divinités particulières, et les colons, en s'établissant sur de nouveaux territoires, apportent avec eux les cultes de leur cité d'origine, ainsi que les fêtes qui leur sont attachées. Viennent s'y ajouter les fêtes propres à la nouvelle cité, au premier rang desquelles l'anniversaire de la fondation, célébré au cours d'un grand banquet rituel présidé par l'*oikistès*.

### L'OLYMPE SICILIEN

**Acis** : dieu du fleuve du même nom et amant de Galatée *(voir Acireale)*.

**Hadès** *(Pluton)* : frère de Zeus et maître du séjour des Morts. Il enleva Proserpine, fille de Déméter, sur les rives du lac de Pergusa.

**Aphrodite** *(Vénus)* : déesse de l'Amour et épouse d'Héphaïstos, particulièrement vénérée à Erice.

**Alphée** : dieu du fleuve du même nom dans le Péloponnèse, il tomba amoureux de la nymphe Aréthuse et la suivit jusqu'en Sicile *(voir Siracusa)*.

**Charybde** : monstre légendaire qui habite la rive sicilienne du détroit de Messine. Trois fois par jour, il engloutit d'énormes quantités d'eau, provoquant de dangereux tourbillons auxquels ne put échapper le vaisseau d'Ulysse.

**Cocalo** : roi sicane auprès duquel se réfugia Dédale alors qu'il tentait d'échapper à Minos qui voulait le punir d'avoir aidé Thésée à s'enfuir du labyrinthe *(voir p. 133)*.

**Déméter** *(Cérès)* : déesse des Récoltes. Elle lutta avec Héphaïstos pour le contrôle de la Sicile. Sa fille Proserpine fut enlevée par Hadès sur les rives du lac de Pergusa.

**Héphaïstos** : dieu du Feu et patron des volcans, dans lesquels il travaille avec ses aides, les Cyclopes.

**Hélios** : le dieu du Soleil. Il possède un troupeau de bœufs en Sicile. Les compagnons d'Ulysse en mangèrent quelques-uns, s'attirant les foudres divines.

**Éole** : fils de Poséïdon, il est le dieu des Vents et le maître des îles Éoliennes.

**Héraklès** : héros durant sa vie terrestre et dieu après sa mort. Sur les douze travaux qu'il eut à accomplir, celui des bœufs de Géryon se déroule en Sicile.

**Erice** : fils d'Aphrodite et de Bute (ou de Poséïdon). Il trahit Héraklès, qui le tua.

**Etna** : nymphe sicilienne qui intervint comme médiatrice dans le conflit entre Déméter et Héphaïstos pour la possession de la Sicile. Selon une légende, de son amour pour Héphaïstos seraient nés les Palici.

**Galatée** : nymphe convoitée par le monstrueux Polyphème et amoureuse d'Acis *(voir Acireale)*.

**Géants** : fils de Gaia (la Terre) et d'Uranus, ennemis des dieux de l'Olympe et tout particulièrement de Zeus et d'Athéna. Celle-ci réussit à vaincre le géant Encelade en l'écrasant sous la Sicile.

**Les Palici** : fils jumeaux de Zeus et de Thalie. Une autre tradition en fait les fils d'Héphaïstos et d'Etna, nés près des eaux du lac Naftia, non loin de Palagonia.

**Perséphone** *(Proserpine)* : déesse des Enfers et épouse d'Hadès, qui l'enleva sur les rives du lac de Pergusa.

**Typhon** : être gigantesque et monstrueux contre lequel luttèrent Zeus et Athéna. Alors que Typhon s'enfuyait en traversant la mer de Sicile, Zeus se saisit de l'île et la lui lança dessus.

## Trois figures importantes

Les dieux et les héros les plus vénérés en Sicile sont surtout Déméter, considérée comme la protectrice de la Sicile, et Héraklès. On sait que les Grecs s'emparent aussi parfois des cultes et rites locaux. C'est le cas des nymphes qui auraient fait jaillir les sources thermales de Termini Imerese et des dieux jumeaux, les Palici. Déesse de la Fécondité, **Déméter** fait l'objet d'une dévotion particulière dans la Grèce ionienne, et naturellement en Sicile, où elle est vénérée en tant que déesse protectrice. Elle représente un cas remarquable d'association de croyances. Non seulement les colons grecs l'assimilent à une ancienne déesse mère locale, mais ils en reconstruisent le mythe en terre sicilienne, l'enrichissant de nombreux détails. On raconte que **Perséphone**, fille de Zeus et de Déméter, était en train de cueillir des fleurs dans les alentours du lac de Pergusa, quand Hadès, dieu des Enfers, la vit, tomba amoureux d'elle et l'enleva. Pendant neuf jours, Déméter erra en terre de Sicile à la recherche de sa fille disparue. Au voisinage de Trapani, elle perdit sa faux, qui serait à l'origine du promontoire en forme de faux qui s'étend face à la ville. Une nuit, alors qu'elle explorait les pentes de l'Etna, qu'elle avait illuminées de feux de pin, elle interpréta comme des railleries les sons émis à son passage par des plants de lupins, et les maudit. On dit qu'alors les lupins, de doux qu'ils étaient, devinrent amers.

*Une version colossale d'Hercule au Musée archéologique de Naples.*

(c) Archivi Alinari/Giraudon, Firenze

Désespérant de retrouver sa fille, Déméter provoqua une sécheresse terrible. Hommes et bêtes se mirent à périr par centaines. Zeus intervint alors, et obligea Hadès à rendre la jeune fille. Mais avant qu'elle ne quitte le royaume des Morts, Hadès lui fit manger quelques graines de grenadier, symbole de fidélité conjugale. Ainsi liée à Hadès, Perséphone est contrainte depuis de passer un tiers de l'année avec lui dans les Enfers et les deux autres tiers sur terre avec sa mère. Dans la symbolique du mythe, Perséphone représente la semence, que l'on doit enterrer pour qu'elle puisse renaître, et l'alternance des bonnes et des mauvaises saisons.

**Héraklès** jouit en Sicile d'une dévotion particulière. Cela est probablement dû à la présence dans l'île, avant l'arrivée des Grecs, d'une divinité phénicienne présentant de nombreux traits communs avec le demi-dieu. Le mythe raconte qu'Héraklès, fils de Zeus et d'une mortelle, devait affronter douze épreuves dans un but purificateur, pour pouvoir enfin devenir un dieu. Selon la tradition, les premiers à rendre au héros les honneurs divins auraient justement été les habitants de la Sicile. Héraklès vint en Sicile au cours de la dixième de ses épreuves, contraint de traverser le détroit de Messine à la poursuite d'un bœuf du troupeau de Géryon. Presque tous les lieux de l'île revendiquent la visite du héros : Erice, où il tue dans un corps à corps le roi du même nom, fils d'Aphrodite et de Bute ; Syracuse, où il institue une fête sacrée près des gorges de la Ciane ; Agira, où les habitants l'honorent comme un dieu, en reconnaissance de quoi le héros creuse un lac à l'extérieur des murailles et érige deux sanctuaires.

Les **Palici** sont d'anciennes divinités propres à la Sicile, que les Grecs se sont appropriées, les tenant pour les fils jumeaux de Zeus et de la muse Thalie. Le siège de leur culte est le petit lac aux eaux sulfureuses et bouillonnantes de Naftia, près de Palagonia, dans la plaine de Catane. Le mythe raconte que Thalie, redoutant la colère d'Héra, se cacha sous terre pour mettre ses fils au monde. La naissance souterraine des jumeaux divins est la cause du perpétuel bouillonnement des eaux du lac. Près du sanctuaire des Palici, les Grecs prononçaient des serments solennels, et les eaux du lac se prêtaient à une forme de jugement divin : on y plongeait des tablettes où étaient inscrits les serments ; si elles s'enfonçaient, c'était signe de parjure, faute que les Palici punissaient de cécité. Une autre tradition veut que les Palici soient en réalité les fils d'Héphaïstos, dieu du Feu, et d'Etna, la nymphe qui intervint dans le conflit qui opposait le dieu et Déméter pour la possession de la Sicile.

Les Grecs de Sicile étaient donc, semble-t-il, très influencés par les cultes locaux, en particulier ceux attachés aux morts et aux divinités chtoniennes (des Enfers). En effet, des divinités habituellement très éloignées de ces thèmes prennent en Sicile une connotation funèbre, telles Aphrodite et Artémis, qui, outre leurs attributions traditionnelles, y accompagnent et y protègent les âmes des défunts.

### Les mystères

Les rites mystérieux ont connu en Sicile une diffusion particulière. Il s'agit de formes cultuelles originales, développées pour offrir une réponse à l'angoisse de l'homme face à la mort, en purifiant l'âme, et obtenir le bonheur dans l'au-delà. Parmi les plus renommés, les mystères éleusiniens, célébrés durant la période des semailles, étaient présidés par les figures de Déméter et de Perséphone ; leur diffusion en terre de Sicile allait donc de soi.

# L'art

## Architecture civile et militaire

D'après les sources archéologiques, les premières traces en Sicile de fortifications militaires et d'architecture civile datent de la fin du 6e s. avant J.-C. Rares sont les vestiges connus antérieurs à cette période. Néanmoins, on peut supposer l'existence de fortifications militaires dès le 8e s. avant J.-C. avec les premières rivalités entre cités et l'ascension des tyrans.

**Forteresses et fortifications** – Avec la période des tyrans, les édifices fortifiés se multiplient. Les matériaux de construction varient selon les richesses géologiques du lieu. À l'Est, l'utilisation de la lave est assez répandue comme en témoignent les sites de **Naxos** et **Lipari**. Sinon, lorsque la pierre vient à manquer, la brique crue permet d'assurer l'élévation des murs, que l'on isole du sol par un socle de simples cailloux ou de galets liés à l'argile.

Quelques forteresses subsistent encore en Sicile, mais les vestiges archéologiques sont assez rares. Construites sur des points stratégiques, près des villes ou bien en dehors sur un site escarpé, les forteresses assuraient la défense des villes, des routes et autres points de passage.

**La ville et son urbanisme** – Dès l'arrivée des premiers colons, l'organisation rationnelle du territoire est décidée : lieux de culte, espaces publics, lieux d'habitation. En général, la ville était organisée selon le système du plan en damier – mis au point par **Hippodamos de Milet**, philosophe et géomètre grec qui a vécu en Asie Mineure au 5e s. avant J.-C. – fondé sur deux axes : le **cardo** (*stenopos* en grec), orienté du Nord au Sud et le **decumanus majeur** (*plateia* en grec) orienté d'Est en Ouest. Le réseau des rues était complété par les cardines et les decumani mineurs, qui délimitaient les pâtés de maison. À l'intérieur de ce plan s'inscrivaient différents ensembles et les édifices, parmi lesquels *l'agora*, place principale et centre de la vie publique ; le *prytanée*, bordant la ville et qui accueillait l'ensemble des activités de la ville ; *l'ekklesiasterion*, un édifice public profane réservé aux réunions de l'assemblée du peuple *(ekklesia)*, dont l'un des plus célèbres exemples est celui d'Agrigente, et le *bouleutérion*, destiné à accueillir le conseil réduit des citoyens *(boulé)*. Les temples, parfois extérieurs au périmètre urbain, étaient souvent entourés d'enceintes sacrées, qui pouvaient comprendre, dans des structures plus monumentales, des portiques, des monuments votifs, des gymnases et des théâtres. L'espace urbain était en général protégé par des fortifications, au-delà desquelles s'étendaient les terres agricoles, subdivisées en lots familiaux, et la zone destinée aux sépultures. La ville, et parfois les villages eux-mêmes, étaient dotés de réservoirs et d'aqueducs : celui d'Agrigente, construit par l'architecte Feace est célèbre ainsi que celui, extrêmement complexe, de Syracuse.

## Architecture sacrée

Deux types de monuments relèvent de l'architecture sacrée : le temple et le théâtre. Situés généralement en dehors de la cité, ces monuments devaient être vus de loin. Ils dominent bien souvent un panorama exceptionnel.

**Le temple** – Les colons grecs importèrent leurs cultes et leurs dieux dès leur installation en Sicile au 8e s. avant J.-C., ce qui fait de cette île le plus étonnant conservatoire de temples doriques dits de « style sévère ». Le culte en soi ne nécessitait pas la construction d'un temple ; ce dernier était une offrande d'une ou plusieurs cités et parfois de simples particuliers.

Temple périptère

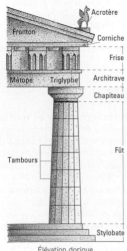

Élévation dorique

Dans un temple, la chambre oblongue consacrée au dieu (*naos* ou cella) est située au cœur de l'édifice, l'antichambre (*pronaos*) est à l'avant du *naos*, tandis qu'à l'arrière *l'opisthodome* sert de chambre du trésor.

Le temple repose sur un soubassement dont le dernier gradin (stylobate) porte les colonnes, lesquelles supportent un entablement. Le tout est coiffé d'un toit à double pente.

Le **style dorique**, né dans le Péloponnèse, se répandit dans la Grèce continentale et dans les pays de colonisation, dont la Sicile, où il connaît ses plus belles réussites. Sobre, massif, l'ordre dorique élève la colonne, striée de vingt cannelures (à partir du 5ᵉ s.), sans base, directement sur le stylobate. L'entablement dorique se compose d'une architrave lisse, surmontée d'une frise où alternent les métopes (panneaux généralement sculptés de bas-reliefs) et les triglyphes (panneaux striés verticalement de deux gorges centrales et de deux demi-gorges en bordure).

En Sicile au 6ᵉ s. avant J.-C., presque tous les temples sont périptères (c'est-à-dire ceints d'un rang de colonnes) et hexastyles (soit comportant six colonnes en façade). Toutefois certains temples comme le temple G de Sélinonte possèdent plus de six colonnes en façade (temple octostyle à huit colonnes).

Image du beau idéal, l'architecture du temple se définit essentiellement par une simplicité de structure et une parfaite harmonie des proportions. Les architectes, ayant observé que l'œil humain déformait les lignes des édifices de grande taille, imaginèrent d'y apporter des **corrections optiques**. Aux entablements qui semblaient légèrement affaissés au milieu, ils donnèrent une ligne imperceptiblement arquée, le centre étant plus élevé que les extrémités. Par ailleurs, sur chaque face d'un temple, un alignement de colonnes parfaitement verticales donne l'illusion que les colonnes situées vers les extrémités penchent vers l'extérieur, ils leur imprimèrent donc une inclinaison vers l'intérieur pour créer une impression de parfait équilibre. Enfin, dans les temples particulièrement grands (comme ceux de la Concorde à Agrigente, de Sélinonte et de Ségeste), dont les colonnes semblent légèrement s'étrangler dans leur partie supérieure, il fallut compenser cette illusion par un renflement, situé à environ deux tiers de la hauteur du fût.

Si on compare les édifices sacrés de la mère patrie avec ceux de Sicile, il apparaît que les temples sicéliotes présentent une certaine propension à la monumentalité et aux effets spatiaux ainsi qu'un goût prononcé pour l'abondance ornementale. Les sculptures, qui ont souvent un rôle didactique, sont réservées aux éléments n'ayant pas de fonction architecturale dans le monument et occupant les places les plus visibles : tympan des frontons, métopes de l'architrave, bordure des toits.

Les temples étaient généralement peints en rouge, bleu et blanc, de façon à mettre en valeur la forme et la couleur des sculptures. Une peinture de ton « bronze doré » distinguait certains éléments décoratifs tels que boucliers et acrotères (motifs

## ACTEURS ET REPRÉSENTATIONS THÉATRALES

Dans l'Antiquité, les représentations théâtrales avaient lieu à l'occasion des fêtes religieuses. Dans la plupart des cas, les concours opposaient plusieurs dramaturges proposant chacun au jugement du public une suite de quatre pièces (tétralogies) formée de trois tragédies et d'un drame satyrique. Les spectacles avaient lieu à ciel ouvert, dans la journée. Pour être visibles du public, les acteurs, uniquement des hommes (qui interprétaient aussi les rôles féminins), étaient juchés sur des chaussures à semelles épaisses (les **cothurnes**) et étaient coiffés de l'*onkos*, sorte de haute perruque. Ils portaient des *masques*, qui leur permettaient d'incarner différents personnages (les acteurs étaient peu nombreux et jouaient plusieurs rôles), et servaient aussi à amplifier leurs voix. Ces masques les empêchaient de souligner l'action par l'expression du visage : c'est pourquoi une grande importance était accordée aux gestes. Les masques contribuaient à l'identification d'un personnage (âge, rang social, lieu d'origine, humeur), ainsi que d'autres attributs caractéristiques comme la couronne pour les rois, le bâton pour les vieillards et le couvre-chef pour les étrangers. Les costumes de scène étaient de couleurs vives, et les teintes avaient souvent un caractère symbolique. Le noir, par exemple, était signe de deuil ou d'infortune.

Pour souligner les moments forts de la pièce, ou l'entrée en scène d'un personnage important, on utilisait de véritables **machines de scène**. Il y avait entre autres la machine à produire la foudre, un panneau noir sur lequel était reproduit à l'or fin un éclair, qui, exposé soudainement, resplendissait au soleil (on rappellera que les spectacles avaient lieu en plein jour). Ou encore la machine à tonnerre : on reproduisait ses grondements en faisant rouler une grosse pierre dans une bassine de cuivre. Et aussi le *méchané*, un crochet attaché à une poulie permettait de faire apparaître sur scène un dieu, qui se chargeait alors de dénouer la situation (l'expression d*eus ex machina* qui qualifie un dénouement inattendu, « tombé du ciel », en découle directement). Enfin, l'*ekkykléma* permettait de faire apparaître depuis la *skéné* ce qui s'était passé hors de la scène à partir d'un tour ou d'un chariot que l'on avançait.

décoratifs placés aux extrémités ou au sommet d'un fronton). Au-dessus des corniches latérales (en bordure des toits), des ornements sculptés, les antéfixes, servaient de gargouilles.

**Le théâtre** – Près de la plupart des sanctuaires grecs figure un théâtre dans lequel se déroulaient les fêtes dionysiaques (en l'honneur de Dionysos, dieu tutélaire de l'activité dramatique), dont les hymnes ou « dithyrambes » donnèrent naissance à la tragédie.

Bâti d'abord en bois, puis en pierre à partir du 4ᵉ s. avant J.-C., un théâtre grec est un espace ouvert organisé en trois zones rigoureusement distinctes : au centre **l'orchestra**, cercle de terre battue où évoluait le chœur chargé de commenter l'action ; l'enserrant sur les trois quarts de son périmètre, le *theatron* (proprement « le lieu d'où l'on voit »), divisé par un promenoir (le *diazoma*), dans lequel prenait place le public ; enfin, le jouxtant sur sa partie libre, un *proskénion* bas et étroit sur lequel évoluaient les acteurs, lui-même prolongé d'une *skèné* servant de support et de magasin d'accessoires.

Ce théâtre de type classique n'existe plus en Sicile, et ceux que nous voyons sont des réfections de l'époque hellénistique et surtout romaine. Or les Romains ont considérablement modifié l'architecture des théâtres : ils les ont fermés en solidarisant les diverses parties par la suppression des parois latérales, et par l'érection, au fond de la scène, d'un haut mur décoratif percé de portes, le *frons scenæ* ; ils ont réduit l'orchestra au demi-cercle par l'approfondissement du *proscenium* qui devenait ainsi un véritable espace scénique et par l'installation de gradins réservés aux personnalités dans la zone basse de la *cavea*. Ainsi, en passant du monde grec au monde latin, le théâtre a-t-il quitté son statut religieux et politique pour s'inscrire dans l'univers des plaisirs et des jeux.

## La sculpture

D'après certains auteurs comme Diodore de Sicile (historien du 1ᵉʳ s. avant J.-C.) et Pausanias (voyageur grec du 2ᵉ s. après J.-C.), la Sicile n'a pas attendu d'être colonisée par les Grecs pour devenir un foyer artistique à part entière. Mais il est très difficile d'identifier un style sicilien, sachant qu'avant la colonisation grecque de premiers échanges artistiques s'effectuaient entre la Sicile et la Grèce, particulièrement dans le Sud de l'île occupé par les Sicanes. Avec la colonisation la production artistique se calque sur celle de la Grèce, et il devint rare de trouver des objets ayant des traits purement siciliens.

Les trois périodes chronologiques qui définissent les courants artistiques grecs (archaïque, classique, et hellénistique) se retrouvent en Sicile.

La pénurie de marbre et le goût particulier des Sicéliotes pour les effets picturaux et les effets d'ombres et de lumière font du calcaire et du grès des matériaux privilégiés. L'argile fut grandement employée pour les frontons et les acrotères des temples ainsi que pour les statuettes votives.

**Époque archaïque (8ᵉ-5ᵉ s. avant J.-C.)** – Cette période correspond à l'apparition des premières statues hiératiques de grande taille. La production du 6ᵉ s. avant J.-C. est marquée par les deux types bien connus que sont le *kouros*, jeune homme nu, et la *korê*, jeune fille vêtue d'une tunique.

Pithos : utilisé pour la conservation des grains

Amphore : utilisée pour la conservation et le transport de l'huile et du vin

Pélikés : jarre à huile

Cratère : jarre à vin

Hydrie : jarre à eau. Les deux poignées horizontales permettent de la soulever et la poignée verticale sert à verser

*La découverte du bélier de bronze à Castello Maniace (conservé au Musée archéologique de Palerme) prouve que Syracuse demeure la ville la plus influencée par les canons grecs de l'époque hellénistique.*

La statue de l'**Éphèbe d'Agrigente** est une parfaite illustration du style archaïque tardif. L'équilibre du corps ne semble pas encore bien maîtrisé (la jambe droite paraît extrêmement figée et les bras tendus sont trop écartés des flancs) mais un réel souci esthétique est à remarquer.

Parmi les éléments sculptés qui décoraient les temples, deux exemples témoignent du style archaïque retrouvé en Sicile : la **Gorgone** ailée polychrome ornant le fronton de l'Athenaion à Syracuse, et les six **métopes de Sélinonte**, conservées au Musée archéologique de Palerme.

**Époque classique (5ᵉ-3ᵉ s. avant J.-C.)** – Dès la fin du 6ᵉ s., le style ionique s'impose également en se caractérisant par une plus grande individualisation des portraits, un pathos à l'intensité dramatique croissante et un peu plus de souplesse dans la statuaire, comme l'illustre très bien le célèbre Éphèbe de Mozia.

Les **atlantes** (ou télamons) du temple de Zeus à Agrigente sont, quant à eux, des sculptures imposantes par leur taille : un seul exemplaire (mesurant 7,75 m) est actuellement conservé au Musée archéologique régional d'Agrigente.

Certains éléments de décor des temples comme les antéfixes en forme de têtes de lion témoignent de la grande habileté des artistes à l'époque classique.

**Époque hellénistique (3ᵉ-1ᵉʳ s. avant J.-C.)** – La sculpture devient alors davantage expressionniste et orientaliste, c'est-à-dire que les divinités sculptées se dépouillent en partie de leurs vêtements (par exemple Aphrodite, déesse de la Beauté et de l'Amour porte une tunique très plissée et fluide laissant découverte une partie de son corps) et de tous les traits qui pouvaient les éloigner de l'humanité. Cette période exprime avec un réalisme parfois exacerbé non seulement des émotions, mais aussi des mouvements tels que le travail ou la danse.

Les **masques de théâtre** en terre cuite du Musée éolien de Lipari (plus de deux cent cinquante modèles) témoignent de la diffusion de la tragédie grecque au 3ᵉ s avant J.-C. et intéressent par les différentes émotions qu'elles expriment.

## Peinture et céramique

La peinture était considérée chez les Grecs comme l'expression artistique la plus noble, la plus expressive et qualifiée par le poète grec Simonide (5ᵉ s. avant J.-C.) de « poésie muette ». Malheureusement, les témoignages de cet art sont très peu nombreux en raison de l'extrême sensibilité des pigments à l'usure du temps.

**Les styles** – Les vases à **figures noires** sur fond rouge ou jaune remontent à l'époque archaïque et au début de l'époque classique, les détails s'obtenaient en grattant le vernis noir avec une pointe sèche. Les thèmes représentés étaient souvent des sujets inspirés de la mythologie mais aussi des scènes de la vie quotidienne, et parfois des motifs abstraits (éléments ornementaux pour les vases les plus anciens).

Les vases à **figures rouges** apparaissent seulement vers la fin du 5ᵉ s. avant J.-C., alors qu'en Grèce ce style voit le jour en 480 avant J.-C. Le vernis noir, employé auparavant pour dessiner des silhouettes, sert désormais uniquement de fond, et les figures sont réalisées en rouge brique avec des touches de noir et de blanc. Cette inversion de la méthode révolutionna parce qu'elle permettait une plus grande liberté de composition, la ligne dessinée étant plus souple que la ligne incisée à la pointe.

Quant aux sujets traités, ils varient peu. Les plus beaux exemples sont des vases attiques d'importation, tels les magnifiques cratères à volutes d'Agrigente (5ᵉ s. avant J.-C.).

**Œnochoés :** cruches pour verser le vin

**Canthare :** bassin au corps en forme de calice posé sur un haut pied

**Kylix :** coupe à boire

**Rhytòn :** récipient en forme de corne ou de tête d'animal, percé d'un trou à l'extrémité permettant de boire son contenu

**Lécythes :** vases à onguent.

# ABC d'architecture

## ÉLÉMENTS D'ARCHITECTURE
### Thermes

**Villa du CASALE**
**Plan des thermes (3ᵉ-4ᵉ s. de notre ère) et système de réchauffement**

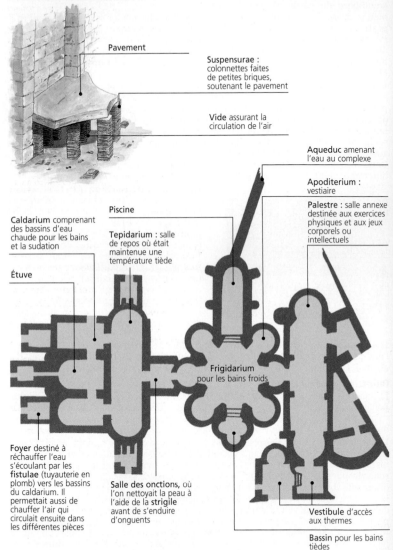

Pavement

Suspensurae : colonnettes faites de petites briques, soutenant le pavement

Vide assurant la circulation de l'air

Aqueduc amenant l'eau au complexe

Apoditerium : vestiaire

Palestre : salle annexe destinée aux exercices physiques et aux jeux corporels ou intellectuels

Caldarium comprenant des bassins d'eau chaude pour les bains et la sudation

Piscine

Tepidarium : salle de repos où était maintenue une température tiède

Étuve

Frigidarium pour les bains froids

Foyer destiné à réchauffer l'eau s'écoulant par les fistulae (tuyauterie en plomb) vers les bassins du caldarium. Il permettait aussi de chauffer l'air qui circulait ensuite dans les différentes pièces

Salle des onctions, où l'on nettoyait la peau à l'aide de la strigile avant de s'enduire d'onguents

Vestibule d'accès aux thermes

Bassin pour les bains tièdes

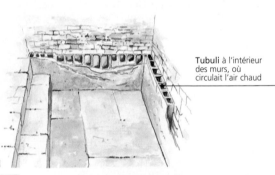

Tubuli à l'intérieur des murs, où circulait l'air chaud

# Architecture religieuse

## RAGUSA IBLA – Plan de la cathédrale St-Georges (18e s.)

Plan en forme de croix latine, les deux bras de la croix formant le transept

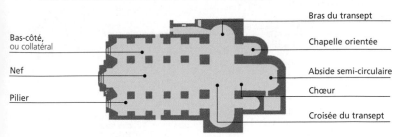

Bras du transept

Bas-côté, ou collatéral

Chapelle orientée

Nef

Abside semi-circulaire

Pilier

Chœur

Croisée du transept

## Coupe d'une église

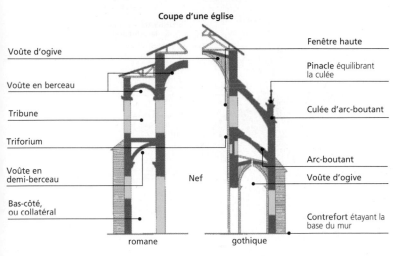

Voûte d'ogive

Fenêtre haute

Pinacle équilibrant la culée

Voûte en berceau

Tribune

Culée d'arc-boutant

Triforium

Voûte en demi-berceau

Nef

Arc-boutant

Voûte d'ogive

Bas-côté, ou collatéral

Contrefort étayant la base du mur

romane            gothique

## NICOSIA – Portail de la cathédrale St-Nicolas (14e s.)

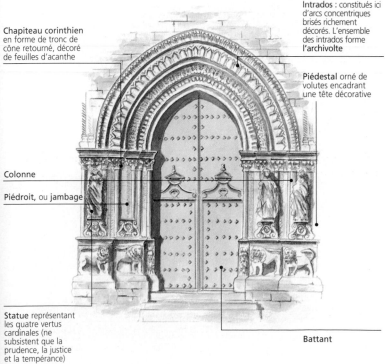

Intrados : constitués ici d'arcs concentriques brisés richement décorés. L'ensemble des intrados forme **l'archivolte**

Chapiteau corinthien en forme de tronc de cône retourné, décoré de feuilles d'acanthe

Piédestal orné de volutes encadrant une tête décorative

Colonne

Piédroit, ou jambage

Statue représentant les quatre vertus cardinales (ne subsistent que la prudence, la justice et la tempérance)

Battant

## PALERME – Détail du plafond de la Chapelle palatine (12ᵉ s.)

Plafond à **muqarnas,** formé d'étoiles et de croix se prolongeant en stalactites

Schéma du motif ornemental de base de la décoration islamique : l'étoile à huit pointes

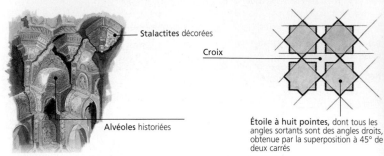

Stalactites décorées

Croix

Alvéoles historiées

**Étoile à huit pointes,** dont tous les angles sortants sont des angles droits, obtenue par la superposition à 45° de deux carrés

## MONREALE – Détail du chevet de la cathédrale (12ᵉ s.)

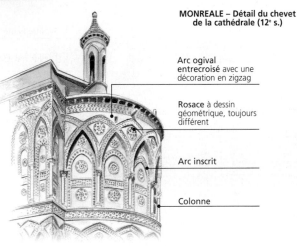

**Arc ogival entrecroisé** avec une décoration en zigzag

**Rosace** à dessin géométrique, toujours différent

**Arc inscrit**

**Colonne**

## CEFALÙ – Perspective de la cathédrale (12ᵉ-13ᵉ s.)

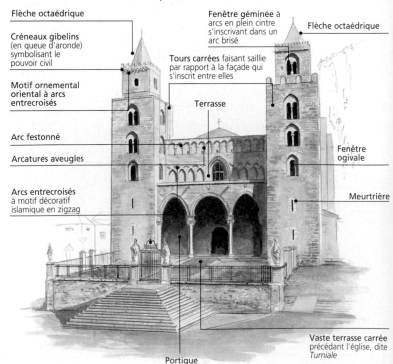

Flèche octaédrique

**Créneaux gibelins** (en queue d'aronde) symbolisant le pouvoir civil

**Motif ornemental oriental à arcs entrecroisés**

**Arc festonné**

**Arcatures aveugles**

**Arcs entrecroisés à motif décoratif islamique en zigzag**

**Fenêtre géminée** à arcs en plein cintre s'inscrivant dans un arc brisé

Flèche octaédrique

**Tours carrées** faisant saillie par rapport à la façade qui s'inscrit entre elles

Terrasse

Fenêtre ogivale

Meurtrière

**Vaste terrasse carrée** précédant l'église, dite *Turniale*

Portique

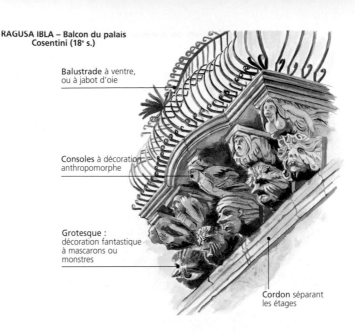

RAGUSA IBLA – Balcon du palais
Cosentini (18ᵉ s.)

Balustrade à ventre,
ou à jabot d'oie

Consoles à décoration
anthropomorphe

Grotesque :
décoration fantastique
à mascarons ou
monstres

Cordon séparant
les étages

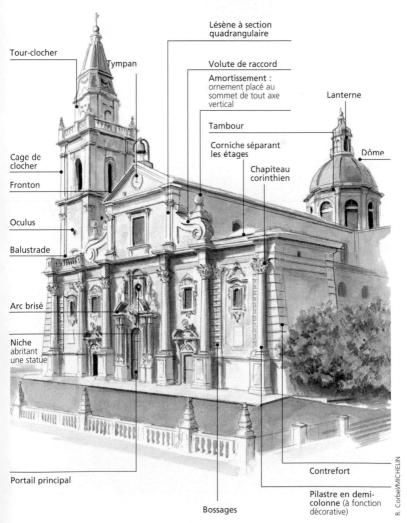

RAGUSA – Cathédrale baroque St-Jean (18ᵉ s.)

Lésène à section
quadrangulaire

Tour-clocher

Tympan

Volute de raccord

Amortissement :
ornement placé au
sommet de tout axe
vertical

Lanterne

Tambour

Dôme

Cage de
clocher

Corniche séparant
les étages

Fronton

Chapiteau
corinthien

Oculus

Balustrade

Arc brisé

Niche
abritant
une statue

Portail principal

Contrefort

Pilastre en demi-
colonne (à fonction
décorative)

Bossages

R. Corbel/MICHELIN

## CASTELBUONO – Chapelle Ste-Anne du château des Ventimiglia (1683)

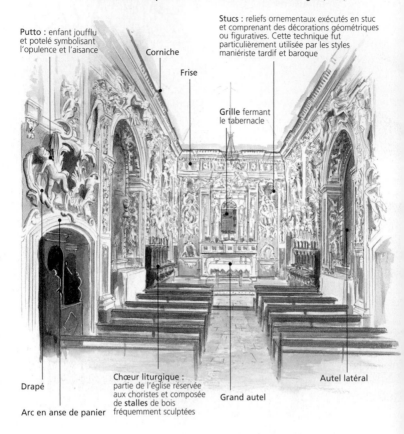

**Putto :** enfant joufflu et potelé symbolisant l'opulence et l'aisance

**Corniche**

**Frise**

**Stucs :** reliefs ornementaux exécutés en stuc et comprenant des décorations géométriques ou figuratives. Cette technique fut particulièrement utilisée par les styles maniériste tardif et baroque

**Grille** fermant le tabernacle

**Drapé**

**Arc en anse de panier**

**Chœur liturgique :** partie de l'église réservée aux choristes et composée de **stalles** de bois fréquemment sculptées

**Grand autel**

**Autel latéral**

## COMISO – Grand autel de l'église des Capucins (17ᵉ-18ᵉ s.)

**Retable** composé d'un grand tableau central et de six tableaux latéraux

**Niche**

**Tabernacle** marqueté de noyer, olivier et cyprès

**Parement d'autel**

# Architecture civile et militaire

## UN « BAGLIO »

Cet ensemble édifié autour d'une cour comprenait aussi bien un corps de logis que des bâtiments à usage professionnel. On y trouvait parfois une chapelle destinée au culte. Pour des raisons défensives, il était souvent fortifié. Les bailes ruraux disposaient de granges où étaient conservés les céréales et les outils ; ceux qui se trouvaient près de la mer formaient des villages de pêcheurs ou des tonnare, avec des locaux où l'on pouvait travailler le produit de la pêche ou rassembler les barques. Ceux de Marsala sont à l'origine des actuelles exploitations viticoles. Aujourd'hui, la plupart des bailes subsistants ont été réaménagés en musées ou en hôtels.

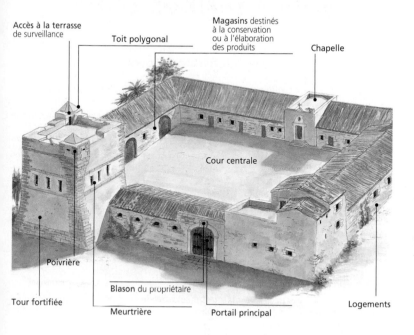

Accès à la terrasse de surveillance

Toit polygonal

Magasins destinés à la conservation ou à l'élaboration des produits

Chapelle

Cour centrale

Poivrière

Blason du propriétaire

Tour fortifiée

Meurtrière

Portail principal

Logements

**CATANE – Castello Ursino (1239-1250)**

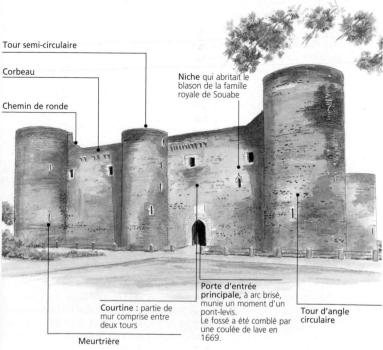

Tour semi-circulaire

Corbeau

Niche qui abritait le blason de la famille royale de Souabe

Chemin de ronde

Courtine : partie de mur comprise entre deux tours

Meurtrière

Porte d'entrée principale, à arc brisé, munie un moment d'un pont-levis.
Le fossé a été comblé par une coulée de lave en 1669.

Tour d'angle circulaire

R. Corbel/MICHELIN

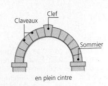
en plein cintre

brisé

outrepassé, ou en fer à cheval

# Quelques termes d'art

Les mots italiens, latins ou grecs sans équivalent en français sont indiqués en bleu.

**Abside** : extrémité d'une église, derrière l'autel. Elle peut être arrondie ou polygonale.

**Absidiole** : petite chapelle s'ouvrant sur le déambulatoire d'une église romane ou gothique.

**Antéfixe** : élément ornemental de terre cuite formé d'un motif répété placé sur la ligne inférieure d'un toit.

**Ara** : autel près duquel avaient lieu les sacrifices.

**Architrave** : élément horizontal qui sert de raccord entre des piliers ou des colonnes et constitue la partie inférieure de l'entablement (dans les édifices classiques tels que les temples).

**Archivolte** : ensemble de moulures concentriques, en retrait les unes par rapport aux autres, décorant l'intrados d'un arc.

**Arco durazzesco** : arc brisé surbaissé. Typique de l'Italie méridionale, il doit son nom aux princes de Durazzo (15ᵉ s.) et se caractérise en général par une décoration à boudins (moulures demi-cylindriques).

**Arcosolium** : sépulture encastrée dans la paroi et surmontée d'une niche, typique des catacombes.

**Arula** : petite *ara*.

**Atlante (ou télamon)** : statue masculine servant de soutien. Ceux du temple de Jupiter Olympien à Agrigente sont célèbres.

**Bossage** : décoration murale obtenue en équarrissant les pierres en saillie. Le bossage peut être lisse si la découpe est uniforme et le relief léger, rustique si la première est irrégulière et le second accusé, en pointes de diamant si la pierre est taillée en forme de pyramide.

**Bouleutérion** : lieu destiné à accueillir le conseil réduit des citoyens *(boulé)*.

**Campanile** : clocher d'église isolé du corps du bâtiment.

**Cardo** : axe de voirie secondaire des cités romaines classiques, normalement orienté Nord-Sud. Correspond au terme grec *stenopos*.

**Chapiteau** : dernier élément d'une colonne, il se compose d'une partie moulurée convexe, dite **corbeille** ou échine, et d'une tablette saillante, l'**abaque**. Les trois ordres classiques se caractérisent par une ornementation différente de la corbeille : **dorique** *(voir illustration p. 88)*, **ionique**, avec une ceinture de volutes, et **corinthien**, avec une décoration de feuilles d'acanthe. Celle-ci a été abondamment reprise dans les édifices des 16ᵉ et 17ᵉ s.

**Chrisme** : monogramme du Christ formé par les deux premières lettres de Christos en grec (X et P), auxquelles on peut ajouter les lettres alpha et oméga, qui représentent le début et la fin de toutes choses.

**Christ Pantocrator** : iconographie du Christ, frontale et souvent limitée au buste, le représentant en train de bénir de la main droite et portant les Évangiles de la main gauche.

**Claveau** : pierre taillée formant l'un des éléments structurels d'un arc ou d'une voûte.

**Clef de voûte** : claveau central d'un arc cintré ou pièce, souvent décorée, placée à l'intersection d'une croisée d'arcs.

**Coussinet** : élément architectural en forme de pyramide renversée, inséré entre le chapiteau et l'imposte d'un arc.

en accolade

**Crypte** : pièce souterraine ménagée sous une église pour accueillir les reliques des martyrs et des saints. Le terme s'est généralisé parfois pour désigner une église ou une chapelle.

**Decumanus** : axe de voirie principal des cités romaines classiques, normalement orienté Est-Ouest. Correspond au terme grec *plateia*.

brisé outrepassé

(en plein cintre) surhaussé

polylobé

**Ébrasement** : taille inclinée des murs autour des portes et fenêtres, favorisant un meilleur éclairage.

**Ekklesiasterion** : lieu destiné aux réunions de l'assemblée du peuple *(ekklesia)*.

**Exèdre** : espace muni de sièges situé au fond des basiliques romaines. Le terme s'est généralisé pour désigner tout espace semi-circulaire doté d'une banquette.

**Frise** : partie centrale de l'entablement comprise entre l'architrave et la corniche et ornée de reliefs sculptés.

**Géminé** : se dit de tout élément groupé par paire.

**Hypocauste** : système de chauffage installé dans le sol des constructions romaines.

**Imposte** : pierre en saillie supportant la retombée de l'arc.

**Intrados** : surface interne d'un arc ou de la voûte d'une coupole.

**Modillon** : ornement saillant répété de proche en proche sous une corniche, comme s'il la soutenait.

**Narthex** : vestibule précédant une basilique.

**Nymphée** : à l'origine, lieu dédié aux nymphes près d'une fontaine. Il prit ensuite une configuration monumentale pour être développé sous forme de vastes fontaines enrichies d'exèdres et de portiques.

**Ogive** : arc diagonal des voûtes gothiques, dont il assure le soutien et reporte la poussée vers les angles.

**Opus signinum** : technique de maçonnerie, consistant à amalgamer des pièces de terre cuite, divers matériaux broyés et de la chaux, pour revêtir un sol. On y insère parfois comme décoration des morceaux de marbre ou de pierre.

**Pendentif** : élément angulaire en forme de triangle concave permettant de passer d'un plan carré à un plan octogonal ou circulaire afin de supporter une coupole.

**Péristyle** : portique à colonnes autour d'un édifice ou de sa cour intérieure.

**Presbiterio** : désigne dans une église l'espace situé autour du maître-autel et réservé au clergé. Il est souvent séparé du reste de l'église par une cloison, des barrières ou une balustrade de colonnettes.

**Retable** : tableau d'autel peint ou sculpté placé sur la partie frontale de l'autel (au-dessus ou en retrait). Il prend le nom de **triptyque** s'il comporte trois volets mobiles ou de **polyptyque** s'il est composé d'une série contiguë de tableaux.

**Rinceau** : motif ornemental floral formé de sarments, feuilles et grappes disposés en enroulements pour former une frise.

**Saillie** : partie dépassant dans un alignement.

**Stuc** : mélange de marbre et de gypse pulvérisés, amalgamé à la colle forte et utilisé pour exécuter des motifs décoratifs qui, par extension, prennent le nom du matériau lui-même.

**Tesselle** : petit morceau de marbre, de pierre, de céramique, etc., constituant l'élément de base d'une mosaïque ou d'un pavement.

**Travée** : espace transversal de la nef compris entre deux piliers.

**Trompe-l'œil** : décoration peinte donnant l'illusion du relief ou de la perspective.

**Vomitoire** : vaste passage qui, dans les théâtres et amphithéâtres de l'Antiquité, donnait accès à la *cavea* et aux différents étages et gradins.

**Voûte** : ouvrage de maçonnerie cintré couvrant un espace. La **voûte en berceau** repose sur des arcs en plein cintre répartis le long d'un axe longitudinal ; la **voûte d'arêtes** est formée par l'intersection de deux voûtes en berceau ; la **voûte sur croisée d'ogives** repose sur des ogives se croisant perpendiculairement à la clef de voûte.

en anse de panier

rampant

# L'art en Sicile

*De la colonisation grecque à nos jours, la créativité sicilienne n'a jamais cessé de s'exprimer. L'histoire très complexe de l'île, qui vit une multitude de peuples et cultures s'imposer sur ce petit territoire clos par la mer, explique largement la diversité et la spécificité des créations siciliennes à travers les siècles.*

## L'art romain

Les vestiges romains sont bien moins nombreux et spectaculaires que ceux de l'époque grecque. Cela s'explique avant tout par le modeste poids de la Sicile parmi les territoires conquis par Rome, comparative-

*Intérieur de l'église de la Martorana à Pale*

ment à ce qu'avait été l'île au sein de la Grande Grèce. Une fois écarté le péril carthaginois, elle perd son caractère stratégique et n'est appréciée qu'en tant que « grenier à blé de Rome ». Bien sûr, quelques belles villas sont bâties en bord de mer par les riches propriétaires terriens, comme en témoignent les ruines de la villa de Patti près de Tindari. Ce n'est qu'à la fin du 3ᵉ s. après J.-C., sous Dioclétien, que la Sicile devient l'une des régions les plus prisées par l'aristocratie romaine qui y acquiert de grandes propriétés foncières. Toutefois, si pendant les sept siècles d'occupation romaine (3ᵉ s. avant J.-C. – 5ᵉ s. après J.-C.) aucun monument véritablement prestigieux n'est construit, un réseau de voies efficace est développé à des fins militaires et commerciales, et des bâtiments publics typiquement romains (amphithéâtres, thermes, odéons...) sont élevés. Aujourd'hui encore, les zones publiques urbaines (comme les forums) ne sont pas complètement connues.

### L'architecture

À la différence des Grecs, les Romains connaissaient et maîtrisaient le ciment, élevant les murs, les voûtes et même les colonnes grâce à des parements de petites briques à l'intérieur desquels le ciment était coulé. Pour la finition, ils utilisaient des placages de marbre (ou toute autre pierre de bel aspect), voire pour les intérieurs le stuc, donnant l'illusion de magnifiques murs de pierre.

**Architecture civile** – Les **théâtres** grecs comme ceux de **Taormine** et de **Catane** subissent de nombreuses transformations : l'orchestre circulaire (réservé aux chœurs) se réduit à un demi-cercle, tandis qu'est élevé un mur de scène abritant des machineries nécessaires aux effets scéniques. Ces théâtres pouvaient également accueillir des jeux de cirques et des combats de fauves, ce qui explique la construction d'un mur au pied de la *cavea* (encore partiellement visible à Taormine) pour protéger les spectateurs. Parmi les monuments de création romaine, il faut citer l'**amphithéâtre de Syracuse**, qui accueillait les combats de gladiateurs ou de bêtes, celui de Catane, les **odéons** de Taormine et de Catane, et la **naumachie de Taormine** (très détériorée), immense gymnase de brique long de 122 m agrémenté de niches. En dehors du cadre des divertissements, l'architecture civile romaine n'a pas laissé de vestiges significatifs en Sicile : la belle basilique de Tindari est néanmoins la preuve de l'introduction par les Romains de la voûte (inconnue des Grecs) même dans des petites villes éloignées des grands centres. On retrouve des **thermes** (principalement d'époque impériale) à Catane, **Taormine**, Comiso, Solonte et Tindari, des forums à **Taormine**, Catane, Syracuse et Tindari.

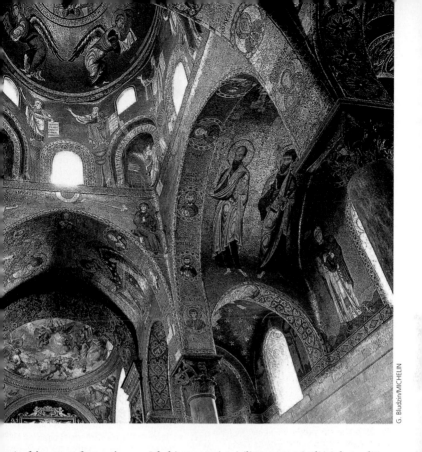

**Architecture domestique** – L'habitat romain sicilien reste très lié à la tradition hellénistique. La **maison urbaine** à péristyle apparaît vers les 3ᵉ-2ᵉ siècles avant J.-C. (Morgantina), mais on ne rencontre qu'à Marsala et Agrigente le type de la maison avec atrium et cour à péristyle, dont le modèle est apparu en Campanie. C'est dans le domaine des **villas** de campagne que l'on trouve le plus grand déploiement de richesses. Un exemple en est donné par la magnifique **villa Imperiale del Casale** non loin de Piazza Armerina : les thermes privés ne viennent que confirmer l'extrême raffinement des lieux, car la villa est avant tout renommée pour ses somptueux pavements de mosaïques.

## L'art byzantin

La Sicile a été christianisée dès l'époque romaine. Les fouilles archéologiques, de Palerme à Syracuse, ont mis au jour autour des villes de grands cimetières utilisés dès la fin de l'Antiquité. Les premiers témoignages d'art chrétien apparaissent dans les **catacombes**, principalement dans celles de Syracuse (4ᵉ-5ᵉ s.), qui conservent des traces de décorations picturales. Petit à petit, des **églises** sont élevées. Comme partout dans le monde paléochrétien est adopté le **modèle basilical antique** d'origine latine : simple rectangle séparé en trois nefs par des colonnes et prolongé à l'Est par une abside centrale. Plus monumentales sont les **églises aménagées dans d'anciens temples** comme celui de la Concorde à Agrigente et celui d'Athéna à Syracuse : les murs de la *cella* ont été ajourés d'arcades, tandis qu'étaient comblés les espaces entre les colonnes périptères.

La conquête de l'île par les Byzantins en 535 marque le rattachement de l'Église de Sicile à l'exarchat de Ravenne, puis, à partir de 751, directement à Constantinople. Toutefois, le tournant le plus important est pris avec la crise iconoclaste qui secoue Byzance. Les chrétiens de Sicile restant fidèles au culte des images malgré leur interdiction en 725 par l'empereur, de nombreux immigrés, dont des communautés monastiques entières et des artistes, se réfugient en Sicile, apportant un important savoir-faire, tout particulièrement en matière de mosaïques.

L'apport original de cette haute époque a été d'une part l'aménagement de nombreux sanctuaires (comme à Cava d'Ispica et Pantalica) et d'habitations rupestres creusées à même la roche (dont il reste fort peu) et d'autre part la construction de petites églises à plan centré carré (proprement byzantines), appelées *cuba*, composées simplement de trois exèdres ouvrant sur un espace central cubique surmonté d'une coupole, l'entrée (à l'Ouest) occupant le seul côté plat. On en trouve encore quelques exemples dans l'Est de l'île, au Nord et à l'Est de l'Etna (**Castiglione di Sicilia**, *voir Index*), près de Noto, et dans les environs de Syracuse. D'autres monuments, probablement élevés durant la période byzantine, mais largement modifiés, démembrés ou réemployés, n'ont pas survécu aux civilisations suivantes. Il est certain que les Byzantins importèrent l'art de la mosaïque sur l'île, mais on ne connaît leur maîtrise de cet art qu'à travers les œuvres réalisées sous le règne des Normands.

# L'art arabo-normand

## L'occupation arabe

À partir de 827, commence depuis la région de Trapani la conquête arabe. Durant les deux siècles et demi de cette occupation, le visage de la Sicile change, non seulement parce que la capitale est déplacée de Syracuse à Palerme et le paysage modifié par des travaux d'irrigation et l'implantation de nouvelles cultures venues d'Orient (en particulier les agrumes), mais également ment par l'apport de formes inconnues jusqu'alors. De nombreux édifices sont élevés, toujours construits en parfaite harmonie avec la nature : palais, mosquées, minarets, jardins et fontaines. Avec l'architecture, c'est aussi tout un vocabulaire décoratif qui entre en Sicile : la figure humaine disparaît au profit de la géométrie ou des arabesques, la céramique habille les intérieurs de couleurs et les plafonds se couvrent de riches alvéoles à stalactites (*muqarnas*).

G. Bludzin/MICHELIN

*Chapiteau représentant l'histoire de Samson, au cloître de Monreale.*

Malheureusement, aucun monument important ne nous est parvenu de l'époque musulmane, les Normands s'étant approprié les édifices arabes et les ayant réaménagés et modifiés par la suite, sans qu'il soit possible de distinguer leur ancien rôle. Seuls subsistent le tracé sinueux et irrégulier des rues, encore lisible dans le tissu de certaines villes d'aujourd'hui comme Palerme, ainsi que des éléments décoratifs.

## L'éclectisme normand

L'art arabo-normand combine des éléments arabes, romans (à travers les bénédictins franco-normands) et byzantins. Tout sa richesse naît du désir des souverains normands de rivaliser avec les fastes de Byzance, ville qu'ils rêvent de conquérir. Grands bâtisseurs, les nouveaux maîtres siciliens ont su intégrer ces différentes énergies créatrices pour élever des monuments d'une splendeur incomparable. Dès la fin du 11e s. et durant tout le siècle suivant, ils construisent de grandes églises conçues par des moines architectes, tant français et latins (bénédictins et augustiniens) que grecs, et donc inspirées des formes classiques : plan basilical, en croix latine ou en croix grecque, tours et portail en façade, souvent coupole sur le chœur... Ces édifices sont en même temps enrichis de décors de mosaïques byzantines réalisées par des artistes grecs et d'ornementations arabes (arcs en fer à cheval, décor d'arabesques et d'alvéoles).

Il en résulte un ensemble curieux, qui offre la particularité d'associer ces trois styles.

**L'influence byzantine** – Dans le domaine de l'**architecture**, elle se caractérise, pour les édifices religieux, par l'adoption du plan centré carré, à l'intérieur duquel s'inscrit une croix grecque voûtée en berceau (comme à la Martorana à Palerme, l'église San Nicolò Regale de Mazara del Vallo ou l'église de la Santissima Trinità di Delia à Castelvetrano). On retrouve la traditionnelle coupole siculo-byzantine placée à la croisée du transept sur un tambour polygonal. Pour ce qui est des chapiteaux, l'art arabo-normand va reprendre aussi l'imposte byzantine, ce coussinet volumineux introduit entre la corbeille du chapiteau et la retombée de l'arc (*voir l'intérieur de la cathédrale de Monreale*).

Cloître de Monreale et détail.

D. Boggini/MICHELIN

La figure humaine est absente de la **sculpture** byzantine et cela s'explique par trois raisons : la première est une prise de distance avec la statuaire païenne, la seconde la querelle des iconoclastes (qui proscrivent les images saintes), enfin l'influence arabe. Techniquement, la sculpture byzantine fouille profondément la pierre au lieu de simplement la modeler en surface : l'usage du trépan, qui perce la pierre de petits trous, permet de sculpter de véritables dentelles de pierre.

L'apport byzantin le plus fastueux, et le plus manifeste, est d'élever la **mosaïque** au rang d'un art monumental, en couvrant d'immenses surfaces de personnages et de motifs. En Sicile, hormis le cas de la Martorana, où l'on respecte les canons byzantins, la distribution du programme iconographique est modifiée pour en faciliter la vue depuis le trône royal. De même à Cefalù, Monreale et dans la chapelle Palatine à Palerme, le Christ Pantocrator est représenté au sommet de l'abside, alors que dans les églises gréco-byzantines il se situe au cœur de la coupole ; enfin les rois normands se font représenter là où traditionnellement n'apparaissent que des saints, portant par ailleurs les attributs des *basilei* (empereurs byzantins) pour affirmer leur pouvoir politique.

**L'influence arabe** – Les musulmans apportent avec eux de nouvelles méthodes de construction et de décoration qui vont permettre l'éclosion de véritables chefs-d'œuvre. Avec l'arc surhaussé (qui s'élève verticalement au-dessus du chapiteau avant de s'infléchir), l'**arc outrepassé** en est le plus représentatif : d'un tracé supérieur en demi-cercle, il se resserre à la base pour dessiner un fer à cheval. Sur leur face interne, les constructions arabes s'ornent souvent de stalactites ou *muqarnas*. Ces alvéoles sculptées en saillie et peintes bien souvent tapissent aussi les coupoles, les pendentifs, les chapiteaux et les consoles. Le décor du Dôme de Monreale (près de Palerme), celui de la chapelle Palatine et des palais de la Zisa et de la Cuba (toujours à Palerme), sont de bonnes illustrations de cette influence islamique. Le goût arabe pour des décors très fouillés se retrouve dans des ornementations sculptées, telles que la corniche aux crénelures dentelées de San Cataldo de Palerme, véritable écrin pour les trois coupoles rosées qui couronnent l'édifice. Les musulmans apportent également des changements dans les volumes, construisant des coupoles « en bonnet d'eunuque », comme à San Giovanni degli Eremiti.

**L'influence romane** – Elle se traduit par un plan en croix latine et de grosses tours en façade, où se reconnaissent les vastes conceptions monumentales des bénédictins, en particulier des clunisiens. La sculpture normande occupe en général peu de place dans les églises et se veut très discrète. Bien souvent, ce sont des motifs géométriques qui ornent les arcatures, les crochets et godrons sur la corbeille des chapiteaux. Les motifs végétaux se réduisent à la palmette ou à la feuille plaquée, raide et sans fioritures, comme une feuille de roseau. Le monde animal cède aussi à la stylisation. Toutefois, on retrouve aussi dans des monuments prestigieux comme le cloître de Monreale de beaux ensembles de chapiteaux historiés de tradition tout à fait romane.

## Les créations arabo-normandes

Si de nombreuses œuvres de cette période révèlent clairement une influence bien définie, on s'aperçoit aussi que certaines combinaisons finissent par devenir des modèles qui caractérisent l'art sous les Hauteville.

**Monuments religieux** – Chef-d'œuvre indiscutable de l'école siculo-normande, la **chapelle Palatine** à Palerme emprunte à l'art roman le plan allongé à trois nefs et des ouvertures relativement petites laissant modérément entrer la lumière ; à l'art islamique, les inscriptions arabes, l'arc brisé et le précieux décor à alvéoles du plafond; à l'art byzantin, enfin, la coupole sur trompes d'angle et les mosaïques à fond d'or, les revêtements muraux en panneaux de marbre et les motifs de marqueterie de pierre du sol. Ainsi la juxtaposition du plan centré carré byzantin adopté pour le chœur et du plan basilical avec charpente de bois d'origine latine uniquement pour la nef (qui reste en contrebas de quelques gradins) est un nouveau modèle reproduit ensuite à la cathédrale de Monreale.

La cathédrale de Palerme et le chevet de Monreale présentent une décoration qui révèle un lien avec les bandes lombardes et reprend également des motifs orientaux géométriques de couleurs contrastées (rosaces, damiers...).

**Monuments civils** – Outre quelques grands châteaux placés de façon stratégique à Palerme, à Castellammare et à Messine, les rois normands se font construire des palais résidentiels pour leur plaisir. À l'extinction des Hauteville, on compte neuf de ces *sollazzi* dont aujourd'hui subsistent surtout les palais de la Zisa et de la Cuba, à Palerme, ceints de parcs, de pièces d'eau, et pourvus à l'intérieur de deux espaces caractéristiques : l'*iwan* (salle à trois exèdres), et la cour à ciel ouvert, entourée d'un portique et agrémentée d'une ou plusieurs fontaines. Originaires de la Perse abbasside pour le premier et de l'Égypte fatimide pour le second, ils entrent en Sicile au 12e s. en passant par le Maghreb, puisque à cette époque la domination sicilienne s'étendait aux côtes aujourd'hui tunisiennes. La décoration était également largement d'inspiration islamique : pavements soignés en marbre ou en briques disposées en arêtes de poisson, murs recouverts de mosaïques (technique plutôt byzantine mais motifs arabisants) et plafonds et arcs ornés de *muqarnas* sculptés et peints.

# Le gothique

Du 13e s. au 15e s., la Sicile vit une période de troubles politiques où se succèdent des souverains aussi différents que les Souabe (1189-1266), les Angevins (1266-1282) et les Aragonais. Ces règnes sont caractérisés par la place consacrée aux grandes créations gothiques, par ailleurs peu appréciées dans le reste de la Péninsule.

**L'œuvre avant tout militaire des Souabe** – Henri VI et surtout Frédéric II, conservent les nombreux édifices religieux et civils des Normands et marquent leur époque par la construction de châteaux forts, réalisée sous la direction d'architectes venus du Nord. C'est donc par le biais de l'architecture fortifiée que le gothique entre en Sicile au 13e s. Les châteaux de Syracuse (Castello Maniace), de Catane (Castello Ursino) et d'Augusta datent de cette époque, tout comme les fortifications du château d'Enna (centre stratégique de l'île déjà occupé depuis l'époque byzantine), dont il reste deux hautes tours. Ces édifices se caractérisent par leur plan fortement géométrique (masse carrée ponctuée de tours angulaires et parfois médianes), leurs portails ou fenêtres en arc brisé, leurs murs nus et austères couronnés de créneaux et de merlons, leurs salles voûtées en ogive.

**Au 14e s., le style chiaramontain** – Les grandes familles féodales qui règnent au 14e s., en particulier celle des **Chiaramonte**, se montrent de grands bâtisseurs de palais urbains et d'églises. Le **palais** Chiaramonte (ou **Steri**), demeure palermitaine de la famille, constitue le prototype des futurs palais urbains avec sa façade d'une beauté mesurée, couronnée de créneaux et agrémentée uniquement de belles fenêtres à arcs aigus.

Le style chiaramontain se caractérise ainsi par des fenêtres géminées ou triforées, surmontées d'arcs de décharge ajourés ou ornés de motifs géométriques polychromes. Les Chiaramonte, dont la puissance domine tout le 14e s. en raison de l'affaiblissement du pouvoir royal, sont à l'origine de la construction ou de la restauration de nombreux édifices : de Mussomeli à Racalmuto, de Montechiaro à Favara, on compte une bonne dizaine de châteaux et édifices.

**L'art gothique catalan du 15e s.** – Pour bien comprendre la faveur du gothique catalan en Sicile, il faut se remémorer l'importance de la domination catalane, qui s'y établit dès la fin du 14e s. avec le règne de la maison d'Aragon. Alors qu'ailleurs en Europe se développait le gothique flamboyant, la confédération catalano-aragonaise (devenue l'une des grandes puissances de la Méditerranée dès le 13e s.) apporte avec elle, non sans un certain retard, le goût pour un gothique relativement sobre : formes épurées, sens des proportions, préférence pour l'amplitude spatiale (et non l'élévation, en particulier dans le domaine religieux), ouvertures à larges baies alternant avec des pans de murs lisses et nus. C'est de cette époque que datent le portique de la cathédrale de Palerme et les palais Santo Stefano et Corvaja de **Taormine**.

Vers la fin du 15e s., les réalisations de **Matteo Carnelivari** représentent le mieux cette influence : certains motifs catalans sont mélangés à des éléments byzantins, arabes et normands provenant de la plus vieille tradition locale. Le même artiste dessine probablement les plans de l'église Santa Maria della Catena à Palerme. Il conçoit aussi les plans des palais Abatellis et Aiutamicristo.

**Sculpture et peinture** – Dans ces deux domaines, ce sont des personnalités étrangères qui s'illustrent en Sicile. Pour la sculpture, des artistes toscans et surtout pisans, fort réputés par leurs ouvrages, sont appelés à travailler sur l'île. **Nino Pisano**, nous a laissé une *Vierge de l'Annonciation* souple et déhanchée, typique de sa manière, dans la cathédrale de Trapani, ville qui attire de nombreux sculpteurs dès le 14e s. en raison de ses carrières de marbre. **Bonaiuto Pisano** a réalisé à Palerme l'aigle qui surmonte le portail du palais Sclafani.

En peinture, **Antonio Veneziano** (formé à Venise et actif à Florence) et Gera da Pisa travaillent un temps en Sicile. L'Espagne offre également certains de ses peintres, parmi lesquels **Guerau Janer**. Vers la fin du 15e s., le succès de ces artistes étrangers devient si grand qu'ils tendent à s'installer durablement dans l'île, comme **Nicolo di Maggio** (d'origine siennoise) qui travaille surtout à Palerme.

# Renaissance et maniérisme

Ces deux styles proprement italiens ne connaissent pas un grand développement en Sicile à cause de la forte influence du gothique espagnol, hérité de la cour aragonaise. Il faudra attendre la venue d'artistes formés auprès des grands maîtres toscans pour que la Sicile s'ouvre aux influences de la Renaissance.

**Peinture** – Au **15e s.** la Sicile s'intéresse aux nouvelles approches du style Renaissance grâce à **Antonello da Messina** (vers 1430-vers 1479). Même si sa vie et sa carrière sont restées longtemps mystérieuses, il est sans conteste le peintre et même l'artiste le plus célèbre de Sicile *(voir p. 252)*. Ses chefs-d'œuvre conservés dans l'île – l'*Annonciation* du palais Bellomo (Syracuse), la *Vierge de l'Annonciation* du palais Abatellis (Palerme), le *Polyptyque de St-Grégoire* du Musée régional de Messine et *L'Homme au rictus* du musée Mandralisca de Cefalù – figurent parmi les œuvres majeures de la Renaissance.

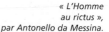

« *L'Homme au rictus* », par Antonello da Messina.

Dans la **première moitié du 16e s.**, les peintres **Cesare da Sesto**, **Polidoro da Caravaggio** ou Vincenzo da Pavia, diffusent le maniérisme toscan et romain, tandis que Simone de Wobreck (qui réside en Sicile jusqu'en 1557) introduit les formes du maniérisme flamand.

**Sculpture** – Dans la seconde moitié du 15e s., la sculpture est à son tour complètement renouvelée par l'arrivée d'artistes italiens. Parmi eux, deux grands noms, Francesco Laurana et Domenico Gagini.

**Francesco Laurana**, sculpteur et médailliste italien, réside en Sicile de 1466 à 1471, le temps d'exécuter quelques œuvres comme la chapelle Mastrantonio à St-François-d'Assise de Palerme, le buste d'Éléonore d'Aragon au palais Abatellis (Palerme) ainsi que quelques Vierges à l'Enfant se trouvant dans les églises du Crucifix à Noto et de la Vierge Immaculée au palais Acreide, ou au musée de Messine.

Les **Gagini**, famille d'architectes et de sculpteurs italiens originaires de la région des lacs, font souche en Sicile après l'installation de **Domenico**. Avec son fils **Antonello**, né à Palerme en 1478, il dirige dans

Museo Mandralisca, Cefalù/SCALA

G. Bludzin/MICHELIN

cette ville un atelier florissant, en flattant le goût de l'époque pour les formes élégantes et maniérées réalisées en marbre de Carrare et non plus en tuf calcaire. Sa technique sera reprise par ses descendants, sculpteurs et orfèvres, jouissant d'une grande réputation jusqu'au milieu du 17e s. De très nombreuses églises de Sicile sont encore décorées de statues des Gagini, dont certaines sont remarquables ; mais cette production assez massive aboutit aussi à des œuvres répétitives de qualité médiocre.

Le **maniérisme** en sculpture apparaît au 16e s. en Sicile avec la venue d'artistes comme le Florentin **Angelo Montorsoli** (1505-1563) qui s'illustre à Messine de 1547 à 1557. Sa collaboration avec Michel-Ange à Rome et Florence lui apporte une certaine notoriété et ses œuvres signent le passage du style Renaissance vers celui du maniérisme « michelangelesque ». Parmi ses œuvres encore visibles, la fontaine d'Orion (1547-1550) à Messine, chef-d'œuvre du 16e s.

# Le baroque

À partir du 16e s., la domination espagnole se fait sentir de façon plus nette dans le domaine artistique, par une vigoureuse démarche contre-réformiste, puis par la richesse et l'exubérance baroques davantage hispaniques qu'italiennes.

**L'art de la Contre-Réforme** – La Sicile est marquée très tôt par le pouvoir et l'influence de la Compagnie de Jésus, créée en 1540 par l'Espagnol Ignace de Loyola. Bâties sur le modèle de l'église du Gesù de Rome, les **églises « jésuites » de Sicile** ont les mêmes caractéristiques. La nef unique est spacieuse et dégagée, pour que l'autel soit visible de toute l'assemblée et que le prêche atteigne chaque participant. Alliant solennité, puissance, richesse et clarté, l'espace intérieur est annoncé dès la façade : la nef centrale, large et haute, est flanquée de deux nefs plus basses, bas-côtés réservés à des chapelles latérales ouvertes directement sur la nef. Des décrochements remplacent les surfaces dépouillées de la Renaissance, et des colonnes engagées se substituent peu à peu aux pilastres plats afin de faire jouer davantage la lumière *(voir notamment l'église St-Ignace de l'Olivella à Palerme)*.

La **peinture de la Contre-Réforme** remet à l'honneur les thèmes rejetés par le protestantisme comme le thème de la Vierge, le dogme de l'Eucharistie, le culte des saints. Le style des œuvres se développe toujours dans le sillage de Michel-Ange et de Raphaël. À Palerme, quelques artistes peu connus, comme Vincenzo degli Azani, appartiennent à ce courant.

**Situation historique et caractères stylistiques** – En Espagne, le baroque connaît son apogée au milieu du 17e s. Il se diffuse presque simultanément en Sicile grâce aux influences byzantines et arabes précédentes, annonciatrices d'un style utilisant marbres précieux et dorures. Une grande importance est accordée aux détails : les grilles ouvragées, les balcons soutenus par des figures souvent grotesques, les travaux de marqueterie en pierres polychromes rivalisent de diversité et de fantaisie Dès le début du 17e s., l'administration des vice-rois espagnols entreprend la construction d'un centaine de nouvelles villes, pour satisfaire un vaste programme de réorganisation territoriale. Avec les terribles tremblements de terre de 1669 et surtout de 1693 qui détruisent presque tout le Sud-Est de l'île, la reconstruction des villes est entreprise immédiatement sous l'impulsion des autorités locales, de l'aristocratie, des urbanistes (Fra' Michele La Ferla, Fra' Angelo Italia) et des architectes (Vaccarini, Ittar, Vermexio, Palma, Gagliardi). Le séisme a ouvert une immense plaie de Catane à Syracuse, touchant aussi Avola, Noto, Scicli, Modica, Raguse, Vittoria, Lentini et Grammichele. Le baroque sicilien se concentre donc dans cette partie de l'île, et autour de Palerme (Bagheria et Trapani), siège du pouvoir.

**Architecture –** Formé pour la plupart à Rome, les architectes baroques s'inspirent des chefs-d'œuvre du baroque romain tout en le dépassant bien souvent par une outrance des formes, des volumes, des sujets iconographiques dans la décoration sculptée. Le sentiment de fragilité de la vie face aux forces de la nature se traduit dans une approche de l'art qui n'a plus rien à voir avec la recherche du beau. La dérision, l'outrance, la mort, la souffrance et même la laideur (de la vieillesse, de la misère, de la déformation physique) se retrouvent dans l'extrême fantaisie des sujets choisis pour le décor. Les contorsions, de mise dans les structures architecturales, trouvent un écho tout naturel dans l'habillage exubérant des façades et des intérieurs. La reconstruction des villes est imprégnée de cet esprit qui investit aussi l'inspiration urbanistique.

Au cours de sa période d'apprentissage à Rome, sous les ordres de Carlo Fontana, **Giovanni Battista Vaccarini** (1702-1769) découvre le travail de Borromini, artiste romain tourmenté mais créateur de génie. De retour en Sicile vers 1730, il se consacre pendant trente ans à la reconstruction de **Catane**. L'église Ste-Agathe est sans doute son plus grand chef-d'œuvre : elle est construite sur un plan en ellipse et sa façade rappelle par ses ondulations l'église St-Charles-aux-Quatre-Fontaines de Borromini à Rome.

La ville de **Palerme** possède aussi de nombreux édifices d'inspiration romaine, car un de ses principaux architectes, **Giacomo Amato**, originaire de Palerme (1643-1732), compléta sa formation à Rome. Son œuvre se caractérise par l'utilisation des motifs de l'architecture romaine du 16e s. : l'église S. Teresa alla Kalsa (1686), l'église Santa Maria della Piétà, avec ses colonnes saillantes formant deux puissants étages (1689), l'église du Sauveur avec une coupole elliptique, et de nombreux palais privés en constituent les meilleurs exemples. Parmi les monuments baroques de Palerme, les fontaines et les façades du carrefour des Quattro Canti interprètent le meilleur du baroque citadin.

**Noto**, reconstruite entièrement après le tremblement de terre de 1693, est une parfaite illustration de l'homogénéité du baroque urbain sicilien, car sa composition même est conçue comme un vaste décor de théâtre. Cet ensemble exceptionnel est pratiquement l'œuvre d'un seul homme, l'énigmatique **Rosario Gagliardi**, dont on

ne connaît presque rien, sauf l'année de sa naissance et celle de sa mort (Syracuse 1680-Noto 1726). Plus grand architecte baroque de Sicile, dont l'œuvre considérable se concentre dans ce minuscule territoire, il travaille également dans deux villes toutes proches de Noto, Raguse et Modica : à **Raguse**, on lui doit la petite église San Giuseppe et surtout la magnifique San Giorgio, tandis qu'à Modica il établit le plan de la somptueuse église San Giorgio, caractérisée par sa tour-clocher élancée.

Parmi les **villas baroques**, celles de **Bagheria**, à quelques kilomètres de Palerme, sont sans doute les plus représentatives du baroque sicilien : il s'agit d'édifices raffinés aux salons meublés avec luxe et aux jardins peuplés de statues, comme la villa Cattolica. La plus exubérante est probablement la **villa Palagonia** dont l'étourdissante décoration la rend célèbre comme château de l'absurde dans toute l'Europe des Lumières, avant même la visite de Goethe en 1787 *(voir Bagheria)*.

**Sculpture et décoration –** L'apparat sculptural et décoratif du baroque se caractérise par la richesse des ornementations. Les autels s'ornent de tableaux de marbre sculptés en relief, de colonnes torsadées, les corniches et les frontons se peuplent de figures d'anges. Parmi les nombreux artisans du marbre, du stuc et du décor polychrome, se détache le nom de **Giacomo Serpotta** (1652-1732). Après une formation à Rome, Serpotta rejoint sa ville natale de Palerme pour réaliser la statue équestre de Charles II. Ensuite, il commence sa longue carrière de décorateur spécialisé dans le stuc : oratoire de San Lorenzo, celui de S. Cita et celui du Rosaire à San

Domenico, entièrement ornés de figurines et de cartouches en léger relief, dont le détail est souvent très délicat. De nombreuses églises de Palerme sont décorées par Serpotta comme l'église della Gancia et celle du Carmine. Il s'occupe également vers la fin de sa vie des églises St-François d'Assise et St-Augustin (avec certains de ses élèves), où il atteint une virtuosité peu commune dans le modelé de petites scènes en bas-relief. Sculpteur sicilien baroque par excellence, Serpotta apparaît comme le précurseur des formes du rococo.

**Peinture** – Les peintres baroques recherchent les effets de perspective et de trompe-l'œil, les compositions complexes en vrille et en diagonale. Le choix des sujets porte le plus souvent sur des épisodes de l'histoire sacrée ou des fictions allégoriques. Dans ce domaine, **le Caravage** est une référence. Michelangelo Merisi (1573-1610), dit le Caravage, du nom de son village natal près de Bergame, commence à travailler à Rome en 1588 chez le Cavalier d'Arpin. Mais entraîné par son tempérament, de querelles en rixes il doit fuir la ville en 1605 vers Naples, l'île de Malte et la Sicile. En marge de toute convention, il peint de puissantes figures révélées par de savants jeux de lumière mettant ainsi en contraste l'ombre et la lumière.

L'artiste laissera de son passage en Sicile des œuvres importantes comme *L'Enterrement de sainte Lucie* (palais Bellomo de Syracuse), ainsi que *L'Adoration des bergers* et *La Résurrection de Lazare* (musée de Messine). Ces peintures ont inspiré par la suite de nombreux artistes, tels Alfonso Rodriguez (1578-1648) et **Pietro Novelli** (1603-1647), qui s'inspira à la fois du Caravage et de **Van Dyck**. Ce grand peintre hollandais séjourna à Palerme en 1624. Parmi ses œuvres siciliennes, on peut citer *La Madone du Rosaire*, dans l'oratoire de l'église St-Dominique.

# Du 18ᵉ s. à nos jours

**Le néoclassicisme** – Ce courant se développa à partir du milieu du 18ᵉ s. et fut marqué par un retour à l'architecture grecque et romaine découverte avec enthousiasme avec les fouilles d'Herculanum, de Pompéi et de Pæstum. En peinture, la représentation des vestiges archéologiques connaît un grand succès. En sculpture, c'est l'artiste palermitain **Ignazio Marabitti** (1719-1797, formé à Rome chez Filippo della Valle) qui se distingue, avec le retable de saint Ignace dans l'église Ste-Agathe au collège de Caltanissetta. Palerme connut un autre sculpteur important, **Venanzio Marvuglia** (1729-1814) : élève de Vanvitelli à Rome, il réalise l'extension de l'église San Martino delle Scale, l'oratoire de Sant'Ignazio all'Olivella, la villa du prince de Belmonte. Son style classique est parfois associé à une note d'exotisme, comme pour le pavillon chinois du parc de la Favorite.

**Le vérisme** – Tout comme d'autres artistes italiens voués à la représentation de la réalité, le sculpteur **Domenico Trentacoste** (1859-1933) ne peut encore être qualifié de naturaliste. Fasciné dans un premier temps par les modèles du Quattrocento, **Trentacoste** s'intéresse ensuite au naturalisme de Rodin, qu'il rencontre à

*San Giorgio di Modica.*

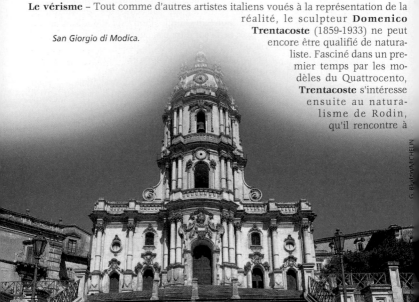

Paris vers 1880. Il explore ainsi les sujets de genre, les thèmes mythologiques, le portrait et le nu (*Faunetta*, galerie E. Restivo de Palerme). **Ettore Ximenes** (1855-1926), formé à Palerme, sa ville natale, étudie ensuite à Naples sous la direction de Domenico Morelli. Le réalisme qui transparaît dans la plupart de ses œuvres laisse parfois la place à des tracés plus sinueux, caractéristiques de l'Art nouveau.

**Le Liberty** – Le style Liberty apparaît en Italie à la charnière des deux siècles, alors qu'il connaît déjà un certain succès dans le reste de l'Europe. Développé principalement dans le domaine des arts décoratifs, il se caractérise par les lignes courbes des sujets traités, aussi bien pour les peintures que pour les objets en fer forgé ou les meubles. En Sicile, **Ernesto Basile** (Palerme, 1857-1932) est le personnage marquant de cette époque. Cet architecte, fils du célèbre **Giovanni Battista Basile** (créateur du Teatro Massimo de Palerme), aborde le style Liberty après avoir longuement étudié les formes de l'époque arabo-normande et de la Renaissance. À cette période remontent ses œuvres projetées pour la villa Igiea, où il réalise une magnifique décoration florale pour la salle à manger *(voir p. 305)*, le café Ferraglia à Rome et certaines villas palermitaines, dont le Villino Florio *(voir p. 306)*. Basile travaille également à la création de meubles et de motifs décoratifs pour les tissus. Un très bon exemple de l'engouement pour le style Liberty en Sicile est apporté par la **villa Malfitano de Palerme**, demeure des Whitaker.

**L'art contemporain** – Bien que la Sicile ne soit pas dans ce domaine à l'origine d'un courant artistique de dimension internationale, l'île peut s'enorgueillir d'avoir donné naissance à quelques figures intéressantes.

Tout d'abord, le peintre **Fausto Pirandello** (1899-1975) fils du célèbre écrivain. Cet artiste s'intéresse d'abord à la peinture cubiste (Braque notamment) pour atteindre un équilibre à mi-chemin entre l'abstraction et la figuration.

**Renato Guttuso** (1912-1987), peintre néoréaliste, entreprend des études classiques à Palerme et se rend d'abord à Rome puis à Milan, où il renforce ses idées politiques clairement antifascistes. Il se tourne durant ces années vers un art réaliste. Pour la réalisation de ses peintures, caractérisées par une perspective aplatie et une décomposition géométrique qui le rapproche de l'art de Picasso, Guttuso choisit souvent des sujets qui révèlent son engagement social. À partir de 1958, l'artiste commence à s'intéresser aussi à l'expressionnisme. Il en découle une nouvelle manière de percevoir la peinture qui, au réalisme des sujets, joint l'émotion et le mouvement, exprimés au moyen de tonalités fortes et de tracés nets. Une des œuvres réalisées à la fin de sa vie, la *Vucciria (voir p. 302)*, résume admirablement son style : image à la fois réaliste et crue du quartier de bœuf qui pend au premier plan, amoncellement de cageots de fruits et de poisson dont la superposition suggère la profondeur, importance des personnages, notamment la femme de dos au premier plan, qui animent la composition.

Parmi les artistes siciliens contemporains figurent également des sculpteurs. **Pietro Consagra**, né à Mazara del Vallo (1920), fait ses études à Palerme et s'installe ensuite à Rome, où il adhère à l'art abstrait. Ses sculptures révèlent une recherche sur les matériaux, suivie plus tard par la tentative d'annuler l'épaisseur de la matière, en travaillant à l'aide de très fines lames. En Sicile, son nom est surtout attaché à la ville de Gibellina *(voir ce nom)*, où il édifia l'imposante *Stella* à l'entrée de la ville, et à la Fiumara d'Arte.

Le sculpteur **Emilio Greco**, né à Catane en 1913, s'inspire des formes classiques dans une recherche continue de l'harmonie et de l'équilibre. C'est pour cette raison qu'il étudie aussi bien l'art grec que l'art romain ou de la Renaissance. Le corps féminin constitue un de ses thèmes de prédilection, bien qu'il se consacre également aux sujets liés à la religion (porte en bronze de la cathédrale d'Orvieto et monument au pape Jean XXIII à St-Pierre de Rome).

Enfin **Salvatore Fiume** (1915-1997), connu aussi sous le nom Giocondo, est un artiste plus polyvalent, sculpteur, peintre et scénographe. Ses sources d'inspiration varient de la représentation de la nature sublimée jusqu'à celle de la réalité sans fioritures de la vie quotidienne (comme des femmes au marché) en passant par les richesses des différentes civilisations que connut la Sicile : sa peinture peut alors se teinter d'orientalisme lorsqu'il se réfère à l'influence arabe. Dans les dernières années de sa vie, Fiume s'est aussi intéressé à l'art sacré en illustrant des épisodes bibliques pour les éditions Paoline.

# Le « Grand Tour »

« *Sans la Sicile, il ne reste dans l'âme aucune image de l'Italie : c'est elle la clef de tout.* »
J. W. von Goethe,
*Voyage en Italie (1826-1829)*

Dans l'Angleterre d'Élisabeth Iʳᵉ, un nouveau principe d'éducation va voir le jour. C'est celui du Grand Tour, un voyage d'études et de formation que les jeunes gens de bonne famille sont tenus d'effectuer pour parfaire leur éducation. Berceau de la civilisation, l'Italie n'est pas seulement séduisante, mais incontournable. Les étapes qui s'imposent sont Venise, Milan, Vérone et obligatoirement Rome. Ce n'est qu'au 18ᵉ s. que l'institution du Grand Tour, d'abord usage anglais, gagne aussi la France, l'Allemagne et les Pays-Bas.

Un des premiers voyageurs étrangers à poser le pied en Sicile est **l'abbé Labat**, dominicain français amoureux de l'Italie. Il arrive en 1711, alors que les effets du terrible tremblement de terre de 1693 et ceux de l'éruption de 1696 y sont encore visibles. Ses carnets décrivent abondamment les phénomènes naturels, qui semblent prendre en Sicile des proportions gigantesques, avec, omniprésent, l'Etna qui dresse sa terrible silhouette. Dans les années qui suivront la mise au jour de Herculanum et Pompéi, on assistera à une « ruée vers le Sud ». Le Grand Tour comprendra désormais Naples et la Calabre, et touchera même la Sicile, berceau de la civilisation grecque et région naturelle restée à l'état vierge.

En 1770, l'Écossais **Patrick Brydone** circule en Sicile : trois ans plus tard, il livre ses sensations dans son *Voyage en Sicile et à Malte*. Il dit d'abord son admiration pour le port de Messine, port fermé par une avancée de terre en forme de faucille qui le protège de tous les vents. Sans plus attendre il mêle mythe et réalité, et mentionne les terribles monstres Charybde et Scylla, tapis au fond de leurs grottes sous-marines quelque part dans le détroit. Une réalité plus douce et plus ensoleillée le charme ensuite, celle des oliveraies, des vignobles et des champs de blé, parsemés de fleurs, d'arbustes et de figuiers de Barbarie, dominés par la présence menaçante de l'Etna, but inéluctable du voyage. Il n'oublie pas Taormine et son magnifique théâtre, premier monument à le replonger dans l'antiquité. Et l'Etna, toujours l'Etna, géant endormi mais prêt en permanence à montrer sa puissance, et qui lui fait écrire : « Au milieu... émerge le sommet de la montagne qui redresse fièrement la tête en recrachant des torrents de fumée. » L'ascension est rude, mais la vue du cratère compense tous ses efforts. « Aucune imagination au monde n'a eu la hardiesse de figurer un spectacle aussi merveilleux. Aucun point de la surface du globe réunit à lui seul autant de détails impressionnants et sublimes (...). Le sommet (...) surgit au bord d'un gouffre sans fond, vieux comme le monde, recrachant sans cesse du feu et des pierres incandescentes, dans un fracas qui secoue toute l'île. » Pour tous les voyageurs, l'Etna est un endroit viscéralement impressionnant, à l'opposé de la paix et du calme qu'inspirent les vestiges grecs de Girgenti (Agrigente). C'est la vie sous forme de feu et de chaleur, de phénomène incontrôlable et imprévisible. Le fait qu'on aperçoive en permanence sa silhouette dans le lointain lui confère cette fatalité que prennent les choses qui échappent au contrôle humain, comme la vie et la mort. Le voyage se poursuit ensuite avec les grandes villes, Catane, Syracuse, Agrigente et Palerme, « la belle, l'élégante », à laquelle on consacre des pages de descriptions.

Peu d'années après, la Sicile voit arriver d'autres voyageurs, qui se limitent à la côte. S'aventurer à l'intérieur des terres semble trop périlleux à cause du mauvais

*« Taormine 1876 » de W. J. Ferguson (1849-1886), collection privée.*

état des routes. Dès lors, les artistes ne cesseront d'affluer, fixant sur le papier ou la toile paysages naturels, portraits et vues des monuments antiques. L'**abbé de Saint-Non** invitera dessinateurs et peintres (Hubert Robert, Fragonard) à illustrer son *Voyage pittoresque de Naples et de Sicile*.

Vers la fin du siècle, la Sicile joue un rôle majeur pour les voyageurs du Grand Tour. Non seulement c'est une porte ouverte sur la Grande Grèce et le monde classique, mais aussi un endroit où la nature offre sur ses chemins des paysages introuvables ailleurs.

## Le carnet de voyages

Un indispensable carnet de route tient compagnie aux voyageurs, prenant parfois la forme de lettres ou de journal intime. On y note tout : impressions, détails techniques ou savants, curiosités, rencontres, émotions. C'est ainsi que l'on découvre dans le *Voyage en Italie* de **Goethe** une autre Sicile au travers, par exemple, de la description de l'étrange mobilier de la villa Palagonia à Bagheria ou de celle de personnages de l'époque, parfois étranges, comme le prince de Palagonia, rencontré lors d'une promenade dans les rues de Palerme : « Un monsieur grand et maigre en habit de cérémonie, qui marchait, digne et calme, sur les ordures au milieu de la rue. Tiré à quatre épingles, poudré, vêtu de soie, le chapeau sous le bras, l'épée de parade au côté, avec d'élégantes chaussures aux boucles ornées de pierres précieuses, ainsi allait ce vieux monsieur tranquille et grave, que chacun suivait du regard. »

C'est un voyage dans le passé, mais aussi un voyage à la découverte des émotions qui naissent au contact d'un monde différent ; une expérience qu'on peut vivre deux fois, au travers de ces morceaux littéraires pleins de vie, mais aussi en se rendant sur place.

*« Palerme 1839 » de C. F. H. Werner (1808-1894), collection privée.*

# Écrivains célèbres

*Curieux destin que celui de la littérature sicilienne : nulle part ailleurs en Italie, on ne constate une telle présence, une telle permanence du dialecte en tant que langue littéraire. Cette particularité a donné naissance à deux veines créatrices bien distinctes au plan linguistique, mais souvent présentes chez un même auteur : une littérature de langue italienne, et une en dialecte sicilien.*

La grande époque de l'école poétique sicilienne *(voir p. 79)* s'éteint avec le déclin de la *Magna Curia* de Frédéric II. Entre le 14e et le 15e s., les poètes de l'île prennent des modèles toscans. La poésie d'art perd peu à peu de son importance, à l'ombre de celle en dialecte populaire.

## Humanisme et Renaissance

La redécouverte des classiques et en particulier du grec, vecteur de l'humanisme, a trouvé en Sicile un terrain privilégié. À cette époque, les villes de Noto, Palerme, Syracuse, Catane et Messine deviennent d'importants pôles de culture. Messine, par exemple, abrite une école de grec de renommée internationale grâce à l'enseignement de **Costantino Lascaris**. Au 16e s., le dialecte sicilien prend de la vigueur : à cette époque, un ardent sentiment régional conduit à la publication du premier dictionnaire latin-sicilien et à la codification grammaticale du dialecte. Pour ce qui est de la poésie, le pétrarquisme dominant à l'époque va trouver son expression dialectale grâce à **Antonio Veneziano** (1543-1593), compagnon de cellule de Cervantès à Alger et auteur d'un recueil de chants *(Canzoniere)*, intitulé *La Celia*, et des *Proverbij siciliani*.

## Du 17e s. au 18e s.

Touché par l'esthétique baroque, le 17e s. est témoin d'un grand essor du théâtre, notamment grâce aux tragédies d'**Ortensio Scammacca** (1562-1648) et à des comédies, à la fois en italien et en dialecte. Au 18e s., la Sicile, comme le reste de l'Italie, est touchée par l'esprit des Lumières qui alimente par exemple une histoire de la Sicile de l'abbé **G. Battista Caruso** (1673-1724) et une histoire de la littérature sicilienne d'**Antonio Mongitore** (1663-1743). La réflexion philosophique donnera aussi naissance à des œuvres littéraires très variées : la pensée cartésienne inspire les chants de **T. Campailla** (1668-1740), auteur d'un poème philosophique, *L'Adamo, ovvero il mondo creato (Adam, ou la création du monde)*, et les idées de Leibniz sont exaltées par **T. Natale** dans *La filosofia leibniziana*. Inspiré par Rousseau et le sensualisme, le plus grand poète de l'époque, **Giovanni Meli** (1740-1815), compose des poèmes bucoliques *(La Bucolica)* et philosophico-satiriques, qui s'inscrivent clairement dans le mouvement des Lumières, *L'Origini du lu munnu (L'Origine du monde)*, *Don Chisciotti e Sanciu Panza*.

## Le 19e s.

Le climat romantique favorise l'historiographie et l'étude des sources culturelles régionales : **Michele Amari** (1806-1889) inaugure une nouvelle forme de critique historique avec *La Guerra del Vespro siciliano* et la *Storia dei Musulmani di Sicilia*, tandis que **Giuseppe Pitré** (1841-1916) a pour mérite de commencer l'étude du folklore, élevant la vie et les traditions du peuple sicilien au niveau de l'Histoire *(voir p. 313)*. Défenseur d'un art qui doit être à l'image du monde réel, en réaction contre le romantisme, le **vérisme** s'affirme en Sicile vers la fin du 19e s. Annoncé par la poésie positiviste de **Mario Rapisardi** (1844-1912), le vérisme trouve ses fondements théoriques avec **Luigi Capuana** (1839-1915) pour lequel l'œuvre doit saisir la sensation concrète de la vie, explorer le monde contemporain et les lois de la nature, être un « document humain ». Ces critères et son mode de représentation impersonnelle de la réalité lui ont inspiré des œuvres comme *Giacinta* et *Le marquis de Roccaverdina*. Après avoir débuté dans le genre romantique, **Giovanni Verga** (1840-1922) adhère

Luigi Pirandello.

lui aussi à la poésie vériste. Le roman *Les Malavoglia* (1881), son chef-d'œuvre, devait former la première partie d'un cycle intitulé *Les Vaincus*, dont seule sera achevée la seconde partie, *Maître Don Gesualdo*. L'œuvre de Verga décrit la réalité sicilienne avec un regard objectif, mais empli de compassion pour la condition des humbles. Son style sobre reprend à l'intérieur de la langue italienne les rythmes et expressions du dialecte sicilien. Le vérisme a également inspiré **F. De Roberto** (1861-1927), auteur des *Vice-rois* et de *L'Illusione*, ainsi que **G. A. Costanzo** (1843-1913) et **G. A. Cesareo** (1861-1937), deux des nombreux poètes de l'époque.

## Le 20ᵉ s.

La scène littéraire doit à la Sicile l'un de ses plus grands représentants, **Luigi Pirandello** (1867-1946), prix Nobel de littérature en 1934. Après des débuts de poète et romancier influencés par le vérisme, Pirandello centre son œuvre sur le thème de la solitude de l'individu dans une société qui lui est étrangère (*Feu Mathias Pascal*, roman appartenant à son ouvrage monumental de quinze volumes : *Nouvelles pour un an*). C'est au théâtre, où il va innover sur la forme et sur le fond, qu'il trouvera la meilleure expression de la relativité de la condition humaine. Parmi ses chefs-d'œuvre, rappelons *Liolà*, *Ce soir on improvise*, *Chacun sa vérité* et *Six personnages en quête d'auteur*.

L'œuvre du philosophe **Giovanni Gentile** (1875-1944) tient aussi une place significative dans l'histoire de la culture italienne. En qualité de ministre de l'Instruction publique du gouvernement fasciste, il œuvre pour la réforme scolaire en Italie. À l'opposé, **Concetto Marchesi** (1878-1957) est l'auteur d'une étude sur l'histoire de la littérature latine, encore considérée aujourd'hui comme un classique. Le portrait amer et réaliste de la décadence de l'aristocratie sicilienne du Risorgimento est au centre du *Guépard*, roman posthume de **Giuseppe Tomasi di Lampedusa** (1896-1957). Dans un tout autre genre, satirique et grotesque, **Vitaliano Brancati** (1907-1954) prend pour cible l'érotisme et la grivoiserie dans ses romans *Don Juan en Sicile*, *Le Bel Antonio*, *Les Ardeurs de Paolo*. **Elio Vittorini** (1908-1966) joue un rôle fondamental dans la diffusion de la littérature américaine contemporaine et dans le renouveau du récit traditionnel italien, s'appuyant sur le modèle néoréaliste (*Conversation en Sicile*, *Les Hommes et les Autres*). Un ton brusque, conforme aux enquêtes policières, et une dénonciation courageuse des plaies de la société italo-sicilienne caractérisent les romans de **Leonardo Sciascia** (1921-1989), dont *Le Jour de la chouette* (1977), *Todo modo* et *Candide ou Un rêve fait en Sicile*. **Gesualdo Bufalino** (1920-1996) constitue un « cas » littéraire. Après s'être révélé à l'âge de soixante ans avec *Le Semeur de peste*, au style expressionniste et baroque, il s'est tout de suite attiré les faveurs de la critique et du public par ses récits, poèmes, mémoires et critiques (*Argos l'aveugle ou Les Songes de la mémoire*, *La Lumière et le Deuil*). Une réflexion historique rigoureuse servie par une écriture baroque caractérise la prose de **Vincenzo Consolo** (né en 1933) : *Les Pierres de Pantalica*, *Les Palmiers de Palerme*. Les vicissitudes du commissaire Montalbano, d'Andrea Camilleri (né en 1925), connaissent un grand succès populaire ; les romans sont caractérisés par une ambiance très sicilienne et par une langue originale, qui reproduit la musicalité, les expressions et le vocabulaire de Sicile. Dans la veine policière, on trouve également **Santo Piazzese** (Palerme 1948), dont les personnages évoluent dans sa ville natale. Au rang des poètes, une place d'honneur revient à **Salvatore Quasimodo** (1901-1968), dont l'œuvre a rafraîchi de manière originale l'expression de l'hermétisme (*Et soudainement le soir*, *La Terre incomparable*, *Hautbois noyé*). Moins connus mais d'un intérêt certain sont les poèmes métaphoriques du baron **Lucio Piccolo** (1903-1969), cousin de Tomasi di Lampedusa et auteur de *Canti barocchi* et *Plumelia* et ceux d'**Ignazio Buttitta** (1899-1997), auteur très engagé, qui a su, encore une fois, trouver dans le dialecte la meilleure expression de l'âme populaire sicilienne (*Lu pani si chiama pani*, Le pain c'est du pain ; *La peddi nova*, La Nouvelle Peau).

HARLINGUE-VIOLLET

# Silence, on tourne!

*Filmer en Sicile, ou plutôt filmer la Sicile, est une aventure qui a tenté de prestigieux réalisateurs, chacun essayant à sa manière de recréer une réalité complexe, pétrie d'extraordinaires contra-dictions. La Sicile est une terre*

*Philippe Noiret et Massimo Troisi dans*

*lumineuse et hospitalière, mais fière et jalouse, peuplée de gens réservés, mais prêts à s'ouvrir avec une cordialité et une disponibilité rares, un pays où l'omertà cohabite avec le désir de la combattre. Exprimer de tels paradoxes représente un véritable défi artistique.*

Les premiers chefs-d'œuvre cinématographiques partent de romans classiques : ce sont *La terre tremble* (1948), tiré du récit de Verga *Les Malavoglia*, et *Le Guépard* (1963), inspiré du roman éponyme de Giuseppe Tomasi di Lampedusa, dont les scènes, dirigées par le génie de **Luchino Visconti**, font référence aujourd'hui. Le réalisateur affirme qu'essayer de saisir la réalité avec toutes ses faiblesses, de manière suffisamment poétique pour créer une œuvre d'art, l'a contraint à choisir pour le premier film des acteurs amateurs, habitants d'Aci Trezza, s'exprimant en dialecte. Au contraire, le second, qui retrace une épopée historique véridique dans la Palerme, fastueuse mais déjà sur le déclin de la fin du 19e s., exigeait la brillante interprétation de Claudia Cardinale, Burt Lancaster et Alain Delon. À ces chefs-d'œuvre s'ajoute *Le Mélancolique Stromboli* (1949), où Ingrid Bergmann, sous la direction de **Roberto Rossellini**, nous fait vivre une Sicile triste et désespérante à travers un magnifique portait de femme sur un fond de nature sauvage.

Les films traitant de la mafia sont un cas particulier. Les premiers ont joué un rôle de dénonciation, comme *Au nom de la loi* de Pietro Germi (1949) et *Salvatore Giuliano* de Francesco Rosi (1961), lequel a également proposé des adaptations de Sciascia, *L'Affaire Mattei* (1972) ou *Cadavres exquis* (1975). On s'est hâté ensuite d'exploiter le sujet, en en faisant un genre à part entière, un filon mettant en scène des histoires de familles mafieuses, ponctuées d'inévitables coups de feu, bagarres et répliques en dialecte cru. Ces films font le tour du monde en donnant de la Sicile une image appauvrie et réductrice. On retient certaines œuvres engagées, comme *Les Cent Pas* de Tullio Giordana (film primé pour le meilleur scénario au festival

*« Le Guépard » de Visconti.*

Cat's Collection

*« Le Facteur ».*

de Venise), qui racontent avec mesure et sans effet de rhétorique comment le journaliste Peppino Impastato, en 1978, paya de sa vie son engagement contre la mafia.

Par bonheur sont sortis récemment des films qui montrent une Sicile différente, certes mélancolique, mais riche d'un humour véritable dans les très belles scènes de *Kaos*, contes siciliens (1984) des frères **Taviani**, d'après des nouvelles de Pirandello (on n'oubliera pas les remarquables Franco Franchi et Ciccio Ingrassia dans *La Jarre*); *Le Facteur* (1994) de Michael Radford avec Massimo Troisi, tourné à Salina; *Cinéma Paradiso* (1989) (Oscar du meilleur film étranger en 1990) ou *Maléna* de **Giuseppe Tornatore**; *Un voyage en Sicile* (1992) d'Egidio Termini qui porte un regard ironique sur certaines traditions ancestrales; *Journal intime* (1993) de **Nanni Moretti**, et son amusante « quête de la tranquillité perdue » dans l'épisode « Les îles » (Éoliennes); et enfin, l'inédit *Tano da Morire* (1997), plaisante comédie musicale sur la mafia, de Roberta Torre.

## ET AUSSI...

L'avventura de Michelangelo Antonioni (1960), a le rude paysage sicilien pour toile de fond.

Divorce à l'italienne de Pietro Germi (1962). Interprétation magistrale de Marcello Mastroianni pour ce film couronné par un grand succès international.

Le Mafieux d'Alberto Lattuada (1962). Une histoire froide et cruelle avec un Alberto Sordi en grande forme.

À chacun son dû d'Elio Petri (1967). D'après le roman de L. Sciascia. Ce film raconte avec force détails l'histoire d'un intellectuel aux prises avec la mafia.

La mafia fait la loi de Damiano Damiani (1968). D'après le roman de L. Sciascia Le jour de la chouette.

Le Parrain de Francis Ford Coppola (1972), premier de la célèbre série.

Cadavres exquis de Francesco Rosi (1976). D'après le *Contexte de Sciascia*, une série de faits divers cache d'obscurs complots politiques.

Il prefetto di ferro de Pasquale Squitieri (1977). L'histoire du préfet Mori, d'après le roman de Petacco.

Le Sicilien de Michael Cimino (1987). Retrace l'histoire du bandit Giuliano d'après le roman de Mario Puzo.

Mery pour toujours de Marco Risi (1989), se déroule à la prison de Palerme.

Dehors les gars de Marco Risi (1990). La suite néoréaliste de *Mery per sempre*.

Oublier Palerme de Francesco Rosi (1990). Le candidat à la mairie de New York est retenu prisonnier par la mafia durant un séjour à Palerme.

Portes ouvertes de Gianni Amelio (1990), d'après le roman de Sciascia. Inspiré d'un fait divers, ce film explore avec lucidité le thème du délit et de son châtiment.

Johnny Stecchino de Roberto Benigni (1991). Une comédie irrésistible dans laquelle un jeune autiste (avec un faible pour les bananes) est confondu avec un parrain de la mafia.

Il giudice ragazzino d'Alessandro di Robiland (1993). Les derniers jours du substitut du procureur Livatino, assassiné par la mafia en 1990.

L'oncle de Brooklyn de Cipri et Maresco (1995). Le premier long métrage des deux réalisateurs surréalistes et controversés a pour cadre la banlieue palermitaine.

La Louve de Gabriele Lavia (1997). D'après la nouvelle de Verga.

La Fame e la sete d'Antonio Albanese (1999). Des triplés se retrouvent aux funérailles de leur père.

Sicilia! de Danièle Huillet et Jean-Marie Straub (1999). D'après « Conversation en Sicile » d'Elio Vittorini, le film, réalisé en noir et blanc, relate le retour du héros en Sicile, sur les traces de son enfance.

I giudici de Ricky Tognazzi (1999). L'histoire de Giovanni Falcone et Paolo Borsellino.

Maléna de Giuseppe Tornatore (2000). À l'aube de la Seconde Guerre mondiale, dans la Sicile de province, un jeune garçon s'éprend de la magnifique Monica Bellucci.

Placido Rizzotto di Pasquale Scimeca (2000). Le film raconte un homicide perpétré par la mafia, dont la victime est le syndicaliste Placido Rizzotto, assassiné à Corleone en 1948.

Le Manuscrit du prince de Roberto Andò (2000). Le prince en question est Giuseppe Tomasi di Lampedusa, principal personnage d'un « triangle » littéraire et intellectuel de la Palerme cultivée des années 1950.

Premières Lueurs de l'aube de Lucio Gaudino (2000). Un conflit familial oblige le héros à prendre conscience de lui-même et de son rapport à la Sicile.

Respiro d'Emanuele Crialese (2002). La folle liberté d'une jeune femme prend corps dans la nature splendide et absolue de Lampedusa.

Angela de Roberta Torre (2002). Dans un style intense et passionné, assez différent de ses débuts, la réalisatrice raconte l'histoire d'une femme dans la mafia.

*Caccamo.*

# Villes et sites

# Acireale ✠

Cette petite ville baroque, élégante et animée, gravite autour de la piazza Duomo, que vous pourrez admirer tranquillement en savourant les fameux gelati qui ont fait à juste titre la renommée de la ville. Célèbre dès la fin de l'Antiquité pour ses sources d'eau sulfureuses, Acireale est aujourd'hui également réputée pour son carnaval. À cette occasion, le long des rues principales, défilent des personnages allégoriques, des chars fleuris, des groupes masqués, tandis que danses et chants ont lieu sur la place principale.

### La situation

*51 838 habitants – Carte Michelin n° 565 O27 – Catane.* On arrive à la ville par la A18 (sortie Acireale) ou par S 114, qui longe le littoral. Il suffit de suivre les indications pour arriver sans encombre dans le centre historique et sur la piazza del Duomo, à proximité de laquelle vous trouverez quelques parkings payants. 🖪 *Corso Umberto 179,* ☎ *095 60 45 21 ; www.acirealeturismo.it/*

*Vous pouvez poursuivre votre voyage en visitant : CATANIA, ETNA, GIARDINI NAXOS et TAORMINA.*

## comprendre

**Acis et Galatée** – Galatée, fille de Nérée, tomba amoureuse d'Acis le berger, fils de Pan. Mais elle était, hélas, convoitée par Polyphème, le terrible Cyclope adversaire d'Ulysse, dont elle refusait les avances. Fou de haine et de jalousie, l'horrible Géant des cavernes du Mongibello tua le jeune berger. Devant le désespoir de la Néréide, Zeus fit jaillir du corps d'Acis une rivière (l'actuelle Akis) qui, en rejoignant la mer, séjour de Galatée, perpétue à jamais les rencontres des deux amants. Une légende populaire raconte que le corps d'Acis se serait divisé en neuf parties, donnant naissance aux localités d'Aci Bonaccorsi, Aci Castello, Aci Catena, Aci Platani, Acireale, Aci San Filippo, Aci Sant'Antonio, Aci Santa Lucia et Aci Trezza. La côte est aussi appelée **Riviera dei Ciclopi**.

## carnet pratique

### PETITE PAUSE

Il serait inutile de vous indiquer une adresse en particulier, vous n'aurez que l'embarras du choix parmi les nombreuses pâtisseries du centre pour déguster les douceurs locales : granités simples ou mixtes (amandes et café), accompagnés ou non de brioche, lait d'amandes, glaces décorées de crème, de fruits frais ou secs ou de chocolat fondu. Et si vous souhaitez rapporter chez vous un petit morceau de Sicile, n'oubliez pas d'acheter un petit pain de pâte d'amandes pour réaliser le fameux lait du même nom.

### CALENDRIER

**Fête de S. Sebastiano** – Le 20 janvier, l'effigie du saint est placée sur un brancard et sortie de l'église qui porte son nom, puis promenée dans les rues de la ville.

**Carnaval** – C'est l'un des plus beaux et des plus célèbres de Sicile, pendant lequel défilent joyeusement de nombreux chars allégoriques.

### LE THÉÂTRE DE MARIONNETTES

Acireale est célèbre pour ses marionnettes, qui ressemblent à celles de Catane, quoique plus petites et plus légères *(voir p. 64)*. Deux compagnies continuent de faire vivre la tradition, celle du **Centro Servizi Spettacoli E. Macrì** *(via Galatea, 89, informations* ☎ *095 60 62 72)* et celle de Turi Grasso, dont le **Museo dei Pupi dell'Opra** 📷 *(via Nazionale per Catania, 193-195, Capomulini)* permet d'admirer la minutie et le savoir-faire nécessaires pour réaliser les armures, les costumes et les différents accessoires. Le musée abrite d'ailleurs un petit théâtre de marionnettes toujours en activité. (♿) *Été : mer., w.-end et j. fériés 9h-12h, 17h-20h ; le reste de l'année : mer., w.-end et j. fériés 9h-12h, 15h-18h. 2,50€.* ☎ *095 76 48 035. S'adresser directement au musée pour tout renseignement sur les spectacles.*

## se promener

Sur la piazza Duomo, cœur de la cité, s'ouvre au Nord le corso Umberto I, qui devient côté Sud la via Settimo puis la via Vittorio Emanuele. Une promenade s'impose le long de cette grande artère bordée de palais, de boutiques et de cafés.

### Piazza Duomo★★

Nommée autrefois *piazza del Cinque d'Oro* (place du Cinq d'Or) en référence aux cartes à jouer, la place était un lieu de spectacles musicaux et de théâtre. On y dressait à cet effet une estrade entourée de quatre petites allées. Aujourd'hui, elle sert d'écrin à de superbes édifices baroques, le **Dôme**, la **basilique S.S. Pietro e Paolo** (17e-18e s.), dont l'unique campanile souligne l'asymétrie de la remarquable façade, et le **Palazzo Comunale** (1659) dont les beaux **balcons★** en fer forgé reposent sur des consoles ornées de mascarons et de grotesques. On remarquera au commencement de la rue Davì ceux du **palais Modò** (17e s.), légèrement en retrait : leur console royale, décorée de monstres, porte encore l'inscription *Eldorado* ornée d'un mascaron. C'est le nom d'un théâtre ouvert ici au début du siècle.

## Duomo

Dédiée à l'Annonciation et à sainte Venera, la cathédrale à façade bicolore de style néogothique est l'œuvre de **Giovanni Battista Basile** (1825-1891), créateur du Teatro Massimo de Palerme et père du non moins célèbre Ernesto Basile, grand maître du style Liberty, Art nouveau italien. Remarquer les deux clochers dont les flèches recouvertes de majoliques enserrent la façade ornée d'un superbe portail du 17e s. L'intérieur renferme des fresques de P. Vasta au niveau de l'autel et dans le transept, au dallage presque entièrement occupé par un cadran solaire du 19e s. dc W. Sertorius et F. Peters. On voit au fond du transept à droite la chapelle baroque de sainte Venera.

*Basilique S.S. Pietro e Paolo.*

*Depuis la piazza Duomo, prendre la via Settimo puis la via Vittorio Emanuele.*

Si en italien le mot « cattedrale » désigne l'église du diocèse où se trouve le siège épiscopal, la « cathedra », le mot « Duomo », dérivé du latin « domus » et transcrit en français par Dôme, représente souvent ce même édifice.

Dans les localités italiennes, on trouve une « Chiesa Madre », encore appelée « Chiesa Madrice » ou « Chiesa Matrice », qui correspond à l'édifice dont dépendent les autres églises de la localité.

Plus rarement, une église ou une chapelle est dite palatine (du latin « palatinus »), parce que dépendant d'un palais.

## Basilica di S. Sebastiano

*Corso Vittorio Emanuele, peu après la piazza del Duomo, sur le côté gauche.* Précédée d'une balustrade surmontée de statues, la **façade**★ baroque alterne harmonieusement colonnes, lésènes, niches et volutes. Sous une corniche du premier ordre, des angelots soutiennent une guirlande. À l'intérieur, le transept et le chœur sont décorés de fresques de P. Vasta illustrant les épisodes de la vie de saint Sébastien, protecteur de la ville.

*Depuis la piazza Duomo, remonter la via Cavour (face à la place).*

## Piazza San Domenico

L'église **St-Dominique** à la belle façade baroque donne son charme à la petite place, sur laquelle on reconnaît aussi le **palais Musmeci** (17e s.) avec ses beaux balcons en fer forgé et fenêtres de style rococo.

Un peu plus loin, dans la rue qui prend sur la droite en face de St-Dominique, se trouvent la **bibliothèque Zelantea** et sa **pinacothèque** (pinacoteca). Y sont conservés une ébauche en plâtre du groupe Acis et Galatée de Rosario Anastasi, qu'on voit dans les jardins de la Villa Comunale, ainsi qu'un buste de **Jules César** appelé *Buste d'Acireale* (1er s. avant J.-C.). *Fermé pour restauration au moment de la rédaction de ce guide. Pour toute information ☎ 095 76 34 516.*

*Depuis la piazza Duomo, remonter tout le corso Umberto I.*

## Villa Belvedere

Propice aux promenades tranquilles, le parc permet d'admirer l'Etna de la **terrasse panoramique**★ donnant sur la mer. On y retrouve la statue d'**Acis et Galatée** et, sur la gauche à l'entrée, une reconstitution de l'estrade dressée autrefois sur la piazza del Duomo.

## Terme di Santa Venera

*Au Sud de la ville, entrée le long de la SS 114.* De style néoclassique, l'établissement thermal est né en 1873 de la volonté du baron Agostino Pennisi di Floristella (dont le château se trouve toujours derrière les thermes, près de la gare). Acireale devint par la suite une station thermale renommée qui accueillit notamment Wagner et la famille royale. Les thermes de S. Caterina furent ouverts en 1987. On y utilise une eau sulfureuse radioactive salsobromo-iodique, parfois combinée à de l'argile volcanique pour des traitements de fangothérapie.

Les thermes sont alimentés par des eaux sulfureuses acheminées depuis leur source de **Santa Venera al Pozzo** dans l'arrière-pays, à environ 3 km d'Acireale.

On a découvert à cet endroit les vestiges d'un **complexe thermal romain** comportant deux salles à voûte en berceau, sans doute le *tepidarium* et le *caldarium*. *Tlj sf dim. 9h-12h, sur demande au moins deux jours à l'avance. Fermé j. fériés. Gratuit. ☎ 095 60 12 50 ; www.terme.acireale.gte.it*

# *alentours*

## Grotta del Presepe de S. Maria della Neve

*Depuis la SS 114 en direction de Messine, au feu situé au niveau de la Villa Belvedere, prendre à droite en direction de Riposto-Santa Maria della Scala. Tout de suite à gauche se trouve l'église Santa Maria della Neve. Dim. 9h-12h. Pour toute information ☎ 095 60 56 33.*

La **grotte de la Crèche**, annexe de l'église, est un renfoncement dans la pierre de lave qui, jusqu'au milieu du 18e s., a longtemps servi de refuge aux bandits et aux pêcheurs. Transformée en 1752 en grotte de Bethléem, elle abrite aujourd'hui une crèche de trente-deux personnages de cire grandeur nature aux expressions étonnamment vivantes. Les vêtements, en particulier ceux des Rois mages, sont de toute beauté.

*Continuer sur cette route jusqu'à la mer.*

## Santa Maria La Scala

Ce joli hameau en bord de mer s'est construit autour de sa *chiesa madre* du 17ᵉ s. Son charmant petit port mérite une visite.

*Revenir sur la SS 114, et poursuivre en direction de Catane. Prendre à gauche au carre-four de Capo Mulini. À environ 100 m sur cette route se trouve le musée des Marionnettes, 193-195, Via Nazionale, en direction de Catane.*

# circuit

## Les autres « Aci »

*Circuit d'environ 15 km.*

### Aci Catena

Avec le village d'Aci San Filippo, Aci Catena constitue le prolongement naturel d'Acireale. Nommé d'après le culte de la Madonna della Catena, le village se déve-loppe autour de la piazza Umberto centrale, bordée de nobles palais construits entre la fin du 19ᵉ s. et le début du 20ᵉ s., parmi lesquels un bel hôtel de ville. La via IV Novembre et la via Matrice voisines sont harmonieuses aussi, mais on constatera avec regret que la *chiesa madre*, église du 18ᵉ s., et le palais Riggio voisin, tombent en ruine.

### Aci San Filippo

Au centre du village se dresse la *chiesa madre* construite au 18ᵉ s. Sa superbe façade est ornée d'un campanile au soubassement en pierre de lave.

*D'Aci San Filippo, reprendre la SS 114 et poursuivre en direction de Catane.*

### Aci Trezza

Ce petit bourg de pêcheurs est dominé par les **Faraglioni dei Ciclopi★** (rochers des Cyclopes), énormes ro-chers de lave noire dont les formes dé-chiquetées surgissent des eaux cristal-lines. Il s'agirait, d'après la légende, des rocs que le Cyclope Polyphème au-rait lancés en direction d'Ulysse après que ce dernier eut enfoncé un pieu durci au feu dans son œil unique ; le héros et ses compagnons avaient réussi à fuir en s'agrippant au ventre des brebis géantes du Cyclope.

L'**île Lachea** qu'on aperçoit près de la côte est aujourd'hui le site d'un centre d'études biologiques de l'université de Catane.

### SUR LES TRACES DE GIOVANNI VERGA

Dans le petit port d'Aci Trezza, baigné de soleil, entre les barques bigarrées échouées sur le sable, rôdent encore les personnages de **Verga**. On s'attend à tout instant à les voir apparaître, scrutant la mer avec anxiété, dans le vain espoir d'y aperce-voir la Providence et sa cargaison de lupins. C'est dans le village d'Aci Trezza que **Luchino Visconti** a choisi de tourner *La terre tremble* (1948), tiré du roman de G. Verga I Malavoglia. On y trouve également le siège de l'association organisant les visites au Parc littéraire Giovanni Verga (qui s'étend entre Catane, Aci Castello et Aci Trezza) et les sorties en barque « Sur les eaux de la Providence » *(voir p. 38)*.

*Le décor d'I Malavoglia.*

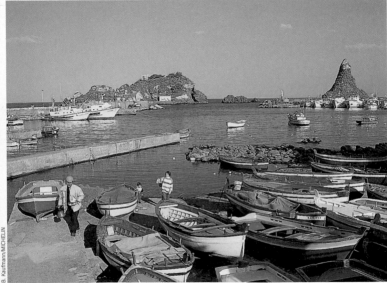

B. Kaufmann/MICHELIN

123

121

## Aci Castello

Bourgade maritime se dressant sur le littoral où prospèrent citronniers (*limoni*, d'où le nom Riviera dei Limoni, également appelée Riviera dei Ciclopi), agaves et palmiers.

**Le château★** – On aperçoit de la route la forteresse normande en pierre de lave noire, qui domine la mer du haut de son éperon rocheux. Sa fondation remonte à l'époque romaine, quand s'élevait à cet endroit la forteresse Saturnia. Plusieurs fois détruite, elle a été réédifiée par le roi Tancrède en 1189. Elle a servi de prison sous les Bourbons (1787). Elle abrite aujourd'hui le **museo Civico**, un petit musée éducatif qui rassemble minéraux et pièces archéologiques. De son sommet, on a une belle **vue★** sur les **Faraglioni dei Ciclopi★**, les fameux rochers des Cyclopes, et sur l'île Lachea. *Mai-sept. : 9h-13h, 16h30-20h ; oct.-avr. : 9h-13h, 15h-17h. Gratuit.* ☏ *095 73 73 414.*

# Agrigento★★★

## Agrigente

Au fur et à mesure que l'on s'approche d'Agrigente, les amandiers se font plus denses et leur floraison, de janvier à février, embellit de nuées blanches les prés verdoyants et les collines austères. Quand il arrive à Agrigente par la côte, le visiteur jouit d'un spectacle merveilleux, notamment au coucher du soleil, lorsque les maisons alignées sur la crête colorent leurs façades de doux tons lumineux, et qu'au premier plan le temple d'Hercule s'embrase dans les dernières lueurs du jour. Le soleil incendie alors l'intense couleur ocre du tuf qui caractérise les constructions de toute la partie antique et de la vieille ville. Si la renommée d'Agrigente repose presque exclusivement sur son site archéologique, son centre historique, riche de témoignages et de beaux monuments, vaut également la peine d'être découvert.

### La situation

*55 446 habitants – Carte Michelin n° 565 P22 (avec plan général) ou Atlas Italie p. 90 et 91.*
La zone archéologique, tournée vers la mer, constitue la partie basse d'Agrigente, tandis que le noyau urbain proprement dit s'accroche à la pente de la colline qui s'élève derrière la ville. Ce centre historique est malheureusement dissimulé à la vue par le rideau de béton que forment les constructions plus récentes. Il existe deux parkings dans la partie archéologique : le premier se trouve dans la zone des temples, et le second est situé à côté du musée archéologique. Dans la ville,

on peut laisser son véhicule sur la piazza Vittorio Emanuele. À l'Ouest de cette place s'étend la vieille ville, traversée par la via Atenea, très commerçante. Étant donné la chaleur étouffante qui règne en été et les nombreux escaliers du centre historique, mieux vaut programmer sa visite très tôt le matin ou, mieux encore, en fin d'après-midi, lorsque les rayons du soleil couchant illuminent de teintes dorées la chaude couleur ocre du tuf. 🛈 *Via Cesare Battisti 15, ☎ 0922 20 454, fax 0922 20 246 ou viale della Vittoria 255, ☎ 0922 40 13 52, fax 0922 25 185 ; www.agrigentoweb.it/*
*Vous pouvez poursuivre votre voyage en visitant : CALTANISSETTA, GELA, LAMPEDUSA, SCIACCA.*

*Le temple des Dioscures.*

B. Kaufmann/MICHELIN

## comprendre

**L'histoire d'Akragas** – Le **site★★** d'Agrigente semble avoir été habité depuis les brumes de la préhistoire, mais ce n'est que vers 580 avant J.-C. qu'un groupe d'habitants de Gela, originaires de Rhodes et de Chypre, décida d'y fonder la ville d'Akragas, baptisée du nom de l'une des deux rivières qui la délimitent. Le tyran **Phalaris** (570–554 ou 555 avant J.-C.), habile stratège, entreprit l'expansion territoriale et économique de la cité en la dotant de nombreuses fortifications. C'est à lui que les Anciens attribuent la réalisation d'un taureau d'airain, instrument de torture dans lequel il faisait enfermer ses ennemis et sous lequel on allumait un feu. Est-il besoin de mentionner les hurlements atroces des condamnés qui résonnaient comme des mugissements de bête torturée ! Détesté, Phalaris mourut lapidé par son peuple sur la place publique.

Sous **Théron** (488-472 ou 473 avant J.-C.), un autre tyran, la cité devint une grande puissance militaire et soumit maintes fois les Carthaginois, auxquels elle interdit de pratiquer des sacrifices humains. Son essor économique et politique fut accompagné d'un épanouissement remarquable des belles-lettres et des arts. En témoignent les temples de Zeus Olympien, des Dioscures et de Déméter.

Le philosophe **Empédocle** (environ 492–environ 432 avant J.-C.) mena un combat acharné pour aboutir à une forme de démocratie modérée, qui devait longtemps gouverner la cité. Mais en 406 avant J.-C., Akragas subit une lourde défaite face aux Carthaginois, qui la détruisirent presque complètement. Elle fut reconstruite dans la seconde moitié du 4ᵉ s. avant J.-C. par **Timoléon**, chef corinthien engagé dans la lutte contre les Carthaginois. C'est à cette époque que remonte la construction du quartier gréco-romain, dont les vestiges donnent une idée de l'aspect de la ville. En 210 avant J.-C., Akragas est assiégée et conquise par les Romains qui la baptisent Agrigentum.

**Les vicissitudes de Girgenti** – À la chute de l'Empire romain, la ville amorça un déclin, tombant successivement aux mains des Byzantins et des Arabes (9ᵉ s.). Ces derniers fondèrent une nouvelle cité sur un site plus élevé, l'actuel centre de la ville moderne, dont ils firent la capitale du royaume berbère, du nom de **Girgenti**. Ce nom fut conservé jusqu'en 1927, puis la ville reprit son nom romain.

Après la conquête normande en 1087 débuta une nouvelle ère de prospérité et de puissance, qui permit de repousser les fréquents assauts des Sarrasins.

Les églises San Nicola, Santa Maria dei Greci et San Biagio ont été édifiées sous le Normand Roger. Puis une nouvelle série de vicissitudes entraîna un dépeuplement progressif de la ville, qui ne s'épanouit à nouveau qu'au 18ᵉ s. Le centre se déplaça alors de la via Duomo à la via Atenea. En 1860, mécontente comme le reste de l'île du mauvais gouvernement des Bourbons, elle suivit avec enthousiasme le mouvement de Garibaldi. Pendant la Seconde Guerre mondiale, elle subit de nombreux bombardements.

**Deux enfants illustres** – Agrigente a vu naître des personnages célèbres, tels le philosophe **Empédocle** (5ᵉ s. avant J.-C.), qui, dit-on, se jeta dans l'Etna pour prouver qu'il était de nature divine (on raconte que le volcan aurait restitué ensuite son squelette recouvert de bronze) ou **Pirandello**, dramaturge et romancier contemporain, né et enterré à **Caos** *(voir ce nom)*, petit bourg situé en contrebas de la ville.

## *découvrir*

### La Valle dei Templi★★★

*Plan p. 126. Une demi-journée. Zone archéologique : de 8h30 au coucher du soleil ; musée archéologique : tlj sf lun. et dim. ap.-midi 9h-13h30, 14h-18h ; antiquaria : tlj sf lun. et dim. ap.-midi 9h-13h. Fermé j. fériés ap.-midi, 4,50€ zone archéologique, 6€ billet cumulé avec le Musée archéologique et les antiquaria, 5€ billet cumulé avec les antiquaria. ☎ 0922 49 73 41 (zone archéologique), ☎ 0922 40 15 65 (Musée archéologique), ☎ 0925 28 989 (antiquaria).*

*Les monuments de la Vallée des Temples sont regroupés en deux noyaux distincts : le premier (agora inférieure, au Sud) comprend mes temples proprement dit, le jardin de la Kolymbetra, les antiquaria et la nécropole paléochrétienne. Le second (agora supérieure, au Nord) se compose du Musée archéologique, de l'église San Nicola, de l'oratoire de Falaride et du quartier gréco-romain. Pour se déplacer à pied d'une zone à l'autre, on peut suivre la route nationale (bruyante et très passante) ou emprunter la petite route tranquille de l'intérieur du parc. Les parkings sont situés près du temple de Zeus et du Musée archéologique. Les billetteries sont installées à l'entrée de chacun des groupes de monuments.*

*La description suivante commence par la zone archéologique du Temple de Zeus, mais si vous disposez d'un peu plus de temps, nous vous conseillons de commencer la visite par l'antiquarium de la Villa Aurea, qui aborde la Vallée dans son ensemble.*

*Les temples figurent sous leur dénomination grecque italianisée. Les parenthèses contiennent, lorsqu'elle est différente, l'appellation latine francisée des divinités auxquelles ils sont dédiés.*

## carnet pratique

### Transports

Si l'on arrive par avion, Agrigente se situe à environ 150 km de l'aéroport Falcone-Borsellino de Palerme et à environ 160 km de l'aéroport Fontanarossa de Catane. Des lignes de cars relient la ville aux principales localités de Sicile et à Porto Empedocle (d'où partent les ferries pour Lampedusa). Le terminal se trouve place Rosselli.

Pour les amoureux des trains, l'unique trajet ferroviaire que l'on peut utiliser est le Palerme-Agrigente Central (attention à ne pas descendre à Agrigento Bassa !), accompli en deux heures à peu près, avec plusieurs départs par jour. La gare centrale d'Agrigente se trouve piazza Marconi *(☎ 0922 25 531)*. C'est également de cette place que partent les bus qui relient la ville haute à la zone archéologique et aux plages de San Leone.

### Restauration

**• *Sur le pouce***

**Kokalo's –** *Via Cavaleri Magazzeni 3, Agrigente (zone des temples) - ☎ 0922 60 64 27 - www.ristorante-kokalos.com - réserv. conseillée - 15/40€.* Une fois étanchée votre soif de culture et de mysticisme avec les merveilles de la Vallée des Temples, venez étancher une soif beaucoup plus terrestre dans ce petit restaurant, qui possède un bar à vins bien fourni. Vous pourrez y déguster des pizzas et des plats régionaux.

**Leon d'Oro –** *Via Emporium 102, San Leone - 7 km au S d'Agrigente - ☎ 0922 41 44 00 - fermé lun. - ▤ - 20/33€ + 15 % serv.* Cet établissement à la gestion familiale, situé à San Leone, jouit d'une bonne réputation et possède une très bonne cave constituée par l'un des propriétaires, sommelier professionnel. Dans deux salles aux couleurs chaudes, vous y goûterez des plats locaux et du poisson très frais.

**Trattoria dei Templi –** *Via Panoramica dei Templi 15, Agrigente - ☎ 0922 40 31 10 - fermé dim. (juil.-août), ven. (sept.-juin), 1 sem. janv. - ▤ - 24/37€.* Une trattoria très agréable où s'arrêter après une journée consacrée à la découverte d'un passé fascinant. Vous y serez accueilli chaleureusement et dégusterez, dans une jolie salle rustique, des plats typiquement siciliens à base de poisson.

**Kalo's –** *Piazza San Calogero, Agrigente - ☎ 0922 26 389 - fermé dim., nov.-janv. (seulement le midi) - 30/45€.* Au premier étage d'un bâtiment du centre ville, non loin de la gare, un restaurant à l'atmosphère simple et soignée où goûter des plats de viande et de poisson, en se laissant, par exemple, guider par les suggestions du menu.

### Hébergement

En dehors d'Agrigente, vous pouvez réserver votre lieu de séjour à San Leone, petite localité balnéaire située à 7 km de la ville et qui bénéficie d'un vaste choix d'hôtels et de restaurants, ou au Villaggio Mosè, à 4 km à l'Est de la vallée des Temples, sur la SS 115.

**⊖ Camping Nettuno –** *Via Lacco Ameno 3, San Leone - 7 km au S d'Agrigente -☎ 0922 41 62 68 - fax 0922 41 69 83 - www.geocites.com/campingnettuno - 7€.* Après une journée passée dans la splendide Vallée des Temples, à respirer le parfum de temps révolus, vous pourrez dans ce camping rester au contact de la nature tout en profitant d'un repos bien mérité.

**⊖ Hotel Akragas –** *Viale Emporium 16/18, San Leone - 4 km au S d'Agrigente - ☎ 0922 41 40 82 - fax 0922 41 42 62 - hotel.akragas@libero.it - P ▤ - 15 ch. : 37/68€ ☕.* À San Leone, une adresse familiale pour les amoureux de la simplicité. L'hôtel propose des chambres convenables et bien tenues et possède également un bon restaurant, réputé dans les environs, où vous pourrez vous restaurer de plats siciliens.

**⊖ Fattoria Mosè –** *Via Pascal 4, Villaggio Mosè - 4 km au SE d'Agrigente sur la SS 115 - ☎ 0922 60 61 115 - fax 0922 60 61 115 - agnello@asinform.it - fermé nov.-fév. - 24 ch. : 30,99/72,30€.* Non loin de la mer et de la Vallée des Temples, ce gîte agritouristique vous propose différents types d'appartements, équipés d'un coin cuisine et d'un petit espace privé à l'extérieur. Pour des séjours de travail, une salle aménagée dans l'ancien pressoir est mise à votre disposition.

**⊖⊖ Oasi 2000 Bed & Breakfast –** *Via Atenea 45 (1er étage), Agrigente - ☎ 0922 27 645 - fax 178 22 61 714 - oasi2000ag@libero.it - ▤ - 5 ch. : 77/130€ ☕.* Un petit établissement familial très accueillant en plein centre-ville. Il dispose d'une petite réception aux meubles précieux, d'une salle de petit-déjeuner et de cinq chambres très agréables avec parquet et meubles anciens, bien équipées. Un Bed & Breakfast placé sous le signe du confort.

**⊖⊖⊖ Hotel Villa Athena –** *Via dei Templi 33, Agrigente - ☎ 0922 59 62 88 - fax 0922 40 21 80 - villaathena@athenahotels.com - P ▤ - 40 ch. : 129,11/206,58€ ☕ - rest. 34/56€.* Rêve ou réalité ? À vous de décider, mais le choix sera difficile... Que cela ne vous empêche pas de vous arrêter dans cette belle villa du 18e s., entourée d'un magnifique verger d'agrumes. Les chambres y sont spacieuses et confortables, en été, vous pourrez dîner dehors sur la terrasse et vous bénéficierez d'une vue imprenable sur le temple de la Concorde.

### Petite pause

Les sœurs bénédictines de l'**abbaye du Saint-Esprit**, via San Spirito *(voir « se promener »)* confectionnent d'excellents petits biscuits aux amandes (en forme de châtaigne, coquillage, macaron...) ainsi que le *cuscusu* (le nom évoque le plat typique à base de semoule de blé dur qui, cuisiné avec du poisson, est, à Trapani, une version régionale de la spécialité arabe), gâteau à la cuiller, à base de chocolat, de pistache et de blé, décoré de fruits confits *(sur réservation uniquement)*.

## Spectacles et achats

**Stoai** – Via *Cavaleri Magazzeni 1, Valle dei Templi* - ☎ *0922 60 66 23* - fax *0922 60 83 53 - www.lestoai.it/, info@lestoai.it.* L'atmosphère de cet ancien marché couvert, avec ses boutiques et ses arcades, est ressuscitée dans cet espace multimédia qui accueille désormais une foire de l'artisanat d'art ainsi qu'une animation théâtrale *(sur réservation uniquement, 13€).*

## Calendrier

**Sagra del mandorlo in fiore** – Cette « Fête de l'amandier en fleur » est la principale animation de la ville. Elle a lieu pendant la première quinzaine de février, lorsque sous les nuées blanches des amandiers en fleur se déroule le Festival international du folklore, auquel participent des groupes venus du monde entier.

**Festa di San Calogero** – Les célébrations de saint Calogero se déroulent pendant la première quinzaine de juillet.

Au Sud, le long d'une crête improprement appelée « vallée », une dizaine de temples ont été érigés en à peine plus d'un siècle (5ᵉ s. avant J.-C.), témoignant d'une période très prospère. Incendiés par les Carthaginois en 406 avant J.-C., ils ont été restaurés dans leur style dorique d'origine par les Romains (1ᵉʳ s. avant J.-C.). Qu'est-ce qui a provoqué leur effondrement définitif ? Des tremblements de terre ? Ou bien le fanatisme destructeur des chrétiens, soutenus au 4ᵉ s. par l'édit de Théodose, empereur d'Orient ? Un seul monument a été épargné, le temple de la Concorde, transformé en église au 6ᵉ s. Au Moyen Âge, les matériaux furent pillés pour l'édification d'autres monuments. Le temple de Zeus Olympien, surnommé Carrière des Géants, a par exemple fourni les pierres nécessaires à la construction de l'église San Nicola et du môle de Porto Empedocle (16ᵉ s.).

On notera l'orientation Est de tous les monuments, qui correspond à un critère classique, tant grec que romain, selon lequel l'entrée du *naos* (ou *cella*) où se tenait la divinité devait être saluée et éclairée par les premiers rayons du soleil, principe et source de vie. Les temples sont hexastyles (à six colonnes frontales), hormis celui de Jupiter Olympien, dont la façade, fermée, montrait sept demi-colonnes engagées. C'est surtout au lever et au coucher du soleil que les temples construits en tuf calcaire s'illuminent de tons chauds et dorés puissamment évocateurs.

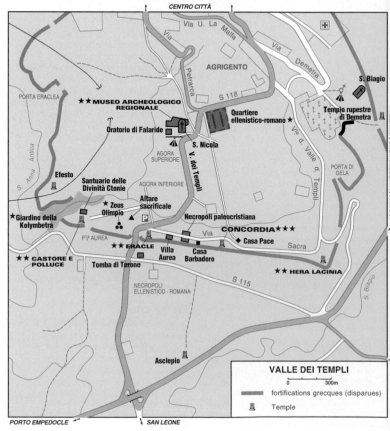

## Autel des sacrifices

À l'entrée de la vallée, légèrement en retrait sur la droite, on remarque les vestiges d'un immense autel destiné à des sacrifices de grande envergure : jusqu'à cent bœufs en une seule fois ! Le terme « hécatombe », employé aujourd'hui pour désigner un massacre, signifie en grec la mise à mort de cent *(hecaton)* bœufs *(bôus)*.

## Tempio di Zeus Olimpico (Jupiter Olympien)★

Après avoir été entièrement détruit, le temple de Zeus Olympien fut reconstruit vers 480 avant J.-C. à la suite de la victoire des Agrigentins, alliés des Syracusains, sur les Carthaginois à Himère. Élevé en remerciement à Zeus, il reste avec ses 113 m de long et 56 m de large l'un des plus grands temples de l'Antiquité, bien qu'il n'ait, dit-on, pas été terminé. L'entablement était soutenu par des demi-colonnes hautes de 20 m, qui alternaient probablement avec des **télamons**, énormes figures masculines dont un exemplaire se trouve au Musée archéologique régional *(voir plus loin)*. Un de ces colosses reconstitué sur le sol au centre du temple permet de se faire une idée de la taille gigantesque du monument. Les espaces de la colonnade ouverte classique étaient ici obturés par un mur dans lequel étaient engagées des demi-colonnes, qui formaient sur le mur à l'intérieur du temple des pilastres orthogonaux.

Certains blocs de tuf montrent les moyens de leur mise en place : de profondes entailles en U, dans lesquelles on glissait les cordes qui, reliées à un système de levage, permettaient de soulever et d'empiler des blocs extrêmement lourds et volumineux.

## Tempio di Castore e Polluce★★ ou Tempio dei Dioscuri

Symbole d'Agrigente, le temple des Dioscures fut construit à la fin du 5ᵉ s. avant J.-C. en hommage aux faux jumeaux Castor et Pollux, nés par superfétation de l'union, la même nuit, de Léda avec Zeus, métamorphosé en cygne pour la séduire, puis avec son époux légitime, Tyndare.

Du temple, il ne reste que quatre colonnes redressées au 19ᵉ s. et une partie de l'entablement. Sous la corniche, on admirera la rosace, élément de décoration typique.

À droite, on voit les vestiges d'un sanctuaire dédié probablement aux divinités chtoniennes (souterraines) : Perséphone, reine des Enfers, et sa mère Déméter, déesse de la Fertilité. On remarquera en particulier un **autel carré**, destiné sans doute au sacrifice de jeunes porcs, et un autre, de forme **circulaire**, avec en son centre un petit puits sacré. Il servait vraisemblablement au rite des thesmophories, fêtes célébrées par les femmes mariées en l'honneur de Déméter.

À l'horizon, on aperçoit le **temple d'Héphaïstos** (Vulcain) situé à l'extrémité d'une ligne imaginaire reliant tous les temples de la Vallée. Il en reste très peu de chose.

La légende raconte que sous l'Etna se trouvait la forge de Vulcain, le dieu du Feu, où il fabriquait avec l'aide des Cyclopes la foudre de Jupiter.

### LE JARDIN SICILIEN : L'ART DE JOINDRE L'UTILE À L'AGRÉABLE

Le terme « jardin » tel qu'il est employé en Sicile peut induire en erreur : il ne s'agit pas, en effet, d'une zone où l'on cultive plantes décoratives et plantes à fleur, mais plus exactement d'un verger d'agrumes. Le jardin sicilien devient alors un lieu où au plaisir esthétique s'ajoute la dimension utile des plantations.

## Giardino della Kolymbetra★

*Tlj sf lun. de 9h30 à 1h av. le coucher du soleil. Fermé janv. 2€. ☎ 335 12 29 042 (portable).*

Cette « vasque » de 5 ha, creusée par les prisonniers carthaginois après la bataille d'Himère afin de servir de vivier à poissons, s'est transformée avec le temps en un verger particulièrement fertile. Après des années d'abandon, ce jardin de la Kolymbetra, repris et géré par le Fondo per l'Ambiente Italiano (Fond italien pour l'environnement), offre aujourd'hui au visiteur la possibilité de se promener tranquillement au milieu des oliviers, figuiers, peupliers, saliques, mûriers, orangers, citronniers et mandariniers, en suivant les chemins tracés qui traversent le jardin.

*Revenir sur ses pas, sortir de l'enceinte, traverser la rue à droite, et regagner la Vallée des Temples.*

## Tempio di Eracle (Hercule)★★

De style archaïque dorique, c'est vraisemblablement le temple le plus ancien du site. Ses huit colonnes redressées au début du siècle permettent d'imaginer, au-delà de leur état un peu dégradé, l'élégance de l'édifice.

Un peu plus au Sud se trouve le **mausolée** dit **de Théron** *(visible également de la route de Caltagirone)*. Considérée à tort pour celle du tyran agrigentin, la sépulture date en réalité de la domination romaine. Elle aurait été érigée en l'honneur des soldats tombés au cours de la deuxième guerre punique (218-202 avant J.-C.). Construite en tuf, de forme légèrement pyramidale, elle était probablement couronnée d'un toit pointu. Le soubassement élevé, les fausses portes ornant le second ordre et les colonnes d'angle de style ionique en font un bel exemple de combinaison des ordres dorique, ionique et attique.

Encore quelques pas, et voici qu'apparaissent sur la gauche de profonds sillons, laissés par les chars qui transportaient les blocs de tuf. Les plus profonds ont été transformés plus tard en canalisations d'eau.

### Antiquarium multimediale della Valle dei Templi (Villa Aurea)

Ce centre se trouve dans la villa Aurea, résidence de sir Alexander Hardcastle, mécène passionné d'archéologie qui fit relever les colonnes du temple d'Hercule. L'Antiquarium offre une vue d'ensemble à la fois historique, topographique et mythologique de la zone archéologique et constitue un excellent préambule à la visite de la Vallée des Temples.

### Nécropole paléochrétienne

En contrebas de la route, la nécropole est creusée dans la roche non loin des anciennes murailles de la ville. On y trouve différents types de sépultures paléochrétiennes, à niches simples et en *arcosolium* (creux surmontés d'une niche en forme d'arc), comme on en trouve fréquemment dans les catacombes. Avant d'arriver au temple de la Concorde, on remarquera sur la droite un autre groupe de sépultures.

*Temple de la Concorde.*

### Tempio della Concordia★★★

C'est l'un des temples de l'Antiquité les mieux conservés. Il séduit par l'élégance et la majesté de ses lignes. S'il est resté pratiquement intact, c'est parce qu'il fut transformé en église au 6ᵉ s. On peut distinguer à l'intérieur de la colonnade les arcades pratiquées dans le mur initial du *naos*. Le temple daterait de 430 avant J.-C., mais on ignore à qui il était dédié. Quant au nom de Concorde, il provient d'une inscription latine retrouvée aux alentours. Bel exemple de procédé de correction optique, les colonnes sont amincies vers le haut, pour paraître plus grandes, et présentent un léger renflement à environ deux tiers de leur hauteur *(entasis)* pour contrer l'effet optique d'amincissement ; elles sont aussi légèrement inclinées vers le centre virtuel du fronton, pour donner, à une certaine distance du temple, l'impression de verticales parfaites. La frise classique alterne triglyphes et métopes sans bas-relief décoratif. Le fronton n'était pas non plus décoré.

### Antiquarium di Agrigento paleocristiana e bizantina (Casa Pace)

Ce centre retrace une partie de la vie de la cité au travers de panneaux explicatifs et de points de repère intéressants, par exemple l'histoire de la transformation du temple de la Concorde en basilique.

### Antiquarium Iconografico della Collina dei Templi (Casa Barbadoro)

Aménagé dans un cadre rustique, ce centre iconographique rassemble de très belles reproductions de la Vallée des Temples sous forme de recueils de dessins et de gravures qui ont appartenu à des explorateurs ou des experts du passé. *Fermé au moment de la rédaction de ce guide.*

### Tempio di Hera Lacinia (Junon)★★

Ce temple, situé à l'autre extrémité de la colline, date du milieu du 5ᵉ s. avant J.-C. Il fut incendié par les Carthaginois en 406 avant J.-C. (des traces de fumée sont encore visibles sur les murs de la *cella*, chambre où était placée la statue de la divinité). Probablement dédié à la déesse protectrice du mariage et de l'accouchement, son nom *Lacinia* dérive d'une association incorrecte avec le sanctuaire qui s'élève sur le promontoire Lacinio, aux environs de Crotone.

Bien que toutes les colonnades ne soient pas en parfait état, celles du *pronaos*, de l'opisthodome et de la *cella* sont bien conservées. On voit côté Est l'autel qui appartenait au temple et, derrière celui-ci, une citerne *(près des marches)*.

*Depuis l'antiquarium de la Casa Pace, une petite route peu fréquentée monte en direction de la colline de San Nicola au milieu des champs de pistachiers, d'oliviers et de figuiers. Un peu avant le sommet de la colline, continuer tout droit en direction d'un groupe de ruines et passer sous un petit pont pour arriver au quartier gréco-romain (attention : vous devez être au préalable muni de billet).*

## Quartier gréco-romain★

C'est un vaste complexe urbain où les maisons en ruine ont parfois conservé, agencés dans la pierre, des fragments de mosaïques *(protégés par des auvents et des plaques de plexiglas)* à motifs géométriques ou figuratifs. Le plan des rues correspond aux principes de l'urbaniste grec Hippodamos de Milet, avec des *decumani* parallèles (larges artères principales) coupant à angle droit des rues plus étroites.

## S. Nicola

*10h-12h30. Laisser une offrande.*

Cette église en tuf fut édifiée au 13e s. par les cisterciens dans un style de transition romano-gothique. Les arcs proviennent de la Carrière des Géants, nom donné communément aux ruines du temple de Jupiter, source quasi inépuisable de matériaux de construction. La façade, rythmée par deux hauts contreforts ajoutés au 16e s., est enrichie d'un beau portail en arc brisé.

L'intérieur à nef unique est orné d'une voûte en berceau. Sur le côté droit se suivent quatre chapelles, dont l'une renferme le célèbre **sarcophage d'Hippolyte et de Phèdre★★** (3e s.), que Goethe avait particulièrement admiré. D'inspiration grecque, les lignes pures et souples des hauts-reliefs sculptés sur les côtés suggèrent les mouvements des personnages et accentuent leur expression. Le thème en est l'impossible amour de Phèdre pour son beau-fils Hippolyte. Insensible à ses charmes, le jeune homme se voit injustement accuser de viol par sa belle-mère. Banni du royaume, il trouve la mort sous les sabots de son cheval emballé.

Au-dessus de l'autel, le beau crucifix de bois du 13e s. appelé *le Signore della Nave* inspira à Pirandello sa nouvelle du même nom (dans *Nouvelles pour un an*).

La terrasse devant l'église offre un beau **panorama★** sur la Vallée des Temples.

## Oratorio di Falaride

*À côté de San Nicola.* C'est ici que la légende situe le palais du tyran Phalaris. Le monument actuel est probablement un petit temple grec transformé à l'époque normande.

À côté de l'oratoire, remarquer les vestiges d'un *ekklesiasterion*, petit amphithéâtre destiné aux assemblées politiques (du grec *ekklesia*, assemblée). L'endroit a été identifié comme étant une ancienne *agora*, ou place publique.

## Museo Archeologico Regionale★

Logé en partie dans l'ancien monastère San Nicola, le musée réunit les pièces trouvées dans les sites archéologiques de la province d'Agrigente. *Les panneaux explicatifs signalent les œuvres les plus intéressantes.*

**Période précédant la colonisation grecque** – On admirera une belle coupe à deux anses décorée de motifs géométriques, remarquable pour la hauteur de son pied. Elle a vraisemblablement été conçue pour les repas pris à même le sol, son grand pied permettant d'amener la coupe au niveau de la poitrine. Parmi les pièces intéressantes, une petite amphore mycénienne, très fine, ainsi qu'une **patère** décorée de six figures de bovins, et deux anneaux sigillaires également ornés d'animaux. Très intéressant aussi, un *dinos* (vase destiné aux sacrifices) décoré d'une *triskeles* (littéralement « trois jambes »), symbole de la Sicile.

**La colonisation** – La superbe collection de **vases attiques★** *(salle 3, qui s'étend sur deux couloirs parallèles)* comprend essentiellement des cratères à figures noires et figures rouges, parmi lesquels se distingue le *Cratère de Dionysos* : le dieu du Vin, vêtu d'une large tunique ondoyante, tient à la main un rameau de lierre et porte sur le bras une peau de panthère mouchetée. À noter encore un cratère à

### LES TÉLAMONS (OU ATLANTES)

Ces imposants colosses agrigentins, appelés plus communément atlantes, portent un nom donné par les Romains, *Telamo(n)*, terme savant latin dérivant lui-même du grec et qui exprime leur fonction de (sup)port, en l'occurrence support de l'édifice. Leurs bras repliés illustrent bien ce rôle qui consiste à soutenir un poids énorme sur leurs épaules. Ils font référence aussi à une figure mythologique précise : le Géant Atlas, chef des Titans qui, en lutte contre les dieux de l'Olympe, fut condamné par Jupiter à soutenir le poids de la voûte céleste.

fond blanc, sur lequel se détache la fine silhouette de Persée s'apprêtant à libérer Andromède de ses chaînes et le grand cratère sur lequel figure le *Transport du guerrier* (500-490 av. J.-C.).

La section rassemble en outre une collection de statuettes votives, masques, moules et autres figures en terre cuite retrouvés lors des fouilles des sanctuaires. À l'étage inférieur se dresse le gigantesque **télamon★** provenant du temple de Jupiter, seule statue restante des trente-huit pièces originales qui ornaient l'édifice. Dans une vitrine sur la gauche on peut voir la tête de trois de ces colosses. L'une d'entre elles présente des traits plus nets.

L'« Éphèbe ».

L'*Éphèbe d'Agrigente*★★ *(salle 10)*, statue de marbre du 5ᵉ s. avant J.-C., fut trouvé dans une citerne près du temple de Déméter, dont les Normands avaient fait la petite église San Biagio *(voir plus loin)*. Il s'agit selon toute probabilité d'un jeune Agrigentin vainqueur aux jeux Olympiques qui fit certainement l'objet du culte des héros.

**Les sites archéologiques de la province** – Y sont réunis des sarcophages et des pièces archéologiques datant de la préhistoire. On peut admirer le très beau **Cratère de Gela★★** *(salle 15)* attribué au peintre des Niobides. Le bandeau supérieur illustre un combat de centaures, tandis que la partie inférieure représente une bataille entre Grecs et Amazones.

*La découverte de l'Agrigente antique peut se terminer par la visite de l'église San Biagio et du temple d'Esculape, tous deux un peu en retrait du reste des monuments antiques.*

### S. Biagio (Temple de Déméter)

*Laisser la voiture devant le cimetière et suivre le sentier qui mène à l'église sur la gauche.* L'église normande du 13ᵉ s. était à l'origine un **temple grec** dédié à Déméter. En contrebas se trouve aussi un **temple rupestre dédié à Déméter** *(auquel on ne peut accéder)*. C'est dire l'importance du culte que la Sicile antique vouait à cette déesse.

### Tempio di Asclepio (Esculape)

Le temple est situé non loin du tombeau de Théron, sur la route de Caltanissetta. Panneau indicateur peu visible sur la droite. Les vestiges surgissant en pleine campagne datent du 5ᵉ s. avant J.-C. Dédié à Esculape, dieu de la Médecine et fils d'Apollon, il aurait renfermé une très belle statue d'Apollon attribuée au sculpteur grec Myron.

## se promener

Le **viale della Vittoria** est un agréable belvédère d'où, à l'ombre des figuiers, on peut contempler la vallée des Temples. Il mène à la place de la gare où l'**église San Calogero** (16ᵉ s.), dédiée à un saint particulièrement vénéré dans la région, présente un magnifique portail en arc brisé.

Un peu plus loin, à partir de la **piazza Aldo Moro**, prendre la **via Atenea** et passer devant le **palais Celauro** (la façade principale donne sur la rue du même nom), où Goethe séjourna pendant son voyage. Sur la gauche, on apercevra l'église franciscaine de l'Immaculée Conception (remaniée au 18ᵉ s.). Après avoir passé un portail à droite de l'église, on peut admirer la façade du **petit couvent chiaramontain** (14ᵉ s.), qui doit son nom au style de son portail et des fenêtres géminées qui l'encadrent. Revenir dans la via Atenea et la suivre jusqu'à la piazza del Purgatorio pour voir l'**église San Lorenzo★** du 18ᵉ s., dont l'ocre des tufs offre un joli contraste avec le blanc du portail orné de colonnes torses. L'**intérieur** renferme des stucs de Serpotta. *10h-13h, 17h-20h, dim. et j. fériés sur demande. 1,55€.* ☎ *0922 40 18 10 ; www.sanlore.it*

Plus loin, à la hauteur de la via Bac, se trouve l'**église San Giuseppe**.

Sur la **piazza Pirandello**, on ne peut manquer d'admirer l'hôtel de ville, ancien couvent des pères dominicains (17ᵉ s.) et l'église annexe, dont la façade baroque est précédée d'un escalier en fer à cheval de toute beauté. Remarquer, au second plan, le campanile qui se dresse à gauche de l'église.

*À partir de la via Atenea, prendre la via Porcello, puis la montée vers l'abbaye du Saint-Esprit.*

| | | | |
|---|---|---|---|
| **AGRIGENTO** | Orfane (Via) .......................... 10 | Vittorio Emanuele (Piazza) ........ 24 | |
| | Petrarca (Via) ...................... 12 | | |
| Angeli (Via degli) ...................... 2 | Pirandello (Piazza) ................. 13 | Chiesa di S. Calogero.............. **A** | |
| Atenea (Via) | Porta di Mare (Via) ............... 15 | Chiesa di S. Giuseppe ............ **B** | |
| Don Minzoni (Piazza)................. 4 | Purgatorio (Piazza del)............. 16 | Conventino Chiaramontano ... **C** | |
| La Malfa (Via U.)........................ 6 | Rosselli (Piazzale F.)................. 18 | Palazzo Barone Celauro.......... **D** | |
| Lena (Piazza).............................. 7 | S. Giacomo (Largo) ............... 19 | Palazzo Celauro...................... **E** | |
| Marconi (Piazza G.) .................. 8 | S. Girolamo (Via) .................. 21 | Palazzo del Campo Lazzarini.... **F** | |
| | Sinatra (Piazza G.).................. 22 | | |

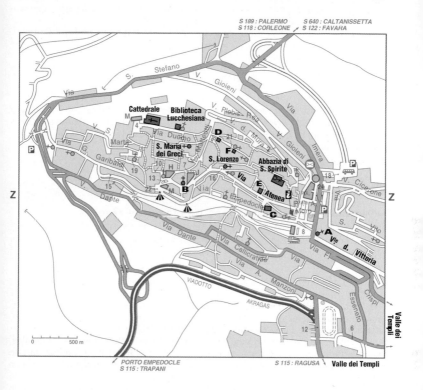

## Abbazia di S. Spirito

L'église et le couvent contigus datent du 13ᵉ s. L'état des bâtiments se détériore inexorablement, mais la façade de l'église a conservé un beau portail gothique surmonté d'une rosace. L'intérieur, de style baroque, est à nef unique. Les murs portent quatre **hauts-reliefs★** attribués à Giacomo Serpotta : *Nativité* et *Adoration des Mages* (à droite), *Fuite en Égypte* et *Présentation de Jésus au Temple* (à gauche).

On accède au **cloître** par une porte située à droite de la façade, après être passé sous les deux imposants contreforts de l'église. La très belle **entrée★** de la salle capitulaire du monastère présente un portail en arc brisé et deux fenêtres géminées de style arabo-normand. Le monastère abrite le **Museo di San Spirito**, qui rassemble divers outils de la vie rurale ainsi que plusieurs œuvres du peintre palermitain Francesco Lojacono (1841-1915). *8h-13h, 15h-18h, w.-end 9h-13h. 1,55€. ☎ 0922 59 03 71.*

> **PETITE PAUSE**
>
> Avant de quitter l'abbaye du Saint-Esprit, prenez le temps de goûter les délicieux gâteaux confectionnés par les religieuses *(sonner à droite du cloître, voir également le « carnet pratique »).*

## Via S. Gerolamo

Dans cette avenue bordée de beaux palais se distinguent au n° 14 la façade du **palais del Campo-Lazzarini** du 19ᵉ s. *(face à l'église Santa Maria del Soccorso)* et au n° 86 le **palais Barone Celauro** (18ᵉ s.) avec ses deux rangées de petits balcons et de fenêtres couronnées de tympans en arc et triangulaires.

## Biblioteca Lucchesiana

*Ven. 9h-13h30 sur demande. Gratuit. ☎ 0922 22 217.*

Fondée en 1765 par l'évêque Lucchesi Palli, elle renferme plus de quarante-cinq mille volumes anciens et des manuscrits. Dominée par la statue de l'évêque, la salle centrale aligne de beaux rayonnages en bois. À gauche de la statue, les textes profanes, à droite, les textes religieux. Noter les deux personnages sculptés qui marquent cette séparation : à gauche, une femme méditant, à droite, une femme tenant un miroir pour symboliser la foi, qui renvoie à la connaissance de soi.

## Cattedrale

Le côté qui fait face à la via del Duomo présente des fenêtres du 11e s., éléments du premier édifice construit par les Normands et correspondant au transept actuel. Rebâtie aux 13e-14e s., elle a été transformée au 17e s. puis restaurée après son effondrement en 1966. Précédée d'un vaste escalier, la façade est couronnée d'un tympan et rythmée par quatre antes proéminentes. On voit à droite le campanile inachevé (1470) avec, sur le côté Sud, quatre fenêtres aveugles de style gothico-catalan, surmontées d'arcs en plein cintre.

À **l'intérieur★**, on peut admirer la nef centrale avec son **beau plafond de bois★** aux poutres décorées de peintures du 16e s. Au-delà de l'arc de triomphe, sur le plafond à caissons (18e s.), trône un aigle bicéphale, emblème aragonais. L'exubérance baroque du chœur liturgique, avec ses anges et ses guirlandes dorées, contraste avec la sobriété de la nef et des bas-côtés.

## S. Maria dei Greci

*Fermé pour travaux au moment de la rédaction de ce guide.* Édifiée sur les vestiges d'un temple du 5e s. avant J.-C. consacré à Athéna, l'église Ste-Marie-des-Grecs remonte au 14e s. On y célébrait le culte orthodoxe grec. À l'intérieur sont conservés des vestiges du temple grec d'origine.

## *circuits*

### De Pirandello à Minosse le long de plages de rêve

*Circuit d'environ 90 km (avec le retour à Agrigente) - une journée*

*Depuis Agrigente, parcourir 6 km à l'Ouest par la route de Porto Empedocle (SS 115). Prendre à gauche peu après le viaduc Morandi.*

### Il Caos

*À Villaseta. (&) Avr.-nov. : 9h-13h, 14h-19h ; janv.-mars : 9h-13h, 14h-18h. 2€. ☎ 0922 51 18 26 ; www.regione.sicilia.it*

C'est ici que naquit en 1867 **Luigi Pirandello**. Sa maison natale se dresse en pleine campagne, solitaire et silencieuse. La visite, qui ne concerne que le premier étage, fait revivre à l'aide d'un système vidéo certaines étapes marquantes de la vie et de la carrière de l'auteur, comme la réception du prix Nobel ou ses funérailles. En 1934, Pirandello y vint pour la dernière fois et, après l'avoir vendue, dut se contenter de la regarder de loin. Aujourd'hui, elle rassemble des objets et des pièces iconographiques, images de scène, documents manuscrits, éditions de textes théâtraux, romans, photos de famille et portraits de lui-même et de l'actrice Marta Abba, à laquelle il fut très attaché pendant la dernière période de sa vie, ainsi que le cratère grec du 5e s. avant J.-C. dans lequel furent à l'origine conservées les cendres de Pirandello. Le parc littéraire Luigi Pirandello est dédié à l'auteur *(voir p. 38).*

**RETOUR À LA VIE**

Au bout d'un petit sentier qui prend sur la droite de la maison se dresse le **pin**, malheureusement victime d'un ouragan en novembre 1997, au pied duquel sont enfouies les cendres de Pirandello. En toile de fond, la mer, et rien d'autre.

C'est ici, au milieu de la nature, éternelle source d'inspiration, que l'écrivain, pour qui la vie était comme « la mer, le vent, le feu », a voulu être une évolution continue et perpétuelle.

M. Guillot/MICHELIN

*Le pin avant l'ouragan.*

*Continuer sur la SS 115 en direction de Sciacca.*
*Après Porto Empedocle suivre les indications pour le Madison Hotel.*

### Scala dei Turchi★

*Pour y parvenir, suivre le panneau (artisanal) « Scala dei Turchi », et prendre à droite la descente Maiata, qui permet d'atteindre la falaise après une promenade facile d'une dizaine de minutes le long de la plage. Autre solution : continuer sur la route pendant 300 m environ, jusqu'à un poste électrique (sur la gauche) ; à gauche de celui-ci, un petit chemin se déroule en descendant vers la mer. En arrivant de Realmonte, on peut apercevoir la falaise juste derrière l'hôtel Madison.* Un extraordinaire pan de **marne**

*La spectaculaire « Échelle des Turcs ».*

(mélange d'argile et de calcaire) blanche et lisse descend en pente douce vers la mer et se transforme en été en un immense tapis propice aux bains de soleil. De l'autre côté, l'« Échelle des Turcs » forme des courbes étroites et sinueuses plus révélatrices de l'action de l'eau et du vent. Ce surnom donné à la falaise vient d'une croyance populaire selon laquelle les pirates sarrasins escaladèrent ces rochers après avoir mis à l'abri leurs bateaux dans les petites criques alentour.

*Continuer sur la SS 115 jusqu'à Siculiana Marina puis suivre la route en direction de Montallegro pendant environ 2 km.*

### Riserva Naturale Orientata di Torre Salsa

Cette réserve naturelle gérée par le WWF se caractérise par la présence de nombreux types d'habitat : dunes, falaises, bourbier et zones de maquis méditerranéen peuplés de hérissons, de corbeaux, de rapaces, d'échassiers et d'oiseaux marins. À cela s'ajoute la magnifique plage de sable très fin qui se jette dans le bleu intense de la mer. *La réserve est fermée entre novembre et février. Pour les visites guidées, s'adresser au WWF,* ☎ *0922 81 82 20, fax 0922 81 79 95 ; www. riservewwfsicilia.it*

### Eraclea Minoa

Situés aux abords de Capo Bianco, les restes de la cité grecque d'Eraclea Minoa occupent un **site★★** magnifique sur le versant d'une colline isolée donnant sur la mer. À ses pieds, la côte s'ouvre sur la longue **plage★★** de Capo Bianco, très blanche, comme son nom l'indique, couronnée d'une belle pinède *(depuis la SS 115, suivre les indications pour Montallegro-Bovo Marina et Montallegro Marina. Une petite route sur la droite marque l'accès à la mer)*. Avant d'arriver au site archéologique, sur la droite, on aperçoit les « dunes » de **marne**, que le vent s'est amusé à modeler pour rappeler la falaise qui ferme le cap à l'Est.

La cité a été probablement fondée au 6e s. avant J.-C. par des colons grecs de Sélinonte. Passée aux mains des Romains au 3e s. avant J.-C., cette cité sélinontaise s'est impliquée dans de nombreuses guerres, puis fut de plus en plus délaissée. Au 1er s. après J.-C., elle n'est plus habitée.

---

#### MINOS, DÉDALE ET COCALO

Minos est roi de Crète et époux de Pasiphaé. Désireux de gagner la bienveillance de Poséidon, dieu de la Mer, il promet de sacrifier le premier être émergeant de l'eau. Apparaît alors un taureau, si puissant que Minos n'a pas le courage d'exécuter sa promesse et essuie la colère du dieu. Pasiphaé tombe amoureuse du taureau ; de leur union naît le Minotaure, monstre au corps humain et à la tête de taureau, auquel on attribue pour demeure (ou prison) le fameux labyrinthe construit par Dédale. Tous les neuf ans, sept jeunes filles et sept jeunes garçons envoyés par Athènes à la Crète à titre de tribut, lui sont sacrifiés. Lors du 3e versement, Thésée, héros athénien, volontaire pour faire partie de la rançon, rencontre Ariane, fille de Minos, qui s'éprend de lui et lui procure une épée et un fil de soie, qui lui permettront de tuer le monstre et de sortir de l'inextricable dédale.

L'ancien nom de la ville, Minoa, est ainsi liée à Minos qui, selon une tradition tardive, aurait poursuivi Dédale jusqu'en Sicile pour le punir d'avoir aidé Ariane et Thésée à sortir du labyrinthe. Dédale trouva refuge auprès du roi sicane Cocalo, qui finit par tuer Minos pour protéger son hôte. Le royaume de Cocalo était en effet situé sur les rives du fleuve Platani, et avait pour capitale Camico, que l'on identifie aujourd'hui tantôt avec Sant'Angelo Muxaro, tantôt avec Caltabellotta.

■ Agrigento

Les **fouilles**, entreprises d'une manière systématique à partir de 1950, ont permis de découvrir des restes d'habitations en briques crues, certaines portant encore des fragments de mosaïque, ainsi qu'un **théâtre**, en pierre très friable et par conséquent en très mauvais état. On devine la forme originale de la *cavea* qui fermait un orchestre en forme de fer à cheval.

Un *antiquarium* (petit musée) réunit des objets provenant en grande partie de la nécropole. *De 9h à 1h av. le coucher du soleil. 2€. ☎ 0922 84 60 05.*

## Vers les monts Sicani

*Circuit d'environ 175 km avec départ et retour à Agrigente - une journée*

Tout au long de l'itinéraire, depuis la côte agrigentine jusqu'aux pentes des monts Sicani, se déploie un **panorama★★** magnifique. Les vues sur les collines boisées et sur les silhouettes des monts se succèdent en une multitude de tableaux enchanteurs et, au printemps, les prés s'enflamment du jaune et du rouge des genêts et des coquelicots.

*Prendre la SS 189 pour Palerme et sortir à Aragona.*

### Vulcanelli di Macalube★

*À l'entrée d'Aragona, suivre les indications pour Macalube. Prendre à gauche au rond-point, puis de nouveau à gauche au carrefour suivant et suivre ensuite la route goudronnée qui se termine sur un terrain. Laisser la voiture à cet endroit et emprunter le chemin central, qui conduit au sommet d'une petite colline (sur la droite). Pour toute information Legambiente-Uffici della Riserva, via Salvatore La Rosa 53, Aragona, ☎/fax 0922 69 92 10 ; macalube@tin.it*

La colline est ponctuée de « petits volcans », sortes de petits cônes d'où sort une boue froide et blanchâtre. Il s'agit en fait d'un phénomène volcanique sédimentaire de type gazeux : la boue sort sous la poussée de bulles de méthane qui, en remontant vers la surface, entraînent avec elles des sédiments argileux et de l'eau.

*Revenir à Aragona et prendre la direction de Sant'Angelo Muxaro.*

### Sant'Angelo Muxaro

Accroché sur une colline en position dominante, c'était peut-être la capitale de l'antique royaume de Cocalo, le roi mythique qui aurait hébergé Dédale après sa fuite du labyrinthe *(voir p. 133)*. L'église principale du 18e s. montre une façade tripartite, avec des bandes lombardes très prononcées qui encadrent ses trois portails surmontés de fenêtres rectangulaires.

**Grotta del Principe –** *Immédiatement à la sortie du bourg. Laisser la voiture sur le bas-côté de la route pour ne pas gêner la circulation. Le chemin est très court, mais peu aisé.* La grotte est une tombe protohistorique du 9e s. avant J.-C., formée de deux pièces circulaires, dont la première, plus grande, avec une voûte à coupole, sert d'atrium à la chambre funéraire.

*Prendre la direction d'Alessandria della Rocca.*

La route grimpe en serpentant dans un très beau paysage de collines.

### Bivona

Au centre du village se dresse un bel **arc arabo-normand**, unique vestige de l'ancienne église principale. Un peu plus loin, le **palais des marquis Greco**

présente un assez belle façade, malheureusement endommagée, dont les balcons en fer forgé reposent sur des consoles baroques. Les encadrements des portes-fenêtres sont décorés de fruits, notamment de grappes de raisins.

*De Bivona, prendre la direction de Santo Stefano Quisquina puis celle de Castronuovo di Sicilia.*

La route *(très agréable mais assez mal entretenue)* qui longe le **lac de Fanaco** offre un très beau **panorama de montagne★**, où les prés sont bordés de bosquets denses, d'étendues fleuries et de reliefs rocheux.

### Castronuovo di Sicilia

C'est un petit village typique, avec des maisons de pierre aux moellons réguliers. L'église de la Santissima Trinità (1404) élève son beau campanile sur une place minuscule. Du centre, une belle route pavée monte jusqu'à la petite église San Vitale et jusqu'aux ruines du château. Une fois parvenu au sommet, vous aurez depuis le **belvédère panoramique★** une vue magnifique sur le vaste paysage alentour.

*De là, il est possible de compléter l'itinéraire en empruntant la SS 189 en direction d'Agrigente et en tournant ensuite à gauche en direction de Mussomeli, ou encore relier l'itinéraire décrit p. 339.*

## Mussomeli

Sur un site panoramique au flanc d'une colline escarpée, les maisons de la petite ville de Mussomeli, sillonnée d'étroites ruelles, se blottissent les unes contre les autres sous la garde sévère du **Castello Manfredonico**. Sur son rocher isolé, remarquable alliance entre l'œuvre de la nature et celle de l'homme, la forteresse semble faire corps avec la roche.

Au centre du bourg, la grande façade de la *chiesa madre* (remaniée au 17e s.) s'élève au-dessus des toits, tandis qu'un peu plus bas le sanctuaire (16e s.) de la Madone des Miracles, en calcaire blanc, montre un portail encadré de deux belles colonnettes torses qui soutiennent un fronton brisé.

*Reprendre la SS 189 en direction d'Agrigente. Une fois arrivé à Comitini, vous avez la possibilité de continuer vers Agrigente ou de rejoindre l'itinéraire ci-dessous.*

## Les collines autour de Naro

*90 km environ, avec départ et retour à Agrigente - une journée*
*Prendre la SS 640 puis suivre la déviation sur la droite en direction de Favara.*

### Favara

Petite ville d'origine arabe, elle a atteint son apogée sous la domination de la riche et puissante famille des Chiaramonte, à laquelle elle doit son imposant **château** (13e-14e s.). Sur la piazza dei Vespri se dresse la **chiesa madre** (18e s.) avec sa belle façade et son dôme reposant sur un tambour à arcs.

*Revenir sur la SS 640. Après environ 7 km suivre la déviation à gauche pour Racalmuto.*

### Racalmuto

La ville fut longtemps un centre important pour l'extraction du soufre. Elle conserve aujourd'hui les vestiges du **château des Chiaramonte**, avec ses deux tours puissantes.

C'est là qu'est né et repose maintenant, dans le petit cimetière, l'écrivain **Leonardo Sciascia**.

*Suivre les indications pour Canicattì et avant d'entrer dans le village, prendre à droite la déviation pour Naro.*

---

#### LEONARDO SCIASCIA

C'est à Racalmuto qu'est né l'écrivain Leonardo Sciascia (1921-1989), qui repose aujourd'hui dans le petit cimetière de la ville où il a passé la plus grande partie de sa vie. Le paysage âpre et minimaliste d'une terre desséchée par le soleil, la rudesse du travail et de la vie même ont nourri la prose engagée de l'auteur. Dans ses ouvrages, tels que *Le Jour de la chouette*, *À chacun son dû* et *Todo modo*, Sciascia ne cessera jamais de retourner aux racines d'une « sicilianité » qu'il sonda jusque dans ses moindres nuances. À Racalmuto se trouve le **parc littéraire** consacré à l'auteur *(voir p. 38)*.

---

### Naro

Les nombreux édifices baroques de la petite ville, en dépit de leur piètre état de conservation, témoignent du riche passé de Naro, dont la fondation remonte probablement à l'époque grecque.

*Détail du portail de l'église del Santissimo Salvatore.*

**Le centre historique** – La **via Dante**, rue centrale bordée de beaux édifices baroques, traverse la petite ville et se poursuit à l'Est par le viale Umberto. L'église Sant'Agostino et le couvent des Augustins, annexe (en grande partie du 18ᵉ s.), dominent la piazza Padre Favara (*à l'extrémité Ouest de la via Dante*). Après s'être engagé dans la via Dante, on croise sur la gauche l'**église San Nicolò di Bari** : précédée d'un bel escalier, sa façade en tuf est caractéristique du premier baroque sicilien (17ᵉ-18ᵉ s.).

Tout de suite après, toujours sur la gauche, se découpe la **chiesa madre.** Édifiée au 17ᵉ s. par les jésuites, elle fut élevée au rang d'église principale lorsque le Dôme devint dangereux (1867) du fait de son mauvais état. De nombreuses œuvres provenant de l'église antérieure y sont conservées, dont le mobilier de la sacristie, en bois sculpté, enrichi de colonnettes torses sur lesquelles s'enroulent des rameaux de vigne, portant des bustes (1725). À gauche de l'entrée, on découvre les fonts baptismaux de 1424.

En tournant à droite au niveau de la chiesa madre, on parvient sur la piazza Garibaldi, entourée de beaux édifices parmi lesquels se remarque la riche **façade★** de l'église **San Francesco**, édifiée au 13ᵉ s. mais entièrement reconstruite au 17ᵉ s. Elle côtoie l'ancien couvent des frères mineurs et son beau petit cloître sur lequel donnent les services municipaux.

*De la piazza Garibaldi, suivre le corso Vittorio Emanuele et tourner à droite dans la via Cannizzaro.*

L'**église Santa Caterina**, édifiée en 1366, a été remaniée au 18 s., puis restaurée dans son aspect originel. L'intérieur, très linéaire, s'enrichit d'un arc de triomphe de style chiaramontain.

En revenant sur la via Dante, on observe sur la gauche la belle façade de l'**église del Santissimo Salvatore**.

*De la piazza Cavour, prendre à droite la via Archeologica.*

Dans cette rue, on peut voir sur la droite la **cathédrale normande** (12ᵉ-13ᵉ s.) qui, malgré le mauvais état de sa façade, possède encore un portail chiaramontain. On parvient ensuite au **château**, lui aussi de style chiaramontain. Sa forme irrégulière et ses pierres de tuf lui donnent un aspect sobre, agrémenté uniquement sur un des côtés de la tour carrée par deux fenêtres géminées aveugles et un portail d'entrée remarquable.

*Retourner sur la piazza Cavour et remonter tout le viale Umberto I.*

**Santuario di S. Calogero** – *Piazza Roma.* Le sanctuaire offre une **vue** superbe sur la vallée du Paradiso. Cette église, édifiée au 16ᵉ s. a subi de grandes modifications à l'époque baroque. À l'intérieur, l'escalier conduisant à la crypte est orné d'un ***Christ à la colonne★*** en marbre rose, dont les veinures sombres évoquent le sang coulant de ses plaies.

La crypte abrite la grotte où le saint patron de Naro aurait vécu. La statue du « saint noir » que l'on porte en procession le 18 juin, est placée à l'autel.

**Catacombes paléochétiennes** – *Dans le quartier de Canale, au Sud de la zone habitée.* On visite des sépultures rurales, à niches et arcatures, très dépouillées, disposées le long de couloirs. De tous les hypogées, le plus étendu est la grotte des Merveilles, longue de 20 m environ.

**Castellazzo di Camastra** – *Environ 2 km au Sud, le long de la route pour Palma.* Les ruines de ce « palais royal » (Reggia), appelé familièrement *castellaccio* en raison de son aspect brut et peu raffiné, se trouvent au sommet d'un rocher escarpé. La nature des fondations, composées de blocs monolithiques taillés à même la roche, et l'imagination populaire ont alimenté la légende qui situe en cet endroit le royaume mythique du roi **Cocalo** *(voir p. 133).*

*Suivre la S 410 jusqu'à Palma di Montechiaro.*

## Palma di Montechiaro

La ville fut fondée en 1637 par les frères jumeaux Carlo et Giulio Tomasi, ancêtres de l'écrivain **Giuseppe Tomasi di Lampedusa** (1896-1957), auteur du roman *Le Guépard*, publié à titre posthume en 1958. L'œuvre, magnifiquement adaptée au cinéma par Luchino Visconti, raconte la décadence d'une famille de l'aristocratie palermitaine entre 1860 et 1910.

Ce n'est qu'assez tardivement, après avoir commencé la rédaction de son chef-d'œuvre, que Tomasi di Lampedusa découvrit Palma, mais il en fut enthousiasmé. Le territoire de la petite ville fait aujourd'hui partie, ainsi que Palerme et Santa Margherita di Belice, du **parc littéraire Giuseppe Tomasi di Lampedusa** *(voir p. 38).*

Précédée d'un grand escalier, la **chiesa madre** présente une large **façade★** baroque en calcaire blanc, encadrée de deux gracieux campaniles à bulbe.

Juste derrière le grand escalier s'élève le palais **Tomasi**, ou « palais du saint duc ». Très religieux, Giulio Tomasi transforma en effet le palais en monastère, ce qui lui valut ce surnom.

**Château de Montechiaro** – *8 km au Sud-Ouest de Palma par la route de Marina di Palma, puis à droite vers Capreria.* L'austère château du 14ᵉ s. de dimensions modestes se dresse néanmoins fièrement sur un éperon rocheux plongeant dans la mer, d'où l'on a une **vue**★ splendide sur la côte. Son nom a été ajouté à partir de 1863 à celui de la petite ville de Palma.
*Reprendre la SS 115 pour revenir à Agrigente.*

**PETITE PAUSE**

Les sœurs du monastère bénédictin situé à côté du palais Tomasi préparent de délicieux gâteaux, qui vous seront remis à travers l'ancien guichet tournant, autrefois utilisé pour passer les messages.

# Bagheria

La ville de Bagheria accueille de splendides villas baroques, plus d'une vingtaine au total, malheureusement laissées pour la plupart à l'abandon et sans aucun entretien. Le peu qui reste à admirer et à visiter, en revanche, compense largement ce désagrément et suffit à évoquer les fastes de l'aristocratie palermitaine, qui, aux 17ᵉ et 18ᵉ s., trouva à Bagheria l'endroit idéal où édifier de tranquilles et somptueuses résidences estivales. Outre ses villas célèbres, Bagheria est aussi la ville natale de plusieurs artistes connus, parmi lesquels le peintre Renato Guttuso, le poète Ignazio Butitta et le metteur en scène Giuseppe Tornatore, qui évoque dans son fameux « Cinéma Paradiso », son enfance dans cette ville.

## La situation

*54 164 habitants – Carte Michelin n° 565 M22 ou Atlas Italie p. 86 – Palerme.* Bagheria, située à environ 15 km de Palerme, est accessible par la A19 (sortie Bagheria), la SS 113 ou par le train (la gare est proche de la Villa Cattolica). Le moyen le plus simple de se rendre aux villas décrites ci-dessous est d'entrer en ville par la SS 113, puis de remonter tout le corso Butera pour finalement emprunter le corso Umberto.
*Vous pouvez poursuivre votre voyage en visitant : CEFALÙ, MONREALE, PALERMO, SOLUNTO, TERMINI IMERESE.*

## visiter

### Villa Palagonìa★

*L'entrée se situe à l'arrière, mais la façade de la villa donne sur la petite place Garibaldi, au bout du corso Umberto I, l'artère principale de la ville. Avr.-oct. : 9h-13h, 16h-19h ; nov.-mars : 9h-13h, 15h15-17h15. 2,58€. ☎ 091 93 20 88 ; www.villapalagonia.it*
C'est la plus célèbre des villas baroques et dont les bizarreries décoratives et architecturales horrifièrent Goethe. Construite en 1715, elle doit sa particularité à sa façade principale concave, arrondie comme pour accueillir les visiteurs, et à sa façade arrière convexe. C'est le prince Gravina qui la fit construire, mais c'est son neveu, Ferdinando Gravina Alliata, qui eut l'idée d'y ajouter les **sculptures**★ exubérantes qui couronnent le mur d'enceinte précédant la façade principale. Cette soixantaine de statues en tuf, sans finesse, souvent monstrueuses, confèrent à la villa une allure ésotérique et surréaliste. Cet étrange ballet de personnages mythiques, dames, chevaliers, musiciens, soldats, dragons, bêtes difformes et menaçantes, est curieusement orienté vers l'intérieur de la villa, et non, comme le voudrait l'usage, vers l'extérieur pour éloigner les esprits malins.
Ce détail seul permet d'imaginer l'esprit provocateur de celui qui a organisé ce décor, toujours prêt à étonner ou à effrayer ses hôtes. L'intérieur est aussi étrange que l'extérieur. Dès l'entrée, des fresques en trompe-l'œil illustrant quatre des douze travaux d'Hercule accueillent le visiteur dans le beau salon ovale. La salle des Glaces, au plafond entièrement tapissé d'éclats de miroirs aux inclinaisons différentes, joue avec l'image du visiteur, la multipliant à l'infini ou la faisant disparaître tour à tour (les effets ne sont malheureusement presque plus visibles aujourd'hui). Tout en hauteur, sur une balustrade également en trompe-l'œil, des animaux et des oiseaux se reflètent dans les miroirs du plafond pour donner l'illusion d'un ciel ouvert. Autre effet optique sur les murs : des papiers peints imitant le marbre, placés sous verre, alternent avec de vrais marbres, de sorte qu'à un mètre de distance on ne peut distinguer les vrais des faux.

*Les étranges locataires de la villa Palagonia.*

### Villa Butera

*Elle ferme l'extrémité Sud du corso Butera.* Édifiée au cours de la seconde moitié du 17ᵉ s. par le prince Branciforti di Raccuia, la résidence a conservé, en dépit de son délabrement, un imposant portail en tuf de style espagnol : drapé à nœuds, orné de sculptures de fruits et de fleurs, portant une inscription en espagnol. Le portail, qui donne accès à l'étage noble, est visible sur la façade Est de la villa, en la contournant par la gauche.

### Villa Cattolica

*Via Consolare, 9 (SS 113). Depuis l'autoroute, traverser Bagheria en suivant les indications pour Aspra.* ♿ *Mai-sept. : tlj sf lun. 10h-20h ; oct.-avr. : tlj sf lun. 9h-19h. Fermé j. fériés nationaux. 4,13€.* ☎ *091 90 54 38.*
Cette construction massive de forme quadrangulaire élevée en 1736 par Giuseppe Bonanni Filangeri, prince de Cattolica, est le siège de la **galerie municipale d'Art moderne et contemporain Renato Guttuso**. Elle renferme des œuvres du peintre et de ses amis artistes. Les pièces maîtresses furent offertes par **Renato Guttuso** lui-même à sa ville natale en 1973. Le jardin abrite la chambre du Scirocco *(voir p. 299)* et la **tombe** du peintre réalisée par son ami Giacomo Manzù.

# Caltagirone★

Dès son arrivée à Caltagirone, le visiteur ne peut rester indifférent devant l'omniprésence de la céramique qui colore toute la ville. Non seulement elle envahit les magasins dans une joyeuse profusion de vases, de plats et de bibelots, mais elle embellit également ponts, balustrades, façades et balcons. Elle témoigne d'un art régional presque aussi ancien que les origines de la ville.

### La situation

*39 145 habitants – Carte Michelin nᵒ 565 P25 ou Atlas Italie p. 92 – Catane.* Caltagirone se divise en deux parties : la ville haute et la ville basse. Les monuments les plus intéressants se trouvent dans la partie haute, qu'il vaut mieux visiter à pied afin d'éviter de fastidieuses manœuvres automobiles. Il est possible de laisser la voiture sur les parkings qui se trouvent le long des deux boulevards de ceinture : le Ponente et le Levante. 🛈 *Palazzo Libertini,* ☎ *0933 53 809, fax 0933 54 610 et Via Duomo 7,* ☎ *0933 34 191 ; www.comune.caltagirone.ct.it/turismo2.htm*
*Vous pouvez poursuivre votre voyage en visitant : CATANIA, COMISO, GELA, PIAZZA ARMERINA, RAGUSA, VILLA IMPERIALE DEL CASALE.*

# comprendre

## Caltagirone, cité de la céramique

Cet art est né de l'argile qui abonde dans la région, si facile à trouver que cela a encouragé le développement de la poterie et la fabrication d'objets artisanaux en terre cuite, principalement de la vaisselle. La céramique est ainsi devenue très tôt l'une des principales activités de Caltagirone. Aux modèles locaux ont succédé, quand le commerce a pris de l'essor, ceux d'influence grecque. Puis sont apparus les objets façonnés au tour, technique plus rapide et plus précise introduite par les Crétois vers 1000 avant J.-C. L'arrivée des Arabes au 9ᵉ s. de notre ère a révolutionné les procédés de fabrication. Outre des motifs de style oriental, ils ont importé une technique innovante, la glaçure, permettant non seulement de vernisser les objets mais aussi de les rendre imperméables. Cet art plus raffiné est caractérisé par de beaux décors géométriques stylisés s'inspirant du monde végétal et animal. Les couleurs dominantes sont le bleu, le vert et le jaune. L'importance de la période arabe dans le développement de la cité apparaît dans l'étymologie de son nom, qui signifierait *château* ou *rocher des vases* suivant certaines hypothèses.

Sous la domination espagnole, les goûts changent. Les décors, désormais monochromes (bleu ou brun), représentent principalement des motifs floraux, des blasons de nobles ou d'ordres religieux. C'est une période de prospérité particulière, liée à une nouvelle activité dans la région, l'apiculture. Les producteurs de miel, clientèle assidue des potiers, favorisent l'essor de la céramique artisanale. Aux *cannatari* (de *cannate*, bocaux), comme étaient généralement appelés les céramistes, s'ajoutent les *quartari* (de *quartare*, amphores, dont le nom fait référence à leur capacité, 12,5 litres, soit un quart de baril). Réunis en confréries, les artisans exercent dans des ateliers qui occupent un quartier assez étendu à l'intérieur des murailles, au Sud de la ville. Parmi les grands artistes qui ont marqué la période du 16ᵉ au 18ᵉ s., on trouve les frères **Gagini** et Natale Bonajuti. En plus de la vaisselle, Caltagirone était spécialisé dans les décors de coupoles, de revêtements, de façades d'églises et de palais, aux motifs similaires : dessins géométriques, floraux et stylisés, comme la palmette persane reprise par les Toscans de Montelupo. Le 17ᵉ s. a vu également se répandre des décors de médaillons à figures humaines et représentations de saints (typiques de toute la production sicilienne), tandis que le siècle suivant a introduit une décoration souple qui ornera les vases de riches volutes et de broderies polychromes.

Le 19ᵉ s., en revanche, marque une période de décadence. La production se réduit aux personnages, souvent des statuettes de crèches. Dans la seconde partie du siècle, l'art de la céramique refleurit sous les mains habiles des Bongiovanni-Vaccaro.

**L'art de travailler l'argile –** Il est resté pratiquement inchangé au cours des siècles. Le mélange argileux, extrêmement ductile, est travaillé humide, à la main, à l'aide d'un tour, ou liquide, coulé dans un moule. L'objet est ensuite séché à l'air puis passé au four à des températures très élevées. Une fois cuit, il est prêt à être utilisé.

Les techniques de décoration sont multiples : du travail sur l'argile crue (gravures, dessins ou poinçons obtenus par impression de pierres, coquillages ou autres sur l'œuvre encore fraîche) à l'emploi de couleurs qui, selon les techniques et le type

*L'escalier de Santa Maria del Monte.*

# carnet pratique

## RESTAURATION

### • Sur le pouce

#### CALTAGIRONE

**La Scala** – *Scala di S. Maria del Monte 8 -* ☎ *0933 57 781 -* 📧 *- 20/37€.*
Ce restaurant, à droite au bas des marches de Santa Maria del Monte, est logé dans un beau palais du 18e s. On y sert de délicieux plats de poisson comme du terroir, tous typiquement régionaux.

#### CHIARAMONTE GULFI

**Majore** – *Via Martiri Ungheresi 12, Chiaramonte Gulfi -* ☎ *0932 92 80 19 - majoreristorante@tin.it - fermé lun., juil. -* 📧 *- 12/17€.*« Un lieu à la gloire du cochon », indique sans ambiguïté un panneau accroché au mur de cet établissement centenaire. On s'y consacre exclusivement aux plats à base de porc, tous préparés avec beaucoup de soin. L'adresse est connue, et les prix valent eux aussi le détour.

#### MILITELLO IN VAL DI CATANIA

**U' Trappitu** – *Via Principe Branciforte 125, Militello in Val di Catania -* ☎ *095 81 14 47 - fermé lun. -* 📧 *- 18,08€.* Cette *trattoria* est installée dans un ancien pressoir (*trappitu*) datant de 1927, savamment rénové. La structure d'origine a été conservée, les meules et les presses autrefois destinées au pressage des olives constituent aujourd'hui un décor très original.

#### PALAZZOLO ACREIDE

**Valentino** – *Via Galeno, à l'angle du Ronco Pisacane 125, Palazzolo Acreide -* ☎ *0931 88 18 40 - 25/29€.* Dans une petite ville dont l'histoire remonte à des siècles très anciens, voilà une adresse très agréable, placée sous l'enseigne de la simplicité. Comme il se doit, la cuisine y est régionale.

## HÉBERGEMENT

#### CALTAGIRONE

☻ **Albergo La Scala 2** – *Piazza Umberto I 1, Caltagirone -* ☎ *0933 51 552 - 6 ch. : 25/55€.* Cet établissement est installé dans un *palazzo* situé sur la place centrale. Les gérants du restaurant La Scala y proposent quelques chambres sans salle de bains, meublées avec simplicité mais très bien tenues.

☻☻ **Pomara** – *Via Vitt. Veneto 84, San Michele di Ganzaria - 14 km au NO de Caltagirone sur la S 124 -*

☎ *0933 97 69 76 - fax 0933 97 70 90 - info@hotelpomara.com -* 📧 📧 📧 *- 40 ch. : 59,39/77,47€* 📧*.* Une bonne adresse pour tous les amoureux de la campagne qui souhaitent néanmoins se rendre facilement en ville. Cet établissement à gestion familiale est situé entre Caltagirone et piazza Armerina. Le décor y est classique et les chambres spacieuses.

#### VIZZINI

☻ **Agriturismo A Cunziria** – *Contrada Masera, Vizzini -* ☎ *0933 96 55 07 - fax 0933 96 60 87 - www.cunziria.com - fermé lun. -* 📧 📧 *- 14 ch. : 34/56€* 📧 *- rest. 14/21€.* Ce gîte d'agritourisme situé non loin du bourg du même nom englobe, dans sa partie restaurant, d'anciennes habitations troglodytes. Vous y passerez la nuit dans de petits chalets en bois tout simples, dans un paysage parsemé de figuiers et empli du parfum des fleurs d'oranger.

## ACHATS

Les innombrables boutiques de céramique s'alignent le long des rues du centre et de l'escalier (*scala*) de Santa Maria del Monte. En règle générale, plus vous achetez de pièces, plus les prix baissent... mais à vous de les porter ensuite. Pour vous faire une idée de la production locale, rendez-vous au marché permanent via Vittorio Emanuele, qui rassemble la production de certains artisans de la ville.

## CALENDRIER

**La Luminaria - Festa di S. Giacomo** – C'est le clou des animations estivales de la ville. En l'honneur de San Giacomo, patron de Caltagirone, le 24 et le 25 juillet, l'escalier est illuminé de milliers de *coppi*, petites lampes à huile disposées de manière à former des dessins qui changent chaque année.

**Festa del presepe** – Depuis le 18e s. Caltagirone a vu se développer l'art des *figurinai*, ou figuristes, qui créent les petites statues en terre cuite destinées à la décoration de la crèche. En hommage à cette ancienne tradition, de novembre à janvier, la ville organise des expositions de crèches réalisées dans différents matériaux.

de vernis utilisés, peuvent être appliquées à différentes étapes de la fabrication (avant ou après la cuisson, avec une seconde cuisson, à froid).
La façon de travailler permet d'obtenir plusieurs sortes d'objets selon la pâte, les techniques et le mode de cuisson. La terre cuite, poreuse et de couleur rougeâtre, est le produit le plus simple, celui qui caractérise toute la production de l'Antiquité. Au 16e s. apparaissent les premières **majoliques**, nom donné aux terres cuites recouvertes d'émaux métalliques.
La porcelaine est quant à elle tout à fait différente. Par travail du kaolin, on obtient une pâte blanche, très fine, naturellement émaillée. Si elle est opaque, elle donne naissance à la porcelaine « biscuit ».
Le mot céramique provient du terme grec désignant l'argile, κεραμος.

# se promener

La longue via Roma, axe principal de Caltagirone coupant la ville en deux, aboutit au pied du fameux escalier de Santa Maria del Monte qui en est le prolongement. La rue est bordée de certains des édifices les plus intéressants à voir pour leurs décors en majolique. La promenade peut débuter sur la gauche, où s'élève le mur de la villa communale et le Teatrino.

### Villa communale*

Le magnifique parc dessiné par **Giovanni Battista Basile** vers le milieu du 19e s. s'inspire des jardins anglais. Côté via Roma, il est délimité par une balustrade ornée de vases portant d'étranges visages de diables, alternant avec des pommes de pin en céramique d'un vert intense, reposant sur des petits lampions en majolique. De nombreux sentiers ombragés sillonnent le jardin, laissant de grands espaces ornés de statues et de fontaines en céramique. On ne manquera pas de remarquer au centre de l'un d'eux un délicieux **petit kiosque à musique** aux formes arabisantes décoré de majoliques.

Après avoir dépassé le musée de la Céramique *(pour la description, voir « visiter »)*, toujours dans la via Roma apparaît un peu plus loin sur la droite le balcon de la **Casa Ventimiglia**, décorée au 18e s. par l'artisan faïencier du même nom. Après avoir dépassé le **Tondo Vecchio**, exèdre en pierre et briques, on rencontre l'imposante façade de **San Francesco d'Assisi** *(à droite)*, puis le pont du même nom, décoré de majoliques, qui mène au vrai cœur de la ville. Au-delà de la petite église **Sant'Agata**, siège dc la confrérie des faïenciers, on aperçoit l'austère prison bourbonienne.

*Le petit kiosque à musique.*

M. Magni/MICHELIN

### Carcere Borbonico

L'imposant édifice carré en grès a été remis en valeur par une restauration récente. Dessiné à la fin du 18e s. par Natale Bonajuto, architecte sicilien, il servit de **prison** pendant près d'un siècle. Il abrite actuellement un petit musée municipal *(pour la description, voir « visiter »)* qui permet également d'en découvrir la massive architecture intérieure.

### Piazza Umberto I

Sur cette place donne le **Duomo di San Giuliano**, édifice baroque ayant subi de nombreux remaniements, notamment le remplacement de sa façade au début du 20e s. De là, on aperçoit l'escalier de Santa Maria del Monte, au pied duquel, sur la gauche, se dresse le **palais du Sénat**, avec, derrière, la **corte capitaniale**, bel exemple d'édifice civil (1601), œuvre des **Gagini**. À droite, un escalier permet de rejoindre l'**église de Jésus** (chiesa del Gésu) qui renferme une *Déposition* de Filippo Paladini *(3e chapelle à gauche)*. Derrière cette église, on trouve l'**église S. Chiara**, dont l'élégante façade est attribuée à **Rosario Gagliardi** (18e s.) et, aussitôt après, l'édifice de l'usine électrique datant du début du 20e s. dont la façade est due au talent d'**Ernesto Basile**.

*Revenir sur la piazza Umberto I.*

### Scala di S. Maria del Monte*

Cet escalier monumental a été construit pour relier la cité ancienne, en hauteur, siège au 17e s. du pouvoir religieux, à la ville moderne en contrebas, où étaient rassemblés les bâtiments civils. De part et d'autre des marches s'étendent les vieux quartiers San Giorgio et San Giacomo, qui renferment, dans leur enchevêtrement de ruelles, de beaux édifices religieux *(voir plus loin)*. Les cent quarante-deux marches en pierre de lave sont revêtues de carreaux en majolique polychrome, où alternent des motifs géométriques, floraux, ou s'inspirant du monde animal. C'est un déploiement de réminiscences arabes, normandes, espagnoles, baroques et contemporaines. Une fois l'an, les nuits des 24 et 25 juillet, l'escalier brille pour la St-Jean de mille petites flammes colorées. On dépose sur les marches des milliers de petits lampions rouges, jaunes ou verts, formant des « tableaux » chaque fois différents : boucles, volutes, dessins floraux, personnages féminins, et surtout, le symbole de la cité : un aigle avec sur la gorge un écusson de croisé.

En haut de l'escalier se dresse la *chiesa madre*, **Santa Maria del Monte**, ancien siège du pouvoir religieux. Au maître-autel trône la *Madone de Conadomini*, peinture sur bois du 13ᵉ s. *Pour la visite, s'adresser au prêtre,* ☎ *0933 21 712.*

### Les quartiers S. Giorgio et S. Giacomo

Au pied de l'escalier, la via L. Sturzo est bordée sur la droite par quelques palais, dont le **palais della Magnolia** (n° 74), caractérisé par son exubérante et riche décoration florale en terre cuite signée Enrico Vella. Un peu plus loin, on trouve deux églises du 19ᵉ s., San Domenico et **Santissimo Salvatore**, la dernière renfermant le mausolée de Don Luigi Sturzo et une *Madone à l'Enfant* d'**Antonello Gagini**. Au bout de la via Sturzo s'élève l'**église San Giorgio** (11ᵉ-13ᵉ s.), où est conservée la peinture sur bois du *Mystère de la Trinité*★ attribuée au peintre flamand **Roger Van der Weyden**.

De l'autre côté de l'escalier, la via Vittorio Emanuele, qui prolonge d'une certaine façon la via Sturzo, conduit à la **basilique San Giacomo**, dédiée à saint Jacques, patron de la cité, dont les reliques sont gardées dans un beau coffret d'argent sculpté par les Gagini.

### En quittant le centre

Rien de tel qu'une promenade dans ces quartiers pittoresques pour découvrir dans les coulisses monuments ou constructions inattendues, par exemple la façade néogothique de l'église St-Pierre (dans le quartier du même nom au Sud-Est) décorée de majoliques.

### Église des Capucins

*9h-12h, 15h30-19h. 2€. ☎ 0933 21 753 ; www.cappuccinicaltagirone.it-homepage.com*
L'église est située à l'extrême Est de la ville. Sur l'autel, un beau retable de Filippo Paladini représente le transfert de l'Orient vers l'Occident de la Madonna dell'Odigitria par les moines basiliens. Le long du côté gauche de l'unique nef, la *Déposition* de Fra' Semplice de Vérone offre un jeu de perspective remarquable. La pinacothèque voisine de l'église renferme des tableaux allant du 16ᵉ s. à nos jours. De là, on peut accéder à la crypte, où on assiste à une étonnante mise en scène de la vie de Jésus, avec des tableaux illuminés tour à tour et commentés de textes évangéliques. Les statuettes ont été réalisées dans les années 1990 par des artistes de Caltagirone.

## visiter

### Museo della Ceramica

*Via Giardino Pubblico. (♿) 9h-18h30. 2,58€. ☎ 0933 21 680 ; www.regione.sicilia.it/ beniculturali*
Le **Teatrino**, singulière construction du 18ᵉ s. ornée de majoliques, héberge un intéressant musée qui renseigne sur l'histoire de la céramique locale, des temps préhistoriques au début du 20ᵉ s. Une exposition d'objets artisanaux retrace l'évolution des formes et des décors. Un **cratère**★ du 5ᵉ s. avant J.-C., représentant un potier et un jeune apprenti sur son tour, témoigne de l'importante diffusion du travail de l'argile. Les *albarelli*, pots en forme de bobine du 17ᵉ s., se distinguent par leurs décors étincelants où dominent le jaune, le bleu et le vert. Autres pièces remarquables, des amphores et des vases ornés de médaillons à motifs religieux ou profanes.

### Museo Civico

*Via Roma 10. Tlj sf lun., mer. et jeu. ap.-midi 9h30-13h30 (dim. 14h30), 16h-19h. Gratuit. ☎ 0933 41 212 ; www.comune.caltagirone.ct.it*
La visite commence au 2ᵉ étage par une exposition permanente d'œuvres contemporaines en céramique. Une des salles présente le *Fercolo* (grand plateau, fin du 16ᵉ s.) dit *de San Giacomo*, en argent et bois doré, utilisé jusqu'à la fin de 1966 pour la procession du 25 juillet. On remarque les visages des cariatides aux traits délicats. La 3ᵉ salle est dédiée aux **Vaccaro**, deux générations de peintres du 19ᵉ s. Ne pas manquer *Lo stesicoro* de Francesco et la *Bambina che prega* de Mario. Au 1ᵉʳ étage sont rassemblées des œuvres d'artistes siciliens.

## circuits

### Les monts Iblei★

*Le circuit, de 160 km environ, peut être parcouru en deux jours, en partant de Caltagirone et en prévoyant de passer la nuit à Vizzini. Depuis Caltagirone suivre les indications pour Ragusa, Grammichele et prendre la S 124.*
La partie Sud-Est de la Sicile est fermée par les monts Iblei, qui forment une défense naturelle du territoire de Raguse. Les petits villages couronnant les flancs

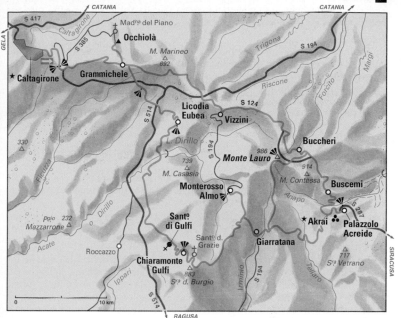

des montagnes, disséminés entre pentes et forêts, ont conservé leur physionomie rurale, fortement liée à la terre qui, durant des siècles, a assuré leur subsistance.

*Sur la S 124, un carrefour indique Grammichele dans les deux directions : prendre la route de droite.*

La route dévoile une magnifique **vue**★★ panoramique sur une vaste plaine couverte de céréales. Au-delà des collines qui évoquent, d'après l'écrivain Tomasi di Lampcdusa, « une mer soudainement pétrifiée », se profile la masse sombre et grandiose de l'Etna.

## Grammichele

La ville a été reconstruite en 1693 après le tremblement de terre qui a secoué le Sud-Est sicilien. Le tracé urbain originel, très régulier, s'inscrit autour d'une place hexagonale. Du milieu de chacun des côtés rayonnent autant de rues. Des rues perpendiculaires forment une couronne en hexagones concentriques. Sur la placc se dressent l'église principale et l'hôtel de ville, siège du **Museo Civico** *(1er étage)*, qui contient des pièces archéologiques trouvées dans la Terravecchia environnante, où s'élevait Occhiolà, l'ancienne ville abandonnée après sa destruction par le tremblement de terre. *9h-13h, 16h-19h30, mar. et jeu. 9h-13h, 15h-18h30. 1,50€.* ☎ *0933 85 92 09.*

## Occhiolà

À 3 km environ du centre-ville, en direction de Catane, près d'une maison de cantonnier précédant un virage serré, une borne sur la gauche marque l'accès de la route qui conduit au site où s'élevait la cité antique, sur un **site panoramique**.

*La toile régulière de Grammichele.*

Depuis Grammichele, la montée qui mène à Licodia Eubea *(11 km)* offre une très belle **vue★★** sur la plaine en contrebas.

## Licodia Eubea

Probablement élevée sur les ruines de l'ancienne Eubea, ville fondée par les colons de Leontinoi vers le 7e s. avant J.-C., elle se trouve dans les reliefs qui dominent la haute vallée du Dirillo. Elle possède plusieurs églises du 18e s., ainsi que le **palais Vassallo** *(via Mugnos, à l'extrémité du corso Umberto à droite)*, dont la riche façade baroque comporte un portail encadré de colonnes et un balcon supporté par des consoles ornées de mascarons et de volutes. Depuis les ruines du château médiéval, on a une **vue★** sur la vallée et le lac artificiel formé par le Dirillo.

*Revenir en arrière jusqu'au carrefour indiquant le Lago di Licodia (ou Dirillo) et prendre la direction du lac.*

Suivre pendant environ 10 km l'ancienne route pour Chiaramonte Gulfi, tracée au milieu d'un beau **paysage★** de montagnes. Après un petit moment, apparaît sur la gauche le barrage du **lac Dirillo**.

*Juste avant une maison de cantonnier (sur la droite) à proximité d'un virage, prendre à gauche (à droite, la route conduit à Vittoria et Chiaramonte Gulfi).*

## Sanctuaire de Gulfi

Avant le tremblement de terre de 1693, les maisons étaient situées là où se dresse aujourd'hui, solitaire, le sanctuaire, érigé au 18e s. à l'endroit où, dit-on, des bœufs qui transportaient la statue de la Madone « venue de la mer » (trouvée sur le rivage, près de Camarina) se seraient agenouillés. L'histoire est retracée sur quatre médaillons peints à l'intérieur du bâtiment, et sur lesquels apparaît également la découverte de la statue du Sauveur, portée ensuite à l'église San Salvatore de Chiaramonte.

*Continuer sur cette route pendant environ 4 km.*

*Les murets de pierres sèches ponctuent le paysage.*

## Chiaramonte Gulfi

Akrillai la grecque, rebaptisée Gulfi sous les Arabes, fut entièrement rasée en 1296 et reconstruite immédiatement par Manfredi Chiaramonte, qui lui donna son nom. Bien que la petite ville ait été détruite par le tremblement de terre de 1693, on peut encore y lire le tracé médiéval de ses rues. L'arche de l'Annonciation qui marque l'accès à la vieille ville est l'unique héritage des Chiaramonte (14e s.). Parmi les édifices baroques, l'église San Giovanni *(en haut de la colline)* et la ***chiesa madre*** sont à signaler. L'artère principale, le corso Umberto I, est bordée de palais des 18e et 19e s. et fermée à l'Ouest par la *villa communale*, d'où l'on bénéficie d'un panorama sur la vallée. Dans la partie haute de la ville, immergée dans une pinède qui offre une belle **vue★** sur Chiaramonte et sur l'Etna *(aires aménagées)*, s'élève le sanctuaire des Grâces, rattaché à une autre légende. C'est ici en effet qu'en 1576 la Madone, invoquée pour épargner le pays de la peste, aurait fait jaillir une source.

La route qui conduit à Monterosso Almo *(20 km)* serpente parmi les doux coteaux cultivés zébrés de **murs de pierres sèches** typiques de la région des Iblei, qui tracent des figures géométriques sur le vert des champs et donnent une singulière impression d'ordre. Par endroits, la route aussi est bordée par un muret.

## LES MURETS DE PIERRES SÈCHES

La campagne se caractérise ici par les murets de pierres sèches, formant de solides enceintes n'atteignant pas un mètre, qui délimitent les champs cultivés. Leur présence s'explique surtout par la configuration de la roche des Iblei. Ces montagnes sont en effet formées de calcaire stratifié, dont seule la dernière couche est imperméable. Si par le jeu de l'érosion ou par fracture, la dernière strate vient à se fendre et laisse pénétrer l'eau, on assiste au clivage de la roche, qui se rompt en blocs et, parfois, peut donner naissance à de véritables canyons. Les blocs, en se détachant, envahissent les terres, obligeant les paysans à les dégager. Les murets sont apparus comme moyen de réutiliser les pierres ramassées dans les champs. Au lieu de simplement les entasser, on en a fait un matériau de construction. Et c'est devenu un art, enseigné par des artisans qui sont appelés à juste titre en sicilien *mastri ri mura a siccu* (maîtres des murs de pierres sèches). Les murets séparent les différentes propriétés, permettent le pâturage sans surveillance et soutiennent les champs en terrasses.

## Monterosso Almo

L'**église San Giovanni★** trône sur la place qui porte son nom, centre de la partie haute de cette petite ville qui vit de l'agriculture. Sans doute réalisé par **Vincenzo Sinatra**, l'édifice présente une **façade** rythmée par des colonnes, qui s'achève par un clocher. L'intérieur est recouvert de frises en stuc sur un fond aux couleurs pastel. La couverture de la nef centrale est ornée de médaillons avec des bas-reliefs représentant des épisodes de la vie de saint Jean. En descendant vers la ville basse (après le tremblement de terre de 1693, Monterosso, comme Raguse et Modica, s'est divisé en deux parties adverses), on retrouve la « rivale » de San Giovanni, l'**église San Antonio** (ou sanctuaire de Maria Santissima Addolorata). La **chiesa madre** de style néogothique et l'élégant palais Zacco donnent sur cette même place.
*Suivre la S 194 sur 7 km.*

## Giarratana

Trois monuments soulignent l'aspect artistique de ce petit village : l'église principale, de style Renaissance tardif, et les églises baroques San Bartolomeo et San Antonio Abate. Chaque année, en août, a lieu à Giarratana une curieuse fête de l'Oignon *(Sagra della Cipolla).*
*De Giarratana, on peut retourner à Palazzolo Acreide ou raccourcir le circuit en tournant à gauche en direction de Buccheri puis en suivant la route qui mène au sommet du **Monte Lauro**. La route (10 km) en fait l'ascension, bordée de buissons de valériane rose vif, de caroubiers et de pins vert sombre, et offre de belles **vues★** sur le plateau d'altitude. Pour arriver à Palazzolo depuis Giarratana, suivre la route sur environ 14 km puis tourner à droite en direction du site de l'ancienne Akrai.*

## Akrai

(♿) *Avr.-oct. : 9h-18h ; nov.-mars · 9h-15h. 2€.* ☎ *0931 48 11 11.*
L'antique Akrai fut fondée en 664 avant J.-C., au cœur des monts Iblei, et instaurée comme avant-poste défensif de Syracuse, ce qui explique sa position dominante et stratégique.
Au sommet de la colline qui portait l'acropole se trouve un petit **théâtre grec** en pierre blanche, dont l'*orchestra* a conservé un dallage remontant à l'époque romaine. Sur la droite, le *bouleuterion*, salle du conseil, en gradins, est relié au théâtre par un

*Le petit théâtre d'Akrai.*

B. Kaufmann/MICHELIN

Caltagirone

étroit couloir débouchant directement dans la *cavea*. Près du portail qui ferme le site archéologique, on a une belle vue sur une partie de l'antique *plateia* (rue principale parcourant la cité d'Est en Ouest), pavée de grandes dalles de basalte.

Contiguës au théâtre, deux carrières d'époque grecque ont été transformées par les chrétiens en catacombes et habitations. La plus étroite, appelée **Intagliatella**, s'orne à l'entrée, sur la droite, d'un bas-relief représentant deux héros. L'un participe à un banquet (*à droite*) et l'autre effectue un sacrifice (*à gauche*).

Près de la clôture, les fouilles ont mis au jour des quartiers d'habitat ainsi qu'un édifice de forme circulaire, probablement un temple d'époque romaine.

La route qui longe le site archéologique offre de très belles **vues★** sur la vallée environnante.

**Les Santoni** – *À 1 km du site archéologique.* Dans une petite vallée, douze sculptures rupestres du 3ᵉ s. avant J.-C. témoignent de la présence en Sicile d'un culte d'origine orientale. Le sujet principal en est la **déesse Cybèle**, qu'on voit assise entre deux lions ou en pied, entourée de personnages de plus petite taille. Parmi les sculptures les mieux conservées, on remarque le bas-relief nᵒ II, sur les côtés, représentant Castor et Pollux à cheval, et le nᵒ VIII, la déesse assise.

## Palazzolo Acreide

Palazzolo, reconstruit au 18ᵉ s., est riche en édifices baroques, surtout le long du corso Vittorio Emanuele et de la via Carlo Alberto. Ces deux artères principales mènent à la piazza del Popolo où se dresse la majestueuse façade de l'**église San Sebastiano**. À l'extrémité Ouest du corso, l'**église de l'Immacolata** renferme une délicate *Vierge à l'Enfant* due à **Francesco Laurana**.

Une rue transversale sur la droite (via Machiavelli) permet de rejoindre la **maison-musée** de l'ethnologue **Antonino Uccello**, autrefois résidence du baron Ferla. À l'étage inférieur (*3ᵉ salle*), on peut voir un pressoir et la maison de Massaro, homme de confiance du baron, où sont présentés des objets de la vie quotidienne. *9h-13h, 15h30-19h. Gratuit.* ☎ *0931 88 14 99.*

Au bout de la rue, tourner à droite et continuer jusqu'à la piazza Umberto I pour voir l'**église San Paolo**. Son imposante façade, due peut-être à **Vincenzo Sinatra**, est à trois niveaux, rythmés par des arcs en plein cintre et des colonnes à chapiteaux corinthiens. Au dernier niveau s'élève une tour-clocher. La via dell'Annunziata conduit de la place à l'église du même nom. La façade, inachevée, est enrichie d'un remarquable **portail** flanqué de colonnes torses. On retournera sur ses pas pour prendre à gauche la via Garibaldi, et voir le **palais Iudica** (*nᵒˢ 123-131*) et son incroyable balcon qui s'étire en longueur, avec ses consoles en forme de monstres, de chimères, de mascarons et autres figures inquiétantes dans le plus pur style baroque.

La route qui conduit de Palazzolo à Buscemi (*9 km*) offre un beau **panorama★**.

---

### GRAINES ET DIAMANTS

L'un des éléments familiers du paysage des Iblei est le **caroubier**, grand arbre au feuillage persistant, souvent isolé dans un champ. Ses feuilles luisantes vert foncé forment un large couvert qui offre une ombre agréable. Ses graines, moulues et utilisées comme épaississant, succédané de café ou nourriture pour animaux, avaient dans le passé une fonction plus noble : du fait de leur poids constant, on les utilisait comme unité de mesure pour les pierres précieuses. On les appelait *qirat*, nom qui devait plus tard donner le terme carat.

---

## Buscemi

Dans ce petit bourg rural s'est ouvert un musée singulier et intéressant, **I Luoghi del Lavoro Contadino★** (« Les Lieux du travail paysan »), dont les « salles » sont dispersées dans tout le centre-ville. Sept sites différents retracent le travail et la vie des gens des Iblei : l'atelier du forgeron, la meule (où ont été tournées certaines scènes du film *La Louve* de Gabriele Lavia), la demeure d'un fermier, celle d'un ouvrier agricole (*lo jurnataru* en sicilien), la boutique du cordonnier, l'atelier du menuisier et le pressoir, où avait lieu le foulage du raisin. Le bâtiment voisin du pressoir abrite une petite cinémathèque : il est recommandé de voir le film tourné dans les ateliers ouverts au public, qui illustre les activités paysannes du passé. Le circuit se termine près du moulin à eau Santa Lucia, situé dans la vallée des Moulins, à Palazzolo Acreide. À l'intérieur a été aménagé un petit musée des Moulins. *9h-13h. 4,14€ pour « Les Lieux du travail paysan », 2,58€ pour le moulin et la navette qui y conduit (sur réservation).* ☎ *0931 87 85 28 ; www.museobuscemi.org*

La route permet aussi de découvrir des monuments baroques, la belle façade de la *chiesa madre*, celle, curviligne, de l'église St-Antoine-de-Padoue-et-St-Sébastien, ainsi que des endroits plus évocateurs et plus charmants, comme le « quartier paysan », qui rassemble de petites constructions basses en pierres.

Aussitôt de retour sur la route principale, on remarquera, sur la paroi rocheuse au sommet de laquelle se blottit le village, quelques tombes de Sicules (13ᵉ-12ᵉ s. avant J.-C.) occupant des grottes.

*Arrivée à Buccheri après 6 km environ.*

## Buccheri

Édifié à 820 m d'altitude, ce village présente l'église de la Maddalena (18ᵉ s.) et sa façade à deux ordres scandés par des colonnes et des pilastres, et l'église San Antonio Abate, dont la tour en façade est bien mise en valeur par le long escalier abrupt qui la précède.

*Continuer en direction de Vizzini.*

## Vizzini

C'est la petite ville où l'écrivain **Giovanni Verga** a situé certaines de ses nouvelles, parmi lesquelles *La Louve*, *La Cavalleria rusticana* (dont s'inspira Mascagni par la suite pour son célèbre opéra), et le roman *Maître Don Gesualdo*.

### VISITE

« Hanno ammazzato compare Turiddu ! » C'est sur ce cri que s'achève la Cavalleria rusticana, œuvre toscane, mais sicilienne en ce qui concerne le thème et la scénographie (il s'agit de la version musicale de Mascagni d'une nouvelle de Verga). La manière peut-être la plus plaisante de visiter le village consiste à retrouver l'auberge où Turrido et Alfio se provoquent en duel, puis l'église Santa Teresa où les commères vont prier (dans l'opéra), les demeures de Gnà Lola et Santuzza, l'ancien quartier des tanneurs, la Cunziría, hors de l'agglomération, où les deux compères se battent. Sans oublier la maison et les palais aristocratiques dispersés dans le bourg, qui servent de décor aux aventures de Maître Don Gesualdo. *Pour effectuer une visite guidée, s'adresser à Pro Loco (via Lombarda, 8 ☎ 0933 96 59 05).*

Vizzini s'étend autour de la piazza Umberto I, où se dressent le palais Verga et l'hôtel de ville. La **Salita Marineo**, grand escalier voisin de ce dernier, est décorée sur ses contremarches de céramiques aux motifs géométriques et floraux, avec au centre de chacune d'elles un médaillon orné de vignettes des palais de Vizzini. Achevé en 1996, il rappelle l'escalier de Santa Maria del Monte à Caltagirone *(voir ce nom)*. La *chiesa madre* montre un portail gothique normand *(côté droit)*, seul rescapé du tremblement de terre de 1693 qui détruisit une grande partie de la ville et sonna l'heure de la reconstruction. Parmi les édifices baroques, on remarque la belle façade de **San Sebastiano**. L'**église Santa Maria di Gesù** abrite une *Vierge à l'Enfant* d'**Antonello Gagini**. *Pour la visite, contacter quelques jours à l'avance le Signore Giovanni Torturice ☎ 335 13 81 727 (portable) ou 0933 96 11 09. Depuis Vizzini, il est possible de suivre l'itinéraire ci-dessous ou de prendre l'ancienne route en direction de Caltagirone-Grammichele (S 124 sur 30 km).*

*Fête de la Ricotta à Vizzini.*

G. Iacono/Lara Pessina/MICHELIN

## Au-delà du versant Sud des monts Iblei

*Itinéraire d'environ 100 km au départ de Caltagirone et de 75 km à partir de la fin de l'itinéraire précédent (Vizzini) - une journée*

*Pour la première partie, (Caltagirone-Grammichele), se reporter au début de l'itinéraire précédent.*

*Après Grammichele, suivre la S 124 sur environ 10 km jusqu'au carrefour indiquant à gauche la direction Militello in Val di Catania (25 km à l'Est de Grammichele).*

## Militello in Val di Catania

Petite ville baroque, Militello doit sa prospérité à Jeanne d'Autriche (1573-1630), nièce de Charles Quint, qui vint y vivre après son mariage avec Francesco Branciforte et apporta son goût de la culture et du beau. La cité fut alors le centre d'une cour et connut l'apogée de sa splendeur. De nombreux palais et monuments baroques ornent aujourd'hui les rues du centre.

Il est possible de commencer la visite sur la piazza del Municipio, par l'imposant ensemble du **monastère bénédictin** (1614-1641), actuel hôtel de ville, qui présente une belle **façade** décorée. Celle de l'ancienne **église** présente à la grande fenêtre un bossage rustique, élément décoratif typique du baroque local. On peut admirer à l'intérieur *la Dernière Communion de saint Benoît*, toile de Sebastiano Conca *(3ᵉ chapelle à gauche)*, et un chœur liturgique en bois, où sont représentés les Mystères et des scènes de la vie de saint Benoît (1734). *16h30-19h, sam. 17h-19h, dim. et j. fériés 9h30-10h30. Gratuit.*

Emprunter la via Umberto, sur laquelle donne le **palais Reforgiato** (18ᵉ s.), jusqu'à la piazza Vittorio Emanuele.

**Musée de S. Nicolò** – *Via Umberto I 67. Été : tlj sf mar. 9h-13h, 17h-20h ; le reste de l'année : tlj sf mar. 9h-13h, 16h-19h. 2,50€.* ☎ *095 81 12 51.*

Il occupe les cryptes funéraires de l'église, édifiée en 1721. La **présentation★** des objets en valorise la richesse et la beauté. Une splendide collection de parements liturgiques des 17ᵉ et 18ᵉ s. est exposée avec les trésors de quelques églises de la ville, dont les ouvrages en argent de l'église Santa Maria alla Catena, des joyaux, des ex-voto et le trousseau liturgique de sainte Agathe. La visite se termine par la pinacothèque, où l'on peut voir le retable de *l'Annonciation* (1552) de Francesco Franzetto, *l'Attentat contre saint Charles Borromée* (1612) du peintre toscan Filippo Paladini, où apparaît le luminisme du Caravage, et la douce *Immaculée* de Vaccaro.

Sur la piazza Vittorio Emanuele se dresse **Santa Maria alla Catena**, réédifiée en 1652. L'**intérieur★** présente une belle **décoration** en stucs due à des artistes d'Acireale, qui représente, dans le registre supérieur, des scènes des Mystères joyeux, et des saintes siciliennes entourées de putti, de festons et de cornes d'abondance dans le registre inférieur. Ce bel ensemble est mis en valeur par le superbe plafond de bois à caissons de 1661.

Prendre à gauche la via Umberto. Après la belle façade concave de l'**église del Santissimo Sacramento al Circolo**, on rejoint la piazza Maria Santissima della Stella.

**S. Maria della Stella et trésor** – *Visite sur demande.* ☎ *095 65 53 29.*

Édifiée entre 1722 et 1741, cette église présente un portail flanqué de colonnes torses. On voit à l'intérieur un magnifique **retable d'autel★** d'**Andrea della Robbia** en terre cuite émaillée représentant la Nativité (1487). Le **trésor** comprend un retable de la fin du 15ᵉ s. figurant des épisodes de la vie de saint Pierre par le Maestro della Croce de Piazza Armerina, ainsi que le *Portrait de Pietro Speciale*, bas-relief de **Francesco Laurana**.

Sur l'un des côtés de la place, on peut admirer le **palais Majorana**, l'un des rares témoignages du 16ᵉ s., avec des angles en bossage massifs, ornés de lions en pierre. *Tourner à gauche après le palais, puis immédiatement à droite.*

On découvre l'église **Santa Maria la Vetere.** Le séisme de 1693 n'a épargné que le collatéral droit (muré). Le porche du 16ᵉ s. et la façade, percée d'une lunette enrichie de bas-reliefs, constituent un **ensemble★** pittoresque, digne du paysage splendide qui lui sert d'écrin au fond d'une vallée verdoyante, aux abords de la ville.

Repasser par la Porta della Terra, et prendre aussitôt à gauche pour voir l'**église des Très-Saints-Anges-Gardiens** (Santissimi Angeli Custodi), au beau **pavement★** en céramique de Caltagirone (1785). *Fermé pour restauration au moment de la rédaction de ce guide.* ☎ *095 65 53 29.*

Remonter, puis tourner à gauche pour longer les vestiges du **château Branci-forti** (dont il ne reste qu'une grosse tour circulaire et des pans de murailles). La porte della Terra donne accès à la place de la **Fontana della Ninfa Zizza**, ancienne cour du château. La fontaine a été édifiée en 1607 à l'initiative du prince Branciforte pour commémorer la mise en service du premier aqueduc de Militello.

*Continuer jusqu'à Scordìa (11 km au Nord-Est).*

> **PETITE PAUSE**
> Les **pâtisseries de Militello** préparent toutes sortes de spécialités sucrées : les *cassatelline*, gâteaux à base de pâte d'amandes, de chocolat et de cannelle, les *mastrazzuoli*, gâteaux de Noël à base d'amandes, de cannelle et de vin cuit, et la *mostarda*, préparée avec de l'extrait de figue de Barbarie, bouilli avec de la semoule de blé ou du moût. Les 2ᵉ et 3ᵉ dimanches d'octobre a lieu à Militello la Sagra della Mostarda.

## Scordia

Ce bourg, caractérisé par un réseau de rues perpendiculaires, est dominé par le palais des Branciforte, seigneurs qui y résidaient au 17ᵉ s. Sur la place centrale Umberto, on remarque parmi les palais aristocratiques l'église St-Roch avec sa façade à saillants. L'**église Ste-Marie-Majeure** (18ᵉ s.) possède une intéressante façade-campanile.

*Continuer en direction de Palagonia (12 km au Nord-Ouest).*

La SS 385 offre de jolies **vues★** sur des vergers d'agrumes très réputés, bordés au Sud par les *Coste*, petites proéminences rocheuses.

## Palagonia

Ce fut probablement un important centre politique et religieux des Sicules, à en croire une légende qui rapporte que les **dieux Palici** *(voir p. 87)*, qu'ils vénéraient, étaient nés du bouillonnement continuel des eaux sulfureuses du petit **lac de Naftia**, près duquel un temple aurait été élevé. Aujourd'hui, l'exploitation industrielle du gaz ne permet plus de voir le lac. Le nom de Palagonìa est indissociablement lié aux magnifiques oranges sanguines cultivées dans la région.

### Ermitage de Santa Febronia

*De Palagonia, prendre la SS 385 en direction de Catane. Au carrefour, tourner à droite vers Contrada Croce. Après 4,5 km, dans une courbe sur la droite se trouve à gauche un chemin muletier fermé par une barrière métallique. 15mn de marche suffisent pour arriver au bâtiment.* Ce charmant ermitage doit son nom à sainte Fébronie, surnommée localement « a' Santuzza » (la petite sainte). Ses reliques, conservées à Palagonia, sont transportées ici en procession tous les ans. L'ermitage rupestre datant de l'époque byzantine (7ᵉ s.) abrite une abside décorée d'une belle fresque, où l'on discerne, malgré son mauvais état, la Vierge et un ange entourant le Christ.

*Prendre la S 385 en direction de Caltagirone et après 8 km environ, tourner à gauche en direction de Mineo.*

### Mineo

Petite ville natale de l'écrivain **Luigi Capuana** *(voir p. 112)* (1839-1915), ses origines remontent à l'Antiquité, quand elle fut fondée sous le nom de Mene par le roi sicule **Doukétios** *(voir p. 69)*. Voisine du collège des Jésuites, la Porta Adinolfo du 18ᵉ s. marque l'entrée de la ville, et donne accès à la place principale et à l'**église du Collège**. Un peu plus loin, la via Umberto I mène à la piazza Agrippina et à l'église du 15ᵉ s. du même nom (absides). Au point le plus haut du village, à côté de l'église Ste-Marie, se trouvent les ruines d'un château d'où s'offre une très belle vue sur toute la vallée.

*Revenir sur la S 385 qui, sur le chemin du retour à Caltagirone (25 km), présente un beau panorama.*

# Caltanissetta

Au cœur de la Sicile, entourée de douces collines et de vallées peu profondes qui cachent des mines de soufre et de sel gemme, Caltanissetta s'étend sur un plateau à 568 m d'altitude et embrasse un immense paysage.

### La situation

*62 274 habitants – Carte Michelin nᵒ 565 O24 ou Atlas Italie p. 91.* S'orienter en ville n'est pas une mince affaire, et l'absence fréquente de signalisation laisse libre cours à l'imagination et au hasard. Suivant l'endroit d'où vous arrivez et les travaux de voirie en cours au moment de votre visite, il vous sera très facile, ou au contraire particulièrement ardu, d'atteindre le centre-ville. Nous vous conseillons par conséquent de profiter de la première place libre que vous trouverez dans les rues du centre et de ne pas vous aventurer dans les petites rues étroites et tortueuses qui partent des rues principales. *◨ Viale Conte Testasecca 21, ☎ 0934 21 089, fax 0934 21 239.*

*Vous pouvez poursuivre votre voyage en visitant : AGRIGENTO, ENNA, PIAZZA ARMERINA, VILLA IMPERIALE DEL CASALE.*

## comprendre

Petite ville grecque, Caltanissetta a subi le même sort que le reste de la Sicile, passant d'une domination à l'autre. Elle connut son apogée au début du 20ᵉ s., avec l'exploitation des gisements de soufre, rapidement devenue son activité principale et constituant à elle seule les 4/5 de la production mondiale. C'était à l'époque la plus grande exportatrice mondiale de soufre. Mais l'impitoyable concurrence américaine l'a contrainte à fermer toutes ses mines.

## se promener

Le centre historique de la ville se trouve sur la **piazza Garibaldi**, point de croisement des deux artères principales (le corso Umberto et le corso Vittorio Emanuele). Il est souligné par l'hôtel de ville (ancien couvent de l'ordre des Carmes), la cathédrale et l'**église San Sebastiano** à la façade baroque, dont le crépi rouge sombre contraste avec le tuf ocre des éléments d'architecture. On retrouve cet aspect dans les églises Sant'Agata, à l'extrémité du corso Umberto, et Santa Croce, au bout du corso Vittorio Emanuele. Au centre de la place s'élève la **fontaine du Triton** (1956), due à Michele Tripisciano, artiste local, qui s'est inspiré d'un modèle du 19ᵉ s. Le groupe de bronze représente un cheval marin menacé par deux monstres ailés et retenu par un triton.

Dans la montée Matteotti, après l'hôtel de ville, apparaît le **palais Moncada** du 17ᵉ s., édifice inachevé à la façade chargée de consoles ornées de figures zoomorphes et anthropomorphes.

# carnet pratique

## RESTAURATION

• **Sur le pouce**

**Legumerie le Fontanelle** – *Via Pietro Leone 45, contrada Fontanelle - 2 km au NO de Caltanissetta* - ☎ *0934 59 24 37 - 17/22€*. Cette exploitation agritouristique, située à l'intérieur d'un centre hippique, possède un petit restaurant. Dans une salle rustique, décorée d'outils de travail agricole, vous pourrez goûter une cuisine du terroir à base de viande et de légumes, préparée en toute simplicité.

**Duomo** – *Piazza Garibaldi 3, Caltanissetta* - ☎ *0934 58 23 31 - fermé dim., lun. midi, août -* 🖃 *- réserv. conseillée - 20,66/26€*. Faites une petite pause très agréable dans ce restaurant situé non loin du Dôme. L'ambiance y est simple et vous n'aurez que l'embarras du choix parmi de nombreux plats traditionnels de la région, tous délicieux.

## HÉBERGEMENT

⌂ **Hotel Plaza** – *Via Gaetani 5, Caltanissetta -* ☎ *0934 58 38 77 - fax 0934 58 38 77 - www.hotelplazacaltanissetta.it -* 🖃 *- 33 ch. : 49,06/69,72€* 🚗. Après une journée « délicieusement fatigante », consacrée à la visite de la petite ville et de ses environs, restez dans le centre pour reprendre des forces dans cet hôtel aux chambres spacieuses et confortables, meublées dans un style moderne.

## CALENDRIER

Célèbre pour les fêtes grandioses qu'elle donne à l'occasion de la Semaine sainte, Caltanissetta organise le soir du Jeudi saint un défilé de **beaux groupes sculptés**, réalisés par des artistes napolitains du 19e s. On transporte dans les rues des scènes de la Passion qui ornent en temps normal l'**église Pio X**, via Colajanni. Le groupe de la *Déposition de croix* est particulièrement expressif. Le vendredi soir, la statue du « Christ noir » est portée en procession à travers toute la ville.

## Cattedrale

Érigé à la fin du 16e s., ce monument renferme des fresques du Flamand Guglielmo Borremans (1720). L'alternance de parties peintes et de stucs confère un aspect théâtral à l'ensemble. La statue en bois représentant saint Michel (1615) est l'œuvre de Stefano Li Volsi, artiste sicilien *(chapelle à droite du chœur)*. Dans le chœur, on trouve un orgue en bois doré datant de 1601.

## S. Agata al Collegio

*Corso Umberto*. Cette église du 18e s., où sur la façade alternent tuf, crépi rouge et marbre *(sur le portail)*, renferme une multitude de marqueteries de marbres polychromes, ainsi qu'un beau retable de saint Ignace en marbre, œuvre d'**Ignazio Marabitti**.

Devant l'église se dresse la statue du roi d'Italie Humbert Ier.

À l'Est de la place Garibaldi commence le quartier degli Angeli, avec ses rues typiquement médiévales et son **église San Domenico** à la façade incurvée. Elle renferme une peinture sur bois de *La Madone du Rosaire* de Paladini. *16h-17h30*. ☎ *0934 25 104*.

En poursuivant tout droit dans la via degli Angeli, on découvre, sur un rocher, les restes de Pietrarossa, château sarrasin au pied duquel se trouvent les ruines de l'église Santa Maria degli Angeli (13e s.), qui a conservé son beau portail.

# visiter

## Museo Archeologico

*Via Napoleone Colajanni 1 (près de la gare). 9h-13h, 15h30-19h30. Fermé dernier lun. du mois. 2,07€.* ☎ *0934 50 42 40*.

Ce musée rassemble les objets trouvés dans les sites archéologiques aux alentours de Caltanissetta, et met en valeur autant la culture indigène préhellénique que la culture grecque. De la nécropole grecque de **Gibil-Gabib** provient un intéressant tonnelet en terre cuite du 4e s. avant J.-C., réutilisé comme urne funéraire, tandis qu'à **Vassallaggi**, on a retrouvé un strigile, instrument servant à frotter les athlètes en sueur, qui figure également sur une mosaïque de la villa impériale du Casale *(voir p. 385)*. Parmi les pièces archéologiques retrouvées dans la cité grecque de Sabucina figurent un modèle réduit de **temple★** en terre cuite, objet votif du 6e s. avant J.-C., deux grandes bassines (l'une sur pied) servant à contenir des boissons ou de l'huile et un **cratère** représentant Héphaïstos battant le fer dans sa forge (6e-5e s. avant J.-C.). De **Dessueri** provient une belle série de théières servant à faire bouillir de l'opium (Sicile du 13e s. avant J.-C.) et un *kylix* attique représentant Hercule, héros très populaire dans l'île, armé de sa massue. La dernière salle réunit des objets de culture locale, remarquables pour leur finesse. On remarquera au centre taureau très stylisée, avec un décor géométrique et de nombreux éc terre cuite, ainsi que deux statuettes votives en bronze (7e-6e s. avant J.-C fond de la salle sont exposés une **jambière** et un **casque** en bronze de la péri corinthienne (6e s. avant J.-C.).

## alentours

### Abbazia di S. Spirito

*3 km au Nord-Est, sur la SS 122 en direction d'Enna.* Fondée par Roger Ier (11e s.) mais consacrée en 1153, l'abbaye est de style roman, avec trois absides normandes décorées de bandes lombardes reliées par des arceaux. À l'intérieur se trouvent un crucifix en bois du 15e s. et une vasque romane à palmettes stylisées, destinée au baptême par immersion des petits enfants.

### Les sites archéologiques des alentours de Caltanissetta

*Les passionnés d'archéologie prendront plaisir à visiter les sites de fouilles de la province de Caltanissetta, difficiles d'accès et très peu fréquentés.*

### Sabucina

*12 km à l'Est de Caltanissetta, sur la route nationale vers Enna. Suivre les indications.* On a mis au jour les restes d'un village datant du 12e s. avant J.-C., des maisonnettes appartenant à une culture indigène ultérieure (7e s. avant J.-C.) ainsi qu'une portion de murs datant du 5e ou 4e s. avant J.-C.

### Vassallaggi

*De Caltanissetta, prendre le S 640 et poursuivre en direction de San Cataldo. Suivre les indications jusqu'au carrefour indiquant Serradifalco à gauche et San Cataldo à droite. Attention, les panneaux du carrefour induisent en erreur, montrant des fouilles à droite, alors que l'on doit poursuivre tout droit. Quelques mètres plus loin, prendre sur la droite une petite route goudronnée qui aboutit à un petit portail en principe ouvert (panneau indicateur), puis suivre la route qui devient pavée au niveau d'une ferme sur la droite. Une clôture verte sur la gauche indique le début du site archéologique.* On a localisé dans cette zone un centre habité dans l'Antiquité, comprenant un sanctuaire, dédié aux divinités chtoniennes, entouré d'une cinquantaine d'édifices de service réservés aux adeptes du culte.

### Gibil-Gabel

*6 km au Sud de Caltanissetta.* Ici ont été découverts les vestiges d'une ancienne ville sicane et de sa nécropole.

# Capo d'Orlando☼

Cette charmante petite ville est l'une des plus importantes stations balnéaires de la côte et offre de belles plages de sable et de rochers, parmi lesquelles le très agréable Lido San Gregorio, situé à l'Est de la ville.

### La situation

*12 755 habitants – Carte Michelin no 565 M26 ou Atlas Italie p.82 – Messine.* Capo d'Orlando est un excellent point de départ pour les circuits dans les Nebrodi. La ville est par ailleurs distante d'une soixantaine de kilomètres seulement de Randazzo et des pentes de l'Etna. En été, les agences de voyages organisent des excursions quotidiennes pour les îles Éoliennes. 🛈 *Via Piave 71 A/B,* ☎ *0941 91 27 84.*

*Vous pouvez poursuivre votre voyage en visitant : CEFALÙ, Isole EOLIE, ETNA, MADONIE et NEBRODI, MILAZZO, Golfe de PATTI.*

#### FILLE DU VENT OU D'UN PALADIN ?

L'histoire et la légende se mêlent si intimement autour de sa fondation, au 13e s. avant J.-C., qu'il est difficile d'en faire la part. La mythologie ferait remonter la cité à l'époque de la guerre de Troie, quand Agatirso, fils d'Éole, le dieu des Vents, l'aurait fondée. La légende intervient encore pour expliquer comment l'antique Agatirno fut rebaptisée Capo d'Orlando : Charlemagne, de passage en ces lieux durant un pèlerinage en Terre sainte, a voulu lui donner le nom de Roland, son héroïque paladin. En 1299, la ville assista à la bataille navale opposant Jacques et Frédéric d'Aragon, qui se disputaient le trône de Sicile.

...oia – *Contrada Certari 80,* ... *2,5 km au S de Capo* ... *S 116* - ☎ *0941 90 21 46* - *fermé lun. (...uil.-sept.), de mi-oct. à fin oct.* - 🍴 *- 16/21€.* Tous les ingrédients sont réunis pour un dîner réussi dans une véritable *trattoria* : une gestion familiale sympathique, une ambiance informelle et accueillante, une véritable cuisine locale... et une belle terrasse panoramique pour les beaux jours. Que demander de plus ?

**Il Gabbiano** – *Via Trazzera Marina 146, Capo d'Orlando* - ☎ *0941 90 20 66* - *ristorantegabbiano@virgilio.it* - *fermé mar.* - 🍴 *- 18/23€.* Tout le monde s'accorde à reconnaître cette pizzeria comme la meilleure des alentours. Le décor y est simple mais soigné et elle dispose d'une grande véranda. Par ailleurs, la carte est très fournie et propose des plats traditionnels de la région.

**Bontempo « Il ristorante »** – *Via Fiumara 38, Naso - depuis la SS 113 en direction de Milazzo, suivre la bifurcation pour Sinagra à droite avant le ponte Naso* - ☎ *0941 96 11 88* - *info@bontempoilristorante.com* - *fermé lun.* - *28/36,15€.* Situé à une dizaine de kilomètres au Sud-Est de Capo d'Orlando, ce restaurant est un bâtiment blanc et moderne, entouré de verdure. Des spécialités locales vous y seront proposées, à savourer dans une des trois grandes salles à manger.

### HÉBERGEMENT

🛏 **Nuovo Hotel Faro** – *Via Libertà 7, Capo d'Orlando* - ☎ *0941 90 24 66* - *fax 0941 91 14 61* - *nuovo.hotelfaro@tiscali.it* - 🍴 -

30 *ch. :26/68€* - 🍴 *3€.* Comme son nom l'indique, cet hôtel se trouve non loin du phare : la gestion y est familiale, les espaces communs sont simples mais agréables et les chambres bien tenues, bien que peu récentes. Et surtout, la plage est à deux pas !

🛏 **Hotel La Tartaruga** – *Località Lido San Gregorio, Capo d'Orlando - 2 km à l'E de Capo d'Orlando* - ☎ *0941 95 50 12* - *fax 0941 95 50 56* - *info@hoteltartaruga.it* - *fermé lun. (rest.), nov.* - 🍴 *- 53 ch. : 65/100€* 🍴. Situé à deux kilomètres de Capo d'Orlando, juste dans la zone touristique de la ville, cet imposant édifice fait face à la plage et offre des chambres confortables et modernes. L'annexe, rebaptisée restaurant, propose des plats de poisson d'une fraîcheur imbattable.

### CALENDRIER

**« Vita e paesaggio di Capo d'Orlando »** – Depuis 1955 se déroule chaque été ce concours de peinture sous l'égide de Giuseppe Migneco, un peintre de Messine. Y participent des artistes italiens et de toutes nationalités aussi réputés que Guttuso ou Casorati. Les tableaux que les artistes sont invités à peindre sur place sont récompensés par des prix, et certains d'entre eux sont achetés ensuite par la pinacothèque municipale *(il n'est malheureusement pas possible de les voir actuellement)*.

**Capo d'Orlando in blues** – Festival de blues estival. Pour toute information : Cross Road Club/Associazione Siciliana Musica Blues, via Consolare Antica 623, Capo d'Orlando, ☎ 0941 95 72 35.

# se promener

L'animation de la cité se développe autour de la via Piave, bordée de magasins et parallèle au bord de mer où s'étend la très belle plage.

Un petit escalier situé au bout du promontoire mène au **sanctuaire de Ste-Marie de Capo d'Orlando** (17ᵉ s.), bâti sur les ruines du château d'Orlando, dont on admirera le **site panoramique★**. Un important pèlerinage y a lieu chaque année lors de la fête du 22 octobre.

# circuits

## Le long de la côte : de Capo d'Orlando à Capo Calavà

*20 km environ le long de la SS 113 Messine-Palerme en direction de Messine.*
Après avoir dépassé le cap, la route qui longe le bord de mer offre des **vues★** magnifiques, plages à perte de vue et mer d'un bleu azur intense ponctuée de rochers et de petites localités balnéaires.

### Thermes de Bagnoli

*Avr.-sept. : 9h-19h ; oct.-mars : 9h-14h. Gratuit.* ☎ *0941 95 54 01.*
À proximité de San Gregorio, faubourg Est de Capo d'Orlando, des fouilles dans le quartier de Bagnoli ont mis au jour des thermes qui appartenaient à une villa romaine de l'Empire : on visite le **frigidarium** *(pièces 1-2-3)*, le **tepidarium** *(pièce 4)* et le **caldarium** *(pièces 5 et 6)*, où l'on voit encore les **suspensuræ** pour le système de chauffage des salles, ainsi que des mosaïques à motifs géométriques *(pièces 4, 5 et 6)*.

## Villa Piccolo, à Calanovella

*Au km 109 de la SS 113 Messine-Palerme. (♿) De mi-juin à mi-sept. : 9h-12h, 17h-19h30 ; le reste de l'année : 9h-12h, 16h-18h. Fermé j. fériés nationaux. 3€.*
☎ *0941 95 70 29 ; www.fondazion epiccolo.it*

C'est aux derniers héritiers des Piccolo que l'on doit la présence d'un musée-fondation dans cette villa de style fin de siècle, où ils vécurent à partir des années 1930. Les membres les plus connus de cette famille d'artistes sont Lucio (mort en 1969), le poète, et Casimiro, passionné de peinture, de photographie et de sciences occultes. Leur cousin, **Giuseppe Tomasi di Lampedusa**, venait souvent leur tenir compagnie, et

« Le Grand Vizir », de Casimiro Piccolo

*Fondation « Famiglia Piccolo di calanovella »*

c'est dans le calme de cette villa qu'il écrivit une bonne partie de ses œuvres. Dans sa chambre, on peut encore voir une de ses lettres adressées aux Piccolo, ainsi que son lit, au chevet en ivoire et nacre figurant le baptême de Jean (facture de l'école de Trapani du 17ᵉ s.). À voir aussi, des porcelaines chinoises de Faenza et de Capodimonte, dont un très beau vase de style hispano-mauresque du 10ᵉ s., des services de plats, des armes anciennes, des cruches en céramique de Caltagirone des 17ᵉ-18ᵉ s., ainsi qu'une passionnante collection d'**aquarelles**★ de Casimiro Piccolo, révélant un monde fantastique de gnomes, d'elfes, de fées et de papillons baignant dans une étrange atmosphère de lumière diffuse. Avant de quitter la villa, se promener encore sous les pergolas du parc, où se trouve le **cimetière des chiens** de la famille.

## Brolo

Après avoir été un port très actif jusqu'à la fin du 17ᵉ s, Brolo est aujourd'hui une station balnéaire, fière de son château médiéval bâti au 15ᵉ s. par les Lancia *(privé)*. L'arche d'entrée surmontée de l'écusson de la famille arbore les trois poires de la baronnie de Piràino.

*Après avoir passé Brolo, prendre à droite au carrefour en direction de Piràino.*

## Piràino

Couvrant un beau site panoramique en sommet de colline, Piràino a conservé son plan médiéval émaillé d'édifices religieux. Selon la légende, le bourg aurait été fondé par le Cyclope Piracmone, un des trois assistants de Vulcain, légende associée à la découverte dans des grottes voisines d'ossements de grande dimension pris pour ceux des Cyclopes.

La rue principale du bourg est bordée d'églises. *Juin-août : 10h-12h, 18h-20h ; sept.-mai : 10h-12h. Si les églises sont fermées, il est possible d'en obtenir la clé auprès de l'Office de tourisme de la commune,* ☎ *0941 58 14 07.*

L'**église du Rosaire**, la plus à l'Est, reconstruite en 1635, a conservé son campanile du 16ᵉ s. et renferme de très beaux ouvrages en bois : un **plafond** à caissons et des rosaces de style byzantino-normand, un singulier **maître-autel** décoré de peintures florales (première moitié du 17ᵉ s.), et des médaillons appliqués représentant *Les Mystères du Rosaire*. Au centre de l'autel figure un groupe en bois de la Vierge et des saints. Un peu plus loin, l'**église de la Chaîne** (Catena), élevée au cours de la seconde moitié du 17ᵉ s., a abrité les premières élections organisées après l'unification de l'Italie. On peut y voir des **fresques** de style byzantin, retrouvées dans l'église de l'abbaye.

Puis on arrive sur la piazza del Baglio qui doit son nom au *baglio (voir p. 97)* qui donnait accès au **palais ducal** construit par les Lancia aux 15ᵉ et 16ᵉ s.

En poursuivant encore vers l'Ouest, on atteint le point culminant de la ville, dominé par la **tour sarrasine** ou Torrazza (10ᵉ s.). Elle faisait partie d'un système de guet qui, partant de la **tour delle Ciavole** (16ᵉ s.), sur la côte, communiquait avec la **Guardiola**, au Nord de la ville, et ensuite avec la Torrazza. De la terrasse de la tour, restée intacte, on a un splendide **panorama**★ sur les toits de Capo d'Orlando qui s'étendent en contrebas.

Tout à l'Ouest du bourg, on trouvera l'**église Ste-Catherine-d'Alexandrie** datant du 16e s., remaniée au 17e s. Elle abrite un autel en bois décoré de motifs floraux, et un pilastre (*à droite de l'autel*) orné d'un bas-relief montrant la sainte victorieuse de l'infidèle.

En revenant vers la côte, on aperçoit sur la gauche la **tour delle Ciavole** (*voir ci-dessus*). Continuer jusqu'à **Gioiosa Marea**, petite station balnéaire, puis suivre les panneaux en direction de San Filippo Armo et San Leonardo (*9 km environ*) pour rejoindre Gioiosa Guardia.

### Ruines de Gioiosa Guardia

Abandonné au 8e s. par ses habitants qui venaient de fonder Gioiosa Marea, ce bourg situé à 800 m d'altitude ne présente plus que des ruines. Mais quelles ruines ! Émouvantes, envahies par la végétation, elles s'ouvrent dans un silence fascinant sur un **panorama**★ splendide.

*Redescendre sur la côte, et prendre le chemin du* **cap Calavà**, *spectaculaire éperon rocheux.*

# Carini

Une route effectue de grands lacets pour conduire à cette charmante petite ville, située sur une colline face au golfe du même nom. La masse élégante de son château la domine, entourée d'habitations médiévales et des ombres tragiques de l'infortunée baronne Laura et de son amant.

### La situation

*24 907 habitants – Carte Michelin n° 565 M21 ou Atlas Italie p. 86 – Palerme.* Situé dans l'immédiat arrière-pays du golfe du même nom, Carini se trouve à environ 20 km de Palerme, à laquelle elle est également reliée par des services réguliers d'autobus.

*Vous pouvez poursuivre votre voyage en visitant : Le Golfe de CASTELLAMMARE, MONREALE, PALERMO.*

> #### UN PEU D'HISTOIRE
> Carini s'enorgueillit de ses origines légendaires. Probablement fondée par Dédale sous le nom d'Hyccara, en mémoire d'Icare, elle fut détruite par les Athéniens en 415 avant J.-C. pour renaître avec les Phéniciens et devenir, après la conquête romaine, une cité à la solde de l'Empire. Après diverses vicissitudes, elle devint le fief des très puissants Chiaramonte, des Moncada (14e s.) et enfin des La Grua-Talamanca, du 15e s. à nos jours.

## se promener

Le corso Umberto I est l'artère principale de Carini. Un peu plus loin, l'escalier en fer à cheval qui entoure la fontaine médiévale de l'abbaye mène, en passant sous un arc du 12e s., aux étroites ruelles du vieux bourg et au château.

**Castello** – *9h-13h, 15h-19h. Gratuit.* ☎ *091 86 11 341 ou 091 86 11 339.*

Rendue célèbre par la tragique histoire de la **baronne de Carini**, la forteresse de la période normande fut profondément remaniée au cours des siècles, en particulier par les La Grua-Talamanca. Au rez-de-chaussée, on voit le **salon des Vivres** (salone delle Derrate), transformé par la suite en bibliothèque, avec deux arcs en pierre du 15e s. s'appuyant sur un épais pilier. À l'étage supérieur, on admirera le **plafond** de bois à caissons (15e s.) du **salon des Fêtes** (salone delle Feste), aux superbes stalactites de style gothico-catalan ; de là, on accède à la tour carrée qu'adoucit une fenêtre géminée couronnée de consoles à motifs végétaux qui rythment une série de meurtrières.

*Revenir sur le corso Umberto I.*

Juste en face de la fontaine se trouve l'**église San Vincenzo**, embellie d'une grille en fer forgé pour les pièces réservées aux religieuses du couvent contigu, et décorée de stucs à festons blancs et dorés, de *putti* et de grotesques de style néoclassique.

Au bout du corso Umberto I s'ouvre la **piazza del Duomo** avec, sur sa droite, l'église San Vito (St-Gui), et, sur la gauche, l'église principale.

---

#### AMOUR ET TRAGÉDIE

Cela se passe en 1563. La belle et jeune Laura Lanza, fille du comte Mussomeli et épouse de don Vincenzo La Grua, tombe amoureuse de Ludovico Vernagallo, qui lui rend son amour. Le père de la jeune femme essaye de mettre fin à l'idylle, mais rien ne peut éteindre la passion des deux jeunes gens. Avec la complicité de la nourrice de la jeune femme, les deux amants projettent de célébrer un mariage secret et de s'enfuir. Le drame se joue un 4 décembre ; les jeunes amoureux prononcent le vœu de fidélité réciproque devant le chapelain mais... surgit, furieux, le père de Laura. Les deux amants sont tués. L'honneur de la famille est sauf, on étouffe l'histoire, personne d'autre n'est inquiété. Avec le temps, ce drame prend des allures de légende et devient l'un des sujets favoris des ménestrels et des poèmes populaires.

## Chiesa Madre

*La chiesa madre, de même que les autres églises de la ville, se visite sur demande aux horaires indiqués pour la visite du château.* ☎ *091 86 11 341 ou 091 86 11 339.* Très remaniée au 18ᵉ s., elle possède sur la façade droite des arcades et d'intéressants panneaux en céramique, représentant la Crucifixion, l'Assomption, sainte Rosalie et saint Gui (1715). À l'**intérieur**, on peut admirer une *Adoration des Mages*, chef-d'œuvre du peintre toscan Alessandro Allori (1578), artiste de renom à la cour des Médicis, et, dans la chapelle qui porte son nom, un précieux crucifix en bois du 17ᵉ s. avec une croix d'agate et une couronne d'argent, placé sur un imposant autel encadré de statues en stuc expressives réalisées par Procopio Serpotta.

## Oratorio del SS. Sacramento

Édifié à côté de la *chiesa madre* vers le milieu du 16ᵉ s., l'oratoire est entièrement revêtu à l'intérieur d'une merveilleuse décoration en **stuc**★★ (18ᵉ s.), œuvre de Vincenzo Messina, originaire de Trapani. On peut y découvrir des figures allégoriques grandeur nature : la Foi, la Charité, la Fermeté, et la Pénitence, à gauche ; l'Espérance, la Justice, la Grâce divine et l'Église catholique, à droite, ainsi que, sur des consoles placées au-dessous des fenêtres, des personnages plus petits illustrant des scènes du mystère de l'Eucharistie. L'ensemble est enrichi de motifs décoratifs typiques de Serpotta : *putti*, guirlandes de fleurs et de fruits, blasons, grotesques. Au plafond, la fresque du *Triomphe de la Foi*.

## S. Maria degli Angeli

*Dans la via Curreri, derrière l'église principale.* L'église de l'ancien couvent des capucins présente une nef unique avec de belles chapelles latérales ornées de bois sculpté. On y voit un **crucifix** en bois de toute beauté de Fra' Benedetto Valenza (1737), qui exécuta aussi le décor rococo de la chapelle qui l'abrite ; de petits reliquaires y sont enchâssés.

## Gli Agonizzanti

*Via Roma.* Terminée en 1643, l'église possède une riche **décoration de stucs**★ blanc et or, composée de gracieux *putti*, d'aigles, de guirlandes de fleurs et de fruits, autour de fresques qui illustrent la vie de la Vierge, avec, dans la partie supérieure de la voûte, la fresque de *l'Apothéose de la Vierge*. Au centre des parois latérales, sous les fresques, deux petites scènes en stuc représentent la mort de saint Joseph et celle de la Vierge.

---

# *alentours*

## Terrasini

*15 km à l'Ouest.* Face à la mer, la petite cité balnéaire de Terrasini s'adosse à une haute **paroi rocheuse**★ rouge, creusée par endroits de calanques enchanteresses abritant de petites plages. Elle possède également un intéressant **Museo civico**, dont l'installation, dans trois endroits différents, ne rend pas justice à la qualité des collections. L'exposition la plus importante est consacrée aux **sciences naturelles** *(via Cala Rossa, 8)*, avec pour fleuron la riche collection ornithologique Orlando aux extraordinaires spécimens naturalisés de corbeaux, d'oiseaux de nuit, de cigognes et de rapaces, parmi lesquels des espèces en voie

Les falaises rouges de Terrasini.

M. Magni/MICHELIN

---

### CALENDRIER

**La fête des schietti** – Le samedi avant Pâques tous les *schietti*, « hommes sincères », en fait les célibataires, taillent un bigaradier (oranger aux fruits amers) en forme de boule, puis l'ornent de rubans multicolores et de *ciancianieddi*, colliers de grelots de formes variées. On porte à travers la ville l'arbre ainsi décoré, qui pèse environ 50 kg. Le dimanche matin, il est bénit sur la place de la *chiesa madre*. Ensuite, sous les encouragements de ses compagnons, chaque *schietto* se rend à la maison de sa *zita* ou fiancée, et doit démontrer sa force en maintenant l'arbre le plus longtemps possible dressé sur la paume de sa main.

Aujourd'hui, cette coutume n'est plus qu'une fête populaire, mais autrefois c'était une véritable épreuve de virilité : si le promis ne réussissait pas à soulever son bigaradier ou s'il ne le maintenait pas assez longtemps debout, cela pouvait entraîner la rupture des fiançailles.

d'extinction ou très rares comme le griffon, l'aigle impérial et le coq de bruyère. Dans la section **archéologique** *(piazza Falcone e Borsellino, à côté de la mairie)* sont exposés des vestiges retrouvés en mer près de Terrasini, notamment des fragments d'amphores du 3ᵉ s. avant J.-C. et des objets provenant d'un navire romain du 1ᵉʳ s. après J.-C. La section d'**ethno-anthropologie** *(via C.A. Dalla Chiesa, 42)* est en fait le **Museo del Carretto Siciliano★**, où il est possible d'observer de très belles charrettes siciliennes, provenant notamment de Palerme et de Trapani. *En cours de transfert au moment de la rédaction de ce guide. Pour toute information ☎ 091 86 82 652.*

# Golfe de **Castellammare★★**

Le superbe golfe présente de douces collines séparées par d'âpres reliefs montagneux ; il est dominé à l'Ouest par la masse imposante du Monte Còfano qui surplombe le promontoire de Capo San Vito. La région, outre ses splendides paysages côtiers et ses célèbres stations touristiques, offre la possibilité d'excursions culturelles parmi les châteaux, les madragues, les bagli et les sites archéologiques, parfaitement insérés dans un paysage à la fois touristique et agricole.

## La situation
*Carte Michelin nº 565 N 20 ou Atlas Italie p. 85 – Trapani.* Le golfe de Castellammare s'étend entre le Capo San Vito et le Capo Rama. La belle route panoramique suit la côte jusqu'à Scopello, s'interrompt à la Riserva dello Zingaro puis reprend au début du Capo San Vito. Entre Scopello et San Vito lo Capo, il faut donc suivre la route intérieure. 🛈 *Via Savoia 57, San Vito lo Capo ☎ 0923 97 24 64, fax 0923 97 43 00. Pour poursuivre votre voyage en visitant : CARINI, ERICE, MONREALE, PALERMO, SEGESTA.*

## visiter

### Castellammare del Golfo
Blottie dans le **golfe** du même nom, cette petite cité était autrefois le port et le comptoir marchand des villes de Ségeste et d'Erice. C'est aujourd'hui une station balnéaire, fière du **château médiéval** dont elle tire son nom.

Après Castellammare del Golfo, une route grimpe la rude montagne qui dévoile un magnifique **panorama★** *(aire de stationnement)* sur la ville et le port. La route conduit à Scopello.

## carnet pratique

des tables en bois, et d'une salle intérieure plus raffinée. Vous y goûterez des plats traditionnels à base de poisson et de bonnes pizzas cuites au four à bois.

## HÉBERGEMENT

### CASTELLAMMARE DEL GOLFO

😊 **Arabesque Agriturismo** – *Località Manostalla, Balestrate - 10 km à l'E de Castellammare, sortie Balestrate depuis la A 29 - ☎ 091 87 87 755 - fax 091 89 87 663 - agriturismoarabesque@tin.it - 🍴 - 43/88€* 🛏. Idéalement situé au milieu des vignes et des oliviers ; à seulement 2 km de la côte, ce bel établissement réjouira petits et grands avec sa piscine, ses jeux pour enfants et de quoi jouer à la pétanque et au ping-pong. Et pour les amoureux de la nature, demandez un VTT et lancez-vous sur les chemins !

😊 **Hotel Punta Nord Est** – *Viale Leonardo da Vinci 57, Castellammare del Golfo - ☎ 0924 30 511 - fax 0924 30 713 - puntanordest@tiscalinet.it - 🅿 🖂 - 58 ch. : 70/84€ - 🛏 7€.* Cet hôtel se situe en bord de mer et possède un accès privé à une petite plage. À l'intérieur, les chambres spacieuses, confortables et lumineuses, sont meublées dans des tons clairs très agréables.

### SAN VITO LO CAPO

😊 **El Bahira Campeggio** – *Località Salinella, Bahira - 4 km au S de San Vito Lo Capo - ☎ 0923 97 25 77 - info@elbahira.it - 🍴 - 10€.* Ce camping conviendra à tous les types de touristes. Il offre en effet aussi bien des emplacements de tentes, de camping-cars et de caravanes que des bungalows et des studios. Il propose également toutes sortes d'activités, sportives ou autres.

😊 **La Pineta Campeggio** – *Via. Del Secco 88, San Vito Lo Capo - ☎ 0923 97 28 18 - fax 0923 97 40 70 - lapineta@camping.it - fermé nov. - 29,10€.* Il existe une quarantaine de chambres disponibles dans les bâtiments même du camping, auxquelles s'ajoutent bien entendu de nombreux emplacements réservés aux campeurs. Et pour ceux qui apprécient l'ombre et la fraîcheur, il leur suffit de s'installer à l'abri de la pinède.

😊 **Halimeda** – *Via Generale Arimondi 100, San Vito Lo Capo - ☎ 0923 97 23 99 - fax 0923 97 23 99 - info@hotelhalimeda.com - 🖂 🚻 - 9 ch. : 52/78€ - 🛏 5,20€.* Un petit hôtel plein de caractère. Une gestion jeune et dynamique a su innover et personnaliser cet établissement simple, qui offre des chambres originales et une belle véranda.

😊 **L'Agave** – *Via Nino Bixio 35, San Vito Lo Capo - ☎ 0923 62 10 88 - lagavevito@libero.it - fermé nov. - 🖂 - 10 ch. : 65/90€ - 🛏 4€.* Ce petit hôtel de construction récente ne propose pour l'instant qu'une dizaine de chambres, mais différents projets d'agrandissement sont déjà sur pied. Vous y passerez un séjour tranquille et profiterez d'équipements et de services modernes.

😊 **Al Tair Hotel** – *Via Duca degli Abruzzi 83, San Vito Lo Capo - ☎ 0923 97 25 33 - fax 0923 62 11 98 -hotel_al-TAIR@libero.it - fermé nov.-fév. - 🅿 🖂 🚻 - 9 ch. : 65/98€* 🛏. Un hôtel récemment ouvert mais qui possède déjà un style indéniable avec ses marbres de différentes provenance et ses chambres d'inspiration tunisienne (petites tables, objets de décoration). Le petit-déjeuner est servi dans le petit jardin à l'arrière du bâtiment.

### SCOPELLO

😊 **Tranchina** – *Via A. Diaz 7, Scopello - ☎ 0924 54 10 99 - fax 0924 54 10 99 - 10 ch. : 50/75€* 🛏. Cette pension de famille située en plein centre de la petite ville possède 10 chambres toutes différentes, au mobilier en bois. L'endroit est soigné et bien tenu, et vous serez accueilli cordialement. La cuisine y est également délicieuse.

## CALENDRIER

**Festa di Maria SS. del Soccorso** – Du 19 au 21 août, à Castellammare del Golfo, se déroule la fête de la sainte patronne de la ville. Une belle procession est organisée en mer, pendant laquelle sont posées sur l'eau des milliers de petites bougies flottantes.

**Cous cous fest** – À San Vito Lo Capo, en septembre (dates variables), a lieu un festival consacré à la gastronomie et à l'œnologie méditerranéennes, qui s'accompagne de concerts de musique ethnique et de rendez-vous culturels. Pour toute information, consulter le site www.sanvitocouscous.com

## Scopello

C'est une petite bourgade balnéaire dominée par le **baglio** *(voir p. 97)* du 18ᵉ s. qui donne sur la place centrale. Sur le parcours, après un virage, un petit chemin creux sur la droite, qui peut se faire à pied, mène à la madrague.

**La « tonnara »** – Cette pêcherie, témoin d'une activité autrefois florissante grâce à une mer extraordinairement poissonneuse, est aujourd'hui à l'abandon. Elle a, hors saison du moins, le charme des lieux délaissés, accentué par le silence qui l'entoure et que seul rompt le bruit des vagues. Les installations où était pratiquée la cruelle *mattanza* (mise à mort des thons qui ont été pris dans la madrague, système de filets spécial) sont restées intactes ; on peut voir, reposant sur l'un des côtés, les ancres utilisées pour les filets.
En été en revanche, les lieux sont envahis de baigneurs. On y profite d'une belle vue sur les *faraglioni* (îlots rocheux), qui rappellent leurs compagnons plus célèbres de Capri *(voir le Guide Vert Italie).*

*Il était une fois la pêche au thon...*

### Riserva naturale dello Zingaro★

*La réserve « du Gitan » s'étend sur le territoire compris entre Scopello et San Vito lo Capo. On peut y accéder par ces deux villes. Pour toute information sur les horaires et les prix ☎ 0924 35 093 ou 800 11 66 16 (numéro vert) ; www.riservazingaro.it*

Première réserve naturelle instituée en Sicile, elle s'étend sur environ 7 km et couvre 1 650 ha. Son sentier principal serpente le long de la côte, en surplomb au-dessus de la mer. Il dévoile une succession de magnifiques **panoramas★** agrémentés de criques, baies, plages (dont la plupart sont accessibles), parois vertigineuses et promontoires rocheux, révélant tout le charme de cette zone protégée. La riche végétation méditerranéenne (environ sept cents espèces) laisse apparaître par endroits le sol rougeâtre, contrastant avec le vert intense des palmiers nains, celui plus clair des lauriers, agaves, asphodèles et figuiers de Barbarie, ou le jaune vif des astragales en fleur. D'autres sentiers tout aussi charmants ont été tracés pour explorer l'intérieur de la réserve. Le paysage se diversifie, et l'on rencontre des spécimens de frênes à manne.

La réserve abrite, grâce à la présence de différentes niches écologiques, de nombreuses espèces animales, oiseaux en particulier (on y compte trente-neuf espèces, dont le faucon pèlerin, l'aigle de Bonelli et la crécerelle) et petits prédateurs.

Le Zingaro conserve aussi des témoignages de la présence humaine au cours des siècles. La grotte de l'Uzzo recèle des vestiges du néolithique et du mésolithique. On découvre aussi de petites implantations rurales, comme le baglio Cusenza et sa vingtaine d'habitations bien conservées, et la Tonnarella dell'Uzzo.

*Depuis Scopello, il n'existe pas de liaison routière par la côte pour rejoindre San Vito lo Capo. Pour vous y rendre, vous devrez donc revenir sur vos pas pendant quelques kilomètres puis tourner à droite et suivre la route en direction de Castelluzzo.*

La route qui grimpe de **Custonaci** jusqu'au cap offre de belles **vues**★ sur le golfe del Cofano (du Coffre). Avant d'atteindre San Vito, on aperçoit sur la gauche une tour du guet du 16ᵉ s., silhouette familière de la région, puis on passe la chapelle **Santa Crescenzia** (16ᵉ s.), dont la forme cubique est typique ici.

### San Vito lo Capo ⌂⌂

Réputée surtout pour la beauté de son rivage, la station balnéaire possède une baie et une plage enchanteresses baignées d'eaux cristallines aux teintes changeantes, passant de l'azur le plus pur au vert et au bleu profond.

Le petit village tout blanc, qui s'est développé à partir du 18ᵉ s., est resserré autour de sa *chiesa madre*. L'église rappelle avec sa forme carrée et massive son origine de forteresse sarrasine. À l'intérieur se dressait autrefois une petite église consacrée à saint Gui (Vito) où, dit-on, le saint aurait vécu et qui, devenue trop petite pour accueillir tous les pèlerins, a été agrandie jusqu'à englober ses murs de « protection ».

### Le Capo San Vito et le Golfo del Còfano

En quittant San Vito vers l'Est, après avoir passé la pointe de Solanto, on peut voir sur la gauche la **tonnara del Secco**, ancienne pêcherie au thon aujourd'hui à l'abandon, et on rejoint la solitaire **tour dell'Impiso** (du Pendu, visible seulement au retour et non à l'aller), qui est une tour de guet. Au bout de la route s'étend la belle réserve du Zingaro.

*Revenir à San Vito et prendre la direction de Castelluzzo. Traverser la ville puis tourner à droite en direction de Custonaci. S'engager ensuite sur la route qui longe le mont par la droite.*

**Mont Cofano** – Classé réserve naturelle, l'impressionnant pic calcaire offre avec le golfe qui le baigne un magnifique **spectacle**★ d'abruptes parois rougeâtres se reflétant dans une eau cristalline. Sur le flanc de la montagne, on a ouvert plusieurs carrières d'extraction du marbre perlé de Sicile *(perlato di Sicilia)* dont la blancheur contraste avec le brun de la roche brute. À proximité des carrières, au hameau de **Scurati** *(suivre les indications)* se trouve la **grotte Mangiapane** dont l'intérieur abrite un petit village rural complet, avec sa chapelle et sa rue empierrée. Le charme de ce lieu abandonné, avec ses maisons carrées couleur terre brûlée à l'aspect un peu mexicain, revit au moment de Noël, quand on y installe une jolie crèche vivante.

## *alentours*

### Alcamo

*Environ 11 km au Sud de Castellammare del Golfo.* Ce nom évoque immédiatement celui de **Cielo d'Alcamo**, auteur de la célèbre *Rosa Fresca Aulentissima*, écrite au 13ᵉ s., qui marque les débuts de la littérature en langue populaire. Un simple coup d'œil à cette riche contrée de vignobles amène vite à des considérations plus terre à terre mais bien agréables : ainsi, l'alcamo est un vin blanc sec produit localement. Des œuvres des **Gagini** (16ᵉ s.) et de **Serpotta**, l'un des plus grands maîtres du baroque, ornent aussi bien les églises S. Oliva, S. Francesco d'Assisi et S. Salvatore que l'imposante **basilique Santa Maria Assunta**, qui possède aussi une belle chapelle datant du 15ᵉ s.

Sur la piazza della Repubblica, transformée en jardin, le **château des comtes de Modica** (14ᵉ s.) au plan en losange, avec côté Nord une belle fenêtre géminée de style gothique, dresse deux tours carrées et deux tours rondes.

# Castelvetrano

Le nom de la commune est Castelvetrano-Selinunte et la réputation du site archéologique a tendance à occulter l'intérêt touristique de ce petit bourg agricole, où se sont développées des activités liées à la culture de la vigne et de l'olivier.

### La situation

*30 160 habitants – Carte Michelin nᵒ 432 N 20 ou Atlas Italie p. 85 - Trapani.* La ville est située à une dizaine de kilomètres de la côte et de Sélinonte. Le premier édifice que l'on aperçoit en arrivant est l'hôpital, immense cube vitré de construction récente, derrière lequel s'étend la vieille ville. 🏛 *Piazza Generale Cascino,* ☎ *0924 90 91 28.*

*Vous pouvez poursuivre votre voyage en visitant : MAZARA DEL VALLO, SCIACCA, SELINUNTE.*

# se promener

Le centre, organisé autour des **piazze Umberto I** et **Garibaldi** voisines, rassemble presque tous les grands monuments de la ville.

## Piazza Garibaldi
La place est entourée de beaux édifices, comme la *chiesa madre* et l'**église du Purgatoire** (aujourd'hui un auditorium), dont la façade ornementée de frises classiques, faux balcons, volutes et niches abritant des statues, présente un style intermédiaire entre le maniérisme tardif et le baroque. On voit à côté le **théâtre Selinus** du 19ᵉ s., qui a conservé son rideau de scène originel.

## Chiesa madre
L'église a gardé son aspect du 16ᵉ s. La façade à saillants, percée d'un portail décoré de guirlandes végétales encadré de deux bandes lombardes, s'orne d'une rosace au second niveau. Les côtés sont couronnés de merlons en queue d'aronde. Le plan basilical, à trois nefs traversées d'un double transept se terminant par trois absides (celle du centre est carrée et non semi-circulaire), est typique des églises normandes. Les **stucs★** de toute beauté qui ornent l'arc de triomphe sont attribués à **Gaspare Serpotta** (17ᵉ s.), le père du célèbre Giacomo. Une nuée d'angelots soutiennent des drapés et des guirlandes, et jouent de la musique. Cette décoration est reprise de façon plus sobre sur l'arc qui ferme la croisée du transept.
La poutre centrale du plafond à caissons, peinte de figures allégoriques, porte deux dates : 1564 et 1570.

## Piazza Umberto I
La ravissante petite place qui s'ouvre à gauche de l'église permet de découvrir la tour-clocher, invisible au premier abord. Elle s'orne de la belle fontaine de la Nymphe, édifiée au 17ᵉ s. pour commémorer la restauration d'un aqueduc (la statue se trouve dans une niche en hauteur).
Un peu plus loin, sur la piazza Regina Margherita, embellie d'un agréable jardin public, s'élève la façade très dépouillée de **San Domenico** (15ᵉ s.), ancienne annexe du couvent (aujourd'hui un lycée) dont on peut admirer le cloître *(entrée à droite de l'église)*. De l'autre côté de la place se dresse l'église **San Giovanni** du 17ᵉ s., avec sa façade à saillants, complétée par une imposante tour-clocher.

# visiter

## Museo Selinuntino
*Via Garibaldi 50. Avr.-oct. : 9h30-13h30, 15h30-19h30 ; nov.-mars : 9h30-13h30, 14h30-18h30. 2,50€. ☎ 0924 90 49 32.*
Ce palais du 16ᵉ s., autrefois résidence de la famille Majo, abrite aujourd'hui un musée présentant une collection de pièces provenant des fouilles archéologiques de Sélinonte. La belle organisation de l'exposition rend justice à la pièce la plus intéressante, le célèbre **Éphèbe de Sélinonte★**, une élégante statuette en bronze de jeune homme datant d'environ 460 avant J.-C. Une niche abrite une belle *Madone à l'Enfant* de Francesco Laurana, qui provient de l'église de l'Annonciation. La visite se poursuit au premier étage, où sont présentés des objets de culte et trois bas-reliefs de l'artiste contemporain Giuseppe Lo Sciutto.

# alentours

Santissima Trinità di Delia.

## S. Trinità di Delia
*4 km à l'Ouest de Castelvetrano. Suivre les indications au départ de la place Umberto I. L'église fait partie du Baglio Trinità. Sur place, demander les clés au Signore Stefano Saporito. ☎ 0924 90 42 31.*
Cette charmante église arabo-normande (12ᵉ s.) en forme de croix grecque s'inscrit dans un carré, prolongé de trois absides et surmonté d'un dôme de couleur rose. Les murs sont ornés de fenêtres ogivales à broderie de pierre ajourée, soulignées de profondes embrasures. À l'intérieur, la coupole sur pendentifs, élément typique de l'art musulman, repose

B. Kaufmann/MICHELIN

sur quatre colonnes de marbre à chapiteaux corinthiens. Les absides, ornées de gracieuses colonnettes, ainsi que la crypte renferment les sépultures des Saporito, puissante famille de la région au 19e s.

À quelques mètres de l'église, de l'autre côté de la route, le **domaine forestier Trinità** offre son refuge de verdure ombragé d'eucalyptus, de palmiers et de pins. Dans cet endroit aménagé d'aires de pique-nique, on découvre le charmant petit **lac artificiel Trinità**.

### Riserva naturale Foce del fiume Belice e dune limitrofe

*12 km au Sud, entre Marinella di Selinunte et Porto Palo di Menfi. Pour les visites guidées, s'adresser via Vivaldi 100, Marinella di Selinunte, ☎ 0924 46 042.* Les dunes déplacées et sculptées par le vent font de cette réserve un endroit splendide. Le milieu palustre que crée l'embouchure du fleuve Belice attire en outre plusieurs espèces d'oiseaux, ainsi que la tortue caretta-caretta (ou tortue caouanne, *voir p. 226*).

**ADRESSE**

**Baglio San Vincenzo** –
*Via Leopardi 11, contrada San Vincenzo, Menfi, 10 km au NE de Porto Palo di Menfi -* ☎ *339 24 26 103 - fax 0925 71 123 - www.bagliosanvincenzo.it - fermé de mi-janv. à mi-fév. - 13 ch. : 62/129€* ☑ *- rest. 20/25€.* La campagne sicilienne et le légendaire bon sens rural font de cette adresse un endroit vraiment unique. On y séjourne dans un édifice du 17e s. soigneusement réhabilité. Les propriétaires produisent et vendent également de l'huile et du vin.

# Catania★

## Catane

Plusieurs fois parvenue à renaître de ses cendres après des éruptions, des tremblements de terre ou des guerres, Catane est la ville de l'Etna par excellence. Elle entretient avec le volcan un rapport vivant et permanent, en dépit des nombreuses fois où il a trahi sa confiance en déversant sa lave jusqu'à l'intérieur de ses murs. La silhouette du volcan n'est pas seule à le rappeler, mais aussi la couleur sombre du crépi des maisons et de la pierre de lave des portes et des monuments. Catane se décline en noir et blanc, couleurs dominantes formant un contraste évocateur qui se retrouve sur l'éléphant de la piazza Duomo, symbole de la ville.

Patrie du musicien Vincenzo Bellini et de l'écrivain Giovanni Verga, Catane est une ville élégante et populeuse : son port actif contribue au dynamisme de la ville et son intense activité industrielle liée à la haute technologie lui a valu le surnom d'Etna Valley, par référence à la Silicon Valley californienne.

### La situation

*336 222 habitants – Carte Michelin n° 565 O27 (avec plan général) ou Atlas Italie p. 89 - Plan d'agglomération dans le Guide Rouge Italia.* Lorsqu'en 1836 l'urbaniste William conçoit son projet pour la ville australienne d'Adélaïde, il propose de reprendre le plan du centre historique de Catane, qu'il avait visitée quelques années auparavant. Le plus difficile à exporter reste cependant le trafic urbain, aussi dense qu'indiscipliné : mieux vaut donc garer son véhicule dès que possible afin de profiter plus tranquillement de l'agréable centre historique. Catane est l'une des villes les plus chaudes d'Italie en été, quand la température dépasse 40 °C : il est par conséquent préférable de prévoir sa visite aux heures les plus fraîches de la journée. ☑ *Via Cimarosa 10, ☎ 095 73 06 211, fax 095 34 71 21 ; www.turismo.catania.it/ Vous pouvez poursuivre votre voyage en visitant : ACIREALE, CALTAGIRONE, ETNA, GIARDINI NAXOS, SIRACUSA, TAORMINA. Catane est le point de départ du circuit « La Circumetnea », décrit p. 212.*

## *comprendre*

*Katane*, fondée par des colons grecs aux alentours de 724 avant J.-C., fut une cité florissante à l'époque romaine, comme en témoignent les nombreux vestiges qui nous sont parvenus. Le siècle « noir » de la cité a sans conteste été le 17e s. qui a vu en une vingtaine d'années la ville disparaître en 1669 sous la lave, crachée par des orifices très bas ouverts non loin de Nicolosi, puis s'écrouler en 1693 lors d'un terrible tremblement de terre. Le siècle suivant est celui de sa renaissance, marquée par un nouveau tissu urbain composé de grandes artères, de vastes places et de monuments baroques. Le principal maître d'œuvre de ce renouveau urbain est l'architecte **Giovanni Battista Vaccarini** (1702-1768).

Le caractère baroque omniprésent de Catane cache souvent les marques d'un passé plus ancien : le théâtre antique, l'odéon et l'amphithéâtre sont dissimulés sous les magnifiques palais du 18e s.

*« U'liotru », don de Vaccarini à la Fontana della Minerva de Rome.*

## se promener

### Piazza del Duomo★

Centre de la ville dessiné par Vaccarini, la place doit son harmonieux aspect baroque aux édifices qui l'entourent. La **fontaine de l'Éléphant**, symbole de Catane, fait face à la **fontaine de l'Amenano**, du 19e s., plus en retrait sur le côté Sud devant les palais des Clercs *(Chierici)* et Pardo qui lui servent de décor. La place est dominée par la façade du Dôme, que jouxtent sur la droite le palais épiscopal et la porte Uzeda. Un peu en retrait sur la gauche s'élève l'abbaye Ste-Agathe. Le côté Nord de la place est occupé en quasi totalité par l'élégante façade, due à Vaccarini, du **palais du Sénat ou des Éléphants**, siège de la mairie, dans la cour duquel sont exposées deux berlines sénatoriales et une charrette de la fin du 19e s.

### Fontana dell'Elefante

Symbole de Catane, elle fut réalisée en 1735 par Vaccarini et évoque l'obélisque de la piazza della Minerva à Rome. Sur un haut socle en pierre, un éléphant de lave de l'époque romaine porte sur son dos un obélisque rapporté d'Égypte, recouvert de hiéroglyphes relatifs au culte d'Isis, lui-même surmonté des insignes de Sainte Agathe.

J. Malburet/MICHELIN

---

#### À CHEVAL SUR LE LIOTRU SUR LES TRACES DE POLYPHÈME

Le *Liotru*, c'est ainsi que les habitants de Catane surnomment l'éléphant de la piazza Duomo. Il s'agit en fait de la version dialectale d'Héliodore, du nom d'un nécromancien érudit du 8e s. vivant à Catane et qui, disait-on, avait le pouvoir d'animer l'éléphant afin de s'en servir comme monture. Le nom du mage a finalement été utilisé pour désigner l'éléphant lui-même. Le lien de la ville avec l'éléphant n'est pas fortuit, mais renvoie à la présence probable d'éléphants nains en Sicile à l'époque préhistorique et dont le souvenir aurait été conservé grâce au mythe. Ainsi, le visage des Cyclopes homériques serait en réalité une représentation fantaisiste du crâne de ces animaux, dans laquelle l'orbite de leur œil unique figurerait l'orifice de la trompe. Des maquettes de deux éléphants nains retrouvés en Sicile sont exposées au Musée archéologique Paolo Orsi à Syracuse.

---

### Duomo★

*7h-12h, 16h-19h.* ☎ *095 32 00 44.* Consacrée à sainte Agathe, patronne de la ville, la cathédrale a été édifiée à la fin du 11e s. par le Normand Roger Ier, mais reconstruite après le tremblement de terre de 1693. La **façade★** est un des chefs-d'œuvre de Vaccarini. Le long de la via Vittorio Emanuele II, à la hauteur de la cour du palais épiscopal, on peut admirer les grandes **absides** normandes en pierre de lave. Leur aspect massif et les fenêtres hautes et étroites qui font penser à des meurtrières rappellent que le Dôme a été conçu comme église fortifiée.

Le côté Nord présente un beau portail du 16e s., dont l'entablement est animé de *putti*. Sous l'église, à droite du portail d'entrée, subsistent les vestiges des **Thermes Achilliane** *(qu'il est habituellement possible de visiter en empruntant un escalier situé devant l'édifice. Fermeture temporaire).* À l'extérieur, à droite du portail d'entrée, on peut apercevoir les vestiges des **Thermes d'Achille** *(accessibles par une trappe). Thermes fermés au moment de la rédaction de ce guide.*

À l'intérieur, on a mis au jour dans le dallage quelques bases de colonnes de l'édifice normand.

Adossée au second pilier à droite dans la nef centrale, on peut voir la stèle funéraire de Bellini, décédé dans sa demeure de Puteaux et inhumé un premier temps à Paris. Le transept est fermé par deux chapelles auxquelles on accède en passant sous de beaux arcs Renaissance. La chapelle de droite, consacrée à la Vierge, renferme le sarcophage de Constance, épouse de Frédéric III d'Aragon morte en 1363.

L'abside de droite est occupée par la **chapelle de sainte Agathe**, également de style Renaissance, mais plus riche de dorures que la chapelle de la Vierge. Le portail espagnol finement sculpté donne accès aux reliques et au trésor de la sainte. Sur la paroi de droite se trouve le beau monument funéraire du vice-roi

# carnet pratique

## TRANSPORTS

**Comment s'y rendre** – Si l'on arrive par avion, l'aéroport de Fontanarossa, situé à 7 km au Sud de la ville (℡ 095 72 39 111), est desservi par de nombreuses compagnies qui le relient aux principales villes italiennes. L'Alibus relie l'aéroport au centre-ville et la gare FFSS (départ toutes les 20 mn de 5h du matin à minuit). Le tarif est celui d'un billet urbain.

Le terminal des autocars se trouve piazza Giovanni XXIII (gare FFSS). Les services de car SAIS (via d'Amico 181, ℡ 095 53 61 68) et les transports ETNA (via d'Amico 181, ℡ 095 53 27 16) relient Catane aux principales villes et localités touristiques de la Sicile ; l'AST (230 via Sturzo, ℡ 095 74 61 096) assure les liaisons avec les localités de la province de Catane et de Syracuse.

Si l'on choisit le train, la ville est bien reliée à Messine (2h environ) et Syracuse (1h30), tandis que les trains en provenance et en direction de Palerme (un peu plus de 3h) sont moins fréquents. La gare centrale se trouve piazza Giovanni XXIII.

**Transports urbains** – Ils sont gérés par l'AMT (agence municipale des transports), via Plebiscito 747, ℡ 095 73 60 111, www.amt.ct.it. Le tarif du billet, pour une validité de 90mn, est de 0,80€ environ, tandis que le billet journalier coûte environ 2€.

## VISITE

**Ce qu'il faut voir à Catane** – La ligne circulaire n° 410 effectue un parcours touristique en autobus qui montre les principaux points d'intérêt de la ville. Les trajets s'effectuent sur réservation. Pour plus d'informations ℡ 095 73 60 111, fax 095 31 06 16.

**Visites guidées** – Du vendredi au dimanche, l'Aziende Provinciali Turismo de Catane organise des visites guidées thématiques, au départ du largo Paisiello à 9h : Littérature et Cinéma (les lieux de Catane célébrés par ces deux arts), Hommage à Vincenzo Bellini, Des origines au baroque et Les parcours du sacré. Informations et réservation ℡ 095 73 06 238, fax 095 31 64 07, www.turismo.catania.it

## RESTAURATION

### • Sur le pouce

Pour un repas express à midi, on pourra choisir parmi les nombreux bars du centre qui proposent sandwichs et plats du jour (voir « Petite pause ») ou l'un des petits restaurants aux environs du marché aux poissons (derrière la piazza Duomo). Pour le repas du soir :

**Cantine del Cugno Mezzano** – Via Museo Biscari 8, Catane - ℡ 095 71 58 710 - cantinecugno@tin.it - fermé dim., lun. midi, 2 sem. août., de mi-mai à mi-oct. (ouv. le soir seulement) - 21/32€. Un endroit jeune et branché, situé dans un palais du 18e s. en plein centre ville. Cuisine moderne, avec quelques plats plus

recherchés, et une grande attention aux vins. Dans une ambiance rustique, avec de grandes tables en bois.

**La Lampara** – Via Pasubio 49, Catane - ℡ 095 38 32 37 - fermé mer. - [🍴] - 25/31€. Une adresse toute simple, à la gestion familiale sympathique et accueillante : le fils est en cuisine et le père au service. Ils proposent une cuisine traditionnelle, axée essentiellement sur des plats à base de poisson frais.

**Metrò** – Via Crociferi 76, Catane - ℡ 095 32 20 98 - fermé sam. midi, dim., Pâques, 1er mai, 25 déc. - 25,82€. Non loin de la villa Ceremi, ce restaurant à la décoration résolument moderne fait également office d'œnothèque : vous pourrez déguster, dans ses petites salles, des spécialités régionales et découvrir sa riche carte des vins. Pendant les beaux jours, agréable service en extérieur.

**La Siciliana** – Viale Marco Polo 52/a, Catane - ℡ 095 37 64 00 - lasiciliana@tiscalinet.it - fermé dim. et j. fériés (le soir), lun. - [🍴] - réserv. conseillée - 26/37€ + 15 % serv. Un établissement désormais presque historique et qui mérite que l'on s'y attarde : dans un décor classique aux accents rustiques, vous y dégusterez des plats siciliens traditionnels. En été, profitez du service en extérieur.

## HÉBERGEMENT

**☻ Jonio Campeggio** – Via Villini a Mare 2, Catane - depuis le corso Italia, prendre la via Messina - ℡ 095 49 11 39 - fax 095 49 22 77 - jonio@camping.it - 16,60€. Si vous cherchez une alternative au traditionnel hébergement en hôtel, au contact avec la nature de surcroît... le camping est fait pour vous ! Vous trouverez dans celui-ci des bungalows prêts à vous accueillir.

**☻ Villaggio Turistico Europeo** – Viale Kennedy 91 - 6 km au S de Catane sur la S 114 - ℡ 095 59 10 26 - fax 095 59 19 11 - www.villaggioeuropeo.it - fermé de mi-oct. à mi-avr. 20,49€. Très bien situé, ce camping à quelques kilomètres au Sud de Catane est à la fois proche de la ville et plongé dans un océan de tranquillité... face à la mer. Il propose également diverses possibilités de logement en bungalow, afin de satisfaire tous les goûts !

**☻ Agorà Hostel** – Piazza Currò 6, Catane - ℡ 095 72 33 010 - fax 095 72 33 010 - agorahost@hotmail.com - [🍴] - 17/45€ [🛏]. L'auberge de jeunesse reste un bon moyen de se loger en ville à moindres frais. Celle-ci est située sur une place historique, non loin du marché aux poissons, dans un bâtiment du 19e s. Elle offre des chambres avec lits superposés, 2 chambres doubles et plusieurs espaces communs.

**☻ Bed & Breakfast Casa Mia** – Via D'Annunzio 48 (2e étage avec ascenseur), Catane - ℡ 095 44 56 82 - fax 095 50 99 79 -

casamia48@tin.it - 6 ch. : 34/54€ - ☑ 4€.
Au deuxième étage d'un bâtiment du centre ville, ce Bed & Breakfast propose six chambres agréablement meublées de lits en fer forgé et de mobilier en bois sombre. Dans un petit salon, des divans et des canapés confortables vous accueilleront. De quoi passer un agréable séjour sans dépenser une fortune.

**⊖⊜ Hotel La Vecchia Palma** – *Via Etnea 668, Catane - ☎ 095 43 20 25 - fax 095 43 11 07 - info@lavecchiapalma.it -* ☑ *– 11 ch. : 60/90€* ☑. Un bâtiment Liberty, qui a su respecter le style d'origine et propose des chambres vastes et confortables, équipées de tout le confort moderne. La gestion familiale en fait également une bonne adresse pour son accueil chaleureux et sympathique.

**⊖⊜ Il Gelso Bianco** – *Misterbianco - 8 km au SO de Catane sur l'A19 Catane-Palerme - ☎ 095 71 81 159 - info@gelsobianco.it -* ☑ *- 91 ch. : 82,64/134,28€* ☑. Cet hôtel à l'emplacement très pratique, non loin du poste de péage de l'autoroute en direction de Palerme, s'adresse aussi bien à la clientèle d'affaires ou de séminaires qu'aux touristes. En été, vous pourrez profiter du jardin et de la piscine.

### Petite pause

**Al Caprice** – *Via Etnea 28-34, Catane - ☎ 095 32 05 55 - fermé lun.* Ce café à l'ancienne est sans doute l'un des plus typiques de Catane. Il est situé en plein centre ville, tout près de la cathédrale. Vous pourrez déguster, dans son ambiance délicieusement rétro, pâtisseries, tartes, boissons et café, et même un repas complet.

**Caffè-Pasticceria Savia** – *Via Etnea 302-304, Catane - ☎ 095 31 69 19 - fermé lun.* Depuis 1897, cet établissement caresse les palais des habitants de Catane et des touristes gourmands de douceurs salées et sucrées. Il est situé juste en face de la villa Bellini.

**Chiosco Vezzosi** – *Piazza Vittorio Emanuele, Catane.* Macédoine de fruits frais à des prix incroyables, jus de fruits frais pressés (citron, cédrat, melon, pêche...), bref, un petit paradis de saveurs nature où se rafraîchir en été.

**Enoteca Regionale di Sicilia** – *Viale Africa 31, Catane - ☎ 095 74 62 210 - tlj sf lun. 8h30-13h, 16h30-20h.* La force et la chaleur du soleil sicilien se retrouvent tout entières dans ses vins, au bouquet et à la saveur intenses. Vous pourrez en avoir un bon aperçu dans cette œnothèque, où le propriétaire vous guidera dans une dégustation aussi instructive qu'agréable.

**Focacceria Turi Finocchiaro** – *Via Euplio Reina 13, Catane - ☎ 095 71 53 573 - tlj sf mer. à partir de 19h.* Un établissement incontournable créé en 1900 : on y savoure une cuisine sicilienne « maison » avec rôtisserie et portions de délicieux plats de poisson et de fruits de mer. Installez-vous sur la terrasse extérieure ou en salle pour profiter d'une courte, mais savoureuse, pause gastronomique.

**Pasticceria Spinella** – *Via Etnea 300, Catane - ☎ 095 32 72 47.* Face à la Villa Bellini, cette pâtisserie est depuis 1930 une référence en la matière. Le service élégant est à la hauteur du décor, et les produits continuent d'attirer une clientèle aussi nombreuse qu'exigeante.

### Achats

**Tertulia** – *Via Michele Rapisardi 1-3, Catane - ☎ 095 71 52 603.* Une adresse à recommander à tous les amateurs de lecture ou tout simplement pour une petite pause « culturelle ». Ce café-librairie met à votre disposition une large gamme de livres en tout genre et quelques tables où siroter une boisson fraîche ou un café, en lisant par exemple l'un des exemplaires disponibles à la consultation.

### Spectacles

**Le Ciminiere** – *Viale Africa 2 (à l'extrémité Est de la via Umberto I), Catane - ☎ 095 73 49 911.* L'ancienne raffinerie de sucre, abandonnée après la Seconde Guerre mondiale, a été transformée en un vaste espace destiné à accueillir des manifestations culturelles et artistiques : musique, théâtre, expositions, etc. Dans ce complexe, un théâtre de marionnettes permanent est également en cours de réalisation.

### Calendrier

**Festa di S. Agata** – Du 3 au 5 février, des festivités grandioses ont lieu en l'honneur de sainte Agathe, patronne de la ville. Les rues du centre accueillent toutes sortes de défilés colorés et joyeux qui témoignent de la vivacité du culte de la sainte.

---

Ferdinando de Acunha, représenté agenouillé (1495). Dans le chœur liturgique, les stalles sculptées du 16e s. illustrent des épisodes de la vie de sainte Agathe. Dans la sacristie se trouve une grande fresque (hélas abîmée) donnant une image authentique de la ville avant 1669, avec en arrière-plan l'Etna prêt à déverser ses coulées de lave.

À droite du Dôme, le Séminaire abrite le musée diocésain de Catane *(voir « visiter »).*

### Badia di S. Agata★

Située à côté de la cathédrale, l'abbaye est pour beaucoup dans la beauté de la place. Le mouvement curviligne de sa **façade★** est mis en évidence par une corniche qui souligne le premier étage, rehaussée au milieu par un tympan triangulaire. C'est aussi un chef-d'œuvre de Vaccarini.

### Fontana dell'Amenano

Alimentée par le cours d'eau du même nom, qui, avant d'arriver ici, passe devant quelques-uns des principaux monuments d'époque romaine (le théâtre et les thermes de la Rotonda), la fontaine est appelée familièrement par les Catanais *acqua a lenzuolo* ou « eau en forme de drap » parce que la nappe qui coule de la vasque supérieure semble former un voile continu. Derrière elle s'ouvre la piazza Alonzo di Benedetto, où chaque matin se tient un pittoresque **marché aux poissons**, qui se prolonge dans le marché couvert, dans l'ancien corps de garde de la **porte Charles-Quint**. Celle-ci faisait partie des fortifications du 16e s. et sa façade principale est encore visible depuis la piazza Pardo. Toujours sur la piazza di Benedetto, en longeant le mur du palais des Clercs, on peut voir la fontaine des Sept Canaux.

## Le quartier de la cathédrale

Derrière la cathédrale, sur la via Vittorio Emanuele II, se trouvent de beaux monuments. Sur une petite place, à droite, on aperçoit la magnifique église **San Placido**, dont la délicate façade concave est due à **Stefano Ittar** (1769). Le long du côté droit de l'église (via Museo Biscari) se dresse l'ancien couvent dont on peut voir encore les lignes du portail et quelques fenêtres. Dans la cour *(entrée par la via Landolina)* se trouvent les vestiges du **palais Platamone** (15e s.), don de la famille du même nom au monastère dès le 15e s. De la structure originale a été conservé un beau balcon orné de bandes bicolores souligné d'une série d'arcs ogivaux. La cour abrite depuis quelques années des spectacles de musique et de théâtre.

## Palais Biscari★

C'est le plus bel édifice civil de la ville. Édifié après le séisme de 1693, il n'a atteint sa splendeur qu'environ cinquante ans plus tard, grâce à Ignazio Biscari, homme aux goûts éclectiques, passionné d'art, de littérature et d'archéologie, qui a permis les nombreuses fouilles de la zone et inauguré un musée d'archéologie *(voir « visiter »)* à l'intérieur même de son palais. Le côté Sud en particulier présente une très riche **décoration★★**. Ressortant sur la façade sombre, figures, volutes, pampres et *putti* encadrent les fenêtres de la longue terrasse.

*La décoration exubérante du Palazzo Biscari.*

## Via Crociferi★

*La promenade commence par la piazza San Francesco, sur laquelle donne la monumentale église dédiée au saint, et d'où part la via Crociferi.*

La via Crociferi est la rue qui illustre le mieux le baroque catanais. Les édifices qui la bordent, surtout dans la première partie, lui confèrent en effet une beauté et une harmonie uniques. On y accède par l'**Arco di San Benedetto**, flanqué des églises de la badia Grande et de la badia Piccola. Sur la gauche, deux autres églises se suivent : **San Benedetto** et **San Francesco Borgia**. La petite rue qui prend entre ces deux églises aboutit au **palais Asmundo**. En continuant dans la via Crociferi, on rencontre sur la gauche l'ancien collège des jésuites qui héberge aujourd'hui l'institut des Beaux-Arts. La première cour, attribuée à Vaccarini, est ornée d'un portique à deux étages, semblable à celui que l'on peut voir dans la cour de l'Université de la place du même nom. Tout autour s'étend un dallage de pierres blanches et noires. Du côté droit de la rue, on voit l'élégante **façade★** curviligne de l'**église San Giuliano**, probablement due à Vaccarini. À l'intérieur, en forme de croix grecque arrondie en octogone, l'autel en agate et pierres semi-précieuses est surmonté d'un crucifix du 14e s. peint sur bois.

*Prendre à gauche la via dei Gesuiti.*

# CATANIA

## Complexe monumental de S. Nicolò l'Arena

L'ordre des Bénédictins, l'un des plus puissants et plus riches de la ville, a bâti un magnifique monastère (16e-18e s.) à côté d'une imposante **église** dont la façade est malheureusement incomplète. Le sanctuaire, très vaste et dépouillé, renferme derrière l'autel un très beau buffet d'orgue du 18e s. *(en cours de restauration)*. Dans le pavement du transept, une méridienne qui s'éclairait à 12 h précises autrefois (1841) le fait aujourd'hui à 12 h 13.

**Monastère★** – L'édifice actuel remonte au début du 18e s. Le portail sur la gauche de l'église ouvre sur une cour qui offre une belle vue des côtés Est et Sud. C'est l'œuvre d'Antonino Amato. La riche **décoration** rappelle celle du palais Biscari de la même époque *(voir plus haut)*. Au milieu du premier cloître s'élève un petit kiosque néogothique avec des décorations en majolique. Le monastère, aujourd'hui siège de la faculté des lettres, a conservé la salle du réfectoire, aujourd'hui appelée *Aula Magna*, et la bibliothèque, avec la très belle **salle Vaccarini** éclairée par de grandes fenêtres en ogive et dotée d'un beau pavement en faïence napolitaine du 18e s.

*Revenir sur la via Crociferi.*

La rue se termine à la grille de la villa Cerami, aujourd'hui siège de la faculté de droit.

*Retourner au corso Vittorio Emanuele. Il est possible de poursuivre la promenade par la visite du Museo Belliniano, du Museo Emilio Greco, du Teatro Antico et de la Casa di Verga. Voir « visiter ».*

## Via Etnea★

Les principaux commerces et boutiques de Catane occupent cette artère rectiligne longue de 3 km. Du Nord au Sud, elle coupe la piazza del Duomo, la piazza dell'Università et la piazza Stesicoro, avant de rejoindre le parc communal de la villa Bellini.

## Piazza dell'Università

De majestueux palais entourent la place carrée : à droite, le **palais Sangiuliano**, construit par Vaccarini ; à gauche, l'**université**, construite autour d'une cour carrée délimitée par un portique qui s'élève en loggia. Le soir, la place est éclairée par quatre réverbères, œuvres d'un sculpteur de Catane (1957).

Plus loin, on admirera la belle façade concave de la **collégiale** Santa Maria della Consolazione, due à **Stefano Ittar** (18e s.). Un peu plus loin encore, sur la gauche, la façade du **palais San Demetrio** (17e-18e s.) se distingue par son riche portail et ses balcons.

Sur la droite, le long de la via Antonio di S. Giuliano, se dresse le **Palazzo Manganelli**. Dans ce palais richement décoré ont été tournées quelques scènes du *Guépard* de **Luchino Visconti**, film tiré du célèbre roman de **G. Tomasi di Lampedusa**.

En revenant sur la via Etnea, on aperçoit l'église **San Michele Arcangelo** du 18e s., qui présente un double escalier de marbre. À son sommet, deux bénitiers de style baroque figurent deux anges portant une draperie de marbre, qui s'enroule autour d'une partie du bassin et recouvre son soubassement.

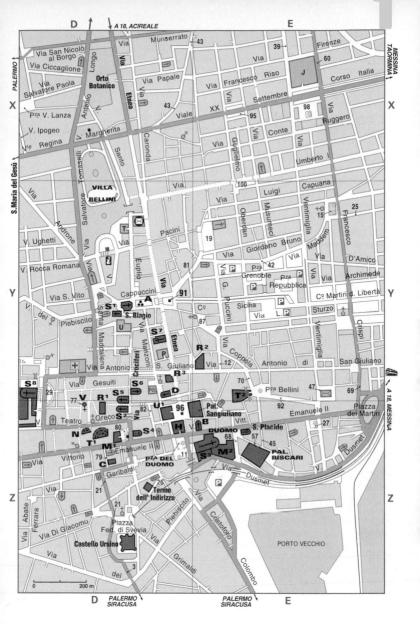

## Piazza Stesicoro

Au centre de la place, on remarque les vestiges d'un très grand **amphithéâtre romain** (125 m sur 105 m) qui pouvait accueillir plus de quinze mille spectateurs et dont l'arène arrivait au second rang par la taille après celle du Colisée. Il est malheureusement caché aujourd'hui par la place et les édifices baroques édifiés au-dessus. *Pour la visite, contacter le Teatro Antiquo quelques jours à l'avance ☎ 74 72 111.*

## S. Biagio (ou S. Agata alla Fornace)

*17h-19h, dim. et j. fériés 9h-13h.* ☎ *095 71 59 360.*
L'édifice actuel datant du 18e s. a été construit à l'emplacement d'une chapelle consacrée à la sainte patronne, qui subit le martyre à cet endroit précis. À l'époque

---

### SAINTE AGATHE, ENTRE SACRÉ ET PROFANE

Agathe appartient à la riche noblesse de Catane du 3e s. après J.-C. De religion chrétienne, elle est victime des persécutions religieuses et de son refus d'épouser le consul Quintien. Jetée en prison, elle y est torturée (on lui arrache les seins) et martyrisée avec des tisons ardents et des pointes de fer rouge. Elle meurt le 5 février 251. L'année suivante, le voile de la sainte sauve, dit-on, Catane d'une coulée de lave, et elle devient alors patronne de la ville. Du 3 au 5 février, Catane célèbre une grande fête en son honneur et des processions, pleines de couleurs et de musique, sont organisées, témoignant de la persistance de son culte. Ce culte s'étend également à la pâtisserie locale, qui compte parmi ses spécialités les *minni di Sant'Agata (les seins de sainte Agathe)*, sorte de petits dômes glacés surmontés d'une cerise, qui rappellent le martyre de la sainte.

romaine, la zone était occupée par des fours à briques. À l'intérieur de l'église, une chapelle *(au fond à droite)* abrite le four *(fornace)* où Agathe trouva la mort. L'**église Sant'Agata al Carcere**, derrière la place Stesicoro, a été bâtie, dit la tradition, sur la prison romaine où la sainte fut enfermée en 251. L'entrée présente un portail roman. À côté de l'église, on a planté un olivier sauvage pour rappeler la légende selon laquelle un olivier aurait fleuri à l'endroit où Agathe s'est arrêtée avant d'entrer dans sa prison.

## Villa Bellini★

Ce grand parc luxuriant est un paradis de plantes exotiques. Du haut de la colline, agrémentée d'un kiosque, on jouit d'une vue panoramique sur la ville et l'Etna.

## S. Maria del Gesù

L'église construite en 1465 a été amplement remaniée. La belle chapelle Paternò est d'origine. On y accède en passant sous un arc Renaissance surmonté d'une lunette décorée d'une *Pietà* d'**Antonello Gagini**, qui a aussi réalisé la *Vierge à l'Enfant (second autel sur la droite)*.

# *visiter*

## Palazzo Biscari★

*Via Museo Biscari. Pour la vue extérieure, voir « se promener ». Visites guidées (20mn) sur demande tlj sf dim. 9h30-12h30, 16h-19h. 5€. ☎ 095 32 18 18.*
L'entrée du palais *(via Museo Biscari)* se fait par un riche portail donnant sur une cour ornée d'un bel escalier en fer à cheval. De là, on accède aux pièces d'apparat, parmi lesquelles, au fond, la salle des fêtes est décorée de stucs, dorures et miroirs et de fresques de Sebastiano Lo Monaco. Au centre de la salle, le plafond s'ouvre sur une coupole ovale dotée d'une galerie où autrefois s'installaient les musiciens, pour donner l'impression que la musique venait du ciel. La fresque représente le triomphe de cette famille noble accueillie par le conseil des dieux. Dans la galerie voisine de la salle, un escalier en colimaçon de style maniériste permet d'accéder à une petite estrade. La galerie offre aussi une belle vue sur la terrasse du côté Sud.

## Teatro Antico et Odéon

*Corso Vittorio Emanuele II 260. 9h-12h30, 15h-19h. 2€. ☎ 095 74 72 111.*
Le théâtre dans sa forme actuelle remonte à l'époque romaine, mais on ne peut exclure qu'il ait été construit sur un ancien théâtre grec, comme en témoignent son emplacement sur la pente naturelle d'une colline et quelques sources littéraires (discours d'Alcibiade aux Catanais durant la guerre du Péloponnèse, en 415 avant J.-C.). Construit en pierre de lave, il était garni de sièges en calcaire, ou en marbre pour les personnages importants. Il pouvait contenir sept mille spectateurs. La *cavea* comprenait trois corridors voûtés en berceau reliés entre eux, bien dégagés pour faciliter le passage des spectateurs. On distingue les vomitoires prévus pour cela.
Déjà à l'époque normande le théâtre avait été en partie dépouillé de ses marbres, utilisés pour la construction de la cathédrale, tandis que des habitations étaient élevées sur sa structure et qu'une rue y était tracée, dont on peut encore aujourd'hui voir les arcades.
À côté du théâtre, l'**odéon**, plus petit, a été édifié à l'époque suivante. Il était destiné aux spectacles musicaux et aux discours. Derrière la *cavea* se trouvent des galeries disposées en éventail dont on ignore encore l'usage précis.
La visite se termine à l'intérieur d'un petit **antiquarium**, qui rassemble quelques objets et fragments de décoration retrouvés lors des fouilles.

## Casa di Verga

*Via Sant'Anna, 8. Tlj sf lun. et dim. 9h-13h30, mer. également 15h-18h. Fermé j. fériés. 2€. ☎ 095 71 50 598.*
C'est ici que l'écrivain **Giovanni Verga** (1840-1922) a passé une grande partie de sa vie. La maison est restée telle qu'il l'a laissée, on y a simplement ajouté quelques meubles de sa résidence milanaise *(dernières salles)*. Dans le bureau, on peut découvrir les passions littéraires de l'écrivain et ses auteurs préférés, parmi lesquels Capuana, D'Annunzio et « la » Deledda.

## Castello Ursino

*Piazza Federico di Svevia. Tlj sf lun. 9h-13h, 15h-18h, dim. et j. fériés 9h-13h. ☎ 095 34 58 30.*
Sévère et massif *(voir p. 97)*, ce château a été édifié au 13e s. en bord de mer par Frédéric II de Souabe. Aujourd'hui, il est loin du rivage, car en 1669 il a été encerclé par des coulées de lave. Il porterait le nom d'un consul romain (Arsinius) ou bien celui de la famille Orsini, qui s'était réfugiée ici au Moyen Âge, chassée de Rome pour avoir choisi le parti des gibelins, partisans de l'empereur.
Construit sur un plan carré, il porte aux angles quatre grosses tours cylindriques, auxquelles s'ajoutent deux autres tours en milieu de façade.
**Pinacoteca** – La collection comprend surtout des peintures d'artistes méridionaux, et couvre la période allant du 15e au 19e s. On remarque la finesse des traits de la Madone du triptyque de la *Vierge en majesté, saint Antoine et saint François*

d'**Antonello de Saliba** (15e s.), élève d'Antonello da Messina. Parmi les tableaux de l'école du Caravage se distingue le *Saint Christophe* de **Pietro Novelli**, d'une grande vigueur d'expression. **Michele Rapisardi**, figure de proue du 19e s. catanais, est présent avec deux belles études, l'une consacrée aux *Vêpres siciliennes* et l'autre intitulée *Testa di Ofelia pazza (Tête d'Ophélie folle)*, dont le regard d'hallucinée semble dénoncer celui qui l'observe. On y trouve aussi un autre artiste catanais, Giuseppe Sciuti, auteur d'une *Veuve* d'une infinie mélancolie. On remarque enfin le *Pastorello malato (Le Pâtre malade)*, délicate aquarelle de Guzzone, et les tableaux aux couleurs vives de Lorenzo Loiacono.

### Museo Belliniano

*Piazza S. Francesco, 3. 9h-13h, mar., jeu. et sam. également 15h-18h. Fermé j. fériés. Gratuit. ☎ 095 71 50 535.*
La maison natale de **Vincenzo Bellini** (1801-1835) a été aménagée en musée où sont conservés des documents, des souvenirs et des portraits, ainsi que le clavecin et l'épinette du grand-père du musicien. Dans la dernière salle sont rassemblées quelques partitions autographes.

### Museo Diocesano

*Piazza Duomo. Tlj sf lun. 9h-12h30, 16h-19h30. 4,20€. ☎ 095 28 16 35, www.museodiocesicatania.it*
Il accueille des peintures, des objets de décoration et des parements appartenant à la cathédrale et au diocèse, ainsi que la **Vara di S. Agata** (brancard de Ste Agathe), utilisé pour le transport du buste contenant les reliques de la sainte pendant les processions. Il est possible d'accéder depuis le musée à une belle terrasse panoramique donnant sur la Porta Uzeda.

### Museo Emilio Greco

*Piazza S. Francesco d'Assisi, 3. 9h-13h, mar. et jeu. également 15h-18h. Fermé j. fériés. Gratuit. ☎ 095 31 76 54.*
Il conserve toute l'**œuvre graphique**★ de l'artiste catanais (1913-1995) connu surtout en tant que sculpteur. Ses sujets, visages et corps féminins, dénotent l'attention particulière, qui s'explique par son étude de l'art grec, qu'il portait à l'harmonie des formes.

### Orto Botanico

*L'entrée se situe via Longo. (♿) Tlj sf dim. 8h30-13h30. Fermé j. fériés nationaux. Gratuit. ☎ 800 90 11 42 ; www.dipbot.unict.it*
Créé dans les années 1950, le **jardin botanique** rassemble plantes locales et espèces du monde entier. On y trouve de remarquables exemplaires de dragonnier et d'euphorbe.

#### « AVEC TOUTES LES FORCES DE L'INTELLIGENCE... »
L'auteur de *La Sonnambula*, *Norma* et *I Puritani*, fut un compositeur romantique qui se consacra à ses œuvres avec « toutes les forces du talent, persuadé comme je le suis qu'une grande partie de leur bon succès dépend du choix d'un thème intéressant, de chauds accents d'expression et du contraste des passions ». Le Teatro Bellini, temple de la musique lyrique, est dédié à l'illustre musicien. Cette belle salle, inaugurée en 1890 avec la *Norma*, possède une des meilleures acoustiques du monde.

Lara Pessina/MICHELIN

# Cefalù★★

Tirant son nom du grec kephaloidion (signifiant « tête » ou « chef »), cette charmante petite ville de pêcheurs a su développer son activité touristique en tirant parti d'un site incomparable et de sa splendide cathédrale. Les nombreux touristes qui s'y pressent y trouvent de surcroît les structures nécessaires à un séjour agréable, parmi lesquelles un nombre surprenant d'œnothèques et de bars à vin.

## La situation

*14 006 habitants – Carte Michelin n° 565 M24 ou Atlas Italie p. 87 – Palerme.* Depuis la route de Palerme, le **site★★** exceptionnel de la ville ne peut passer inaperçu avec l'imposante masse de la cathédrale qui se détache sur la roche. Cefalù est un bon point de départ pour des excursions sur les Madonie. **El** *Corso Ruggero 77,* ☎ *0921 42 10 50, fax 0921 42 23 88 ; www.cefalu-tour.pa.it/*

*Vous pouvez poursuivre votre voyage en visitant : BAGHERIA, CAPO D'ORLANDO, MADONIE et NEBRODI, PALERMO, SOLUNTO, TERMINI IMERESE.*

*Cefalù est le point de départ du circuit dans les Madonie (voir le chapitre MADONIE et NEBRODI).*

# découvrir

## Duomo★★

*8h-12h, 15h30-19h (hiver 17h).* ☎ *0921 92 20 21.*

Entourée de palmiers, la cathédrale est un pur joyau roman *(voir p. 94)*. Tout en pierre dorée, elle se fond dans celle de la falaise de la Rocca. Sa construction s'est étalée de 1131 à 1240 et a été lancée par le roi normand Roger II, à la suite d'un vœu qu'il aurait fait après avoir manqué faire naufrage lors de son retour de Naples. Le style normand est nettement plus évident dans cette cathédrale que dans celle de Palerme, surtout dans la façade terminée en 1204, où dominent les tours, et dans la haute abside bordée d'absidioles. La façade présente un corps central construit sur deux étages, et un portique refait au 15ᵉ s. par l'architecte lombard Ambrogio de Como. Remarquer à l'étage supérieur le jeu des arcs entrecroisés surmontés d'une fausse loggia ornée d'arcs en plein cintre. Les tours, de plan carré et à toits pointus recouverts de majolique, sont enrichies de fenêtres ogivales

ou géminées et se terminent par des clochetons à merlons. Sous le portique se trouve au centre le portail royal, ancienne entrée de l'édifice.

**L'intérieur** – Il adopte une forme de croix latine, avec trois nefs séparées de colonnes ornées de **chapiteaux★** de style siculo-normand.

Dans le chœur, les très belles **mosaïques★★** (1148) sur fond or déploient des couleurs extrêmement vives et variées (on admirera en particulier le vert émeraude). Un immense **Christ Pantocrator** domine la partie haute de la conque absidiale. Une main levée en signe de bénédiction, il tient dans l'autre le texte sacré où, en grec *(sur la gauche)* et en latin, figure la parole de l'Évangile selon saint Jean (8, 12) « Je suis la lumière du monde : celui qui me suit ne marchera pas dans les ténèbres, mais il aura la lumière de la vie ».

En dessous, sur trois registres, on voit la Vierge en prière entourée des quatre archanges, au-dessus des douze apôtres. Noter la douceur de leurs visages et la liberté de leurs attitudes. Leur représentation de face est typique de l'art byzantin. Sur les murs latéraux du chœur et sous la voûte, d'autres mosaïques du 13ᵉ s. représentent prophètes, saints et patriarches.

À droite du chœur se tient l'ancien trône épiscopal, et à gauche, le trône royal en marbre et mosaïques *(en cours de restauration au moment de la rédaction de ce guide)*. Les trois nefs et le transept ont été de nombreuses fois remaniés au fil des ans et sont encore aujourd'hui en cours de restauration. Les vitraux de Michele Canzoneri, réalisés sur des thèmes bibliques dans les années 1990, projettent à l'intérieur de suggestives gerbes de lumière colorée.

Le cloître, fermé depuis longtemps, renferme des colonnes et des chapiteaux du même style que ceux de Monreale.

## se promener

Point de départ de la promenade, la **piazza del Duomo** est bordée de superbes palais. Celui de Piraino (situé à l'angle du corso Ruggero) a conservé son portail de la fin du 16ᵉ s., et le palais médiéval Maria, au portail gothique, fut peut-être résidence royale. À gauche de la cathédrale se trouve le palais épiscopal (17ᵉ s.).

# carnet pratique

## TRANSPORTS

Si l'on arrive en voiture par la via Roma (voie la plus directe en provenance de l'autoroute) on aboutit à un parking payant situé à quelques minutes du centre historique.

Depuis Palerme, on peut rejoindre Cefalù avec les cars de la SAIS (le terminal se trouve devant la gare FFSS) ou avec le train (voyage d'un peu plus d'une heure). Depuis Messine, les liaisons ferroviaires sont un peu moins fréquentes et le trajet dure environ 3h. Il faut une dizaine de minutes depuis la gare FFSS pour se rendre corso Ruggero.

Depuis Cefalù partent (et donc arrivent) les bateaux pour les îles Éoliennes (environ 1h30). Pour toute information, Hydrofoils SNAV, corso Ruggero, 82. ☎ 092142 15 95.

## RESTAURATION

### • Sur le pouce

**La Botte** – *Via Veterani 6, Cefalù -* ☎ *0921 42 43 15 - fermé lun., janv. - 22/38€.* Si vous êtes à la recherche d'une cuisine sicilienne authentique, faite de plats généreux à base de produits frais, cette trattoria est faite pour vous. Située en plein centre historique, vous y trouverez une gestion de longue tradition familiale et une atmosphère simple et rustique.

**Porticciolo** – *Via C.O. di Bordonaro 66, Cefalù -* ☎ *0921 92 19 81 - al.porticciolo@libero.it - fermé mer. -* 📧 *- réserv. conseillée - 23/30€.* En plein cœur de la petite ville, un établissement agréable et bien tenu, décoré de couleurs vives. Vous y dégusterez aussi bien des plats de poisson frais que des spécialités locales ou des pizzas classiques.

## HÉBERGEMENT

😊😊😊 **Hotel Baia del Capitano** – *SS 113, Località Mazzaforno, 5 km à l'E de Cefalù sur la SS 113 -* ☎ *0921 42 00 03 - fax 0921 42 01 63 - baiadelcapitano@kefa.it - fermé janv.-fév. -* 🅿 🏊 *- 48 ch. : 90/135€ -* 🍽 *7,74€.* Récemment rénové, ce bel hôtel propose des chambres spacieuses, d'agréables espaces communs et une piscine. Il est situé dans une zone très calme, entourée de végétation méditerranéenne.

## PETITE PAUSE

**Bar del Molo** – *Piazza Marina 4-5, Cefalù -* ☎ *0921 42 23 39.* La particularité de cet établissement est sa magnifique terrasse, qui offre une vue splendide sur le paysage alentour. Profitez du panorama en dégustant une glace, un sandwich ou une salade rafraîchissante.

**Bar Duomo** – *Piaza Duomo 19, Cefalù -* ☎ *0921 42 11 64.* Voilà une adresse à ne pas manquer pour savourer une belle coupe de glace, assis à l'ombre de l'imposante cathédrale.

**Pasticceria-Gelateria Pietro Serio** – *Via Giuseppe Giglio 29 (perpendiculaire à la via A. Moro, dans le prolongement de la via Matteotti), Cefalù -* ☎ *0921 42 22 93 - tlj sf mer. 7h-13h, 15h-22h.* La renommée de cet établissement précède même le parfum des tartes, petits gâteaux et autres pâtisseries typiques qu'il propose. Autrement dit, si vous passez à proximité, ne manquez pas d'aller y faire une petite halte pour quelques douceurs.

## SORTIES

**Le Petit Tonneau** – *Via V. Emanuele 49, Cefalù -* ☎ *0921 42 14 47 - été : 9h-24h ; hiver : 9h-13h, 15h30-20h.* En plein centre du quartier médiéval de Cefalù, une superbe œnothèque au style rustique où vous pouvez aussi bien acheter que déguster des liqueurs et des vins siciliens notamment. Un conseil : prenez le temps de siroter un bon verre sur le balcon qui domine la marina.

## SPECTACLES

**Teatro dei Pupi a Cefalù** – *Corso Ruggero 92, Cefalù -* ☎ *0921 92 38 82 - tlj sf ven. 18h, 21h.* Dans la splendide salle de ce théâtre de Cefalù, la compagnie palermitaine de Girolamo Cuticchio vous racontera, à travers une exposition permanente et un très beau spectacle de marionnettes, les extraordinaires histoires de Roland, Renaud et Charlemagne.

## ACHATS

**A Lumera** – *Corso Ruggero 180, Cefalù -* ☎ *0921 92 18 01 - été : 9h-13h, 14h-22h ; hiver : 9h-13h, 16h-20h.* La céramique sicilienne est célèbre pour sa beauté et sa qualité. Vous trouverez dans cette boutique une multitude d'objets en céramique aux formes et aux styles différents, mais tous plus fascinants les uns que les autres. Certains sont des productions maison, d'autres proviennent de Sciacca, Caltagirone et Santo Stefano di Camastra.

## CALENDRIER

**Festa di S. Salvatore** – Du 2 au 6 août, on fête saint Sauveur, le saint patron de la ville. À cette occasion, on pratique la *'nntinna 'a mari* : un mât de cocagne, posé à l'horizontal sur l'eau et enduit de savon, porte à son extrémité l'étendard du Sauveur (à 17h, le 6 août).

**Madonna della Luce** – Le 14 août a lieu une procession de barques de Kalura à Porto Vecchio, et retour.

## Corso Ruggero

L'artère principale de Cefalù, très commerçante, est tracée sur l'antique *decumanus* romain et sépare la ville en quartier Est et quartier Ouest. Ce dernier est typiquement médiéval avec son enchevêtrement de ruelles en escaliers, ses voûtes et ses passages étroits, tandis qu'à l'Est c'est au contraire un quadrillage régulier de rues droites et perpendiculaires. Cette différence reflète la séparation des deux classes sociales qui semblent s'être approprié chacune son territoire, le peuple à l'Ouest, la noblesse et le clergé à l'Est.

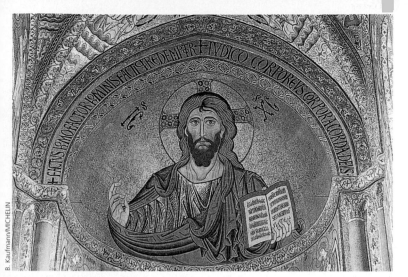

*Le Christ Pantocrator de l'abside.*

Depuis la piazza Duomo, tourner à gauche sur le corso : un peu plus loin sur la gauche, on aperçoit la magnifique **église du Purgatoire** (appelée autrefois Santo Stefano Protomartire) avec son portail baroque précédé d'un bel escalier en fer à cheval. À l'intérieur, on aperçoit immédiatement sur la droite le sarcophage du baron di Mandralisca. *Pour toute information sur les horaires* ☎ *0921 92 20 21.*

**Osterio Magno★** – Situé sur la droite du corso, ce palais, résidence favorite du roi Roger puis de la famille des Ventimiglia, révèle deux styles de différentes époques. Le plus ancien se remarque dans la façade qui donne sur la via Amendola. En pierre de lave et en pierre dorée, ses deux élégantes **fenêtres** géminées bicolores datent de la fin du 13ᵉ s. À l'angle formé par le corso Ruggero, la tour quadrangulaire du 14ᵉ s., avec sa fenêtre triforée surmontée d'un arc magnifique, est de style sicilien chiaramontain. Restauré de fond en comble, le palais est aujourd'hui un lieu d'exposition.

Le corso Ruggero débouche sur la piazza Garibaldi, où s'élevait jadis l'une des quatre portes de la cité. La place est fière aujourd'hui de son église baroque Sainte-Marie-de-la-Chaîne qui renferme dans la tour de son campanile les vestiges des anciennes murailles.

*De la piazza Garibaldi, prendre la via Spinuzza puis la via Vittorio Emanuele.*

Une fois sur la via Vittorio Emanuele, vous verrez sur votre gauche le **lavoir** médiéval, utilisé par les femmes il n'y a pas si longtemps encore. Les habitants l'appelaient « *u fiumi* » (le fleuve). À l'extrémité de la rue s'ouvre la piazza Marina. Un peu avant celle-ci, sur la gauche, se dresse la porte Pescara, la seule qui ait subsisté des quatre portes médiévales qui marquaient l'entrée de la cité. À l'intérieur sont exposés des équipements de pêche.

Prendre ensuite sur la droite la via Ortolano di Bordonaro : vers la fin de la rue, une petite traverse sur la gauche vous conduira à la piazza Crispi, où l'on peut visiter l'église dell'Idria et le bastion de Capo Marchiafava d'où l'on a une belle vue sur la côte.

Revenir sur ses pas jusqu'à la via Porpora, toute proche : on y remarquera une **tour** munie d'une poterne (ouverture ne permettant le passage que d'une seule personne à la fois) ainsi que des vestiges d'anciennes fortifications composées de grands blocs de roche, derrière la via Giudecca.

Retourner sur la piazza Duomo et s'engager dans la pittoresque via Mandralisca pour se rendre au musée du même nom *(voir « visiter »)*. Remarquer sur le pavement (tout au début de la rue, près de la piazza Duomo) les armes significatives de Cefalù : trois poissons et un pain, symboles chrétiens mais aussi symboles des ressources économiques de la ville.

### LIRE ENTRE LES LETTRES

Le terme grec pour poisson, *Ichthýs*, est composé des initiales des mots grecs *Iesoûs Christòs Theoû Hyiòs Soter*, signifiant « Jésus-Christ, Fils de Dieu, Sauveur ». C'est de là que vient l'image du poisson comme représentation symbolique du Christ.

# visiter

## Museo Mandralisca

*Via Mandralisca 13. Avr.-sept. : 9h-12h30, 15h30-19h ; oct.-mars : 9h-12h30, 15h30-18h. 4,13€. ☎ 0921 42 15 47 ; www.museomandralisca.it*
Le baron Enrico di Mandralisca, collectionneur passionné d'œuvres d'art, vécut au 19ᵉ s. à Cefalù. À sa mort, il a légué à la ville son patrimoine artistique et son immense bibliothèque (plus de six mille volumes, la plupart datant du 16ᵉ s.). Le musée qui porte son nom renferme une vaste collection numismatique et des tableaux, dont le très beau **Ritratto d'Ignoto★** *(L'Homme au rictus*, 1470, *illustration p. 105)* du peintre **Antonello da Messina** ainsi que des vestiges archéologiques provenant surtout de Lipari : un singulier cratère représentant un vendeur de thon (4ᵉ s. avant J.-C.), une riche collection de majoliques de plus de vingt mille pièces (elles sont exposées tour à tour, car elles ne peuvent être montrées toutes à la fois) et une série de curieux objets dont un « casse-tête » chinois en ivoire.

# excursion

## La Rocca

*20mn de marche jusqu'au temple de Diane, et 40mn de plus pour atteindre le sommet du rocher.* Prendre la montée qui débute au corso Ruggero et suivre la via Saraceni jusqu'au promontoire. L'ascension le long des antiques murailles crénelées étant très pénible en été, il est préférable de l'entreprendre aux premières heures de la matinée ou à la tombée de la nuit. Du sommet, on a une **vue★★** superbe sur la région, de Capo d'Orlando à Palerme, avec Cefalù en contrebas, se terminant à l'Est par le promontoire de Torre Caldura et les vestiges de sa tour de guet. Par temps clair et dégagé, on verra même se profiler à l'horizon le contour des îles Éoliennes. La Rocca (le rocher), lieu de fondation initial de la ville, porte des ruines de différentes époques, dont celles appartenant à un édifice de l'époque préhellénique appelé **temple de Diane**. Au sommet se trouvent les vestiges d'un château des 12ᵉ-13ᵉ s., récemment restauré.

# circuits

## À l'intérieur des terres

*Circuit d'environ 60 km. De Cefalù, suivre les indications pour le santuario di Gibilmanna. On y parvient après une douzaine de kilomètres le long d'une belle route panoramique.*

## Santuario di Gibilmanna

*8h-13h, 15h-19h (hiver 17h30). ☎ 0921 42 18 35.* Dédié à la Madone, le sanctuaire se dresse à 800 m d'altitude sur les pentes de Pizzo Sant'Angelo, au beau milieu d'une forêt de chênes et de châtaigniers. Son nom même indique sa position (*gebel,* mont, sommet) et est associé à la production, aujourd'hui abandonnée, de la *manne (voir p. 230)*. D'origine ancienne (on suppose que le monastère fut l'un des six construits par Grégoire le Grand au 6ᵉ s. et confiés aux bénédictins), il fut attribué aux frères mineurs capucins en 1535. L'édifice actuel est le résultat de nombreuses modifications, les plus importantes ayant eu lieu à l'époque baroque. Mais la restauration de la façade date de 1907. Le sanctuaire est l'un des lieux de pèlerinages les plus fréquentés de Sicile, pour la fête de la Vierge, le 8 septembre. La chapelle de la Madone (1625) abrite une fresque du 11ᵉ s. de style byzantin représentant une *Vierge à l'Enfant* (provenant du plus ancien édifice bénédictin), ainsi qu'un riche autel baroque où se dresse la Vierge, placée dans une niche, probablement due au sculpteur Antonello Gagini.
Le couvent annexe, autrefois destiné aux écuries et à l'accueil des étrangers, héberge un **musée** renseignant sur la vie et la culture des frères capucins du Val Demone, pièces à l'appui : vêtements sacerdotaux (17ᵉ-18ᵉ s.), tableaux, outils (la communauté vivait en autarcie) et objets fabriqués en matériaux pauvres, comme le bois, le fer-blanc et la cire, ainsi que le voulait l'usage dans cet ordre. On remarquera particulièrement un polyptyque de Fra' Feliciano (appelé Domenico Guargena), un rosaire en albâtre du 16ᵉ s. ayant appartenu à Fra' Giuliano de Placia, ainsi qu'un petit orgue en roseaux du 18ᵉ s.
Les catacombes abritent des reliquaires en bois ou en fer-blanc peint, réalisés autrefois par les moines.
*Reprendre la route et continuer sur une dizaine de kilomètres.*

### Isnello

*22 km de Cefalù.* Dans un **site★** spectaculaire accroché aux parois rocheuses d'une gorge, c'est non seulement un vieux bourg médiéval aux ruelles étroites, mais aussi un lieu de villégiature, point de départ de nombreuses randonnées pédestres.

Revenir en direction du sanctuaire, mais, au carrefour (Piano delle Fate), prendre à gauche pour parcourir l'autre partie de la route panoramique. Traverser **Gratteri**, petit village médiéval, et **Lascari**, avant de rejoindre Cefalù par la côte.

# Comiso

Cette petite ville a défrayé la chronique dans les années 1980, à cause de l'installation controversée d'une base de missiles américains, démantelée ensuite dans les années 1990. De nombreux édifices du 18ᵉ s. y sont à visiter.

### La situation

*29 080 habitants – Carte Michelin nᵒ 565 Q25 ou Atlas Italie p. 92 – Raguse.* La ville est accrochée sur les flancs occidentaux des monts Iblei. Montées et descentes ne manquent donc pas, à tel point que certaines maisons possèdent des escaliers extérieurs pour remédier à la déclivité des rues.

*Vous pouvez poursuivre votre voyage en visitant : CALTAGIRONE, GELA, ISPICA, MODICA, NOTO, RAGUSA.*

## se promener

### Piazza Fonte di Diana

Centre de la ville, la place de Diane s'orne d'une **fontaine** néoclassique alimentée par les mêmes eaux qui approvisionnaient autrefois des thermes romains. Juste en face de la fontaine, dans la petite rue qui la relie à la piazza delle Erbe, quelques-unes des pièces de ces thermes antiques ont été mises au jour : le *caldarium* de forme octogonale, et un nymphée avec une mosaïque à tesselles blanches et noires représentant Neptune et les Néréides (2ᵉ s. après J.-C.).

### Piazza delle Erbe

La *chiesa madre*, **Santa Maria delle Stelle**, qui borde la place, possède une façade à trois registres rythmés par des piliers ornés de chapiteaux doriques, ioniques et corinthiens. Sur la place se trouve aussi un **marché couvert** de style néoclassique (1871). Il abrite le **Museo civico Kasmeneo**, qui présente des cétacés et des tortues marines, et la **bibliothèque Bufalino**, don de l'écrivain (mort en 1996) à sa ville natale qui fut aussi son refuge. *Tlj sf sam. ap.-midi et dim. 9h-13h, 16h-20h. Gratuit. ☎ 0932 72 25 21.*

### L'Annunziata

Disposée comme dans un décor de cinéma au sommet d'un escalier curieusement posé en oblique par rapport au fronton, l'église expose une façade néoclassique ornée d'une palme comme élément reliant les deux ordres. L'intérieur, lumineux ensemble de stucs blancs, bleus et or, renferme deux toiles de Salvatore Fiume *(dans le chœur).*

> #### GESUALDO BUFALINO
>
> Ce n'est qu'en 1981 que le grand public découvrit l'écriture à la fois expressionniste, élaborée et baroque de Gesualdo Bufalino, né à Comiso en 1920, grâce à son premier roman *Le Semeur de peste*, qui lui valut le prix Campiello. S'ensuivit une intense activité littéraire, interrompue en 1996, après son décès dans un accident de la route. On compte parmi ses œuvres le recueil de poésies intitulé *Le Miel amer*, et les romans *Argos l'aveugle* ou *Les Songes de la mémoire* et *Les Mensonges de la nuit*.

### S. Francesco (ou l'Immacolata)

L'église de style Renaissance renferme la belle **chapelle Naselli**, de plan carré mais s'élevant en forme d'octogone à pendentifs, couverte d'une coupole nervurée. C'est ici que se trouve le monument funéraire de Baldassarre Naselli, surmonté d'un kiosque, dus tous deux à l'école des Gagini. Au revers de la façade, la galerie du 17ᵉ s. où se plaçaient les choristes et ses peintures de paniers de fruits et de fleurs est de toute beauté.

### Piazza S. Biagio

Sur la place s'élèvent l'**église San Biagio** d'origine byzantine (contreforts), mais reconstruite au 18ᵉ s., et le **château aragonais**, transformé en résidence par les Naselli.

## Église des Capucins

*Située dans la zone Sud du bourg. 9h-10h.* ☎ *0932 72 25 21.*
L'édifice remonte à 1616. À l'intérieur, on peut admirer un bel **autel★** de bois marqueté *(voir p. 96)*, ainsi qu'une petite statue de la Madone aux traits délicats (18e s.).
Dans la chapelle mortuaire, qui fait penser aux catacombes des capucins de Palerme, sont exposées des momies de religieux et d'hommes célèbres.

## *alentours*

### Vittoria

*6 km à l'Ouest.* Créée au 17e s. par la volonté de la comtesse Vittoria Colonna, dont elle a pris le nom, la ville a été en partie épargnée par le séisme de 1693. Elle respire l'ordre et la propreté grâce à ses petites rues droites et perpendiculaires, souvent ornées de beaux palais de style Liberty. Sur la piazza del Popolo, centre de la ville, se trouvent l'**église Santa Maria delle Grazie**, à l'élégante façade curviligne, et le théâtre communal de style néoclassique. De cette place part la via Cancelleri, bordée de beaux palais *(voir au n° 71)*, parmi lesquels se distinguent le **palais Carfì-Manfré** *(n° 71)*, de style Liberty, et le **palais Traina** *(n° 108-116)*, de style gothico-vénitien. La via Cavour mène à l'église principale ou au musée municipal.
L'**église** consacrée à saint Jean-Baptiste (1695) présente une façade linéaire, enrichie de trois portails et de deux petites coupoles latérales. L'intérieur, richement orné de frises néoclassiques en stuc, brille de ses coloris bleu, blanc, azur et or. La chapelle à gauche de l'autel est décorée de stucs de l'école des **Serpotta**.
Le **Museo civico** se trouve dans le château de la comtesse, terminé en 1785, mais d'origine plus ancienne. Dans les salles, remarquablement bien restaurées, on découvre que l'édifice a servi de prison jusqu'en 1950. Le petit musée a conservé quelques machines anciennes servant pour les effets de scène au théâtre (imitant le vent, la grêle), des outils traditionnels paysans et une collection ornithologique. *Tlj sf dim. 8h-13h, 16h-19h30. Fermé j. fériés nationaux.* ☎ *0932 86 40 38.*
Dans la via Garibaldi, tout près de là, on peut voir un **camp de prisonniers** de la Première Guerre mondiale, destiné surtout aux soldats hongrois, qui entretenaient d'excellents rapports avec la population locale. C'est aujourd'hui le siège du petit **Museo Storico Italo-Ungherese** installé dans un des anciens dortoirs, qui rassemble toutes sortes de documents explicatifs, objets, photos et précis historiques sur les rapports de l'Italie (notamment de ce petit centre) et de la Hongrie. *Tlj sf dim. 8h30-13h. Fermé j. fériés. Gratuit.* ☎ *0932 86 59 94.*

### Acate

*À environ 15 km au Nord-Ouest.* Ce nom vient probablement de l'agate, pierre semi-précieuse assez courante dans la région. Autrefois, la petite ville s'appelait Biscari. Fief des princes Paterno-Castello,

> ### VISITE GUIDÉE
> La commune organise tous les samedis matin une visite guidée des principaux monuments de Vittoria avec une étape au marché, tout à fait pittoresque. Le rendez-vous a lieu au n° 9 de la piazza del Popolo devant l'arrêt des bus touristiques. *Pour toute information,* ☎ *0932 86 40 38.*

dont le palais le plus connu se trouve à Catane *(voir p. 165)*, elle a conservé le manoir massif qui s'élève au centre de la cité. C'est là que se trouvent également l'église principale et l'église San Vincenzo, où est conservée la dépouille du saint martyr.

# Isole **Egadi**★

## Îles Égades

Les antiques Aegates, ou « îles des chèvres », dont parle L'Odyssée, forment un petit archipel situé au large de Trapani et séduisent par la beauté sauvage de leurs côtes et la transparence de la mer qui les entoure.

### La situation

*4382 habitants – Carte Michelin n° 565 M/N 18-19 ou Atlas Italie p. 84 – Trapani.*
Favignana, la plus grande et la plus accessible des trois îles qui composent l'archipel, est la destination préférée des touristes et des vacanciers. Levanzo, la plus petite île, et Marettimo, la plus éloignée, sont quant à elles moins tournées vers le tourisme traditionnel. Elles sont par conséquent à recommander à ceux qui cherchent un séjour tranquille, au rythme de la nature et dans un environnement simple. 🖪 *Favignana Largo Marina 14,* ☎ *0923 92 21 21 et piazza Madrice 8,* ☎ *0923 92 16 47, www.egadiweb.it/index.htm. Ces deux centres fournissent également des renseignements pour les îles de Levanzo et Marettimo.*

# carnet pratique

## TRANSPORTS

Liaisons par ferry (1h-2h45) ou hydrofoil (*aliscafi*, traversée Trapani-Favignana en 20mn environ) plusieurs fois par jour (surtout en période estivale) au départ de Trapani et de Marsala. Pour toute information :

**Siremar** (Gruppo Tirrenia) ☎ 081 31 72 999 *(depuis l'étranger)* ou 199 123 199 *(depuis un téléphone fixe en Italie)* ; www.gruppotirrenia.it/siremar/html/home/mainframeset.htm

**Ustica Lines**, *Via Amm. Staiti 23, Trapani,* ☎ 0923 22 200, info@usticalines.it., www.usticalines.it

En été, cette compagnie effectue la liaison Naples-Ustica-Levanzo-Favignana-Trapani en hydrofoil. Le trajet Favignana-Naples dure environ 6 heures.

Pour le transport sur place, voir ci-dessous « Loisirs-Détente ».

## VISITE

Le **Pro Loco** *(syndicat d'initiative)* à Favignana *(piazza Madrice 8,* ☎ 0923 92 16 47)* organise également des visites guidées à la *tonnara* et d'autres visites, aux thèmes différents chaque année.

## RESTAURATION

### • *Sur le pouce*
### FAVIGNANA

**La Bettola** – *Via Nicotera 47, Favignana* - ☎ 0923 92 19 88 - www.isoleegadi.it/labettola/ - *fermé jeu. (en hiver), janv.* - ⌧ - 20,66/23,24€. Prenez le temps de vous arrêter dans cette trattoria toute simple, à l'atmosphère authentique. Vous y redécouvrirez les parfums et les saveurs de l'île dans des plats typiques, préparés selon des recettes traditionnelles et avec des produits locaux d'une fraîcheur exceptionnelle.

### MARETTIMO

**Il Timone** – *Via Garibaldi 18, Marettimo* - ☎ 0923 92 31 42 - www.marettimonline.it/mangiare.html - *fermé de mi-oct. à fin mars* - ⌧ - *réserv. conseillée* - 15/25€. Situé dans une ruelle typique de cette splendide petite île, ce petit restaurant tout simple aux coloris traditionnels blanc et bleu vous fera découvrir de délicieuses saveurs. Ses plats de poisson frais et de pâtes faites maison tous les jours raviront les amateurs de la véritable cuisine sicilienne.

## HÉBERGEMENT

Outre les hôtels traditionnels, il existe de nombreuses **chambres d'hôte** *(pour les listes, s'adresser au Pro Loco).*

### FAVIGNANA

☺ **Camping Villaggio Egad** – *Contrada Arena, Favignana* - ☎ 0923 92 15 55 - fax 0923 92 15 67 - www.egadi.com/egad/ - *fermé oct.-avr.* - 18,80€. Ce camping agréable situé sur l'île de Favignana est immergé dans la verdure, bordé d'acacias, d'eucalyptus et de pins, et se trouve à seulement un kilomètre du centre. Il propose également des studios avec salle de bains et cuisine.

☺☺ **Egadi** – *Via Colombo 17, Favignana,* ☎ *et fax 0923 92 12 32* - *fermé de déb. oct. à mi-mai* - ⌧ - 12 ch. : 44/78 € ⌂. Si la gestion a changé, cet hôtel reste néanmoins une véritable institution sur l'île et un modèle d'hospitalité et de disponibilité. L'établissement offre des chambres simples mais très soignées.

☺☺ **L'Oasi Albergo** – *Contrada Camaro 32, Favignana* - ☎ 0923 92 16 35. - fax 0923 92 16 35 - diamonik@libero.it - *fermé de déb. oct. à mi-avr.* - 🅿 - 25 ch. : 50/82 € ⌂. Dans un havre de calme, non loin du centre ville, une charmante adresse à la gestion familiale. Les chambres récemment rénovées et bien tenues entourent un jardin de plantes tropicales et de verdure.

☺☺ **Aegusa** – *Via Garibaldi 11, Favignana* - ☎ 0923 92 24 30. - fax 0923 92 24 40. - aegusa@cinet.it - *fermé janv.- fév.* - ⌧ - 28 ch. : 100/135 € ⌂ - rest. 24/32€. Les chambres lumineuses de cet établissement, avec leur mobilier d'osier, ont un petit air de vacances. Le restaurant vous proposera un vaste choix de plats de poissons et d'autres plats traditionnels, ainsi qu'un menu appétissant à prix légers, le tout servi dans une petite cour-jardin très agréable.

## ACHATS

À Favignana, les objets artisanaux les plus recherchés sont... comestibles : poutargue (œufs de poisson), *bresaola* (viande séchée ou fumée de thon ou d'espadon) sont les gourmandises locales, ou du moins régionales, qui entretiendront le souvenir des délicieux festins de poisson effectués dans les îles.

A. Safina/Lara Pessina/MICHELIN

## LOISIRS-DÉTENTE

**Bicyclette et vélomoteur** – Rien de plus commode pour explorer sans fatigue cette île plate, où l'usage de la bicyclette est particulièrement répandu. Pour trouver un deux-roues, il suffit de se promener dans les rues de l'agglomération, où l'on verra un grand nombre de loueurs.

**Plongée et pêche sous-marine** – Les amateurs trouveront ici une mer riche en flore et faune sous-marines. Les meilleurs endroits sont **Punta Marsala**, **Secca del Toro**, la grotte submergée entre Cala Rotonda et Scoglio Corrente et les hauts-fonds de **Punta Fanfalo** et **Punta Ferro**.

## comprendre

Habitées depuis la préhistoire (on estime qu'au paléolithique, Levanzo et Favignana étaient encore rattachées à la terre ferme), elles ont été pendant l'Antiquité le théâtre d'un important événement, la signature en 241 avant J.-C. du traité qui mettait fin à la première guerre punique, et en vertu duquel Carthage abandonnait la Sicile à Rome.

## séjourner

### Favignana*

*La Farfalla* (papillon) est le surnom donné à cette île à cause de ses deux ailes déployées sur les pétales bleu azur de la mer, semblant en goûter le nectar. Appelée *Aegusa* dans l'Antiquité, elle tire son nom actuel du vent Favonio. Son histoire est associée à celle de la famille Florio *(voir Marsala)* qui y implanta au siècle dernier la *tonnara*, dont le complexe domine encore le paysage aux abords du port. En effet, pêche au thon et *mattanza* (sanglante mise à mort traditionnelle des thons, prisonniers du filet en cul-de-sac appelé *camera della morte*) ont constitué dans le passé les principales activités des habitants de l'île. Favignana, qui s'étend sur une superficie de 20 km$^2$ environ, est traversée côté Ouest par la Montagna Grossa qui, en dépit de son nom, n'atteint que 302 m d'altitude. La zone habitée se trouve sur la partie Est de l'île, plus basse. Les côtes très découpées laissent place, çà et là, à de petites plages de sable.

**Le cave di tufo** – Autrefois, l'extraction du tuf était l'une des principales ressources de l'île. Une fois taillés, les blocs étaient exportés dans le reste de la Sicile et en Afrique du Nord. Les carrières, que l'on voit dans toute la partie orientale de l'île, forment de grandes dépressions taillées en gradins dans la roche, souvent envahies d'arbustes, qui confèrent au paysage un singulier aspect de « gruyère ». Beaucoup d'entre elles sont malheureusement utilisées comme décharges publiques. D'autres en revanche prennent l'aspect de petits jardins « en creux », à l'abri du vent. À l'Est, près du rivage, subsistent d'anciennes carrières que des effondrements de terrain ont fait disparaître en partie sous les flots. La mer, en y pénétrant, a formé des petits miroirs d'eau aux formes géométriques. Les plus spectaculaires se trouvent dans la zone de Scalo Cavallo, Cala Rossa et Bue Marino *(voir plus loin)*.

### La ville de Favignana

Centre principal et chef-lieu de l'archipel, le petit port qui porte le nom de l'île s'abrite dans une vaste baie que domine le **fort Ste-Catherine** (aujourd'hui garnison militaire), au sommet du mont du même nom. Ancienne tour de guet sarrasine, reconstruite et agrandie par le roi normand Roger II, l'édifice a servi de prison sous les Bourbons (1794-1860). La ville s'enorgueillit de deux édifices qui rappellent l'influence des Florio, grande famille originaire de Marsala qui a contribué à l'essor de la pêche au thon. Sa résidence, le **palais Florio**, édifié en 1876, se trouve derrière le port, et le grand complexe de pêche au thon, la *tonnara*, désormais désaffectée, au fond de la baie sur la droite. Un projet prévoit la restructuration complète de l'édifice et sa réouverture comme centre polyvalent. *Pour toute information, s'adresser au Pro Loco ☎ 0923 92 16 47.*

---

#### LA MATTANZA

La pêche au thon suit un rituel complexe qui se déroule (ici, se déroulait) selon des règles bien précises et rigoureusement établies par le **raïs**, chef de la tonnara *(pêcherie)*, qui était autrefois aussi le chef incontesté du village. Il tenait presque le rôle d'un **chaman**, décidant du moment propice pour la pêche et de la façon de la conduire. Si l'origine de la pêche au thon remonte vraisemblablement aux Phéniciens, c'est plutôt aux Arabes que l'on doit le rituel qui ponctue aujourd'hui encore la pêche au thon. Le terme n'est pas excessif quand on pense aux chants propitiatoires *(scialome)*, destinés à conjurer le mauvais sort, prélude au combat cruel, presque au corps à corps, entre les hommes et les grands poissons, au cours duquel les thons sont harponnés et achevés dans un bouillonnement d'écume et de sang.

À la fin du printemps, les thons arrivent au large de la côte Ouest de la Sicile, où ils rencontrent des conditions idéales pour leur reproduction. Les pêcheurs partent alors installer dans la mer un système de filets (ou madrague) formant un long couloir où les thons se trouvent engagés sans pouvoir revenir en arrière. Les derniers filets sont cloisonnés par des barrières. Ces « antichambres » évitent l'accumulation d'un trop grand nombre de poissons, qui pourraient alors rompre les filets et s'évader. Le couloir aboutit dans la *camera della morte*, aux mailles plus fines et au fond souvent fermé. Lorsque le nombre de thons parvenu dans cette « chambre de la mort » est jugé suffisant, le **raïs** ordonne le début de la *mattanza*, mise à mort des poissons qui, épuisés par leurs vaines tentatives de fuite et blessés par les heurts inévitables avec leurs congénères, sont harponnés et hissés à bord. Le terme *mattanza* vient de l'espagnol *matar*, tuer, lui-même du latin *mactare* signifiant glorifier ou immoler.

Le bourg se développe autour de ses deux places, piazza Europa et piazza Madrice, que relie la rue principale, but de la promenade du soir. Au Nord-Est du centre habité, la zone de San Nicola (derrière le cimetière) a gardé des traces du temps passé, mais comme il s'agit d'une propriété privée, il est pratiquement impossible de visiter.

## Plages et petites criques★

Au Sud du bourg se trouvent ses deux plages principales, la **cala Azzurra**, petite baie sablonneuse, et le **Lido Burrone**, beaucoup plus étendu, légèrement plus à l'Ouest. *Pour s'y rendre, prendre soit la voiture, soit l'autocar, qui effectue le trajet toutes les heures.*

Mais ce sont les petites criques rocheuses qui attirent le plus d'estivants, en particulier la **cala Rossa★** et la **cala del Bue Marino**, qui n'est pas très éloignée. Ces carrières d'extraction de tuf, grandes grottes dont la voûte ne s'est pas écroulée, forment de longs couloirs mystérieux que l'on peut explorer à l'aide d'une torche électrique.

Les plus belles criques de l'autre moitié de l'île sont la **cala Rotonda**, la **cala Grande** et Punta Ferro, point de départ pour les amateurs de plongée sous-marine.

## Excursions dans les grottes

Le flanc Ouest de la montagne, qui glisse doucement dans la mer, est creusé de grottes fabuleuses. Les matins d'été, si la mer le permet, les pêcheurs sur le port proposent leurs services pour faire découvrir aux touristes les plus belles d'entre elles : la **grotta Azzurra** (du bleu intense de l'eau), la **grotta dei Sospiri** qui fait retentir ses « soupirs » en hiver, et la **grotta degli Innamorati**, appelée ainsi pour ses rochers jumeaux, serrés l'un contre l'autre sur la paroi du fond.

## Levanzo★

Petite île de 6 km², Levanzo est couverte de collines verdoyantes culminant au Pizzo del Monaco (278 m) qui se jette dans la mer en formant des crêtes rocheuses et tourmentées, particulièrement belles au Sud-Ouest. Traversée du Nord au Sud par une route unique, c'est un refuge pour les amoureux de la nature et du calme absolu, que viendront seulement troubler le rythme de la mer et... leurs propres pas. La partie Nord de l'île est une succession de côtes rocheuses escarpées et de jolies petites criques. Entre l'île de Levanzo et la côte sicilienne se trouvent deux petits îlots, **Maraone** et **Formica**, où demeurent les vestiges d'une ancienne *tonnara*.

## Cala Dogana

L'unique centre habité de l'île se trouve au Sud, dans une crique baignée d'eaux cristallines. C'est le point de départ d'un sentier bien entretenu qui mène aux petites criques de la côte Sud-Ouest, où l'on découvre de charmantes petites plages de galets avant d'arriver au grand rocher appelé le Faraglione.

## Grotta del Genovese★

*On peut l'atteindre à pied (environ 2h AR), en jeep (le dernier tronçon du parcours s'effectue à pied par une pente escarpée), ou en bateau. Pour la visite contacter le Signore Castiglione, via Calvario, Levanzo.* ☎ *0923 92 40 32, 0360 63 92 61 ou 339 74 18 800 (portable).*

Découverte en 1949, la grotte qui s'ouvre dans le flanc d'une falaise escarpée conserve des traces d'hommes préhistoriques. On y a découvert des gravures et des peintures rupestres qui remontent respectivement au paléolithique supérieur et au

*Levanzo.*

néolithique. Réalisés à une époque où l'île était encore reliée à la terre ferme, les dessins représentent des bisons et un très beau **cerf**★★ en perspective dont on peut admirer l'élégance et les proportions harmonieuses. Effectuée au moyen de charbon et de graisse animale, les peintures attestent de l'introduction de la pêche (on y voit un thon et des dauphins) et de l'élevage (une femme tient un bovidé avec une corde) ou sont simplement rituelles, comme les figures d'hommes qui dansent et de femmes aux larges flancs. On peut comparer ces peintures à celles de style franco-cantabrique des grottes de Lascaux *(voir le Guide Vert Michelin Périgord-Quercy)* et d'Altamira en Espagne *(voir le Guide Vert Michelin Espagne)*.

### Marettimo★

L'île est en fait une montagne escarpée dont les flancs calcaires tombent à pic dans la mer. C'est la plus sauvage des îles Égades, que seuls les plus aventureux et les plus curieux des touristes visiteront. En effet, elle ne présente qu'un petit port, et aucun hôtel. Pour y séjourner plusieurs jours, il faut loger chez les pêcheurs qui mettent des chambres à la disposition des visiteurs *(adresses au Pro Loco à Favignana)*.

Le petit **village de pêcheurs**, appelé Marettimo comme l'île, regroupe ses maisonnettes blanches et carrées aux toits en terrasse au pied de la montagne. Derrière le Scalo Nuovo (nouvelle cale), actuel point d'accostage, se trouve le Scalo Vecchio (ancienne cale), utilisé par les pêcheurs. D'ici on découvre la **Pointe Troia**, couronnée des ruines d'un château de l'époque espagnole (17ᵉ s.) utilisé comme prison jusqu'en 1844. Une série de sentiers assez raides (que l'on peut parcourir à dos d'âne) conduisent au sommet de la montagne, à l'intérieur de l'île, manière idéale de goûter une nature vierge et sauvage, aux paysages fascinants.

### Tour de l'île en bateau★★

C'est en faisant le tour de l'île en bateau (se renseigner au débarcadère, auprès des nombreux pêcheurs présents) que l'on découvre les magnifiques grottes qui s'ouvrent au pied des falaises abruptes : la **grotta del Cammello**, au fond d'une petite plage de gravier, la **grotta del Tuono**, la **grotta Perciata**, et, en particulier, la **grotta del Presepio**, ainsi appelée à cause des rochers, qui, façonnés par l'eau et le vent, évoquent une crèche et ses santons.

# Enna★

Ce n'est pas sans raison qu'Enna est appelée « le belvédère de la Sicile » : dans un site★★ exceptionnel, sur un plateau culminant à 948 m, c'est le plus haut chef-lieu de province d'Italie. Au fur et à mesure que la route s'élève, l'éventail panoramique sur la vallée s'ouvre et on aperçoit le petit village de Calascibetta, accroché à l'échine rocheuse de la colline.

### La situation

*28 401 habitants – Carte Michelin nᵒ 565 O24 ou Atlas Italie p. 88.* Il y a deux choses importantes qu'il faut avoir à l'esprit en arrivant à Enna : la première est que la ville se trouve à près de 1000 m d'altitude, et la seconde que les dernières centaines de mètres se font sur la route en lacets qui serpente autour de la colline. Mieux vaut donc garer la voiture dans la partie haute de la ville et garder un gilet à porter de main. 🚾 *Via Roma 413,* ☎ *0935 52 82 28, fax 095 52 82 29.*
*Vous pouvez poursuivre votre voyage en visitant : CALTANISSETTA, PIAZZA ARMERINA, VILLA IMPERIALE DEL CASALE.*

## comprendre

**Aperçu historique...** – Les origines de la cité remontent à la préhistoire. Sa situation élevée et naturellement protégée a suscité bien des convoitises. Certains pensent qu'elle a d'abord été habitée par les Sicanes, qui en firent un lieu de défense stratégique contre l'avancée des Sicules. Elle devient cité grecque, puis romaine, et c'est là qu'en 135 avant J.-C. débuta la révolte des esclaves qui, menés par le Syrien **Eunus**, devaient semer le trouble dans le reste de l'île pendant plus de sept ans. Reconquise par les Romains, elle tomba au 6ᵉ s., avec l'ensemble de l'île, sous la domination des Byzantins, qui voyaient en elle une place hautement stratégique pour contrer les offensives arabes. Elle ne capitula qu'au 9ᵉ s. Le nom Henna, venant peut-être du grec (*en-naien*, vivre à l'intérieur), fut repris par les Romains qui lui ajoutèrent le terme forteresse, *Castrum Hennae*, puis transformé par les Arabes en *Kasrlànna* (ou *Qasr Yânnah* ou *Qasr Yani*), et enfin vulgarisé en

# carnet pratique

## RESTAURATION

### • Sur le pouce

**Tiffany** – *Via Roma 467, Enna -* ☎ *0935 50 13 68 - fermé jeu. -* 🔲 *- 12,91/25,82€.* Une bonne pizza est la solution idéale pour profiter d'une pause déjeuner assez rapide mais qui satisfasse les gourmands. Ce petit restaurant-pizzeria, situé en plein centre-ville, vous accueillera dans un décor impeccable.

**Centrale** – *Piazza VI Dicembre 9, Enna -* ☎ *0935 50 09 63 - ristcentrale@yahoo.it - fermé sam. (sf juin-sept.) -* 🔲 *- 19/31€.* Comme le laisse supposer son nom, ce petit restaurant à la gestion familiale se trouve en plein cœur de la ville. À l'intérieur, un grand salon avec une belle hauteur sous plafond et meublé simplement vous accueillera pour déguster des plats du terroir, à base de viande aussi bien que de poisson.

## HÉBERGEMENT

⊜🕲 **Sicilia** – *Piazza Colaianni 7, Enna -* ☎ *0935 50 08 50 - fax 0935 50 04 88 -* 🔲 *- 76 ch. : 57/91€ -* 🍽 *5€.* Au cœur de la jolie ville sicilienne, une structure moderne qui se prête aussi bien à l'accueil des touristes de passage que des hommes d'affaires. Les chambres ont été récemment rénovées et les espaces communs sont vastes et agréables. L'accueil est à la hauteur du confort.

## PETITE PAUSE

**Bar del Duomo** – *Piazza Mazzini 1, Enna -* ☎ *0935 24 205.* Agréablement situé face à la cathédrale d'Enna, ce bar est très fréquenté par la clientèle locale. Vous pourrez y goûter l'une des délicieuses pâtisseries siciliennes, des spécialités salées ou encore une bonne glace. À vous de voir !

**Caffè Roma** – *Via Roma 312, Enna -* ☎ *0935 50 12 12 - 8h-23h - fermé mar.* Ce café-pâtisserie fait partie de l'histoire de la ville depuis 1921. Situé en plein cœur d'Enna, vous y serez accueilli dans une grande salle en pierres apparentes et dorloté avec de délicieuses spécialités siciliennes, salées ou sucrées. Une adresse à ne pas manquer pour une petite pause revigorante.

## CALENDRIER

**Settimana Santa** – Pendant la Semaine Sainte se déroulent les traditionnelles processions des confréries (*voir encadré*).

---

Castrogiovanni. Après sa conquête par les Normands, qui en firent le centre politique et culturel de leur royaume, elle subit successivement la domination des Souabe, des Angevins et des Aragonais. En 1314, Frédéric II s'y vit attribuer le titre de roi de Trinacrie. Il y réunit le Parlement en 1324. La ville subit ensuite, tout comme le reste de l'île, une série de vicissitudes. Elle se rebella contre les Bourbons, soutint Garibaldi, et ne reprit son ancien nom d'Enna qu'en 1927.

**... et un peu de mythologie** – Les vestiges d'un temple antique dédié à **Cérès**, déesse de la Moisson (Déméter pour les Grecs) font du belvédère d'Enna un site historique séduisant. En contemplant les vastes étendues agricoles qui s'étendent à perte de vue, on imagine aisément que la région ait pu être le centre d'un culte très populaire de la déesse. N'est-ce pas sur les rives toutes proches du lac de Pergusa *(voir « circuits »)* que la mythologie situe le rapt de sa fille Proserpine (Perséphone) par Pluton (Hadès), dieu des Enfers ?

# se promener

## En parcourant les rues du centre

Enna possède de très nombreuses églises qui méritent d'être visitées pour la richesse et la variété des œuvres d'art qu'elles détiennent. La **via Roma**, axe central bordé de monuments et de curiosités, relie le château de Lombardie et la tour de Frédéric II *(voir plus loin)* en décrivant un angle aigu.

## Castello di Lombardia★

*De mi-avr. à mi-oct. : 8h-20h ; le reste de l'année : 9h-13h, 15h-17h. Gratuit.* ☎ *0935 40 347.*

Situé à la pointe du plateau, le château de Lombardie domine la ville et la vallée, ainsi que le rocher de Cérès (Rocca di Cerere), où s'élevait probablement un temple dédié à la déesse.

La situation stratégique du site en fit un lieu fortifié dès l'Antiquité. Renforcé à l'époque normande, le château fut embelli par Frédéric II d'Aragon qui en fit sa résidence d'été et l'adapta à la vie de cour. C'est là qu'il fut couronné roi de Trinacrie et qu'il réunit le Parlement sicilien en 1324. C'est également à cette époque que fut attribué au château son nom, certainement associé à la présence dans la forteresse d'une garnison de soldats lombards. De plan vaguement pentagonal, il épouse les aspérités du terrain. Il ne subsiste que six tours, souvent partiellement détruites, des vingt que comptait son système défensif. La plus intéressante et la mieux conservée est la tour Pisane ou **tour des Aigles** (Torre delle

## LES CONFRÉRIES

Les habitants d'Enna sont répartis en confréries, sortes de quartiers spirituels ayant chacun sa hiérarchie propre, son église, son costume particulier et ses fiers partisans. Preuve en est la **procession de la Semaine sainte**, qui débute le dimanche des Rameaux. Ce jour-là, au signal donné par l'arrivée dans la cathédrale du collège des Recteurs, qui débute la cérémonie de l'adoration de l'Eucharistie, chaque confrérie quitte son église pour se rendre à la cathédrale. Aux accents de marches funèbres jouées par la fanfare, de longs cortèges confluent lentement vers ce point de rassemblement. Le mercredi à midi, les cloches se taisent dans le clocher. À leur sonnerie se substitue le son de la *troccola*, gros moulinet en bois à bruit de crécelle. C'est le vendredi soir qu'a lieu la procession religieuse : une centaine de membres des confréries, revêtus de cagoules et de petites capes de couleurs différentes, défilent dans les rues en portant le Christ défunt, suivi de la Vierge aux Sept-Douleurs *(Addolorata)*. Le dimanche, les deux statues retournent dans leurs églises respectives.

J. Malburet/MICHELIN

## ENNA

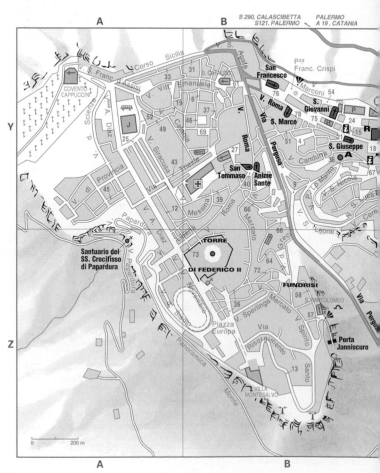

Aquile), couronnée de merlons guelfes. Du sommet, un magnifique **panorama**★★★ se déploie sur la plus grande partie des montagnes siciliennes, l'Etna et Calascibetta. L'enceinte enferme trois cours : la cour St-Nicolas, utilisée comme théâtre de plein air, la cour de la Madeleine ou cour des victuailles (cortile delle vettovaglie), qui servait à l'entrepôt des vivres pendant les sièges, et la cour St-Martin, qui desservait les appartements royaux et donnait accès à la tour Pisane.

À l'extérieur, dans la direction du rocher de Cérès, est adossée à la muraille la statue d'**Eunus**, commémorant l'homme qui déclencha la révolte des esclaves *(voir en début de chapitre)*.

## Rocca di Cerere

De l'extrémité du plateau, là où s'élevait le temple dédié à la déesse des Moissons, on bénéficie d'une belle **vue**★★ d'ensemble sur Enna et Calascibetta.

## Duomo

Reconstruite en style baroque aux 16e-17e s., la cathédrale a toutefois conservé ses absides de style gothique (cela se remarque notamment dans l'absidiole de gauche).

Précédée d'un imposant escalier, la façade est surmontée d'un clocher qui s'élève au-dessus du narthex, orné de métopes et de triglyphes semblables à ceux d'un temple grec. On remarquera la présence des trois ordres classiques, dorique, ionique et corinthien. Sur la façade méridionale, le portail de St-Martin, du 16e s., et son bas-relief sculpté dans le marbre représentant saint Martin et le pauvre,

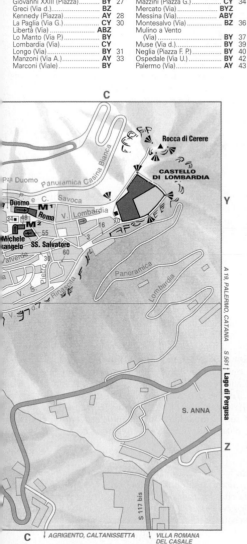

s'harmonise avec la porte Sainte voisine, de style gothique. À l'**intérieur★**, les trois nefs sont séparées par des colonnes de basalte noir, à la base chargée d'ornements et couronnées de chapiteaux sculptés. Remarquer en particulier sur les deuxièmes colonnes, de droite comme de gauche, des bas-reliefs de **Gian Domenico Gagini** (personnages zoomorphes et bicéphales, *putti*, serpents). Noter également le travail sur bois datant du 16ᵉ s. : le **plafond★** à caissons, finement sculpté, dont chaque poutre se termine par d'étranges figures ailées, le buffet d'orgue, la tribune au fond de la nef, qui, bien qu'en très mauvais état, a conservé de belles balustrades en bois polychrome sculpté et des niches abritant le Christ et les douze apôtres. Derrière le maître-autel se trouve le chœur orné de scènes de l'Ancien et du Nouveau Testament. Sa fonction éducative est manifeste, tout comme celle de l'armoire « *casciarizzo* » de la sacristie, dont les panneaux représentent des scènes de la vie de Jésus. Au niveau de l'autel, un émouvant crucifix (15ᵉ s.) en bois peint sur ses deux faces : au dos se trouve une *Résurrection* appelée aussi *Christ aux trois visages* car, selon l'angle sous lequel on le regarde, il présente trois expressions différentes.

## S. Michele Arcangelo

Cette église érigée en 1658, probablement à l'emplacement d'une ancienne mosquée, présente une façade carrée et adopte un plan elliptique avec des chapelles radiales.

Sur la place, prendre la via Polizzi, puis sur la droite la via del Salvatore, où se trouve l'**église** basilienne **du Très-Saint-Sauveur** (Santissimo Salvatore), remaniée au 16ᵉ s. et réaménagée récemment.

Rejoindre la piazza Colajanni, sur laquelle se dressent d'autres beaux édifices, comme le **palais Pollicarini** (15ᵉ s.) et l'église Santa Chiara.

## S. Chiara

*Pour toute information sur les horaires* ☎ *0935 26 119.*

L'église, transformée en sanctuaire dédié aux morts pour la patrie, n'a qu'une seule nef. Son sol pavé de majoliques illustre en deux panneaux le *Triomphe du christianisme sur l'islam* et l'*Avènement de la navigation à vapeur*.

Toujours dans la via Roma, l'**église San Giuseppe** montre une belle façade baroque, malheureusement très endommagée, surmontée d'un campanile.

*Depuis la piazza Coppola, prendre à gauche la via Candrilli.*

## Campanile de S. Giovanni Battista

Tout ce qui subsiste de l'église St-Jean-Baptiste est cet élégant campanile avec ses grands arcs en ogive à l'ordre inférieur, sa belle fenêtre trilobée gothique à l'ordre intermédiaire, et ses arcs en plein cintre à l'ordre supérieur.

*Retourner via Roma.*

## S. Giovanni

De style roman à l'origine, l'église St-Jean a été remaniée et enrichie plus tard de stucs. Entièrement restaurée en 1967, elle renferme de beaux fonts baptismaux au piétement romain, et un chapiteau byzantin en marbre rouge supportant une vasque médiévale (bas-relief du 14ᵉ s.).

## S. Marco

Construite au 17ᵉ s. à l'emplacement d'une synagogue, l'église St-Marc se trouve dans un ancien quartier juif. L'**intérieur**, à nef unique, est décoré de jolis stucs (*putti*, guirlandes de fleurs, fruits et coquillages) de Gabriele de Blanco da Licodia (1705). La décoration en bois sculpté qui ferme la tribune, dans laquelle les sœurs assistent aux célébrations du culte, est, elle aussi, de toute beauté.

Presque en face, depuis le belvédère de la piazza Francesco Crispi, se dégage un splendide **panorama★** sur Calascibetta, le lac Nicoletti et le château de Lombardie sur la droite. Au centre du jardin, la fontaine est ornée d'une copie en bronze du célèbre groupe du Bernin figurant l'enlèvement de Proserpine.

Quelques pas encore, et on rencontre un groupe d'églises, parmi lesquelles l'imposante **église San Francesco**, près de l'église San Cataldo, reconnaissable à sa façade carrée. Puis sur la place Neglia, l'**église des Âmes saintes** (Anime Sante), percée d'un beau portail baroque en pierre calcaire, et l'**église San Tommaso**, du 15ᵉ s., remarquable pour sa galerie et son campanile. Son élégante fenêtre ogivale fait oublier qu'il s'agissait à l'origine d'une tour défensive (environ 9ᵉ s.).

*Continuer le long de la via Roma.*

## Torre di Federico II★

Elle s'élève à l'autre extrémité de la ville. La fonction stratégique de la place avait été à l'origine de l'érection d'un nombre si considérable de tours qu'Enna aurait pu être appelée par le passé « la cité des tours ». Peu subsistent, la plupart ayant été détruites ou incorporées à des églises en guise de clochers. Celle-ci, archétype des tours octogonales construites sous Frédéric II de Souabe, domine le centre d'un petit jardin public.

*Pour les bons marcheurs et ceux à qui il reste un peu d'énergie, la promenade peut se poursuivre dans le quartier Fundrisi.*

## Quartiere Fundrisi

Quand, en 1396, le roi Martin d'Aragon réprima la révolte de l'île et rasa certaines bourgades voisines du Castrogiovanni d'alors, les habitants de Fundró furent déportés à l'extrémité Sud-Ouest du plateau, où s'éleva alors Fundrisi, qui constitua durant des siècles une communauté bien distincte d'Enna.

Le passage par ces venelles en pente, parmi ces maisonnettes à étage unique et coursives typiques (tout au long de la via S. Bartolomeo), est un véritable enchantement. De cette rue comme de la petite place du même nom, où se dresse l'église, elle aussi dédiée à saint

Barthélemy, on jouit de belles **échappées**★ sur la partie Nord-Est de la ville. De la place, on peut descendre jusqu'à la **porte Janniscuru**, seule survivante des cinq que comptait la cité. La grotte de la Guérite (Guardiola), contiguë, était un lieu de culte avant même la fondation de la ville. En poursuivant par la via Mercato et la via Spirito Santo, on atteint l'église du Saint-Esprit *(en cours de restauration)*, édifiée à pic sur un éperon rocheux.

# *visiter*

### Museo Alessi

*Entrée derrière la cathédrale. 8h-20h. Fermé 1ᵉʳ janv., 1ᵉʳ mai, 25 déc. 2,58€.*
☎ *0935 50 31 65.*

Constitué en 1862 à partir des collections du chanoine Alessi, ce musée présente de remarquables ornements sacrés des 17ᵉ et 18ᵉ s., brodés de fils d'or et parés de corail *(au sous-sol)*, ainsi qu'une **galerie de peinture** *(à l'entresol)* où l'on peut voir une douce *Vierge à l'Enfant* (15ᵉ s.) d'un peintre flamand inconnu, une *Pietà* avec les symboles de la Passion (16ᵉ s.) et deux panneaux d'un polyptyque du 16ᵉ s. attribués à Panormita, représentant les saints Jean-Baptiste et Jean l'Évangéliste. Au 1ᵉʳ étage, sont exposées une toile de Giuseppe Salerno (dit le Boiteux de Gangi) représentant *La Vierge de Grâce* ainsi que le magnifique **trésor** de la *chiesa madre*. Ce dernier comprend, parmi les ornements sacrés, la splendide **couronne**★ de la Madone, ornée d'émaux et de ciselures évoquant des scènes de la vie de Jésus (17ᵉ s.), un **pélican**★, joyau du 17ᵉ s. symbolisant la résurrection et la vie éternelle, ainsi que le monumental **ostensoir processionnel**★ (1536-1538), admirable travail au ciseau de Paolo Gili reproduisant les flèches élancées d'une cathédrale gothique. Au 2ᵉ étage sont rassemblées des monnaies grecque, romaine et byzantine, ainsi que des pièces archéologiques allant de la préhistoire au haut Moyen Âge, et une **collection de figurines funéraires égyptiennes**, ou *ushebti* – littéralement « ceux qui répondent à l'appel ». Provenant probablement de trousseaux funéraires revenus en Sicile, elles rappellent la coutume ancienne de placer dans les tombes des statuettes afin qu'elles exécutent à la place du défunt les tâches terrestres qui lui incombaient.

### Museo Archeologico Varisano

*Piazza Mazzini. 8h-19h30. 2€. ☎ 0935 52 81 00.*

Ce musée rassemble des objets, principalement en terre cuite, trouvés dans les nécropoles de Calascibetta, Capodarso, Pergusa, Cozzo Matrice et Rossomanno.

### Santuario del SS. Crocifisso di Papardura

*S'engager dans la via Libertà après le croisement avec le viale Diaz puis prendre sur la droite la petite via Parpadura, jalonnée par les stations d'un chemin de croix. Fermé pour restauration au moment de la rédaction de ce guide. Pour toute information ☎ 0935 37 626.*

Le sanctuaire du Très Saint Crucifix a été édifié autour d'une grotte où fut retrouvée en 1659 une dalle de pierre sur laquelle était peint un crucifix. Cette œuvre, attribuée à des moines basiliens, est maintenant placée sur le grand autel.

Les beaux **stucs** qui en décorent l'intérieur furent entrepris en 1696 par **Giuseppe** et **Giacomo Serpotta**, mais achevés en 1699 par un autre artiste auquel on attribue aussi les statues des apôtres. Admirer également le **parement**★ en argent (17ᵉ s.) du grand autel, de facture messinane, le plafond de bois à caissons du siècle dernier et les parements des autels latéraux, en cuir peint et buriné.

# *circuits*

### Collines au Nord d'Enna

*Circuit de 85 km plus 55 km pour retourner à Enna – une journée. Sortir d'Enna en direction de Calascibetta, à 4 km au Nord.*

L'itinéraire conduit le visiteur à travers les douces collines qui séparent Enna de Catane, sur lesquelles d'anciens villages, accrochés aux pentes tels des nids d'aigles, alternent avec de magnifiques **points de vue★**.

*Calascibetta, accrochée à son rocher.*

### Calascibetta

Dans un **site★** panoramique, sur un rocher percé de grottes, cette petite ville en amphithéâtre a probablement été fondée par les Arabes. La *chiesa madre*, totalement reconstruite au 17e s. après un tremblement de terre, s'élève sur un édifice du 14e s. qu'on aperçoit encore au niveau de la nef de gauche. L'intérieur abrite trois nefs à arcades ogivales, séparées par des colonnes de pierre ornées à la base de monstres sculptés, et, sur la gauche en entrant, des fonts baptismaux de toute beauté datant du 16e s.

La **tour normande** (11e s.) située près de l'église St-Pierre, malheureusement détériorée, présente des bas-reliefs intéressants. On a une très belle **vue★★** d'Enna sur la droite (château et belvédère) avec, en contrebas, le lac de Pergusa *(voir plus loin)*.

Quitter la ville et prendre la route de Villapriolo pour voir la **nécropole de Realmese** (4e s. avant J.-C.), constituée de tombes creusées dans la roche.

*Revenir au carrefour et prendre à gauche la SS 121 en direction de Leonforte (20 km au Nord-Est de Calascibetta).*

### Leonforte

Blottie au fond d'une conque sur un **site★** spectaculaire, la ville laisse apercevoir de loin le profil imposant d'un palais qui porte le nom de celui qui l'a fondée au 17e s., Nicola Placido Branciforte. Construit en 1611, ce palais occupe un côté de la vaste place de même nom. On remarquera aussi la célèbre **Granfonte** (1651) construite aussi sur commande de Branciforte. Toute de pierre dorée, elle porte 24 cannelures et une série de petites arcades en plein cintre, couronnées du blason de la famille.

*Sortir du pays en reprenant la même route et, au carrefour, tourner à gauche en direction d'Assoro (6 km à l'Est de Leonforte).*

### Assoro

À 850 m d'altitude, la bourgade s'enroule autour d'une jolie place pavée, la piazza Umberto I, ornée d'une fontaine centrale et d'une magnifique **terrasse-belvédère★**. Une arche pittoresque relie le palais Valguarnera et la *chiesa madre*, dont la façade donne sur une autre petite place-belvédère où l'on débouche. Fondée en 1186, la **basilique San Leone**, transformée à la fin du 14e s. et au 17e s., présente trois nefs. Un porche orne le côté Sud ; celui du côté Nord a été remplacé en 1693 par la chapelle de l'oratoire du Purgatoire, à laquelle on accède par un élégant portail baroque. L'**intérieur★** séduit par ses modestes dimensions et sa riche décoration, avec sa voûte nervurée et la profusion de **stucs** dorés de style baroque, qui parent les colonnes torses (enrichies au 18e s. de décors en broderie) et le fronton des absidioles : sur la droite, le pélican, l'oiseau mythique qui nourrit ses petits de sa propre chair, symbole de l'Eucharistie ; à gauche, le phénix qui renaît de ses

cendres, symbole du Christ ressuscité. On admirera le superbe **plafond de bois** à charpente apparente, avec ses poutres peintes et ses arabesques (1490), ainsi que les **grilles** en fer forgé qui ferment les chapelles (15ᵉ s.).
*Pour la visite, contacter le prêtre ☎ 0935 66 72 78.*
*Continuer par la route qui domine San Giorgio. À hauteur de Nissoria, on croise à nouveau la SS 121. Poursuivre à droite en direction d'Agira (17 km à l'Est d'Assoro).*

## Agira

Sur le flanc du mont Teja, à 650 m d'altitude, la ville est dominée par les ruines d'un **château** qui se profile au sommet de la colline. Construit pendant la période souabe, il semble avoir joué un rôle important dans les luttes qui ont opposé Angevins et Aragonais, puis Aragonais et Chiaramonte. Belle **vue★** sur le lac de Pozzillo.

---

### LA VILLE ET LE MONASTÈRE

L'histoire d'Agira, patrie de l'historien **Diodore de Sicile** (90-20 avant J.-C.) se reflète dans celle du monastère basilien de San Filippo, fondé par le moine d'origine syrienne entre le 5ᵉ s. et le 6ᵉ s. Devenu bientôt un centre religieux et culturel, il connaît son apogée sous les Normands lorsqu'il recueille les moines exilés de Jérusalem tombés aux mains des Turcs. Il s'agrandit et prospère grâce aux revenus qu'il perçoit de ses immenses propriétés dispersées dans toute l'Europe. En 1537, Charles Quint concède à Agira le titre de cité royale, avec des prérogatives spéciales, dont celles de rendre la justice civile et pénale. La décadence de la ville commence lorsque le roi Philippe IV d'Espagne, pour renflouer les finances désastreuses de la monarchie, décide de céder la ville à des marchands génois. Les citoyens proposent alors la forte somme demandée afin de conserver leur liberté.

---

**Abbazia (S. Filippo)** – *7h30-11h30, 16h-19h.* ☎ *0935 69 10 08.* C'est le plus important des édifices religieux de la ville. L'église actuelle date de la fin du 18ᵉ s. et du début du 19ᵉ s. et la façade a été entièrement refaite en 1928. À l'**intérieur**, décoré de stucs dorés, on voit un très émouvant crucifix en bois de Fra'Umile da Petralia *(au maître-autel)*, un chœur liturgique en bois avec des scènes de la vie de saint Philippe, de Nicola Bagnasco (1818-1822), et trois panneaux d'un polyptyque du 15ᵉ s. avec une *Vierge en majesté* au milieu des saints. On remarquera aussi des toiles d'Olivio Sozzi et Giuseppe Velasquez.
*Continuer sur la SS 121 pendant 14 km.*

## Regalbuto

En arrivant d'Agira, on est accueilli par la belle façade baroque de l'**église Santa Maria La Croce** (1744). Toute de pierre dorée, elle est rythmée par des colonnes et couronnée d'un élégant faîtage. Emprunter la via Ingrassia pour voir sur la gauche le collège des jésuites, avec un peu plus loin le **palais Compagnini**, de style Art nouveau Liberty. Encore quelques pas, et on aboutit sur la grande place, dominée par la *chiesa madre* (1760), dédiée à saint Basile, dont la monumentale façade baroque est rythmée par des pilastres.
*De la SS 121, une route étroite en lacet monte jusqu'à Centùripe (21 km au Sud-Est de Regalbuto).*

## Centùripe

Village aujourd'hui situé loin des grands axes de communication, il était à une époque très ancienne le point stratégique entre la plaine de Catane et les montagnes de l'intérieur. Ce qui lui a permis, notamment à l'époque romaine, de jouir d'une remarquable prospérité (Cicéron lui-même le décrivait en 70 avant J.-C. comme l'une des cités les plus florissantes de Sicile). C'est le Centùripe des Romains qui a laissé l'essentiel des vestiges monumentaux : le **temple des Augustales**, au plan rectangulaire (1ᵉʳ-2ᵉ s., voisin du Musée archéologique), surplombait une rue bordée de colonnes, et deux tombes imposantes ornées de tours, toujours d'époque romaine, appelées respectivement la *Dogana* (la douane), dont on ne visite que l'étage supérieur, et le *Castello di Corradino* (château de Conradin). À l'extrémité Nord-Ouest, dans le quartier dit Bagni, une route pavée mène aux vestiges d'un **nymphée** qui a dû être de toute beauté, suspendu avec ses jeux d'eau au-dessus du lit du torrent et conçu sans nul doute pour émerveiller les visiteurs. Il n'en reste qu'un mur en brique percé de cinq niches, une vasque destinée à recueillir les eaux de pluie, maintenant délabrée, et quelques tronçons d'aqueduc.
Une très grande collection de pièces archéologiques allant du 8ᵉ s. avant J.-C. au Moyen Âge est exposée au **Musée archéologique** *(via SS. Crocifisso).* Elle rassemble en particulier les statues provenant du temple des Augustales, qui représentent toutes les empereurs et leurs proches ; une belle tête de l'empereur Hadrien, dont les proportions laissent penser qu'elle provient d'une statue d'au moins 4 m de haut ; deux splendides **urnes funéraires★** de la famille des Scriboni, sans aucun doute importées de Rome ; des terres cuites de production locale (3ᵉ-1ᵉʳ s. avant J.-C.) et une remarquable collection de masques de théâtre. *Tlj sf lun. 9h-19h. Fermé j. fériés nationaux. 2,60€.* ☎ *0935 73 079 ou 0935 91 94 40.*

*De Centùripe, poursuivre en direction du Sud vers Catenanuova pour revenir à Enna par l'autoroute (55 km).*

## Nature, archéologie et soufrières

*Circuit de 130 km environ – une journée. Sortir d'Enna en direction de Pergusa (9 km au Sud).*

### Lago di Pergusa

Les rives du lac de Pergusa, malheureusement défigurées aujourd'hui par un circuit automobile, ont été le théâtre d'un épisode de la mythologie, l'enlèvement de **Perséphone** par Hadès.

*Au carrefour, suivre à gauche les indications pour Valguarnera (18 km au Sud-Est de Pergusa).*

### Parco minerario Floristella-Grottacalda

*Indications le long de la route.* Le parc ne présente pas un intérêt immédiat. Il donne cependant un bon aperçu de l'activité qui a marqué la vie et le destin de nombreuses familles des provinces de Caltanissetta et d'Enna : la

> ### UN AMOUR INFERNAL
> Selon la légende, la fille de Déméter et Zeus, alors qu'elle jouait en compagnie des Océanides, fut attirée par la beauté d'un narcisse. La jeune divinité se penchait pour le cueillir quand la terre s'entrouvrit et **Hadès**, dieu des Enfers, surgit sur son char doré tiré par des chevaux immortels, et l'enleva. Il disparut ensuite dans les entrailles de la terre près de la fontaine Ciane, à proximité de Syracuse *(voir ce nom)*. Alertée par les cris déchirants de sa fille, **Déméter** se mit à parcourir la région sans relâche. Ayant fini par apprendre où elle se trouvait, elle obtint la permission de la revoir. Mais avant de laisser son épouse revoir sa mère, Hadès lui fit manger une graine de grenade pour se l'attacher à jamais.

soufrière de Floristella, qui était encore en activité en 1984. Elle est accessible par une route goudronnée au bout de laquelle surgit le petit palais Pennisi, érigé vers 1750, au début de l'exploitation minière, par les barons de Floristella, anciens propriétaires de la mine. Derrière le palais on embrasse tout le site archéologique industriel. Remarquer, à partir de la gauche, le puits d'extraction n° 1 (en maçonnerie) et le puits de reflux pour l'aération (en fer), utilisés jusqu'en 1972. Les monticules blancs sont des *calcheroni* cylindriques, revêtus d'un matériau inerte, la chemise, dans lesquels le soufre se séparait de sa gangue, l'ensemble des impuretés, par auto-combustion. À partir de 1860, les *calcheroni* ont été remplacés par des fours Gill à coupole, reliés entre eux par groupes de deux, trois ou quatre à l'aide de petits conduits. Ce système permettait de récupérer la chaleur dégagée dans un four par la combustion en envoyant les fumées d'anhydride sulfureux chauffer le soufre dans le four suivant. En face des *calcheroni*, on remarque une sorte de galerie en arcades avec des meurtrières, d'où s'écoulait le soufre en fusion jusqu'au point de prélèvement, dit *morte*. Il était recueilli dans des récipients en bois en forme d'auge trapézoïdale, dans lesquels il se solidifiait sous forme de pains de 50 à 60 kg, les *balate*. On aperçoit tout à fait à droite les sites les plus anciens, avec les *discenderie*, entrées réservées aux mineurs et aux *carusi*, les garçons qui remontaient avec les hottes pleines.

### Valguarnera

Le village, lié depuis des décennies à l'économie des soufrières, possède une *chiesa madre* du 17e s., à la massive façade baroque en pierre calcaire et au profil convexe.
*Revenir en arrière en direction de Piazza Armerina (18 km au Sud de Valguarnera).* La route coupe une très belle **vallée★** aux petites collines en pente douce, recouvertes au printemps d'un tapis vert émeraude.

### Piazza Armerina *(voir ce nom)*

### Villa Imperiale del Casale★★★ *(voir ce nom)*

*Continuer sur la SS 191 vers Caltanissetta jusqu'à l'embranchement pour Barrafranca, sur la gauche (21 km à l'Ouest de Piazza Armerina).*

### Barrafranca

Anciennement appelé Convicino (son nom actuel remonte au 16e s.), le village regroupe ses petites maisons jaune ocre sur les pentes douces de la colline. On y accède par la via Vittorio Emanuele, bordée d'élégants palais, dont le palais Satariano et le palais Mattina. À voir, la ***chiesa madre*** (18e s.), reconnaissable à sa façade en brique et son clocher couronné d'une petite coupole en céramique polychrome ; le **monastère des bénédictines** (à moitié détruit) sur la piazza Messina, suivi du vaste et intéressant édifice du 18e s. des **Putieddi** (boutiques) et de l'**église de la Très Sainte Marie de l'Étoile** (Maria Santissima della Stella), avec son haut campanile terminé par une flèche aérienne en majolique. Revenir vers la rue principale, le corso Garibaldi, et voir sur la piazza dell'Itria la façade et le campanile en brique de l'église du même nom (16e s.).

*À partir d'ici, il est possible de continuer en direction de Pietraperzia (10 km) ou de prendre en direction de Mazzarino (14 km).*

## Mazzarino

Petit bourg médiéval qui s'est développé grâce à la famille des Branciforte, Mazzarino regroupe ses monuments les plus importants le long de l'artère principale, le corso Vittorio Emanuele. On remarquera tout de suite la *chiesa madre* et le palais Branciforti voisin (17ᵉ s.), ainsi que l'église du Carmel (17ᵉ s.). En dehors du bourg, on aperçoit un imposant donjon circulaire, les ruines du **château**, sur un mont isolé. Érigé à l'endroit où s'élevait probablement une forteresse aux époques romaine et byzantine, l'édifice a été renforcé et agrandi sous les Normands ainsi qu'au cours du 14ᵉ s., pour devenir à la fin du 15ᵉ s. une élégante demeure.

*Reprendre la SS 191 en direction de Barrafranca et continuer vers Pietraperzia.*

## Pietraperzia

De l'ocre, toujours de l'ocre, couleur dominante des habitations de la région. Les ruines du château d'époque normande offrent une superbe vue plongeante sur la vallée du Salso. À l'entrée du village, sur la piazza Matteotti, l'église du Rosaire (16ᵉ s.) se dresse en face du palais Tortorici, de style néogothique. La *chiesa madre* (19ᵉ s.) à la façade carrée couronnée d'un faîtage d'aspect plutôt trapu, présente au maître-autel une *Vierge à l'Enfant* de toute beauté du peintre Filippo Paladini. *Pour toute information sur les horaires ☎ 0943 40 16 83.*

À voir aussi, le **palais du Gouverneur** (16ᵉ s.) au beau balcon d'angle, enrichi d'une console à figures anthropomorphes.

*De Pietraperzia, on rejoint Caltanissetta (15 km environ).*

## Caltanissetta *(voir ce nom)*

*De Caltanissetta, retourner à Enna par la SS 117 bis, agréable route touristique (33 km).*

# Isole **Eolie**★★★

## Îles Éoliennes

Sept îles sœurs ponctuent le bleu de la mer face à la côte Nord-Est de la Sicile. Aux abords du rivage, la mer échange son bleu cobalt contre une eau cristalline, tiède et transparente. La côte rocheuse abrite une flore et une faune aquatiques variées : anémones de mer, éponges, algues, crustacés, mollusques et poissons de toutes espèces. En un mot, l'archipel est un véritable paradis pour les amoureux de la mer, de la plongée et de la pêche sous-marines.

### La situation

*12 625 habitants – Carte Michelin n° 565 K/L 25-27 ou Atlas Italie p. 82 – Messine.* Des sept îles qui composent l'archipel, Filicudi et Alicudi sont les plus éloignées mais aussi celles dont la nature est la plus âpre et la plus sauvage. Salina est réservée et solitaire, tandis que Lipari et Panarea sont désormais domestiquées par le tourisme. Vulcano et Stromboli, pour finir, hébergent chacune un volcan toujours actif, qui se rit des spectateurs apeurés ou émerveillés en lançant vers le ciel à intervalles réguliers des projections de lave incandescente. 🛈 *Lipari : corso Vittorio Emanuele 202, ☎ 090 98 80 095 ; Vulcano : via Levante 4, (juil.-sept.), ☎ 090 98 52 028.*

## *comprendre*

Le mythe veut que les îles soient la demeure d'**Éole**, dieu des Vents, et aussi qu'elles aient servi d'escale au héros **Ulysse** lorsqu'il cherchait refuge, dit la légende, dans une île ceinturée d'une muraille de bronze (Lipari ?). C'est à Vulcano qu'il aurait rencontré, outre le dieu des Vents, le monstrueux Polyphème et ses compagnons, forgerons légendaires au service du dieu du Feu, **Vulcain**, qui donna son nom à l'île.

L'histoire de ces îles se perd ainsi dans la nuit des temps. Leur formation remonterait à l'époque où la mer Tyrrhénienne a vu surgir de ses abîmes, profonds de 1 000 à 3 000 m, des terres volcaniques dont seule une petite partie est restée émergée. Les théories les plus récentes replacent cet événement au pléistocène, il y a un peu moins d'un million d'années. Les premières îles formées ont été Panarea, Filicudi et Alicudi. Les plus jeunes, Vulcano et Stromboli, portent encore aujourd'hui un volcan en activité. Au cours des millénaires, les éruptions ont produit la **pierre ponce** blanche, si légère qu'elle flotte sur l'eau, et l'**obsidienne** noire et luisante, si coupante qu'elle servait dans l'Antiquité à la fabrication d'outils tranchants.

Les habitants, peu nombreux, parfois isolés du reste du monde plusieurs mois de l'année, vivent de la pêche, de l'agriculture (en particulier de la vigne et des câpriers), de l'exploitation de la pierre ponce (en progressive diminution à Lipari) et surtout du tourisme, même si cela ne concerne que quelques mois de l'année.

# carnet pratique

## TRANSPORTS

Les îles Éoliennes sont reliées à la terre ferme par ferry et hydrofoil. Le coût et le temps de trajet sont inversement proportionnels : en moyenne, l'hydrofoil (passagers uniquement) coûte le double mais met moitié moins de temps que le ferry. Les traversées sont plus fréquentes au départ de Milazzo, point d'embarquement le plus proche. Milazzo est aussi relié à quelques-unes des principales villes siciliennes par des autobus qui desservent directement le port.

De Milazzo partent quotidiennement les bateaux (1h30 - 4h) de la Siremar et les hydrofoils (40mn - 2h45) de la Siremar et de la SNAV. La société SNAV effectue aussi des liaisons régulières et quotidiennes depuis Messine, Reggio di Calabria, Palerme (juin-sept.) et Cefalù (juin-sept. trajets non quotidiens). Enfin, de Naples, partent des bateaux (2 fois/4h) de la Siremar et les hydrofoils (4h, juin-sept.) de la SNAV. Pour toute information et réservation :

**Siremar** (Gruppo Tirrenia), ☎ 199 123 199 (depuis un téléphone fixe en Italie) ou 081 31 72 999 (depuis un téléphone portable ou depuis l'étranger) ; www.gruppotirrenia.it/siremar/html/home/mainframeset.htm

**SNAV**, Stazione Marittima, Naples, ☎ 081 42 85 111 ; mergelli@tin.it, www.snav.it/

Pour plus de renseignements concernant ces liaisons, contacter la **N.G.I.**, via dei Mille 26, Milazzo, ☎ 090 92 84 091 ; www.cormorano.net/ngi/

## VISITE

La **SNAV** et la **Siremar** effectuent des liaisons fréquentes entre les différentes îles. Généralement, les horaires sont affichés dans les ports. Pour plus d'informations, contacter directement les compagnies (*voir ci-dessus*).

La **Taranto Navigazione** propose des mini-croisières, de jour comme de nuit, le plus souvent au départ de Milazzo, Capo d'Orlando, Patti et Vulcano. Pour plus de renseignements, contacter la Tar.Nav., via dei Mille 40, Milazzo, ☎ 090 92 23 617, 348 30 05 839 (portable) ; www.minicrociere.com

**Promenades en bateau** – La manière la plus simple d'explorer les îles est de posséder un canot pneumatique ou d'en louer un ; toutefois en raison des prix plutôt élevés (entre 70 et 85€ par jour), on peut choisir les promenades organisées qui partent chaque jour de Lipari ou de Vulcano (les circuits au départ des autres îles sont moins fréquents, avec des bateaux plus petits) pour atteindre Stromboli (en nocturne, pour admirer du large ses petites éruptions), Filicudi et Alicudi (dans la même journée), Panarea, Salina, ou bien faire le tour de Lipari et Vulcano. Le circuit habituel comprend le tour des îles et les bords de mer les plus intéressants (grottes, formations rocheuses, baies, plages), avec parfois des arrêts pour la baignade ou une brève visite des principaux villages. Les excursions ont lieu deux ou trois fois par semaine et durent soit toute la journée (départ à 9h environ pour un retour entre 17h et 19h), soit une demi-journée, départ en début d'après-midi et retour tard dans la soirée (visite de Stromboli par exemple).

Les compagnies qui travaillent à Lipari sont les suivantes :

– Viking, vicolo Himera, 3 ☎ 090 98 12 584
– Compagnie de navigation G. La Cava, via Vittorio Emanuele, 124 ☎ 090 98 11 242
– Pignataro Shipping, via Prof. Carnevale, 29 ☎ 090 98 11 417 ou 0368 67 59 75
– Regina dei Mari, Marina Corta, ☎ 090 98 22 237 ou 0339 74 86 560
– Motoveliero Sigismondo, via San Vincenzo-Canneto, ☎ 0338 21 10 229

**Sur la terre ferme** – Pour explorer la « terre ferme », il peut être utile de louer une bicyclette ou un vélomoteur. Pour plus d'informations, s'adresser à l'Office de tourisme.

**Excursions sur le Stromboli** – Les excursions sur le volcan prévoient la présence d'un guide et l'acquittement d'une taxe de 3€. Contacter les guides autorisés CAI-AGAI, Porto di Scari et Piazza San Vincenzo, Stromboli. ☎/fax 090 98 62 11 ou 090 98 62 63, 368 66 49 18 ou 330 96 53 67 (portable). Nous vous conseillons de vous assurer que votre guide dispose bien des autorisations nécessaires.

## RENSEIGNEMENTS PRATIQUES

**Banque** – On les trouve à Lipari, Vulcano (à Porto di Levante) et Salina (à Malfa). Attention : dans les îles Éoliennes, on ne trouve de Bancomat (distributeur automatique) qu'à Lipari, *corso Vittorio Emanuele* et il faut savoir que la carte de crédit n'est pas acceptée partout.

**Poste** – *corso Vittorio Emanuele 207, à Lipari ; via Risorgimento 130, à Santa Maria di Salina ; via Roma sur l'île de Stromboli.*

## RESTAURATION

### LIPARI

☺ **La Ginestra** – *Località Pianoconte, 5 km au NO de Lipari* - ☎ *090 98 22 285* - *23/38€.* Situé à l'intérieur des terres, cet

G. Bludzin/Michelin

établissement est agencé de façon assez classique mais les poissons et *antipasti* exposés dans la salle lui apportent une touche de fraîcheur. Le service se fait essentiellement à l'extérieur, sur une agréable terrasse couverte, et les plats de la mer ainsi que les spécialités locales tiennent le haut du pavé.

◒◒ **Filippino** – *Piazza Municipio, Lipari -* ☎ *090 98 11 002 - filippino@netnet.it - fermé lun. (sf juin-sept.), de mi-nov. à mi-déc. -* ⊠ *- 32/46€ + 12 % serv.* Avec ses nombreuses tables extérieures installées sur la piazza della Rocca, ce restaurant est une véritable institution, aussi bien dans l'archipel que dans toute la Sicile. Le poisson local, préparé de manière traditionnelle, est servi dans une ambiance décontractée, qui n'empêche pas un service rapide et efficace.

◒◒ **E Pulera** – *Via Isa Conti, Lipari -* ☎ *090 98 11 158 - fermé midi, nov.-mai - réserv. conseillée - 33/47€ + 12 % serv.* Dans le très beau jardin fleuri, offrez-vous un dîner typiquement éolien. Vous pourrez également, lors des chaudes soirées de juillet et d'août, y profiter d'animations musicales « live » et de spectacles folkloriques.

### SALINA

◒◒ **Da Franco** – *Via Belvedere 8, Loc. Santa Marina Salina, Salina -* ☎ *090 98 43 287 - fermé 3 sem. déc. -* ⊠ ⊠ *- 31/43€.* Cet établissement simple et typique, entouré de verdure, est facilement accessible et se situe sur les hauteurs de la ville. Il offre une belle véranda panoramique et une jolie terrasse, où vous pourrez déguster de délicieux plats de poisson. À essayer !

### STROMBOLI

◒◒ **Punta Lena** – *Via Marina, Località Ficogrande, Stromboli -* ☎ *090 98 62 04 - fermé nov.-mars - 35/48€.* Le poisson y est toujours excellent, très frais, cuisiné selon de savoureuses recettes, mais si cela n'était pas un argument suffisant, sachez aussi qu'il vous sera servi sous une tonnelle, avec une magnifique vue sur la mer.

### VULCANO

◒ **Don Piricuddu** – *Via Lentia 33, Vulcano -* ☎ *090 98 52 424 - www.donpiricuddu.it - fermé mar., de fin oct. à mi-avr. - réserv. conseillée - 18/30€.* Une adresse à l'ambiance sympathique et au service efficace. Ne manquez pas de goûter les plats à base de poisson extra frais, servis dans la salle ou sur la grande terrasse extérieure qui domine l'une des principales rues de la ville.

◒ **Il Diavolo dei Polli** – *Località Cardo, Vulcano -* ☎ *090 98 53 034 - fermé nov. - réserv. conseillée - 19/25€.* Un établissement à la gestion familiale, ouvert toute l'année. Dans une grande salle rustique, décorée d'assiettes et de cadres sur le thème de la mer, vous y savourerez des plats typiques de l'arrière-pays éolien, véritables triomphes de saveurs et de parfums. Le service est soigné et accueillant.

## HÉBERGEMENT

Outre les auberges traditionnelles, dont les prix vont de 105 à 155€ pour une chambre double, des formules d'hébergement à tarifs plus attractifs sont possibles : petits appartements (liste fournie par l'Office de tourisme) et campings.

### ALICUDI ET FILICUDI

◒◒ **Hotel Ericusa** – *Via Regina Elena, Alicudi -* ☎ *090 98 89 902 - fax 090 98 89 671 - www.alicudihotel.it - fermé oct.-mai - 20 ch. : 55/110€* ⊠. Seule possibilité de gîte et de couvert, cet hôtel est une petite structure toute simple qui donne directement sur la plage et propose des chambres avec entrée indépendante. Au menu : plats de légumes frais et de poisson fraîchement pêché. Une bonne adresse pour les amoureux de soleil et de mer, et surtout... de silence et de solitude !

◒◒ **Hotel La Canna** – *Contrada Rosa, Filicudi -* ☎ *090 98 89 956 - fax 090 98 89 966 - vianast@tin.it - fermé nov. -* ◨ ⊠ *- 8 ch. doubles : 120€ -* ⊠ *7,50€.* Dominant le port et la mer, cet ensemble de style éolien est bien intégré dans le paysage environnant. Deux chambres romantiques avec une petite terrasse sont réservées aux éventuels « jeunes mariés » ; la terrasse-solarium et la piscine sont quant à elles à la disposition de chacun.

### LIPARI

◒ **Baia Unci Campeggio** – *Via Marina Garibaldi, Località Canneto, Lipari -* ☎ *090 98 11 909 - fax 090 98 11 715 - baiaunci@tin.it - fermé de mi-oct. à mi-mars -* ⊠ *11€.* Si vous aimez les vacances « sportives », ce camping est fait pour vous ! Situé dans l'une des agréables baies de l'île de Lipari, à seulement 10mn de la plage, il dispose d'équipements modernes et d'une plage ou vous pourrez louer transats, parasols et embarcations.

◒◒ **Hotel Poseidon** – *Via Ausonia 7, Lipari -* ☎ *090 98 12 876 - fax 090 98 80 252 - info@hotelposeidonlipari .com - fermé nov.-fév. -* ⊠ *- 18 ch. : 73/124€* ⊠. On ne peut plus central, un petit complexe de style méditerranéen où dominent les teintes de blanc et de bleu. Les chambres, extrêmement bien entretenues, sont meublées de façon fonctionnelle et disposent de tout le confort moderne. Agréable terrasse-solarium. Un accueil plein de courtoisie.

◒◒ **Hotel Oriente** – *Via Marconi 35, Lipari -* ☎ *090 98 11 493 - fax 090 98 80 198 - hoteloriente@netnet.it - fermé de déb. nov. à mi-avr. -* ⊠ *- 32 ch. : 77/129€* ⊠. Ce petit hôtel à la gestion familiale est situé dans le centre de la ville. Il propose des chambres toutes simples, au cœur d'un agréable jardin. Le propriétaire des lieux est également un passionné d'ethnographie et possède une belle collection d'objets divers.

◒◒◒ **Villa Augustus** – *Vico Ausonia 16, Lipari -* ☎ *090 98 11 232 - fax 090 98 12 233 - villaaugustus@tin.it - fermé nov.-fév. -* ⊠ *- 34 ch. : 90/134€ -* ⊠ *11€.* Perdu au milieu des rues du centre ville, cet hôtel est installé dans une ancienne maison de maître. Il possède une jolie réception, un séjour spacieux et des chambres bien équipées. Le petit-déjeuner est servi dans le patio fleuri, particulièrement agréable.

### SALINA

**Tre Pini Campeggio** – *Via Rotabile 1, Località Leni, Salina -* ☎ *090 98 09 155 - fax 090 98 09 052 - info@tre-pini.com - fermé nov.-mars - 11€.* Ce camping est installé sur le versant sud de l'île de Salina, au milieu des oliviers. Vous pourrez ainsi installer votre tente ou votre caravane sous leur ombre rafraîchissante. Le camping offre également la possibilité d'un hébergement en bungalow.

**Hotel Santa Isabel** – *Via Scalo 12, Malfa, Salina - 4,5 km au NE de la plage de Pollara -* ☎ *090 98 44 018 - fax 090 98 44 362 - fermé nov.-mars - 10 ch. : 72/144€ ⌾ - rest. 21/30€.* Un hôtel idéalement situé : depuis la terrasse, vous profiterez d'une magnifique vue panoramique sur la mer et ses eaux cristallines, ainsi que sur la plage. Les chambres y sont très spacieuses, toutes avec salon et soupente. Le restaurant propose des plats de poisson et des spécialités locales.

### STROMBOLI

**Locanda del Barbablù** – *Via Vittorio Emanuele 17/19, Stromboli -* ☎ *090 98 61 18 - fax 090 98 63 23 - info@barbablu.it - fermé midi (nov.-fév.) - 6 ch. : 117/180€ ⌾ - rest. 30/50€.* Une auberge qui accueillera et abritera les « voyageurs » dans ses chambres très agréables, où art moderne et quelques objets anciens se marient avec succès. Au menu du jour, des plats d'inspiration variée, qui satisferont les goûts les plus divers.

### VULCANO

**Campeggio Togo Togo** – *Via Porto Levante, Vulcano -* ☎ *090 98 52 303 - fax 090 98 52 128 - info@campingtogotogo.it - fermé oct.-mars - ⌾ - 16€.* Vous ne souhaitez pas renoncer au plaisir d'un séjour parmi les merveilles naturelles de Vulcano, mais vous cherchez une solution simple et économique ? La voici ! Petits studios, tentes et emplacements... le tout au milieu des arbres, à proximité de la mer et du sable noir.

**Hotel Conti** – *Localià Porto Ponente, Vulcano -* ☎ *090 98 52 012 - fax 090 98 80 150 - conti@netnet.it - fermé de mi-oct. à fin avr. - 67 ch. : 92/130,14€ ⌾.* Cet établissement se trouve tout près des thermes et s'étend sur plusieurs corps de bâtiment de style méditerranéen. Les chambres sont meublées avec simplicité et possèdent toutes un accès extérieur.

Il ne vous faudra par ailleurs que quelques minutes pour vous rendre sur la célèbre plage de sable noir.

**Hotel Orsa Maggiore** – *Via Porto Ponente, Vulcano -* ☎ *090 98 52 018 - fax 090 98 52 415 - orsa-maggiore@usa.net - fermé nov.-mars - 🅿 🏊 ✕ - 25 ch. : 65/150€ ⌾.* Un gracieux jardin et une piscine fraîche contribuent au charme de cet établissement, rénové récemment et tout de blanc vêtu, situé non loin du port. Les espaces communs sont confortables et les chambres simples, mais bien tenues. Le poisson est à l'honneur dans le restaurant.

## ACHATS

Le fameux vin de malvoisie des îles Lipari est un vin cuit de couleur ambrée (les grappes de raisin doivent sécher sur le pied de vigne avant d'être cueillies). Sa saveur douce et riche en arômes en fait un très bon vin de dessert. On trouve dans le commerce divers types de malvoisie. Le label DOC, produit uniquement sur les îles, doit présenter sur l'étiquette la dénomination complète « Malvasia delle Lipari ».

## LOISIRS-DÉTENTE

**Plongée** – En un lieu où les fonds marins sont si fascinants, le sport de prédilection ne peut être que la plongée. Les débutants et ceux qui n'ont pas d'équipement peuvent s'adresser au Diving Center La Gorgonia, ☎ 090 98 12 060 ou 360 86 34 55 (portable), situé sur l'île de Lipari.

**La fangothérapie à Vulcano** – Conseillés pour les problèmes de rhumatismes ou de dermatologie (peaux grasses, acné, psoriasis), les bains de boue sont contre-indiqués en cas de maladies tumorales, grossesse, fièvres, cardiopathies, ostéoporose, troubles intestinaux, diabète et hyperthyroïdie.

Comment s'y prendre : immersions courtes (jamais plus de 20 mn) aux heures les plus fraîches, suivies d'une douche chaude. Éviter absolument tout contact avec les yeux, les rincer à l'eau douce le cas échéant. En cas de réaction négative, il est conseillé de consulter un médecin.

## CALENDRIER

**Festa di S. Bartolomeo** – La fête de la St-Barthélemy a lieu du 21 au 24 août, à Lipari. Pendant la dernière nuit (le 24 août), Marina Corta s'illumine de magnifiques feux d'artifice tirés depuis la mer.

# visiter

## Lipari★

C'est la plus grande et la plus peuplée des îles Éoliennes. Formée en majeure partie de zones planes, elle a vu se développer plusieurs centres urbains sur sa côte et dans son arrière-pays.

Habitée depuis l'Antiquité, elle se fit connaître pour ses carrières d'obsidienne, mais aussi pour les nombreuses incursions étrangères dont elle fut l'objet. À titre d'exemple, en 1544 le pirate turc **Barberousse** accosta à **Porto delle Genti** (un hameau de Lipari) et mit la ville à sac, extermina une partie de la population et emmena les survivants pour les vendre comme esclaves en Afrique.

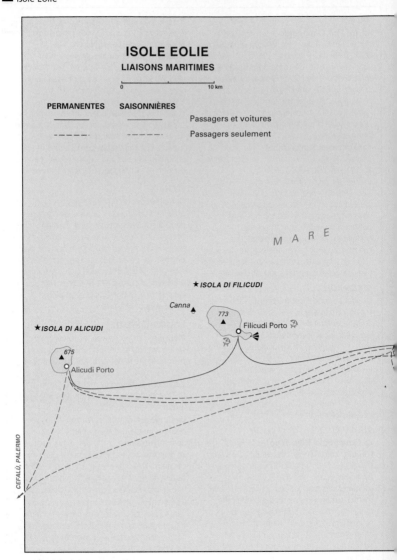

L'attraction principale de l'île est la ville de Lipari avec ses deux ports, Marina Corta pour les hydrofoils et les petites embarcations, et Marina Lunga pour les grands bateaux. Les autres centres urbains, Canneto, Acquasalda, Quattropani et Pianoconte sont accessibles par la terre. Pour parcourir l'île, l'idéal est d'avoir son propre véhicule ou de louer un vélomoteur.

## Ville de Lipari★

C'est le principal centre de l'île. Sa citadelle fortifiée se voit de loin au-dessus de l'ancien couvent franciscain, siège actuel de l'hôtel de ville, visible quand on accoste à Marina Lunga. Deux baies s'ouvrent en contrebas : **Marina Lunga**, le grand port, et **Marina Corta**, sur laquelle semblent veiller la petite **église des Âmes du Purgatoire**, autrefois isolée sur un rocher mais reliée aujourd'hui à la terre ferme, et l'**église San Giuseppe** du 17e s., fermant la baie au Sud. La **ville basse** et le corso Vittorio Emanuele, bordé de petits commerces et de restaurants, sont des endroits où il fait bon flâner à toute heure de l'après-midi ou du soir.

**Castello★ (Château)** – C'est le nom donné à la citadelle qui fut d'abord une acropole grecque, puis une muraille

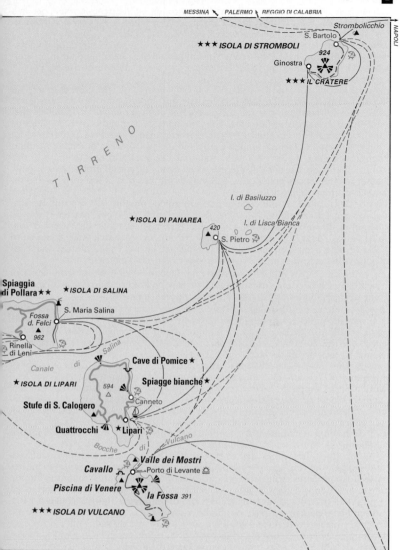

*Strombolicchio*
S. Bartolo
★★★ *ISOLA DI STROMBOLI*
924
Ginostra
★★★ *IL CRÀTERE*

T I R R E N O

*I. di Basiluzzo*
★ *ISOLA DI PANAREA*
*I. di Lisca Bianca*
420
S. Pietro

**Spiaggia di Pollara** ★★  ★ *ISOLA DI SALINA*
S. Maria Salina
*Fossa d. Felci*
962
Rinella di Leni
Canale    di    Salina

*Cave di Pomice* ★
**Spiagge bianche** ★
★ *ISOLA DI LIPARI*    594
**Stufe di S. Calogero**    Canneto
**Quattrocchi**  ★ *Lipari*
Bocche  di  Vulcano
▲ *Valle dei Mostri*
*Cavallo*  Porto di Levante
**Piscina di Venere**    *la Fossa* 391
★★★ *ISOLA DI VULCANO*

REGGIO DI CALABRIA, MESSINA, MILAZZO

d'enceinte (13ᵉ s.), renforcée par les Espagnols sous Charles Quint (16ᵉ s.) après l'incursion du pirate Barberousse.

On y accède de préférence par la piazza Mazzini pour mieux apprécier les constructions anciennes. D'abord les fortifications espagnoles, puis la tour grecque (4ᵉ s. avant J.-C.) et la tour-porte médiévale (12ᵉ-13ᵉ s.) et enfin le cœur de la citadelle. Sur la droite, l'église Ste-Catherine, derrière laquelle une zone de **fouilles archéologiques** montre des vestiges d'habitations (cabanes), plusieurs édifices et des rues d'époques différentes, de l'âge du bronze (culture de Capo Graziano) à l'époque hellénistique et romaine. Passé ce site, on aperçoit la **chapelle de la Vierge des Douleurs** (Addolorata) et l'**église de l'Immaculée** du 18ᵉ s. et au centre sur la gauche, la cathédrale dédiée à **saint Barthélemy**, saint patron des Éoliennes. De fondation médiévale, elle a été reconstruite à l'époque espagnole, tandis que sa façade date du 19ᵉ s. Le cloître voisin remonte à l'époque normande. Face à la cathédrale, un escalier bâti au début du siècle descend vers la ville. Il a été taillé directement dans les murailles d'enceinte.

**Museo Archeologico Eoliano★★** – *Via del Castello.* (&) *9h-13h30, 15h-19h. 4,13€.* ☏ *090 98 80 174 ; www.regione.sicilia.it*

Hébergé dans différents bâtiments, le musée comprend diverses sections qui reprennent l'histoire des îles depuis la préhistoire jusqu'à l'époque classique, avec des sections consacrées en particulier à l'archéologie marine et à la vulcanologie. La majeure partie des trésors archéologiques provient des découvertes effectuées depuis 1949.

*À l'entrée de chaque salle se trouvent deux sortes de panneaux explicatifs : un très détaillé, pour une visite approfondie, l'autre (en rouge) donnant les renseignements essentiels sur les différentes cultures qui se sont succédé dans les îles.*

La **section sur la préhistoire à Lipari** débute dans une salle entièrement consacrée à l'obsidienne, précieuse roche volcanique vitrifiée, extrêmement dure, coupante et fragile à la fois, qui, dans l'Antiquité, servait à fabriquer des outils et était largement exportée.

Les civilisations de Capo Graziano (1800-1400 avant J.-C., du nom d'un site de Filicudi) et de Capo Milazzese (à Panarea) ont apporté une ère de prospérité *(salles V et VI)* marquée par un accroissement démographique et le développement des échanges commerciaux. En témoignent les grands vases mycéniens importés probablement dans l'île par troc contre des matières premières. La période suivante (13e-9e s.), appelée Ausonienne par Diodore de Sicile, du nom d'émigrés venant de la péninsule italienne, se caractérise souvent par des écuelles à une anse, ornées d'appendices en forme de corne, probablement pour chasser les influences maléfiques, qui prendront plus tard la forme stylisée d'un museau d'animal *(salles VII-IX).*

À partir de la salle X, commence la **période gréco-romaine**. Après avoir été laissée un temps à l'abandon, l'acropole de Lipari a été colonisée par les Grecs de Cnide et de Rhodes (6e s. avant J.-C.). Remarquer le couvercle du *bothros* d'Éole (fosse votive), dont la poignée est formée par un lion en pierre *(salle X)*. Le culte d'Éole semble avoir été commun aux indigènes et aux colonisateurs. Dans les vitrines voisines sont exposées les offrandes trouvées à l'intérieur.

Les bâtiments situés en face abritent la section « Préhistoire dans les îles mineures » et la **section vulcanologie** *(bâtiment de gauche),* qui retrace à l'aide de panneaux, graphiques et maquettes, l'histoire géologique des îles.

La visite continue dans le palais, au Nord de la cathédrale (la numérotation des salles est inversée pour les trois premières salles : on passe de la salle XVIII à la salle XVII puis à la salle 16 ; l'ordre croissant reprend ensuite). La **reconstitution des nécropoles★** de l'âge du bronze est particulièrement intéressante : incinération au 12e s. avant J.-C., avec des urnes recouvertes d'écuelles placées à l'intérieur de petits puits creusés dans le sol *(salle XVII)* ; inhumation au 14e s. avant J.-C. dans de grandes jarres enterrées *(pithoi)*, où les corps étaient placés en position recroquevillée.

Lors des fortes tempêtes, les navires marchands à la recherche d'un abri proche des côtes trouvaient sur leur route le cap Graziano, à Filicudi, et la zone des Fourmis, récifs affleurant à peine devant la côte de Panarea. Dans ces deux endroits dangereux où les naufrages étaient fréquents, on a retrouvé les chargements d'une vingtaine de navires, notamment des amphores dont le musée possède une fabuleuse **collection★** *(section d'archéologie marine)*.

Parmi les objets funéraires des 6e-4e s. avant J.-C., on remarque de singulières petites statues en terre cuite *(salle XXI)* d'exécution grossière, qui renseignent sur les occupations domestiques de l'époque : une mère lavant son enfant, une femme préparant la soupe dans une jatte, une autre broyant du grain dans un mortier au bord duquel est assis un chat. Parmi les beaux **cratères à figures rouges★** fabriqués en Sicile ou dans le reste de l'Italie, remarquer celui qui illustre une scène curieuse : une acrobate nue en équilibre sur les mains s'exhibe devant Dionysos en compagnie de deux acteurs aux traits caricaturaux (360 avant J.-C.). Dans la même vitrine, on voit trois beaux cratères du **peintre d'Adrasto**. L'un d'eux représente une scène dramatique : sous le portique du palais royal d'Argos, l'affrontement d'Étéocle et de Polynice, les fils d'Œdipe exilé à Thèbes.

Le culte de Dionysos, dieu de la Vigne mais aussi du Théâtre et, pour celui qui est initié à ses mystères, de la Béatitude divine, explique la présence dans les objets funéraires et les puits votifs de **statuettes d'acteurs** et de **masques de théâtre** *(voir p. 89)*, dont le musée possède une **collection★★** unique au monde par sa richesse, sa variété et son ancienneté *(salle XXIII)*.

La dernière partie du musée est consacrée à l'époque hellénistique et romaine (remarquable quantité de lampes en argile, chacune étant un modèle unique, avec un décor différent), avec quelques références aux périodes normande et espagnole, à la Renaissance et à l'art baroque (céramiques surtout).

**Parco Archeologico** – *Au fond de la citadelle, sur la droite.* Le parc archéologique abrite de nombreux sarcophages antiques. Terrasse avec jolie **vue★** sur la petite église des Âmes du Purgatoire dominant la mer, face à Marina Corta. À l'horizon, l'île de Vulcano.

## Tour de l'île

Au départ de Marina Corta, il est possible d'effectuer une **promenade en barque★★**, qui permet d'admirer la côte irrégulière de la partie Sud-Ouest de l'île.

En voiture, il existe un circuit de 27 km à partir de Lipari ville en direction de Canneto au Nord.

**Canneto** – Le petit bourg blotti au fond de son anse est le point de départ pour les **spiagge bianche★**, (plages blanches) qu'on aperçoit de là et qu'on rejoint à pied par un sentier. La couleur remarquable du sable et, surtout, de la mer, indique la présence de poudre de pierre ponce. Toujours à partir du port de Canneto, il est possible de se rendre aux carrières de pierre ponce situées à Porticello.

*Pour rejoindre en barque les plages blanches et les carrières, il suffit de vous adresser directement aux pêcheurs dans le port. Le tarif (5,16€ par personne) comprend l'aller et le retour, à l'heure que vous aurez choisie. Vous pouvez également vous y rendre en bus (également depuis Marina Piccola) et vous faire déposer non loin de la dernière usine encore en activité (5mn à pied).*

### LA PIERRE PONCE

Blanche, de texture spongieuse et si légère qu'elle peut flotter sur l'eau, la pierre ponce est utilisée en pharmacie, en cosmétologie (pour ses propriétés légèrement abrasives), dans le bâtiment (pour construire des briques antisismiques) et pour... blanchir les blue-jeans. Lipari en fournit d'excellente qualité.

**Carrières de pierre ponce de Porticello★** – Une jolie baie abrite des bâtiments autrefois destinés à l'exploitation de la pierre ponce, aujourd'hui désaffectés à l'exception du dernier, à l'extrémité Nord. Au contact avec la mer, les scories ont formé des pentes de sable très fin, devenu compact avec le temps. Le rivage est semé de petits fragments noirs d'obsidienne. Le contraste des couleurs et les activités sur la plage forment un **spectacle★★** très pittoresque. Sur la mer d'un bleu pâli par les dépôts de pierre ponce s'avancent les jetées qu'on utilisait autrefois pour charger la pierre directement sur les bateaux ; des baigneurs escaladent les pentes pour se couvrir le corps de poussière blanche, un de leurs jeux favoris, produisant un effet de « peeling » assuré. À l'instar des petits héros de *Caos*, le film des frères **Taviani**, les plus hardis se jettent sur la pente pour rouler dans la mer, qui ici ne se trouve qu'à un mètre...

Tout au long de la route, on a de belles **vues★** sur les collines de pierre ponce de **Campo Bianco**. Leur blancheur éclatante sous le soleil donne l'illusion de vastes champs de neige. Mais, juste après la **Fossa delle Rocche Rosse** (le fossé des Roches rouges), on rencontre la plus imposante coulée d'obsidienne de l'île.

Après **Acquacalda**, voici Puntazze, avec une très belle **vue★★** sur l'archipel, de gauche à droite Alicudi, Filicudi, Salina, Panarea et Stromboli.

**Stufe di S. Calogero** – *Immédiatement après Pianoconte, emprunter une route sur la droite.* Célèbre depuis l'Antiquité pour ses eaux aux vertus thérapeutiques, la source thermale a gardé des vestiges d'anciens bâtiments, voisins d'un établissement thermal moderne, malheureusement désaffecté. Des études récentes ont permis de dater une **étuve à coupole** de l'époque mycénienne. Il s'agirait de l'édifice thermal grec le plus ancien, encore utilisé aujourd'hui pour des « cures à faire soi-même », consistant à s'asperger d'une eau jaillissant à 60 °C.

**Quattrocchi** – Ce belvédère offre l'un des plus beaux **panoramas★★★** de l'archipel, avec au premier plan les pointes de Iacopo et du Perciato, et en toile de fond, les fameux récifs et l'île de Vulcano.

Aux abords de Lipari s'ouvre une belle **vue★** sur la cité.

## Vulcano★★★

C'est sur cette île de 21 km² que la mythologie grecque situe les forges d'**Héphaïstos** (**Vulcain** pour les Romains), forgeron et dieu du Feu, qui avait pour ouvriers les Cyclopes. L'île a tiré son nom de la divinité romaine, et est elle-même à l'origine du mot vulcanologie.

Née de la fusion de quatre volcans, elle est dominée par le plus grand et le plus actif d'entre eux, le **Vulcano della Fossa**, un cône de pierre rougeâtre de 391 m. Au Nord, son voisin plus petit, Vulcanello (123 m) est apparu en 183 avant J.-C. sous la forme d'une petite péninsule arrondie. Son activité volcanique particulière se caractérise par des laves acides et par des explosions régulières qui projettent un bouchon de lave dans le ciel, suivi d'importantes masses incandescentes.

Bien que la dernière éruption se soit produite en 1890, le volcan n'a jamais cessé de donner des preuves de sa vitalité. En témoignent aujourd'hui les fumerolles et les jets de vapeur, autant sur le sommet que sous la mer, et la présence de boues sulfureuses très appréciées pour leurs propriétés thérapeutiques. Les roches rougeâtres et jaune ocre, la côte si accidentée par endroits qu'elle semble enfoncer des tentacules dans la mer, et une impression de solitude et de désolation confèrent à l'île une beauté inquiétante et barbare.

### Porto di Levante☉ et Porto di Ponente

Ces deux petits ports (du levant et du couchant) forment le centre animé de l'île, abondamment nanti de commerces et fier de ses sculptures contemporaines en pierre de lave (*Héphaïstos et le vase de Pandore*, sur le port, *Le Repos d'Éole* sur la petite place centrale).

### Ascension du cratère★★★

*Environ 2h AR. À partir de Porto di Levante, aller au bout de la rue commerçante et emprunter le sentier qui grimpe en lacet sur les flancs de la montagne.* La montée offre de magnifiques **vues★★★** sur l'archipel ; au premier plan, la péninsule de Vulcanello ; en face, Lipari ; à gauche, Salina, avec ses

### PETITE PAUSE

**Bar ritrovo Remigio** – *Via Vulcano 1, Porto Levante, Vulcano,* ☎ *090 98 52 085.* Vous y dégusterez les typiques gâteaux siciliens et napolitains (*cannoli, cassate* et *granité*), ainsi que les spécialités de la maison : le *lulù*, à la crème et au chocolat, et de délicieuses profiteroles.

*Les fumerolles de Vulcano.*

monts caractéristiques, et Filicudi au loin (quand le temps est particulièrement clair, on aperçoit aussi Alicudi) ; à droite, Panarea, entourée de ses petits îlots et Stromboli au loin. À mi-chemin, on a l'impression déroutante d'être arrivé sur la planète Mars. Le sol prend un aspect étrange, la terre devenue rouge se creuse de sillons profonds et irréguliers. L'odeur du soufre s'intensifie au fur et à mesure de la montée. Ici et là, des nuées de vapeur annoncent le **spectacle★★★** prodigieux qui se déroule au sommet : couronnant au Sud le grand entonnoir du cratère de la Fossa, des vapeurs sulfureuses brûlantes s'échappent avec des sifflements du sol crevassé, surgissant des entrailles de la terre. Ce sont les fameuses fumerolles, qui se condensent en cristaux très fragiles à l'état chaud, en colorant la pierre de rouge et jaune ocre.

Le **tour du cratère★★★** *(30mn environ)* permet de découvrir la partie méridionale de l'île. De son point culminant, on a l'un des plus beaux panoramas sur l'archipel.

## Les plages★

Près de Porto di Ponente s'étendent, aussi noires de monde que de sable volcanique, les **spiagge nere** (plages noires) au fond d'une très belle baie, et la **spiaggia delle Fumarole** (plage des Fumerolles), baignée d'eaux très chaudes en raison des vapeurs de soufre (attention : risque réel de brûlures !).

La **spiaggia del Gelso** (plage du Mûrier) solitaire et peu fréquentée, se trouve de l'autre côté de l'île. On peut s'y rendre en bateau, en autobus au départ de Porto Levante (attention, services extrêmement réduits) ou bien encore par la route provinciale qui relie Porto Levante, Vulcano Piano et le Gelso ou par le cap Grillo.

## Excursion à la Grotta del Cavallo et à la Piscina di Venere

*Départ en barque aux plages noires.* On contourne Vulcanello et la vallée des Monstres *(voir plus loin)*, puis on longe la partie la plus accidentée de la côte pour atteindre une belle grotte qui doit son nom à la présence d'hippocampes autrefois. Sur la gauche se trouve la piscine de Vénus, vasque aux eaux limpides et peu profondes où l'on peut prendre des bains inoubliables *(il est possible d'y rester plusieurs heures ; pour cela, arriver avec l'une des premières excursions, qui se succèdent durant la journée, et revenir avec l'une des dernières ; s'informer auprès du pêcheur).*

## Les boues★

Elles sont l'une des caractéristiques de Vulcano. Un bassin naturel situé sur la droite, à l'abri d'une roche aux couleurs fabuleuses (une débauche de jaunes et de rouges), recueille les boues sulfureuses si appréciées pour leurs propriétés thérapeutiques.

## La Valle dei Mostri

*À Vulcanello, il est préférable de faire l'excursion à l'aube ou au coucher du soleil, pour mieux admirer les formes mystérieuses et impressionnantes que prennent les rochers.* La vallée des Monstres doit son nom à une déclivité de sable noir, d'où émergent çà et là des roches volcaniques aux formes extraordinaires : animaux préhistoriques, monstres et bêtes fauves (ours debout sur ses pattes arrière, lion couché).

## Cap Grillo

*10 km environ de Porto Levante.* La route locale menant à Vulcano Piano, et de là jusqu'au cap, offre de belles vues sur Lipari et le grand cratère. Du promontoire, **vue★** superbe sur l'archipel.

## Stromboli★★★

Île volcanique d'une beauté sobre et inquiétante, elle surgit de la mer avec ses pics abrupts et déchiquetés. Sa côte peu hospitalière, presque dénuée de routes, est rendue plus sauvage encore par la présence du volcan, qui rappelle régulièrement son existence menaçante par des projections de lave et de lapillis. Comment ne pas se sentir attiré, fasciné par cette île surprenante qui évoque sur-le-champ le film de **Rossellini**, *Stromboli, terre de Dieu* (1950), récit de la difficulté de vivre dans cette région extrêmement rude ? Les touristes, eux, continuent d'affluer dans les deux seuls villages : sur le versant Nord-Est, recouvert d'une toison verdoyante émaillée de petites maisons blanches cubiques, **San Vincenzo**, où l'on accoste et qui se prolonge au Nord avec San Bartolo ; **Ginostra**, au Sud-Ouest, avec ses habitations agrippées au rocher, totalement isolées (il n'y a pas de route, seul un sentier muletier grimpe à flanc de colline), reliées au reste du monde uniquement par la mer grâce au plus petit port du monde, et ce une partie de l'année seulement. Au Nord, sur le versant aride et déchiqueté séparant les deux villages, se trouve l'impressionnante **Sciara del Fuoco**, voie empruntée par la lave à chaque éruption du volcan. C'est justement sur le versant de la « Traînée de Feu » que le 30 décembre 2002, au cours d'une activité éruptive particulièrement intense qui a provoqué l'ouverture de nouveaux cratères, qu'une immense arête s'est détachée du volcan pour tomber dans la mer, provoquant un raz de marée qui a touché plusieurs barques et habitations, heureusement sans faire de victimes.

En face de San Vincenzo pointe l'îlot de **Strombolicchio**, dominé par un phare sur son éperon rocheux, et un rocher qui évoque curieusement la tête d'un cheval.

### Le cratère★★★

L'ascension du cratère du Stromboli est une expérience unique et inoubliable. Rares sont les spectacles de la nature qui laissent des images aussi fortes. De **paysage fascinant★★** en paysage fascinant, on monte vers le sommet d'un des rares volcans en activité au monde. Le cratère est constitué d'un groupe de cinq bouches. À quelques centaines de mètres de distance, on pourra observer le jet régulier de lapillis incandescents accompagné de bruyantes explosions, un spectacle qui fait oublier la fatigue du chemin et la longue route du retour.

**L'ascension du volcan** – *5h environ. AR.* Après avoir débarqué à San Vincenzo, se diriger vers le centre habité en remontant la route goudronnée qui conduit vers San Bartolo. Quitter les dernières petites maisons blanches typiques et emprunter un chemin muletier (panneaux indicateurs) dallé au début, puis, après quelques lacets, en terre battue. En vingt minutes, on parvient à l'observatoire de Punta Labronzo (buvette et point d'observation du volcan). Là commence la véritable ascension, sur un autre sentier muletier en lacets traversant une végétation luxuriante. Au bout de nombreux virages en pente douce, voici qu'apparait une terrasse (attention à la chute !) d'où l'on jouit d'une **vue★★** stupéfiante sur la Sciara del Fuoco, énorme pente noire sur laquelle les blocs de lave déboulent du bord du cratère vers la mer. Il faut alors quitter ce chemin muletier si commode et poursuivre la montée sur un sentier raide et profondément creusé. Cette véritable tranchée, due à l'érosion par l'eau, mène à une pente de lave rougeâtre. Progresser avec prudence et s'aider des mains pour grimper plus facilement. L'effort de l'escalade sera récompensé par le beau **panorama** qui s'étend à gauche sur le village et sur le Strombolicchio, presque 700 m plus bas. De là, une suite d'arêtes abruptes et sablonneuses mène au point culminant. À la hauteur des cratères qu'on aperçoit entre deux jets de gaz se trouvent les premiers murets de protection disposés en demi-cercle, derrière lesquels on s'abrite pour regarder les éruptions. Il faut parcourir le dernier tronçon de crête jusqu'au

### POUR LA MONTÉE AU CRATÈRE

Les éruptions sont particulièrement spectaculaires la nuit : il est donc conseillé d'effectuer la montée tard dans l'après-midi et de revenir de nuit (torche électrique indispensable) ou le matin suivant. L'ascension du volcan suppose environ trois heures de marche en montée et deux heures de descente, sans difficultés particulières. Toutefois, elle est déconseillée aux personnes souffrant de troubles cardiaques, d'asthme et de vertiges. Il ne faut donc pas sous-estimer la fatigue, en particulier si le temps est mauvais (assez rare). À Stromboli, il est possible de prendre contact avec des guides autorisés qui proposent des excursions naturalistes sur l'île et des ascensions l'après-midi et en nocturne vers le cratère. Pour la montée, il est conseillé d'être muni de l'équipement suivant : de bonnes chaussures de trekking (ou robustes chaussures de gymnastique), une torche électrique, un coupe-vent, de l'eau (selon la saison), un pantalon, un lainage, et, dans le cas d'une excursion nocturne, un sac de couchage et un anorak (au sommet, la température nocturne chute facilement). L'excursion est possible tout au long de l'année. Mais la période la plus favorable est certainement la fin du printemps, en raison de la douceur du climat et des températures. L'excursion est agréable aussi en été, surtout la nuit.

sommet, point d'observation le plus proche des bouches. Si le vent est favorable, le champ de vision est remarquable à cet endroit et le **spectacle★★★** inoubliable : se succédant à intervalles réguliers, les hautes projections de lave en fusion s'accompagnent d'explosions épouvantables, griffant la nuit d'éclaboussures incandescentes.

### Excursion nocturne en barque★★★
La nuit, les magnifiques feux d'artifice naturels du volcan laissent une impression inoubliable (de jour, les éruptions ont une tonalité plutôt grise). C'est peut-être le meilleur moment pour apprécier les différents aspects du volcan, l'impressionnante coulée de lave refroidie sur son flanc (Sciara del Fuoco, *voir plus haut*) et les éruptions qui se succèdent avec une stupéfiante régularité, projetant des lapillis incandescents sur le fond noir du ciel.

### Salina★
L'île éloignée et solitaire, anciennement appelée Didyme (la jumelle) parce que formée de deux cônes, est l'endroit rêvé pour une retraite dans la nature. Sur ses six volcans d'origine, quatre se sont désintégrés au fil du temps. Son nom actuel est dû aux salines maintenant abandonnées de Lingua, bourgade située sur la côte méridionale. L'île produit des câpres et les raisins secs servant à la fabrication du malvoisie, un vin très réputé des îles Lipari. On accoste par deux ports, **Santa Maria Salina** et le petit **Rinella di Leni**, où se trouve aussi le camping (saturé au mois d'août, surtout aux alentours du 15).

### Excursions par voie terrestre
*En automobile ou vélomoteur (possibilités de location ; se renseigner auprès des habitants). Un service d'autobus existe également. Les horaires sont disponibles au port de Santa Maria Salina.*

Une route panoramique offrant d'innombrables **vues★** sur la côte accidentée permet de rejoindre les différents centres habités de l'île. À partir de **Santa Maria Salina**, chef-lieu de l'île, la route monte vers le Nord, dépasse le cap du Phare et mène à **Malfa**. Longer la route côtière qui surplombe la pointe du Perciato, une belle arche naturelle visible seulement de la mer ou de la plage de **Pollara** un peu plus loin, plus belle plage de l'île, et la plus spectaculaire aussi. Avant de descendre, regarder attentivement le paysage pour découvrir, perdue dans la végétation, la maison *(accès interdit)* où a été tourné *Il Postino (Le Facteur)* : c'est ici que se rencontraient Neruda (Philippe Noiret) et le facteur (Massimo Troisi).

### Spiaggia di Pollara★★
Deux sentiers permettent d'atteindre cette jolie baie : l'un conduit à une petite anse dont la minuscule rive est encombrée de rochers, l'autre débouche sur une vaste plage dominée par une impressionnante falaise blanche en demi-cercle, vestige de l'intérieur d'un ancien cratère.

En retournant sur Malfa, bifurquer sur la route qui mène vers l'intérieur des terres à **Valdichiesa** pour la visite du sanctuaire de la Madone du Terzito, but de pèlerinage, et à **Rinella di Leni**.

### Excursion à la Fossa delle Felci★
Le plus haut des deux sommets de Salina est recouvert d'un très beau tapis de fougères *(felci)*, aujourd'hui réserve naturelle protégée. On peut s'y rendre par un sentier *(2h de marche environ)* au départ du sanctuaire de la Madone du Terzito, à Valdichiesa. Il existe un autre parcours à partir de Santa Maria Salina.

*La falaise de Pollara.*

## Panarea★

La plus petite des Éoliennes culmine à la **Punta del Corvo** (pointe du Corbeau – 420 m) dont le versant Ouest tombe presque à pic dans la mer. Le versant Est, aux pentes plus douces, finit sur une côte formée de hauts rochers volcaniques et de petites plages de galets derrière lesquelles se situent les zones habitées. Aux alentours de **Punta Milazzese**, au Sud-Est, les vestiges d'un village préhistorique dominent la jolie baie de Cala Junco.

L'île est entourée d'îlots et de rochers, parmi lesquels les terribles « fourmis » (Formiche), dont les arêtes affleurant à peine ont causé tant de naufrages durant l'Antiquité.

## Filicudi★

Versants déchiquetés et côtes rocheuses souvent basaltiques caractérisent cette petite île formée par des cratères, dont le plus élevé est la **Fossa delle Felci** (773 m). Comptant trois bourgs principaux pour 250 habitants environ, son point d'accostage est **Filicudi Porto**. De là, on peut facilement se rendre au **village préhistorique** situé sur le promontoire de **Capo Graziano** *(environ 40mn AR)*, où subsistent les vestiges d'environ vingt-cinq cabanes de forme généralement ovale. Ce village remonte à l'âge du bronze et a succédé à un premier foyer d'habitation, qui avait été construit d'abord au bord de la mer, puis déplacé vers les hauteurs pour mieux se défendre des attaques éventuelles *(les objets retrouvés au cours des fouilles sont exposés au Musée archéologique de Lipari)*. Au sommet, belle **vue★** sur la baie, la Fossa delle Felci et Alicudi (au loin, sur la gauche).

Un arrêt à la vaste **Grotta del Bue Marino** (grotte du Veau marin) s'impose. C'est là que l'on peut voir un très haut rocher d'origine volcanique se dresser en plein milieu de la mer. Sa forme étrange lui a donné le nom de **Canna** (bambou).

## Alicudi★

L'île la plus solitaire des Éoliennes, au cône arrondi recouvert de bruyères (évoquées par son nom antique Ericusa), semble perdue dans la nuit des temps. Elle ne compte que 140 habitants regroupés en un unique village. De rares maisons de teintes pastel émaillent le pied de la montagne, qui culmine aux 675 m du **Filo dell'Arpa** (Fil de la Harpe). C'est tout, mais cela suffit à créer un îlot sauvage de toute beauté, que parcourt un sentier qui part de l'église San Bartolo et monte au travers des cultures en terrasses *(environ 1h45 AR en marchant d'un bon pas)*.

# Erice★★★

Dans un site★★★ inoubliable, un haut plateau triangulaire en terrasse sur la mer, Erice, se perche à 750 m d'altitude sur la montagne de même nom. Défendue par des bastions et une muraille d'enceinte, la ville est un labyrinthe de ruelles aux pavés polis comme des galets et de venelles si étroites qu'on ne peut les arpenter à deux de front.

Erice a deux facettes : celle, solaire et radieuse, des chaudes journées d'été, quand, des rues inondées de lumière, on a d'extraordinaires panoramas sur la mer et la vallée ; et celle des jours d'hiver, quand, enveloppée de nuages, elle paraît s'enfoncer dans les brumes de ses origines mythiques, égarant le voyageur dans un lieu hors du temps et de la réalité. Tout à Erice attire le visiteur : son cadre médiéval, l'artisanat local, la fraîcheur de l'air, les belles pinèdes des environs et une paix absolue.

## La situation

*30 787 habitants – Carte Michelin nº 565 M19 ou Atlas Italie p. 84 – Trapani.* L'accès de la ville se fait par deux montées ponctuées de superbes **vues★★** sur la mer et la plaine. La montée Nord, sous le mont Cofano, est plus aisée. Une fois à Erice, il est possible de laisser son véhicule au parking près de la Porta di Trapani. ⓘ *Viale Conte Pepoli 11, ☎ 0923 86 93 88, fax 0923 86 95 44.*

*Vous pouvez poursuivre votre voyage en visitant : MARSALA, SEGESTA, TRAPANI, VIA DEL SALE.*

## comprendre

**Entre mythe et légende** – L'histoire d'Erice se perd dans les méandres de la mythologie. On aurait donné le nom d'Erice, roi mythique des Élymes, à la montagne où a été élevé le temple d'Aphrodite Ericina, sa mère. Mais la fondation de la ville est associée également à **Énée**, un autre fils d'Aphrodite. D'après Virgile, Énée accosta sur ce rivage afin d'y célébrer le rite funéraire pour son père Anchise. Quelques navires ayant pris feu, une partie de ses compagnons ne put repartir et fonda une cité au pied de la montagne.

■ Erice

C'est aussi sur cette rive qu'**Hercule**, autre figure mythologique liée à Erice, aurait accosté quand il ramenait en Grèce les bœufs de Géryon, un de ses douze travaux. Il aurait tué le roi des Élymes, qui voulait s'emparer des bœufs, mais permit à son peuple de continuer à administrer le royaume en leur affirmant cependant qu'un de ses descendants nommé Doriée en prendrait possession un jour.

Dès l'Antiquité, Erice a été célèbre pour son temple consacré à Astarté par les Phéniciens, puis à Aphrodite par les Grecs et à **Vénus** par les Romains. Le mont Eryx servait de point de repère aux navigateurs, dont Vénus devint rapidement la protectrice : le mont servait de phare, car la nuit on allumait un grand feu dans l'enceinte sacrée. Le culte de Vénus Érycine se répandit dans toute la Méditerranée et atteignit Rome, où un temple lui fut également dédié.

## se promener

*Il est conseillé de laisser son véhicule au parking près de la Porta di Trapani.*

Les contours de la cité suivent un triangle équilatéral parfait, donnée symbolique et mystérieuse, avec sur deux hauteurs le château de Vénus (Sud-Est) et la *chiesa matrice* (Sud-Ouest). Au centre exact du triangle s'élèvent l'église San Pietro et son

## carnet pratique

### TRANSPORTS
Les services de car AST (☎ *0923 23 222*) relient Trapani (piazza Malta) à Erice en 30 minutes à 1 heure, selon le trajet.

### RESTAURATION
• **Sur le pouce**
**Belvedere San Nicola** – *Contrada San Nicola, Erice* - ☎ *0923 86 01 24 - www.pippocatalano.it - 20/32€ - 10 ch. : 50/72 €* ☲. Depuis la salle en terrasse de ce restaurant isolé, situé non loin des anciens murs de la ville, belle vue plongeante sur la mer et sur la ville de Trapani. L'endroit accueille souvent des banquets et des réceptions, et dispose également de quelques chambres très accueillantes.
**Monte San Giuliano** – *Vicolo San Rocco 7, Erice* - ☎ *0923 86 95 95 - ristorante@montesangiuliano.it - fermé lun., 2 sem. janv., 3 sem. nov. - réserv. conseillée - 23/33€*. En plein cœur de la magnifique ville d'Erice, voici une adresse où goûter la délicieuse cuisine locale. Les salles à l'ancienne composent un cadre très agréable, mais rien ne vaut un repas pris à l'ombre fraîche de la tonnelle, située dans la cour intérieure et qui offre un beau panorama.

### HÉBERGEMENT
Les pensionnats religieux *(pensionati religiosi)* sont une bonne solution pour se loger à Erice à des prix raisonnables. Les adresses peuvent être obtenues à l'Office de tourisme.
☺ **Azienda Agricola Pizzolungo** – *Contrada S. Cusumano, Erice Casa Santa* - ☎ *0923 56 37 10 - fax 0923 56 97 80 - fraadr@tin.it -* ☲ ☒ - « *appartements 40€* ». Cette maison de ferme entourée d'un jardin luxuriant et située non loin de la mer séduira les romantiques, amoureux des décors authentiques. Ils pourront même se plonger dans des eaux de sources, recueillies dans une vieille vasque de pierre. Les hôtes mettent à votre disposition des appartements de 2, 4 ou 6 personnes, équipés d'une cuisine et sans limite de durée.

☺☺ **Hotel La Pineta** – *Viale N. Nasi, Erice* - ☎ *0923 86 97 83 - fax 0923 86 97 86 -* ☲ *- 23 ch. : 85/115€* ☲. Un hôtel confortable, composé de petits bungalows de pierre très accueillants et disposant pour la plupart d'une petite terrasse. Vous pourrez y passer un séjour reposant, sous l'ombre fraîche de la pinède dans laquelle sont disséminés les bungalows.

### VALDERICE
☺☺ **Hotel Baglio Santacroce** – *2 km à l'E de Valderice sur la SS 187, km 12 -* ☎ *0923 89 11 11 - fax 0923 89 11 92 - bagliosantacroce@libero.it -* ☲ ☐ *- 24 ch. : 58/96€* ☲ *- rest. 18/23€*. Ce bâtiment rural du 17ᵉ s., situé en pleine campagne, offre une vue magnifique sur le Golfo di Cornino. Petit et raffiné, il propose de petites chambres aux beaux plafonds aux poutres apparentes et au sol en brique.

### PETITE PAUSE
**Maria Grammatico** – *Via Vittorio Emanuele, 14 -* ☎ *0923 86 93 90 - via Guarnotta, 1 -* ☎ *0923 86 97 77*. 15 années passées au couvent ont enseigné à la signora Maria les secrets et les raffinements de la pâtisserie « religieuse » : gâteaux aux amandes et au massepain, *buccellati* (gâteaux fourrés à la figue, aux amandes, aux noix, aux raisins de Corinthe, et bien d'autres), génoises, bouchées à l'orange et au chocolat...

### CALENDRIER
**Venerdì Santo** – Le Vendredi saint a lieu la traditionnelle procession des Mystères, avec un défilé de beaux groupes en bois datant du 18ᵉ s.
**Settimana di musica medievale e rinascimentale** – Fin juillet, pendant cette semaine consacrée à la musique médiévale et de la Renaissance, plusieurs concerts sont organisés dans les églises.

monastère, siège actuel du Centre international de culture scientifique E. Majorana. Une foule d'églises et de monastères (plus de soixante !) sont à découvrir dans l'enchevêtrement des ruelles, toutes embellies d'un superbe pavage à dessins géométriques.

### Chiesa matrice★
Située près de la **Porta di Trapani**, l'un des accès à la ville, cette église fortifiée du 14e s. a été construite avec des matériaux en provenance du temple de Vénus *(voir plus loin)*. Elle présente des formes massives et un couronnement en créneaux. Mais sa façade est allégée par une belle rosace reproduite d'après le dessin originel, qu'on découvre sous le portique gothique ajouté un siècle plus tard. À l'intérieur, de style néogothique, l'autel est décoré d'un beau retable en marbre de style Renaissance.

**Beffroi** – L'ancienne tour de guet s'élève isolée sur la gauche. Ses différents niveaux sont percés de meurtrières *(1er étage)* et de belles fenêtres géminées de style sicilien chiaramontain. On voit au sommet des créneaux gibelins.

R. Mattes/MICHELIN

Sur la piazza Umberto I se trouve l'hôtel de ville, qui abrite le Museo Cordici *(voir « visiter »)*. Un peu plus loin, sur la droite de la place, emprunter la rue Cordici qui débouche sur la gracieuse **piazza San Domenico** bordée de beaux palais sur la rue de même nom.

### Mura Elimo-Puniche★
Cette puissante muraille d'enceinte érigée sur les fortifications carthaginoises (8e-6e s. avant J.-C.) fermait autrefois le côté Nord-Est de la ville, seul à être exposé à d'éventuels assauts. Les blocs massifs de la partie inférieure ont été rehaussés de voussoirs plus petits aux époques suivantes. Les tours de guet et le chemin de ronde étaient desservis par des escaliers abrupts et percés d'étroites ouvertures permettant le passage des habitants et peut-être du ravitaillement. La partie la mieux conservée longe la viale dell'Addolorata.

### S. Orsola
Édifiée en 1413, l'église Ste-Ursule a conservé sa structure gothique d'origine dans la nef principale, avec une voûte ogivale à nervures. C'est ici que l'on garde les statues des Mystères (18e s.) destinées aux processions du Vendredi saint.

### Quartiere Spagnolo
Du haut de cette construction inachevée commencée au 17e s., on bénéficie d'un panorama sur l'arrière-pays, le golfe de Monte Cofano et la *tonnara* de Bonagia, tout en bas.

### Giardino del Balio
Beau jardin entourant le château de Vénus et les tours du Bailli, édifiées sous les Normands comme défense avancée. Les tours et le jardin doivent leur nom à Bajulo, gouverneur normand, qui séjourna ici.

On y a une très belle **vue★★★** sur le mont Cofano, Trapani, et les îles Égades, et par temps très clair, on distingue Pantelleria et le cap Bon en Tunisie, à 170 km de distance seulement.

### Castello di Venere
À l'extrême pointe de la montagne, surplombant la mer et la plaine, le château actuel remonte à la période normande (12e s.) mais l'origine de son site est plus ancienne. C'est à cet endroit que s'élevait le temple consacré à Vénus Érycine, déesse particulièrement vénérée dans l'Antiquité. À l'époque normande, le temple, qui n'était déjà plus qu'une ruine, fut remplacé par une forteresse entourée de murs puissants, protégée par sa position naturelle et par des tours en avancée reliées autrefois au château par un pont-levis : les **Torri del Balio** (tours du Bailli). Sur la porte d'entrée, le mâchicoulis qui porte les armes clairement lisibles de Charles Quint témoigne encore du caractère défensif de l'édifice, en contraste avec l'élégante fenêtre géminée.

Le visiteur a tout autour des **vues★★★** superbes sur Trapani et les îles Égades au Sud-Ouest, les tours au Nord, la petite tour Pepoli en contrebas, l'église San Giovanni, le mont Cofano, Bonagia sur la côte et, par beau temps, Ustica.

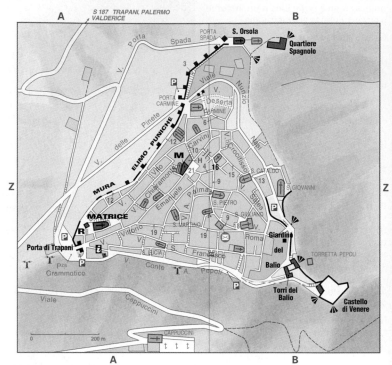

# visiter

## Museo Cordici

*Piazza Umberto I. Tlj sf w.-end 8h30-13h30, lun. et jeu. également 14h30-17h30. Fermé dernier mer. d'août, j. fériés nationaux. Gratuit. ☎ 0923 86 00 48.*

Logé dans l'hôtel de ville, le musée rassemble des vestiges archéologiques, des peintures et des sculptures, parmi lesquelles le très beau groupe de l'*Annonciation* d'**Antonello Gagini** (1525, *1er étage*). La bibliothèque recèle, outre des manuscrits et quelques incunables, une petite **tête féminine** en marbre, copie d'un original grec.

# alentours

## Tonnara de Bonagia

*13 km au Nord. Descendre à Valderice et continuer vers Bonagia (sur la route principale de Valderice, tourner à gauche à la hauteur du supermarché). À Bonagia, suivre les indications pour la tonnara, repérable à sa grosse tour.* Le centre de pêche au thon *(qui abrite aujourd'hui un luxueux complexe hôtelier)* remonte au 17e s. et était alors un véritable village. Autour de la cour centrale se trouvaient les habitations, les locaux pour le découpage du thon, les hangars pour les barques, la tour sarrasine à fonction défensive, et une petite chapelle où se rassemblaient les pêcheurs avant de prendre la mer.

Dans la tour sarrasine se trouve aujourd'hui un petit **musée** *(museo della Tonnara)* qui expose les outils utilisés pour la fabrication et la réparation des barques, la pêche et le découpage du thon. Au second étage, une maquette illustre l'étape principale de la pêche : un long corridor de filets qu'empruntaient les poissons avant d'aboutir à la chambre de la mort, où avait lieu leur sanglante mise à mort *(voir p. 178)*. La visite du musée est exclusivement réservée aux clients de l'hôtel Tonnara. Gratuit. ☎ 0923 43 11 11.

# Etna★★★

L'autre nom de l'Etna est Mongibello, le « Mont des monts », dérivé d'une interprétation erronée du mot arabe jebel (mont) auquel aurait ensuite été rajouté un préfixe ayant la même signification. Point culminant de la Sicile sous son capuchon de neige en hiver, l'Etna est l'un des volcans actifs les plus connus d'Europe. Les éruptions modifient sans cesse sa hauteur, qui est aujourd'hui d'environ 3 350 m. Composé d'un système de bouches éruptives, l'Etna est l'un des sites les plus intéressants de l'île, non seulement pour le spectacle grandiose offert par son activité volcanique, mais aussi pour les nombreuses excursions possibles à pied, à vélo, à ski, à cheval, en voiture ou en train avec la Circumetnea. S'ajoutent à cela un intéressant patrimoine artistique et culturel et une richesse gastronomique et œnologique que l'on retrouve, pour ne citer que quelques exemples, dans le vin etna, les pistaches de Bronte, le miel de fleur d'oranger de Zafferana Etnea, les fraises de Maletto ou les nombreux granités, à déguster accompagnés de savoureuses brioches tièdes et parfumées.

## La situation

*Carte Michelin n° 565 N/O 26-27 ou Atlas Italie p. 88 et 89 – Catane.* L'accès au volcan se fait soit par le versant Nord, soit par le versant Sud, avec des parcours et des panoramas très différents. Le circuit de Nicolosi au refuge Sapienza traverse un paysage noir dépouillé, désertique, tandis que le chemin qui mène à Piano Provenzana est immergé dans une nature verdoyante. **⊿** *Catane : APT, via Cimarosa 10, ☎ 095 73 06 211, fax 095 34 71 21 ; www.turismo.catania.it/ ; Nicolosi : Azienda di Soggiorno e Turismo, via Garibaldi 63, ☎ 095 91 15 05 ; Linguaglossa : Pro Loco, piazza Annunziata 7, ☎ 095 64 30 94 ; Zafferana Etnea, Pro Loco, piazza Luigi Sturzo 3, ☎ 095 70 82 825.*

*Vous pouvez poursuivre votre voyage en visitant : ACIREALE, CAPO D'ORLANDO, CATANIA, GIARDINI NAXOS, TAORMINA.*

## *comprendre*

**Le volcan et son histoire** – L'Etna est né à l'ère quaternaire, il y a environ 500 000 ans, d'éruptions sous-marines qui ont aussi formé la plaine de Catane, auparavant occupée par un golfe. Les éruptions ont été nombreuses dans l'Antiquité, au moins cent trente-cinq. Au Moyen Âge, le volcan est entré en éruption en 1329 et 1381, semant la terreur dans les populations de la région. Mais c'est en 1669 qu'a eu lieu le cataclysme le plus terrible : le torrent de lave issue d'une bouche basse ouverte à environ 850 m de Nicolosi, est descendu jusqu'à la mer en dévastant une partie de Catane sur son passage. Dans la première moitié du 20ᵉ s., les éruptions les plus importantes furent celle de 1910, avec la formation de vingt-trois nouveaux cratères, celle de 1917, quand une fontaine de lave jaillit jusqu'à 800 m au-dessus de sa base, celle de 1923, après laquelle la lave émise est restée

*Le paysage lunaire des cratères Silvestri.*

chaude pendant dix-huit mois et celle de 1928, lorsqu'une coulée de lave a détruit Mascali. Depuis le milieu du 20ᵉ s., on enregistre de nombreux « accès de colère » : les dernières en date sont celle de 1992, qui a menacé Zafferana Etnea, celle du cratère Sud-Est, en 2001, qui a emporté le terminal, quatre pylônes et l'esplanade du funiculaire pour finalement s'arrêter aux limites du refuge Sapienza, et enfin celle de 2002, qui a durement touché le refuge Sapienza, les installations de Piano Provenzana et une partie de la pinède de la route Mareneve.

Tout autour des cratères, les coulées de lave, noires si elles sont récentes, grises quand elles remontent à des temps plus éloignés et commencent à se couvrir de lichens, manifestent par leur présence, et, ici et là par leurs effets désastreux (routes coupées, bâtiments détruits), l'activité incessante du volcan.

Quatre cratères apparaissent à près de 3 000 m d'altitude sur les pentes du volcan, dans la zone Torre del Filosofo (tour du Philosophe), dont le refuge a été détruit par la lave en 1971 : l'immense **cratère central**, celui du Sud-Est, formé en 1978, celui du Nord-Est, qui est le plus haut et dont l'activité ne s'est plus manifestée depuis 1971, et la Bocca Nuova, le plus actif dernièrement.

*Pour plus d'informations sur l'activité de l'Etna, voir dans Invitation au voyage : Quand les Géants se réveillent.*

**Le parc** – Dominé par la montagne, énorme cône noir visible à 250 km à la ronde, le parc, institué en 1987, s'étend sur 59 000 ha. À ses pieds prospèrent de nombreuses cultures fruitières, orangers, mandariniers, citronniers, oliviers, agaves, figuiers de Barbarie, bananiers, ainsi que des eucalyptus, palmiers, pins maritimes et vignes dont on tire l'excellent vin *etna*, en rouge, rosé ou blanc. L'euphorbe arborescente, végétation spontanée, est omniprésente. Au-dessus de 1 500 m d'altitude croissent des noisetiers, des amandiers, des pistachiers, des châtaigniers, et un peu plus haut des chênes, des hêtres, des bouleaux et surtout des pins dans la région de Linguaglossa *(voir ce nom)*. C'est à cette altitude que pousse le genêt qui caractérise le paysage de l'Etna. Au-delà de 2 100 m commence la zone désertique avec le **spinosanto** *(Astragalus siculus)*, petit rameau épineux auquel sont souvent associées des espèces locales multicolores de violettes, séneçons et autres fleurs peuplant les pentes des cratères secondaires. Sur les sommets plus élevés, la neige et la lave chaude persistent longtemps, empêchant la croissance de toute végétation. C'est le fameux désert volcanique.

Le parc de l'Etna abrite également une faune variée, constituée de petits mammifères (porcs-épics, renards, chats sauvages, belettes, martres, loirs), d'oiseaux (crécerelles, buses, pinsons, pics, huppes), de quelques reptiles dont la vipère, et de nombreux papillons parmi lesquels se remarque l'*aurora de l'Etna (Anthocharis damone)*.

## découvrir

### Le volcan

Le volcan étant constamment en activité, le paysage qu'il offre au regard du visiteur est en permanente évolution. Pour qui ne dispose pas d'assez de temps pour la visite des deux versants, la solution consiste à s'adresser aux centres chargés d'organiser les visites afin de savoir quel est celui qui, sur le moment, représente le plus d'intérêt. Un bon point de départ pour les deux versants est la jolie ville de Zafferana Etnea, qui est équipée de nombreuses installations touristiques et offre du haut de ses 600 m d'altitude de très belles vues sur la côte, de Acireale à Taormine.

### L'Etna Sud★★★

*Des excursions en véhicule tout-terrain sont organisées tous les jours (si le temps le permet), de 9h à 16h, généralement de la semaine avant Pâques jusqu'à fin octobre. Durée : 2h AR environ. 38€ avec le guide. Pour plus de renseignements, contacter la Funivia dell'Etna, piazza V. Emanuele 45, Nicolosi, ☎ 095 91 11 58 ou 095 91 41 41.*

Depuis **Nicolosi★** et **Zafferana Etnea** serpentent les deux belles routes menant au **refuge Sapienza**, où débutent les excursions sur le volcan.

Lorsque l'on arrive de Zafferana, avant d'arriver au refuge, on croise *(signalés par un panneau)* les **cratères Silvestri.** Ces bouches se sont formées en 1892 ; elles sont accessibles par une toute petite promenade, au terme de laquelle le visiteur se retrouve catapulté dans un paysage lunaire.

Généralement, l'excursion se fait en téléphérique depuis le refuge Sapienza jusqu'à 1 923 m, et se termine à pied *(2h)* ou en véhicule tout-terrain avec un guide. Suite aux éruptions de 2001-2002, qui ont gravement endommagé les équipements de

# carnet pratique

## RESTAURATION

### • Sur le pouce
#### RANDAZZO

**Trattoria Veneziano** – *Via Romano 8, Randazzo -* ☎ *095 79 91 353 - fermé dim. soir, lun. -* 🍽 *- 16/27€.* En plein centre de cette charmante petite ville, ce restaurant accueillant, au décor soigné, propose une cuisine locale traditionnelle. Les champignons, qui poussent en abondance dans la région, sont le point fort des différentes recettes.

### TRECASTAGNI

**Villa Taverna** – *Corso Colombo 42, Trecastagni -* ☎ *095 78 06 458 - fermé lun., midi les j. ouvrables, soir les j. fériés -* 🍽 *- 19/26€.* Faites un saut dans le passé et arrêtez-vous dans cet établissement au décor tout à fait particulier, qui reconstitue un quartier de l'ancienne Catane. Vous y dégusterez des plats typiquement siciliens.

## HÉBERGEMENT

### NICOLOSI

🛏 **Ostello Etna** – *Via della Quercia 7, Nicolosi -* ☎ *095 79 14 686 - fax 095 79 14 701 www.ostellionline.org/ostello.php ? idostello444. -* 🍽. Un nom sans équivoque pour cet hôtel, situé dans un village accroché aux flancs du volcan qui a modelé le paysage environnant. En tant que résident de l'hôtel, vous bénéficierez de l'entrée gratuite au Musée de vulcanologie qu'il abrite.

🛏🛏 **Hotel Corsaro** – *Località Piazza Cantoniera, Etna Sud, Nicolosi -* ☎ *095 91 41 22 - fax 095 78 01 024 - info@hotelcorsaro.it - fermé de mi-nov. à fin déc. - 20 ch. : 50/80 €* ☕. Si vous voulez découvrir dans l'île du soleil des paysages autres que les paysages marins, ce confortable hôtel, situé à 2 000 m d'altitude, est fait pour vous ! C'est un excellent point de chute pour les amateurs de randonnées et de ski. Les chambres y sont agréables et vous y dégusterez une cuisine locale.

### RANDAZZO

🛏 **Agriturismo L'Antica Vigna** – *Località Monteguardi, 3 km à l'E de Randazzo sur la S 284 -* ☎ *095 92 40 03 - fax 095 92 33 24 -* 🍽 📶 *- 10 ch. : 34/68€* ☕ *- rest. 19/24€.* Pour ceux qui souhaitent profiter d'un séjour tranquille, au milieu des vignes et des oliviers de la splendide campagne au pied de l'Etna, ce gîte d'agritourisme est l'endroit idéal. Vous y serez accueilli en toute simplicité par la famille qui tient les lieux. Cuisine locale et produits bio de la ferme.

### TRECASTAGNI

🛏 **Bed & Breakfast Il Vigneto** – *Via Zappalà 1, Trecastagni -* ☎ *095 78 01 029 - maferli@tiscalinet.it -* 🍽 *- 3 ch. : 35/55€* ☕. Entouré de verdure, ce Bed & Breakfast est installé dans une grande villa et offre trois chambres avec mobilier ancien et décorations d'époque. Vous y trouverez aussi un beau salon et une cuisine où est servi le petit-déjeuner. Séjour de deux nuits minimum.

### ZAFFERANA ETNEA

🛏🛏🛏 **Hotel Airone** – *Via Cassone 67, Zafferana Etnea -* ☎ *095 70 81 819 - fax 095 70 82 142 - airone@mail-gte.it - fermé de déb. nov. à mi-déc. -* 📶 🍽 🍽 *- 60 ch. : 100/150€* ☕ *- rest. 23/30€.* Un hôtel élégant et accueillant, doté de chambres modernes et confortables, avec un magnifique panorama portant jusqu'à la côte. Parmi les illustres pensionnaires de l'hôtel, fondé dans les années 1930, on compte l'écrivain Vitaliano Brancati.

## EXCURSIONS

### ASCENSION DU VOLCAN

**Informations pratiques** – En raison des éruptions, les équipements touristiques (routes, pistes, téléphériques, refuges) n'ont aucun caractère définitif et peuvent être déplacés ou supprimés selon la gravité des dommages causés par l'éruption la plus récente. Au début de la saison (normalement en mai), les promenades proposées sont plus courtes, l'altitude moins élevée. Ce n'est qu'après la fonte de la neige et le passage du chasse-neige que l'on peut monter jusqu'à 3 000 m. La période propice pour l'excursion est donc normalement le plein été, les meilleurs moments sont les premières heures de la matinée.

Il faut s'attendre à trouver des températures très basses à haute ou à basse altitude. Pour l'excursion, prévoir un lainage, un anorak et des chaussures adaptées (les chaussures de marche sont préférables) car il y a de la neige. Ceux qui ne possèdent pas ce minimum d'équipement peuvent le louer sur place. Ne pas oublier non plus les lunettes de soleil, indispensables étant donné la réverbération intense.

### EXCURSIONS À PIED...

Les itinéraires à l'intérieur du parc sont divers, soit pour des sorties brèves, soit pour des excursions plus longues et plus difficiles, parmi lesquelles la **grande traversée de l'Etna (GTE)** ; cinq jours de trekking avec des étapes de 12 à 15 km, et des sentiers de nature.

### ... OU AUTRE

Pour les plus paresseux, la solution idéale est la *circumetnea*, que l'on effectue en voiture *(voir plus loin)* ou en train. Le chemin de fer qui fait le tour de l'Etna part de Catane et arrive à Riposto (environ 5h), d'où l'on peut rentrer à Catane en autocar ou par les lignes ferroviaires nationales. *Pour toute information, s'adresser à la Ferrovia Circumetnea, via Caronia 352/A, Catane,* ☎ *095 54 11 11.*

### TREKKING

Sur demande, les guides peuvent organiser des circuits de trekking et de ski alpin, ainsi que des visites des extraordinaires **grottes volcaniques** dispersées un peu partout autour de l'Etna. *Pour toute information, contacter le Gruppo Guide Alpine Etna Sud, via Etnea 49, Nicolosi,* ☎ *095 79 14 755 et, pour le versant Nord, la STAR, via Santangelo Fulci 40,* ☎ *095 37 13 33, Catane, ou l'hôtel Le Betulle, à Piano Provenzana, Linguaglossa,* ☎ *095 64 34 30*

## L'ETNA DE SWINBURNE : L'ASCENSION

Nous avions déjà passé plusieurs bancs de neige perpétuelle et le froid était intense quand nous arrivâmes à l'extrémité de ce terrible cratère antique de trois miles de diamètre. Dans cet espace se sont formées trois excroissances et celle du milieu, plus haute que les autres, possède un orifice qui exhale en permanence les vapeurs de ce feu perpétuel. Je conserverai toute ma vie durant l'impression que j'éprouvai en approchant de ce site majestueux, entièrement consacré aux divinités infernales et dont les êtres humains semblaient proscrits. Tout ici est étranger à la nature : aucune végétation, aucun signe de la présence d'êtres vivants ne vient troubler l'effrayant silence de la nuit. Tout est mort, ou plutôt rien n'a encore commencé à vivre. Tout est en désordre dans ce chaos des éléments. L'air éthéré dans lequel on se meut est un bouleversement de l'existence, comme un avertissement aux hommes qu'ils se trouvent à présent hors des régions dans lesquelles leurs organes puisent la vie. On y a le sentiment de sa propre témérité, on croirait pénétrer dans un laboratoire de la nature afin de lui soutirer ses secrets, on y ressent le frisson que provoque une telle atteinte tout en s'enorgueillissant de son propre courage. Ce lieu, enfin, me parut une sorte de sanctuaire et la lueur qui nous illuminait, le feu originel, plus ancien que le monde même auquel il a imprimé son mouvement. Les vapeurs d'incendie qui s'élevaient du cratère étaient la seule lumière qui, mystérieusement, éclairait cet espace sans fin. Lorsque nous nous trouvâmes au centre du plateau, le feu se transforma en un torrent de fumée. La lune, qui surgit à cet instant, sembla animer le lieu et lui donna un aspect totalement différent, mais non moins terrible, qu'on aurait dit préparé pour les ténébreux mystères d'Hécate. Le jour était encore loin...
De *Travels in the two Sicilies*

remontée, les possibilités actuelles pour atteindre le sommet sont les véhicules tout-terrain de la Funivia dell'Etna, qui partent du refuge Sapienza et montent jusqu'à 2 700 m environ, ou la marche à pied (*4h pour la montée*). Une fois à 2 700 m, la fin du parcours se fait à pied, mais, pour des raisons de sécurité, il est vivement déconseillé de s'approcher du cratère central.

Au Sud-Est du cratère, s'étend la **Valle del Bove**, vaste dépression (d'où son nom) délimitée par des murailles de lave de 1 000 m de haut, béantes de crevasses et de gouffres. C'est ici qu'ont souvent eu lieu les éruptions, dont celles, particulièrement dangereuses, au cours desquelles la lave a atteint des lieux habités. *Au moment de la rédaction de ce guide, il est possible de rejoindre la Valle del Bove à pied par une promenade (assez difficile, les chaussures de marche sont indispensables) de 1h AR depuis le point d'arrivée des véhicules tout-terrain. Pour obtenir des renseignements sur ce sentier, s'adresser aux guides.*

### L'Etna Nord★★★

*Des excursions en véhicule tout-terrain et guide sont organisées tous les jours (si le temps le permet) de 9h à 16h, de mai à octobre, au départ de Piano Provenzana. Durée : 2h AR environ. 35€ avec le guide. Contacter la S.T.A.R. quelques jours à l'avance pour fixer l'heure de l'excursion ☎ 095 37 13 33.*

Pour effectuer l'excursion aux cratères du sommet, mieux vaut laisser sa voiture à **Piano Provenzana** (durement frappé par l'éruption de 2002) et continuer ensuite à pied ou en véhicule tout-terrain avec un guide.

Le très beau parcours atteint une altitude d'environ 3 000 m. Sur ce versant a été installé un nouvel observatoire pour remplacer celui que la lave a détruit en 1971. L'éruption, qui a duré 69 jours, a touché à la fois le versant Sud sur lequel, outre l'observatoire, l'ancien téléphérique a été enfoui, et le versant Est, où certains villages (Fornazzo, Milo) ont été menacés. La lave s'est arrêtée à 7 km environ de la mer. À proximité de l'observatoire, vers 2 750 m d'altitude, on a une **vue★★** magnifique. On grimpe ensuite jusqu'à 3 000 m, où l'on abandonne le véhicule pour continuer à pied et voir de près ces terribles « gueules béantes » qui crachent des jets de fumée. De leur humeur dépend la vie ou la destruction par des coulées incandescentes des terres environnantes. Le parcours varie selon les caprices du volcan. Au retour, une halte est prévue à 2 400 m d'altitude pour observer les cratères qui se sont formés lors de l'éruption de 1809.

## *circuits*

### De la côte au versant Sud ①

*Circuit de 45 km au départ de Acireale - une demi-journée environ, sans compter la montée au sommet*

Il y a diverses approches pour rejoindre le versant Sud du volcan, le plus dépouillé, noir de lave fragmentée, qui forme un **paysage★★** d'aspect lunaire. Les nombreux villages à traverser ont tous une caractéristique commune, la pierre de lave aux multiples emplois : revêtement des routes, ornement des portails et des fenêtres, sculptures sombres et « terrifiantes », mise en relief des lignes architecturales des églises.

**Acireale‡** *(voir ce nom)*

## Aci Sant'Antonio

La piazza Maggiore, où se trouvent certains des principaux monuments, est dominée par l'imposante façade du Dôme, reconstruit après le terrible séisme de 1693. En face se dresse l'église San Michele Archangelo du 16ᵉ s. Sur la place débute la via Vittorio Emanuele, l'artère principale, qui se termine aux vestiges du palais de la famille Riggio.

## Viagrande

La pierre de lave est omniprésente. Elle constitue les grandes dalles du pavement au centre du village ; elle rythme la façade de la *chiesa madre* du 18ᵉ s., dont elle souligne les lignes verticales, les portails et les fenêtres.

## Trecastagni

D'après la tradition (qui ne fait pas l'unanimité), son origine fait référence aux trois saints vénérés dans la région (*tre casti agni*, trois chastes agneaux) : Alfier, Philadelphe, Cirino. Les 9 et 10 mai, c'est ici qu'a lieu la fête des trois saints, avec la **procession des cierges**, dont certains sont très lourds, portés par les *ignudi* (dénudés) jusqu'au **sanctuaire de Sant'Alfio**, à l'orée du village. La via Vittorio Emanuele, bordée de beaux palais, about tit au pied de l'**église San Nicola**, caractérisée par son campanile central. L'édifice est précédé d'un escalier assez raide, avec une exèdre sur la droite, qui se décompose ensuite en un jeu de rampes asymétriques. En haut, la terrasse panoramique donne une belle vue plongeante sur la plaine environnante.

## Pedara

La piazza Don Diego est dominée par le Dôme, dont la flèche est revêtue d'étonnantes majoliques aux couleurs vives.

## Nicolosi★ *(voir ce nom)*
*Pour la montée au cratère, voir ci-dessus « découvrir »*

## Le versant Nord-Est ②

*60 km au départ de Linguaglossa - une demi-journée environ, sans compter la montée au sommet*

## Linguaglossa★

Le village, dont le nom signifie littéralement deux fois le mot langue (*lingua* en italien et *glossa* en grec), évoque la « chaleur » de son site sur les pentes de l'Etna, souvent envahies par des coulées de lave incandescentes. Sur la place centrale, la *chiesa madre* en pierre de lave et en grès renferme un beau **chœur liturgique en bois★** de 1728 illustré d'épisodes de la vie du Christ *(visite le matin uniquement)*.

La route **Mareneve**, bordée tout du long par une belle pinède de mélèzes (touchée par l'éruption de 2002), aboutit à **Piano Provenzana** *(pour l'accès au cratère, voir ci-dessus « découvrir »).*

## La route de l'Est

Une fois revenu à Piano Provenzana, on peut poursuivre par la route panoramique Mareneve qui borde le sommet du côté Est. À mi-pente du versant Est de l'Etna, de nombreux petits villages agricoles exploitent la fertilité du sol volcanique, où prospèrent la vigne et les agrumes.

À **Fornazzo**, avant même d'emprunter la route reliant Linguaglossa à Zafferana Etnea, on parvient à la formidable coulée de lave qui, en 1979, a « respecté » la petite **chapelle du Sacré-Cœur** *(sur la gauche)* en longeant un des murs et en y

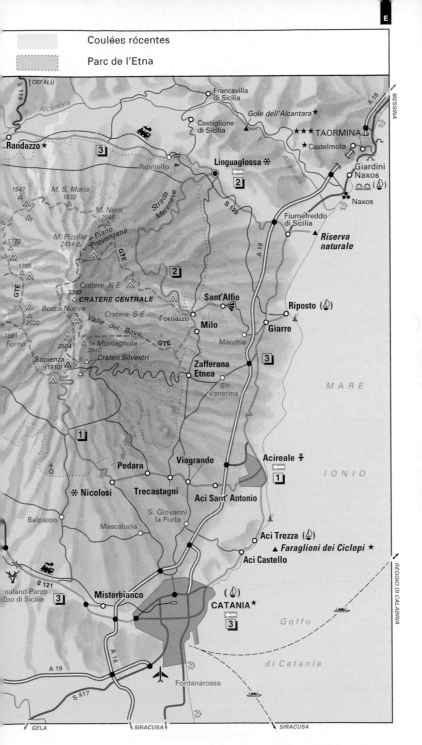

Coulées récentes

Parc de l'Etna

pénétrant un peu sans la détruire. Aujourd'hui, cette chapelle est fréquentée par de nombreux fidèles qui voient dans cette manifestation un miracle et viennent y déposer leurs ex-voto.

*De Fornazzo, un embranchement à gauche permet de rejoindre rapidement Sant'Alfio.*

## Sant'Alfio

Ce petit village est doté d'une monumentale **église** du 18e s. remaniée au 19e avec une façade singulière et un clocher en pierre de lave. La terrasse précédant l'église offre une **vue★** splendide sur la côte ionienne.

La principale attraction de Sant'Alfio est le majestueux **châtaignier des 100 Chevaux★** *(castagno dei 100 cavalli)*, situé sur la route départementale en direction de Linguaglossa.

Le tronc de ce phénomène vieux de plus de 2 000 ans, formé de trois rejets distincts, a une circonférence de 60 m. Son nom provient d'une légende selon laquelle la reine Jeanne (on ne sait s'il s'agit de Jeanne d'Aragon, reine de Castille, ou de Jeanne d'Anjou, reine de Naples), par une nuit de tempête, serait venue s'abriter sous cet arbre, avec une escorte de cent cavaliers. *W.-end 10h-12h30, 15h30-18h30, en semaine contacter Pro Loco, ☎ 095 96 87 72, qui organise également des visites guidées. Laisser une offrande.*
*Revenir en direction de Fornazzo et poursuivre à gauche vers Milo.*

## Milo

Ce petit bourg agricole doit sa survie au cours des âges au hasard du parcours aveugle de la lave, qui l'a toujours épargné. De nombreuses fois la coulée est arrivée très près (en 1950, 1971 et 1979), pour finalement dévier brusquement son cours.
*Poursuivre en direction de Zafferana Etnea, rejoindre Trecastagni puis Nicolosi et continuer sur le versant Sud ou vers Catane.*

## La Circumetnea ③

*155 km environ au départ de Catane – une journée*
La route qui fait le tour de l'Etna, en montrant des aspects du volcan toujours différents, passe par de petits villages qui méritent une visite.
Il est également possible d'opter pour le train, plutôt que la voiture, et d'emprunter la Ferrovia Circumetnea *(voir ci-dessus le « carnet pratique »). Les indications qui suivent concernent le parcours fait en automobile.*

### Catane★ *(voir ce nom)*
*Sortir de Catane par le viale Regina Margherita ou la via Vittorio Emanuele et prendre la SS 121 (6 km).*

### Misterbianco
L'imposante **église Santa Maria delle Grazie** du 18e s., que l'on aperçoit de très loin, élève sa belle façade au-dessus des toits. À l'intérieur, dans l'abside de droite, on voit une *Vierge à l'Enfant* attribuée à **Antonello Gagini**. *Sur demande 8h-12h, 15h-20h. ☎ 095 30 14 83.*
*Continuer sur la SS 121 pendant 11 km.*

### Paternò
C'est ici qu'en 1072, Roger II fit édifier en haut d'un rocher un château aux formes carrées mais adoucies sur l'un des côtés par une série de quatre petites fenêtres géminées, couronnées d'une autre beaucoup plus grande. Le noir de la lave contraste avec la blancheur des éléments architectoniques qui n'en ressortent que plus clairement. Autour du château s'élèvent l'église principale d'origine normande, mais refaite au 14e s. et l'église San Francesco. Au pied du château et de son rocher se déploient la petite ville et ses rues datant du 18e s.
*Depuis la SS 121, tourner à droite (7 km).*

### Santa Maria di Licodia
La piazza Umberto, surélevée et délimitée par l'ancien monastère bénédictin (aujourd'hui l'hôtel de ville) et l'église du Crucifix, forme le centre de cette petite ville. Après avoir longé le côté gauche de l'église, on peut admirer un beau **clocher** (12e-14e s.) orné de frises bicolores.
*Continuer en direction d'Adrano (8 km).*

### Adrano
C'est l'une des petites villes etnéennes les plus anciennes (ses premières traces remontent à l'époque néolithique). Elle aurait été fondée par le tyran Denys Ier au 5e s. avant J.-C. On peut encore apercevoir les restes des murailles cyclopéennes, de gros blocs carrés en pierre de lave *(suivre la via Catania et prendre ensuite un embranchement à droite signalé par un panneau jaune).* Au temps des Normands a été construit un **château en pierre de lave** qui domine toujours la place Umberto, mais sa forme actuelle, carrée, remonte à l'époque souabe. À l'intérieur trois musées ont été aménagés. Le **Musée ethno-anthropologique** rassemble des objets d'artisanat local. Le **Musée archéologique régional** retrace sur trois étages l'histoire de la région en présentant des pièces archéologiques trouvées dans cette province (mais aussi dans d'autres lieux de Sicile orientale), depuis le néolithique jusqu'à l'époque byzantine. Parmi les objets particulièrement intéressants à voir : le *banchettante* (le banqueteur), petit bronze d'un atelier de Samos (seconde moitié du 6e s. avant J.-C.), qui décorait probablement un plat en bronze ou une corbeille, le buste en terre cuite d'une divinité féminine sicule retrouvée aux environs de Primosole (5e s. avant J.-C.), un buste féminin en terre cuite (5e s. avant J.-C.), un groupe en terre cuite représentant Éros et Psyché, et un splendide **cratère attique★** à colonnettes (5e s. avant J.-C.) *(toutes ces pièces sont au deuxième étage).* Au dernier étage se trouve une **pinacothèque** où sont exposés des toiles (dues entre autres au « Zoppo di Gangi », Filippo Paladino, et à Vito d'Anna), des objets en verre

M.Magni/MICHELIN

*Le pont sarrasin d'Adrano.*

et en métal, des sculptures en bois, en albâtre et en bronze datant du début du 17ᵉ s. jusqu'au début du 20ᵉ s., ainsi qu'une série de peintures et de sculptures contemporaines, réalisées par des artistes d'Adrano ou d'ailleurs. *Tlj sf lun. 9h-13h, 15h-18h, dim. et j. fériés 9h-13h. Gratuit.* ☎ *095 76 98 849.*

La place s'étend à l'Est jusqu'au charmant jardin de la *villa communale*, sur lequel donnent les imposants édifices de l'**église et du monastère Santa Lucia**. La façade bicolore de l'église est une œuvre du 18ᵉ s., due à **Stefano Ittar**.

**Centrale Solare Eurellos** – Cette centrale solaire, située à quelques kilomètres d'Adrano, a été réalisée dans le cadre d'un projet de recherche de la CEE par un consortium italo-franco-allemand. La centrale, après une phase d'expérimentation de 1981 à 1987, n'est plus en service (elle pouvait produire une puissance de 1 MW). Elle sert actuellement à l'expérimentation de la production d'électricité au moyen de panneaux photovoltaïques (constitués de cellules de silicium), dans le cadre du projet de l'ENEL pour la fourniture d'énergie dans les refuges de montagne ou les structures isolées.

## Ponte saraceno

*Il se trouve en dehors de la ville, sur la rivière Simeto. Sortir d'Adrano au Sud et suivre les indications pour Bronte. On arrive à un carrefour où un panneau indique le pont. Les routes de gauche et de droite sont goudronnées, celle en face est en terre. La suivre jusqu'au fleuve où se trouve le pont.* D'origine romaine, le pont a été reconstruit sous Roger II et remanié aux époques suivantes. Les arches ogivales sont soulignées d'une bande de pierres bicolores. En longeant un peu la rivière vers le Nord, on découvre les belles **gorges du Simeto**, dues elles aussi, comme celles de l'Alcantara *(voir ce nom)*, à une coulée de lave dont les énormes masses basaltiques ont été lustrées et polies par l'eau. *Centre de visite sur la SS 114 Catane-Syracuse en direction de cette dernière, au niveau du pont Primosole.*

*Continuer en direction de Bronte sur la SS 284 pendant 15 km.*

## Bronte

Au centre du village, célèbre pour sa production de pistaches, s'élève le collège Capizzi, prestigieuse école du 18ᵉ s. aménagée dans un beau palais.

**Museo della Civiltà Contadina** – *Suivre les indications pour l'hôtel-restaurant La Cascina, dont il faut traverser le parking pour accéder au musée. Visites guidées 9h30-13h, 15h-17h. Fermé j. fériés nationaux. 2€.* ☎ *095 69 16 35 ou 328 40 08 626 (portable).*

Au centre de cette belle ferme se dresse la papeterie construite par les Arabes avant l'an mille. On peut admirer dans ce musée la collection d'objets de la vie rurale, mais aussi se promener agréablement au milieu de la verdure, des arbres fruitiers et des animaux, et, pourquoi pas, acheter les délicieuses pistaches produites sur place.

### L'OR VERT DE L'ETNA

Le pistachier est un arbre de 4 à 5 m de haut, qui peut être soit mâle, soit femelle. La variante mâle est plantée au vent de manière à polliniser, grâce à l'action du vent, le pistil des arbres femelles. La plante se développe très lentement et ne produit des fruits qu'une année sur deux. Après la récolte, le fruit est débarrassé de son brou et mis à sécher pendant une semaine environ : il est alors prêt à être employé dans des recettes, salées ou sucrées.

*Depuis Bronte, suivre les indications pour le Castello di Nelson. Il se trouve juste avant l'entrée du hameau de Maniace.*

## Castello di Nelson à Maniace★

*Avr.-sept. : tlj sf lun. 9h-13h, 15h-19h ; oct.-mars : tlj sf lun. 9h-13h, 14h-16h30. Fermé 20 janv., avant-dernier dim. de mai. Possibilité de visite guidée (45mn). 2,58€. ☎ 095 69 00 18.*

L'abbaye bénédictine fondée au 12ᵉ s. par la volonté de la reine Marguerite, épouse de Guillaume le Mauvais, était située le long d'une importante route de communication avec l'arrière-pays sicilien. Le florissant monastère, après avoir subi maintes modifications, fut finalement offert par Ferdinand III à l'amiral anglais Nelson en 1799, en même temps que le titre de duc de Bronte, en remerciement de l'aide apportée pendant la répression des mouvements insurrectionnels contre les Bourbons à Naples. L'amiral ne s'y rendit jamais, mais ses descendants y vécurent jusqu'en 1981 et transformèrent le lieu en une somptueuse résidence privée, de là son actuelle dénomination de « château Nelson ». La **chapelle** annexe présente un beau portail avec des chapiteaux historiés. À l'intérieur se trouve une icône byzantine, mais la légende populaire veut que l'originale ait été apportée par le condottiere byzantin Giorgio Maniace qui, en 1040, infligea en ces lieux une dure défaite aux Arabes. Les restes de la petite chapelle construite pour conserver l'icône sont visibles dans le grenier de l'abbaye. La maison de maître, entourée d'un parc de 4 ha et d'un jardin soigné, a conservé une série de chambres meublées avec finesse.

*Continuer sur la SS 284 pendant 20 km.*

## Randazzo

Cette petite ville des pentes de l'Etna, toute proche du volcan, est considérée comme miraculée. Elle n'a en effet jamais été touchée par la lave. Randazzo la noire · c'est ainsi qu'on pourrait appeler la ville, presque entièrement bâtie en pierre de lave. Omniprésent, le basalte a servi au pavage des rues, à la décoration des façades, où il souligne les fenêtres géminées séparées par des colonnettes torses et aussi à la construction des monuments du centre historique, dont le corso Umberto constitue l'artère principale.

Fenêtre en pierre de lave.

*La promenade débute à l'extrémité Nord-Est du corso Umberto.*

L'**église de Santa Maria**, commencée au 13ᵉ s., a subi plusieurs remaniements : de son plan d'origine il ne reste que les hautes et puissantes **absides**★ typiquement normandes, décorées de sobres petites arcades aveugles, et de fenêtres géminées et triples sur le côté droit. La façade et le campanile de style néogothique sont du 19ᵉ s. On peut admirer le contraste formé par le basalte avec le blanc des fenêtres et des portails. La sacristie, extérieure à l'église, abritait autrefois le tribunal ecclésiastique.

*Prendre à droite la piazza Roma.*

Une rue transversale sur la gauche permet d'atteindre la piazza San Nicolò, où s'élève l'église du même nom. Édifiée en 1594, elle présente une façade dont les éléments structuraux sont soulignés de basalte. Le campanile date de 1783. Sur la place se trouvent également le palais Clarentano (1508), identifiable à ses belles fenêtres géminées divisées par des colonnettes, et la petite église Santa Maria della Volta (14ᵉ s.). À la droite de celle-ci s'ouvre la charmante **via degli Archi**, bordée, comme son nom l'indique, de petites arcades.

Toujours sur la place, prendre la via Polizzi, puis une petite rue transversale sur la droite, où l'on peut admirer le portail en basalte de la **maison Spitaleri**.

*Emprunter la via Duca degli Abruzzi.*

Elle coupe à droite la via Agonia, ainsi appelée parce que, dit-on, on y voyait passer les condamnés à mort que l'on emmenait du château-prison à la Timpa, devant l'église San Martino, pour y être exécutés. Dans cette rue, on peut encore voir un exemple typique d'habitation du 14ᵉ s., caractérisée par un vaste local au rez-de-chaussée et deux pièces carrées au premier étage *(visible seulement de l'extérieur).*

*La via Duca degli Abruzzi débouche sur le corso Umberto.*

Une arcade sur la droite indique l'ancienne entrée du **palais royal**, dont il ne reste aujourd'hui qu'une partie de la façade, décorée d'un beau bandeau bicolore et de deux fenêtres géminées. Avant sa destruction par le terrible tremblement de terre de 1693, le palais a hébergé d'illustres personnages, parmi lesquels Jeanne d'Angleterre, épouse de Guillaume II le Normand, Constance d'Aragon (la bourgade avait été choisie comme résidence d'été par la cour aragonaise) et, en 1535, Charles Quint.

On arrive ensuite à **l'église San Martino** *(fermé entre 12h et 16h)*, fondée au 13ᵉ s. et reconstruite au 17ᵉ s. L'église est flanquée d'un très beau **campanile★** qui remonte aux 13ᵉ-14ᵉ s. De ses créneaux s'élève une flèche pointue à base octogonale. Il est orné d'élégantes fenêtres ogivales, placées côte à côte et soulignées de profonds bandeaux multicolores, ainsi que de fenêtres triples dans le même style. À l'intérieur sont conservés deux Madones de l'école de Gangi et un retable attribué à Antonello de Saliba, élève d'Antonello da Messina.

En face de l'église, on voit les ruines du château-prison fondé au 13ᵉ s. C'était au départ une simple tour qui faisait partie de l'enceinte de la citadelle médiévale. La **porte San Martino**, un peu plus loin, en constituait l'un des accès.

*Il est possible de continuer sur la SS 120 ou sur la route parallèle, plus tranquille, que l'on emprunte en repartant en direction de Bronte sur 4 km puis en prenant la direction de Linguaglossa.*

### Linguaglossa✳ *(voir ci-dessus le circuit consacré au versant Nord-Est)*

*Gagner Fiumefreddo di Sicilia (11 km) et se diriger vers la côte en prenant l'embranchement pour Marina di Cottone, afin de gagner la réserve naturelle.*

### Riserva naturale del fiume Freddo

*Centre de visite à la Masseria Belfiore, via Marina à Fiumefreddo. (♿) Mai-sept. : tlj sf lun. 9h-18h ; oct.-avr. : tlj sf lun. 8h30-16h30. Gratuit. ☎ 095 64 62 77.*

Le Fiumefreddo vient tout droit des pentes Nord-Est de l'Etna, où les roches volcaniques très perméables permettent à l'eau de s'infiltrer dans le sous-sol pour réapparaître en plaine, grâce à un substrat argileux imperméable. La rivière est alimentée essentiellement par deux résurgences, celles de Testa dell'Acqua et les Quadare (en dialecte sicilien *paioli*), atteignant 10-12 m de profondeur. Pour apprécier la profondeur et la limpidité des eaux, il est conseillé de visiter les lieux aux heures où le soleil est au plus haut. La température de l'eau, qui ne dépasse jamais 10-15 °C, même en été, et son débit très lent favorisent une végétation aquatique très particulière, où les espèces typiques de l'Europe centrale, telle la renoncule à plumet, s'associent à des variétés de type africain, comme le papyrus. On remarque également d'autres espèces végétales : le saule blanc, l'iris aquatique, le tremble, la prèle, la jusquiame (herbe aux chevaux). La présence des résurgences favorise en outre l'arrêt d'oiseaux migrateurs : hérons, bécasses, échassiers et nombreux palmipèdes. Dans la zone limitrophe de la réserve s'élève le **château des Esclaves** (Castello degli Schiavi, *privé, on ne peut le visiter*) dû aux architectes Vaccarini et Ittar (18ᵉ s.).

*Suivre la SS 114 en direction de Catane sur 10 km.*

### Giarre

En 1124, cette petite ville, qui faisait partie du comté de Mascali, fut concédée en fief à l'évêque de Catane par Roger II. Son nom dérive des jarres dans lesquelles étaient recueillies les dîmes dues à l'évêque sur tous les produits de la terre. Le **Dôme** est une imposante construction néoclassique, avec des tours-clochers jumelles, de forme carrée. L'artère principale, la via Callipoli, est bordée de beaux commerces et de demeures résidentielles, parmi lesquelles on remarque le **petit palais Bonaventura** (nº 170) de style Liberty et le **palais Quattrocchi** (nº 154), reconnaissable à ses décorations de style mauresque.

*À Giarre, prendre la direction de la côte, vers Riposto.*

### Riposto

C'est ici qu'étaient entreposées les dîmes recueillies dans le comté de Mascali, avant leur transport par la mer. Le bourg s'est développé autour des magasins grâce à une colonie de Messine (d'où le culte de la Madonna della Lettera), pour devenir au 19ᵉ s. un important centre d'exportation du vin. De nombreux vestiges de bâtiments de stockage du siècle passé sont encore visibles.

Le gracieux **sanctuaire de la Madonna della Lettera**, situé face à la mer, a été érigé en 1710, probablement sur un édifice religieux existant déjà à l'époque normande. En effet, des fouilles effectuées sous le sanctuaire ont permis de mettre au jour des **cryptes** avec des diverticules pour les défunts de l'époque paléochrétienne, des monnaies de l'époque arabo-normande, et des restes architectoniques de la période aragonaise. Une *Vierge à l'Enfant*, dont on ne connaît pas exactement la date, est placée sur un autel du 18ᵉ s. À voir aussi, le chœur liturgique en bois sculpté, réalisé il y a quelques années seulement, et le lampadaire baroque aux singulières décorations en nacre, probablement de facture locale. *Visite sur demande au moins 3 j. à l'avance : 9h30-11h30, 16h-18h, dim. et j. fériés 10h-11h. Fermé la sem. précédant le 15 août. ☎ 095 93 35 27 ou 095 93 11 87.*
*Repartir en direction de Giarre et reprendre la SS 114 sur 13 km.*

**Acireale**✝ *(voir ce nom)*

**Aci Trezza** *(voir Acireale)*

**Aci Castello** *(voir Acireale)*

# Gela

La plaine environnante, théâtre du débarquement des troupes américaines en juillet 1943, est l'une des zones les plus fertiles de l'île. L'exploitation de gisements pétrolifères qui alimentent une raffinerie et un complexe pétrochimique contribue à améliorer l'économie de la ville, mais pas son aspect, et l'intérêt touristique réside essentiellement dans les témoignages de son illustre passé.

## La situation

*77 702 habitants – Carte Michelin nº 565 P24 ou Atlas Italie p. 92 – Caltanissetta.* Avec sa raffinerie aussi polluante pour l'air que pour le paysage et ses constructions inachevées ou mal finies, la Gela contemporaine n'a rien d'intéressant d'un point de vue touristique. L'élément le plus intéressant, à savoir son musée archéologique, se trouve à l'extrémité Est de la ville. 🚩 *Via Bresmes Navarra G. 48, ☎ 0933 91 37 88.*
*Vous pouvez poursuivre votre voyage en visitant : AGRIGENTO, CALTAGIRONE, COMISO.*

## comprendre

**Un peu d'histoire** – Colonie fondée au début du 7ᵉ s. avant J.-C. par des populations originaires de Crète et de Rhodes, Gela devint une cité prospère. Son expansion à l'Ouest donna naissance à Agrigente, ville qui ne tarda pas à la dépasser en importance. Gela connut son apogée sous la domination de deux tyrans, Hippocrate et **Gélon**. Ce dernier décida, durant son règne, de se déplacer à Syracuse. Gela perdit donc une partie de son importance politique, mais son rayonnement culturel demeura inchangé. Eschyle y passa les dernières années de sa vie. Après plusieurs destructions et reconstructions, Gela fut entièrement rebâtie par Frédéric II en 1230.

**Une « méprise » fatale** – Le poète tragique **Eschyle**, après avoir partagé sa vie entre Athènes et la Sicile, finit ses jours à Gela en 456 avant J.-C. La légende raconte qu'il fut tué par la chute d'une tortue qu'un aigle aurait laissé tomber sur son crâne chauve. Pourquoi précisément son crâne ? L'aigle l'aurait confondu avec une pierre. En effet, lorsqu'il s'empare d'une proie protégée d'une carapace, l'aigle la fait tomber sur des pierres pour la casser et se repaître de sa chair.

## visiter

### La cité grecque

#### Museo Archeologico★

*Corso Vittorio Emanuele, à l'extrémité Est de la ville. (♿) 9h-13h, 15h-18h30. Fermé dernier lun. du mois. ☎ 0933 91 26 26.*
Les pièces archéologiques retrouvées dans la région sont mises en valeur dans ce musée suivant un classement chronologique et thématique. Un *kylix* où est inscrit le nom du fondateur de la ville, Antiphème, ouvre la collection. La belle série

d'**antéfixes** rappelant les Gorgones et des figures de Silènes grimaçantes (6e et 5e s. avant J.-C.) provient des acropoles. Parmi les objets de valeur trouvés dans un bateau échoué au 5e s. avant J.-C. se trouvait un *askos* (petit récipient à eau à l'orifice décentré) décoré d'une figure de Silène et d'une Ménade de facture délicate. L'étage supérieur est consacré aux sanctuaires en dehors de la ville et aux sites de la région. Quelques outils agricoles en fer, dont un râteau, proviennent d'un dépôt votif situé à proximité du sanctuaire de Bitalemi. La dernière salle *(à nouveau au rez-de-chaussée)* rassemble, outre de magnifiques **vases archaïques et attiques** provenant des nécropoles, les superbes **collections de Navarra** et de Nocera.

## Acropoles

*Elles se trouvent à proximité du musée.* La *plateia* (*decumanus* romain ou rue principale) partage nettement la ville en deux : au Sud, la zone sacrée avec deux temples (la colonne relevée est une des colonnes du temple C, édifié au 5e s. pour commémorer la victoire à Himère), au Nord, les quartiers habités, complétés par des boutiques.

## Fortifications★★

*À l'Ouest de la ville, plus exactement à Capo Soprano.* (&#9855;) *De 9h à 1h av. le coucher du soleil. 2,07€.* ☏ *0933 93 09 75.*

Les fouilles ont permis de découvrir les restes particulièrement bien conservés de remparts grecs. Le mur, long d'environ 300 m, remonte à une période située entre le 4e et le 3e s., lorsque **Timoléon** a restauré la démocratie et ordonné la reconstruction de la ville rasée en 405 avant J.-C. par les Carthaginois.

Le mur présente une structure en deux niveaux. Le plus ancien, qui correspond à la bande inférieure, est formé de moellons en grès réguliers et bien taillés à l'aspect particulièrement soigné. Autour de 310 avant J.-C., l'ensablement a contraint de rehausser le mur avec des briques crues (cuites au soleil) pour former un chemin de ronde crénelé à l'extérieur, encore visible par endroits. Beaucoup plus fragile, cette partie ne s'est bien conservée que parce qu'elle a été rapidement recouverte par les dunes de sable. Aujourd'hui, elle est protégée par un revêtement de plexiglas. La section Sud de mur qui continue jusqu'au front de mer est caractérisée par des éperons sur la partie externe. La partie Ouest était renforcée dans sa fonction défensive par une tourelle quadrangulaire dont on voit encore la base. Un peu plus loin, on trouve aussi un four circulaire du Moyen Âge, et, au Nord, des restes de construction, probablement logements militaires et petits casernements.

## Complexe thermal

*À peu de distance des fortifications, près de l'hospice. Pour toute information* ☏ *0933 91 26 26.*

D'époque hellénistique, il se compose de deux salles. La première se divise en deux parties : l'une avec une petite vasque circulaire, l'autre avec un bassin en forme de fer à cheval. La seconde est un hypocauste (salle au chauffage par le sol) qui servait probablement de sauna. Les bains ont été détruits par un incendie à la fin du 3e s. avant J.-C.

# *alentours*

## Licata

*37 km à l'Ouest.* La petite ville se développe autour de sa place principale, la piazza del Progresso, d'où partent la via Roma et le corso Vittorio Emanuele. Les monuments les plus intéressants, du 18e s., se trouvent le long de ces deux axes. Sur le premier, on peut voir l'église et le cloître San Domenico ainsi que l'église du Carmel, et, sur le corso, le palazzo Frangipane, avec ses consoles décorées de monstres et de chimères, et les églises San Francesco et Santa Maria la Nova.

# Giardini Naxos

La plage, qui a vu débarquer les premiers colons grecs parvenus en Sicile il y a 2 700 ans, accueille aujourd'hui des touristes. Ils viennent par milliers, attirés par l'emplacement idéal de la ville, son climat particulièrement clément, sa longue plage dorée et, bien entendu, sa fameuse voisine Taormine, à laquelle son décor n'a rien à envier. Aux attractions balnéaires de la ville s'ajoutent les nombreux et riches témoignages archéologiques de la cité grecque.

## La situation

*9 128 habitants – Carte Michelin n° 565 N 27 ou Atlas Italie p. 89 – Messine.* La ville de Giardini Naxos, toute en longueur, suit sa célèbre plage de sable, très fréquentée, qui ourle la baie fermée par le cap Taormine et le cap Schisò. La zone archéologique, quant à elle, s'étend derrière la zone portuaire, non loin de la sortie Giardini Naxos depuis la A18. Giardini se trouve à 5 km de Taormine, à laquelle elle est reliée par autocar (départ toutes les 30 minutes à l'arrêt Taormina, situé via Pirandello).

🅱 *Lungomare Tysandros 54, ☎ 0942 51 010, www.aast-giardini.naxos.it*

*Vous pouvez poursuivre votre voyage en visitant : ACIREALE, ETNA, MESSINA, TAORMINA.*

*Sur le sable, à l'ombre du volcan enneigé.*

# comprendre

Les premiers colons grecs de Chalcide, conduits par Théocle, ont fondé Naxos en 735 avant J.-C. sur le **cap Schisò**, promontoire formé par une coulée de lave. En 729 avant J.-C., d'autres colonies s'implantèrent à Catane et Lentini.

Tout le monde s'accorde à dire que Naxos est le fer de lance de la civilisation grecque en Sicile. Elle tient son nom de l'île des Cyclades où, d'après la légende, Dionysos aurait rencontré et épousé Ariane, abandonnée par Thésée. Dès le 5e s. avant J.-C., Naxos fut convoitée par des tyrans toujours en quête de territoires et de comptoirs commerciaux nouveaux, comme Hippocrate de Gela et Hiéron de Syracuse, qui fit déporter ses habitants à Lentini en 475 avant J.-C. Denys le Grand la fit raser en 403 pour avoir soutenu l'expédition athénienne de 415 contre Syracuse. Les rescapés partirent fonder non loin de là *Tauromenion*, l'actuelle Taormine.

La ville moderne s'est développée à partir de 1950. Longtemps considéré comme un satellite de Taormine, le « bourg des jardins » était spécialisé dans la culture du coton et de la canne à sucre, remplacée plus tard par celle des agrumes qui demeure sa ressource principale. Elle s'est rapidement métamorphosée en station balnéaire renommée et est devenue l'un des principaux centre touristiques de Sicile.

# carnet pratique

Pour obtenir d'autres adresses, consulter le « carnet pratique » de Taormine.

## RESTAURATION

**Sea Sound** – *Via Jannuzzo 37/a, Giardini Naxos -* ☎ *0942 54 330 - fermé nov.-avr. - 25/38€.* Pourquoi vous proposer ce restaurant plutôt qu'un autre ? Avant tout pour ses plats de poissons, aussi copieux que savoureux, mais aussi pour sa magnifique terrasse avec vue sur la mer, entourée de verdure, où vous pourrez vous installer pour dîner.

## HÉBERGEMENT

🛏 **Hotel La Riva** – *Via Tysandros 52, Giardini Naxos -* ☎ *0942 51 329 - fax 0942 51 329 - hotellariva@hotellariva.com - fermé nov. - 38 ch. : 53/68 € -* 🛏 *10€.* Une pension familiale qui se dresse sur le front de mer et propose des chambres au décor original. La salle à manger, située au 4e étage, offre une belle vue.

🛏 **Agriturismo Villa Antonella** – *Via Fondaco d'Accorso, Trappitello, 2 km à l'O de Giardini sur la S 185 -* ☎ *0942 65 41 31 - fax 0942 65 41 31 - villantonella@villantonella.com - fermé oct.-avr. (ouvert seulement w.-end) -* 🛏 *- 10 ch. : 35/70 €* 🛏*.* Dressé au milieu de plantations d'arbres fruitiers, de fleurs et de verdure, ce gîte d'agritourisme propose une dizaine de chambres, dans un bâtiment assez récent et discret. L'accueil familial y est aimable et efficace.

🛏🛏 **Hotel Arathena Rocks** – *Via Calcide Eubea 55, Giardini Naxos -* ☎ *0942 51 349 - fax 0942 51 690 - reservation@hotelarathena.com - fermé de fin oct. à mi-avr. -* 🅿 🛏 *- 49 ch. : 54/94€.* Cet hôtel alliant élégance et tranquillité offre à ses visiteurs un très beau jardin donnant sur la mer ainsi qu'une piscine dans laquelle les plus paresseux pourront se plonger.

# visiter

## Naxos

*Accès aux fouilles par la via Stracina qui prolonge la via Naxos, ou par le musée situé dans la via Schisò (uniquement aux heures d'ouverture du musée). (♿) De 9h à 1h av. le coucher du soleil. 2€.* ☎ *0942 51 001.*

La ville du 4e s. avant J.-C. fut édifiée sur la ville archaïque (7e et 6e s. avant J.-C.), dont elle garda les anciens murs d'enceinte et le *temenos* (enceinte sacrée). Son plan régulier, conformément au concept d'Hippodamos, est formé par un quadrillage de rues principales (*plateias* A, B, C, orientées d'Est en Ouest), coupant à angle droit un certain nombre de rues de moindre importance *(stenopos)*.

En entrant par la via Stracina, on longe le mur d'enceinte, qui intègre au Sud-Ouest les murailles du *temenos*, ainsi que les vestiges d'un grand temple (B) de la fin du 6e s. Dans les amas de pierres de la même époque dispersés ici et là, on peut reconnaître des éléments d'autels. Non loin de là, on aperçoit deux fours. Le plus grand, rectangulaire, était probablement destiné à la cuisson sur place des matériaux de construction en argile, l'autre, arrondi, à la fabrication des vases et des objets votifs. Après avoir dépassé les fours, sortir de l'enceinte sacrée pour regagner la *plateia* B, le long de laquelle il est possible de reconnaître le tracé des habitations de la ville nouvelle. Dans la *stenopos* 6, tourner à gauche en direction du musée. Sur la *stenopos* 11, remarquer les vestiges d'un petit temple du 7e s. avant J.-C.

## Museo Archeologico

*Via Schisò. De 9h à 1h av. le coucher du soleil. 2€.* ☎ *0942 51 001.*

Situé près d'un fortin datant des Bourbons, le musée abrite au rez-de-chaussée des pièces archéologiques qui témoignent de l'existence de peuplements sur le cap Schisò au néolithique et à l'âge du bronze. À remarquer d'extraordinaires parties terminales de toit *(sime)* qui proviendraient du temple B (début du 6e s. avant J.-C.). Le visiteur sera surpris par l'éclat de leurs décors polychromes. On notera en particulier les larmiers destinés aux eaux de pluie. Au premier étage du musée, différents objets votifs suspendus aux murs attestent du culte de Dionysos, bustes, visages féminins, antéfixes à tête de Silène, ainsi qu'une belle *arula* (petit autel). Deux petites statues, remarquables pour leur facture délicate, sont présentées : une **déesse voilée** (probablement Héra) et une **Aphrodite Ippia**. On verra aussi une coupe en verre, un casque thrace en bronze du 4e s. avant J.-C. et un poids en forme de buste d'Athéna (5e-6e s. après J.-C.). Noter dans la **trousse funéraire du chirurgien** les petits récipients pour les onguents, le strigile (racloir) et le *specillum*, instrument qui servait à examiner les plaies.

Le fortin renferme des vestiges archéologiques découverts sur les fonds marins, verges d'ancres marines, amphores et meules.

# Gibellina

Gibellina a été détruite par le tremblement de terre de 1968 qui a durement frappé la vallée de la Belice. Gibellina Nuova a été construite dans l'objectif bien particulier de faire de la ville une sorte de musée permanent, avec des sculptures disséminées dans les rues et des bâtiments appelés à devenir en eux-mêmes des œuvres d'art. Un certain nombre d'artistes contemporains ont été sollicités pour participer à la concrétisation de ce projet singulier. Arnoldo Pomodoro, Consagra, Cascella, Isgrò, pour n'en citer que quelques-uns, ont répondu à l'appel, et parmi la cinquantaine d'œuvres réalisées, les plus impressionnantes sont l'imposante Étoile à l'entrée de la ville, par Pietro Consagra, la place de l'hôtel de ville, avec sa tour-carillon, et l'église principale, œuvre de Quaroni, dont on aperçoit de loin la grande sphère blanche.

## La situation

*4 784 habitants – Carte Michelin n° 565 N 20 ou Atlas Italie p. 85 – Trapani.* Gibellina Nuova est située le long de la S 119 qui relie Castelvetrano (11 km au Sud) à Alcamo, et non loin de la A29, qui descend de Palerme jusqu'à Mazara del Vallo. 🖪 *Piazza XV Gennaio 1968 n° 1,* ☎ *09 24 67 877.*

*Vous pouvez poursuivre votre voyage en visitant : CASTELVETRANO, SEGESTA.*

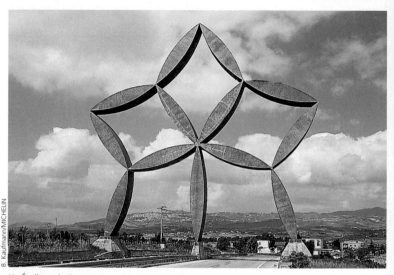

L'« Étoile », de Consagra.

## *circuit*

### Le terrible tremblement de terre de 1968

Le 14 janvier 1968, par un paisible dimanche après-midi, la terre se met à trembler à l'Est de la Sicile. Au cours de la terrible nuit qui s'ensuit, à 40 km sous le sol de la Valle del Belice, le séisme se déchaîne de toute sa puissance jusqu'à atteindre presque 6 degrés sur l'échelle de Richter : les édifices sont décalés par rapport à leurs fondations, le sol se fissure, les cavernes souterraines s'effondrent. De nombreux centres urbains du Belice sont littéralement rayés de la carte. Parmi ceux-ci, Gibellina, Salaparuta et Poggioreale ne seront jamais reconstruits sur leur site d'origine.

*Circuit de 60 km – une demi-journée environ*

*Depuis Gibellina, emprunter la S 188 vers le Sud, puis prendre la S 119 sur la gauche et suivre les indications Ruderi di Gibellina.*

### Ruderi di Gibellina

Les ruines de la vieille ville sont encore visibles. Elles ont été partiellement recouvertes d'un vaste « linceul » de béton blanc, dont les sillons coïncident avec l'ancien tracé des rues baptisé *Cretto (Fissure)* par son auteur, Alberto Burri.

*Repartir en direction de Santa Ninfa et prendre la S 188 vers Partanna.*

> **CALENDRIER**
> En été, les ruines de Gibellina s'animent de spectacles théâtraux, les *Orestiadi* (« Orestiades »), qui rassemblent prose, musique, représentations et artisanat.

## Partanna

Durement frappé aussi par le séisme de 1968, le village s'annonce par un château couronné de créneaux (17ᵉ s.), reconstruit par les princes Graffeo (ou Grifeo) sur une ancienne forteresse normande. L'espace derrière le château offre une belle **vue**★ sur la vallée. Les églises du village ne sont plus hélas que des fantômes qui témoignent de la catastrophe. En suivant la via Vittorio Emanuele, on voit les ruines de l'église St-François dont seul le campanile est resté intact (16ᵉ-17ᵉ s.), et, en hauteur, l'église de la Vierge des Grâces, avec sa tour d'origine.

*Reprendre la S 188 en direction de Salemi.*

## Salemi

Superbement située au milieu des vignes, première culture de la région de Trapani, la petite ville de Salemi conserve dans son centre historique l'empreinte de la culture arabe, apparente tout au long des étroites ruelles pavées qui montent vers le château. Elle a connu une gloire tout à fait inattendue après l'arrivée de Garibaldi, lorsqu'on l'a symboliquement proclamée première capitale d'Italie. Le tremblement de terre de 1968 l'a durement touchée.

**Château normand** – Édifié sur ordre de Roger de Hauteville à l'emplacement d'une ancienne forteresse, il possède deux tours quadrangulaires et une haute tour ronde. À sa droite se trouvent les ruines de l'église principale, détruite par le tremblement de terre de 1968.

*Emprunter la via D'Aguirre, qui descend sur le côté de l'église.*

**Église et collège des Jésuites** – L'église possède une belle façade baroque, ornée d'un portail qu'encadrent des colonnes torses en tuf. À l'intérieur du collège a été aménagé le **Musée municipal** (Museo Civico), qui rassemble les œuvres d'art religieux de l'église détruite par le séisme de 1968. On peut y voir une magnifique *Madone de la Chandeleur* de **Domenico Gagini**. Après la dernière salle du musée, on visite une chapelle du 18ᵉ s., fidèle reproduction de la Santa Casa de Lorette (maison de la Vierge, *voir le Guide Vert Italie*). 9h-13h, 15h-19h. Gratuit. ☎ 0924 98 23 76.

Poursuivre la descente de la via D'Aguirre pour rejoindre le **quartier Rabato**, qui a conservé une allure arabe. Les rues qui en font le tour offrent de **belles vues**★ sur la vallée. Le 3 février, à l'occasion de la fête de saint Blaise, on distribue de jolis petits pains aux formes très élaborées. Pour la fête de saint Joseph (19 mars), on confectionne aussi des pains votifs : plus grands, en forme d'anges, de guirlandes, de fleurs, d'animaux, ou d'outils de travail, ils sont censés évoquer toutes les circonstances de la vie.

*Prendre la S 188A vers le Nord et continuer sur la S 113 en direction de Calatafimi.*

## Calatafimi

Le bourg accroché à la montagne est dominé par le **château Eufemio**, forteresse byzantine reconstruite au 13ᵉ s. mais dont il ne reste aujourd'hui que des ruines. Elle offre une très belle **vue**★ sur la ville et la vallée environnante.

Tous les cinq ans a lieu, du 1ᵉʳ au 3 mai, la **fête du Très Saint Crucifix**, avec une impressionnante procession à laquelle participent toutes les corporations. Celle des métayers *(massari)* s'y distingue particulièrement, avec son char très richement décoré de... pains.

Sur la colline face au bourg se dresse le **Pianto Romano**, monument dédié aux garibaldiens tombés au champ d'honneur (Calatafimi a été le théâtre d'une importante bataille le 15 mai 1860). De là, on a un magnifique **panorama**★★ sur la petite ville et les collines environnantes, derrière lesquelles se cache la Méditerranée.

*Depuis Calatafimi, il est possible de continuer en direction de Segesta, distante de seulement 4 km.*

# Cava **d'Ispica**★

## Falaise d'Ispica

Entre les communes d'Ispica et de Modica, une faille longue d'environ 13 km est parsemée d'habitations troglodytiques, de petits sanctuaires et de nécropoles. Les premières implantations humaines attestées dans la région remontent au néolithique. Les grottes qui s'ouvrent dans les parois de la faille, sont d'origine naturelle, découlant de phénomènes karstiques. Elles ont été par la suite modifiées et adaptées aux besoins de l'homme.

### La situation

*Carte Michelin n° 565 Q26 ou Atlas Italie p. 92.* La falaise se divise en deux secteurs distincts : le premier, situé entre Modica et Ispica, est constitué d'une zone clôturée que l'on peut aisément visiter, et d'une autre zone plus au Nord, assez difficile d'accès, pour laquelle nous vous conseillons la visite guidée. Le second secteur, appelé Parco della Forza, se trouve à Ispica même et a été aménagé pour les visites.

*Vous pouvez poursuivre votre voyage en visitant : COMISO, MODICA, NOTO, RAGUSA.*

## visiter

### Cava d'Ispica

*Depuis la SS 115, suivre les indications pour Cava d'Ispica. Le départ des visites se fait depuis l'Ufficio della Sovrintendenza. Avr.-oct. : 9h-20h ; nov.-mars : 9h-13h15. 2€. Possibilité de visites guidées. ☎ 0932 77 16 67.*

Dans cette zone se trouvent des catacombes d'époque paléochrétienne (4e-5e s.), avec quatre cent soixante-quatre sépultures. Le secteur porte le nom de **Larderia★**, dérivé de *Ardeia* signifiant riche en eau. L'entrée principale se trouvait à la fin du chemin actuel d'où part la « nef centrale », longue de 35,6 m. Les deux ailes latérales ont été ajoutées par la suite.

G. Bludzin/MICHELIN

*La Larderia.*

La visite contourne une paroi rocheuse. Après avoir dépassé l'église Santa Maria et le cimetière, en hauteur sur la paroi de gauche, on arrive aux **Grottes mortes** *(Grotte Cadute)*, un ensemble d'habitations sur plusieurs niveaux. Le passage d'un niveau à un autre se fait par des orifices creusés dans le plafond (on a taillé des sortes de petites marches dans la roche), par lesquels on faisait passer des cordes et des perches qu'on pouvait retirer en cas de danger.

Face à l'entrée de la zone clôturée, de l'autre côté de la route provinciale, emprunter la voie qui mène à l'**église rupestre San Nicola** et à la chapelle appelée **la Spezieria**, accrochée à son éperon rocheux. Ce nom familier (épicerie) fait sans doute référence aux médicaments à base de simples qu'un moine y préparait autrefois. L'église comprend deux parties, la zone réservée au clergé, avec ses trois absides, et la nef, par rapport à laquelle elle est décentrée.

*Reprendre la voiture et monter le long de la route provinciale, puis emprunter la première route à gauche.*

**Baravitalla** – Sur ce plateau sillonné de nombreux murets de pierre sèche se dressaient autrefois un noyau d'habitation et une église byzantine, **San Pancrati**, dont on voit les ruines *(clôturées, sur la gauche)*. Un peu plus loin, un chemin de traverse sur la gauche permet d'atteindre une zone particulièrement intéressante, mais difficile à trouver si l'on n'est pas accompagné, où l'on peut voir une **tombe à faux piliers** et à double entrée, ainsi que la **grotte des Saints**, pièce rectangulaire où des restes de fresques sont visibles sur les parois (on devine les auréoles des saints qui y sont représentés).

En revenant sur la route provinciale en direction de Cava d'Ispica, on peut voir (toujours si l'on est accompagné) la **grotte de la Dame** *(Signora)*, probablement une source sacrée d'origine très ancienne. Sur les murs, on peut observer quelques graffitis datant aussi bien de l'époque préhistorique que paléochrétienne (croix gammées, croix simples).

En revanche, si l'on se dirige vers Ispica, on peut apercevoir dans la zone centrale de la faille ce qu'on appelle le **château**, noyau habité à plusieurs étages, abandonné seulement dans les années 1950 (il est très difficile d'accès, aussi est-il conseillé de s'adresser à l'Office qui assure la visite).

## Parco della Forza

*À Ispica, 13 km au Sud de Cava d'Ispica. Pour toute information sur les horaires* ☏ *0932 77 16 67. Fermé dim. et j. fériés. 2,07€.*

Fréquentée depuis le néolithique, c'est la plus ancienne des implantations. À l'époque médiévale, le plateau surplombant la faille a été fortifié et transformé en véritable citadelle avec au centre le **palais Marchionale**, dont on aperçoit encore une partie de la structure. Quelques salles conservent le dallage d'origine en carreaux de chaux cuite et peinte. Le fortin comprenait aussi quelques églises, parmi lesquelles l'**Annunziata**, dont le pavement renferme vingt-six fosses funéraires. Dans la grotte dite **Scuderia**, qui servit d'écurie depuis l'époque médiévale, ont été découverts des restes de graffitis équestres. Deux chiffres donnent une idée de l'importance de cette implantation avant le séisme de 1693 : environ deux mille personnes habitaient la citadelle, et plus de cinq mille dans les caves troglodytiques.

Le monument le plus étonnant est sans conteste le **Centoscale**, escalier souterrain (deux cent quarante marches taillées dans le roc) qui descend sur 60 m à l'intérieur de la colline en tournant sur 45°. Il se termine en fond de vallée, sous le lit de la rivière. Ce souterrain, dont la date est incertaine, a été conçu pour assurer l'approvisionnement en eau, surtout en période de sécheresse. Cent esclaves (d'où son nom), placés sur les marches de ce très long escalier, récupéraient l'eau de la rivière qui filtrait à cet endroit (en fin de parcours, l'escalier se trouvait à 20 m au-dessous du niveau de l'eau) et la remontaient à la surface en se passant les seaux.

À l'extérieur du parc se trouve l'**église Santa Maria della Cava** *(pour la visiter, s'adresser aux gardiens)*, petit édifice rupestre qui abrite des traces de fresques stratifiées.

# *alentours*

## Ispica

*13 km au Sud-Est de Cava d'Ispica.* Le centre du bourg se développe autour de la **piazza Regina Margherita**, sur laquelle donnent la *chiesa madre* San Bartolomeo et le palais Bruno (1910), que caractérise une petite tour d'angle. Derrière l'église, le corso Umberto, bordé de beaux palais, conduit au joyau de style Liberty qui orne cette petite ville, le **palais Bruno di Belmonte** (aujourd'hui hôtel de ville), œuvre d'**Ernesto Basile**. En face se trouve un beau marché couvert, où un espace est réservé aux manifestations organisées par la commune. Plus loin, on peut admirer d'autres beaux palais, comme par exemple aux nᵒˢ 76 et 82. Revenir sur la piazza Regina Margherita et s'engager dans la via XX Settembre pour rejoindre l'**église Santa Maria Maggiore** qui, avec son élégant portique à exèdre, œuvre de **Vincenzo Sinatra** forme un très bel **ensemble★**. L'intérieur renferme un beau cycle de **fresques★** du Catanais Olivio Sozzi (1763), d'influence rococo. La grande fresque centrale reprend des scènes de l'Ancien et du Nouveau Testament, où l'on reconnaît Adam et Ève, Judith avec la tête d'Holopherne, Moïse *(en bas)*, les apôtres et saint Pierre *(au centre)*, le Christ avec l'Eucharistie *(en haut)*. Dans la chapelle gauche du transept se trouve le baldaquin que l'on porte en procession le Jeudi saint, avec un *Christ à la Colonne* en bois, curieusement recroquevillé sur lui-même comme pour exprimer la douleur qui l'accable.

De l'autre côté du corso Garibaldi s'élève l'élégante **église dell'Annunziata**, ornée à l'intérieur de très beaux stucs du 18ᵉ s. illustrant des épisodes bibliques, œuvre de G. Gianforma.

# Lampedusa★

L'île de Lampedusa est un plateau calcaire se terminant au Nord par une impressionnante falaise★★, alors qu'au Sud sa côte déchiquetée alterne promontoires allongés et criques profondes abritant de petites plages de sable. Plus proche de l'Afrique que de l'Italie (l'île repose en effet sur la plate-forme africaine), elle est entourée par une mer★★ extraordinaire où se mêlent des eaux transparentes, turquoise, émeraude et bleu profond.

## La situation

*5 938 habitants – Carte Michelin nᵒ 565 U19 ou Atlas Italie p. 90 – Agrigente.* Le port est situé au Sud-Est de l'île, là où se trouvent également les plages et les structures d'accueil touristiques. La partie Nord en revanche, haute et rocheuse, est à découvrir par la mer. Les routes couvrent surtout la partie Est de l'île, tandis qu'en direction de l'Ouest, la route passe par l'intérieur, reliant la ville de Lampedusa au Capo Ponente. La portion de côte située au Sud-Est (entre Cala Greca et le Vallone dell'Acqua, y compris l'Isola dei Conigli) abrite la réserve naturelle Isola di Lampedusa. ₫ *Via Vittorio Emanuele 89,* ☎ *0922 97 13 90.*

## comprendre

**Les « îles en haute mer »** – L'archipel des **îles Pelage** est situé à environ 200 km au Sud d'Agrigente, entre l'île de Malte et la Tunisie. Cet archipel comprend une grande île, **Lampedusa** (33 km²) et deux îlots, **Linosa** et **Lampione**. Les habitants de l'île de Lampedusa ignorent l'agriculture : l'intérieur n'est qu'une étendue blanche et ocre de terres arides et rocailleuses. Les autochtones vivent exclusivement de la pêche, comme en témoigne l'importante flotte ancrée dans la rade bien protégée. Des découvertes ont confirmé que l'île était déjà habitée à l'âge du bronze. En 1843, elle appartenait à la célèbre famille des Lampedusa, dont Giuseppe, l'auteur du *Guépard*, en est le descendant le plus illustre. Elle fut ensuite rachetée par le roi Ferdinand, qui y installa un pénitencier, et y fit venir des colons.

*L'île des Lapins.*

**Un monde sous-marin** – Palmes et masque suffisent pour admirer le merveilleux spectacle qui se déploie le long des côtes rocheuses : donzelles-paons aux couleurs criardes, rascasses, blennies cachées dans les petits trous des rochers, étoiles de mer, salpes, fines aiguilles, poulpes, lièvres et concombres de mer, éponges... Les fonds, soit rocheux, soit de sable blanc, passent brusquement au vert sombre quand on rejoint le royaume de la posidonie, une plante aquatique qui forme de véritables prairies sous-marines. L'oxygène qu'elle relâche dans l'eau lui a valu le surnom de poumon de la Méditerranée.
Avec des bouteilles, on peut plonger plus en profondeur et découvrir des fonds extrêmement riches en coraux, éponges, madrépores, poissons-perroquets bariolés, et, près du cap Grecale, en langoustes (mais seulement à 50 m de fond).

## visiter

### Lampedusa⌂
La bourgade porte le même nom que l'île. Hormis quelques maisonnettes ici et là, c'est le seul centre urbain. La via Roma, autour de laquelle gravite le centre, s'anime le matin, au moment du petit-déjeuner, et le soir, du coucher du soleil jusque tard dans la nuit. On y trouve des petits magasins et des cafés qui sortent leurs tables le long du boulevard, et proposent en été diverses attractions (karaoké et musiciens).

### Tour de l'île en barque★...
*Pour faire le tour de l'île en bateau, il suffit de se rendre au port où, en été, de nombreux circuits sont proposés pour une somme modique. L'excursion dure habituellement toute la journée, avec un départ vers 10h et un retour vers 17h. Le circuit ci-dessous suit le sens des aiguilles d'une montre.*
La côte, basse et découpée, offre de nombreuses baies et criques, dont la **Tabaccara★★**, ravissante baie accessible uniquement en bateau, baignée de magnifiques flots bleu turquoise qui bercent également la **baie de l'Isola des Conigli★★★**

# carnet pratique

## TRANSPORTS

Le moyen le plus simple de gagner les îles est l'avion, soit au départ de Palerme *(environ 1h)*, soit, en été, par vol au départ de Milan, Bergame, Rome, Vérone, Parme et Bologne (vol direct depuis Rome et Milan).

On peut aussi arriver par mer, avec les hydrofoils qui relient quotidiennement en été Lampedusa à Linosa (1h). *Pour toute information,* ☎ *0922 97 00 03 (Agenzia marittima Strazzera).*

Autre possibilité, le ferry, qui relie Agrigente (Porto Empedocle) à Linosa (6h) et à Lampedusa (8h). *Pour plus de renseignements, contacter la Siremar di Porto Empedocle,* ☎ *0922 63 66 83.*

## RESTAURATION

On trouve à Lampedusa toutes sortes de petits restaurants et *trattorias* où les plats sont tous à base de poisson. On goûtera notamment le *cuscus di pesce* (au mérou), plat d'origine tunisienne à la mode de Lampedusa.

### • Sur le pouce

**Al Gallo D'Oro** – *Via Ludovico Ariosto 2, Lampedusa -* ☎ *0922 97 12 97 - fermé déc.- fév. - 20/30€.* Ce restaurant est très apprécié pour son bon rapport qualité/prix et la fraîcheur de ses produits, en particulier le poisson. L'ambiance y est rustique, avec sa soupente en bois et ses poutres apparentes et les nombreux cadres et tableaux qui décorent les murs. En été, vous pourrez prendre les repas à l'extérieur.

**Da Nicola** – *Via Ponente, Lampedusa -* ☎ *0922 97 12 39 - fermé jeu. (en hiver) - réserv. conseillée - 21/26€.* Si vous souhaitez goûter une cuisine « maison », typique de Lampedusa, dans un décor simple et sans prétention, cette adresse est faite pour vous. Vous y dégusterez des produits de la mer dans une salle aux tons rustiques, décorée de charmants petits cadres.

**Lipadusa** – *Via Bonfiglio 6, Lampedusa -* ☎ *0922 97 16 91 - fermé midi, de déb. nov. à mi-avr. -* 🖼 *- 25/34€.* Une atmosphère sobre dans cet établissement bien tenu, à la gestion familiale et situé au centre de la petite ville. Les plats proposés sont typiques de la région et, bien entendu, à base de poisson frais.

## HÉBERGEMENT

Outre les hôtels traditionnels, de nombreux **appartements** de tailles différentes sont disponibles (à condition de réserver suffisamment à l'avance en période estivale), ainsi que les *dammusi* de Borgo Cala Creta, avec leurs murs de pierre et leur coupole blanche si caractéristiques. Pour plus ample information, contacter Pro Loco.

☺ **Campeggio La Roccia** – *Via Madonna, Cala Greca, Lampedusa -* ☎ *0922 97 00 55 - fax 0922 97 33 77 - laroccia@iol.it -* 🖼 *13€.* Donnant directement sur la mer, ce village-camping offre des bungalows, des mobile-homes, de vastes emplacements ombragés... bref, de quoi satisfaire tous les

goûts. S'y ajoutent la plage, un restaurant, un supermarché... et plein d'autres choses à découvrir !

☺ **I Dammusi di Borgo Cala Creta** – *Contrada Cala Creta, Lampedusa - ☎ 0922 97 03 94 - fax 0922 97 05 90 - calacreta@lampedusa.to -* 🖼 *44/65€* 🔲. Une alternative pour le moins originale : la formule la plus pittoresque est celle de l'hôtel dans lequel les chambres classiques sont remplacées par les *dammusi*. Autre solution, la location de petites maisons à la semaine.

☺☺☺ **Cavalluccio Marino** – *Contrada Cala Croce 3 - ☎ et fax 0922 97 00 53. hotelcavallucciomarino@cavallucciomarino.com - fermé de déb. nov. à mi-avr. -* 🖼 🅿 🖼 *- 10 ch. : demi-pension 105€.* Ce gracieux petit hôtel à gestion familiale offre des chambres soignées et confortables (avec air conditionné) uniquement en demi-pension. Petit plus cependant : le propriétaire est un pêcheur, donc poisson frais garanti !

V. Magni/MICHELIN

## ACHATS

Lampedusa est réputée pour ses très belles éponges naturelles. Un conseil cependant : les éponges les plus blanches, même si elles sont plus séduisantes, ont subi un traitement chimique et durent par conséquent moins longtemps. Une couleur légèrement brune est en revanche gage de longévité.

À Linosa, dans le centre habité, on peut acheter des produits locaux (lentilles, petites tomates, etc.) et des paniers d'osier.

## SOS TORTUES

Les tortues caretta-caretta, ou caouannes *(voir plus loin l'encadré)* ont choisi les îles Pelage comme lieu de ponte. À **Lampedusa**, la baie des Conigli et sa grande étendue de sable sont leur lieu favori. Un **Centre de sauvetage, de marquage et de protection des tortues marines** y a été fondé. Des jeunes y collaborent sous la conduite du Dr Daniela Freggi. Pour obtenir des renseignements sur les tortues, ou participer aux activités, composer le ☎ (0338) 21 98 533 (portable).

À Linosa, le sable noir (qui retient la chaleur) de Cala Pozzolana di Ponente permet surtout la naissance de tortues femelles.

La détermination du sexe dépend en effet de la température du sable : en dessous de 30 °C, on obtient des mâles ; au-dessus, des femelles. L'Association Hydrosphera gère un **Centre d'étude des tortues de mer** où a été mise en place une présentation à but éducatif, richement documentée et illustrée par les bénévoles. Le centre est également doté d'un petit poste de « secours d'urgence » pour les tortues malades, ou apportées par les pêcheurs qui les ont prises par mégarde au hameçon. Ces deux centres entrent dans le programme italien de sauvegarde des tortues, qui dépend du département de biologie humaine et animale de l'université La Sapienza à Rome. (&) *De mi-juin à mi-sept. : 10h-12h, 16h30-19h.* ☎ *0922 97 20 76.*

*(voir plus bas)*. Au cap Ponente, à l'extrémité Ouest de l'île, le paysage change. Toute la **côte**★★ de la partie Nord est dominée par une haute falaise escarpée, trouée de nombreuses grottes donnant sur la mer. Immédiatement après la **baie de la Madonnina**★ (ainsi appelée pour son rocher qui évoque la Vierge), on se trouve face aux impressionnants écueils du **Sacramento**, sur lesquels s'ouvre une grotte très profonde, et du **Faraglione**. À l'extrémité Nord-Est, au cap Grecale, se dresse un phare visible à 60 milles à la ronde. Après Cala Pisana, la grotte du Crâne (Teschio) dissimule une petite plage de 10 à 15 m de long, accessible par un passage sur la droite.

### ... et par la côte

*La route qui fait le tour complet de l'île n'étant pas entièrement goudronnée, il est conseillé de louer des vélomoteurs ou des petits véhicules tout-terrain. De Lampedusa-centre, prendre vers l'Est, en direction de l'aéroport.*

Le chemin de terre qui court parallèlement à la piste d'atterrissage révèle les nombreuses criques et petites baies rocheuses de la côte Sud. Après Cala Pisana, on est dans le secteur du phare du cap Grecale. L'endroit offre un beau **panorama**★ sur une côte aussi élevée que celle du littoral Nord. De là, on rejoint une route qui suit la côte Sud de l'île. Prendre à droite en direction du relais de télécommunications.

**Albero del Sole** – Arbre du soleil, c'est ainsi que l'on appelle le point culminant de Lampedusa (133 m). Un petit édifice circulaire abrite un crucifix en bois. Du muret de pierre (attention, il cache une paroi vertigineuse), on jouit d'une **vue**★★ très impressionnante sur le **Faraglione** surnommé « l'écueil en forme de voile », et sur les falaises plongeant à pic dans la mer. En raison de l'altitude du site, il vaut mieux, près du bord, s'allonger sur le sol pour admirer le panorama.

Revenir en arrière et emprunter à droite la route à moitié goudronnée. On verra sur le côté droit une zone de reboisement. Au bout du muret d'enceinte, suivre un sentier en terre battue, au tracé à peine visible, jusqu'à une petite croix en fer. À droite, le promontoire offre une **vue**★★ imprenable sur l'**écueil du Sacramento**★ *(à droite)*. On distingue au loin à gauche la petite île de Lampione.

*Retourner sur la route principale et continuer vers le Sud, pour atteindre l'île aux Lapins (Conigli).*

**Baia dell'Isola dei Conigli**★★★ – Couronnée de falaises blanches qui surplombent une île minuscule, la vaste baie de l'île dite aux Lapins (Conigli) abrite la plus belle plage de Lampedusa. L'endroit fait penser aux Caraïbes. D'un blanc étincelant, le sable descend en pente douce vers une mer transparente qui vire du turquoise à l'émeraude. Chaque année, les carets (ou tortues caouannes) viennent y pondre leurs œufs. Malheureusement, le grand nombre de touristes qui séjournent sur la

#### LE CARET, OU TORTUE CAOUANNE

Ce nom étrange désigne en fait une tortue marine typique de la Méditerranée. Paisible et solitaire, à l'exception des mois de reproduction, ce sympathique animal marin évolue dans les eaux tempérées et ne rejoint la terre ferme que pour la ponte, tous les deux ou trois ans environ. La future mère choisit une plage de sable éloignée des bruits et de la lumière. Elle rampe avec peine sur le rivage (on reconnaît difficilement alors sa souplesse et sa grâce marines) et creuse à l'aide de ses nageoires postérieures un trou profond (40 à 75 cm) où elle dépose ses œufs, qu'elle recouvre ensuite d'un peu de sable. Sa tâche accomplie, elle fait demi-tour et retourne à la mer. Le destin fera le reste. L'éclosion a lieu six à huit semaines plus tard. Les petits sortent de leur coquille et se précipitent vers la mer, monde périlleux et menaçant pour eux tant qu'ils n'ont pas atteint une taille suffisante. Seul un très petit nombre d'entre eux parviendra à l'âge adulte. Avant la naissance, les œufs sont la proie des oiseaux et de l'homme. Le danger qui les guette après, ce sont les poissons friands de chair tendre. Voilà pourquoi il est important de protéger et sauvegarder les sites de ponte (ce qui réduit à néant le danger, du moins jusqu'à la naissance) et les mers dans lesquelles évoluent les tortues. Chacun peut observer des règles élémentaires, comme ne pas jeter sur la plage ou dans la mer des sacs en plastique. Ils prennent dans l'eau l'aspect d'appétissantes méduses, amère déception qui, en outre, peut coûter la vie aux tortues.

plage jusqu'au coucher du soleil perturbe énormément la ponte. Celle-ci a lieu la nuit, mais il suffit d'un bruit insolite ou de la moindre lumière pour faire fuir ces animaux extrêmement craintifs. La baie est par ailleurs l'unique endroit d'Italie où vit une espèce particulière de lézard rayé typique de l'Afrique du Nord-Ouest (Tunisie, Algérie et Maroc), le *Psammodromus algirus*.

**Madonna di Porto Salvo** – Un très beau jardin fleuri entoure ce petit sanctuaire dont les origines remonteraient à l'Antiquité.

## Linosa*

La belle île volcanique, toute de noir vêtue, dresse fièrement trois collines contre le bleu du ciel. On repère au premier regard les trois volcans à l'origine de l'île, qui, bien qu'éteints, lui donnent une allure assez inquiétante.

De gracieuses maisons, aux portes, angles et fenêtres soulignés de couleurs pastel, se regroupent autour du petit port, unique centre d'habitation et point de départ de nombreuses excursions en mer ou dans les collines. C'est une île qui respire la tranquillité. Peu nombreux, ses habitants, autrefois éleveurs de bovins, vivent aujourd'hui du tourisme. Le mont Vulcano, volcan à présent éteint, culmine à 186 m. À l'intérieur des terres, pour la plupart désertiques, on aperçoit quelques cultures dans la zone appelée Fossa del Cappellano, bien abritée du vent.

G. Bludzin/MICHELIN

Ceinte de roches volcaniques déchiquetées, Linosa est réputée être un paradis pour la plongée et la découverte marine.

La faune se compose typiquement de nombreux lézards de Malte et de **puffins**, oiseaux marins qui, les nuits d'été, font entendre des cris stridents semblables à des pleurs. Le caret dépose ses œufs sur la plage noire de Cala Pozzolana.

Les amateurs de randonnée pédestre apprécieront les sentiers qui conduisent aux trois sommets principaux, le **mont Rosso**, dont le cratère est recouvert à l'intérieur de cultures, le **mont Nero** et le **mont Vulcano**. Du haut de ces derniers, lorsque souffle le *libeccio*, vent du Sud-Ouest, on distingue nettement les véhicules sur les routes de Lampedusa.

### Tour de l'île en bateau**

*Pour faire le tour de l'île, se renseigner sur le port.* En quittant le port, le bateau laisse derrière lui les monts Nero, Bandiera et Vulcano. Puis on s'approche des **Fili**, écueils délimitant une sorte de piscine naturelle, fermée côté terre (et donc accessible également par cet abord) par de jolies **parois rocheuses**★ que l'érosion a embellies de lignes sinueuses. Le paysage ne serait pas complet sans la mer aux reflets changeants et les touffes clairsemées des câpriers. Une fois dépassés les récifs, on aperçoit le phare. La côte en cet endroit est particulièrement découpée. Vers la fin du trajet, on aperçoit **Cala Pozzolana**★★, l'unique plage, dominée par une falaise aux couleurs extraordinaires, allant du jaune du soufre à la couleur rouille du fer. C'est ici qu'accostent les hydrofoils en provenance de Lampedusa.

## Lampione

Occupé seulement par un phare, ce petit îlot plonge verticalement dans la mer du haut de ses 60 m. Ses fonds marins vierges sont un vrai paradis pour la plongée sous-marine, qui permet de croiser, parmi les coraux jaunes et roses, mérous et langoustes ainsi que... des requins gris.

# Madonie et Nebrodi★

Des pentes douces, couvertes de prairie, de vastes étendues boisées, des rivières, des torrents, des sommets escarpés... mais que font les Alpes au beau milieu de la mer ? Madonie et Nebrodi offrent un spectacle splendide qui mérite que l'on s'y attarde quelques jours, afin d'y découvrir une Sicile insolite et authentique.

## La situation

*Carte Michelin n° 565 M/N 23-25 ou Atlas Italie p. 87 et 88 – Messine, Palerme.* Les pentes douces des Madonie, qui dominent le paysage entre Cefalù et Castel di Tusa, deviennent plus escarpées sur le versant Nord au Piano Battaglia et Battaglietta, au **Pizzo Carbonara** (point culminant, 1 979 m.) et aux Serre di Quecella, surnommées à cause de leur aspect dolomitique « les Alpes de Sicile ». Les Nebrodi, qui s'étendent entre Santo Stefano di Camastra et Capo d'Orlando, culminent pour leur part à 1 847 m avec le mont Soro, aux alentours de San Fratello.

🄱 *Madonie : corso Paolo Agliata 16, Petralia Sottana, ☎ 0921 68 08 40 et 0921 68 40 11 ; contrada Farchio, Isnello, ☎ 0921 66 27 95 et 0921 66 27 37 ; www.parks.it/parco.-madonie/*

🄱 *Nebrodi : via Ruggero Orlando 126, Caronia, ☎ 0921 33 32 11 ; via Ugo Foscolo, 1, Alcara Li Fusi, ☎ 0941 79 39 04 ; Strada Nazionale, Cesarò, ☎ 095 77 32 061 ; www.parks.it/parco.nebrodi/*

*Vous pouvez poursuivre votre voyage en visitant : CAPO D'ORLANDO, CEFALÙ, NICOSIA.*

## comprendre

**L'Apennin sicule** – Prolongement géologique de l'Apennin calabrais, cette chaîne montagneuse composée des monts Peloritani (région de Messine), **Nebrodi** et **Madonie** forme un ensemble continu, tant du point de vue orographique qu'en ce qui concerne la flore et la faune. Dans les deux derniers massifs, deux parcs portant leurs noms ont été récemment créés pour la sauvegarde du patrimoine naturel. Les vallées sont parcourues par des rivières et torrents qui ont formé des gorges célèbres, comme les spectaculaires **gorges del Pollina** près de Borrello. La végétation varie au fur et à mesure que l'on s'élève. Dans la région côtière et jusqu'à 600-800 m d'altitude domine le maquis méditerranéen, caractérisé par des arbustes (euphorbe, myrte, lentisque, laurier, arbousier, genêt) et certains arbres à haut fût comme le chêne-liège et le chêne vert. Immédiatement au-dessus, jusqu'à 1 200-1 400 m, poussent d'autres variétés de chênes. Au-delà de 1 400 m, on rencontre de superbes hêtraies. Dans la zone située entre Vallone Madonna degli Angeli et Manca li Pini (versant septentrional du Monte Scalone) sont réunis vingt-cinq exemplaires du sapin des Nebrodi, unique témoignage, avec un autre spécimen situé près des ruines du château de Polizzi, de cette espèce endémique. Piano Pomo est l'un des lieux où l'on trouve de remarquables houx géants, dont certains sont vieux de 300 ans, avec une hauteur de 14 m et 4 m de circonférence.

# carnet pratique

## VISITE

**Parc des Madonie** – Instauré en 1989, le parc s'étend sur un périmètre de 39 679 ha à peu près quadrangulaire, divisé en quatre zones : réserve intégrale, générale, protégée et contrôlée. Chaque réserve a sa propre réglementation. Pour plus de détails et de documentation sur les excursions, s'adresser à l'Ente Parco de **Petralia Sottana** ou au bureau **d'Isnello** (voir ci-dessus « La situation »).

**Parc des Nebrodi** – Ce parc, créé en 1993, constitue une vaste région protégée (85 687 ha), divisée en quatre zones : réserve intégrale, générale, protégée et contrôlée, comprenant de nombreuses communes. Les visiteurs peuvent se documenter sur les excursions dans les bureaux de l'Ente Parco (voir ci-dessus « La situation »). Le centre de Cesarò organise sur réservation, surtout pendant la période estivale, des excursions pédestres guidées et gratuites qui varient en durée et degré de difficulté.

## RESTAURATION

• Sur le pouce

### CASTELBUONO

**Vecchio Palmento** – Via Failla 2, Castelbuono - ☎ 0921 72 099 - fermé lun. - 15/25€. Ce petit restaurant tout simple, à la gestion familiale, vous accueillera dans l'une des nombreuses petites salles qui le composent. En été, vous pourrez être servis dans le vaste et joli jardin, donnant malheureusement sur la route. Le menu propose des spécialités traditionnelles de la région.

**Nangalarruni** – Via delle Confraternite 5, Castelbuono - ☎ 0921 67 14 28 - fermé mer., 2 sem. nov.- 20/34€. Dans ce local rustique, vous savourerez des plats traditionnels préparés avec soin. La salle principale date du milieu du 19e s. : briques apparentes et poutres anciennes au plafond vont de pair avec des consoles et une cheminée recouvertes de bouteilles.

**Romitaggio** – Localià San Gugliwlmo, 5 km au S de Castelbuono - ☎ 0921 67 13 23 - fermé mer., de mi-juin à mi-juil. - ☒ - 22/27€. Installé dans un ancien monastère du 14e s., cet établissement a su conserver le décor d'origine, simple et rustique. En été, le service se fait également dehors, dans l'agréable cour intérieure. L'ambiance du lieu convient parfaitement à la dégustation des spécialités locales traditionnelles.

### GALATI MAMERTINO

**Antica Filanda** – Contrada Parrazzi, Galati Mamertino - ☎ 0941 43 47 15 - fermé mer., de mi-janv. à mi-fév. - ☒ - 23/27€. Une sympathique trattoria au décor « fermier », qui propose une savoureuse cuisine du terroir, avec un excellent rapport qualité/prix.

### SAN MARCO D'ALUNZIO

**La Fornace** – Via Cappuccini 115, San Marco D'Alunzio. ☎ 0941 79 72 97 - info@lafornaceristorante.it - fermé lun. (hiver) - 10/22€. Une adresse classique pour

les gourmets, plus attentifs au contenu de l'assiette qu'à la forme de la nappe. Cet établissement est en particulier renommé pour ses macaronis au ragoût et son vaste choix de grillades.

## HÉBERGEMENT

### S. AGATA DI MILITELLO

☞ **Villa Nicetta** – Contrada Nicetta, Acquedolci, 6 km au SO de Sant'Agata di Militello. - ☎ 0941 72 61 42 - fax 0941 72 61 42 - ☒ - 10 ch. : 31/62€ ☒. Cette villa est une ancienne maison du début du 18e s., dans laquelle vivent les propriétaires. Autour de l'habitation principale, grange, pressoir, corps de ferme... ont été aménagés pour recevoir les visiteurs et disposent d'agréables espaces communs avec meubles de style. Possibilité de promenades à cheval ou en VTT.

### CASTELBUONO

☞ **Hotel Milocca** – Contrada Piano Castagna, 7 km au SO de Castelbuono - ☎ 0921 67 19 44 - fax 0921 67 14 37 - albergomilocca@libero.it - ☒ - 54 ch. : 41/62€ ☒. Une petite route étroite conduit à travers les chênes verts à cet hôtel isolé, d'où, par beau temps, on a une vue magnifique sur les îles Éoliennes. Les chambres sont toutes décorées différemment. Cuisine traditionnelle.

☞☞ **Agriturismo Masseria Rocca di Gonato** – Località Eremo di Liccia, 8 km au S de Castelbuono - ☎ 0921 67 26 16 - roccadigonato@hotmail.com - fermé mar. - ☒ 11 ch. en demi-pension : 57€ - rest. 19€. Un véritable gîte d'agritourisme de montagne, situé à l'intérieur du parc des Madonie dans un endroit isolé avec une vue splendide. Les chambres sont spacieuses et l'ameublement assez simple. Vous y dégusterez une cuisine du terroir, dont la viande provient des animaux élevés par les propriétaires.

### CASTEL DI TUSA

☞☞☞ **Albergo Atelier sul Mare** – Via Cesare Battisti 4, Castel di Tusa - ☎ 0921 33 42 95 - fax 0921 33 42 83 - ateliersulmare@interfree.it - 40 ch. : 75/160€ ☒. Hôtel ou musée ? La question se pose ici. Une conception moderne de l'art a en effet conduit à mettre à la disposition des visiteurs des chambres décorées par des artistes de renommée internationale. Voir p. 239.

### GANGI

☞ **Villa Rainò** – Contrada Rainò, Gangi - ☎ 0921 64 46 80 - fax 0921 64 49 00 - villaraino@citiesonline.it - fermé 1 sem. juil. - ☒ - 15 ch. : 50/60 € ☒ - rest. 19€. Il n'est guère commode de rejoindre cette délicieuse résidence, car il faut pour cela emprunter une portion de route simplement terrassée. Mais une fois arrivé à destination, les compensations ne manquent pas : vous aurez le choix entre une quinzaine de chambres, meublées avec goût, et profiterez d'un restaurant de cuisine typique.

○○ **Tenuta Agrituristica Gangivecchio** – *Contrada Gangi Vecchio, 4 km de Gangi - ☎ 0921 68 91 91 - fax 0921 68 91 91 - paolotornabene@interfree.it - fermé juil. - 9 ch. : 45/90€* 🛏. Cette abbaye bénédictine du 14ᵉ s. a d'abord été achetée par une famille noble au début du 18ᵉ s. puis transformée en hôtel en 1978. Les chambres ont été installées dans la maison de maître, mais également dans les anciennes étables. Une longue histoire... et beaucoup de charme.

### SAN MAURO CASTELVERDE

○○ **Agriturismo Flugy Ravetto** – *Contrada Ogliastro, San Mauro Castelverde - ☎ 0921 67 41 28 - aziendeflugyravetto@aziendeflugyravetto.com - fermé mar. - 🛏 - 6 appartements en demi-pension : 62€* 🛏 - *rest. 19,50€.* L'ancien domaine d'Ogliastro et Parrinello, appartenant aujourd'hui à la baronne Flugy, se trouve un peu en hauteur sur une colline : c'est là que se dresse la propriété familiale. Elle propose six appartements spacieux, une piscine et une aire de jeu pour les enfants. À découvrir.

**CALENDRIER**

**Museo domestico** – Dans le cadre du projet de la Fiumara d'arte (*voir plus loin*), le long de la route principale de la ville qui accueille l'événement (déterminée d'une année sur l'autre), on déroule des kilomètres de toile sur laquelle des dizaines de peintres se réservent un espace. Cette manifestation a lieu habituellement en juin. *Pour plus de renseignements, contacter l'hôtel Atelier sul Mare, ☎ 0921 33 42 95 ; www.nebro.net/ateliersulmare/index.html*

**Madonna della Luce** – Les 7 et 8 septembre se déroule à **Mistretta** la fête de la *Madone de la Lumière*, qui voit promener en procession la statue de la Vierge « escortée » par deux Géants, Mytia et Chronos (fondateurs légendaires de Mistretta). Autrefois, *u figghiu ri gesanti* (le fils des Géants), un nain laid et difforme, prenait aussi part à la procession, mais il en fut ensuite exclu car on raconte qu'il effrayait les femmes enceintes.

Ces massifs sont habités par de nombreuses espèces animales, bien que la présence de l'homme, toujours plus envahissante, en particulier avec la chasse, ait pratiquement décimé les espèces de grande taille, cerf, daim, loup, gypaète, vautour griffon. En revanche, on trouve encore des hérissons, des chats sauvages, des renards, des martres et cent cinquante espèces d'oiseaux, parmi lesquels la huppe, la buse, le corbeau impérial, l'aigle impérial et le héron cendré. Le papillon est l'un des habitants les plus remarquables de la région, avec plus de soixante-dix espèces, dont certaines d'une infinie variété de couleurs.

# circuits

Les circuits proposés incluent de très belles **routes panoramiques★★** qui, selon le sens du parcours, offrent toute une palette de vues différentes.

## Au cœur des Madonie ①

*Circuit de 160 km environ au départ de Cefalù - une journée*

### Cefalù★★ *(voir ce nom)*

Prendre la route littorale sur laquelle on apercevra la tour du guet sur le promontoire Est de Cefalù. Un peu plus loin, sur la droite, prendre l'embranchement vers Castelbuono (22 km).

### Castelbuono

Cette bourgade pleine de charme s'est développée au 14ᵉ s. autour d'un **château** que firent construire les **Ventimiglia**. Masse cubique flanquée de quatre tours carrées, il a été souvent remanié au cours des périodes suivantes. La route en direction de Geraci Siculo présente de beaux panoramas. Sur la piazza Margherita, centre du bourg, s'élèvent l'ancienne église principale (Madrice Vecchia) et l'ancienne **banque royale**, aujourd'hui siège provisoire du **museo civico** *(qui sera transféré au château en fin de restauration).* Ce musée rassemble le trésor et les décorations de la chapelle palatine *(voir plus loin)*, ainsi qu'une remarquable

**PETITE PAUSE**

**Extra Bar Fiasconaro** – *Piazza Margherita 10, Castelbuono,* ☎ *0921 67 12 31.* Vous trouverez à cette adresse d'excellents *panettoni, colombe* et tortillons aux amandes en été et, sur réservation, la *testa di turco* (tête de turc), spécialité locale à base de pâte à pain farcie de viande de porc, ricotta, œufs, cacao et cannelle.

**ACHATS**

**La manne** – Il s'agit de la sève du frêne, que l'on récolte et utilise une fois séchée comme édulcorant ou laxatif. Produite sous forme de petites stalactites blanches d'un goût douceâtre, elle constituait jadis une des principales ressources du pays. Aujourd'hui, ce n'est plus qu'une curiosité locale, que l'on peut acheter au débit de tabac situé au début du corso Umberto I, tout près de la piazza Margherita.

collection de tableaux d'artistes contemporains, italiens en particulier. *Été : tlj sf lun. ap.-midi 9h-13h, 16h-20h ; le reste de l'année : tlj sf lun. ap.-midi 9h-13h, 16h-19h. 5,16€. ☎ 0921 67 34 67.*

**Madrice Vecchia** – Édifiée au 14ᵉ s. sur les ruines d'un temple païen, l'église est précédée d'un porche Renaissance ajouté au 16ᵉ s. et ornée d'un portail de style catalan. Sur le côté gauche, un campanile embelli d'une fenêtre géminée de style roman étire sa flèche octogonale décorée de majoliques. On a ajouté à la fin du 15ᵉ s. une quatrième nef aux trois précédentes. L'intérieur recèle de belles pièces, notamment au maître-autel un **polyptyque★** grandiose attribué à Pietro Ruzzolone (ou à Antonello del Saliba), qui représente le couronnement de la Vierge. Remarquer en bas à droite un saint portant curieusement des lunettes, puis, sur la droite encore, la statue de la *Madone des Grâces* d'**Antonello Gagini**. Sous la nef de gauche, marquer une pause devant *Le Mariage de la Vierge*, fresque où les influences siennoises se manifestent dans la finesse des traits et la symétrie de la construction. Certaines des colonnes qui séparent les nefs sont ornées de très belles fresques. Celle qui représente sainte Catherine d'Alexandrie frappe par la délicatesse de son expression. La crypte, entièrement peinte à fresque (17ᵉ s.), illustre la passion, la mort et la résurrection du Christ.

*Emprunter la via Sant'Anna pour aller au château.*

Après être passé sous un arc gothique, on se trouve face à l'imposant **château**, flanqué aux angles de quatre tours carrées. Au second étage, la **chapelle palatine** est décorée de ravissants **stucs★** sur fond d'or *(illustration p. 92)* attribués à Giuseppe Serpotta (1683), frère du très célèbre Giacomo. *Été : tlj sf lun. ap.-midi 9h-13h, 17h-20h ; le reste de l'année : tlj sf lun. ap.-midi 9h-13h, 16h-19h. Gratuit.*

*Sur la piazza Margherita s'ouvre la via Roma.*

**Museo Francesco Minà-Palumbo** – *Via Roma. Été : tlj sf lun. ap.-midi 9h-13h, 17h-20h ; le reste de l'année : tlj sf lun. ap.-midi 9h-13h, 16h-19h. Gratuit. ☎ 0921 67 65 96.* Actuellement logé dans l'ancien couvent des sœurs bénédictines, le musée a été fondé au 19ᵉ s. par **Francesco Minà Palumbo**, médecin passionné de botanique qui a accompli un extraordinaire travail de recensement, de classification et de reproduction sur planches des plantes, reptiles et insectes des Madonie, certaines des espèces ayant disparu depuis.

Non loin de là se trouvent l'**église San Francesco** et son annexe, le **mausolée des Ventimiglia**, édifice octogonal datant de la fin du Moyen Âge (pour le visiter, entrer dans l'église et passer par le portail Renaissance de style laurentien). La **Madrice Nuova**, imposante église du 17ᵉ s., renferme une belle *Déposition de croix* de Giuseppe Velasco, ainsi que des autels baroques à colonnes torses, œuvres de Vincenzo Messina.

Le corso Umberto I mène à la **Fontana della Venere Ciprea** (reconstruite en 1614) qui représente au niveau supérieur Andromède, dans la niche centrale Vénus et Cupidon, et sur ses quatre bas-reliefs la légende de Diane et Actéon.

*Sortir de Castelbuono et suivre les indications pour San Guglielmo, puis Rifugio Sempria, où vous pourrez laisser votre véhicule.*

## Sentiero degli Agrifogli giganti

*3,5 km en 2h30 AR environ.* Les amoureux de la nature seront séduits par le **sentier des Chênes verts géants** : de **Piano Sempria**, le sentier traverse un magnifique bois de chênes verts et une futaie de chênes pubescents, pour aboutir à **Piano Pomo**, où poussent des arbres vieux de trois siècles, hauts de plus de 15 m.

*Depuis Castelbuono, la route panoramique continue vers Geraci Siculo (22 km).*

## Geraci Siculo

Ce village, qui a remarquablement conservé son caractère médiéval dans sa partie haute, est sillonné de petites rues pavées. Son château, accessible par une route sur la droite à l'entrée du village, a été édifié par les marquis Ventimiglia. Il n'en reste que des ruines et la chapelle Sant'Anna. L'endroit offre un magnifique **panorama★** sur les alentours. Au centre du village s'élève la **chiesa madre** de style gothique, à trois nefs que séparent des arcs de pierre en ogive. Dans la deuxième travée de la nef gauche, on peut admirer une *Vierge à l'Enfant* commandée par les Ventimiglia à **Antonello Gagini**.

La route de Geraci à Petralia *(14 km)* offre de splendides **panoramas★** sur les montagnes, où se détachent nettement le plateau surélevé de la ville d'Enna et l'Etna.

## Petralia Soprana

*Pour la visite de l'église principale et des autres églises, s'adresser quelques jours à l'avance à la Police municipale, ☎ 0921 64 10 88.*

Avec ses 1 147 m d'altitude, c'est la commune la plus haute des Madonie. Les vues sur le paysage environnant sont magnifiques. Ses origines semblent remonter à Petra, une ville sicane construite pour se défendre des attaques ennemies. L'aspect médiéval que lui confèrent ses maisons en pierre locale est resté intact grâce à une régulation de circulation urbaine très attentive. Ses rues étroites, bordées d'austères palais nobles et d'églises, toujours en pierre locale, s'ouvrent sur de

G. Blüdzin/MICHELIN

*Petralia Soprana*

charmantes petites places ou sur des panoramas splendides, comme le **belvédère** (proche de la Piazza del Popolo) avec sa très belle **vue★★** sur Enna *(à l'extrême gauche)*, Resuttano, le mont Cammarata et la Madonna dall'Alto *(à droite)*.

Au centre-ville, **piazza del Popolo**, se trouve l'hôtel de ville, ancien couvent dominicain qui a conservé son style gothique d'origine et ses arcs en tiers-point. En longeant le chemin qui conduit vers la **chiesa madre**, on débouchera sur la jolie petite piazza Quattro Cannoli, ornée d'une fontaine en pierre. À droite de la **chiesa madre** s'élève un beau portique d'où l'on peut admirer la vue sur le Piano Battaglia, Polizzi, l'Etna et Enna. À l'**intérieur**, ne pas manquer le Christ en bois de **Fra' Umile da Petralla** *(à droite de l'autel)* et, dans la chapelle du Saint-Sacrement *(à gauche de l'autel)*, un bel autel en bois sculpté dû à Bencivinni. Le revers de la façade est occupé par un buffet d'orgue du 18e s.

L'église **Santa Maria di Loreto** s'élève à l'endroit qu'occupait une ancienne forteresse sarrasine. Sa façade convexe, couronnée de deux clochers, est l'œuvre des frères Serpotta. Elle expose une belle icône de Vierge à l'Enfant attribuée à Giacomo Mancini (15e s.). Derrière l'église s'ouvre un superbe **panorama★★★** sur l'Etna.

L'église **San Salvatore**, du 18e s., au plan ovale, protège une statue de bois de saint Joseph, due à Quattrocchi, et, dans la sacristie, deux tableaux de **Giuseppe Salerno**, l'un des deux « boiteux » de Gangi *(voir p. 237)*, *Sainte Catherine d'Alexandrie* et *la Vierge au chat* qui dégage une atmosphère intime et une douceur rarement rencontrées chez ce peintre.

Le village est juché sur un éperon rocheux, à 1 000 m d'altitude dans un site panoramique au-dessus de la vallée de l'Imera. Le corso Paolo Agliata, où se trouve le bureau de l'Ente Parco delle Madonie *(voir « La situation »)* mène à l'**église Santa Maria della Fontana** dont on peut admirer un portail du 15e s. Encore quelques pas, et voici l'**église San Francesco** et son beau campanile à arc ogival. Elle renferme des toiles de **Giuseppe Salerno**. *Pour la visite, s'adresser au prêtre.*

En poursuivant sur la droite, dans un virage, on aperçoit la tour-campanile de l'église de la Miséricorde, ornée d'une méridienne. Un peu plus loin, sur la place Umberto I, s'élève la *chiesa madre* (17e s.) qui domine la vallée. L'intérieur possède trois nefs séparées par des colonnes en pierre d'un seul bloc provenant de la Balza San Eleuterio. On peut voir des toiles de **Giuseppe Salerno** parmi lesquelles *Le Triomphe de l'Eucharistie (premier autel à gauche)* et *Les Cinq Plaies du Seigneur* (prises un certain temps pour une *Déposition*). La chapelle à droite de l'autel exhibe une émouvante *Nativité* d'**Antonello Gagini**.

Passer sous la belle voûte du campanile et continuer la montée jusqu'à l'**église della Trinità** (ou Badia, 16e s.), dont l'entrée est marquée par un beau portail gothique. Elle abrite un grand **retable en marbre★** formé de vingt-trois panneaux, œuvre de **Giandomenico Gagini**. Au centre, le Mystère pascal, entouré de la Trinité *(en haut)*, de la Crucifixion, de la Résurrection et de l'Ascension. Les panneaux latéraux *(à lire du haut à gauche au bas à droite)* illustrent des épisodes de la vie de Jésus. Un beau buffet d'orgue du 18e s. se dresse au fond de la nef à droite. *Pour la visite, s'adresser au prêtre.*

**Excursion** – *3h30 environ.* En quittant Petralia par le Nord, prendre le sentier qu'empruntent les pèlerins pour se rendre au **sanctuaire de la Madone dall'Alto** (1 819 m). On pourra y admirer une *Vierge à l'Enfant* de 1471.

*Poursuivre en direction de Polizzi Generosa (20 km).*

## Polizzi Generosa

Dans un très beau **site\*** sur un éperon calcaire, Polizzi domine les versants Nord et Sud de la vallée de l'Imera. Lorsque le temps se couvre, les maisons ainsi que les sommets environnants émergent à peine des nuages, et, tableau pittoresque, Polizzi semble alors suspendue au-dessus d'une mer de nuages.

Cette ville aux origines obscures a joué un rôle dans la lutte contre les Arabes. Pour se défendre contre les « infidèles », Roger II s'était retranché dans le château qu'il y avait fait construire. Plus tard, Frédéric II, touché par l'excellent accueil offert par la ville, la gratifia du titre de « Généreuse ». On peut commencer la visite de la ville par son point le plus élevé, la place où se trouvent encore les ruines du château (917 m). On verra d'abord le palais Notarbartolo (16ᵉ s.) qui abrite le **Museo Ambientalistico Madonita**, qui présente une intéressante exposition des habitats naturels de la région (les animaux naturalisés exposés sont morts de mort naturelle ou à la suite de braconnage). La visite est proposée sous forme « d'excursion » dans les montagnes, en partant du milieu aquatique (la faune et la flore de la rivière figurent telles qu'elles étaient il y a 30-40 ans) pour s'élever progressivement dans les bois et les hêtraies (1 300-1 800 m), en passant par la faune de moyenne et haute montagne, avec les vautours (dont le vautour griffon disparu dans les années 1920) et l'aigle royal. *Été : 9h-13h, ap.-midi sur demande ; le reste de l'année : téléphoner pour toute information ☎ 0921 64 94 78. 4€ ; www.mam.pa.it*

En descendant la via Roma, on passe devant le palais Gaillardo (16ᵉ-17ᵉ s.) face à la **chiesa madre** dont l'aspect actuel remonte au 19ᵉ s., bien que certains éléments (le portique et un arc ogival) datent des 14ᵉ-15ᵉ s. À l'intérieur sont conservées de nombreuses œuvres d'art, parmi lesquelles un triptyque flamand *(chœur)*, et, dans le collatéral droit, une belle *Vierge du Rosaire* de **Giuseppe Salerno** *(voir p. 237)*. *Fermée pour restauration au moment de la rédaction de ce guide.*

Plus loin, sur la piazza Umberto I, emprunter la via Garibaldi où se trouve l'église San Girolamo, au portail baroque. Au fond de cette rue, la piazza XXVII Maggio offre un remarquable **panorama\*\*\*** en amphithéâtre sur les cimes des Madonie, avec au centre l'Himère septentrional, où passe maintenant l'autoroute. Sur la gauche, on embrasse la Rocca di Caltavuturo, le mont Calogero *(à l'horizon)* et le mont Cammarata. Tout à droite, on reconnaît le profil dolomitique de la Quacella, suivie du mont Mufara et du pic Carbonara. Presque en face se profile le massif des Cervi, avec en son centre une dépression appelée « *Padella* » (poêle), où la légende populaire situe l'entrée secrète d'une grotte pleine de trésors, qui se révélerait uniquement pendant la messe de Pâques. En contrebas s'étend la vallée de Noccioleti.

*Poursuivre en direction de la côte sur la SS 643 pendant environ 15 km, au premier carrefour, prendre à gauche en direction de Caltavuturo (25 km de Polizzi).*

Le **paysage\*** offre des vues très contrastées de terres brûlées alternant avec des pentes verdoyantes, brusquement entrecoupées de parois calcaires escarpées.

## Caltavuturo

Installé au pied de la Rocca di Sciara ou *Rocca dell'avvoltoio*, Caltavuturo doit son nom au mot arabe *calaat* (château) accolé au sicilien *vuturo*. La **chiesa madre** du village abrite, parmi des œuvres précieuses du 16ᵉ s., une belle toile de la Madone du Rosaire entourée des Mystères, de l'école de Pietro Novelli, et au revers de la façade, un beau buffet d'orgue de Raffaele della Valle.

*À Caltavuturo, prendre la SS 120 en direction de Cerda et, au carrefour, tourner à gauche en direction de Sclàfani Bagni (10 km).*

## Sclàfani Bagni

Dans un très beau **site\*** à la pointe d'un éperon rocheux, ce petit bourg n'a rien perdu de son caractère médiéval. L'entrée est marquée par la **Porta Soprana**, un arc ogival surmonté de l'écusson de la famille Sclàfani. Sur la gauche s'élève un petit château qui servait probablement de tour défensive. Un peu plus loin se dresse la **chiesa madre** à la façade ornée d'un portail gothique (15ᵉ s.). Y sont conservés *L'Agonisant*, peinture du boiteux de Gangi, **Giuseppe Salerno** *(voir p. 237)*, et un sarcophage provenant des fouilles d'Himère *(voir Termini Imerese)* sur lequel figure une bacchanale. Au revers de la façade, l'orgue de Raffaele della Valle (1615) est en cours de restauration. À droite de l'église, on aperçoit en hauteur à l'arrière-plan des vestiges de fortifications du 14ᵉ s. dont il reste une tour. De là, la **vue\*\*** merveilleuse embrasse les cimes des Madonie jusqu'à la mer en contrebas d'Himère et de Caltavuturo.

*Retourner vers la SS 643 et poursuivre vers Collesano (30 km).*

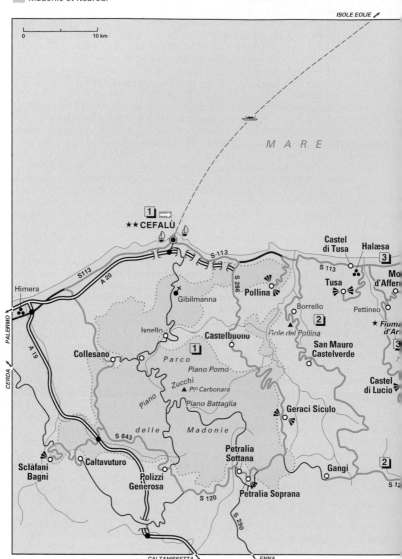

## Collesano

Ce petit bourg de villégiature a conservé ses ruelles médiévales qui s'enchevêtrent au cœur du centre historique. Le monument le plus intéressant est la *chiesa madre*, majestueusement précédée d'un escalier qui contraste avec une façade qui ne laisse rien deviner des richesses abritées à l'intérieur. Un grand crucifix peint en 1550 est suspendu au milieu de la nef centrale. Au départ de la nef de droite, une vitrine renferme une chaise à porteurs du 17ᵉ s. Parmi les nombreuses peintures du 17ᵉ s., on admire une très belle *Sainte Catherine* (1596) de Giuseppe Alvino, dit le Sozzo (le Crasseux) *(départ de la nef de droite)*, mais ce sont surtout les toiles de l'autre boiteux de Gangi, **Gaspare Bazzano** *(voir p. 237)*, qui retiennent l'attention, dont la grandiose *Sainte Marie des Anges★* *(départ du collatéral gauche)* et les **fresques★** du chœur qui illustrent des scènes de la vie des saints Pierre et Paul *(sur les murs de droite et de gauche)* et du Christ *(sous la voûte)*. On voit à l'extrémité de la nef de droite un très beau tabernacle de D. Gagini datant de 1489.

En montant vers la piazza Gallo, le centre ancien du village, on débouche sur les ruines du château, d'où l'on jouit d'une belle vue sur le fond de la vallée et la côte.
*De Collesano, revenir vers la côte et Cefalù (17 km).*

## Entre Madonie et Nebrodi ②

*Circuit de 180 km environ à partir de Santo Stefano di Camastra - une journée*

## Santo Stefano di Camastra

Célèbre pour sa production de céramiques artistiques, Santo Stefano aligne dans les rues de son centre une ribambelle de petits magasins proposant des objets répondant à tous les goûts et toutes les exigences. Un des monuments les plus intéres-

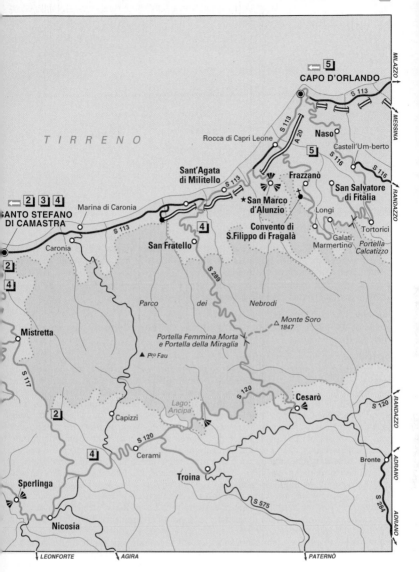

sants, le **palais Sergio**, autrefois dit « du duc de Camastra », est aujourd'hui le siège du **musée de la Céramique**. Sur la droite à l'entrée, on distingue parmi toutes les œuvres l'*Andare* de S. Lorenzini, suite de cinq guerriers qui s'enfoncent dans le sol. Le palais a conservé dans certaines pièces les **pavements en majoliques★** d'origine, des fresques au plafond et des pièces de mobilier du 18ᵉ s. (&) *9h-13h, 15h-20h. Fermé 25 déc. 2,59€. ☎ 0921 33 10 62.*

À l'extérieur de la ville (après l'institut de la Céramique) se trouve le **vieux cimetière**, qui ne fut utilisé qu'entre 1878 et 1880 et conserve des tombes ornées de majoliques.

La route qui relie Santo Stefano à Mistretta *(14 km)* offre de beaux **panoramas** sur la vallée.

### Mistretta

Situé à 950 m d'altitude, c'est l'un des points de départs des excursions sur le massif des Nebrodi. L'élégant village aux maisons en pierre est dominé par les vestiges d'un château féodal, d'où l'on a une belle vue. Parmi les monuments on distingue l'**église San Giovanni** (1530) précédée d'un bel escalier à deux rampes et terminée par un clocher orné de fenêtres géminées au niveau supérieur. Des deux clochers qui devaient encadrer la *chiesa madre* **Santa Lucia** (16ᵉ s.), seul celui de droite fut achevé. Il est orné de belles fenêtres géminées. En partie refaite au 17ᵉ s., l'église a conservé son beau portail d'origine en marbre *(flanc droit)*. À l'intérieur, dans la chapelle consacrée à la Madone se trouve la *Madone des Miracles*, attribuée à Giorgio da Milano, tandis que la grande chapelle consacrée à sainte Lucie conserve un beau retable d'**Antonello Gagini** avec des statues de sainte Lucie, saint Pierre

*Le château de Sperlinga.*

et saint Paul (1552). Derrière l'autel, on peut admirer les stalles du chœur datant du 17ᵉ s. ainsi qu'un bel orgue du 18ᵉ s. Dans la partie haute du village se trouve l'église Renaissance **Santa Caterina**.

*Depuis Mistretta, continuer sur la S 117 jusqu'au carrefour pour Troina/Nicosia, puis prendre à droite en direction de Nicosia (30 km).*

### Nicosia *(voir ce nom)*

Au bout de 8 km apparaît le petit bourg de Sperlinga, adossé à une colline que domine un château.

### Sperlinga

Ce petit bourg construit sur le flanc d'un éperon rocheux en forme de quille de navire renversée a été habité, semble-t-il, depuis l'époque des Sicanes, dont on peut encore visiter les habitations troglodytiques dans la partie basse du bourg. Dans la partie haute, site hautement stratégique, surgit le **château-forteresse** bâti en inté-grant admirablement la nature du rocher. Dans la montée qui y conduit, deux grandes grottes qui faisaient autrefois office d'étables sont maintenant aménagées en petit musée d'ethno-anthropologie. Après avoir dépassé la première grande porte, on se trouve face à un arc en tiers-point, où est inscrite en latin une phrase qui fait sans doute allusion à un trait caractéristique de la bourgade, mais dont la référence est restée inconnue : « *Quod Siculis placuit, sola Sperlinga negavit* » (Ce qui a plu aux Siciliens, seule Sperlinga n'en a pas voulu). Peut-être faut-il remonter à 1282, lorsque en pleine guerre des Vêpres les Français réfugiés dans le château trouvèrent chez les habitants aide et compréhension au lieu d'être pris en otages ? L'épisode causa en tout cas de grands remous à l'époque. Le château a plusieurs niveaux. Dans les grottes creusées à même la roche *(à gauche de l'entrée)* se trou-vaient les étables, les prisons et les forges, qui servaient sans doute à fabriquer des armes. La salle des audiences du prince se trouvait devant. À l'opposé, sur l'unique zone plane, s'élevaient la chapelle et les appartements, avec, au niveau inférieur, des grottes servant de greniers. Au centre, un escalier abrupt taillé dans la pierre conduit à la tour de guet. On a de là une **vue**★★ à 360 degrés sur le plateau de Gangi, avec à l'arrière-plan les massifs des Madonie et des Nebrodi (au Nord), sui-vis de l'Etna et des monts Erei. Sur la droite domine la longue crête bosselée du mont Grafagna-San Martino, qui fait partie de la chaîne des Nebrodi. *9h-13h, 16h30-19h.* ☎ *0935 64 31 98.*

La route, qui est de toute beauté, continue vers Gangi *(20 km)*, première commune des Madonie.

### Gangi

Longtemps considérée comme l'antique Engyum, cité grecque fondée par des colons venant de Minoa, l'actuelle petite ville de Gangi s'est développée à partir du 14ᵉ s. Sur le massif du mont Marone où elle se dresse fièrement, elle a conservé presque intact l'aspect médiéval que lui confèrent ses pittoresques venelles, bordées de maisons en pierre.

**La « ville haute »** – Le viale delle Ri-membranze mène à la partie haute du bourg, à l'ombre des arbres plantés pour tous les soldats tombés au cours de la Seconde Guerre mondiale. La vi-site peut commencer par la **piazza San Paolo**, sur laquelle donne l'église en pierre du même nom (16ᵉ s.), dotée simplement d'un beau portail orné de

**VISITES**

Le bureau Pro Loco de Gangi organise des visites guidées sur demande, à réserver une semaine à l'avance. *Pour toute information, corso Umberto I 1,* ☎ *0921 50 20 17 (tlj sf lun. 9h-13h, 15h-19h) ; www.comune.gangi.pa.it*

bas-reliefs. L'église de l'abbaye (18e s.), en pierre nue, lui répond dans le même style dépouillé. On aboutit au centre-ville en suivant le **corso Umberto I**, bordé de beaux palais, comme le **palais Mocciaro** du 19e s.

Le **palazzo Bongiorno★**, d'aspect massif a été édifié au 18e s. par les Bongiorno, l'une des familles nobles les plus riches de la région. On y admire surtout dans les salles de l'étage noble d'élégantes **fresques★** en trompe-l'œil de Gaspare Fumagalli, peintre romain œuvrant à Palerme vers le milieu du 18e s. Elles représentent des allégories sacrées et profanes *(La Modestie, Le Triomphe du Christianisme, Le Temps)*, et sont logées dans des cadres enrichis de macarons, de cartouches et de médaillons sur fond de paysages. *Tlj sf lun. 8h30-13h, 15h30-19h. Gratuit.* ☎ *0921 50 20 17 ; www.comune.gangi.pa.it*

La place principale de la ville est la **piazza del Popolo**, que domine la **torre Ventimiglia★**. Édifiée au 13e s. comme tour de guet et passée aux chevaliers de Malte au 15e s., elle devient clocher lorsque l'église est édifiée au 17e s. De style gothico-normand, elle comporte des arcades ogivales en forme de portiques sur la rue et d'élégantes fenêtres géminées à trois lobes, au second niveau. Dans un angle de la place, une sorte de petite grotte abrite la fontaine du Lion datant de 1931.

La **Chiesa Madrice**, édifiée au 17e s. sur un ancien oratoire, renferme des œuvres de valeur. Dès l'entrée, le regard est attiré par une immense toile qui occupe le côté gauche du sanctuaire. C'est le ***Jugement dernier★*** (1629), chef-d'œuvre de **Giuseppe Salerno**, qui s'inspire, entre autres, de la fresque exécutée par Michel-Ange pour la chapelle Sixtine à Rome (le Christ Juge, saint Barthélemy – qui est un autoportrait du peintre – et Charon, le passeur de l'enfer). Le registre inférieur de la composition est divisé en deux : à gauche, les élus avec l'archange saint Michel, à droite, les damnés et les faucons de Léviathan. Chacun des damnés symbolise un péché capital, signalé par une étiquette libellée parfois même en sicilien. Parmi les damnés figurent des religieux, mais pas de prêtre, puisque l'un d'eux a commandité l'œuvre. À voir encore dans l'église, des sculptures sur bois de Quattrocchi, dont un ***Saint Gaétan★*** *(au fond de la nef de droite).*

De l'esplanade située devant l'église, on jouit d'une belle vue sur la ville basse, avec sur la gauche la tour appelée Sarrasine et le couvent des Capucins.

---

### « VULGO DICTO LU ZOPPO DI GANGI »

C'est la signature que l'on distingue clairement sur le cycle des fresques de la *chiesa madre* de Collesano, dernière œuvre de **Gaspare Bazzano** (ou Vazzano). Né à Gangi dans la seconde moitié du 16e s., ce peintre, qui s'est formé à Palerme tout en séjournant fréquemment dans les villes des Madonie, partage son surnom de Zoppo (le boiteux), avec un autre peintre contemporain, également de Gangi, **Giuseppe Salerno**. Aujourd'hui, il est difficile de dire quel était le lien entre ces deux artistes, même si l'on a récemment supposé que Salerno avait pu être le collaborateur de Bazzano, au moins dans les premières années de sa vie d'artiste. Ce pseudonyme commun s'expliquerait donc comme un hommage de la part de l'élève Salerno, plus jeune de quelques années, à son maître Bazzano. Si ces deux peintres ont en commun un même répertoire, leur style est toutefois différent. Les teintes diffuses, la douceur des traits, la souplesse des lignes confèrent aux tableaux de Bazzano un lyrisme contrastant fortement avec la dureté de Salerno, qui par ses lignes plus puissantes et son dessin plus précis, reproduit une réalité plus crue, régie par le concept, l'enseignement et la doctrine. Ces deux façons d'interpréter l'art émanent de deux personnalités différentes, de deux artistes siciliens qui ont laissé à leur terre natale un héritage important.

---

Le corso Umberto I, prolongé par le corso Fedele Vitale, est connu pour ses **boutiques romaines** du 16e s., ainsi appelées pour leur devanture caractéristique : une porte d'entrée flanquée d'une fenêtre-comptoir servant à la vente.

Plus loin, le palais Sgadari abrite le **Musée municipal** (museo civico) qui rassemble des vestiges archéologiques provenant du mont Alburchia. *Tlj sf lun. 8h20-13h, 15h30-19h30. Gratuit.* ☎ *0921 68 99 07 ; www.comunedigangi.it*

Au bout de la rue se trouve le **château des Ventimiglia**, construction de forme carrée.

**La « ville basse »** – Revenir sur ses pas et, sur la piazza del Popolo, prendre la via Madrice (qui comprend des marches) pour rejoindre l'**église del Santissimo Salvatore**, où sont conservés un crucifix en bois de Fra'Umile da Petralia et une *Montée au Calvaire* de Giuseppe Salerno, œuvre qui reprend le *Spasimo di Sicilia (La Douleur de la Sicile)* de Raphaël, commandée par l'église Santa Maria dello Spasimo de Palerme *(voir p. 300)*.

Encore quelques pas et voici l'**église Santa Maria di Gesù**, à l'origine hospice bénédictin du 15e s., époque à laquelle remonte la tour-campanile, allégée par des fenêtres géminées. La façade de l'église est enrichie d'un beau portail orné de bas-reliefs. À l'intérieur, on peut admirer des œuvres de Quattrocchi, en particulier la sculpture en bois de l'*Annonciation*.

**Sanctuaire dello Spirito Santo** – *1,5 km environ au Sud de Gangi en direction de Casalgiordano.* La tradition veut qu'au 16e s. un paysan sourd-muet ait retrouvé miraculeusement la parole alors qu'il travaillait aux champs, à la vue d'une image du Christ peinte sur une pierre. Le sanctuaire est donc érigé sur l'emplacement où le miracle a eu lieu. C'est un but de fervents pèlerinages encore aujourd'hui. L'effigie qui figurait sur la pierre est cachée maintenant par une peinture de Bazzano derrière l'autel.

*À partir de Gangi, on peut continuer sur la SS 120 et poursuivre l'itinéraire en rejoignant le circuit ① en direction de Petralia Sottana (15 km environ).*

*Si on opte pour l'itinéraire ②, il faut rebrousser chemin sur environ 3 km et, au carrefour, prendre à gauche vers San Mauro Castelverde (environ 30 km de Gangi).*

## San Mauro Castelverde

Sur un très beau site au sommet du mont de même nom, ce village offre par temps clair un vaste **panorama★★** circulaire sur les îles Éoliennes, les Nebrodi et les Madonie. Typiquement médiéval avec ses rues étroites et tortueuses, le centre renferme l'**église Santa Maria dci Franchi** (13ᵉ s.) près de laquelle s'élève un campanile du 18ᵉ s. On voit à l'intérieur la *Vierge du Bon Secours* de **Domenico Gagini** et des fonts baptismaux d'**Antonello Gagini**. *Pour la visite, contacter quelques jours à l'avance l'Ufficio Relazioni del Comune, ☎ 0921 67 40 83.*

*Prendre la direction de Borrello. Après Borrello Alto suivre les indications pour Gangi-San Mauro (à gauche). Après environ 1 km, un panneau sur la droite indique les Case Tiberio U' Miricu.*

## Gorges du Pollina

*Suivre la petite route jusqu'au carrefour, puis rester sur la gauche. La route devient de la terre battue et mieux vaut alors garer son véhicule. Un peu plus loin sur la droite, une route pavée mène jusqu'à l'escalier (plus de 400 marches !) qui conduit aux gorges.*

La visite est particulièrement agréable en été, lorsque la rivière est presque à sec et qu'il est possible d'en suivre le lit, entre les hautes parois qui le surplombent.

*Revenir à Borrello et poursuivre vers la côte. Une fois au carrefour, tourner à gauche, suivre la route littorale et s'engager à droite sur la route qui monte vers Pollina.*

## Pollina

De son **site★** panoramique en sommet de colline, Pollina offre une très belle **vue★** sur la côte. Son centre sillonné de venelles rappelle ses origines médiévales. Dans la *chiesa madre* (16ᵉ s.) sont exposées de remarquables œuvres d'art comme la délicate et harmonieuse *Nativité★* d'**Antonello Gagini**. Du château qui s'élevait au Moyen Âge au point culminant du bourg, il ne reste qu'une tour carrée. Non loin de là, un théâtre récent, construit sur le modèle gréco-romain, offre un très beau **panorama★★** sur les montagnes, qui, si l'on suit la route qui part du théâtre vers la partie basse de la ville, s'ouvre progressivement sur la mer.

*Revenir sur la route littorale en direction de Cefalù. On verra sur la droite les indications pour Tusa. Un petit détour conduit aux fouilles d'Halæsa et à ce petit village.*

## Halæsa

Près de la chapelle Santa Maria di Palate se trouvent les vestiges d'Halæsa, cité sicule fondée au 5ᵉ s. avant J.-C., puis dominée par les Grecs et les Romains, et enfin détruite par les Arabes. Les **fouilles** ont mis au jour le forum romain et ses *sacelli* (chapelles), une habitation patricienne, et quelques bastions des murailles d'enceinte de l'époque grecque, face auxquelles on suppose qu'un temple s'élevait au sommet de la colline, en position panoramique au-dessus de la rivière Tusa *(on ne peut accéder au sommet). De 9h à 2h av. le coucher du soleil. 2,07€. ☎ 0921 33 45 31.*

## Tusa

*10 km environ au Sud d'Halaesa.* Ce petit bourg aurait été fondé par les survivants de Halæsa après la destruction de la ville par les Arabes. En position panoramique au sommet d'une montagne, la partie haute du bourg a conservé un aspect purement médiéval. Son entrée est marquée par une porte. C'est là que sont regroupées les églises intéressantes à visiter, dont tout d'abord la *chiesa madre*, ornée d'un beau portail avec un arc en tiers-point. On y voit une délicate *Annonciation* en marbre de style Renaissance (1525) à l'autel, un beau chœur liturgique en bois sculpté du 17ᵉ s. représentant des dragons, des *putti* et des mascarons, et une *Vierge à l'Enfant* de l'école des Gagini. À côté de l'église s'élève, isolée, la tour du clocher. En se promenant dans le bourg, on apercevra la petite église en pierre San Nicola qui se cache au cœur des rues étroites et qu'on repère à la flèche de son campanile recouvert de céramiques.

*Revenir sur la route littorale. On a alors le choix entre suivre l'itinéraire proposé ci-dessous ou rentrer à Santo Stefano di Camastra.*

## La Fiumara d'Arte★ ③

*80 km au départ de Santo Stefano di Camastra – au moins une demi-journée*

Ce singulier projet, dont l'initiative revient à Antonio Presti (également à l'origine de l'hôtel-musée Atelier sul mare, *voir plus loin*), est une sorte de musée en plein air de la sculpture contemporaine, qui se déroule le long du torrent Tusa et a pour objet de revaloriser une zone naturelle en créant une symbiose entre art et nature.

Quoi qu'il en soit, il permet de découvrir et d'apprécier des lieux ⊔ connus. Lancé il y a quelques années, en évolution permanente, il téﬁ. l'engagement passé et actuel de bon nombre d'artistes contemporains, aus⊔ italiens qu'étrangers.

*Depuis Santo Stefano di Camastra, suivre la SS 113 en direction de Palerme.*

On peut partir de **Santo Stefano di Camastra** *(voir ce nom)* et suivre le littoral sur la droite. Sur la plage de Villa Margi apparaissent les premiers ouvrages de grande envergure. Le *Monument dédié à un poète mort* (Tano Festa, 1990) est une sorte de fenêtre donnant sur la mer et l'horizon, aussi bleue que les deux éléments, la mer et le ciel, qui l'encadrent.

*Continuer pendant quelques kilomètres sur la SS 113, puis tourner à gauche vers Pettineo.*

Sur la droite, au milieu du lit presque toujours à sec de la rivière Tusa, se trouve la seconde œuvre, *La matière pouvait ne pas y être* (Pietro Consagra, 1986), composé de deux éléments de béton armé qui se développent suivant deux plans, l'un blanc et l'autre noir, dans un ensemble complexe.

On pénètre dans les Nebrodi. Tout au long du **parcours**★ ascendant, on profitera de belles **vues**★. La présence humaine se fait de plus en plus rare dans ce paysage enfoui dans la nature. De chaque côté de la route, les troncs torturés des oliviers semblent avoir emprisonné des âmes tourmentées. Le paysage retrouve ensuite sa gaieté grâce au soleil qui met de l'or dans les buissons de genêts. Après avoir dépassé Pettineo, qui apparaît sur la cime d'une colline, peu avant l'arrivée à Castel di Lucio, surgit sur la gauche *Une courbe jetée derrière le temps* (Paolo Schiavocampo, 1990), œuvre baignée de silence. On est alors proche de **Castel di Lucio**. Un panneau sur la gauche indique le *Labyrinthe d'Ariane* (Italo Lanfredini, 1990), qui surgit isolé sur un col *(après un virage serré à gauche, continuer tout droit)*. Puis on discerne un labyrinthe de béton et d'argile, balayé par le vent et entouré de montagnes qui forment un beau **panorama**★. À Castel di Lucio, P. Dorazio et G. Marini ont réalisé *Aréthuse* (1990), décoration de panneaux de céramique poly-chrome qui habille la caserne des carabiniers. De retour sur la route principale, continuer par la route qui serpente vers **Mistretta** *(voir plus haut Santo Stefano di Camastra)*, pour aper-cevoir bientôt l'une des dernières créations, le *Mur de céramique* (1993), réalisé par quarante artistes.

Après Mistretta, tourner en direction de **Motta d'Affermo** où l'onde bleue de l'*Énergie méditerranéenne* (Antonio Di Palma, 1990) domine le paysage. Revenir en direction de la mer, vers **Castel di Tusa**, à l'Albergo Atelier sul Mare.

> ### L'ŒUVRE QUI N'EXISTE PAS
> Une autre œuvre d'art mérite d'être mentionnée, la *Stanza di barca d'oro* (Hidetoshi Nagasawa), placée dans une grotte près du lit de la rivière Romei *(environs de Mistretta)*. Les parois de la grotte, recouvertes de cuivre, font perdre le sens de l'orientation, et un arbre en marbre rose, planté dans le sol, supporte ce qui ressemble aux contours d'une barque renversée en feuilles d'or. C'est une œuvre conçue pour ne pas être vue, seulement pour trouver sa raison d'être dans sa simple existence. Aussi conseille-t-on de ne pas la voir, et de se limiter à l'imaginer...

**Atelier sul Mare** – *Via Cesare Battisti 4, Castel di Tusa. Visite guidée dans les chambres d'art 11h-12h. 3€.* ☎ *0921 33 42 95 ; www.ateliersulmare.com.* Il s'agit d'un hôtel-musée où Antonio Presti, créateur et promoteur de la Fiumara d'Arte, a mis à la disposition des artistes quelques chambres qu'ils ont transformées en œuvres d'art. L'idée réside dans l'interaction entre l'œuvre, devenue partie intégrante du quoti-dien de l'occupant, et ce dernier, incité à la réflexion et l'intériorisation. Le fil conducteur en est l'eau, ou la mer, vécue comme élément simple, purificateur, le retour aux origines et par conséquent le retour sur soi. Les interprétations des artistes sont si différentes que chaque hôte peut choisir celle qui le touche le plus : le rouge passionnel d'*Énergie* (Maurizio Machetti), la blancheur intime de *Nid* (Paolo Icaro), le minimalisme de *Mystère pour la lune* (Hidetoshi Nagasawa), l'in-tériorisation de *Mer niée* (Fabrizio Plessi), la sinuosité sophistiquée de *Chambre du Prophète*, pour n'en citer que quelques-unes. *Voir aussi « carnet pratique ».*

## Une journée dans les Nebrodi 4

*Circuit de 200 km environ – une journée*

*On peut aussi suivre l'itinéraire au départ de Sant'Agata Militello, mais il est conseillé de toujours le suivre dans le sens inverse des aiguilles d'une montre afin de bénéficier des meilleurs panoramas sur l'Etna, en particulier aux alentours du lac Ancipa. Pour la pre-mière partie de l'itinéraire (de Santo Stefano di Camastra jusqu'à Mistretta, 14 km) voir l'itinéraire 2.*

*De Mistretta, suivre la SS 117 jusqu'au carrefour qui mène sur la droite à Nicosia/Troina, puis tourner à gauche vers Troina.*

## Troina

La citadelle médiévale occupe la partie haute du village, où se dresse l'église prin-cipale : de l'édifice normand d'origine (11e s.) subsiste le clocher de grès dont la face tournée vers la route présente des arcs en claveaux.

B. Kaufmann/MICHELIN

*De Troina, revenir vers Cerami et prendre à droite la route pour le lac Ancipa (environ 8 km de Troina).*

### Lago Ancipa

Ce bassin artificiel créé par la construction du grand barrage de San Teodoro (120 m de haut) est perdu au milieu d'un magnifique paysage naturel. La route qui le longe se poursuit en direction de Cesarò *(25 km)*. Étroite et par endroits en mauvais état, elle est en revanche très touristique, serpentant d'abord dans la forêt, puis dans des vallées ouvertes où la silhouette de l'Etna offre une **vue★★** inoubliable.

### Cesarò

Le village est dominé par le volcan. À peine sorti du centre, suivre l'indication Cristo sul Monte, d'où l'on jouit d'une **vue★★** magnifique et inquiétante sur l'Etna. La SS 289 sinueuse se poursuit jusqu'aux petits cols de la Miraglia et de la Femmina Morta, dans un paysage dominé par une grande hêtraie. À partir du col s'amorce la montée qui conduit au sommet du **mont Soro**, point le plus élevé des Nebrodi (1 847 m). Suivre la jolie route qui mène à San Fratello *(35 km de Cesarò)*.

### San Fratello

Ce bourg, fondé par une colonie lombarde, en partie détruit par un éboulement au 18ᵉ s., a donné son nom à la belle race des chevaux sanfratellains, souvent laissés en liberté et qu'on aperçoit facilement dans les clairières. Le couvent San Francesco possède un cloître du 16ᵉ s. aux fresques malheureusement détériorées.

Au Nord du village, à côté du cimetière, un chemin creux permet de rejoindre l'**église normande des Très Saints Alfier, Philadelphe et Cirin** (11ᵉ-12ᵉ s.). Derrière l'église, on découvre une **vue★★** magnifique. *9h-13h, w.-end et j. fériés sur demande.* ☎ *0941 79 40 30.*

*De San Fratello, rejoindre la côte et tourner à droite pour gagner Sant'Agata di Militello (18 km).*

### Sant'Agata di Militello

Cette localité de création récente s'ouvre sur la mer par une grande plage. Sur la piazza Crispi s'élèvent le château des princes Gallego et l'église dell'Addolorata (18ᵉ s.), à côté. Le village renferme un petit **Musée ethno-anthropologique** (Museo Etnoantropologico dei Nebrodi, *via Cosenza*). *Tlj sf dim. 9h-12h, 15h-18h, sam. sur demande. Gratuit.* ☎ *0941 72 23 08.*

Sant'Agata peut être un bon point de départ pour de petites excursions dans l'arrière-pays, sur les Nebrodi ou le long de la côte.

*De Sant'Agata, suivre la SS 113 en direction de Capo d'Orlando puis prendre à droite la direction de San Marco d'Alunzio (10 km).*

### San Marco d'Alunzio

Ce joli village magnifiquement situé, blotti à 550 m d'altitude et à seulement 9 km de la mer, offre un extraordinaire **panorama★★** qui embrasse Cefalù et les îles Éoliennes. Toutes les époques de l'histoire sicilienne y ont laissé des traces :

d'abord cité grecque, il devient *Munici pium Aluntinorum* sous les Romains, puis les Normands le rebaptisent San Marco en souvenir de leur première ville conquise en Calabre. L'utilisation du marbre rose, extrait des carrières voisines, est caractéristique de l'architecture locale.

Bien avant de pénétrer dans le bourg, on remarque, isolée sur le côté gauche

**CALENDRIER**

**Procession des babbaluti** – Le dernier vendredi de mars, avant la Passion du Christ, le crucifix en bois d'Aracoeli est porté en procession par les « babbaluti », des hommes à la tête couverte d'une capuche, qui scandent des chants et des prières.

de la route, l'église **San Marco**. Elle a été construite sur un ancien **temple d'Hercule** (4e s. avant J.-C.) dont il ne subsiste que quelques blocs de tuf. Le toit de l'église a disparu, et il ne reste que des murs de pierre brute et un portail refait.

**S. Teodoro** – Dite aussi la petite abbaye *(badia piccola)*, l'église fut construite au 16e s. sur les ruines d'une chapelle byzantine selon un plan en croix grecque, dont chaque bras carré porte une petite coupole. L'intérieur est décoré de magnifiques **stucs★** dans le style de Serpotta, qui représentent Judith et Holopherne, la chute de la manne dans le désert *(sur les côtés de l'autel)*, des scènes de la parabole du fils prodigue, des figures de saints et les quatre Vertus théologales sur les piliers soutenant la voûte. Sur le parvis de l'église et devant le musée voisin, on trouve une série de citernes grecques et les restes d'un pavement du 2e-3e s.

**Ancien monastère des moniales bénédictines** – (&) *9h-13h, 15h-19h. Fermé 1er janv., Pâques, 25 déc. 1,60€. ☎ 0941 79 77 19 ; www.comune.sanmarcodalunzio.me.it* Adjacent à San Teodoro, ce monastère édifié en 1545, a été récemment réaménagé pour accueillir un **musée byzantino-normand**. Des fouilles ont mis au jour d'intéressantes **fresques★** byzantines du 11e s. Celle de droite, très bien conservée, montre dans un angle une Madone aux mains délicates, et dans le bandeau inférieur (traversé par une division nette symbolisant la séparation entre le ciel et la terre), sur un fond bleu soutenu, les quatre docteurs de l'église orthodoxe saint Jean Chrysostome, saint Grégoire de Nazianze, saint Basile le Grand et saint Athanase. Le rez-de-chaussée abrite en outre des fresques provenant d'autres églises et au premier étage sont exposés divers objets retrouvés à l'intérieur de nécropoles locales.

L'église San Giuseppe abrite le **Musée paroissial**, qui conserve des ornements sacrés, un reliquaire en bois, une Vierge *hodigitria* (portant l'Enfant sur le bras gauche) en bois polychrome, une belle statue de Madeleine en bois (17e s.) et une toile représentant une Déposition de Croix (18e s.). *Pour toute information sur les horaires ☎ 0941 79 70 45.*

Le parcours qui traverse le **centre historique** emprunte d'abord la via Aluntina, artère centrale où se trouve l'église principal, **San Nicolò**, dont la sobre façade n'est enrichie que par ses trois portails en marbre rouge local, matériau que l'on retrouve en abondance à l'intérieur.

**ACHATS**

**La Tela di Penelope** – *Via Aluntina 40, San Marco D'Alunzio.* Cette boutique de tissage artisanal utilise d'anciens métiers à tisser restaurés. Le résultat est magique.

Plus loin, sur la piazza Sant'Agostino, se dresse l'**église Santa Maria delle Grazie**, dans laquelle on peut admirer le monument funéraire des Filangeri, œuvre de **Domenico Gagini** (1481) renfermant un beau gisant à l'expression douce et sereine.

Laisser sur la droite l'**église San Basilio** du 18e s., qui conserve les vestiges d'un portique aux arcs en ogive, et poursuivre jusqu'à l'**église dell'Ara Coeli**, du 17e s. Les colonnes cannelées qui encadrent le portail sont ornées de volutes et de décorations florales. À l'intérieur, la **chapelle del Santissimo Crocifisso**, décorée de beaux **stucs★★** dans le style de Serpotta (saints, *putti* pleins de vivacité, anges, guirlandes de fruits), présente un **crucifix en bois★** très expressif, de l'école espagnole du 18e s. *Pour toute information sur les horaires ☎ 0941 79 70 45.*

**S. Salvatore** – Cette église, appelée aussi *badia grande* (grande abbaye) parce qu'elle appartenait à un grand monastère de religieuses bénédictines aujourd'hui en ruine, se trouve sur la route du stade. Son élégant **portail★** en marbre local s'orne de colonnes, d'anges et de *putti*. On voit à l'**intérieur** une nuée d'anges jouant de la trompette, des figures allégoriques et de malicieux *putti* soutenant des drapés, des cartouches et des guirlandes de fleurs. Cette riche **décoration en stuc★** se retrouve dans le somptueux drapé qui retombe savamment du baldaquin en bois placé au-dessus du tabernacle.

*Une fois quitté San Marco, revenir sur la SS 113 et prendre à gauche la direction de Santo Stefano di Camastra.*

## Les Nebrodi orientaux ⑤

*85 km environ – au moins une demi-journée*

*Ce circuit s'enfonce sur les pentes orientales des Nebrodi dans l'arrière-pays de Capo d'Orlando.*

*Quitter Capo d'Orlando et continuer sur la route littorale en direction de Sant' Agata Militello. À la hauteur de Capri Leone, tourner à gauche vers Frazzanò (17 km au Sud de Capo d'Orlando).*

### Frazzanò

Frazzanò a été construit au 9$^e$ s. après J.-C. suivant un scénario fréquent à l'époque : les populations fuyant l'invasion arabe allaient fonder une nouvelle ville plus loin. L'**église de la Santissima Annunziata** (18$^e$ s.) est un bel exemple d'art baroque avec sa façade garnie de lésènes (bandes ornementales) et ornée d'un élégant portail où alternent colonnes torses, niches et statues. L'**église San Lorenzo** possède en revanche une façade très sobre, enrichie seulement de part et d'autre du portail par deux colonnettes torses et un décor de putti, volutes et motifs floraux. À l'intérieur se trouve une fort belle statue en bois de saint Laurent (1620).

*Poursuivre jusqu'à l'embranchement sur la droite vers le couvent San Filippo di Fragalà, à 4 km au Sud de Frazzanò, en direction de Longi.*

### Couvent S. Filippo di Fragalà

L'église primitive, récemment restaurée, a été érigée au 11$^e$ s. par Roger I$^{er}$ de Hauteville, très probablement sur les ruines d'une petite église datant du 5$^e$ s. Marquer une pause au pied du complexe abbatial pour l'observer de l'extérieur ; on pourra ainsi remarquer les trois absides de style arabo-normand, rythmées par des lésènes en brique, et le tambour octogonal qui s'élève à la croisée du transept. À l'intérieur, au plan en T, on peut voir des vestiges de fresques byzantines, en particulier dans l'abside du milieu. On peut aussi visiter le monastère, situé à proximité.

*Poursuivre sur la même route et dépasser Galati Mamertino et la Portella Calcatirizzo. Au carrefour, continuer en direction de San Salvatore di Fitalia (environ 20 km de San Filippo di Fragalà).*

### San Salvatore di Fitalia

Ce bourg installé sur les pentes des Nebrodi possède une curieuse *chiesa madre* dédiée au Saint Sauveur (1515). Son aspect est plutôt sévère à l'extérieur, mais son **intérieur**, récemment restauré, possède une belle architecture du 16$^e$ s., à trois nefs séparées par des colonnes en grès soutenant des arcs brisés. Les **chapiteaux** richement ornés de motifs végétaux et anthropomorphes illustrent un art typiquement médiéval. Sur celui de la première colonne de droite est gravé le nom du sculpteur, accompagné d'une étonnante sirène à deux queues. La nef de droite abrite une douce *Madone de la Neige* d'Antonello Gagini (1521), et on peut voir au niveau du maître-autel une très belle statue en bois du *Sauveur du Monde*★ (1603) représenté au moment de la Transfiguration.

**Museo Siciliano delle Tradizioni Religiose** – ♿ *9h-13h, w.-end et j. fériés. sur demande. Gratuit.* ☎ *0941 48 61 72.*

Riche en documents sur la culture religieuse populaire, le musée sicilien des Traditions religieuses abrite des objets modestes, amulettes contre le mauvais œil, ex-voto dont certains, en cire, proviennent du sanctuaire de San Calogero (18$^e$-19$^e$ s.), « pilules » (petits carrés de papier qui, avalés pendant la prière, « guérissaient » de certaines maladies), feuilles de chant pour musiciens ambulants, et petits sifflets en terre cuite à l'effigie des saints, qu'on vendait lors des fêtes patronales. À remarquer, un « jeu du prêtre » (17$^e$ s.), constitué d'un poupon avec ses vêtements sacerdotaux qui évoque les jouets de la religieuse de Monza enfant dans le roman de Manzoni, *Les Fiancés (I Promessi Sposi)* (le trousseau liturgique a malheureusement été volé). À voir aussi, des gravures et des lithographies religieuses (17$^e$-20$^e$ s.), une collection de costumes utilisés par les confréries pour les processions, des ex-voto en bois, plâtre ou terre cuite, ainsi qu'une jolie collection de santons du 19$^e$ s.

*Tourner en direction de Portella Calcatizzo et Tortorici, puis prendre la direction de Castell'Umberto et, de là, suivre la SS 116 jusqu'à Naso (28 km de San Salvatore di Fitalia).*

### Naso

Il s'agit d'une spectaculaire « terrasse sur les îles Éoliennes », située à 500 m d'altitude. La petite ville de Naso, fondée à l'époque normande, fut d'abord une seigneurerie des Cardona avant de passer aux mains de la puissante famille des Ventimiglia.

Depuis la piazza Garibaldi, située en plein centre de la ville, on profite d'une large **vue** sur l'Etna. La place s'allonge ensuite pour devenir piazza Dante et piazza Roma, sur laquelle se dresse la *chiesa madre*. Cette dernière abrite, dans la chapelle baroque du Rosaire *(nef gauche)*, une jolie *Vierge à l'Enfant*.

En contournant l'église par la droite et en suivant la via degli Angeli, on arrive à l'**église San Cono**, fondée au 15$^e$ s. mais à l'architecture du 17$^e$ s. Dans les catacombes de l'église se trouve la magnifique crypte qui abrite les reliques du saint patron.

*Revenir sur la piazza Roma et prendre le corso Umberto.*

Après la piazza Parisi, en remontant à droite la via Belvedere, on parvient à un magnifique **belvédère panoramique\*\***, d'où la vue embrasse à la fois les îles Éoliennes et l'Etna.

En continuant le long de la via Convento, on grimpe sur un petit coteau pour arriver au couvent des Minori Osservanti et à l'église voisine de **Santa Maria del Gesù**, qui abrite le beau monument funèbre d'Artale Cardona, de style renaissance-gothique.

En retournant dans la petite ville par la via Cibo, on parvient à la **chiesa del Salvatore**, qui se distingue par sa belle façade baroque et sa double tour-clocher, ainsi que son parvis en briques locales.

*Continuer sur la SS 116 pendant encore 15 km jusqu'à Capo d'Orlando.*

*Depuis Naso, on peut également continuer vers Randazzo (55 km environ) et rejoindre l'itinéraire de la Circumetnea (voir p. 212).*

# Marsala

Voilà un nom pour le moins évocateur ! Marsala, c'est à la fois l'un des événements marquants de l'histoire italienne et un vin... vin dont l'histoire commence par « il était un fois un marchand anglais » et finit par faire connaître le nom de la ville dans le monde entier. Avec sa population qui compte de nombreux Tunisiens, son port et ses ruelles, tout concourt à donner au visiteur de Marsala l'impression de se retrouver soudain dans une ville africaine.

## La situation

*80 818 habitants – Carte Michelin n° 565 N 19 ou Atlas Italie p. 84 – Trapani.* Située à l'extrémité ouest de la Sicile, plus proche de l'Afrique que du reste de l'Europe, la ville de Marsala déploie son centre historique autour du Capo Lilibeo (ou Boeo), derrière la promenade Boeo et la piazza Vittoria, en un dédale de petites rues dont la découverte ne peut se faire qu'à pied. Depuis la piazza Vittoria, la via XI Maggio conduit à la piazza della Repubblica *(voir « se promener »)*. Marsala fait un excellent point de départ pour les excursions dans les alentours. **🏛** *Via XI Maggio 100,* **☎** *0923 71 40 97.*

*Vous pouvez poursuivre votre voyage en visitant : ERICE, MAZARA DEL VALLO, MOZIA, TRAPANI, VIA DEL SALE.*

## comprendre

Implanté sur le cap qui porte l'ancien nom de la ville, Lilibeo (de *Lily*, eau et *Beo*, des Eubéens, les habitants qui auraient précédé les Phéniciens), Marsala a probablement été fondé en 397 avant J.-C. par les Phéniciens qui avaient abandonné la ville de Mozia après leur défaite devant les Syracusains. Le nom actuel dérive probablement de l'arabe *Marsah el Ali*, « port d'Ali », qui témoigne sans aucun doute de son importance comme cité maritime. N'est-ce pas dans ce port qu'eut lieu le débarquement historique de Garibaldi accompagné des « Mille » ?

« **Mille** »**... mercis** – En ce début de mai 1860, **Garibaldi** fait route vers la Sicile, à la tête d'un millier de volontaires, des paysans vêtus d'une chemise rouge. Ils embarquent tous à Quarto (Gênes). Leur but est de renverser le régime des Bourbons et de libérer le royaume des Deux-Siciles. Le 11 mai, le *Lombardo* et le *Piemonte* accostent à Marsala. Les Mille pénètrent à l'intérieur du pays et remportent une première victoire à Calatafimi. La route de Palerme est ouverte. D'autres paysans se joignent à eux. Ils sont plus de vingt mille lorsqu'ils atteignent le détroit de Messine. En moins de deux mois, la Sicile est libérée du joug des Bourbons. L'expédition se poursuit dans le reste du royaume, et le 21 octobre, après un plébiscite, l'île est rattachée au premier noyau des provinces septentrionales (Piémont, Lombardie, Ligurie, Émilie-Romagne, Toscane, Sardaigne) qui formeront le royaume d'Italie.

## découvrir

### Le marsala

**Histoire du marsala** – En 1770, une tempête contraint un navire de commerce anglais à faire escale au port de Marsala. Le marchand, **John Woodhouse**, entre dans une taverne et y déguste un vin de Marsala. Familier des vins liquoreux espagnols et portugais et frappé par sa ressemblance avec ceux-ci, il expédie aussitôt une grande quantité de marsala dans son pays natal (on ajoute aupara-

## carnet pratique

---

### RESTAURATION

**Divino Rosso** – *Via XI Maggio (l.go A. di Girolamo), Marsala* - ☎ *0923 71 17 70 - fermé lun., nov. - réserv. conseillée - 22/44€.* Vous croiserez ce restaurant, qui fait également office d'œnothèque, en vous promenant dans le centre historique. Les plats qui y sont proposés sont typiquement siciliens, à base de poisson frais, et en été, vous pourrez les déguster à l'extérieur, sous de grands parasols dépliés le long du corso principal.

### HÉBERGEMENT

**Tenuta Volpara** – *Contrada Digerbato, 9 km à l'E de Marsala* - ☎ *0923 98 45 88 - fax 0923 98 46 67- volpara@delfinobeach.it -* ✉ *- 18 ch. : 50/72 € ⊊ 5,16€ -*

*rest. 16/41€.* Cette ferme, située en pleine campagne, vous fera connaître la véritable hospitalité sicilienne. Vous y aurez en outre l'occasion rare de découvrir une authentique tradition rurale : celle de la *zabbina*, de la ricotta chaude fraîchement préparée, au petit-déjeuner.

### CALENDRIER

**Settimana Santa** – La ville s'anime à l'occasion de Pâques, notamment avec la **procession du Jeudi saint**, où hommes et femmes incarnent les protagonistes du chemin de croix dans les rues du centre. Le soir ont lieu ensuite les représentations sacrées de la Crucifixion et la Résurrection.

**Marsala Doc Jazz Festival** – Ce festival de jazz se déroule au mois de juillet.

---

vant de l'alcool au vin pour qu'il supporte mieux le voyage) pour évaluer le marché. La réponse est positive, et bientôt un premier établissement anglais est implanté à Marsala. Un autre marchand anglais arrive dans la ville. C'est **Ben Ingham**, spécialiste en vins liquoreux, qui va améliorer la sélection des raisins et affiner la qualité du vin. Son entreprise passe ensuite aux mains de ses neveux, les **Whitaker** *(voir Index)*. En 1833, **Vincenzo Florio**, commerçant calabrais, palermitain d'adoption, achète le terrain qui se trouvait entre les deux plus grands producteurs de Marsala pour se consacrer lui aussi à la production, mais diminue par la suite la surface des vignobles pour améliorer la qualité. D'autres entreprises naissent à la fin du siècle, dont la Pellegrino en 1880. Au début du 20e s., les Florio absorbent les firmes Ingham et Woodhouse, mais maintiennent les deux marques respectives. Puis les Florio sont absorbés à leur tour par d'autres entreprises, mais la production et les marques restent inchangées.

**Le vin** – Le vin de Marsala est un vin DOC. (équivalent de l'Appellation d'Origine Contrôlée). La production est donc limitée à la seule région de Trapani et à une petite partie des terres de l'Agrigentin et du Palermitain. Le marsala est produit à partir de raisin très sucré, mis à fermenter ou caraméliser après pressurage. On y ajoute ensuite de l'alcool pour obtenir différentes sortes de marsala. En fonction de la teneur en sucre, on obtient un vin sec *(secco)*, demi-sec *(semisecco)*, ou doux *(dolce)*. Les années de vieillissement déterminent les appellations, *Marsala Fine* (1 an), *Superiore* (2 ans), *Superiore Riserva* (4 ans) *Vergine* (5 ans) et *Vergine Riserva* (10 ans). Qu'on le prenne en apéritif *(secco)* ou en vin de dessert, le marsala doit toujours être servi à une température inférieure à 10 °C s'il est sec, et à 18 °C s'il est doux.

Cantine Florio

### Les établissements

**Florio** – *Via Florio. Visite sur demande (au moins 5 j. à l'avance en été, 10 j. à l'avance le reste de l'année). Juil.-sept. : lun.-ven. matin 11h et 15h30 ; le reste de l'année : lun.-ven. matin 9h-11h, 15h-16h. Fermé j. fériés, août. Gratuit.* ☎ *0923 78 11 11, fax 0923 98 23 80 ; www.cantineflorio.com*

La visite de ce vénérable établissement vinicole permet de découvrir les techniques de production d'hier et d'aujourd'hui. Avant d'entrer dans les immenses caves à l'ambiance feutrée (à cause du sable du sol, du tuf des murs, et des tuiles qui tapissent le plafond pour permettre une bonne « transpiration » et maintenir une température constante de 18 °C.), on peut voir les tonneaux de la **méthode Soleras**, système espagnol de vieillissement qui consiste à faire couler le vin en cascade. Les tonneaux sont empilés en pyramide et reliés entre eux afin que, lorsque le vin est tiré dans le tonneau au bas de la pyramide, il soit remplacé par le vin plus récent qui se trouve au sommet. Ce dispositif assure un mélange parfait du vin et garantit une qualité excellente, toujours constante.

L'établissement vinicole abrite également un petit musée agricole, avec une présentation d'ustensiles et d'outils.

**Pellegrino** – *Via del Fante, 39. (&) Tlj sf dim. 9h-12h, 15h-17h30, sam. 9h-12h30. Fermé j. fériés. ☎ 0923 71 99 11 ; www. carlopellegrino.it*

Autre grande entreprise, elle produit, outre du marsala, du pastis et du muscat de Pantelleria. À l'entrée de l'établissement, on peut admirer cinq **charrettes siciliennes** du 19ᵉ s. décorées. Autre souvenir du passé préservé avec soin, la grille qui renfermait autrefois toute la production avant l'inspection et l'application des taxes douanières.

**Marco De Bartoli** – *Contrada Samperi, 292. Visite sur demande. Pour toute information ☎ 0923 96 20 93, fax 0923 96 29 10.*

Situé dans la localité de Samperi, l'établissement produit selon la méthode ancienne l'un des meilleurs marsalas.

Outre les exploitations viticoles produisant le marsala, on peut visiter la **Cantina Sperimentale Istituto Regionale delle Vite e del Vino**, où il est possible de déguster une grande variété de vins expérimentaux. *Via Trapani 218, près de l'institut technico-agraire A. Damiani. Visite sur demande, avec une dégustation. Pour toute information ☎ 091 62 78 111 ; www.vitaevino.it*

## se promener

Le cœur de la ville bat sur la **piazza della Repubblica**, dominée par l'église de la Vierge *(chiesa madre)* et le palais sénatorial, appelé aussi la Loggia, achevé au 18ᵉ s.

**Chiesa madre** – Édifiée à l'époque normande, mais restaurée au 18ᵉ s., cette église présente une imposante façade en tuf ornée de statues. À l'intérieur, parmi de nombreux ouvrages des Gagini, une belle icône d'**Antonello Gagini** et de Berrettaro *(abside de gauche)*, et une délicate *Vierge du peuple* de **Domenico Gagini** (1490, *transept de droite*). Au-dessus, une belle toile Renaissance d'Antonello Riggio, *La Chandeleur* (purification de Marie au Temple).

De la piazza della Repubblica part le corso XI Maggio, ancien *decumanus* principal de la ville romaine, bordé de beaux palais. Perpendiculaire, la **via Garibaldi** mène vers le Sud jusqu'à la porte du même nom. On peut y voir l'hôtel de ville, ancien quartier militaire espagnol. Derrière l'hôtel de ville se tient tous les matins le marché aux poissons. Prolongement vers le Nord de la via Garibaldi, la via Rapisardi est bordée de beaux palais du 18ᵉ s. et de l'église du Collège, de la même époque.

Les bâtiments situés derrière la *chiesa madre* abritent le Museo degli Arazzi *(voir « visiter »).*

*La porte Garibaldi.*

B. Kaufmann/MICHELIN

## visiter

### Museo degli Arazzi
*Entrée via Garraffa. Tlj sf lun. 9h-13h, 16h-18h. 1,5€. ☎ 0923 71 29 03.*
La collection comprend huit **tapisseries★** flamandes du 16ᵉ s. représentant des
épisodes de la guerre de Titus contre les juifs. Éclat des coloris et richesse de la
composition distinguent non seulement le sujet central mais aussi les bordures,
ornées de fleurs, de fruits et de figures allégoriques. La septième tapisserie, mettant en scène un combat, donne une forte impression de mouvement.

### Museo Archeologico di Baglio Anselmi
*Lungomare Boeo (depuis l'extrémité du viale Vittorio Veneto tourner à gauche et longer
le cap). ♿ 9h-14h, mer., w.-end et j. fériés également 16h-19h. 4,13€. ☎ 0923 95 25 35 ;
www. regione.sicilia.it/beniculturali*
Situé à l'intérieur d'un ancien établissement vinicole dessiné par Basile, ce musée
abrite l'épave d'un **navire carthaginois★** (3ᵉ s. avant J.-C.) renfloué en 1969 près
de Mozia. Il s'agit probablement d'une liburne, navire de guerre très rapide de 35 m
de long, qui aurait sombré en 241 avant J.-C. lors de la bataille des Égades, à la fin
de la première guerre punique. L'examen de l'épave a fourni des renseignements
sur la technique de construction des Phéniciens, qui consistait à assembler des
pièces préfabriquées qu'on repérait au moyen de lettres. On notera l'extraordinaire
qualité de l'alliage qui compose les clous utilisés pour assembler les axes. Après
plus de deux mille ans passés au fond de la mer, ils ne présentent aucune trace
d'oxydation.
Le musée renseigne également sur l'histoire de Marsala et de ses environs, à l'aide
de pièces intéressantes allant de la préhistoire au Moyen Âge. On verra en particulier, dans les vitrines consacrées à Mozia, des **bijoux** d'époque hellénistique de
facture très fine, retrouvés au large du cap Boeo (Lilibeo).

### Insula di Capo Boeo
*À l'extrémité du viale Vittorio Veneto, sur le cap, tourner à droite. ♿ Tlj sf dim. 8h-13h,
14h-19h. Fermé j. fériés. Gratuit. ☎ 0923 95 25 35 ou 0923 80 81 11.*
On y voit les vestiges de trois *insulae* ou quartiers romains. L'un de ceux-ci est
entièrement occupé par une grande **villa** de l'époque impériale (3ᵉ s. après J.-C.),
avec des thermes privés. On y voit encore quelques-unes des mosaïques qui
ornaient les pavements et des *suspensoria*, colonnettes qui maintenaient un espace
entre le dallage et le sol en terre, permettant ainsi la circulation de l'air chaud. Le
quartier était délimité par des rues pavées de pierre blanche de Trapani.
Un peu plus loin s'élève l'**église San Giovanni al Boeo** qui abrite l'antre légendaire
de la Sibylle lybique. *Visites guidées sur demande au Pro Loco, ☎ 0923 71 40 97.*

# Mazara del Vallo

Ancienne cité phénicienne située à l'embouchure de la rivière Mazaro, Mazara
était déjà un port important dans l'Antiquité du fait de son site protégé et de
sa proximité avec l'Afrique. Devenue centre de commerce pour les Grecs, la
ville a connu son apogée sous les Arabes et les Normands. Dans le brassage des
populations, les Africains représentaient un fort pourcentage et c'est encore le
cas aujourd'hui. Mazara est à ce jour l'un des principaux centres italiens de
pêche hauturière et contribue à 20 % de la production nationale.

### La situation
*51 869 habitants – Carte Michelin nº 565 O19 ou Atlas Italie p. 84 – Trapani.* Le port
chenal constitue le véritable cœur de la ville, autour duquel s'articulent les différentes activités liées à la pêche. Les principaux monuments sont situés à l'Est du
port, derrière le lungomare Mazzini. **🛈** *Piazza S. Veneranda 2, ☎ 0923 94 17 27.*
*Vous pouvez poursuivre votre voyage en visitant : CASTELVETRANO, MARSALA,
SELINUNTE.*

## se promener

### Le port-chenal
Il est au cœur de l'activité de la cité. Il faut le voir tôt le matin, lorsque les bateaux
rentrent de la pêche en haute mer. Envahi par la foule et les camions frigorifiques,
il résonne des appels des vendeurs, des acheteurs et des transporteurs, tandis que
les embarcations accostées au môle se préparent pour la pêche suivante. Les
nasses sont pliées, les casiers empilés en bon ordre.
*Sur le port, un peu en retrait, se dresse l'église normande San Nicolò Regale.*

## S. Nicolò Regale

*Tlj sf dim. 9h-13h. Fermé j. fériés. Gratuit.*
☎ *0923 90 94 31.*

Construite sous Guillaume I$^{er}$, c'est
une charmante église à plan carré,
avec trois absides, une coupole en
forme de bonnet d'eunuque typique
de l'architecture arabo-normande, et
une façade couronnée de créneaux
arrondis. À l'intérieur, quelques
mosaïques de l'époque paléochrétienne ont été découvertes sous le
pavement, appartenant probablement à un ancien dallage romain.

Au centre de la ville, la **piazza Plebiscito** est bordée par l'harmonieuse façade
de l'église **St-Ignace** (18$^e$ s.) et le beau portail de l'ancien **collège des jésuites**
(17$^e$ s.) où sont logés la bibliothèque municipale, le petit Musée municipal
(Museo Civico) et la sala Consagra *(voir description dans « visiter »)*.

## Cathédrale

Construite au 11$^e$ s., elle a été complètement remaniée au 17$^e$ s. Sa façade, terminée en 1906, est percée d'un portail orné d'un bas-relief du 16$^e$ s. représentant
Roger I$^{er}$ à cheval terrassant un musulman.

*Roger terrassant un musulman.*

**Intérieur★** – Des stucs dorés à l'or fin alternent avec des fresques en trompe-l'œil
imitant des stucs en forme de volutes, de boucles et de *putti*, ce qui confère à
l'ensemble un aspect théâtral. Dans l'abside centrale, assez complexe, un drapé à
points de piqûre dorés soutenu par des anges abrite le groupe de la **Transfiguration★**
d'**Antonello Gagini**, qui s'appuie sur un majestueux tabernacle Renaissance. Dans la
1$^{re}$ chapelle de droite est placé un ciboire ancien, qui fut peut-être utilisé, comme le
dit l'inscription, pour le baptême du fils de Frédéric II. Toujours sur la droite s'ouvre
la chapelle du Crucifix, attenante à une pièce renfermant un beau crucifix peint sur
bois (13$^e$ s.). Au sol, on peut voir les anciennes fondations, protégées par une dalle de
verre. L'église renferme aussi de nombreux sarcophages d'époque romaine.

## Piazza della Repubblica

Sur cette très jolie place de l'époque baroque bat le cœur de l'ancienne cité. Les
palais qui l'entourent remontent au 18$^e$ s. À l'arrière-plan, la cathédrale, dominée
par un élégant campanile baroque, à gauche, le palais épiscopal, à droite, le **séminaire des Clercs**, complété par un portique et une loggia néoclassiques, avec des
arcs en plein cintre. Le séminaire héberge un petit **Musée diocésain** *(voir description dans « visiter »)*. Au centre de la place veille la statue de saint Gui (1771), patron
de la ville, due à Ignazio Marabitti.

## Lungomare Mazzini

*Au Sud de la piazza della Repubblica.* À l'ombre des magnolias et des palmiers, il fait
bon flâner le long de cette promenade de bord de mer. À l'extrémité Est, piazza
Makara, on peut encore voir une porte à arc ogival dotée d'une double margelle,
unique vestige de l'ancien château normand (11$^e$ s.).

## *visiter*

### Museo Civico et Sala Consagra

*Piazza Plebisicito 2. 8h30-13h30, mar. et ven. 8h30-13h30, 15h15-17h45. Gratuit.*
☎ *0923 67 11 11.*

Dans le petit Musée municipal sont rassemblées des pièces archéologiques qui vont de la période néolithique à la période byzantine tardive.

Séparée, la **sala Consagra**, dédiée à **Pietro Cansagra**, artiste contemporain natif de Mazara, renferme des eaux-fortes, des aquarelles et des modèles réduits de ses plus célèbres sculptures. À voir aussi, une vaste collection de peintures qui n'ont pas encore trouvé leur emplacement idéal.

### Museo Diocesano

*Entrée par la via dell'Orologio, 3. (&) Tlj sf lun. et dim. 9h-13h. Fermé j. fériés. 2€.*
☎ *0923 90 94 31.*

Les objets appartenant au trésor de la cathédrale représentent la part la plus importante de la collection de ce musée, qui réunit des pièces d'argenterie, des objets et des ornements sacrés datant du 14ᵉ s. au 19ᵉ° s.

# Messina

## Messine

Depuis plus de 40 ans, le projet d'un pont franchissant le détroit de Messine alimente les conversations et les rumeurs... Il pourrait bien, pourtant, devenir une réalité d'ici une dizaine d'années et sortir ainsi la Sicile de son relatif isolement. Pour l'instant, Messine, séparé du continent par un mince bras de mer de 5 km, reste solidement accroché à son port, point de débarquement naturel pour le visiteur qui arrive de la péninsule.

### La situation

*257 302 habitants – Carte Michelin nᵒ 565 M²⁸ ou Atlas Italie p. 83 – Plan dans le Guide Rouge Italia.* Messine est une ville moderne qui s'allonge derrière le port en forme de faucille qui lui donna son nom pendant l'Antiquité. Les rares monuments de la ville épargnés par le terrible tremblement de terre de 1908 et les bombardements de la Seconde Guerre mondiale sont dispersés derrière la partie centrale du port. Pour rejoindre le centre historique depuis l'autoroute, prendre la sortie Messina-Boccetta Porto et s'engager dans le viale Boccetta jusqu'au corso Garibaldi qui longe le bord de mer. ▯ *Via Calabria isol. 301 bis,* ☎ *090 67 42 36, fax 090 67 42 71 et piazza Cairol, 45,* ☎ *090 29 35 292, fax 090 69 47 80 ; www.azienturismomessina.it/*

*Vous pouvez poursuivre votre voyage en visitant : EOLIE, GIARDINI NAXOS, MILAZZO, TAORMINA.*

## *comprendre*

Colonie grecque fondée au 8ᵉ s. avant J.-C., Messine doit son nom antique, **Zancle**, à son port dont la forme évoque celle d'une faucille. Son histoire est donc forcément liée à la mer et au détroit qui, comme l'affirmaient les navigateurs de l'Antiquité, était surveillé par deux redoutables monstres, Charybde et Scylla. **Scylla**, fille d'Hécate, déesse de la Nuit, possédait douze pieds et six têtes et demeurait dans une grotte située sous un rocher de Calabre, dont elle ne sortait que pour chasser des animaux marins. C'est elle qui se déchaîna contre le navire d'Ulysse, pour capturer et dévorer six de ses compagnons. Quant à **Charybde**, il vivait sur la côte sicilienne sous un autre rocher, et, trois fois par jour, avalait et recrachait l'eau de la mer (*L'Odyssée*, Livre XII).

Port commercial stratégique, Messine est devenu zone d'échange non seulement pour les marchandises mais aussi pour les courants artistiques et les idées. C'est dans un riche climat artistique que se formèrent des personnalités comme le peintre Antonello da Messina.

Après avoir connu de grands cataclysmes, comme les tremblements de terre de 1783 et 1908 qui la détruisirent à 90 % et firent plus de soixante mille morts, la ville a aussi beaucoup souffert des bombardements durant la Seconde Guerre mondiale.

G. Blüdzin/MICHELIN

# carnet pratique

## TRANSPORTS

**Depuis le « continent »** – Messine
est le port privilégié pour les liaisons avec
la péninsule italienne. Les ferries venant
de Reggio di Calabria (traversée en 45mn,
Stazione Ferrovie dello Stato,
☎ 0965 86 35 25) ou de Villa S. Giovanni
(20mn, Caronte Shipping, via Marina, 30,
☎ 0965 75 14 13 et Ferrovie dello Stato,
piazza Stazione, ☎ 0965 75 60 99)
accostent à la gare maritime. Pour
les hydrofoils (15mn), contacter la SNAV,
Stazione Marittima, Reggio Calabria,
☎ 0965 29 568.
Si l'on arrive par avion, les aéroports les plus
proches sont ceux de Reggio di Calabria
et de Catane.
**Depuis la Sicile** – Si l'on arrive de l'île,
les trains relient Messine à Palerme (3h),
Taormine (1h), Catane (environ 2h)
et Syracuse (3h). ;
Différents services de cars effectuent
les liaisons avec Palerme, Taormine, Catane,
Capo d'Orlando, Patti et Tindari.
**Liaisons avec les îles Éoliennes** –
Depuis Messine, il est possible d'aller
par le train (40 mn environ) ou en autocar
jusqu'à Milazzo, puis, là, de prendre
un ferry pour l'archipel. Alternative possible :
l'Aliscafi SNAV effectue des liaisons
quotidiennes directes depuis Messine (1h20),
*via San Raineri 22,* ☎ *090 36 21 14,*
*fax 090 71 73 58.*

## RESTAURATION

### • Sur le pouce
**Don Nino –** *Viale Europa 39, Isolato 59,
Messine -* ☎ *090 69 42 95 - 13/18€.*
Merluche, tomates, pommes de terre, olives,
câpres, pignons, raisins de Corinthe,
oignons, ail, huile, céleri, carottes... Vous
pourrez découvrir ce festival de saveurs,
au restaurant Don Nino, l'une des perles
de la cuisine locale. Un seul conseil :
régalez-vous !

**Casa Savoia –** *Via XXVII Luglio
36/38, Messine -* ☎ *090 29 34 865 -
info@ristorantecasasavoia.it -* ✉ *-
20/37€.* Installé là où s'élevait autrefois
un théâtre, le « Regio Teatro Savoia »,
ce restaurant est sans nul doute un excellent
point de départ pour qui cherche à s'initier
aux saveurs typiques de la cuisine
de Messine.
**Le Due Sorelle –** *Piazza Municipio 4,
Messine -* ☎ *090 44 720 - fermé w.-end
midi, août - réserv. conseillée - 28/37€.*
Située en plein centre historique,
cette ancienne auberge interprète
avec imagination la cuisine traditionnelle.
En soirée, le poisson est roi, mais les autres
grands classiques de la cuisine locale
sont également présents.

## HÉBERGEMENT

⊖⊗ **Villa Morgana –** *Via C. Pompea 237,
Ganzirri, 5 km au N de Messine le long
de la route du littoral -* ☎ *090 32 55 75 -
fax 090 32 55 75 - villamorgana@tin.it -*
◻ *-14 ch. : 46,50/77,50€* ⌐. Ce bel
hôtel, installé à l'intérieur d'une villa
privée entourée d'un vaste jardin très bien
entretenu, est situé le long de la route qui
suit le bord de mer, à quelques kilomètres
de Messine. Avec son beau salon à l'entrée
et ses chambres accueillantes et soignées,
vous aurez l'impression de passer
des vacances chez des amis.

## PETITE PAUSE

**Pasticceria Irrera –** *Piazza Cairoli 12,
Messine -* ☎ *090 67 38 23 - www.irrera.it/.*
Fondée en 1910, cette pâtisserie est
une véritable institution en ville. Parmi
les spécialités, la *pignolata* (gâteau
traditionnel faits de beignets de pâte
à choux glacés, au goût citron ou chocolat)
et le nougat fondant (très tendre, aux fruits
confits et aux amandes).

**Pasticceria F. Gordelli** – *Via Ghibellina 86 (parallèle à la via Cesare Battisti, à l'Est), Messine* - ☎ *090 66 29 22.* Une autre adresse à ne pas manquer pour goûter aux fameuses spécialités pâtissières de la ville.

## CALENDRIER

**Venerdì Santo** – Le Vendredi saint, procession des *Barette*, groupes en bois sculpté, le long des stations de la via Crucis.

**Passeggiata dei Giganti** – Le 14 août, les Géants Grifone, le Maure, et Mata, la légendaire fondatrice de la ville, se promènent dans les rues de Messine.

**Processione della Vara** – Le 15 août, un grand ensemble scénique représentant l'Assomption de la Vierge est porté en procession.

# découvrir

## La Piazza Duomo et ses alentours

### Le Duomo

La cathédrale a été presque entièrement reconstruite après le séisme de 1908 dans son style normand d'origine. Sa façade à saillants est allégée par des fenêtres ogivales et une petite rosace centrale. Des trois portails, seul le **portail central★** a été refait avec des éléments d'origine (15e s.). Encadré de colonnettes soutenues par des lions, il est orné, dans la lunette, d'une *Vierge à l'Enfant* du 16e s.
Sur le côté droit s'élève un petit bâtiment éclairé par de belles fenêtres géminées en style gothique catalan.
L'**intérieur** renferme un beau plafond à chevrons, peint d'après le modèle d'origine, détruit par les bombardements de la dernière guerre. Les poutres faîtières sont ornées de rosaces d'aspect oriental.

**Trésor** – *Entrée à l'intérieur de la cathédrale. 9h-13h, 15h-1h av. le coucher du soleil. 3€.* ☎ *090 67 51 75.*
Il réunit une belle collection d'objets et d'ornements sacrés. La pièce la plus ancienne (Haut Moyen Âge) est *La Pigna*, une lampe en cristal de roche. Parmi les pièces d'argenterie et d'orfèvrerie, de facture locale, on voit des bras-reliquaires (celui de saint Marcien est orné de motifs arabes et byzantins), des chandeliers, des calices et un bel **ostensoir** du 17e s. avec deux anges et un pélican surmontés d'un soleil rayonnant.

### Horloge astronomique★

Réalisée à Strasbourg en 1933 et logée dans un beffroi de 60 m de haut, à gauche de l'église, l'horloge mécanique indique à la fois l'heure et les moments de l'année. Chacun de ses niveaux, animé d'un mouvement différent, est individualisé par un sujet : au niveau inférieur, un char à deux chevaux conduit par une divinité indique les jours de la semaine ; au deuxième niveau, la Mort agite sa faux en signe prémonitoire face à quatre personnages, un enfant, un jeune homme, un soldat et un vieillard, représentant les quatre périodes de la vie ; au-dessus d'une reproduction du sanctuaire de Montalto (que l'on aperçoit sur la gauche), un groupe personnifie la Nativité, l'Épiphanie, la Résurrection et la Pentecôte ; dans le cadre supérieur figure une scène rattachée à la légende locale : la **Madonna della Lettera**, sainte patronne de Messine, remet une lettre de remerciements aux ambassadeurs de Messine pour accorder sa protection aux habitants de la ville, convertis au christianisme par l'apôtre Paul. Les deux jeunes filles qui frappent les cloches sont deux héroïnes locales, Dina et Clarenza, qui vécurent à l'époque de la résistance contre les Angevins (1282). Le dernier niveau est occupé par un lion.
Le côté Sud du beffroi est occupé par *(à partir du bas)* un calendrier perpétuel et un calendrier astronomique comportant les signes du zodiaque et les phases lunaires.
Aux douze coups de midi, un fond musical accompagne la mise en mouvement de tous les automates : le lion, symbole de la vitalité de la ville, rugit trois fois, et le coq, placé entre les deux jeunes filles, se met à chanter.

*L'horloge astronomique.*

A. Picone/Lara Pessina/MESSINA

## Fontana di Orione

Placée au centre de la piazza del Duomo, cette belle et élégante fontaine, œuvre de l'architecte toscan Montorsoli, commémore l'ouverture d'un aqueduc. De style pré-baroque (16ᵉ s.), elle représente quatre fleuves, le Tibre, le Nil, l'Èbre et... le Camaro, rivière de Messine dont les eaux étaient acheminées par ce nouvel aqueduc.

## SS Annunziata dei Catalani

À quelques pas du Dôme, l'église de la Ste-Annonciation-aux-Catalans s'élève derrière la via Garibaldi, bordée à cet endroit de beaux palais. Construit en 1100 sous la domination normande et remanié au 13ᵉ s., l'édifice fait référence aux marchands catalans auxquels il a appartenu par la suite. L'**abside**★, bel exemple du fameux style normand composite, reflète des apports romans (petites arcades aveugles s'appuyant sur de fines colonnettes), des influences arabes (motifs géométriques en pierre polychrome) et des éléments byzantins (dôme élevé sur un tambour).

# se promener

Il est possible de commencer la promenade à la via Garibaldi, la principale rue de Messine (qui relie la piazza Cairoli au Sud, proche de la gare FFSS et du port, à la piazza Castronuovo), ou bien directement depuis la piazza del Duomo.

## S. Maria Alemanna

*Dans la via Santa Maria dell'Alemagna, perpendiculaire à la via Garibaldi.* Malheureusement délabrée (toit emporté, façade inexistante), cette église laisse toutefois deviner son style gothique originel, si rare en Sicile, dans les arcs brisés soutenus par des pilastres à faisceaux de colonnes ornées de beaux chapiteaux, et qui formaient les murs des nefs.

*Depuis la piazza Duomo, prendre la via Oratorio San Francesco et tourner à droite dans la via XXIV Maggio.*

## Monte di Pietà

*Via XXIV Maggio, à l'angle de la piazza Crisafulli.* Ce palais appelé Mont-de-Piété est de style maniériste tardif. Sa façade se caractérise par un portail massif en pointes de diamants, flanqué de robustes colonnes et surmonté à la fois d'un tympan en arc brisé et d'un balcon reposant sur des consoles à volutes. Détruit aussi par le séisme, son étage supérieur n'a pas été reconstruit, ce qui donne un air inachevé à l'ensemble. À gauche de l'édifice, une grille donne accès à l'ancien parvis de l'église Sainte-Marie-de-la-Piété, précédé d'un majestueux escalier à rampes symétriques. De l'église, il ne reste que la façade.

*Continuer jusqu'au viale Boccetta.*

## S. Francesco d'Assisi ou l'Immacolata

L'église St-François d'Assise ou de l'Immaculée, à l'aspect monumental, a été entièrement reconstruite après le séisme de 1908. Elle a cependant conservé certains éléments d'origine, comme les trois simples absides du 13ᵉ s. en pierre, rythmées d'étroites arcades où s'ouvrent les fenêtres, les deux portails en arc brisé, d'époque plus récente, et une belle rosace sur la façade.

*Rejoindre la via San Giovanni di Malta, parallèle au viale Boccetta, au Nord, et la remonter vers la droite.*

## S. Giovanni di Malta

Datant du 16ᵉ s. tardif, l'édifice carré présente côté Ouest (via Placida) une façade rythmée par des pilastres en pierre blanche, des niches et des fenêtres aveugles ou non, ornée d'une tribune dans l'ordre supérieur.

# visiter

## Museo Regionale★

*Via della Libertà, 465. (⅄) Tlj sf lun. 9h-13h30, mar., jeu. et sam. également 16h-18h30 (hiver 15h-17h30), dim. et j. fériés 9h-12h30. 4,13€. ☎ 090 36 12 92.*
Le parcours proposé dans ce musée suit les périodes historiques et artistiques à partir de l'époque byzantine et normande. Les premières salles rassemblent des collections de tableaux, de bas-reliefs et de chapiteaux. On remarquera un beau crucifix en bois polychrome de la première moitié du 15ᵉ s. *(3ᵉ salle en entrant sur la droite)* et un médaillon en terre cuite émaillée, dû au talent des frères Della Robbia, qui représente une Madone regardant tendrement son enfant. La salle suivante met en évidence l'influence flamande. Le réalisme et la précision des détails du bord du manteau et des poignets de la robe de la *Vierge à l'Enfant (salle 4)*, attribuée à un disciple de Petrus Christus (15ᵉ s.), se retrouvent dans la belle composition, hélas endommagée, d'Antonello da Messina, le ***Polyptyque de***

*saint Grégoire* (1473). Dans cette œuvre, la linéarité de la composition s'allie à la minutie flamande, comme l'illustre la réalisation de la robe de la Madone. L'harmonie de la composition est soulignée par le traitement de la perspective, qui utilise un unique point de fuite, débordant du panneau central pour se prolonger sur les panneaux latéraux. L'embase se continue aux pieds des deux saints et unit les trois figures en un même espace. Au centre en bas, la lunette fait ressortir « l'ouverture » du plan que souligne le collier suspendu dans le vide. Dans la belle *Déposition de croix* de Colyn de Coter *(même salle)*, l'aspect dramatique de la scène est rendu par le rassemblement en un même endroit du tableau des visages penchés au-dessus du Christ et par le choix de teintes brunies et éteintes.

### ANTONELLO DA MESSINA

Né à Messine vers 1430, sous la domination espagnole, il grandit dans une ambiance particulièrement agitée. Ses différents déplacements dans la vice-royauté le conduisent à Naples, où il se forme dans l'atelier de Colantonio. Les conceptions flamandes, espagnoles et provençales auxquelles il est confronté influenceront durablement ses œuvres. S'il peint avec un souci extrême du détail et un réalisme tout à fait flamands, il tempère cela par une rigueur de composition et une sérénité typiquement italiennes. Alliant de riches tons chauds aux procédés de perspective, il crée une harmonie et un équilibre qui se retrouvent dans toutes ses compositions. De manière générale, ses toiles montrent tout ce qu'il a appris au cours de ses échanges avec d'autres artistes contemporains. Dans ses portraits, où le profil toscan se substitue au trois quarts flamand, le visage, mis en relief par un clair-obscur, est toujours noble et paisible. Sa rencontre avec Giovanni Bellini à Venise lui fait découvrir l'emploi de couleurs plus douces et tamisées, comme dans *L'Annonciation* de Palerme, la plus célèbre peut-être de toutes celles qu'il a données.

La salle suivante est consacrée à Girolamo Alibrandi, autre peintre de Messine, auquel sont dus un admirable *Saint Paul* et surtout la grande *Présentation au Temple* de 1519 (remarquer la douceur et la noblesse des traits de la femme au premier plan). À voir aussi, une belle statue de *Vierge à l'Enfant*, de A. Gagini.

Le peintre romain Polidoro da Caravaggio et le sculpteur et architecte florentin Montorsoli importèrent à Messine le maniérisme, repris par certains de leurs contemporains. Les salles suivantes leur sont consacrées. Michelangelo Merisi, dit **le Caravage**, qui séjourna à Messine entre 1608 et 1609, y a peint *L'Adoration des bergers* et la *Résurrection de Lazare (salle 10)*. Ce séjour lui a suffi à l'époque pour influencer les artistes de la ville.

La belle et somptueuse **berline du Sénat★** (1742, *salle 12*) comporte, outre des garnitures et des sculptures en bois doré, des panneaux peints d'une grande finesse. La visite se termine à l'étage supérieur par des objets illustrant les arts décoratifs et appliqués.

# *circuits*

## Le Cap Peloro
*70 km – une demi-journée environ*
À partir de Messine, une route panoramique fait le tour du cap en passant par les plages qui se succèdent à son extrémité et sur le versant tyrrhénien.

**Ganzirri** *(5 km au Nord de Messine le long de la route du littoral)* Ce pimpant village de pêcheurs regroupe ses maisons autour de deux grandes lagunes utilisées pour la culture des fruits de mer. Les soirs d'été, il fait bon flâner autour des rives du *lungolago*, éclairées et animées par les restaurants et les *pizzerias*.

En longeant le détroit de Messine vers le Nord sur 3,5 km, on parvient à **Torre Faro**, petit village à vocation de pêche, dominé par son phare et les gigantesques lignes électriques qui traversent le détroit.

Dépasser les **cordons littoraux de Mortelle** et continuer jusqu'à Divieto, puis pénétrer dans l'arrière-pays par la SS 113 en direction de Gesso. Après le village, la route monte sur 6 km environ jusqu'au Portella San Rizzo, petit col où l'on emprunte à droite la route qui mène au sommet de l'Antennammare.

## Monte Antennammare
Du sommet (1 130 m), occupé par le **sanctuaire Maria Santissima Dinnamare**, un extraordinaire **panorama★★** se développe sur Messine et son port, le cap Peloro et la Calabre à l'Est, la côte ionienne avec le promontoire de Milazzo, en forme de faucille, et Rometta, ancrée au flanc de sa colline à l'Ouest. Revenir jusqu'au col San Rizzo et reprendre à droite la SS 113 pour redescendre vers Messine par les versants boisés du col.

## S. Maria della Valle, ou Badiazza
L'abbaye bénédictine, dite aussi Santa Maria della Scala, daterait du 12ᵉ s. Sa restauration remonte au 14ᵉ s. De l'extérieur (l'intérieur n'est guère visible, car un haut mur en ciment la protège des crues du torrent), on apprécie ses fenêtres en

arc brisé, terminées en pierre de lave, qui laissent entrevoir une partie de l'intérieur : épaisses côtes en pierres bicolores à la croisée des voûtes, chapiteaux en tronc de pyramide sculptés.

## Le littoral ionien de Messine à Taormine

*Le parcours, qui suit la route du littoral, avec de brèves incursions dans l'arrière-pays, est de 70 km environ au départ de Messine, et peut être également effectué en sens inverse au départ de Taormine – environ une journée.*

### Monastère S. Placido Calonerò

*À l'intérieur, sur la route en direction de Pezzolo. Été : 8h-14h ; le reste de l'année : 8h-20h. Fermé vacances de Noël et de Pâques. Contacter l'Institut technique agricole quelques jours à l'avance. ☎ 090 82 11 07, fax 090 82 12 34.*

Le monastère bénédictin qui abrite aujourd'hui un institut technique agricole comprend deux charmants cloîtres du 17e s. dont les colonnes à hauts tailloirs portent des chapiteaux ioniques. Tout aussi séduisante, la chapelle au joli petit portail gothique de type siculo-catalan abrite des croisées d'ogives et des colonnes en faisceaux. On la voit à droite de l'atrium qui donnait accès au premier cloître.

### Scaletta Zanclea

*À 2 km vers l'intérieur.* La petite localité possède un **château** qui fut d'abord, au 13e s., un avant-poste militaire souabe, puis, jusqu'au 17e s., une résidence de chasse de la famille Ruffo. Les élégantes fenêtres, géminées à l'étage noble, ogivales à l'étage supérieur, allègent l'allure massive de l'édifice. À l'intérieur, le **Musée municipal** (Museo Civico) réunit des armes et des documents anciens. *Été : tlj. sf dim. 9h-13h, 16h-20h ; le reste de l'année sur demande. Fermé j. fériés. Gratuit. ☎ 090 95 10 10.*

*À Itàla Marina, tourner à droite vers l'intérieur. Itàla se trouve à environ 2,5 km.*

### Itàla

Dans le hameau de Croce, on visite l'**église** basilienne dédiée aux saints Pierre et Paul, que reconstruisit le comte Roger en 1093 pour célébrer, dit-on, une victoire sur les Arabes. D'un grand intérêt architectural, elle possède trois nefs, la nef centrale étant plus élevée, et, au milieu du transept, une coupole sur un tambour carré. Sertie de pierres de lave polychromes, sa façade présente des décorations en arcatures aveugles surbaissées et entrecroisées qui évoquent l'Orient. *Visite sur demande auprès du Padre Giovanni ☎ 090 95 21 54.*

En poursuivant le long de la côte, on atteint le cap d'Alì, sur lequel s'élève une petite tour du guet circulaire, probablement d'époque normande. Puis on traverse les stations balnéaires d'**Alì Terme**, **Nizza di Sicilia**, et **Roccalumera**.

### Sàvoca

*À l'intérieur des terres, à 3 km environ.* Bourg typiquement médiéval, il est bâti en hauteur sur un col entre deux arêtes, entouré des trois quartiers de San Rocco, San Giovanni et Pentefur qui lui confèrent sa forme en étoile.

Après avoir dépassé la mairie, en restant à l'extérieur du bourg proprement dit, on gagne le **couvent des Capucins** dont la **crypte** abrite les momies de trente-deux notables de Sàvoca et de moines décédés au cours des 17e et 18e s., exposées dans des niches ou dans des cercueils en bois. Certaines d'entre elles, malheureusement victimes d'actes de vandalisme, sont souillées de peinture verte. *Fermé pour restauration au moment de la rédaction de ce guide.*

Du parvis de l'église, on a une belle vue sur le village, les ruines du château et le calvaire à l'arrière-plan.

Revenir par la via Borgo, et prendre aussitôt à gauche la via San Michele qui mène à la porte marquée d'un arc ogival donnant accès au centre historique du bourg. Un peu plus loin sur la droite s'élèvent l'**église St-Michel** (15e s.), avec ses beaux portails de style gothique Renaissance, et, à côté, les ruines du logement de l'archimandrite (supérieur d'une communauté monastique dans l'Église orthodoxe). Continuer dans cette même rue qui offre de belles **vues★** sur les toits du village, la vallée et, en haut, les ruines du **château** d'époque normande et les curieux merlons de l'église St-Nicolas (ou Ste-Lucie), accrochée à son éperon rocheux. On arrive ainsi à la *chiesa madre*, remarquable pour son beau portail du 16e s. surmonté d'un oculus finement sculpté et des armoiries des Sàvoca, un rameau de sureau qui a donné son nom au bourg. La visite peut s'achever par la montée au calvaire pour rejoindre les ruines de l'église Ste-Marie-des-Sept-Plaies.

*Poursuivre sur la route qui court dans l'arrière-pays. Après environ 2 km apparaît le bourg de Casalvecchio.*

### Casalvecchio

Appelé Palakorion (vieille ferme) à l'époque byzantine, le village offre un beau site panoramique. La terrasse devant l'**église Sant'Onofrio** ouvre sur un magnifique **panorama★** qui embrasse la côte ionienne, du cap Sant'Alessio et Forza d'Agrò au Sud de l'Etna. L'**intérieur** de l'église abrite des éléments décoratifs du 17e s., un beau plafond en bois à caissons animé de figures anthropomorphes, et un dallage en marbre noir local et marbre rouge de Taormine. Dans le presbytère voisin est logé le **Musée paroissial** (Museo parrocchiale), où sont exposés des instruments agricoles, une statue d'argent grandeur nature de saint Onuphre (1745), une toile de l'école d'Antonello représentant saint Nicolas (1497), ainsi que des objets liturgiques et ornements sacerdotaux. *Pour toute information, contacter le Signore Carmelo Crisafulli, à la mairie.* ☎ *0942 76 10 30 ou 339 62 68 248 (portable).*

*Prendre la direction d'Antillo et, environ 500 m plus loin, emprunter sur la gauche la petite route en lacet.*

## Santissimi Pietro e Paolo d'Agrò

Fondée par des moines basiliens, l'église a été reconstruite en 1117 et restaurée en 1172 par le maître d'œuvre Gherardo il Franco, comme l'indique l'inscription figurant sur l'architrave du portail d'entrée. Frappante par ses singuliers effets de couleurs obtenus par la réunion de la brique, de la pierre de lave, du calcaire et du grès, elle constitue aussi un plaisant témoignage des influences byzantine, arabe et normande. L'**extérieur**, orné de lésènes (bandes en léger relief) et de petites arcades entrecroisées, soulignées de motifs en dents de scie, montre une façade principale précédée d'un portique flanqué de deux tours. L'**intérieur** possède trois nefs, séparées par des colonnes corinthiennes à hauts abaques soutenant des arcs ogivaux. Il s'ouvre au centre sur une grande coupole en quartiers s'élevant sur un haut tambour, avec des pendentifs à petites arcades superposées. Dans le sanctuaire, une coupole plus petite repose sur un tambour octogonal.

*Revenir vers la côte et poursuivre jusqu'au cap Sant'Alessio.*

## Cap Sant'Alessio★

Le superbe profil de ce promontoire rocheux tout à fait enchanteur est dominé à l'Ouest par une impressionnante forteresse circulaire, et à l'extrémité Est par un château de forme polygonale *(aucun des deux n'est ouvert à la visite)*. Le cap se termine au Sud par la **plage** de **Sant'Alessio Siculo**⌂.

*En face des forteresses, une route sur la droite permet de rejoindre Forza d'Agrò.*

## Forza d'Agrò

Gracieux petit village médiéval niché sur les derniers versants des monts Peloritani, son **panorama★** sur la côte découpée de criques est splendide, en particulier de la terrasse-belvédère de la piazza del Municipio. De là, après avoir dépassé une belle **arche de style gothique catalan** tardif, des escaliers mènent au sanctuaire de l'**église de la Triade**. Au passage, on ne manquera pas d'admirer l'**ensemble★** particulièrement pittoresque formé par les escaliers, l'arche, et la façade de l'église à l'arrière-plan. En empruntant les ruelles tortueuses qui montent vers le château, on trouve la *chiesa madre*, copie baroque d'un édifice du 16e s. Du **château** d'époque normande, il ne reste que les ruines du mur d'enceinte entourant un cimetière. Ce **lieu★** de silence, où les tombes sont singulièrement disposées pêle-mêle, exerce une certaine fascination.

**Taormina★★★** *(voir ce nom)*

# Milazzo

L'antique Mylae, éternelle cité marine, est le port naturel d'embarquement pour les îles Éoliennes, distantes seulement de quelques milles marins. La mythologie honore tout particulièrement cette région de la Sicile : c'est là que paissaient les troupeaux du dieu Soleil, et c'est dans les îles que demeurait Éole, le dieu du Vent, en compagnie de nymphes gracieuses, de satyres dansants et de silènes ivres ; c'est encore ici, qu'après un naufrage, Ulysse et ses compagnons rencontrèrent le cyclope Polyphème.

## La situation

*32 586 habitants – Carte Michelin n° 565 M27 ou Atlas Italie p. 83 – Milazzo.* Milazzo se trouve au début de la péninsule qui avance sur la mer Tyrrhénienne. Cette ville à l'aspect moderne et industriel renferme cependant des témoignages historiques et artistiques d'importance. La partie la plus ancienne de Milazzo, le bourg médiéval, s'étend au Nord sur la colline du château tandis que la partie basse de la ville plus récente (18e s.) se trouve en plaine, au Sud, le long de la côte. Milazzo est le port d'embarquement pour les îles Éoliennes. 🛈 *Piazza Caio Duilio 20,* ☎ *090 92 22 865, fax 090 92 22 790 ; www.comune.milazzo.me.it/turismo/testoturismo.htm*

*Vous pouvez poursuivre votre voyage en visitant : CAPO D'ORLANDO, EOLIE, MESSINA, PATTI.*

# carnet pratique

## TRANSPORTS

La ville de Milazzo est reliée à Messine par le train (40mn) et par le service d'autocars de la compagnie Giuntabus *(via Terranova 6, Messine, ☎ 090 67 37 82).* On peut rejoindre **Palerme**, distante d'à peu près 200 km, par le train (2h30 environ). La gare de Milazzo se trouve piazza Marconi, à 3 km du centre historique.

## EXCURSIONS DANS LES ÎLES ÉOLIENNES

Les bateaux et hydrofoils des compagnies Siremar, SNAV et NGI effectuent des trajets quotidiens entre Milazzo et les îles Éoliennes. La compagnie Taranto Navigazione organise quant à elle des mini-croisières (de jour comme de nuit). *Pour de plus amples informations, voir le chapitre EOLIE.*

## RESTAURATION

• *Sur le pouce*

**Il Covo del Pirata** – *Via Marina Garibaldi 2, Milazzo -* ☎ *090 92 84 437 - fermé mer. (sf en août).* Si vous avez une envie de pizza, voici le lieu idéal ! La pizzeria réputée, située au rez-de-chaussée sur le bord de mer, vous accueillera dans un décor chaleureux et authentique tout en bois. À essayer !

**L'Ugghiularu** – *Via Acquaviole 101, Milazzo -* ☎ *090 92 84 384 - fermé mer. - 20/38€ + 1,55 % serv.* Une ancienne boutique d'huile d'olive abrite cette trattoria proposant une cuisine simple, élaborée à partir de produits de saison. Une réussite !

**Al Castello** – *Via Federico di Svevia 20, Milazzo -* ☎ *090 92 82 175 - fermé mar. (hiver), lun. et mar. midi (de mi-juin à mi-sept.), de mi-janv. à fin janv. - 22/34€.* Pour ceux qui cherchent un cadre original, ce restaurant vous propose, en été, de dîner au pied des remparts du château, illuminés par des jeux de lumière.

## HÉBERGEMENT

⌂ **Jack's Hotel** – *Via Colonnello Magistri 47, Milazzo -* ☎ *090 92 83 300 - fax 090 92 87 219 -* ▨ *- 14 ch. : 43,89/67,14€* ⊖ *3,10€.* Non loin du port et du centre-ville, ce petit hôtel propose un cadre simple mais soigné. Les parties communes ne sont pas très grandes mais les chambres sont bien équipées. Bon rapport qualité/prix.

## PETITE PAUSE

**Bar Washington** – *Lungomare Garibaldi 95, Milazzo -* ☎ *090 92 23 813.* Le lieu idéal pour prendre un repas sur le pouce à midi ou pour céder à la gourmandise en se régalant d'une *pignolata* à la vanille ou au chocolat, d'une pâtisserie ou d'une glace.

# découvrir

## Citadelle et château★

*Tlj sf lun. 2€. Pour toute information sur les horaires* ☎ *090 92 21 291 ; www.comune.milazzo.me.it/*

Les Arabes élevèrent les premières fortifications au 10ᵉ s. après J.-C., là où se trouvaient auparavant des acropoles grecques. Au fil des siècles, d'autres remparts vinrent s'y ajouter. Passé le premier **rempart espagnol**, on aperçoit, à gauche sur une vaste place, le **Vieux Dôme** (1608), cathédrale typique du maniérisme sicilien. C'est ici que s'élevaient probablement autrefois les demeures des « fonctionnaires » de la cité. Mais le transfert du centre politico-administratif vers la ville basse entraîna sans doute le déclin de l'édifice, qui fit office d'entrepôt de marchandises, puis de prison et enfin d'étable. Le **rempart aragonais** (15ᵉ s.) possède cinq tours en tronc de cône, dont deux, très rapprochées, cachent un beau portail d'entrée en arc brisé, surmonté des armoiries des Rois Catholiques, Isabelle et Ferdinand : un écusson porté par l'aigle de St-Jean, divisé en quatre parties (les quatre royaumes dont l'union forgea l'unité espagnole). À l'intérieur du rempart se dresse le **château**, édifié par Frédéric II et modifié ultérieurement. Les armoiries aragonaises qui surmontaient son beau **portail ogival** ont été naturellement remplacées au 15ᵉ s. C'est dans la grande salle aux cinq travées que s'est réuni le Parlement sicilien en 1295. Les remparts face à la mer donnent une très belle vue sur la baie du Thon *(Baia del Tono)* et les îles Éoliennes : de gauche à droite Vulcano, Lipari, Panarea, et, quand le temps est très clair, Stromboli.

# se promener

## Le bourg

Dominé par la citadelle fortifiée, composé de quartiers médiévaux qui s'étendent en contrebas à flanc de coteau, le bourg constitue le centre le plus ancien de la ville. Chaque premier week-end du mois, il accueille un petit marché d'antiquités. L'accès au bourg se fait par la via Impallomeni *(depuis la piazza Roma)*, encadrée de part et d'autre par le quartier militaire espagnol (1585-1595), riche en édifices religieux. À droite, dans une rue homonyme en pente, s'élève le **sanctuaire San Francesco di Paola**, fondé par le saint lors de son séjour dans la ville (1464) et

*Le port et la citadelle.*

remanié au 18e s. Un bel escalier curviligne et une tribune ornée de fenêtres au-dessus du portail parent harmonieusement sa très belle **façade★**, couronnée d'un haut faîtage qui semble s'élancer vers le ciel. À l'**intérieur**, la chapelle de Jésus et Marie renferme un curieux autel à miroirs, décoré de bois ciselé et doré, au centre duquel veille une délicate *Vierge à l'Enfant* de **Domenico Gagini** (1465). Un peu plus loin, toujours en montant la salita San Francesco, on rencontre le **palais des vice-rois** construit au 16e s. et embelli au 18e s. de balcons et de consoles baroques, et plus haut encore, sur le trottoir opposé, la façade de l'**église del Santissimo Salvatore** du 18e s., de Giovan Battista Vaccarini. En continuant par la via San Domenico, on gagne l'**église della Madonna del Rosario** sur la droite, qui a abrité jusqu'en 1782 le tribunal de l'Inquisition. Élevée au 16e s., elle a été profondément remaniée au cours du 18e s., où Domenico Giordano, peintre de Messine, décora l'intérieur de stucs et de fresques. La salita Castello, sur la gauche, conduit au rempart espagnol, la première et la plus imposante des trois enceintes du château.

## La ville basse

Construite au 18e s. sur un site plus proche de la plaine et de la côte, la ville basse s'est développée autour de la place Caio Duilio, tout près de laquelle se tient chaque matin un petit marché aux poissons. Le côté Ouest de la place est bordé par le palais Marchese Proto (qui servit de quartier général à Garibaldi) et le côté Est par l'**église du Carmel**, avec son élégante **façade★** ornée d'un beau portail (1620) à l'architrave sculptée de guirlandes et de volutes. On remarque dans une niche la statue de la Madone de la Consolation (1632). L'harmonieuse façade que l'on aperçoit non loin de là appartient au couvent du Carmel, qui abrite aujourd'hui des services municipaux.

L'ancienne route royale, aujourd'hui via Umberto I, bordée encore de quelques palais aristocratiques malheureusement endommagés, court parallèlement à la via Cumbo Borgia, dans laquelle se trouve le **Duomo Nuovo**. Élevée dans les années 1930, cette cathédrale renferme des toiles de valeur : une belle *Annonciation* aux couleurs intenses, d'influence vénitienne ; un *Saint Nicolas en majesté* et des *Histoires de la vie de saint Nicolas*, attribués tous deux à Antonio Giuffrè, peintre de l'école d'Antonello (fin du 15e s.) ; au maître-autel, à côté des statues en bois des saints Étienne, Pierre et Paul (1531), des peintures provenant d'un triptyque morcelé d'Antonello de Saliba, auteur aussi de *L'Adoration des bergers*

Au croisement de la via Cristoforo Colombo, remarquer le **Villino Greco**, petit édifice de style Liberty, caractérisé par ses belles frises de motifs floraux et animaliers.

# circuits

## Le cap de Milazzo
*8 km environ en voiture*

Emprunter le **lungomare Garibaldi** où se remarque la façade 18e s. du palais des marquis d'Amico, et traverser le quartier maritime de Vaccarella, qui commence au parvis de l'église Ste-Marie Majeure. Une **route panoramique★** très pittoresque mène jusqu'à la pointe Est du promontoire. Arrivé au **cap de Milazzo★**, on jouit d'un **spectacle★★** aux couleurs enchanteresses : sur le fond bleu éclatant de la mer, le vert soutenu de la plaine s'allie aux tons brunis de l'éperon rocheux couvert de maquis méditerranéen.

Sur la piazza San Antonio, un petit escalier descend sur la gauche au **sanctuaire St-Antoine-de-Padoue** qui fait face à la baie du même nom. Construit dans une grotte où, en 1221, le saint se serait réfugié au cours d'une tempête, il est devenu depuis un lieu de culte. La grotte a été transformée en sanctuaire en 1575 à l'initiative d'un noble, Andrea Guerrera. Au 18e s., il s'est enrichi d'autels, de revêtements en marbre polychrome et de bas-reliefs en stuc, dont neuf représentent des scènes de la vie du saint.

Retourner au centre-ville en suivant la crête de la petite péninsule, bordée de superbes villas. Prendre l'embranchement menant à droite au **monte Trino**, point culminant de cette langue de terre, malheureusement défiguré par un relais de télécommunications. Son nom serait dû à la triade mythologique Apollon, Diane et Isis (ou Osiris), à laquelle un temple aurait été élevé ici à l'époque gréco-romaine. De la petite place située devant la **chapelle de la Très Sainte Trinité**, on a un merveilleux **panorama★** sur Milazzo et sa citadelle, ainsi que sur le promontoire en forme de faucille.

À l'Ouest, une route côtière longe la belle étendue de sable de la plage. Elle mène à la **grotte de Polyphème** où, d'après la mythologie, Ulysse aurait rencontré Le Cyclope.

En face s'ouvre la grande plage de la **baie du Thon** *(Baia del Tono)*, appelée localement *Ngonia* (crique en grec), et plus loin, désormais intégrés à un complexe touristique, on aperçoit les vestiges d'une ancienne *tonnara*.

## Une journée dans l'arrière-pays

*Le circuit, d'environ 180 km, part de Milazzo et suit la SS 113 en s'enfonçant dans les terres pour vous faire découvrir les monts Peloritani, prolongement insulaire de l'Apennin calabrais. Le circuit revient ensuite à Milazzo. Compter une journée.*

*Suivre la route rapide SS 113 en direction de Patti jusqu'à San Biagio (pour la visite de la villa romaine de Terme Vigliatore, consultez le chapitre Golfe de PATTI). Prendre ensuite la SS 185 vers Novara di Sicilia et au bout de 5 km, tourner à droite, direction Montalbano Elicona (44 km de Milazzo).*

## Montalbano Elicona

Accroché à 900 m d'altitude sur les pentes orientales des Nebrodi, ce village est le point de départ de belles randonnées dans la nature (bois de Malabotta, rochers de l'Argimosco). Dominant le paysage de sa masse imposante, le **château** fut construit sur un fortin arabe par Frédéric II de Souabe, qui en ordonna ensuite la destruction en 1232 pendant la révolte guelfe. Sa reconstruction comme château-résidence nobiliaire remonte à Frédéric II d'Aragon, au début du 14e s. Bâti à l'extrémité Ouest du village dans un dédale de charmantes ruelles médiévales en pente, il accueille dans son enceinte une chapelle donnant sur une vaste cour ; des traces de fresques y sont encore visibles. Peu facile à pratiquer, le chemin de ronde mérite néanmoins d'être parcouru pour la superbe vue sur les alentours (une extrême prudence est recommandée dans les montées). (&) *Avr.-sept. : 9h-13h, 15h-19h ; oct.-nov. : 9h-13h, 15h-18h ; déc.-mars sur demande. Gratuit.* ☎ *0941 67 99 38 , www.comunedimontalbano.com*

*Revenir sur la SS 185 et prendre à droite, direction Novara di Sicilia (36 km de Montalbano).* La jolie **route panoramique**, après avoir quitté la côte, s'enroule autour de collines recouvertes de pinèdes et de végétation méditerranéenne.

## Novara di Sicilia

Ce petit bourg montagneux aux confins des monts Peloritani et Nebrodi présente une structure médiévale, dominée par les ruines d'un château sarrasin. Au centre du village s'élève le **Dôme** qui abrite un autel, des candélabres et des accessoires liturgiques enrichis de singulières sculptures primitives en bois.

En poursuivant dans l'arrière-pays par la SS 185, on atteint un col, le **Portella Mandrazzi** (1 125 m), d'où l'on a une belle vue panoramique sur la vallée de l'Alcantara et l'Etna.

*De là, on peut continuer en direction de Francavilla di Sicilia, et traverser la très pittoresque vallée de l'Alcantara (voir p. 370).*

*Pour poursuivre le circuit proposé, revenir sur la SS 113, aller vers Milazzo et au bout de 5 km, tourner à droite en direction de Castroreale (environ 33 km de Novara di Sicilia).*

## Castroreale

Accrochée à l'extrémité de la chaîne des Peloritani, l'ancienne Cristina prit de l'importance lorsque Frédéric II d'Aragon, en échange de la fidélité dont elle avait fait preuve durant la guerre contre les Angevins, lui accorda le titre de cité royale et la mit à la tête d'un vaste territoire. Rebaptisée Castroreale, elle a conservé son tissu médiéval caractérisé par un entrelacs de ruelles et de venelles charmantes s'ouvrant sur des petites places non moins gracieuses. Ses nombreuses églises regorgent d'œuvres d'art qui illustrent son passé glorieux.

*La visite commence par le Dôme.*

**Chiesa madre** – Son élégant portail baroque forme un curieux contraste avec le campanile massif du 16e s., qui a dû servir longtemps de tour du guet. L'**intérieur** abrite une charmante *Sainte Catherine d'Alexandrie* (1534) et une *Sainte Marie de Jésus* (1501) dues au talent d'**Antonello Gagini**, ainsi qu'un *Saint Jacques le Majeur* d'Andrea Calamech *(collatéral gauche)*.

Sur la terrasse, une plaque commémorative rappelle les derniers privilèges concédés en 1639 à la « cité royale » par Philippe IV, roi d'Espagne. Sur le côté Est s'ouvre un magnifique **panorama★** sur la plaine de Milazzo.

Longer le corso Umberto I, puis tourner à gauche en direction de l'**église de la Chandeleur** *(Candelora)* du 15ᵉ s., dont la façade apparaît dans toute sa simplicité avec son ornement de brique et son portail de style gothique catalan. Remonter la salita Federico II jusqu'à la **tour** circulaire, seul vestige du château édifié par Frédéric II d'Aragon en 1324. De là, on a une très belle **vue★** sur Castroreale et l'église de la Chandeleur, avec son petit dôme arabisant qui se détache sur le paysage.

Redescendre sur la piazza Peculio, où se trouvait jadis une réserve à grains *(peculio frumentario*, où les indigents pouvaient se procurer du blé pour une somme modique), à l'emplacement de laquelle se dresse aujourd'hui l'hôtel de ville. Tout ici laisse supposer l'existence d'un ancien quartier juif, comme par exemple l'arc reconstruit sur la terrasse du belvédère, derrière le mont-de-piété, qui proviendrait d'une synagogue. Sur cette place s'élève l'**église du Santissimo Salvatore** (15ᵉ s.), malheureusement très endommagée par le tremblement de terre de 1978. Son campanile (1560) en partie effondré devait faire partie, comme celui du Dôme et la tour du château, d'un ancien système de guet.

La via Guglielmo Siracusa (autrefois via della Moschita) mène à une petite pinacothèque, située sur la droite.

**Pinacoteca di S. Maria degli Angeli** – *Visite sur demande. Pour toute information, contacter au moins 2 j. auparavant le Signore Bilardo ☎ 090 97 46 036. 1€.*

Le musée de peinture Ste-Marie-des-Anges renferme de superbes tableaux et sculptures, parmi lesquels se distinguent une peinture sur bois (1420 environ) d'influence byzantine représentant sainte Agathe ; un triptyque flamand (1545) avec, au centre, une *Adoration des Mages* et, de part et d'autre, les saintes Marine et Barbe dont on remarquera la délicatesse des traits ; un beau polyptyque de la Nativité de l'atelier napolitain de G.F. Criscuolo ; une statue de marbre de saint Jean-Baptiste de Calamech (1568) ; ainsi qu'un parement d'autel en argent, de Filippo Juvara (18ᵉ s.).

**Museo Civico** – *Via G. Siracusa. Juil.-août : tlj sf mer. ap.-midi 9h-13h, 16h-20h ; sept.-juin : tlj sf mer. ap.-midi 9h-13h, 15h-19h. Fermé j. fériés. Gratuit. ☎ 090 97 46 444 ; www.castroreale.it*

Logé dans l'ancien oratoire St-Philippe Neri, le Musée municipal réunit des peintures et des sculptures en bois et en marbre, dont le splendide **monument funéraire★** de Geronimo Rosso (1506-1508), œuvre d'**Antonello Gagini** remarquable par la pureté de ses lignes ; une croix réalisée dans le style des icônes du 14ᵉ s. ; une belle *Vierge à l'Enfant* d'Antonello de Saliba (1503-1505), où l'enfant Jésus présente un visage d'une étonnante maturité ; un petit panneau du *Sauveur du Monde* de Polidoro da Caravaggio, très influencé par Raphaël ; et un parement d'autel représentant saint Laurent, de Fra Simpliciano de Palerme.

Toujours dans la même rue, l'**église S. Agata**, modifiée au 19ᵉ s., a conservé une *Annonciation* d'Antonello Gagini (1519), une statue de sainte Agathe du Florentin Montorsoli (1554), et un **« Christ long »** (17ᵉ s.). Lors des processions, on hisse cette représentation très expressive en stuc et carton-pâte en haut d'un poteau de 12 m, pour qu'elle soit visible de n'importe quel endroit de la ville. *Avr.-sept. : 18h-20h30 ; oct.-mars : 17h-19h30. Il est conseillé de réserver au moins 2 j. avant. ☎ 090 97 46 444 ou 090 97 46 514.*

Non loin de là se dresse l'**église Ste-Marine** du 16ᵉ s., avec ses bâtiments d'époque normande et ses fortifications aragonaises.

*Revenir à nouveau sur la SS 113 et poursuivre jusqu'à Olivarella, puis tourner à droite en direction de Santa Lucia del Mela (20 km de Castroreale).*

## Santa Lucia del Mela

Le village est dominé par les ruines de son **château**, bâti au 9ᵉ s. par les Arabes et remanié successivement par les Souabes et les Aragonais. Il n'en reste qu'une tour circulaire massive, qui en défendait l'entrée, ainsi que les vestiges d'un bastion triangulaire et des murs extérieurs qui renferment aujourd'hui le **sanctuaire de la Madonna della Neve** (1673). À l'intérieur de l'édifice, on peut admirer une belle *Madone de la Neige* d'**Antonello Gagini** (1529).

À l'extérieur, sur le côté gauche de l'église, qui donne sur un beau panorama, on peut observer des encoignures et arcs de fenêtres en pierres bicolores.

En redescendant vers le village, on remarque l'élégant **portail** Renaissance de l'**église Ste-Lucie** du 17ᵉ s., surmonté d'un aigle, symbole de la protection royale, et d'une lunette sculptée d'un bas-relief représentant la Vierge entourée des saintes Agathe et Lucie. À gauche de l'église s'étend la piazza del Duomo, sur laquelle trône le palais épiscopal avec son imposant portail en pointes de diamant. La façade de l'**église de l'Annonciation** *(via Garibaldi)* comprend à gauche un beau campanile du 15ᵉ s. en pierre de lave avec trois rangées de fenêtres ogivales. Son portail (1587) est sculpté de fins bas-reliefs entourant une lunette représentant l'Annonciation, ornée de motifs végétaux.

*De Santa Lucia, revenir à Olivarella et prendre ensuite la SS 113 à droite. Une fois à Scala, tourner à droite en direction de Roccavaldina (20 km de Santa Lucia).*

## Roccavaldina★

La pharmacie du village est unique en son genre. L'entrée, marquée d'un beau portail en style toscan du 16ᵉ s., présente un comptoir en pierre sur lequel on servait les clients. À l'intérieur, les belles étagères de bois sont garnies d'une précieuse **collection de pots pharmaceutiques★★** (deux cent trente-huit pièces) datant de 1580 environ. Provenant exclusivement de l'atelier de Patanazzi, céramiste d'Urbin, commandés par un marchand d'épices de Messine, Cesare Candia, ils portent tous le même écusson, une colombe et trois étoiles sur fond bleu foncé. La collection, rachetée par un prêtre de Rocca, est arrivée dans la petite ville en 1628. Elle comprend des flasques à haut col, des cruchons à manche et à bec, des pots à couvercles en forme de bobine, dits *albarelli*, décorés de scènes bibliques et mythologiques ou d'épisodes de l'histoire de Rome. Les amphores exposées (noter leur finesse au niveau des anses) sont de toute beauté, avec des grotesques en relief ornant des scènes comme *César recevant le doyen des captifs (amphore de droite)* ou *Le Défi de Marsyas à Apollon*, où le premier finit écorché vif. *Pour toute information sur les horaires et les réservations* ☎ *090 99 48 302.*

Sur la même place se dresse un **château** du 16ᵉ s. : mi-forteresse, mi-résidence aristocratique, ses imposantes murailles sont adoucies sur le côté droit par des balcons reposant sur des consoles à volutes.

À la sortie du village, le jardin de l'ancien couvent des capucins renferme une gracieuse **villa communale**, d'où l'on a une **vue panoramique★** sur le promontoire de Milazzo et sur la forteresse de Venetico Superiore et ses quatre tours circulaires.

*Suivre la jolie route panoramique pendant 6 km.*

## Rometta

Sur son site stratégique à 600 m d'altitude, Rometta a pu résister courageusement à l'envahisseur arabe (elle fut la dernière à tomber entre leurs mains en 965). Du mur d'enceinte médiéval il ne reste que la Porta Milazzo et la Porta Messina avec son arc en tiers-point.

La **chiesa madre**, consacrée à l'Assomption, présente sur le côté gauche un beau portail du 16ᵉ s., enrichi d'une frise à motifs floraux et de figures anthropomorphes.

Des ruines du **château** de Frédéric II, on a un beau **panorama★** sur le cap de Milazzo et les îles Éoliennes.

*De Rometta, on peut retourner à Milazzo (22 km) ou prendre la direction de Villafranca et faire le tour du cap Peloro (voir p. 252).*

# Modica★

Modica, avant et après le tremblement de terre de 1693. Modica, avant et après l'inondation de 1902. Deux fois la ville a été bouleversée, secouée, gravement endommagée voire détruite, et deux fois elle a dû faire peau neuve et s'adapter à nouveau. Aujourd'hui, Modica est une véritable merveille avec ses églises baroques et ses envolées de marches reliant la ville haute à la ville basse, sans oublier son extraordinaire pâtisserie, fondée il y a 120 ans, dont les spécialités sont historiques.

**La situation**

*52 775 habitants – Carte Michelin n° 565 Q26 ou Atlas Italie p. 92 – Raguse.* Modica est divisée en deux : la ville haute dominée par le château se développe au Nord tandis que la ville basse s'organise le long des deux artères principales, la via Marchesa Tedeschi et le corso Umberto I, qui se rejoignent en formant un Y. L'escalier de San Giorgio relie les deux parties de la ville. **🏛** *Corso Umberto I 246,* ☎ *0932 75 27 47, fax 0932 75 28 97.*

*Vous pouvez poursuivre votre voyage en visitant : COMISO, Cava d'ISPICA, NOTO, RAGUSA.*

## comprendre

Avant le séisme de 1693, une bonne partie de la population vivait dans des habitations creusées dans la roche à flanc des collines calcaires escarpées qui entourent la ville actuelle. Au centre, isolé sur son éperon rocheux, le château était gardé au Nord par une muraille. Avec le temps, les habitants éprouvant de moins en moins le besoin de se défendre contre les invasions, quelques-uns sont descendus dans la vallée. Mais ce n'est qu'après le terrible tremblement de terre de 1693 que les habitations troglodytiques ont été définitivement abandonnées. Au fond de la vallée coulent deux torrents qui se rejoignent à mi-chemin pour donner naissance à la rivière Scicli (ou Motucano). Une cité s'est organisée au confluent des deux cours d'eau, et une vingtaine de ponts ont été construits pour assurer la communication, formant une petite Venise du Sud, comme on l'appellera. Mais advint une seconde catastrophe. En 1902, des intempéries exceptionnelles font grossir les cours d'eau, dont la cote atteint 9 m au confluent. Encore une fois, la cité doit faire preuve de capacités d'adaptation : on recouvre les cours d'eau et on leur substitue trois grandes routes, axes principaux de la Modica moderne.

## se promener

Depuis le 19e s., la ville haute et la ville basse sont reliées par un escalier spectaculaire qui descend de St-Georges, la plus belle église de Modica, pour aboutir au corso Umberto I. La visite de la ville se doit de commencer par ce magnifique édifice baroque.

**S. Giorgio★★**
Achevée en 1818, l'envolée de presque trois cents marches rend hommage à l'élégante façade de l'église, formant un **ensemble★★** grandiose et richement évocateur. On attribue traditionnellement à Rosario Gagliardi la paternité de la façade, terminée au cours du 19e s., mais il semble avoir bénéficié de la collaboration d'autres architectes de Noto, parmi lesquels Paolo Labisi. Haute, agrémentée de tours, harmonieusement animée dans sa partie centrale par une ligne convexe, elle s'élève sur trois niveaux, dont le premier, couronné d'une balustrade, rappelle la structure à cinq nefs de l'intérieur. Les visiteurs y verront un autel en argent repoussé, surmonté d'un beau **polyptyque** de Bernardino Niger (1573). Ses trois

## carnet pratique

### Transports

Le plus pratique pour rejoindre Modica est d'y aller en voiture. Cependant, on peut aussi s'y rendre en train (20mn de Raguse et environ 2h de Syracuse) ou en autocar (pour plus d'informations, contacter l'Office de tourisme).

### Restauration

**• *Sur le pouce***

**L'Arco** – *Piazza Corrado Rizzone 11, Modica - ☏ 0932 94 27 27 - fermé lun. - 18,08€.* Une *trattoria* au décor rustique qui propose une cuisine bourgeoise et régionale. Les plats sont consistants et les prix intéressants.

**Fattoria delle Torri** – *Vico Napolitano 14, Modica - ☏ 0932 75 12 86 - fermé lun. - réserv. conseillée - 29/45€.* Un restaurant de tradition qui a déménagé il y a peu dans un palais du centre, à l'élégante sobriété. Une cuisine savamment inventive que l'on pourra apprécier au milieu des citronniers.

### Hébergement

**⊖⊖ Hotel Bristol** – *Via Risorgimento 8/b, Modica - ☏ 0932 76 28 90 - fax 0932 76 33 30 -* ▣ ▤ ♿ *- 27 ch. : 47/88€* ☕. Dans la partie moderne de Modica, dans un quartier résidentiel très calme, ce petit hôtel simple mais très bien tenu est idéal pour tous les types de séjour. Les chambres sont soignées et confortables et l'accueil y est sympathique et cordial.

### Petite pause

**Antica Dolceria Bonajuto** – *Corso Umberto I 159, Modica - ☏ 0932 94 12 25 ; www.ragusaonline.com/bonajuto/ - fermé lun.* Depuis 1880, cette pâtisserie historique propose des spécialités locales, comme les *mpanatigghi* (petits gâteaux farcis de viande et de chocolat), les *liccumie* (avec des aubergines et du chocolat), le chocolat à la vanille et à la cannelle préparé selon une recette aztèque originale, les *riposti* (petits gâteaux aux amandes joliment décorés, confectionnés autrefois pour les mariages), les *aranciate* et les *cedrate* (petits gâteaux à base de zestes d'orange et de cédrat) et les *nucatoli* (figues séchées, amandes, confiture de coings et miel).

**Caffè dell'Arte** – *Corso Umberto I 114, Modica - ☏ 0932 94 58 95- fermé mer.* Pour y déguster de délicieux granités et d'excellentes spécialités siciliennes *(cannoli, cassate).*

registres représentent, à partir du bas, saint Georges et saint Martin, au centre la Sainte Famille, puis les Mystères joyeux et les Mystères glorieux. Le dallage du transept reproduit un cadran solaire du 19e s., œuvre d'A. Perini. La troisième chapelle de droite abrite le retable de l'Assomption de F. Paladini.

À côté de l'église, le **palais Polara** accueille la **pinacothèque municipale** qui expose des peintures contemporaines. *Tlj sf dim. 9h-13h. Gratuit.*

Suivre la via Posterla pour voir la **maison natale de Salvatore Quasimodo** *(voir p. 113)*, où sont rassemblés certains de ses meubles (notamment son bureau de Milan). *Juin-sept. : 10h-13h, 16h30-19h30 ; oct.-mai : 10h-13h, 15h30-18h30. Pour toute information, contacter la Coopérative Etnos ☏ 0932 75 27 47.*

Descendre vers le corso Umberto I, artère centrale de la ville basse, où l'on peut admirer de beaux palais du 18e s. et des églises : à l'extrémité Nord, le **palais Manenti**, avec ses consoles ornées de sculptures représentant des personnages du 18e s. ; vers le milieu du boulevard, l'**église Santa Maria del Soccorso** et sa belle façade convexe, puis l'église St-Pierre.

### S. Pietro

Reconstruite elle aussi après le tremblement de terre, l'église se dresse au sommet d'un escalier orné de douze belles statues des apôtres, qui souligne la beauté de la **façade★**.

### Église rupestre S. Nicola Inferiore

*Juin-sept. : 10h-13h, 16h30-19h30 ; oct.-mai : 10h-13h, 15h30-18h30. 1,50€. Pour toute information, contacter la Coopérative Etnos ☏ 0932 75 27 47.*

Creusée dans la roche, son abside est ornée de fresques de style byzantin aux couleurs très vives, d'époque normande. Dans une mandorle au centre, le Christ

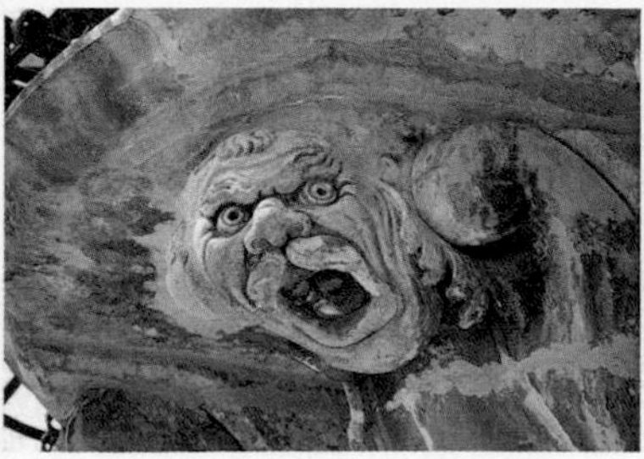

G. Bludzin/MICHELIN

G. Bludzin/MICHELIN

Pantocrator est encadré de la Vierge à l'Enfant et de l'archange saint Michel, avec, sur les côtés, d'autres figures de saints. La petite église à nef unique, à l'abside séparée à l'origine par un mur, est de type basilien. On y célébrait probablement le culte orthodoxe grec.

À l'intersection avec l'autre branche du Y (via Marchesa Tedeschi) s'élève l'**église St-Dominique**, suivie de l'hôtel de ville. De là, on peut voir, en position dominante sur son rocher, le donjon circulaire du château, surmonté depuis le 18ᵉ s. d'une tour-horloge. Presque en face, la petite via De Leva conduit au palais du même nom, qui a conservé son **portail gothique de style chiaramontain**, et, au bout du cours, à l'**église du Carmel**, de style baroque, qui a gardé son portail chiaramontain d'origine surmonté d'une magnifique rosace. En continuant sur la droite dans la via Mercé, on parvient à l'église de la Madone-des-Grâces et au **couvent des Padri Mercedari**, qui abrite le Musée municipal (Museo Civico), ainsi que le musée des Arts et Traditions populaires *(voir description dans « visiter »)*.

Derrière le château, dans la via Crispi, le **palais Tomasi Rosso** montre un beau portail en calcaire et des balcons aux balustrades en fer forgé et aux consoles ornées de mascarons et de feuilles d'acanthe.

La via Marchesa Tedeschi monte vers la ville haute, autrefois indépendante de la ville basse, juridiquement et administrativement.

### S. Maria di Betlem

L'église renferme la **chapelle Cabrera**, précédée d'un élégant portail du 15ᵉ s. *(au fond à droite)*. Le long de la nef de gauche, soixante statues en terre cuite peuplent une crèche du 19ᵉ s., œuvre de G. Papale.

La route côtière mène à l'**église St-Jean-l'Évangéliste** (19ᵉ s.) à la façade baroque, précédée elle aussi d'un grand escalier. Du sommet *(Belvedere del Pizzo)*, on a une belle **vue★** sur la ville, en particulier sur le quartier juif, le Cartellone *(sur la droite après le corso Umberto I)*, et sur celui de Francavilla, noyau le plus ancien de la ville dominé par l'église St-Georges *(au-delà du Corso Umberto I)*.

## *visiter*

### Museo delle Arti e Tradizioni Popolaria★

*Dans le couvent des Padri Mercedari.* (&) *Juin-oct. : 10h-13h, 16h30-19h30 ; nov.-mai : 10h-13h, 15h30-18h30. Fermé 1ᵉʳ janv. 2,50€.* ☎ 0932 75 27 47.
Le musée renferme une grande collection d'instruments agricoles, d'outils et d'objets artisanaux présentés dans leur « cadre naturel ». Les reconstitutions d'échoppes, d'ateliers et de boutiques permettent d'observer leur utilisation concrète. À côté de la ferme, cœur de la vie paysanne, figurent ainsi l'apiculteur, le forgeron, le cordonnier, le tailleur, le constructeur de charrettes, le marchand de gâteaux et même la boutique du barbier.

Le couvent abrite également un petit **Musée municipal** *(Museo civico)* où vous pourrez voir une collection de pièces archéologiques trouvées dans la région. (&) *Tlj sf dim. 9h-13h. Gratuit.* ☎ 0932 94 50 81.

## *alentours*

### Scicli

*10 km au Sud-Est.* Retranchée dans l'arrière-pays, presque dérobée à la vue, Scicli, cité des Sicules comme son nom nous le laisse supposer, est une cité ancienne. Touchée comme le reste du Val di Noto par le séisme de 1693, la ville qui s'offre aujourd'hui à nos yeux est la nouvelle Scicli, qui a réussi à renaître de ses cendres telle le phénix.

*La visite commence par la piazza Italia. Pour obtenir des informations et connaître les horaires d'ouverture des églises, s'adresser à Pro Loco, via Castellana 2,* ☎ 0932 93 27 82.

La **chiesa madre S. Ignazio** abrite la statue en bois de la Madone à cheval appelée **Madonna delle Milizie** (Madone des troupes) car, selon la légende, elle aurait combattu aux côtés de Roger Ier, le conduisant à la victoire sur les Sarrasins. À l'origine, la statue était conservée dans le sanctuaire du même nom, à 6 km environ à l'Ouest de la petite ville.

En face de l'église s'élève le **palais Fava**, dont les corbeaux sculptés retracent des épopées chevaleresques. Remarquer en particulier le balcon donnant sur la via San Bartolomeo.

Sur la droite, à l'angle de la place, quelques marches abruptes permettent de rejoindre, via Duca d'Aosta, le **palais Beneventano**, magnifique exemple d'architecture civile baroque (18e s.) avec ses consoles ornées d'êtres fantastiques, ses piliers décorés et, aux fenêtres, des mascarons qui représentent des figures de Maures et de musulmans et des visages féroces semblables à des tigres agressifs. L'angle qui se présente d'abord est orné de motifs en écu.

*Revenir à la piazza Italia et parcourir toute la via San Bartolomeo.*

### CALENDRIER

Trois fêtes principales animent chaque année la ville. La première, la **Cavalcade de San Giuseppe**, se prépare dans la soirée du 18 mars et se déroule le lendemain ; elle retrace la fuite en Égypte de Joseph et Marie, mais est mêlée par moments à des rites païens destinés à réveiller la nature. La fête est une explosion de couleurs, celles des fleurs qui ornent les chevaux, celle du feu qui jaillit des tas de bois illuminant la route que les fugitifs doivent emprunter, celles des habitants qui envahissent gaiement les rues. Et une fête des sons aussi, ceux des sonnailles des chevaux, ou des voix des participants qui, après la cavalcade, se réunissent les uns chez les autres pour de joyeux banquets. La deuxième célébration a lieu à Pâques. C'est la **fête de l'Homme vivant** comportant une « course » de la statue du Christ Ressuscité, portée par les jeunes gens à travers les rues de la ville. À la fin du mois de mai (autrefois le samedi avant Pâques) a lieu une troisième fête, celle de la **Battaglia delle Milizie**. Portée en procession, la Madone est représentée à cheval, piétinant les Sarrasins.

La belle façade de l'**église San Bartolomeo** à trois ordres scandés par des colonnes, dont le style s'apparente déjà au néoclassicisme, s'achève par une coupole sur croisée d'ogives qui ferme la cage du clocher. À l'intérieur est conservée une **crèche★** du 18e s., œuvre du Napolitain Pietro Padula : les vingt-neuf statues en bois (à l'origine soixante-cinq) possèdent des traits finement sculptés et des costumes particulièrement soignés.

Derrière l'église se dresse la **colline San Matteo**. Sur le versant, on peut voir les grottes du **site rupestre de Chiafura**, habitées jusque dans les années 1960 (même si la plupart des habitants étaient descendus dans la vallée après le tremblement de terre de 1693).

**Via Mornino Penna** – Cette élégante artère regroupe les belles façades baroques de palais et de trois églises. On remarque surtout l'**église San Giovanni Evangelista**, à la sinueuse **façade★**, au corps central bombé, très caractéristique

### QUESTION DE POINT DE VUE

On a deux très beaux points de vue sur la ville : depuis la **colline de la Croce**, où s'élève Santa Maria della Croce, bâtie aux 16e-17e s., et surtout depuis la **colline San Matteo**, où l'église du même nom est aujourd'hui malheureusement abandonnée. Elle est dominée par les ruines du château, sans doute construit sous les Arabes.

du style de Rosario Gagliardi auquel elle est attribuée. L'édifice possède un intérieur élégant à plan elliptique décoré de stucs néoclassiques.

Un peu plus loin, l'**église San Michele** reprend le même plan ovale que San Giovanni. En face s'élève le **palais Spadaro**, bâtiment du 19e s. qui conserve, même à l'intérieur, son ornementation originale (visite possible, c'est le siège du service culturel).

Au bout de la rue, l'**église Santa Teresa** présente un intérieur de style baroque tardif avec des colonnes enrichies de stucs.

En revenant sur ses pas pour prendre la via Nazionale, on atteint la piazza Busacca où se trouvent l'**église du Carmel** (rococo) avec son couvent annexe, ainsi que le **palais Busacca** surmonté d'une horloge. Face à l'église, on peut voir une partie de l'église Santa Maria della Consolazione et, au fond, **Santa Maria la Nova**.

# Monreale★★★

Dans un site superbe dominant la Conca d'Oro (vallée d'Or), le noyau urbain de Monreale est né autour du Dôme et du palais érigé par Guillaume II. Aujourd'hui encore, le centre vital de la ville se trouve autour de l'extraordinaire cathédrale, d'où partent des ruelles débordant de boutiques de bibelots, de cafés et de petits restaurants.

## La situation

*29 885 habitants – Carte Michelin n° 565 M21 ou Atlas Italie p. 86 – Palerme.* Le centre historique se trouve sur les pentes du Monte Reale (mont Royal) et la célèbre cathédrale est située dans la partie Est de la ville. Il est conseillé de garer sa voiture dans l'un des parkings situés dans la ville basse et reliés au centre par des escaliers.
**月** *Piazza Duomo, ☎ 091 63 98 011, fax 091 63 75 400.*
*Vous pouvez poursuivre votre voyage en visitant : BAGHERIA, CARINI, PALERMO, SOLUNTO.*

## comprendre

À l'époque normande, le Monte Reale (mont Royal) est une réserve de chasse pour les rois, qui y feront rapidement construire une résidence. La construction de ce splendide ensemble qui comprend, outre la cathédrale, une abbaye bénédictine et le palais royal (transformé à la fin du 16ᵉ s. en séminaire), fut entreprise vers 1172 par **Guillaume II**, petit-fils de Roger II. La légende veut que la Sainte Vierge lui soit apparue en songe, lui suggérant de bâtir une église avec l'argent dissimulé par son père dans une cachette dont elle lui révéla l'emplacement. L'édifice se devait d'être grandiose, pour egaler les cathédrales des plus grandes villes européennes, et rivaliser en beauté avec la Chapelle palatine, élevée par son grand-père. C'est pour cela certainement qu'on employa les meilleurs artisans, sans regarder à la dépense. L'église était entourée côté Nord par le palais royal, et côté Sud par le couvent bénédictin dont on peut aujourd'hui admirer le magnifique cloître.

## découvrir

### DUOMO (S. Maria La Nuova)★★★

*Dôme : 8h-18h30 ; trésor de la chapelle du Crucifix : 9h30-11h45, 15h30-17h45, 2€ ; montée aux terrasses : 9h30-17h45, 1,50€. ☎ 091 64 04 413.*
La piazza Vittorio Emanuele, avec sa fontaine du Triton, ferme le flanc gauche de la cathédrale. La façade principale donne en revanche sur une petite place plus

*Les mosaïques de la nef centrale.*

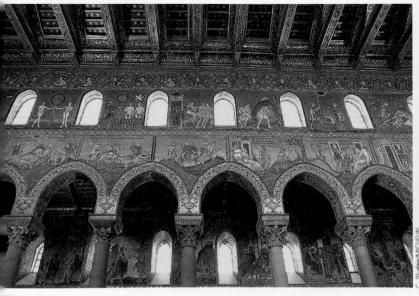

modeste, d'où l'on accède au cloître et à un petit jardin public *(dernier portail à droite par rapport à l'entrée du cloître, puis traverser la grande cour)*. De là on découvre une **vue★★** magnifique sur la Conca d'Oro.

## Extérieur

Édifiée par différents maîtres d'œuvre, la cathédrale présente donc un mélange de styles. Le style normand caractérise les deux tours massives qui encadrent la façade, la haute abside flanquée des deux absidioles, et le plan basilical, donc la structure de la cathédrale. En revanche l'ornementation du chevet *(voir p. 94)*, dont on a la meilleure **vue★★** depuis la via dell'Arcivescovado, est de facture franchement arabe. Toujours via dell'Arcivescovado, on peut aussi découvrir des vestiges du palais royal d'origine, désormais englobé dans le palais archiépiscopal. La décoration des chevets se compose de trois ordres d'arcatures aveugles ogivales de différentes hauteurs, entrecroisées et soutenues par de fines colonnes placées sur de hauts socles, tandis que les dessins géométriques en pierre polychrome (calcaire doré et pierre de lave noire) soulignent les arcs qui encadrent des panneaux et des rosaces dans un jeu d'étoiles de formes toujours différentes. Le motif est aussi repris sur la façade, malheureusement partiellement cachée par un portique remanié au 18e s. Sous le portique trône le magnifique **portail★★** de bronze **(D)** que **Bonanno Pisano**, architecte et sculpteur à qui l'on doit aussi la célèbre tour de Pise, réalisa en 1185. Il est composé de quarante-six panneaux qui retracent certains épisodes de l'Ancien et du Nouveau Testament, avec une économie de personnages et une stylisation qui lui confèrent une étonnante modernité. Les deux battants sont entourés d'une corniche complexe en pierre, à frises sculptées de dessins géométriques et de pampres comportant des figures d'animaux et d'hommes alternant avec de fines lignes de mosaïques.

Sur la piazza Vittorio Emanuele, sous un portique du 16e s., s'ouvre un **portail★** en bronze **(E)** de Barisano da Trani, formé de panneaux où sont représentés trois épisodes bibliques, quelques scènes de la vie des saints et de nombreux sujets ornementaux. Bien qu'ayant été réalisés quatre ans plus tard, leur exécution est plus rigide et de facture encore byzantine.

## Intérieur

*L'entrée se trouve sur le côté gauche. Penser à se munir de pièces pour l'illumination des mosaïques.*

Le riche manteau de mosaïques où l'or règne en maître neutralise un instant toute sensation. Puis, l'œil s'habituant, on commence à distinguer les différentes parties de l'édifice. La nef centrale, très vaste, est séparée des deux nefs latérales, beaucoup plus petites, par des colonnes ornées de magnifiques chapiteaux. Certains sont corinthiens, d'autres de style composite : feuilles d'acanthe dans la partie inférieure, cornes d'abondance et portraits de Cérès et Proserpine dans la partie supérieure. Entre les chapiteaux et l'imposte des arcs ont été insérés des coussinets portant des ornements de mosaïques en arabesque. À peu près à mi-longueur, un arc de triomphe monumental marque l'entrée dans le vaste espace du transept et des absides, surélevé par rapport aux nefs. Le dallage de cette partie, en marqueterie de marbre tout comme la partie basse des murs, rappelle la tradition byzantine. Le plafond en bois du chœur a été restauré au 19e s.

Dans l'église se trouvent les tombeaux de Guillaume Ier **(F)** et Guillaume II **(G)** *(bras droit du transept)*. Le bras gauche du transept contient un autel **(H)** qui renferme le cœur de Saint Louis, mort à Tunis en 1270, lorsque son frère Charles Ier d'Anjou régnait en Sicile.

La **chapelle du Crucifix★ (K)** s'ouvre sur l'abside de gauche et présente une exubérante décoration baroque toute en marbre. C'est une profusion de volutes, marqueteries, bas-reliefs, hauts-reliefs et statues. Le crucifix en bois est du 15e s. La salle du **trésor (L)**, juste à côté, recèle des reliquaires et autres objets de culte.

## Les mosaïques★★★

Sur fond doré prennent vie les personnages de la Bible, dans des tons plus pâles que ceux de la Chapelle palatine de la même époque, mais aux traits plus personnalisés et plus expressifs. Des maîtres vénitiens et siciliens les ont réalisés entre les 12e et 13e s. La présentation des scènes, les éléments et images symboliques utilisés sont souvent les mêmes que ceux de la Chapelle palatine. Le déroulement des mosaïques suit un schéma précis, conforme aux principes établis sous le pontificat d'Adrien Ier lors du VIIe Concile œcuménique (787) : l'art est subordonné à la religion et à la liturgie, le fidèle peut réellement recevoir à travers l'art les enseignements chrétiens. Le récit en mosaïques reprend le plan divin du salut universel, depuis la création du monde et de l'homme qui, à cause du péché

# carnet pratique

originel, se voit contraint au travail et à l'expiation, jusqu'à l'intervention de Dieu, qui élit son peuple pour le préparer au salut *(nef centrale)*. La venue du Christ incarne l'accomplissement de la Rédemption, illustré par sa vie *(transept)* et ses œuvres *(nefs latérales)*. La mission commencée par le Christ se poursuit ensuite à travers la naissance de l'Église et grâce aux saints hommes qui suivent son exemple *(absides secondaires)*.

Chaque scène est riche en détails réalistes, par exemple les liens qui retiennent les échafaudages de la tour de Babel **(29)**, les couteaux posés sur la table des noces de Cana *(côté gauche de la croisée du transept, en haut)*, les pièces roulant de la table renversée par le Christ lorsqu'il chasse les marchands du Temple *(à peu près au centre de la nef latérale de gauche)* ou l'incroyable variété des poissons représentés dans l'épisode de la Création **(6)** comme dans celui de la pêche miraculeuse *(bras gauche du transept)*. Nombreux aussi sont les symboles utilisés, comme par exemple le nuage qui enveloppe les corps des dormeurs *(voir l'apparition de l'ange à Joseph, dans la croisée du transept sur la droite)* ou le petit homme sombre que l'on retrouve dans plusieurs scènes, qui représente le diable chassé du corps des possédés ou des pécheurs. L'image de l'âme d'Abel est assez curieuse, représentée par un petit homme rouge du sang versé **(20)**.

Dans l'**abside centrale** règne, imposant, le Christ Pantocrator ; au niveau inférieur, on trouve la Vierge et l'Enfant entourés d'anges et d'apôtres. Sur la dernière frise, des figures de saints. Au centre de l'intrados, le trône du Jugement dernier.

Les deux **absides latérales** renferment, dans la conque, les deux figures de saint Pierre *(à droite)* et de saint Paul *(à gauche)* accompagnées d'épisodes significatifs de leur vie.

L'histoire de la vie du Christ est évoquée dans le **chœur**, à partir de la croisée du transept où sont représentés les épisodes de son enfance, tandis que la vie de Jésus adulte jusqu'à la descente du Saint-Esprit est illustrée dans les deux bras du transept *(en commençant par celui de droite)*. Les nefs latérales, pour leur part, montrent des miracles du Christ.

Sous l'**arc de triomphe** qui ferme la croisée du transept, on voit deux trônes couronnés de mosaïques : à droite le trône épiscopal, surmonté de la scène du tribut symbolique de Guillaume II à l'Église (le roi est figuré au moment où il fait don de la cathédrale à la Vierge) et à gauche le trône royal, avec une scène qui proclame la protection divine sur le roi (c'est le Christ lui-même qui couronne Guillaume). Son tympan présente deux lions qui se font face, composition typiquement orientale, symbole du pouvoir, que l'on retrouve aussi sur les bras du trône.

La **nef centrale** est, quant à elle, consacrée à l'Ancien Testament. **(1)** Création des eaux. **(2)** Création de la lumière en présence des sept anges (autant que les jours de la Création). **(3)** Séparation des eaux qui se trouvent au-dessus du ciel et de celles qui se trouvent au-dessous. **(4)** La terre séparée des eaux. **(5)** Création de la lune, du soleil et des étoiles. **(6)** Création des oiseaux et des poissons. **(7)** Création de l'homme. **(8)** Le repos divin. **(9)** Dieu conduit Adam dans le jardin d'Eden. **(10)** Adam au jardin d'Eden. **(11)** Création d'Ève. **(12)** Ève est

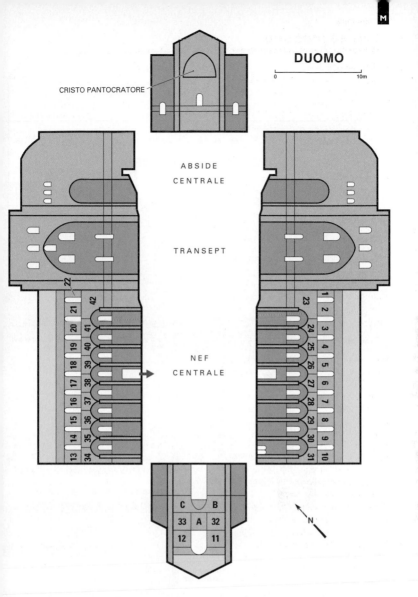

# DUOMO

0        10m

CRISTO PANTOCRATORE

ABSIDE
CENTRALE

TRANSEPT

NEF
CENTRALE

N

présentée à Adam. **(13)** Ève et le serpent de la tentation. **(14)** Le péché originel. **(15)**
Dieu découvre Adam et Ève honteux de leur nudité. **(16)** Expulsion du Paradis
terrestre. **(17)** Adam au travail ; Ève est assise, une navette à la main. **(18)** Le sacrifice de Caïn et Abel. *Seul le sacrifice d'Abel est apprécié de Dieu, ce qui est symbolisé
par un rayon de lumière divine partant directement de la main du Seigneur.* **(19)** Caïn
tue Abel. **(20)** Dieu découvre Caïn et le maudit. **(21)** Caïn est tué par Lamech,
*épisode tiré de la tradition hébraïque et qui n'apparaît pas dans la Genèse.* **(22)** Dieu
ordonne à Noé de construire l'arche. **(23)** Noé fait construire son arche. **(24)** Les
animaux montent dans l'arche. **(25)** Noé reçoit la colombe qui apporte le rameau
d'olivier, signe que la terre est libérée des eaux. **(26)** Les animaux descendent de
l'arche. **(27)** Sacrifice de Noé en remerciement à Dieu ; derrière lui, l'arc-en-ciel,
symbole de l'alliance de Dieu et de l'homme. **(28)** La vendange *(sur la gauche)* ; sur
la droite Noé, ivre et dévêtu, est découvert par son fils Cham qui appelle ses frères
pour se moquer de lui. Ces derniers, plus respectueux de la dignité paternelle, le
couvrent. *C'est de là que provient la malédiction de Noé sur Cham et sa descendance,
les Cananéens. C'est pour cette raison que, depuis lors, les pères à plusieurs reprises
ont exprimé le désir de ne pas voir leurs fils épouser une Cananéenne.* **(29)** Les
descendants de Noé bâtissent la tour de Babel dans l'espoir de réaliser l'unité
entre les hommes. *Mais des dissensions apparaissent, symbolisées par l'incapacité à
communiquer. La tradition biblique veut que Dieu soit intervenu pour multiplier les
langues des bâtisseurs, les mettant dans l'incapacité de se comprendre.* **(30)** Abraham,
*établi dans la région de Sodome et Gomorrhe*, rencontre trois anges envoyés par Dieu

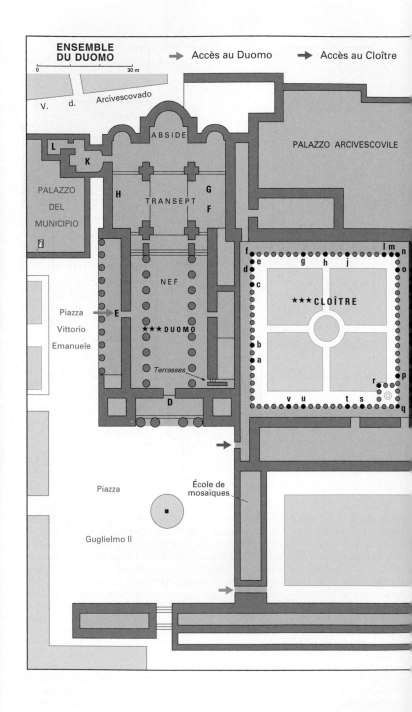

ENSEMBLE DU DUOMO

Accès au Duomo → Accès au Cloître

0 — 30 m

Arcivescovado

V. d.

ABSIDE

PALAZZO ARCIVESCOVILE

L

K

PALAZZO DEL MUNICIPIO

H

TRANSEPT

G

F

NEF

PALAZZO ARCIVESCOVILE

Piazza Vittorio Emanuele

E

★★★ DUOMO

Terrasses

D

Piazza

École de mosaïques

Guglielmo II

★★★ CLOÎTRE

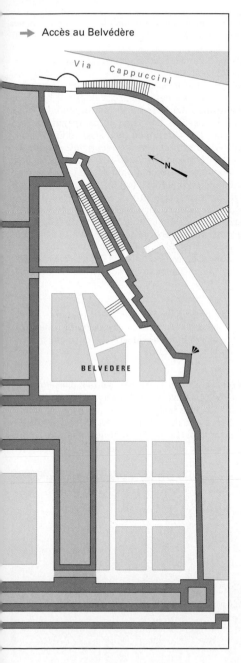

→ Accès au Belvédère

Via Cappuccini

N

BELVEDERE

## LE CLOÎTRE

**a** Parabole du riche et de Lazare
**b** Chapiteau corinthien aux feuilles agitées par le vent
**c** Histoire de Samson
**d** Massacre des Innocents
**e** Entre les quatre évangélistes trône... une sirène
**f** L'Annonciation
**g** Des chouettes, symbole de vigilance autrefois placé au-dessus des cellules des moines
**h** Oiseaux picorant les entrelacs du chapitcau
**j** Joseph vendu en Égypte
**l** La Résurrection
**m** Télamons
**n** Constantin et Hélène présentant la Croix retrouvée au Calvaire, symbole du triomphe de l'Église sur la synagogue
**o** L'acrobate
**p** Culte de Mithra
**q** Mission d'évangélisation des apôtres, groupés par trois sous des tabernacles et protégés par un ange en vol
**r** Représentation des douze mois de l'année
**s** Guillaume II dédie la cathédrale à la Vierge
**t** Hommes à l'apparence orientale
**u** Chérubins nourrissant des animaux
**v** Histoire de Noé

et les invite chez lui. Les anges représentent la Trinité. **(31)** L'hospitalité d'Abraham. **(32)** Dieu envoie deux anges pour détruire Sodome. Loth, neveu d'Abraham, les accueille. Loth tente d'empêcher les habitants de Sodome de pénétrer chez lui, où se trouvent les deux anges.

*Les trois scènes suivantes ne font pas partie de l'Ancien Testament, mais de l'histoire des saints Cassius, Casto et Castrense (protecteur de Monreale).* **(A)** Cassius et Casto, condamnés à être dévorés par les lions pour avoir refusé de renier le Christ, sont épargnés car les lions s'apaisent soudain et leur lèchent les pieds. **(B)** Conduits devant un temple païen, Cassius et Casto provoquent son effondrement sur les impies. **(C)** Saint Castrense libère un homme du démon, qui se jette à la mer et provoque un raz-de-marée. **(33)** Sodome est la proie des flammes et Loth fuit avec ses filles, tandis que sa femme, s'étant retournée pour regarder l'incendie, est transformée en statue de sel. **(34)** Dieu apparaît à Abraham et lui ordonne de sacrifier son fils Isaac. **(35)** Un ange arrête le sacrifice. **(36)** *Abraham envoie un serviteur chercher une femme pour Isaac.* Au puits, Rebecca donne à boire au serviteur d'Abraham et à ses chameaux. **(37)** Rebecca se met en chemin pour retrouver Isaac, l'époux qui lui est prédestiné. **(38)** Isaac en compagnie de son fils préféré, Esaü, et du cadet, Jacob. **(39)** Convaincu qu'il s'agit d'Esaü, Isaac bénit Jacob *(sur la droite, Esaü rentre de la chasse). Isaac rendu presque aveugle par la vieillesse, est trompé par la peau de chevreau dont Jacob s'est recouvert les bras pour imiter la pilosité de son frère.* **(40)** Fuite de Jacob devant la colère vengeresse de son frère dont il a détourné la bénédiction d'Isaac. **(41)** En chemin, Jacob voit en songe une échelle montant de la terre jusqu'au ciel et parcourue par des anges. Au sommet, Dieu lui fait don de la terre sur laquelle il s'est endormi ; à son réveil, Jacob pose la première pierre, celle qui lui avait servi d'oreiller. **(42)** Jacob lutte contre l'ange. *Lorsqu'il retourne auprès de son frère Esaü, Jacob, craignant sa colère, lui envoie des présents. Au cours de la nuit, après avoir fait passer un gué à sa famille, il rencontre un ange avec lequel il se bat. À l'aube, l'ange le bénit et lui donne le nom d'Israël (celui qui a combattu avec Dieu et les hommes, et a vaincu).*

## Montée aux terrasses★★★

*Accès par le fond de la nef de droite. La montée est longue et ardue.* La première partie, à découvert, permet de jouir d'une remarquable vue sur le cloître. Plus haut, on profite d'une vision rapprochée des magnifiques **absides★★**. La dernière montée dévoile une **vue★★** enchanteresse de la Conca d'Oro.

## LE CLOÎTRE★★★

(♿) *Été : 9h-19h30, dim. et j. fériés 9h-14h ; le reste de l'année : 9h-19h, dim. et j. fériés 9h-13h30. 4,13€. ☎ 091 69 61 319. www.regione.sicilia.it/beniculturali/sopripa*
L'un des plus beaux exemples d'architecture inspirée de l'art musulman, ce très grand cloître est entouré d'une suite d'arcades ogivales reposant sur de magnifiques colonnettes géminées, qui pour la plupart présentent des mosaïques polychromes incrustées d'inspiration orientale. Les colonnes qui délimitent chaque

R. Mattes/MICHELIN

angle, ainsi que celles au coin du petit cloître carré qui abrite une fontaine *(angle Sud-Ouest)*, sont quant à elles sculptées de figures d'animaux et d'hommes au sein d'un entrelacs végétal luxuriant. Mais les joyaux du cloître sont les **chapiteaux romans** *(voir illustration p. 102)*, d'une extraordinaire variété et liberté d'exécution. Les sujets sont d'inspiration autant médiévale que classique. Sans progression précise, ce qui tendrait à souligner leur objet essentiellement décoratif, se côtoient des épisodes de l'Évangile et de l'Ancien Testament et des figures allégoriques, ou tout simplement décoratives, mais toujours empreintes d'une originalité particulière. Même les sujets classiques ont ici un aspect insolite : les feuilles d'acanthe du chapiteau corinthien, par exemple, s'enrichissent d'un mouvement inattendu, comme agitées par le vent **(b)**. Une multitude de thèmes s'ajoutent les uns aux autres : oiseaux penchés cherchant à picorer les enroulements du chapiteau **(h)**, télamons semblant soutenir le poids de l'arc **(m)**, angelots occupés à nourrir des animaux **(u)**, personnages orientaux à turbans avec des serpents **(t)**. On remarquera le chapiteau de la donation **(s)** où Guillaume II offre à la Vierge l'église, représentée très fidèlement vue du côté Sud. Noter également le chapiteau où figure un homme tuant un taureau, image symbolique rappelant le culte oriental de Mithra **(p)**, et celui où apparaît un acrobate **(o)**. Sa position, en équilibre tête en bas avec les jambes pliées, le poids du corps reposant sur les bras et la tête restant ainsi en position centrale, évoque immédiatement l'emblème de la Trinacrie, symbole de la Sicile.

Dans le petit cloître du côté Sud-Ouest, la magnifique **fontaine** est formée d'un bassin circulaire au centre duquel se dresse une colonne ornée de boucs sculptés. L'élégance et le raffinement de ce lieu sont évocateurs de splendeurs mauresques.

## *alentours*

### Castellaccio

*3 km à l'Ouest.* Les ruines du château de la fin de l'époque normande se découpent au sommet du **mont Caputo**, destination printanière et estivale des touristes locaux. C'est un endroit idéal pour le pique-nique *(aire partiellement aménagée)*.

### San Martino delle Scale

*10 km à l'Ouest.* La route qui y parvient offre en montant une belle **vue★★** sur les toits de Monreale et son Dôme, la Conca d'Oro et Palerme. Situé à une altitude agréable (548 m), le bourg est un centre de villégiature apprécié pour sa fraîcheur. Il porte le nom d'un monastère bénédictin fondé au 6e s. par saint Grégoire le Grand, puis remanié et agrandi à partir du 16e s. À l'intérieur de l'**église** se trouve un beau **chœur liturgique en bois★** en marqueterie, œuvre de cette époque.

# Mozia★

Mozia est une petite île au milieu de la lagune du Stagnone (dont elle fait partie avec trois autres îles), si petite qu'on ne peut imaginer qu'elle ait pris part à l'histoire de la grande île de Sicile. Pourtant, elle a été autrefois le siège d'une prospère colonie phénicienne, Motya. Entourée des eaux basses de la lagune et naturellement protégée par l'Isola Grande toute proche, elle occupe une position stratégique qui en fit un objectif convoité des Carthaginois comme des Syracusains. Entièrement détruite par ces derniers, elle tomba vite dans l'oubli pour n'être redécouverte qu'à la fin du siècle dernier. Aujourd'hui, l'île accueille les visiteurs dans un tourbillon de parfums et de couleurs : la végétation, de type méditerranéen, est si exubérante, surtout au printemps, qu'elle constitue déjà en elle-même une raison suffisante de visiter Mozia.

## La situation

*Carte Michelin n° 565 N 19 ou Atlas Italie p. 84 – Trapani.* Les bateaux qui partent des salines Ettore et Infersa relient Mozia à la terre ferme. Si vous n'avez pas de voiture, le plus simple est de prendre l'un des autobus qui partent de Marsala pour rejoindre le port d'embarquement. Il n'existe aucun lieu de restauration sur l'île : pensez à emmener un en-cas si vous y allez à l'heure du déjeuner.
*Vous pouvez poursuivre votre voyage en visitant : VIA DEL SALE.*

## comprendre

### L'île...

Mozia est une ancienne colonie phénicienne fondée au 8e s. avant J.-C. sur l'une des quatre îles de la lagune du Stagnone, l'**île de San Pantaleo**, nom qui lui fut donné au cours du haut Moyen Âge par des moines de l'ordre de Saint-Basile venus s'y installer. Le nom de **Motya**, probablement donné par les Phéniciens eux-mêmes, signifierait *filature* et serait lié à la présence sur l'île d'ateliers travaillant la laine. Comme la plupart des autres colonies phéniciennes, l'île était un comptoir d'échanges et servait probablement de point d'accostage aux bateaux phéniciens faisant route en Méditerranée. Au 8e s. toujours, commence la colonisation grecque, qui se concentre essentiellement dans la partie Est de la Sicile. Les Phéniciens se replient donc dans la partie Ouest et Motya acquiert de plus en plus d'importance, devenant une petite ville. Au 6e s., les désaccords s'exacerbent entre Grecs et Carthaginois pour la domination de la Sicile, et Mozia se trouve mêlée à la lutte. Finalement, on l'entoure de remparts qui permettent de mieux la défendre. En 397, Denys l'Ancien, tyran de Syracuse, assiège la ville et met fin à son existence. Les habitants se réfugient sur la terre ferme au sein de la colonie de Lilibeo, l'actuelle Marsala.
La redécouverte de *Motya* est liée au nom de **Giuseppe Whitaker**, noble anglais de la fin du 19e s., dont la famille établie en Sicile avait assuré l'essor d'un florissant commerce de vin de Marsala. Sur l'île s'élève la demeure des Whitaker, aujourd'hui transformée en musée.

### ... et la lagune

La **lagune du Stagnone**, la plus grande lagune de Sicile (2 000 ha), devenue une **réserve naturelle** en 1984, s'étend en mer entre la pointe Alga et le cap San Teodoro. Elle se caractérise par des eaux peu profondes à forte salinité, qui ont favorisé l'apparition de nombreux salins sur la côte et sur l'Isola Grande, dont l'exploitation, jadis activité principale de l'île, y est aujourd'hui abandonnée.
La lagune englobe quatre îles : l'Isola Grande, la plus importante, Santa Maria, couverte de végétation, San Pantaleo, plus importante, et Schola, un îlot auquel d'anciennes habitations dépourvues de toit donnent un air désolé et touchant. Parmi les espèces végétales principales figurent le pin d'Alep, le palmier nain, le bambou (sur Isola Grande), le **calendula maritime** qui ne pousse en Europe qu'ici et en Espagne, la salicorne à la tige charnue, la scille maritime aux fleurs blanches en formes d'étoiles, le lys marin et les joncs. Les îles sont également peuplées de nombreuses espèces d'oiseaux, parmi lesquelles alouettes, chardonnerets, pies, moineaux et calandres.
Les eaux du Stagnone, très poissonneuses, abritent une faune très riche : anémones de mer, murex, dont les Phéniciens tiraient la pourpre pour la teinture des tissus, et une quarantaine d'espèces de poissons, dont bars, daurades, sargues et soles. Les fonds sont caractérisés par la présence de la **posidonie océanique**, plante marine formée d'une longue touffe de feuilles vertes, avec en son cœur des fleurs assemblées en épis. Cette plante constitue l'un des éléments essentiels à la vie de la Méditerranée. Elle joue un rôle similaire à celui de la forêt terrestre : habitat pour les espèces animales et végétales, source d'oxygène, stabilisateur des fonds marins.

# *visiter*

  *Accès à l'île et visite du musée : 9h-13h, 15h-1h av. le coucher du soleil. 3€ pour le trajet en bateau, 6€ pour l'entrée au musée.* ☎ *0923 71 25 98.*

Jusqu'en 1971, on pouvait aussi rejoindre l'île à bord d'une charrette tirée par un cheval, qui suivait le tracé d'une route phénicienne reliant Mozia à la terre ferme. La route se trouvant pratiquement à fleur d'eau, on avait l'étrange sensation que la charrette roulait sur la mer *(voir plus loin, porte Nord)*. C'était la méthode la plus courante pour transporter le raisin, cultivé sur l'île depuis le 19ᵉ s. et utilisé pour la production du marsala. Au centre se dresse la belle demeure des Whitaker (19ᵉ s.) qui abrite le musée.

## Les fouilles

*Un chemin permet de faire le tour de l'île et de découvrir les vestiges de la cité phénicienne (1h30 environ ; il est conseillé de l'emprunter dans le sens inverse des aiguilles d'une montre).*

**Fortifications** – L'île était naturellement protégée par l'actuelle Isola Grande (autrefois péninsule), la terre ferme et les eaux de la lagune. Au 6ᵉ s. avant J.-C., pour renforcer ces défenses, Mozia fut entourée de remparts piquetés de tours du guet, qui furent modifiés et consolidés à plusieurs reprises. Le long du trajet, on remarque encore quelques vestiges des tours, en particulier ceux de la **tour orientale** (à base rectangulaire) portant un escalier d'accès.

**Porte Nord** – Des deux portes qui permettaient l'entrée dans la ville, celle-ci était la principale, et c'est la mieux conservée. On aperçoit les vestiges des deux tours qui l'encadraient. À l'arrière, on peut encore voir une partie du pavement de la rue principale, qui porte toujours les traces des roues laissées par les charrettes.

Côté mer en revanche, la route pavée reliant Mozia à Birgi se dessine à peine sous la surface de l'eau. Longue de 7 km environ, sa largeur permettait le passage simultané de deux charrettes. Son tracé se devine encore aisément grâce aux bornes qui émergent de l'eau. Les plus hardis peuvent suivre le gué à pied *(il est préférable d'être équipé de chaussures en plastique).*

*Passer la porte et suivre la route principale.*

**Cappiddazzu** – Il s'agit de la zone qui s'étend à l'arrière de la porte Nord. Parmi les constructions, on remarquera un édifice à trois nefs qui avait probablement une fonction religieuse.

*Retourner sur la rive.*

**Nécropole** – Une série de pierres tombales et d'urnes caractérisent une nécropole antique à incinération. Il existait une seconde nécropole à Birgi, à l'endroit même où arrive la route submergée.

**Tophet** – Le mot désigne un espace sacré, un sanctuaire à ciel ouvert où l'on déposait les vases contenant les restes des sacrifices humains : l'immolation des fils premiers-nés était pratique courante.

Plus loin on aperçoit au milieu de la mer la petite île de Schola, la plus petite des îles du Stagnone, qui se distingue par trois maisonnettes roses sans toit.

**Cothon** – C'est un petit bassin artificiel de forme rectangulaire, relié à la haute mer par un canal. Son utilité réelle n'a pas encore été déterminée. Certains supposent qu'il pouvait servir de port aux petites embarcations légères qui faisaient probablement la navette entre l'île et les bateaux ancrés au large, pour le transfert des marchandises.

*Le Cothon.*

Immédiatement après le port, se trouve la **Porte Sud** qui comporte, comme la porte Nord, deux tours latérales.

Peu après, on rencontre la **Caseremetta**, une construction à usage militaire, dont on peut encore voir les éléments verticaux.

À la fin du parcours, deux belles mosaïques en pierres blanches et noires, représentant un griffon ailé à la poursuite d'une biche et un lion attaquant un taureau, indiquent l'emplacement de la **Maison des Mosaïques**.

**Musée** – Les objets exposés ont été découverts sur l'île, à Lilibeo (Marsala) et dans la nécropole de Birgi, sur le littoral face à Mozia. Dans la cour, devant le bâtiment, on voit une série de stèles provenant du Tophet. Les céramiques phéniciennes et puniques sont de forme simple, peu décorées, mais les vases corinthiens, grecs et italiques, d'importation, sont ornés de figures noires et rouges. La collection de sculptures comprend des statuettes de divinités mères, telle la statuette de la *Grande Mère*, des figurines de terre cuite d'influence grecque et le magnifique **Éphèbe de Mozia★★**, noble figure à fière allure, au long vêtement finement plissé, où l'on retrouve incontestablement l'influence grecque.

**Maison des Amphores** – Elle se trouve à l'arrière du musée, derrière les maisons et doit son nom au fait qu'on y a retrouvé un nombre considérable d'amphores.

# Nicosia

Autour des ruines du château, dans la partie haute de la ville, s'entremêlent des ruelles pavées, tortueuses et pentues. On y découvre en les parcourant des églises et des palais, hélas rarement mis en valeur, ainsi que des logis creusés à même la roche. Ces derniers, qui servent aujourd'hui de celliers ou de garages, sont les reliquats de l'habitat troglodytique assez répandu autrefois, notamment dans le Sud-Est de la Sicile.

### La situation

*15 051 habitants – Carte Michelin nº 565 N 25 ou Atlas Italie p. 88 – Enna.* Située à 700 m d'altitude, Nicosia est une ville de montagne, étalée sur quatre paliers rocheux, au Sud des Nebrodi. En suivant les indications pour le centre, on arrive sur l'élégante piazza Garibaldi, d'où l'on peut commencer la visite de la ville. **🛈** *Piazza Garibaldi 1, ☎ 0935 67 21 11, fax 0935 63 84 10.*

*Vous pouvez poursuivre votre voyage en visitant : MADONIE et NEBRODI.*

## *comprendre*

Fondée à l'époque byzantine, avec un nom d'origine sans doute orientale dont la signification pourrait être « ville de St-Nicolas », Nicosia a connu le sort du reste de la Sicile, passant des mains des Normands à celles des Souabes, des Aragonais, des Castillans et enfin des Bourbons, tout en préservant sa caractéristique locale : la rivalité féroce opposant ses deux quartiers, celui du bas et celui du haut, chacun

*Nicosia.*

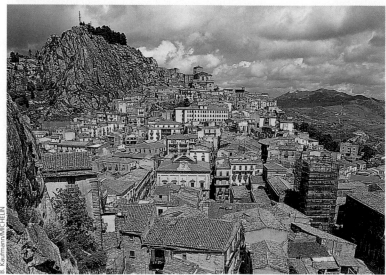

serré autour de son église (San Nicolò, et Santa Maria), leurs deux factions, qui se sont souvent affrontées avec violence. Cette situation relativement fréquente en Sicile (on pense à Raguse et Modica) a connu ici une ampleur et une âpreté sans égales. Les querelles qui éclataient à l'occasion des processions religieuses nécessitèrent un compromis et le partage officiel de la ville en deux parties distinctes. Il y a peu de temps encore, en 1957, le Vendredi saint voyait deux processions portant chacune son crucifix !

## se promener

### Piazza Garibaldi
Centre de la ville, cette petite place est imprégnée d'une atmosphère particulière le soir, lorsque la cathédrale St-Nicolas et les palais qui l'entourent s'éclairent d'une lumière diffuse. Remarquer notamment le **palais de la Ville** du 19e s., dont la cour intérieure est ornée d'un beau lampadaire en fer forgé.

### Cattedrale di S. Nicolò
À l'origine de style gothique, bâtie en 1340 par agrandissement d'une chapelle préexistante, elle a été souvent transformée au cours des siècles. De son style original, elle conserve un élégant **portail**★ orné de motifs floraux, palmettes et feuilles d'acanthe (voir p. 93), et un campanile qui laisse deviner derrière le grillage d'élégantes fenêtres géminées ou triples, surmontées au second niveau d'arcs ogivaux très travaillés. La façade de gauche, qui donne sur la place Garibaldi, a également conservé son porche gothique en arcades ogivales. Près de l'abside, on distingue, gravées dans le mur, des marques de compagnonnage (poids et des mesures étalons). L'**intérieur**, résultat de nombreuses transformations, présente une voûte terminée au 19e s., avec une coupole où trône une statue de saint Nicolas curieusement pendue au plafond, de Giovan Battista Li Volsi (17e s.). Ce dernier est aussi l'auteur, avec son fils Stefano, du **chœur liturgique**★ en noyer finement ciselé et orné d'angelots (1622). On voit sur les premières stalles quatre scènes religieuses : *Le Christ entrant dans Jérusalem* (1re à gauche) en face du *Couronnement de la Vierge* (remarquer dans le bas une vue de Nicosia avant le glissement de terrain de 1757, qui toucha surtout la partie haute de la ville), *Le Martyre de saint Barthélemy* (2e à gauche) et *Le Miracle de saint Nicolas* en face.

La couverture de l'église cache un secret : le corps de la voûte recouvre le plafond d'origine en bois à charpente apparente, entièrement peint, datant des 14e-15e s. (non visible pour le moment). La contre-façade supporte un orgue dû à Raffaele della Valle et Stefano Li Volsi. À voir encore, des sculptures de l'école des Gagini (fonts baptismaux et chaire), le groupe du *Christ en gloire entre la Vierge et*

> #### LA LÉGENDE DE SAINT NICOLAS
> Saint Nicolas, Santa Claus pour les Anglo-Saxons, était un évêque de Lycie du 4e s. D'après la légende, il aurait été le mystérieux bienfaiteur de trois jeunes filles à marier, dépourvues de dot, que leur père destinait à la prostitution afin de se procurer la somme nécessaire. Le saint secourable déposa alors incognito dans leur modeste habitation trois petites bourses d'argent, préservant ainsi leur dignité. Le personnage présente des similitudes avec celui du père Noël, qui apporte des cadeaux aux enfants sages.

*saint Jean-Baptiste* (2e chapelle à gauche) attribué à **Antonello Gagini** et, dans la **salle capitulaire**, trois belles toiles du 17e s. : une *Vierge à l'Enfant entre saint Jean-Baptiste et sainte Rosalie*, de **Pietro Novelli**, un *Martyre de saint Sébastien* de **Salvator Rosa**, et surtout un *Saint Barthélemy*★ de Giuseppe de Ribera, dit **Spagnoletto** (petit Espagnol), dont on observera le talent réaliste dans le personnage de l'écorcheur et les figures de l'arrière-plan.

En empruntant la salita Salomone, avec ses palais qui laissent imaginer les fastes d'antan, puis la via Ansaldi, on aboutit à l'**église San Vincenzo Ferreri**, décorée de fresques de Guglielmo Borremans, et à l'église Santa Maria Maggiore, d'où l'on bénéficie d'un magnifique panorama sur les montagnes et la ville basse.

### S. Maria Maggiore
*Pour connaître les horaires, téléphoner ☎ 0935 63 90 15.*
En 1757, un glissement de terrain emporta la partie haute de la cité, entraînant avec lui l'église Ste-Marie-Majeure. La contribution des habitants du quartier permit sa rapide reconstruction, un peu plus haut, en face de son ancien emplacement. La famille noble La Via, par exemple, fit don du portail de son palais du 17e s. pour en orner la façade principale. À l'intérieur, l'attention est vite attirée par la **Cona**, une grande icône de marbre à six niveaux représentant les épisodes de la vie de la Vierge, avec, au-dessus, une très belle représentation de saint Michel par **Antonello Gagini** et son école. Au fond de la nef de droite se dresse le trône de Charles Quint, sur lequel il se serait assis lors d'une de ses visites en 1535.

Derrière l'église, en haut de la paroi rocheuse, se dressait un **château** (pour éviter une longue marche, il est possible de s'y rendre en voiture en empruntant la via Simone à proximité du centre). Ses vestiges se réduisent à l'arc en ogive qui marquait l'entrée du bastion et à une tour délabrée. On a une très belle **vue★** sur les toits de la ville et les collines environnantes.

*Revenir vers la piazza Garibaldi et continuer le long de la via F.lli Testa.*

*À droite se trouve l'*église du Très-Saint-Sauveur. Précédée d'un porche, elle est située en hauteur et permet une belle **vue** plongeante sur la ville.

*Poursuivre par la via F.lli Testa et la via G.B. Li Volsi, et prendre, à l'intersection avec la via Umberto I, une montée sur la gauche.*

### Église des Capucins
Elle renferme un beau tabernacle en bois du 18ᵉ s. attribué à Bencivinni ainsi qu'une belle toile du « boiteux de Gangi », **Gaspare Bazzano**, *La Madone des Anges, sainte Barbara et sainte Lucie.*

# Noto★★

Dans une région où abondent oliviers et amandiers, Noto est un petit joyau baroque accroché sur un haut plateau, dominant la vallée de l'Asinaro et ses plantations d'agrumes. Cette ville, si harmonieuse qu'elle semble être un décor de théâtre, doit pourtant son incroyable beauté à une tragédie. C'est en effet à la suite du tremblement de terre de 1693 que sont édifiés ces palais majestueux construits en calcaire local, une pierre tendre et compacte qui a pris avec le temps un superbe ton rose doré, encore plus intense au coucher du soleil. L'enchantement prend hélas fin le 13 mai 1996 quand la coupole et une partie de la nef du Dôme s'écroulent par manque d'entretien. Au milieu des polémiques et des accusations, la cathédrale reste une blessure ouverte au cœur de la ville.

### La situation
*21 608 habitants – Carte Michelin nº 565 Q27 ou Atlas Italie p. 93 – Syracuse.* Les principaux monuments du centre historique sont regroupés entre le très central corso Vittorio Emanuele, qui coupe la ville d'Est en Ouest, et la via Cavour, la rue parallèle au corso au Nord. *Piazza XVI Maggio, ☎ 0931 83 67 44.*

*Vous pouvez poursuivre votre voyage en visitant : COMISO, Cava d'ISPICA, MODICA, RAGUSA, SIRACUSA.*

## comprendre

Avant 1693, la ville était établie à 10 km de son site actuel *(voir plus loin).* Le séisme la détruisit entièrement et il fallut trouver un endroit plus accessible et plus vaste, susceptible d'accueillir une implantation urbaine au tracé simple et linéaire, avec des intersections à angle droit et de grandes voies parallèles, comme le voulait le nouveau goût baroque. On traça donc trois rues principales, coupant la ville d'Est en Ouest pour être illuminées par le soleil tout au long de la journée. Le chiffre trois correspondait aussi au nombre de classes sociales installées dans la cité. La noblesse s'octroya la partie haute, le clergé la partie centrale (l'unique exception étant le palais « séculier » des Landolina), et les classes populaires occupèrent la partie basse. La reconstruction fut menée par le duc de Camastra, représentant à Noto du vice-roi espagnol, avec la participation de nombreux artistes siciliens, dont **Paolo Labisi**, **Vincenzo Sinatra** et **Rosario Gagliardi**. Influencé par Borromini, ce dernier fut peut-être le plus créatif. La ville fut bâtie comme un décor de scène, en tenant compte des perspectives et en trichant avec elles de façon remarquable, en jouant avec les lignes et les courbes des façades, avec la décoration des consoles à boucles, les volutes, les mascarons, les putti, les balcons en fer forgé, ventrus mais pleins de grâce. Création originale de maîtres locaux, Noto s'inscrit dans la perspective qui, née des mains des artistes italiens, voit fleurir le rêve baroque dans toute l'Europe.

## se promener

### Le centre baroque★★
L'artère principale, le **corso Vittorio Emanuele**, est ponctuée de trois places pourvues chacune de son église. Elle débute à la **Porta Reale**, entrée monumentale en arc de triomphe, érigée au 19ᵉ s. et surmontée d'un pélican, symbole de dévouement et, ici, d'allégeance au roi Ferdinand. De part et d'autre de l'arc, on voit une tour, symbole de force, et un lévrier (ancienne race sicilienne), symbole de fidélité.

Derrière, sur un boulevard planté d'arbres, des massifs de bougainvillées roses et des bouquets de palmiers d'où émergent les bustes en marbre de personnages célèbres annoncent un beau jardin public, point de rencontre des habitants.

## Piazza Immacolata

Sur la place, dont le centre est occupé par une statue de la Vierge, l'**église San Francesco all'Immacolata** (œuvre de **Sinatra**) dresse sa façade baroque relativement simple. Elle est précédée d'un imposant escalier accédant à une esplanade où donne le couvent homonyme. À l'intérieur de l'église, on peut voir des pièces provenant de l'église franciscaine de l'ancienne ville, Noto Antica, parmi lesquelles on remarque une *Vierge à l'Enfant* en bois peint, attribuée à Antonello Monachello (1564) *(sur l'autel)* et, le long de la nef, à droite, la plaque tombale d'un père franciscain (1575).

À gauche de l'église, à l'entrée de la via San Francesco d'Assisi, s'élève le **monastère du Très-Saint-Sauveur**, dont la façade curviligne incorpore une élégante tour, autrefois belvédère. Les superbes grilles ventrues en fer forgé placées aux fenêtres du **couvent Ste-Claire** *(côté opposé du corso)* sont de Gagliardi.

## Piazza Municipio★

C'est la plus majestueuse et la plus animée des trois places, délimitée à gauche par la façade du palais Ducezio, et, à droite, par le sinueux escalier de la cathédrale, flanqué de deux belles exèdres.

**Cathédrale★★** – Sa généreuse façade ornée de deux beaux campaniles laisse voir au second niveau les restes du dôme, malheureusement écroulé en 1996 en même temps qu'une grande partie de la nef centrale *(les travaux devraient être finis en 2004)*. L'ample escalier qui précède l'édifice et descend vers la place est bordé de part et d'autre de deux exèdres arborées, chacune parcourue par un chemin dallé qui en souligne les courbes sinueuses.

Sur les côtés de la cathédrale, au même niveau, le **palais épiscopal** (19e s.) et le **palais Landolina di Sant'Alfano**, aux lignes plus sobres, semblent tempérer l'exubérance des édifices voisins.

De l'autre côté de la place, les harmonieuses courbes de la façade du **palais Ducezio** contrastent avec le style classique du portique, œuvre de **Sinatra**. L'étage supérieur n'a été ajouté que dans les années 1950.

Sur le côté Est de la place s'élève la façade de la **basilique du Très-Saint-Sauveur**.

## Via Nicolaci★

*Sur la droite en continuant dans le corso Vittorio Emanuele.* On peut déjà parcourir du regard la rue, légèrement en pente, fermée en haut par **l'église Montevergini**, dont la belle façade concave est encadrée de deux campaniles dus à **Sinatra**. De part et d'autre de la rue se dressent de beaux palais baroques. On admirera sur la gauche, le **palais Nicolaci di Villadorata** aux **balcons★★★** appuyés sur des consoles animées d'angelots, de chevaux, de sirènes, de lions et de figures grotesques, parmi lesquelles se détache, au centre, un personnage au nez camus et lèvres épaisses. *Le palais est fermé pour travaux. Visite guidée du chantier de restauration sur demande. 3,10€.* ☎ *0931 57 40 80.*

Revenir sur le corso Vittorio Emanuele pour voir, à gauche, l'imposant ensemble formé par **l'église et le collège des Jésuites**, attribué à Gagliardi. Quatre colonnes surmontées de mascarons particulièrement grimaçants encadrent le portail central.

*Piazza Municipio.*

B. Morandi/MICHELIN

# carnet pratique

## TRANSPORTS

La ville de Noto se situe à 55 km de Raguse et à 30 km de Syracuse, auxquelles elle est reliée par le train (en respectivement 1h30 et 40mn) et par le car (1h pour Raguse et 40mn pour Syracuse). La gare routière se trouve piazzale Marconi, derrière les jardins publics tandis que la gare ferroviaire est sur le viale Principe di Piemonte, à 10mn à pied du centre historique.
Des services de cars assurent une liaison entre la ville et l'aéroport Fontanarossa de Catane (environ 80 km).

## VISITE

**Une promenade dans les ruelles –**
Tout autour du centre historique du 18e s. au plan régulier ont surgi des quartiers populaires (Agliastrello, Mannarazze, Macchina Ghiaccio, Carmine), caractérisés par d'étroites ruelles tortueuses, véritables labyrinthes évoquant les bourgs médiévaux. Outre son service de visites guidées du centre historique, l'association Allakatalla propose des parcours « alternatifs » dans ces quartiers, les enrichissant de récits et légendes populaires. Véritables plongeons dans le passé, ils sont plus séduisants encore en soirée quand la lumière diffuse crée une atmosphère presque magique.

## RESTAURATION

• *Sur le pouce*
**Trattoria del Carmine –** *Via Ducezio 1/a, Noto -* ☎ *0931 83 87 05 - fermé lun. - 12€.* Si vous voulez reprendre des forces après d'épuisantes visites touristiques, cette trattoria est l'endroit idéal. La cuisine de l'oncle Corradu est familiale et la salle est intime, ne comprenant que quelques tables avec nappe en papier.
**Trattoria del Crocifisso Da Baglieri –** *Via Principe Umberto 46/48, Noto -* ☎ *0931 57 11 51 - fermé mer., 1 sem. après Pâques, 2 sem. fin sept. -* ⊡ *- 18,08€.* Un savoureux voyage dans le temps : c'est ainsi que l'on pourrait définir un repas pris dans cette *trattoria*. Le décor comme la cuisine sont en effet typiquement siciliens et même les prix semblent appartenir au passé...

## HÉBERGEMENT

☞ **Hotel Al Canisello –** *Via Pavese 1, Noto -*☎ *0931 83 57 93 - fax 0931 83 77 00 -canisello@tin.it -* ⊡ *- 6 ch. : 60/70€ -* ⊡ *3€.* Cette ancienne ferme du 19e s. aux murs blancs et épais possède cette simplicité rustique tant recherchée par les citadins. Vous y trouverez une multitude de fleurs, une décoration sobre et soignée et, surtout, la saveur des bonnes choses d'antan.
☞ **Villa Mediterranea –** *Viale Lido, Noto Marina, 7,5 km au SE de Noto -* ☎ *0931 81 23 30 - fax 0931 81 23 30 - info@villamediterranea.com - fermé de déb. nov. à mi-avr. -* ⊡ ⊡ *-15 ch. : 84/104€* ⊡.
Posté sur le front de mer de Noto Marina, cet hôtel de style méditerranéen a récemment doublé sa capacité d'accueil mais a su conserver son sens de l'hospitalité. Accès direct à la plage.

## CALENDRIER

**Primavera barocca –** Le troisième week-end de mai ont lieu diverses manifestations pour le « printemps baroque » dont la plus célèbre est l'**Infiorata**, durant laquelle la via Nicolaci est recouverte de fleurs. Les habitants se pressent alors sous les grands portails des palais pour admirer la chaussée décorée d'un immense tapis de fleurs bigarrées, créé par des artistes qui remplacent peinture et pinceaux par des pétales multicolores. Les motifs varient chaque année.

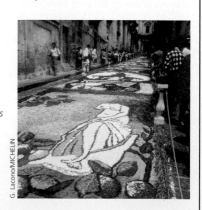

G. Iacono/MICHELIN

## Piazza XVI Maggio

La place est dominée par l'élégante façade convexe de l'**église San Domenico★**, œuvre de **Gagliardi**. Ses lignes vigoureuses sont accentuées par les colonnes surélevées qui rythment les deux ordres séparés par une haute corniche. L'intérieur blanc, orné de stucs, renferme des autels en marbre polychrome. *Fermée pour restauration au moment de la rédaction de ce guide.*

Devant l'église, le charmant **pavillon d'Hercule** (18e s.) et sa fontaine centrale font face au théâtre municipal (19e s.).

La via Ruggero Settimo, deuxième rue à gauche dans le corso Vittorio Emanuele, permet de rejoindre l'**église du Carmel**, à la belle façade concave ornée d'un portail baroque.

*En revenant piazza XVI Maggio, remonter la via Bovio, bordée sur la droite par la maison des Pères Porte-Croix.*

B. Juge/MICHELIN

### Via Cavour

*C'est la rue parallèle au corso Vittorio Emanuele au Nord.* Très élégante, elle est bordée d'intéressants édifices, dont le **palais Astuto** (n° 54), aux balcons à balustrades bombées, et le **palais Trigona Cannicarao** (n° 93).

*Après ce palais, tourner à gauche dans la via Coffa, et, au bout, encore une fois à gauche. Longer le palais Impellizzeri, de style baroque tardif, et prendre à droite la via Sallicano.*

Au fond apparaît l'**église del Santissimo Crocefisso**, dessinée par Gagliardi, qui possède une délicate *Madone de la Neige* de **Francesco Laurana**. *Fermée pour restauration moment de la rédaction de ce guide.*

## alentours

### Noto Antica

*10 km environ au Nord-Ouest.* Sur la route qui mène à la ville ancienne est indiqué l'**ermitage de St-Conrad-hors-*Palais Astuto.*

les-Murs.** Non loin du sanctuaire du 18e s. perdu dans la verdure se trouve la grotte où le saint vécut au 14e s. Reprendre la route pour visiter, après quelques kilomètres, le **sanctuaire Santa Maria della Scala**, orné, en arrière des fonts baptismaux, d'un bel arc de style arabo-normand.

Un peu plus loin, on aperçoit l'endroit où s'élevait Noto avant le terrible tremblement de terre de 1693. L'ancienne cité se développait le long de la ligne de crête de l'Alveria, délimitée par deux profondes gorges qui facilitaient la défense du site. La Porta Aurea donnait accès à la ville dont les rues, autrefois grouillantes d'animation, sont maintenant envahies par la végétation. En les parcourant, on apercevra, ici et là, parmi les arbustes et les buissons, des ruines émouvantes.

## circuit

### Entre ruines et merveilles de la nature

*Circuit d'environ 85 km. Compter au moins une journée avec l'excursion à Cava Grande et la visite de la réserve de Vendicari.*

### Cava Grande del Cassibile★★

*Aller jusqu'à Avola et suivre la direction Avola Antica (environ 10 km sur une petite route tortueuse). Après le centre d'habitations, tourner à droite sur le belvédère et garer la voiture.* La visite de Cava Grande permet de découvrir les paysages cachés des Iblei, relief karstique qui occupe la partie Sud-Est de la Sicile. Le parcours proposé passe par des lieux très peu fréquentés, et présente un grand intérêt pour les passionnés de paysages naturels. Au belvédère, on a une belle **vue★** sur la **gorge de Cava Grande★** avec ses imposantes parois calcaires qui tombent à pic sur un fond de vallée. Le cours d'eau qu'on aperçoit en bas s'élargit pour former de beaux petits lacs, accessibles par un sentier qui descend dans la gorge. Légèrement sur la gauche, une ouverture apparaît dans la paroi rocheuse : c'est l'entrée de ce que l'on nomme la grotte des Brigands. Ce n'est qu'un modeste témoignage des implantations rupestres qui caractérisent toutes les régions rocheuses du Sud-Est sicilien. On pense que la grotte a abrité une tannerie.

**Descente** – Une demi-heure de marche est nécessaire pour atteindre la rivière (compter au moins le double pour remonter). On suivra le cours d'eau (*cava* en toponymie locale) en descendant le courant, ce qui est parfois difficile tant la végétation est luxuriante. Au bout de quelques centaines de mètres, on atteint la zone découverte où la rivière forme un collier de petites **piscines naturelles★★** aux eaux limpides,

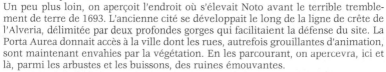

**UN PETIT DÉTOUR DE GOURMET**

Les gourmets se rendront à **Avola**, petite ville baroque, patrie de la délicieuse **amande Avola** (très utilisée dans la pâtisserie sicilienne) et du **nero d'Avola**, le meilleur cépage sicilien. Celui-ci est utilisé généralement dans la composition des plus célèbres vins rouges de l'île, auxquels il ajoute une saveur de prune et de marasque. Quand il est vinifié en monocépage et avec un degré en alcool diminué, il se révèle être un des grands vins rouges italiens, au nez intense et harmonique et au bon potentiel de garde.

N

creusées à même la roche et entourées de rochers plats. C'est le moment idéal pour marquer une pause, ou se baigner dans ces eaux fraîches, si rares en période estivale. Un beau dépaysement, et une alternative aux merveilleux bains de mer qu'offre la côte syracusaine.

*Retourner à Avola, prendre la SS 115 pour Noto, puis la SS 19 vers le cap Passero. Une route sur la gauche mène à Eloro.*

## Eloro

Cette petite ville, fondée probablement vers le 7ᵉ s. avant J.-C. par les Syracusains, s'élève dans un magnifique **site★** face à la mer, sur une petite colline près de l'embouchure du Tellaro.

Dès l'entrée sur le site, on remarque à l'Est les restes d'une grande *stoa* (portique) délimitant l'espace sacré où s'élevait un **sanctuaire** dédié à Déméter et Koré (assimilée à Perséphone), sur lequel d'autres constructions se sont superposées à l'époque byzantine. Continuer vers la rivière pour voir la *cavea* d'un **théâtre**, malheureusement détruit en partie pendant la période fasciste pour la construction d'un canal. À l'Ouest, on voit les fondations d'un **temple**, probablement consacré à Asclépios. Les tronçons Nord et Ouest de la **muraille d'enceinte** sont aussi bien visibles, ainsi que les bases des tours qui encadraient la **porte Nord**. C'est ici que débutait la route principale, orientée Nord-Sud. Sur le sol, on distingue encore les ornières creusées par le passage des chars. L'agora se situait sans doute à l'Est de cette grande voie, dans un espace bordé d'habitations à plan quadrangulaire.

*Retourner sur la S 19 ; au bout d'environ 3 km, une route sur la droite mène à la villa romaine du Tellaro.*

## Villa romaine du Tellaro

(&) *9h-14h. Gratuit.* ☎ *0931 48 11 11.*

Près du Tellaro, à l'Ouest de la route Noto-Pachino, des fouilles effectuées durant les années 1970, en face d'un complexe agricole, ont fait apparaître les restes d'une villa romaine de la seconde moitié du 4ᵉ s. dont les décorations n'avaient probablement rien à envier à celles de la villa de Piazza Armerina *(voir le chapitre VILLA IMPERIALE DEL CASALE).*

La villa est construite autour d'un péristyle carré, dont on a mis au jour le côté Nord et le pavement en mosaïques, en forme de losanges et de spirales. Dans les trois espaces au Nord du péristyle sont apparues de superbes mosaïques, réalisées avec ces tesselles plus petites et dans des couleurs plus vives que celles de la villa del Casale. Ces mosaïques *(provisoirement conservées ailleurs)* illustrent des scènes de chasse, des scènes érotiques, et la scène de la remise de rançon pour la restitution du corps d'Hector. Remarquer à la sortie, sur la droite, des habitations annexes, probablement destinées aux domestiques, et les restes d'un mur d'époque grecque.

*Retourner sur la S 19 et continuer vers le Sud pendant environ 4,5 km. Prendre ensuite la bifurcation sur la gauche pour la réserve.*

## Réserve naturelle de Vendicari★

*Avr.-oct. : 7h-20h ; nov.-mars : 7h-17h30. Gratuit. Il est nécessaire de demander une autorisation à l'Office des forêts (Ispettorato Foreste),* ☎ *0931 46 24 52.*

*Pour observer les oiseaux, nous vous conseillons les premières heures de la matinée ou en fin d'après-midi. Les jumelles sont indispensables.*

Cette réserve, instituée en 1984, n'a pris effet qu'en 1989. C'est une étroite bande côtière marécageuse de 574 ha qui a pour but principal de protéger les oiseaux migrateurs et la végétation psammophile (des régions sableuses) et méditerranéenne. Le degré de salinité très élevé de ses vastes marais a donné naissance à un écosystème bien particulier, refuge des oiseaux migrateurs qui s'y arrêtent en grand nombre. En automne, on peut observer des échassiers, en particulier les hérons cendrés et les aigrettes, plus rarement les cigognes et les flamants ; entre novembre et mars, lorsque le niveau de l'eau monte, les marais deviennent le royaume des palmipèdes, parmi lesquels on repère aisément colverts, tadornes et foulques noires, et souvent, des mouettes et des cormorans. Mais le symbole de Vendicari est le **chevalier d'Italie**, au corps blanc, aux ailes noires et aux longues pattes roses, la seule espèce qui nidifie ici.

En suivant le sentier qui longe par intermittence le **grand marais** *(pantano grande)*, on arrive à la **tour souabe**, construite au 15ᵉ s. par Pierre d'Aragon. La cheminée dressée au milieu des ruines de la *tonnara (voir Index)* a fonctionné jusqu'à la fin de la dernière guerre. Non loin de là, près des rochers où les vagues viennent se briser, on remarque des bassins qui faisaient partie d'un **établissement destiné au travail du poisson**, d'époque grecque. En ce temps-là, les principales activités étaient la salaison de l'excédent de poisson *(tarichos)* et la préparation du *garum*, un sous-produit obtenu à partir de la macération des viscères et des déchets dans l'eau de mer.

Le parc de Vendicari se caractérise par une alternance de substrat rocheux et de sable. Pour ce qui est de la flore, on trouve au Nord, vers le **petit marais** *(pantano piccolo)* où prédomine un sol rocheux, une vaste garrigue et des buissons de thym et d'épineux, égayés d'orchidées et d'iris. Dans la zone intérieure, la végétation se compose de bosquets de lentisques, de myrtes et de palmiers nains. Là où le terrain est plus sablonneux, notamment près du **Pantano Roveto**, on trouve des plantes psammophiles pérennes (graminées à rhizomes) alternant avec des bosquets de romarin et de genévriers à grosses baies.

*Suivre la S 19 pendant environ 18 km.*

## Cap Passero

Extrême pointe Sud-Est de la Sicile, le cap est dominé par un phare. C'est ici que se rencontrent les eaux de la mer Ionienne et du détroit de Sicile.

La *tonnara* du cap, dont l'activité a été florissante tout au long de ce siècle, appartient toujours au baron de Belmonte, qui, en 1994 encore, a effectué une *calata* (descente de filets). Le complexe comprend, outre le bâtiment servant à la mise en boîte du thon (désaffecté), la maison du *raïs*, qui dirigeait la *mattanza* (mise à mort des thons), et la demeure du baron, d'où l'on a une **vue**★★ splendide sur l'horizon infini, changeant au gré des humeurs de la mer. *Visite sur demande ☎ 0931 84 20 18.*

La **petite île** (*Isolotto di Capo Passero*) située en face forme avec la terre ferme un couloir naturel, point de passage obligé des thons qui peuvent aisément y être capturés. Mais depuis qu'elle a été classée zone de protection du palmier nain, et que des bassins d'élevage ont été implantés dans les eaux de la *tonnara*, il est devenu très difficile de descendre des filets. Cette petite île ne présente plus l'activité fébrile d'autrefois, mais a gardé tout son charme.

### UNE CURIOSITÉ À PROPOS DE LA « MATTANZA »

Durant la pêche, les marins avaient l'habitude de signaler par des drapeaux la quantité de thons présents dans les chambres des filets : s'il y en avait dix, ils sortaient un fanion rouge et blanc ; vingt, un fanion rouge ; trente, un blanc. S'il y en avait quarante, ils prenaient le drapeau blanc (trente) ainsi que le rouge et blanc (dix), et ainsi de suite. Quand les poissons étaient extrêmement nombreux, on hissait sur une rame une veste de marin, *u'cappottu*, ce qui voulait dire : « maintenant nous ne les comptons plus, ils sont trop nombreux ».

## Portopalo di Capo Passero

C'est un petit village de pêcheurs très typique. Le port est naturellement au centre des activités, surtout entre midi et deux heures, quand les bateaux de pêche accostent et que les acheteurs s'attroupent devant les étals.

# Palermo★★★

## Palerme

Étape obligée du Grand Tour des écrivains, poètes et artistes, séduits par son parfum oriental et sa beauté éclectique, Palerme a réussi à conserver, malgré les guerres, les spéculations immobilières et les faits divers sanglants, le charme des civilisations passées : Byzantins, Arabes, Normands, Souabes, Angevins et Espagnols y ont en effet laissé leur empreinte dans l'art comme dans les coutumes locales. Et même si dans quelque recoin les blessures de la ville sont encore douloureusement ouvertes, « Palerme la fleur », après des décennies d'abandon, est en train de ressusciter avec orgueil : le magnifique centre historique renaît peu à peu, les monuments si longtemps oubliés sont enfin restaurés et les initiatives culturelles se multiplient.

### La situation

*679 290 habitants – Carte Michelin n° 565 M22 avec plan général ou Atlas Italie p. 86.* Palerme occupe un **site enchanteur★★**, au centre d'une grande baie bordée par le mont Pellegrino au Nord et par le cap Zafferano au Sud et au bord d'une plaine fertile, appelée **Conca d'Oro** (conque d'or) pour la richesse de ses palmeraies, de ses oliveraies et de ses luxuriantes cultures d'agrumes. Le viale Regione Siciliana, qui prolonge l'autoroute A 19, traverse toute la ville. Pour rejoindre le centre historique qui s'étend autour du croisement des deux axes routiers principaux, le corso Vittorio Emanuele et la via Maqueda, il faut prendre depuis le viale Regione Siciliana la via Calatafimi (qui devient ensuite le corso Vittorio Emanuele). Il est préférable de garer sa voiture un peu avant : en plus des parkings signalés par un P sur le plan, la via Lincoln, près du jardin botanique et de la Kalsa, est également une bonne solution. Pour rejoindre la via Lincoln depuis le viale Regione Siciliana, prendre la via Basile (accès à la SS 624 Palerme-Sciacca). C'est de Palerme que partent les bateaux pour Ustica. 🛈 *Piazza Castelnuovo 34,* ☎ *091 58 38 47, fax 091 58 27 88 ; www.aapit.pa.it*

*Vous pouvez poursuivre votre voyage en visitant : BAGHERIA, CARINI, CEFALÙ, SOLUNTO, USTICA.*

## *comprendre*

**Un peu d'histoire** – Fondée par les Phéniciens au 7ᵉ s. avant J.-C. sous le nom de *Ziz*, ou fleur, Palerme fut conquise par les Romains qui la rebaptisèrent *Panormus* (du grec *tout port*). Son nom actuel provient de l'arabe *Balharm*, à peine modifié. Sous la domination arabe, au 9ᵉ s. après J.-C., elle connaîtra une période prospère et deviendra l'un des principaux centres musulmans d'Occident. Ne cessant de

*Les coupoles rouges de San Giovanni degli Eremiti.*

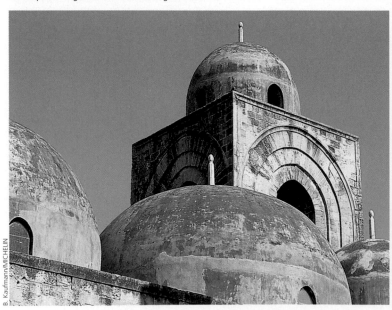

s'agrandir, elle a franchi les limites du quartier historique, le Cassaro (de l'arabe *al Qasr*, le château), nom donné autrefois à son artère principale actuelle, le corso Vittorio Emanuele. De nouveaux quartiers ont vu le jour, notamment celui de la Kalsa (de *al Halisah*, l'élue) résidence de l'émir.

En 1072, la ville est conquise par le **comte normand Roger**, qui va l'administrer avec une certaine tolérance : en règle générale, toute la population, musulmane ou non, garde droit de cité et la possibilité d'exercer la profession de son choix. C'est ce qui a permis l'épanouissement du style arabo-normand, alliance heureuse dans les domaines de l'architecture et des arts décoratifs. À l'époque prospère de **Roger II**, fils du comte, qui apprécie le luxe et la beauté, la ville s'enrichit de magnifiques jardins d'inspiration orientale et de luxueux palais (la Zisa, la Cuba). Elle attire lettrés, mathématiciens, astronomes et intellectuels venus de tous horizons. Après une courte période de désordres et de décadence, elle passe comme tout le reste de la Sicile aux mains de Frédéric II de Souabe (1212). Grâce à lui, elle retrouve sa puissance et son rôle central. Puis se succèdent les Angevins (jusqu'à ce qu'ils soient chassés par la révolte des Vêpres siciliennes), les Espagnols, et, au 18e s., les Bourbons de Naples, qui couvrent la ville de palais baroques.

Le 19e s. marque l'ouverture de la ville au commerce avec toute l'Europe. Stimulée par la bourgeoisie d'entreprise, devenue la nouvelle force économique, elle s'agrandit et élargit ses rues. On inaugure le viale della Libertà, prolongement de la via Maqueda. Le quartier qui se construit autour s'embellit d'édifices de style Liberty. Ce n'est malheureusement qu'un dernier sursaut avant une période de déclin entraînée par une succession de catastrophes : les bombardements de 1943, qui ont réduit à néant le centre historique, le tremblement de terre de 1968 et la dégradation lente mais inexorable des quartiers médiévaux. La spéculation immobilière, qui a conduit à la construction dans la banlieue de Palerme de grands immeubles rapidement délabrés, n'a certes pas contribué à améliorer l'image de la ville. En réaction à cette situation, la municipalité a entrepris une politique de revalorisation, de restauration et de récupération des superbes monuments du centre-ville. Ainsi essaie-t-on peu à peu de ranimer ce magnifique géant d'Orient, encore assoupi.

**Les arrondissements** – L'assiette urbaine de Palerme est caractérisée par l'intersection de deux axes routiers principaux : le corso Vittorio Emanuele et la via Maqueda. Le premier correspond à peu près à l'ancien **Cassaro** (de l'arabe *al-Qars*), l'artère principale de la ville qui reliait le Palazzo degli Emiri à la mer et qui était fermée aux deux extrémités par la Porta Nuova et la Porta Felice. Le nom s'est étendu au quartier alentour. La via Maqueda fut, elle, ouverte à la fin du 16e s., perçant les faubourgs médiévaux et entraînant la division de la ville en quatre zones appelées arrondissements.

L'**arrondissement Palazzo Reale** ou **Albergheria** (Sud-Ouest) coïncide avec le noyau le plus ancien de la ville ; ici, aux Phéniciens succédèrent les Romains, les Arabes et les Normands qui concentrèrent les édifices les plus représentatifs du pouvoir civil dans la partie occidentale. La partie Est, vers la via Maqueda, était au contraire caractérisée par un noyau urbain irrégulier à la forte densité de population, développé autour de la via Albergheria, et par la présence du quartier musulman tout d'abord (d'où le nom du vicolo et de la piazza Meschita, *meschita* signifiant mosquée), puis du quartier juif.

L'**arrondissement Monte di Pietà** ou **Capo** (Nord-Ouest) fut le lieu de résidence habituel de la population islamique et le siège de nombreuses activités artisanales et commerciales, caractéristique qui a survécu jusqu'à nos jours, avec le très animé et vaste marché de Capo.

L'**arrondissement Castellammare** ou **Loggia** (Nord-Est), fut dénaturé par l'ouverture de la via Roma à la fin du 19e s. et fortement endommagé par les bombardements de 1943. Il était caractérisé par la présence du port, qui fut à l'origine d'une activité commerciale très animée à laquelle participèrent les communautés d'Amalfi, de Pise, de Lucques, de Gênes et du pays catalan. Le témoignage de l'empreinte commerciale du quartier se retrouve dans l'ancien marché de la Vucciria.

L'**arrondissement Tribunati** ou **Kalsa** (Sud-Est) qui doit son nom à la présence du palais Chiaramonte, siège du tribunal de l'Inquisition, fut construit autour de la Kalsa, ancienne citadelle fortifiée, et de la via Alloro, le long de laquelle s'élevèrent

## LES VÊPRES SICILIENNES

Charles d'Anjou arrive à Palerme en 1266 grâce au soutien du pape. Les Français sont mal vus de la population, qui les surnomme « baragouineurs », à cause de leur difficulté à prononcer correctement l'italien. Le lundi de Pâques 1282, devant l'église Santo Spirito, à l'heure précise où les cloches sonnent les vêpres, un soldat français insulte une Sicilienne. Furieux, les passants s'en mêlent, la situation dégénère, et, avec l'appui de la noblesse locale, la rixe se transforme en une rébellion qui enflamme toute la Sicile. On massacre tous les Français qui ne réussissent pas à prononcer correctement le mot *cicero*, et on chasse les autres. Pierre d'Aragon, époux de Constance de Hohenstaufen, fille de Manfred, est alors appelé à gouverner.

*L'un des « Quattro Canti » de la piazza Vigliena.*

au 15ᵉ s., de nombreuses demeures nobles. À partir du 18ᵉ s., dans la partie qui longe la mer, furent érigés les grands palais aristocratiques, dont les terrasses ouvraient sur la Passeggiata della Marina (l'actuel Foro Italico).

### IMAGES DE LA VILLE

Nombreux sont les écrivains qui ont décrit Palerme, l'ont pris comme décor de leurs récits ou en ont fait leur source d'inspiration. Ainsi cette page d'un auteur sicilien qui a décrit la Sicile comme un rêve, une suite d'images, de parfums et de sons, évocation pleine de lyrisme, de nostalgie, et de sensualité. « Palerme la rouge, Palerme l'enfant... Rouge, telle est Palerme comme nous l'imaginons, semblable à Tyr, Sidon ou Carthage, comme la pourpre des Phéniciens ; rouge et grasse, sa terre est arrosée de sources sur lesquelles se dresse, haut et mince, le palmier qui se courbe sous la caresse des vents, ombre fraîche, écho et nostalgie des oasis, verte mosquée, tapis de repos ou de prière, image de l'éternel jardin du Coran. Enfant, telle est Palerme, endormie, immobile, heureuse de sa beauté, dominée depuis toujours par des étrangers ; mais aussi par sa mère, une dévorante mère méditerranéenne qui maintient ses enfants dans une éternelle adolescence. Elle s'abandonne, luxuriante et souple, sur une conque heureuse... ». Extrait de *La Sicilia passeggiata*, de Vincenzo Consolo.

## carnet pratique

### TRANSPORTS

#### COMMENT Y ARRIVER

**En avion** – C'est certainement la meilleure manière de rejoindre la ville et c'est, bien sûr, la plus rapide. L'aéroport **Falcone-Borsellino** (anciennement appelé Punta Raisi, ☎ 091 70 20 111) est situé à 30 km au Nord de Palerme, sur l'autoroute A 29. Il est desservi par de nombreuses compagnies, qui assurent les liaisons avec les principales villes italiennes et destinations internationales. À l'aéroport, vous trouverez différentes sociétés de **location de voitures** : Avis ☎ 091 59 16 84, Europ-Car ☎ 091 59 16 88, Hertz ☎ 091 21 31 12, Holiday car ☎ 091 59 16 87, Maggiore ☎ 091 59 16 81 et Sicily by car ☎ 091 59 12 50.

**La liaison avec le centre-ville** est assurée toutes les 30mn par une ligne d'autobus, de 5h du matin jusqu'à l'arrivée du dernier vol (avec des arrêts viale Lazio, piazza Ruggero Settimo devant l'hôtel Politeama et à la gare centrale). La durée du trajet est d'environ 1h. 4,65€ le billet aller. Prestia e Commandè, gare centrale, ☎ 091 58 04 57.

Le trajet en **taxi** depuis l'aéroport coûtera environ 40€. Se méfier des propositions de prix nettement inférieurs.

**En voiture** – En arrivant à Palerme, l'autoroute se transforme en boulevard périphérique (viale Regione Siciliana), dont les divers embranchements permettent de rejoindre les principaux points d'intérêts de la ville. La sortie **corso Calatafimi** est la plus pratique pour gagner le centre historique car elle débouche sur le corso Vittorio Emanuele, une des principales artères palermitaines.

**Se garer** – Il est particulièrement difficile de se garer à Palerme, ce qui amène nombre de touristes à renoncer à utiliser la voiture au centre-ville. Il existe de vastes parcs de stationnement en dehors du centre (*voir les P sur le plan*). Une bonne alternative est offerte par la via Lincoln, tout près du jardin botanique et à deux pas de la Kalsa.

Voici quelques adresses de parkings situés dans le centre historique : *piazza Giulio Cesare au n° 43 (gare centrale) ; via Guardione au n° 81 (parallèle au Nord de la via Cavour, zone du port) ; via Archimede au n° 88 (au Nord du Politeama) ; via Sammartino au n° 24 (au Nord-Ouest du théâtre Massimo).* Les tarifs tournent autour de 20€ pour 24h mais il existe souvent des accords de partenariat avec les hôtels de la ville. Il est conseillé de ne laisser ni bagages, ni objets de valeur à l'intérieur du véhicule.

**En bateau** – Les compagnies italiennes permettent des départs depuis Gênes avec la Grandi Navi Veloci (20h), Livourne avec la Grandi Navi Veloci (3 fois par semaine, 17h), Naples avec la Tirrenia (10h) et la SNAV (d'avril à octobre, 11h ; possibilité de traversée rapide en 5h30) et Cagliari avec la Tirrenia (une fois par semaine, 13h30).

Pour obtenir des informations et réserver :

**Grandi Navi Veloci**, via Fieschi 17, Gênes, ☎ 010 55 091 ; www1.gnv.it/ ; infopax@grimaldi.it

**SNAV**, gare maritime, Naples, ☎ 081 42 85 111 ; mergelli@tin.it ; www.snav.it/

**Tirrenia**, môle Angioino, Naples, ☎ 199 123 199 (depuis un téléphone fixe en Italie) ou 081 31 72 999 (depuis un téléphone portable ou depuis l'étranger) ; www.gruppotirrenia.it/

**En autocar** – Il existe une liaison quotidienne directe qui relie Rome (départ de la gare routière Tiburtina et de Castro Pretorio), Palerme (via P. Balsamo au n° 26 et via Turati au n° 3) et Trapani (via Ammiraglio Staiti au n° 13), effectuée par la compagnie Segesta Internazionale. Départ de Rome à 18h30 et de Palerme à 18h30 ; trajet : 12h. 35,50€ (A), 60,50€ (AR). ☎ 091 30 05 56 (en semaine) et 091 32 07 57 (w.-end et j. fériés).

En outre, des lignes d'autocars relient Palerme aux principales villes siciliennes. Les compagnies de transport les plus importantes sont la SAIS, via Balsamo 16, ☎ 091 61 66 028, la Cuffaro, via Balsamo 13, ☎ 091 61 61 510, et la Segesta, via Balsamo 26, ☎ 091 61 67 919.

**En train** – Si l'on vient du « continent », le voyage en train comprend systématiquement la traversée du détroit de Messine : le train embarque alors sur le bateau. Le prix du billet comprend la liaison maritime. Pour tout renseignement, s'adresser dans les gares et agences de voyage. Si l'on est en Sicile, il existe des trains reliant Palerme à Messine (à peu près 3h), à Caltanissetta (à peu près 2h) et à Catane (un peu plus de 3h mais peu de départs). La gare centrale de Palerme se trouve sur la piazza Giulio Cesare.

## COMMENT SE DÉPLACER EN VILLE

En raison de l'intensité de la circulation et des grandes difficultés de stationnement en ville, il est plus sage de ne pas utiliser sa voiture. Pour les longues distances, on conseillera de prendre le bus ou un taxi

et de poursuivre à pied la visite des lieux intéressants. Une autre façon, moins rapide mais très agréable, de découvrir la ville est la calèche. On en trouve toujours en attente aux abords de la gare centrale, mais on peut aussi les héler en ville. Il est conseillé de négocier le prix au préalable.

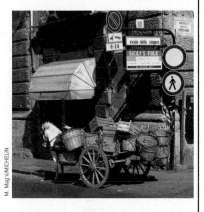

M. Magni/MICHELIN

**Autobus** – Les transports publics de la ville sont gérés par l'AMAT, située via Stabile à l'angle de la via Ruggero Settimo, ☎ 091 72 91 111 ; www.amat.pa.it/index.html. Il existe deux types de billet : le billet valable pendant deux heures (1€) et le billet à la journée (3,35€).

**Taxi** – Autoradio Taxi ☎ 091 51 27 27 et Radio Taxi Trinacria ☎ 091 22 54 55.

## VISITE

L'Office de tourisme publie chaque mois une brochure contenant des renseignements mis à jour sur les manifestations et les horaires de visite des musées, églises et palais.

**Billets groupés** – Il existe différents billets groupés pour les visites : 7,75€ (valable 2 jours) pour la Galerie régionale du palais Abatellis, le Musée archéologique régional et le palais Mirto ; 7,75€ (valable 2 jours) pour le cloître de Monreale, la Cuba, la Zisa et le cloître de San Giovanni degli Eremiti ; 5,16€ (valable 1 jour) pour la Galerie du palais Abatellis et le palais Mirto ; 5,16€ (valable 1 jour) pour le Musée archéologique régional et le palais Mirto.

**Visites guidées** – La **CST** (Compagnia Siciliana Turismo) organise la visite des principaux monuments de la ville et du Dôme de Monreale tous les samedis matin. Elle propose aussi certains jours de la semaine des circuits guidés (compter la journée) : Ségeste, Erice et Trapani ; l'Etna et Taormine ; Agrigente et Piazza Armerina ; le marché de Capo, Mondello et les catacombes des Capucins (à Palerme, une demi-journée). Via Emerico Amari 124, ☎ 091 74 39 654, fax 091 58 22 18 ; www.compagniasicilianaturismo.it

L'**AMAT** (Azienda Municipale dei Trasporti) organise divers circuits en bus pour découvrir la ville et Monreale. Départ à 9h, durée 4h environ, 11,43€ (uniquement le transport). Via Stabile à l'angle de la via Ruggero Settimo, ☎ 091 72 91 111.

La **Cooperativa Solidarietà** propose des itinéraires dans les quartiers historiques et un itinéraire thématique « I Beati Paoli ». 3h, 7,75€. ☎ 091 58 04 33. C'est dans le quartier de Capo que **Luigi Natoli** a trouvé l'inspiration pour son monumental roman *Beati Paoli*. Cette œuvre populaire, dont la publication par épisodes tint toute la cité en haleine de 1909 à 1910, fait fidèlement revivre le Palerme d'autrefois.

**Palerme sens dessus dessous** – Les **qanat** sont des canaux artificiels souterrains qui prélèvent l'eau des nappes et la transportent sur plusieurs kilomètres grâce à une inclinaison à peine perceptible. Imaginés en Perse au $7^e$-$6^e$ s. avant J.-C., ils se sont généralisés en Occident après la chute de l'Empire romain. Ceux qui réalisaient ces canaux étaient appelés les *muqannni*, les « maîtres d'eau » : ils transmettaient leur savoir de génération en génération et sacrifiaient leur brève existence à l'accomplissement de leur noble tâche. Les qanat actuellement visibles à Palerme datent de l'époque normande. Leur visite *(environ 2h, 8,50€)* est une expérience à ne pas manquer : équipé d'une combinaison et d'un casque de spéléologie, vous vous enfoncerez quelques mètres sous terre et parcourrez des canaux étroits avec un guide du CAI. Il est conseillé de porter un maillot de bain sur lequel vous enfilerez la combinaison imperméable (mais n'espérez pas rester sec !) et d'emporter avec vous de quoi vous changer et une serviette. *Contacter la Cooperativa Solidarietà quelques jours à l'avance, ☎ 091 58 04 33.*

**Les cent églises** – Cette belle initiative redonne vie à des monuments de Palerme restés très longtemps inaccessibles. La gestion des monuments est confiée à des coopératives qui effectuent des visites guidées. Horaires indicatifs d'ouverture au public : 9h à 17h. Parmi les monuments réouverts, il faut signaler de nombreuses églises (S. Eulalia dei Catalani, S. Maria dei Miracoli, Madonna della Mercè, Madonna dei Rimedi, S. Carlo, S. Caterina, dell'Itria ou dei Cocchieri, S. Ninfa dei Crociferi, S. Orsola, S. Teresa alla Kalsa), le couvent de S. Maria del Gesù et le Stand Florio. Pour obtenir des informations et réserver ☎ 091 740 60 35.

## RESTAURATION

### EN-CAS À LA SICILIENNE

Si vous avez un petit creux ou que vous voulez manger rapidement, vous pouvez toujours vous acheter un en-cas à déguster dans la rue. Voici quelques-unes des spécialités les plus répandues : *u sfinciuni* (ou *sfincione*, sorte de pizza traditionnelle à base de tomates, d'anchois, d'oignons et saupoudrée de chapelure), le *pani ca' meusa* (sandwich au ris de veau ou d'agneau), les *panelle* (beignets à base de farine de pois chiches) et les *babbaluci* (petits escargots marinés vendus dans des petits cornets). Vous pourrez également trouver ces spécialités dans les marchés typiques.

⊙ **Antica Focacceria S. Francesco** – *Via A. Paternostro 58, Palerme -* ☎ *091 32 02 64 - info@afsf.it.* Face à l'église du même nom en plein cœur du quartier médiéval, cet établissement historique propose des *foccace* farcies, des *arancine* (grosses croquettes de riz), des tartes salées, de la *ricotta fritta* (à base de fromage de brebis frit) et bien sûr des *sfincione,* à déguster dans un cadre rétro sur de petites tables de marbre, autour de l'ancien fourneau en fonte qui sert de comptoir.

⊙ **Di Martino** – *Via Mazzini 54, Palerme -* ✉. Après avoir visité la Palerme du $19^e$ s., et peut-être même le musée d'Art moderne, vous aurez certainement un petit creux que vous pourrez combler avec l'un des délicieux sandwiches proposés ici. Tables en terrasse pour ceux qui le souhaitent.

⊙ **Focacceria Basile** – *Via Bara all'Olivella 76, Quartier Massimo, Palerme -* ☎ *091 33 56 28 - fermé dim., soir (sf sam.).* Vous serez accueilli par le grand comptoir des pizzas et *focacce*, puis vous ferez connaissance avec la cuisine et ses plats rapides pour finalement découvrir deux petites salles au décor minimaliste. Une *trattoria/rosticceria* dont vous vous souviendrez !

⊙ **Focacceria Basile 2** – *Piazza Nasce 5, Quartier Politeama, Palerme -* ☎ *091 61 10 203 - fermé dim.* Gérée par le cousin du propriétaire de l'établissement de la via Bara all'Olivella, cette sympathique *focacceria/rosticceria* propose chaque jour des en-cas siciliens typiques : *arancine, caponate* (sorte de ratatouille), *panini con la milza...* un délice !

⊙ **Giannettino** – *Piazza R. Settimo 8/11, Palerme -* ☎ *091 61 14 560.* L'endroit idéal pour déguster une pizza, un *calzone*, un sandwich ou autres en-cas classiques de la gastronomie sicilienne. À emporter ou à manger sur place dans la petite salle.

⊙ **I Cuochini** – *Via R. Settimo 68, Palerme -* ☎ *091 58 11 58 - tlj sf dim.8h30-14h30, 16h30-19h30.* Une minuscule boutique située depuis 170 ans dans la cour intérieure du palais du baron di Stefano et qui renferme une infinité de saveurs : pizzas, *panzerotti* (pâte feuilletée frite renfermant du fromage, du jambon et d'autres ingrédients), *arancine*, et bien d'autres... À essayer !

### RESTAURANTS

**Villa Cicara** – *Via G. Filangeri 10 (piazza Magione), Palerme -* ☎ *091 61 77 777 - fermé mar. (janv.-mars) - 15/22€.* La salle présente une décoration rustique avec ses anciens outils accrochés au mur et son grand lustre en fer forgé, tandis que le jardin regorge d'orangers, de grenadiers, de palmiers et de nombreuses autres plantes. Il ne vous reste plus qu'à commander !

**Hostaria da Ciccio** – *Via Firenze 6 (perpendiculaire à la via Roma au n° 178), Palerme -* ☎ *091 32 91 43 - 18/25€.* Cette trattoria, avec ses deux petites salles et son agréable terrasse, a ouvert à la fin

des années 1930 et, depuis, rien
n'a changé : le lieu comme la cuisine
ont conservé leur authenticité. Spécialités
de la cuisine sicilienne avec de nombreux
plats de poissons.

**Casa del Brodo** – *Corso Vitt.
Emanuele 175, Palerme* - ☎ *091 32 16 55 -
casadelbrodo@gestelnet.it* - 📧 *- 18/30€.*
Ce restaurant simple à l'origine, fondé
il y a plus de 100 ans, est devenu
aujourd'hui un établissement raffiné.
Vous y trouverez un abondant buffet
d'*antipasti* dans le couloir entre les deux
salles et une cuisine sicilienne généreuse
avec des spécialités de poissons. Bon rapport
qualité/prix.

**Ai vecchietti di Minchiapititto** –
*Via P. Paternostro 28, Palerme -
☎ 091 58 56 06 - 📧 - 20/34€.* Situé dans
un édifice du 19ᵉ s., ce restaurant possède
deux petites salles au style authentique
avec un plafond voûté et des arcs en brique
apparente. L'été, possibilité de manger
dans le petit jardin.

**La Cambusa** – *Piazza Marina 16, Palerme -
☎ 091 58 45 74 - leopoldo@lacambusa.it -
fermé lun., déc. - 21/27€ + 10 % serv.*
Donnant sur la piazza Marina, cette trattoria
tranquille et très soignée vous propose
des plats gastronomiques exclusivement
à base de poisson et un énorme buffet
d'*antipasti* qu'il est impossible de manquer !

**Capricci di Sicilia** – *Via Istituto
Pignatelli 6 (à l'angle de la piazza Sturzo),
Palerme -* ☎ *091 32 77 77 - fermé lun.
(sf juil. et août) - 📧 - 25/40€.* Des mimes
ou des vendeurs ambulants viendront parfois
vous distraire au cours de votre repas
dans ce restaurant particulier, au décor
simple et au service informel. Sa cuisine
d'inspiration palermitaine est son véritable
point fort.

**Trattoria Biondo** – *Via Carducci 15
(au N de la piazza Castelnuovo), Palerme -
☎ 091 58 36 62 - fermé mer., de fin juil.
à mi-sept. -* 📧 *- 24/33€ + 10 % serv.*
Dans le centre historique, près du théâtre
Politeama, voici une bonne adresse pour
déguster des saveurs méditerranéennes.
Décor simple et sympathique avec des
bouteilles, des caisses de vin, des cageots
de tomates, des citrouilles et des petits
objets disséminés un peu partout. Attention
aux 10 % de service !

**Al Genio** – *Piazza S. Carlo 9
(près de la piazza Rivoluzione), Palerme -
☎ 091 61 66 642 - fermé lun., à midi
(juin-sept.) - 25/30€.* Situé dans la vieille
ville, ce restaurant familial possède deux
salles séparées avec des plafonds voûtés,
dont l'un est en pierre apparente, et propose
avec passion une cuisine sicilienne qui
se transmet de génération en génération.

**Santandrea** – *Piazza Sant'Andrea 4
(Vucciria), Palerme -* ☎ *091 33 49 99 - fermé
mar. et mer. à midi, lun. et dim. (juil.-août),
janv. -* 📧 *- réserv. conseillée - 28/45€.*
Cet agréable restaurant en plein cœur
de la Vucciria est l'endroit idéal pour goûter
la cuisine sicilienne classique, préparée
dans le respect de la tradition.

## HÉBERGEMENT

**Hotel Cavour** – *Via A. Manzoni 11
(5ᵉ étage avec ascenseur), Palerme -
☎ 091 61 62 759 - fax 091 61 62 759 -
giopintos@tiscalinet.it* - 📧 *- 10 ch. : 24/52€.*
À deux pas de la gare centrale, au cinquième
étage d'un ancien palais, un hôtel
récemment rénové qui propose des prix
intéressants. Les chambres avec leurs hauts
plafonds sont lumineuses et bien aérées
et le mobilier est simple et fonctionnel.

**Hotel Moderno** – *Via Roma 276
(3ᵉ et 4ᵉ étage avec ascenseur), Palerme -
☎ 091 58 86 83 - fax 091 58 82 60 -*
📧 *- 38 ch. : 46,48/62€ -* ☕ *2,60€.*
Des chambres bien tenues, simples mais
assez grandes, meublées de façon pratique
et moderne. La direction est familiale,
toujours prête à satisfaire les exigences
des hôtes et à rendre leur séjour le plus
agréable possible.

**Hotel Azzurro di Lampedusa** –
*Via Roma 111 (5ᵉ étage avec ascenseur),
Palerme -* ☎ *091 61 66 881 -
fax 091 61 00 105 - azzurrolampedusa@
tiscalinet.it* - 📧 ✖ *- 12 ch. : 61,97/72,30€*
☕. Dans un palais du centre historique,
vous serez en plein cœur de la ville et
pourrez profiter pleinement de Palerme.
Les chambres proposées disposent
du confort essentiel et sont surtout
intéressantes pour leur rapport qualité/prix.

**Hotel Gardenia** – *Via M. Stabile 136
(7ᵉ étage avec ascenseur), Palerme -
☎ 091 32 27 61 - fax 091 33 37 32 -
gardeniahotel@gardeniahotel.it* - 📧 *-
16 ch. : 62/84€ -* ☕ *5€.* Un petit hôtel
familial situé dans un palais du centre
historique. Certaines chambres bénéficient
d'un balcon qui donne sur le centre-ville.
Des prix intéressants pour un confort
satisfaisant.

**Hotel Posta** – *Via A. Gagini 77,
Palerme -* ☎ *091 58 73 38 -
fax 091 58 73 47 - info@hotelposta.it -*
📧 *- 27 ch. : 67/88€* ☕. Derrière la très
animée via Roma, cet hôtel à gestion
familiale est souvent fréquenté par
les acteurs qui se produisent sur la scène du
théâtre Massimo tout proche. Une trentaine
de chambres simples et accueillantes.

**Massimo Plaza Hotel** –
*Via Maqueda 437, Palerme -
☎ 091 32 56 57 - fax 091 32 57 11 -
booking@massimoplazahotel.com* - 📧 *–
15 ch. : 100/145€* ☕. Juste en face
du théâtre Massimo, cet hôtel qui cultive
élégance et distinction propose un service
à la hauteur du cadre. Murs aux couleurs
chaudes, parquet et petites touches raffinées
dans les chambres comme dans les espaces
communs.

**Hotel Principe di Villafranca** –
*Via G. Turrisi Colonna 4, Palerme -
☎ 091 61 18 523 - fax 091 58 87 05 -
info@principedivillafranca.it* - 📧 *-
34 ch. : 126/180€* ☕. Ne vous arrêtez pas
à votre première impression, car l'intérieur
de cet hôtel vous réserve une belle surprise :
un petit hall baigné de lumière et décoré
avec goût, des espaces communs

accueillants, des meubles anciens, des tableaux et une petite bibliothèque. Les chambres vous raviront tout autant.

⊖⊜⊜ **Centrale Palace Hotel** – *Corso Vitt. Emanuele 327, Palerme -* ☎ *091 33 66 66 - fax 091 33 48 81 - cphotel@tin.it -* 🖻 ✉ ⎙ - *63 ch. : 150/214€* ⚏. Dans un palais du 17ᵉ s. très bien rénové, cet hôtel extrêmement élégant, notamment dans les espaces communs de belle facture, vous réservera un accueil de haut niveau. Très beau restaurant panoramique.

### LE TEMPLE DU LIBERTY

**Villa Igiea Gd H.** – *Salita Belmonte 43 -* ☎ *091 63 12 111 - fax 091 54 76 54 - villa-igiea@thi.it -* ✉ *- 108 ch. : 206/340,6€* ⚏. L'hôtel a été créé dans un bâtiment du 15ᵉ s., restauré au début du 20ᵉ s. et décoré dans un style Liberty fascinant. Un accueil exceptionnel et des chambres avec terrasse enchanteresses *(voir aussi p. 305)*.

## PETITE PAUSE

### QUARTIER POLITEAMA

**Antico Caffè** – *Via Principe di Belmonte 107-115, Palerme.* Ce café, qui a ouvert en 1860 dans la très belle via Principe di Belmonte, est devenu une institution à Palerme, avec sa splendide et verdoyante terrasse où l'on peut déguster de délicieuses pâtisseries.

**Bar-Pasticceria Mazzara** – *Via Magliocco 15, Palerme -* ☎ *091 32 14 43.* Une pâtisserie historique, qui fut fréquentée par l'auteur du *Guépard*, Giuseppe Tomasi di Lampedusa. Vous pourrez y déguster tous les gâteaux typiques *(cassata, cannoli...)* mais aussi des glaces. Aujourd'hui l'établissement fait également self-service, pizzeria, rôtisserie et restaurant.

**Enoteca Picone** – *Via G. Marconi 36, Palerme -* ☎ *091 33 13 00 - fermé dim.* Vous trouverez l'un des plus grands choix de vins de la ville (plus de 4 000 étiquettes) dans cette œnothèque familiale ouverte en 1946, où la vente du vin est considérée comme un art. Dans un cadre élégant et simple, vous pourrez déguster d'excellents crus accompagnés de charcuterie, de fromages ou d'autres délicieuses spécialités.

**I Quaderni di Mamma Andrea** – *Via P.pe di Scordia 67, Palerme -* ☎ *091 33 48 35 - tlj sf dim. 8h30-13h, 16h-19h30, sam. 8h30-13h.* Mamma Andrea est une grande dame qui s'occupe avec distinction et bon goût depuis 1990 de la production de confitures, de gâteaux, de liqueurs, de miel et de bien d'autres bonnes choses. Produits de qualité très soignés.

### PRÈS DU GIARDINO INGLESE

**Bar Costa** – *Via Gabriele d'Annunzio 15 (perpendiculaire à la via della Libertà, au N du jardin), Palerme - fermé mar.* Spécialiste des gâteaux et desserts en général, et de la mousse à l'orange et au citron en particulier.

**Pasticceria-caffetteria Castiglione** – *Via Catania 96, Palerme -* ☎ *091 30 49 19 - fermé lun.* L'endroit idéal pour prendre un café accompagné de gâteaux à la forme et au goût délicieusement imprévisibles et toujours excellents. C'est l'occasion de s'éloigner des quartiers touristiques et de faire un saut au Giardino Inglese.

**Stancampiano** – *Via E. Notarbartolo 51, Palerme -* ☎ *091 62 54 099.* C'est chez ce glacier que vous trouverez la plus grande variété de parfums de toute la ville. Préparez-vous donc à goûter aux mélanges les plus extravagants servis en cornet ou dans une coupe ! Et si vous voulez vraiment faire comme les Palermitains, essayez la fameuse brioche avec une boule de glace à l'intérieur... un délice !

### ICI ET LÀ

**Gelateria di Ciccio** – *Corso dei Mille 73, Palerme -* ☎ *091 61 61 537.* Non loin de la gare, cette oasis de fraîcheur et de goût propose depuis 1940 plus de 50 parfums différents, aux fruits ou à la crème.

**Oscar** – *Via Mariano Migliaccio 39, Palerme -* ☎ *091 68 22 381 - 8h-21h - fermé mar.* Cassata siciliana, torta Devil (la spécialité de la maison), pâte d'amandes et mille autres délices dans ce que beaucoup considèrent comme la meilleure pâtisserie de Palerme. Un peu excentrée mais elle vaut le détour !

## SPECTACLES

**Cantieri culturali alla Zisa** – *Via Gili 4, Palerme -* ☎ *091 65 24 942.* À l'ombre de la Zisa, dans les ex-entrepôts Ducrot, ancienne fabrique de meubles produits à partir des dessins d'Ernesto Basile, ont été organisés des espaces multidisciplinaires qui accueillent expositions, concerts et spectacles.

**Lo Spasimo** – *Via Spasimo (piazza Magione), Palerme -* ☎ *091 61 61 486.* Le complexe de Santa Maria dello Spasimo, qui accueille l'École européenne de jazz, offre de vastes espaces d'exposition pour des manifestations culturelles en tout genre *(voir également p. 300)*.

### LE THÉÂTRE DE MARIONNETTES

🎭 À Palerme, le nom des Cuticchio fait immédiatement penser au théâtre de marionnettes, le célèbre *opera dei pupi*. Dans la vieille tradition des marionnettistes siciliens, ils animent les spectacles et construisent eux-mêmes les *pupi*. Autrefois, les compagnies étaient nombreuses. Les spectacles étaient suivis de tous, et attiraient de grandes foules. Ils donnaient du travail non seulement à ceux qui montaient les représentations, mais aussi aux habiles artisans constructeurs de ces incroyables personnages, si complexes et soignés dans le détail qu'ils demandent des jours et des jours de travail. Une simple armure, par exemple, suppose l'assemblage à la main d'une bonne trentaine d'éléments.

**Teatro di Mimmo Cuticchio** – *Via Bara all'Olivella 95, Palerme -* ☎ *091 32 34 00.* La compagnie de Mimmo Cuticchio donne des représentations dans ce théâtre. En face se trouve l'atelier *(visite possible)* où sont conservés les *pupi* et les accessoires.

**Teatro Ippogrifo** – *Vicolo Ragusi 6 (près des Quattro Canti), Palerme -* ☎ *091 32 91 94, 347 06 76 368 (portable) - spectacles à 18h (minimum 20 personnes).* C'est le théâtre de la compagnie de Nino Cuticchio, membre

de la célèbre famille de marionnettistes.
Dans la via Bara all'Olivella au n° 38
se trouve son atelier.

**Teatroarte-Cuticchio** – *Via dei Benedettini 9,
Palerme -* ☎ *347 45 47 613.* Girolamo
Cuticchio dirige cette compagnie
indépendante depuis 1946. Après une carrière
bien remplie, il travaille maintenant avec
ses fils. L'atelier se trouve à la même adresse.

## ACHATS

### MARCHÉS TYPIQUES

Les plus vivants et les plus pittoresques
sont de loin les marchés d'alimentation.
Outre leurs produits, ils offrent un spectacle
de couleurs vives sous des bâches et parasols
bariolés, et sur les étals foisonnant
de marchandises bigarrées savamment
disposées (ceux des quatre saisons rivalisent
avec ceux des poissonniers).

**La Vucciria** – Certainement le plus connu
de Palerme, c'est historiquement le plus
important marché de denrées alimentaires
de la ville. L'origine de son nom est
controversée ; certains pensent qu'il vient
du français *boucherie*, tandis que d'autres
l'associent aux voix (*voci*) des marchands
qui interpellent le client. Il se tient derrière
le vieux port (la Cala), de la via Cassari-
Argenteria jusqu'à la piazza San Domenico.

D. Bogini/MICHELIN

**Ballarò** – Ce marché s'étend de la piazza
Casa Professa jusqu'aux remparts du corso
Tukory. Très animé le matin, il est spécialisé
en produits alimentaires dans la partie
qui entoure la piazza del Carmine, tandis
que vers la Casa Professa se concentrent
les brocanteurs et les fripiers.

**Il Capo** – Le marché serpente le long de la via
Carini et de la via Beati Paoli, réservées
à l'alimentation, alors que la via S. Agostino
et la via Bandiera sont spécialisées en
vêtements et chaussures. En plus des étals
multicolores, faites attention aux noms des rues
avoisinantes : *Sedie Volanti* (chaises volantes),
*Gioia Mia* (ma joie), *Scippateste* (« coupe-
têtes » car un mari jaloux y aurait autrefois
coupé la tête de sa femme et de son amant).

**Mercato delle Pulci** – Entre la piazza
Peranni et le corso Amedeo, brocanteurs
et antiquaires exposent des objets de toute
époque. Le marchandage est de rigueur !

**I Lattarini** – Son nom vient de l'arabe
*suk-el-attarin* (marché aux épices). Autrefois
consacré à l'alimentation, il propose
aujourd'hui, sur ses étals disposés entre
la piazza Borsa et la piazza Rivoluzione,
vêtements, outils de travail et ferronnerie.

### BOUTIQUES, MAGASINS
ET AUTRES COMMERCES...

Les magasins se trouvent surtout dans la partie
récente de la ville, sur la via della Libertà et
les artères principales de la ville, via Roma,
via Maqueda. La via **Principe di Belmonte**
est un secteur piétonnier verdoyant, bordé
d'élégantes boutiques, et dont la partie
centrale est occupée par la terrasse de cafés.
Dans la très animée via **Calderai**
*(perpendiculaire à la via Maqueda au Sud
de la piazza Bellini),* vous trouverez de
nombreux artisans qui fabriquent « en direct »
des objets très divers tels qu des chenets
pour la cheminée, des chaises, de la vaisselle et
des poteries. La petite via **Bara all'Olivella**
*(en face du théâtre Massimo),* quant à elle,
regroupe des artisans plus « artistiques »
(céramique, bois, marionnettes).

**Enoteca Picone** – *Via G. Marconi 36,
Palerme -* ☎ *091 33 13 00 - fermé dim.
Voir ci-dessus.*

**Enoteca Sicilia** – *Via Maqueda 92,
Palerme -* ☎ *091 61 62 288 - 9h-12h30 -
fermé j. fériés - 8€.* Une exposition
permanente de vins siciliens dans le joli palais
Ramacca. À la fin de la visite guidée, vous
pourrez déguster deux vins différents, qui
changent chaque jour.

**Franco Bertolino** – *Salita Ramires 8,
Palerme -* ☎ *0347 05 76 923 - tlj sf dim. 9h-
20h.* L'un des derniers artisans fabriquant les
fameuses charrettes siciliennes multicolores.
Dans un bâtiment ancien à deux pas de la
cathédrale sont réunis l'atelier, l'entrepôt-
magasin et un petit musée.

**Il Laboratorio Italiano** – *Via P.pe di
Villafranca 2, Palerme -* ☎ *091 32 02 82 -
tlj sf dim. 9h-19h30.* Des céramiques raffinées
et artisanales sont exposées et proposées
à la vente dans les trois salles de ce petit
atelier. Des créations originales et de qualité.

**La Bottega d'Arte di Angela Tripi** –
*Corso V. Emanuele 450-452, Palerme -*
☎ *091 65 12 787 - tripi@tripi.it. - tlj sf dim.
9h30-19h30.* Situé à l'intérieur du palais
Santa Ninfa, juste à côté de la cathédrale,
cet atelier est célèbre dans le monde entier
pour ses statuettes en terre cuite pour
les crèches. De véritables merveilles !

**Vincenzo Argento e Figli** – *Corso V.
Emanuele 445, Palerme -* ☎ *091 61 13 680 -
tlj sf dim. à partir de 10h (magasin) ; spectacle
à 18h.* Une incroyable collection de *pupi*
fabriqués et vendus depuis 1893 par une
famille persévérante et enthousiaste dont
les membres ont su transmettre de génération
en génération l'une des plus anciennes
traditions artistiques siciliennes.

## CALENDRIER

**U' Fistinu** – La grande fête en honneur
de sainte Rosalie, célébrée le 14 et 15 juillet
avec des processions, des défilés en
costumes et des spectacles pyrotechniques.

**Fête des Morts** – Le 2 novembre,
les enfants reçoivent gâteaux et cadeaux
de leurs chers disparus.

**Festival di Morgana** – Les marionnettistes
et artistes du monde entier se retrouvent
entre fin novembre et mi-décembre
au Musée international des marionnettes.

Grotta dell' Addaura
Villa Igiea, MONDELLO

# découvir

## Il Palazzo dei Normanni et la Cappella Palatina***

Le palais des Normands occupe exactement le centre du premier site urbain. Il est
probable qu'une forteresse s'y dressait à l'époque carthaginoise. Les premières fondations remontent très certainement à l'époque du palais des émirs arabes, relié à la mer
depuis le Cassaro. En 938, des raisons de sécurité contraignirent l'émir à abandonner
le *Qsar* (Cassaro) pour s'installer à la Kalsa. Le palais redevint résidence royale sous
les Normands, qui s'employèrent à l'embellir et à l'agrandir. La belle et spacieuse *sala
verde*, appelée Salle royale, était au centre de la vie des nobles, faite de banquets et
d'assemblées. Plusieurs ailes aux fonctions différentes communiquaient par des
terrasses et des jardins ornés de vasques et de fontaines. À cette époque se dressaient
quatre tours d'angle, la grecque, la pisane, la Joaria (de l'arabe, l'harmonieuse) et la

**PALERMO**

0                    300 m

X

*GOLFO*

*DI*

ORTO

Patti

RE MASTRA

Castellammare

MOLO SUD

*PALERMO*

LA CALA

Y

Via Cala

4

S 9

Porta Felice

Foro

Passeggiata delle Cattive

M 3

Palazzo
Branciforti-Butera

nuele

Pza Marina

Giardino
Garibaldi

PAL.
MIRTO

PALAZZO
CHIARAMONTE

Butera

Umberto I°

S 6

85

147

S. FRANCESCO
D'ASSISI

G

S 7

Alloro

La
Gancia

3

Porta dei Greci

Via

Pza
Magione

141

136

Pza
d. Kalsa

Foro

Pal.
Ajutamicristo

S. Maria
d. Spasimo

Pza
d. Spasimo

Lincoln

34

Umberto I°

La
Magione

P

Via

VILLA GIULIA

Corso Lincoln

Via

**ORTO
BOTANICO**

Pza
Tumminello

Via Ponte di Mare

Z

Via

GIARDINO
TROPICALE

AP.TERMINAL

io Cesare

Via del

Via G. F. Ingrassia

Archirafi

Cipolla

Mille

Via Tiro a Segno

Oreto

S 113

S. Boccone

C

Ponte dell' Ammiraglio

D

Kirimbi. Il ne reste malheureusement que la partie centrale de l'édifice et la grosse
tour pisane (transformée en observatoire en 1791 et dotée alors de son dôme). Puis ce
fut une nouvelle période d'abandon et de délabrement. La restauration n'intervint
qu'au 17ᵉ s., sous les vice-rois espagnols. C'est de cette époque que datent l'imposante
façade Sud et la cour intérieure, entourée de trois étages de galeries.
Aujourd'hui siège du Parlement sicilien (ARS, *Assemblea Regionale Siciliana*), son
entrée est précédée d'un escalier monumental datant de 1735. On remarquera le
carrosse sénatorial.

### Cappella Palatina★★★

*9h-12h, 15h-17h, sam. 9h-12h, dim. 9h-10h, 12h-13h (dernière entrée 30mn av. fermeture).
Fermé j. fériés. Gratuit. ☎ 091 70 54 879.*
*1ᵉʳ étage (escalier à gauche).* Avant d'entrer dans la chapelle, admirer la **cour** et ses
trois étages de galeries. À gauche, sur le mur, on remarque une inscription en
latin, grec et arabe, qui vante une horloge construite sous Roger II. La chapelle fut

# PALERMO

édifiée par le souverain entre 1130, date de son couronnement, et 1140. Avec son abside tournée vers l'Orient comme le veut la tradition byzantine, elle a peu à peu été intégrée aux bâtiments qui la cachent aujourd'hui. L'entrée se trouve sous le narthex. Son côté extérieur encore visible, correspondant à la nef latérale droite, est décoré sur deux niveaux. La décoration du niveau inférieur, faite de plaques de marbre blanc bordées de pierres semi-précieuses, est identique à celle du même niveau intérieur. En haut, quatre mosaïques du 19e s. illustrent des épisodes de la vie de David. À côté de l'entrée, au fond, on voit Roger II remettant au chantre (littéralement chanteur, mais aussi le responsable de la chapelle) le parchemin instituant le corps ecclésiastique royal. Resplendissantes de tous leurs ors, les merveilleuses mosaïques de marbre de style arabo-normand font scintiller les hautes plinthes des murs.

**Le bâtiment** – La chapelle rectangulaire se compose d'une part du sanctuaire, surélevé de cinq marches et entouré d'une balustrade en marbre, d'autre part de trois nefs, chacune délimitée par dix colonnes de granite. Sur la droite se dresse une double **chaire** reposant sur quatre belles colonnes et deux piliers à pupitres ornés d'un aigle et d'un lion. On voit à côté le **candélabre pascal** (12e s.) finement sculpté et richement décoré. Remarquer son piédestal carré, formé de quatre lions prêts à dévorer deux personnages et deux animaux, et l'entrelacs des plantes où un homme semble tenter de se défendre. Au-dessus, une mandorle portée par des anges entoure le Christ portant l'Évangile et un personnage, en bas à gauche, vêtu d'un habit d'évêque (peut-être Roger II). Deux rangées d'oiseaux (des vautours saisissant des cigognes par la queue) soulignent le dernier niveau, qui représente les trois périodes de la vie. La souplesse des corps laisse penser qu'il s'agit d'une œuvre plus récente, ajoutée lors du déplacement et du rehaussement du candélabre.

Remarquer près du mur du fond le majestueux **trône royal** qui s'harmonise à la mosaïque du registre inférieur, représentant le Christ entouré des archanges Michel et Gabriel et des saints Pierre et Paul. En porphyre et mosaïque, il est armorié du blason de la famille d'Aragon. On pense que l'hexagone de porphyre contenait un portrait du roi.

Les dessins géométriques donnent au pavement de marbre et mosaïque une séduisante allure orientale.

Il faut aussi noter l'extraordinaire **plafond en bois à muqarnas**★★ de la nef centrale, chef-d'œuvre d'artistes nord-africains, qui présente diverses scènes (malheureusement impossibles à voir à l'œil nu) liées à la vie quotidienne : scènes de cour, de chasse, buveurs, danseurs, joueurs d'échecs, animaux... un répertoire exceptionnel qui constitue le cycle le plus étendu de peinture fatimide parvenue jusqu'à nos jours.

**Les mosaïques** – De facture exquise, elles sont faites d'émail, pâte à base de poudre et de pigments, et de feuilles d'or collées sur des tesselles de mosaïque de verre, un procédé qui les rend particulièrement brillantes. Elles retracent des épisodes de l'Ancien Testament *(nef centrale)* et certaines scènes de la vie du Christ *(sanctuaire)* et des saints Pierre et Paul *(nefs latérales)*. Tout autour figurent des prophètes, des anges et des saints, en pied ou dans les médaillons. Les mosaïques sont de deux époques différentes, les plus anciennes remontent aux environs de 1140, tandis que celles de la nef centrale, dans le style que l'on retrouve à Monreale, sont des années 1160-1170.

Par leur caractère didactique, les scènes de la **nef centrale** constituent un véritable enseignement par l'image. Remarquer le tableau illustrant la séparation de la terre et de la mer : le globe terrestre est une sphère d'eau portant trois bandes de terre (Amérique et Océanie étaient encore inconnues) qui forment un Y, symbole de la Trinité. Autour, le firmament n'est pas encore éclairé d'étoiles. La création d'Adam est intéressante aussi. La grande ressemblance de l'homme avec Dieu est soulignée par la phrase latine *creavit ds ominem at imaginem sua*. Dans la scène du péché originel, on notera une particularité : Adam et Ève ont déjà mangé le fruit défendu et s'apprêtent à en cueillir un second. À partir de la scène du sacrifice de Caïn et d'Abel (épisode du mensonge à Dieu) jusqu'au tableau de la famille de Noé, les mosaïques ont été refaites au 19e s. La différence des styles permet facilement de les reconnaître. *Lecture des scènes de l'Ancien Testament dans la nef centrale : commencer par la nef de droite en haut et suivre le premier registre le long de la nef de gauche, puis le second registre, toujours en partant de la nef de droite. Pour l'explication des épisodes bibliques les moins connus, voir le chapitre MONREALE pour la description des mosaïques.*

Les scènes représentées dans le **sanctuaire**, s'adressant au clergé, n'avaient pas de fonction éducative mais servaient à nourrir leur méditation. Sans suivre donc un ordre chronologique, ces épisodes marquants de la vie de Jésus servent à souligner son enseignement *(voir surtout l'abside de droite)*.

On voit dans la **coupole** qui surmonte le chœur un Christ Pantocrator entouré de quatre anges et quatre archanges, identifiables au globe surmonté d'une croix. Le tambour montre des personnages bibliques, avec aux angles les quatre évangélistes. L'Annonciation qui décore l'arc encadre le Christ bénissant de l'abside *(dans le cul-de-four)* et une Vierge en majesté. Au-dessous de l'arc, dans le médaillon au centre, on reconnaît le trône du Jugement dernier et la Croix, avec la couronne d'épines et la colombe, symboles de la Rédemption.

Le **transept de droite** est dominé par l'image de saint Paul *(cul-de-four de l'abside)* et des scènes de la vie du Christ. Sur la voûte en berceau, dans un médaillon, l'Esprit de la Pentecôte descend sur les apôtres sous forme de colombe. Admirer en particulier la scène de la Nativité avec l'arrivée des Rois mages (que l'on reconnaît à leurs couvre-chefs, des bonnets phrygiens dont la pointe est repliée de telle sorte qu'ils ressemblent à des cubes). Un détail amusant : la chaise typiquement sicilienne de Joseph, à gauche de la Vierge. La « lunette » bleue sous la scène représente la toilette de l'Enfant Jésus.

Le **transept de gauche** est dominé par l'image de saint André *(dans le cul-de-four de l'abside)*, qui a remplacé celle de saint Pierre au 14e s., flanqué d'une Vierge à l'Enfant, dite *Odigitria* (celle qui indique la juste voie, c'est-à-dire la voie de la rédemption). Sur le côté, saint Jean-Baptiste prêche dans le désert. Une partie des mosaïques de l'abside a subi de lourds remaniements au 18e s.

Dans les **collatéraux**, des scènes de la vie de saint Paul *(à partir du début de la nef latérale de droite)* et saint Pierre *(à partir du dernier tableau de la nef de droite et le long de la nef latérale de gauche)*.

# CAPPELLA PALATINA

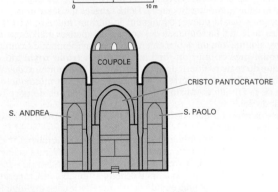

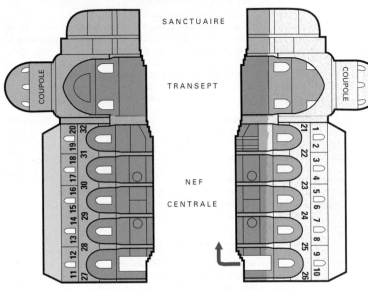

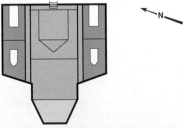

1 Création de la lumière et des eaux
2 La terre séparée des eaux
3 Création des plantes et des arbres
4 Création de la lune, des étoiles et du soleil
5 Création des poissons et des oiseaux
6 Création des animaux terrestres
7 Création de l'homme
8 Le repos divin
9 Dieu désignant l'arbre à Adam
10 Création d'Ève
11 Le péché originel
12 Honte d'Adam et Ève
13 Chassés du Paradis terrestre
14 Adam et Ève au travail
15 Sacrifice de Caïn et Abel
16 Caïn tue Abel et ment à Dieu
17 Le maléfique Lamech confesse à ses deux épouses avoir tué deux hommes
18 Énoch le pieux est enlevé au ciel pour sa foi profonde

19 Noé avec sa femme et ses trois fils
20 Construction de l'arche
21 Retour de la colombe
22 Dieu invite Noé à quitter l'arche
23 Plantation de la vigne et ivresse de Noé
24 Les descendants de Noé bâtissent la ville de Babel
25 Abraham rencontre trois anges et leur offre l'hospitalité
26 Loth sur le seuil de sa maison tente d'arrêter les habitants de Sodome
27 Éloignement de Loth pendant la destruction de Sodome
28 Dieu ordonne à Abraham le sacrifice d'Isaac mais un ange s'y oppose
29 Rébecca au puits et départ pour Canaan
30 Isaac bénit Jacob
31 Le songe de Jacob
32 Jacob lutte contre l'ange

## Antichi appartamenti reali★★

(&) *Visites guidées gratuites (30mn) lun. et ven.-sam. 9h-12h ; pour les groupes, une autorisation préalable est nécessaire, fax 091 70 54 737 ; www.ars.sicilia.it*

Les anciens appartements royaux comprennent notamment la salle de réunion du Parlement sicilien et le salon d'Hercule (1560) qui doit son nom aux grandes fresques de Giuseppe Velasquez (19ᵉ s.) représentant les douze travaux du héros *(p. 389)*. On n'en voit en réalité que six, les autres étant camouflées par les tribunes. Sont représentés à partir du fond de la salle l'épisode d'Hercule et les Géants (qui ne relève pas vraiment des douze travaux), les combats contre l'Hydre à plusieurs têtes, la biche d'Artémis, le chien Cerbère, le sanglier d'Érymante et le taureau de Minos. La grande fresque du plafond illustre la naissance, la gloire et la mort du héros.

Après la salle des Vice-Rois, on pénètre dans l'atrium, pièce centrale de la **Joaria**, la plus originale des anciennes tours, aujourd'hui intégrée au reste du bâtiment. Les ouvertures dans les murs servaient autrefois au passage de l'air chaud ou froid qui circulait à l'intérieur. Sur la gauche, la **salle de Roger II**, la plus intéressante du palais, rappelle par sa décoration la Chapelle palatine. Un haut soubassement constitué de plaques de marbre encadrées de mosaïques sert de prélude au manteau d'or de la partie supérieure et du plafond. Les scènes de chasse alternent avec des représentations d'animaux, choisis pour leur valeur symbolique – tels le paon (symbole d'éternité) et le lion (force et royauté) – et toujours placés face à face, conformément à l'iconographie orientale. Les figures, placées dans un paysage caractéristique de palmiers et d'agrumes, sont d'une finesse remarquable. Au milieu du plafond, un médaillon renferme l'emblème impérial, un aigle tenant un lièvre dans ses serres. Parmi les autres salles des 18ᵉ-19ᵉ s., on remarquera la Salle jaune *(sala gialla)*, ou salle des Miroirs, où l'on peut admirer de beaux candélabres dorés.

## Osservatorio Astronomico

*À l'étage supérieur de la tour Pisane. Tlj sf w.-end 9h30-12h30. Fermé j. fériés, août.* ☎ *091 23 34 43 ; www.astropa.unipa.it*

L'observatoire abrite un musée d'instruments astronomiques, météorologiques, sismologiques et topographiques anciens. Il renseigne ainsi sur une étape fondamentale de l'astronomie : la découverte du premier astéroïde, faite ici même le 1ᵉʳ janvier 1801 par le père Piazzi. Du sommet, profiter de la superbe **vue★★★** sur Palerme.

# se promener

*Sauf si un horaire particulier est spécifié, les églises sont généralement ouvertes le matin et tard dans l'après-midi.*

## Le quartier monumental [1]

*Pour la visite du Palais des Normands (Palazzo dei Normanni), voir ci-dessus.*

### Porta Nuova

Construite sous Charles Quint, elle doit son charme à sa gracieuse loggia Renaissance coiffée d'un toit en pente que surmonte l'aigle impériale. Au-delà commence le **corso Vittorio Emanuele**, au tracé rectiligne, fermé à l'autre extrémité par la **Porta Felice**.

### Palais et parc d'Orléans

C'est là que résida de 1810 à 1814, pendant son exil, Louis-Philippe d'Orléans, futur « roi des Français ». C'est aujourd'hui l'hôtel de la Région sicilienne. Le jardin attenant renferme de magnifiques spécimens de *Ficus magnolioides* aux surprenantes racines aériennes et des animaux exotiques.

### S. Giovanni degli Eremiti★★

*9h-19h, dim. et j. fériés 9h-13h30 (dernière entrée 30mn av. fermeture). 4,13€.* ☎ *091 69 61 319 ; www.regione.sicilia.it/beniculturali/sopripa*

Située à proximité du Palais des Normands, l'église St-Jean-des-Ermites forme avec son jardin une petite oasis de calme et de fraîcheur où même les rumeurs de la ville s'évanouissent.

Palmiers, agaves, bougainvillées, orangers, mandariniers chinois et autres arbustes forment un cadre luxuriant pour l'une des églises les plus célèbres de Palerme. Elle date du milieu du 12ᵉ s. et sa construction est due à Roger II. Ses formes simples et cubiques et la pierre rosée de ses cinq coupoles, qui rappellent celles de l'église San Cataldo toute proche, dénotent le savoir-faire arabe à l'origine de ce style unique qu'est l'arabo-normand. Sobriété et dépouillement règnent à l'intérieur. Le plan en croix latine souligne le corps central coiffé de deux coupoles. Surmonté pour sa part de trois coupoles, le transept s'élève en forme de campanile sur la droite.

Un monastère contigu à l'église avait pour abbé le confesseur privé du roi. Il n'en subsiste aujourd'hui qu'un charmant petit **cloître★** à colonnettes géminées (13e s.).

## Villa Bonanno★

C'est un très beau jardin situé derrière le palais royal. Des fouilles effectuées dans une partie du parc ont mis au jour les **vestiges de riches habitations romaines** parmi lesquels furent trouvées les mosaïques des Saisons et celles d'Orphée, conservées au Musée archéologique régional *(voir description dans « visiter »)*. Dans la partie haute du parc, on peut voir un monument dédié à Philippe V (17e s.)

## Palazzo Sclafani

Situé piazza San Giovanni Decollato, le palais (1330) se distingue par sa façade en style arabo-normand : fenêtres géminées ogivales surmontées d'un entrelacs d'arcs, portail « cuspidé » (en forme de pointe allongée) dominé par l'aigle royal. C'est de ce palais que provient la fameuse fresque *Le Triomphe de la Mort*, conservée à la galerie régionale de Sicile *(voir p. 307)*.

## Cattedrale★

Imposant édifice érigé vers la fin du 12e s. dans le style siculo-normand, la cathédrale a fait l'objet de nombreuses adjonctions et modifications au fil des siècles. Le portique Sud, de style gothico-catalan, est du 15e s. : il présente un beau portail d'entrée. Un magnifique vantail en bois sculpté s'inscrit entre les symboles des quatre évangélistes, un lion et un ange *(à droite)*, un taureau et un aigle *(à gauche)*.

*Les chevets normands de la cathédrale.*

B. Kaufmann/MICHELIN

La coupole néoclassique a été ajoutée au 18e s. lors de la réfection complète de l'intérieur. Les **chevets★** ont conservé en revanche leur style d'origine, avec leurs motifs géométriques d'inspiration arabe.

L'**intérieur** réunit dans la première chapelle de droite des sarcophages des rois souabes (Frédéric II, son épouse Constance d'Aragon, et Henri VI), ainsi que les tombes de Roger II et de sa fille Constance de Hauteville *(légèrement en retrait)*.

**Trésor et crypte** – *Accès par la droite du transept. Tlj sf dim. 10h-12h30, 14h-16h. 1,03€ pour le trésor, 1,55€ pour le trésor et la crypte.*

Il est constitué d'un bâton capitulaire en ivoire incisé du 17e s., de fabrication sicilienne, ainsi que des bijoux de la reine Constance d'Aragon, parmi lesquels des bagues, et la précieuse **couronne impériale★** en or, pierres précieuses, perles et émaux.

La crypte compte de nombreuses tombes d'époques différentes, surtout d'évêques, et en particulier un sarcophage romain classique où apparaissent les neuf Muses, Apollon et un homme revêtu d'une toge.

## Chiesa del Santissimo Salvatore

*Tlj sf mar. 9h-12h30, 15h30-17h. ☎ 091 32 33 92.*

Élevé sur l'emplacement d'une ancienne église normande, l'édifice à plan ovale dessiné à la fin du 17e s. par **Paolo Amato** présente une magnifique décoration baroque tout en stucs et marbres polychromes. Sur la coupole, on peut encore apercevoir les fragments de la grande fresque représentant *La Gloire de saint Basile* (1763). De nos jours, le bâtiment sert de salle de concerts.

Peu après l'église, le corso Vittorio Emanuele débouche sur la **piazza Bologni**, délimitée par de beaux palais du 18e s. On remarquera la façade du **palais Alliata di Villafranca**, ornée de deux éclatants blasons, dont celui des Bologna. Au centre de la place veille la statue équestre de Charles Quint.

P

## Des Quattro Canti à l'ALBERGHERIA ②

### Les « Quattro Canti »** (piazza Vigliena)

Formée par l'intersection des deux artères principales de Palerme, le corso Vittorio Emanuele et la via Maqueda, la place carrée doit sa beauté à ses superbes fontaines et aux palais du 17ᵉ s. qui l'entourent : leurs façades concaves, richement ornées des trois ordres dorique, ionique et corinthien, font écho aux fontaines, qui figurent les quatre saisons. Dans les niches de l'ordre intermédiaire on peut reconnaître les vice-rois espagnols que semblent protéger, au niveau supérieur, les quatre statues des saintes patronnes de Palerme : Christine, Nymphe, Olive, Agathe, et au-dessus, *Rosalie (voir p. 314).*

### S. Matteo

*Pour toute information sur les horaires ☎ 091 33 48 33.*

Construite vers 1650, elle présente une façade à trois ordres, sur laquelle le jeu des niches et des surfaces en saillies crée des effets très nets d'ombres et de lumière. L'ensemble décoratif du riche **intérieur** reflète le lien de l'église avec l'Union des Miseremini, fondée dans le but de célébrer des messes pour sauver les âmes du Purgatoire. Parmi les précieuses œuvres d'art conservées ici, figurent deux belles toiles de P. Novelli *(Présentation au Temple et Noces de la Vierge, 4ᵉ chapelle des bas-côtés)*, les fresques du 18ᵉ s. des voûtes et de la coupole de Vito d'Anna et, de Giacomo Serpotta, les statues Foi et Justice sur les côtés du chœur et la lunette avec le Christ libérant les âmes du Purgatoire sur la contre-façade. Depuis le bas-côté gauche, on accède à la crypte où fut enseveli Serpotta

### Piazza Pretoria**

Une **fontaine**★★ spectaculaire *(en travaux au moment de la rédaction de ce guide, se renseigner auprès de l'Office de tourisme)*, œuvre de Francesco Camilliani, sculpteur florentin du 16ᵉ s., rehausse l'intérêt de la place. Destinée à l'origine à orner une villa toscane, elle est un bel exemple de la Renaissance toscane, avec sa bacchanale de divinités placées en cercles concentriques, nymphes, monstres, têtes d'animaux et allégories, dans un magnifique équilibre organisé par les gradins, les balustrades et les jeux d'eau. Devant chacune des quatre parties de la vasque principale, un petit bassin est placé sous la protection d'allégories représentant les quatre fleuves palermitains : Gabriele, Maredolce, Papireto et Oreto. Parmi les statues placées le long des rampes, on peut reconnaître, à ses épis de blé et à sa corne d'abondance, la déesse Cérès, protectrice de la Sicile. Tout autour court une balustrade en fer forgé de **Giovanni Battista Basile**.

À l'arrière-plan se profile la coupole de l'**église Santa Caterina**, qui semble couronner les édifices délimitant la place : au Sud le **palazzo Senatorio** (palais du Sénat), appelé aussi palais prétorien ou des Aigles, siège de la municipalité, et l'église St-Joseph-des-Théatins, de l'autre côté de la rue.

*Piazza Pretoria – Scintillement nocturne de la fontaine.*

B. Kaufmann/MICHELIN

## Palazzo Pretorio

*Sam. 8h-13h. Gratuit. Pour toute information ☎ 091 74 01 111.*

Son sévère habillage du 19ᵉ s. dissimule plusieurs édifices de styles différents, dont le plus ancien remonte au 14ᵉ s. Depuis cette époque, il abrite le sénat local. Le portail, dont l'intérieur présente un riche décor baroque à colonnes torses (1691), donne accès à une jolie cour où trône un escalier monumental. Il mène à l'étage noble qui abrite, à gauche, un bas-relief représentant une Cérès couronnée, nouvel hommage à la déesse sicilienne. Parmi les salles que l'on visite, voir en particulier la salle des Pierres *(lapidi)*, maintenant salle du Conseil, décorée de panneaux de marbre chargés d'inscriptions et d'un superbe lustre du 17ᵉ s. en bois, d'une seule pièce, et la salle **Garibaldi** (c'est de son balcon que le héros harangua la foule en 1860). Une vitrine sur la droite présente des armes finement ouvragées parmi lesquelles un fourreau en or et nacre ayant appartenu à Napoléon.

## S. Giuseppe ai Teatini

L'imposante église baroque St-Joseph-des-Théatins a la particularité de se présenter de profil. De la place Pretoria, on remarque son campanile original à huit pans ornés de belles colonnes torses et de vases en forme de flammes. L'**intérieur★** en croix latine, théâtral et majestueux, croule sous une avalanche blanc et or de stucs et de fresques. Les nefs latérales, rehaussées dans chaque travée de petites coupoles, éblouissent aussi par la profusion des stucs. Sur l'envers de la façade, admirer les deux orgues disposés en oblique, et à l'entrée, de curieux **bénitiers★** du 18ᵉ s. que soutiennent des anges en vol.

## Piazza Bellini★

Sur cette petite place donnent les églises **Santa Caterina** (datant de la fin du 16ᵉ s. mais coiffée d'une coupole du 18ᵉ s.), Martorana et San Cataldo, qui, avec ses trois coupoles rosées, lui confère une note orientale.

## La Martorana★★

*8h-13h, 15h30-19h (hiver 17h30), dim. et j. fériés 8h30-13h. ☎ 091 61 61 692.*

L'église doit son nom à Eloisa Martorana, fondatrice en 1194 du couvent bénédictin voisin, auquel l'église fut concédée comme chapelle. Commencée en 1143 à la demande de Georges d'Antioche, amiral de la flotte de Roger II, son vrai nom est **Santa Maria dell'Ammiraglio**.

Ses formes linéaires typiquement normandes se perdent malheureusement dans les éléments baroques de la façade qui donne sur la place *(profil gauche de l'église)*. Son accès est marqué par un élégant campanile-portique à trois ordres, éclairé par de grandes fenêtres trilobées. Autrefois séparé, il a été rattaché à l'église au 16ᵉ s. lors de l'adjonction de deux travées. À cette occasion, l'abside fut remplacée par un chœur carré. Les offices y sont célébrés dans le rite grec orthodoxe.

L'intérieur est nettement divisé en deux parties. Les deux travées ajoutées au 16ᵉ s. présentent d'admirables fresques réalisées au 18ᵉ s. La partie primitive de l'église resplendit de magnifiques **mosaïques★★** de stricte iconographie byzantine, dues probablement au talent des artisans qui ont réalisé la Chapelle palatine. Les murs intérieurs de la façade d'origine sont décorés d'une *déisis* (intercession) montrant Georges d'Antioche agenouillé devant la Vierge *(à gauche)* et Roger II couronné par le Christ *(à droite)*. Au centre de la nef principale s'ouvre une coupole ornée d'un Christ Pantocrator entouré des quatre archanges (Michel, Gabriel, Uriel et Raphaël). Juste au-dessous, huit prophètes et, dans les trompes, les quatre évangélistes. Sur la voûte centrale précédant la coupole sont représentées la Nativité *(sur la gauche)* et la Dormition de la Vierge.

On admirera dans la partie haute les grilles en fer forgé qui ferment le chœur des moniales.

---

### LA FRUTTA MARTORANA

La Frutta Martorana, ou pâte royale, spécialité en pâte d'amandes typiquement sicilienne, doit son nom à l'église du même nom. Son origine remonte au Moyen Âge, quand chaque couvent s'attachait à la confection d'un type particulier de confiserie ou de pâtisserie. Début novembre, pour commémorer les défunts, le couvent bénédictin de la Martorana préparait ces sucreries colorées à base de massepain imitant à s'y méprendre des fruits miniatures. De nos jours, encore, durant la fête des Morts, le quartier situé entre la via Spicuzza et la piazza Olivella est envahi d'étalages aux couleurs vives offrant ces fameuses sucreries, ainsi que des marionnettes en sucre et de petits jouets pour les enfants.

La massepain, né lui aussi au Moyen Âge, tire son nom de l'arabe *mauthaban* qui à l'origine désignait une pièce de monnaie, puis une unité de mesure, et enfin le récipient où l'on conservait cette pâte à base d'amandes, de sucre et de blanc d'œuf.

S. Sauvignier/MICHELIN

## S. Cataldo★★

*8h30-13h. Fermé j. fériés. ☎ 091 87 28 047.*

Fondée à l'époque normande (12ᵉ s.) et siège de l'ordre des Chevaliers du Saint-Sépulcre, cette église doit son aspect sévère à sa forme carrée, ses merlons dentelés, ses fenêtres en ogive et ses coupoles rosées en forme de « bonnet d'eunuque » rappelant les édifices arabes.

L'intérieur, très dépouillé, se divise en trois nefs séparées par des colonnes antiques provenant d'autres édifices. La nef centrale est couronnée de trois coupoles à trompes. Le pavement en mosaïque de marbre polychrome est d'origine.

## Chiesa del Gesù (Casa Professa)

Quand les jésuites arrivèrent en Sicile au milieu du 16ᵉ s., le gouvernement espagnol leur fit don de fonds importants qui leur permirent de bâtir l'église du Gésù. Elle a été restaurée à maintes reprises, et sa forme actuelle date de la fin du 16ᵉ s. Elle a été partiellement reconstruite après les dommages importants causés par les bombardements de la Seconde Guerre mondiale.

Austère à l'extérieur, elle surprend à l'intérieur par l'exubérance de son décor baroque, fait de stucs et de pierres semi-précieuses. La **décoration★** du sanctuaire, œuvre des Serpotta, est réellement de toute beauté. D'innombrables *putti* sont saisis dans les attitudes les plus variées. Certains vendangent, d'autres tiennent des guirlandes, des torches, des instruments de musique, des portées, des équerres, ou des lances sur lesquelles ils embrochent des diables.

Dans la deuxième chapelle de droite, on voit deux belles toiles de **Pietro Novelli** : *Saint Philippe d'Agira* et *Saint Paul ermite★*. La dernière figure à gauche est un autoportrait du peintre. La **sacristie** possède une belle armoire sculptée du 16ᵉ s.

À côté de l'église, la **Casa Professa** abrite la **bibliothèque municipale**, où sont conservés de nombreux incunables et manuscrits. La première et la deuxième salle (réservée à la lecture) abritent une collection de quelque trois cents portraits d'hommes célèbres.

## Chiesa del Carmine

*8h30-12h. ☎ 091 65 12 018.*

La place de l'église est envahie tous les jours par la foule du pittoresque **marché de Ballarò**. Il faut admirer de loin le **dôme** en majoliques supporté par quatre télamons avant de pénétrer à l'intérieur.

Deux sompteux **autels★** ferment le transept. Sur des paires de colonnes torses dorées s'enroulent des spirales de stucs illustrant la vie de la Vierge *(à gauche)* et du Christ *(à droite)*, œuvres de Giacomo et Giuseppe Serpotta. Au-dessus de l'autel de gauche, la belle peinture de la *Madone du Carmel* est du 15ᵉ s.

*Revenir sur la via Maqueda. À l'angle, sur la gauche, se trouve le palais Comitini (voir description dans « visiter »).*

## S. Orsola

Cette église du 17ᵉ s., autrefois siège de la Compagnie de l'Oraison funèbre, préposée à enterrer les défunts du quartier, présente une façade de style Renaissance tardif et un intérieur du 18ᵉ s. avec d'insolites chapelles communicantes. Dans la dernière chapelle de droite, décorée par **Serpotta**, l'habituelle allégresse des *putti* laisse la place aux squelettes et ossements.

*Continuer le long de la via Maqueda et prendre la première rue à gauche.*

## Chambre du Scirocco (Palazzo Marchesi)

*De la piazza SS. Quaranta Martiri, pénétrer sous le porche n° 14 (à gauche de la tour), puis, une fois dans la petite cour, prendre l'escalier à gauche. Si la porte est fermée, sonnez. Pour toute information ☎ 091 58 45 65 (Assessorato al Centro Storico). Gratuit.*

C'est l'une des plus anciennes chambres du Scirocco de Palerme, située à 8 m de profondeur, sous le cloître du 15ᵉ s. du **palais Marchesi**. À côté, on a retrouvé une gigantesque citerne arabe utilisée pour approvisionner la ville en eau.

---

### LE COMTE DE CAGLIOSTRO

Giuseppe Balsamo naquit à Palerme en 1743. Passionné de sciences occultes, fondateur d'une loge maçonnique, il prit le titre de comte de Cagliostro et parcourut l'Europe, pratiquant son « art » de guérisseur au moyen d'une miraculeuse « eau d'éternelle jouvence ». Lors de son séjour en France, il fut mêlé à des intrigues de cour et emprisonné à la Bastille. De retour en Italie, la chance n'étant toujours pas au rendez-vous, il fut à nouveau arrêté, accusé cette fois de faire partie d'une secte d'illuminés. Enfermé dans la forteresse de San Leo, non loin d'Urbino, il y mourut de privations en 1795. Son corps fut inhumé au cimetière de Palerme. Sa maison se trouve dans la via Cagliostro, à proximité de la piazza Ballarò.

---

### LES CHAMBRES DU SCIROCCO

L'habitude de creuser sous les demeures des nobles des grottes artificielles remonte au moins au 15ᵉ s. On s'y réfugiait les jours où le vent cuisant du Sud-Est balayait la ville, troublant l'esprit et le corps. Le terrain calcaire de Palerme se prêtait bien à cette opération, et la présence de nombreuses sources permettait d'obtenir de petites piscines dans lesquelles on pouvait se rafraîchir pendant les grandes chaleurs.

# La Kalsa et la Via Alloro ③

La Kalsa, située dos au port, fut entièrement détruite par les bombardements alliés de 1943 et les pertes, humaines et matérielles, furent lourdes. Les gravats furent jetés à l'eau et le Foro Italico cessa d'être le grand boulevard du bord de mer de Palerme. Tout à la fois fascinant et plein de contradiction, le quartier de la Kalsa est maintenant un vaste chantier où les travaux quasi continus ont permis la restauration de places (comme la **piazza Magione** avec sa pelouse), de palais et de monuments et l'ouverture de centres culturels dont la renommée est maintenant internationale (comme l'église Santa Maria dello Spasimo et le théâtre Garibaldi). Il reste encore beaucoup à faire, mais le cœur historique de la Palerme arabo-normande, l'endroit le plus authentique et le plus populaire de la ville, recommence peu à peu à battre.

Constituée sous la domination arabe autour de la citadelle qui servait de résidence à l'émir et à ses ministres, la Kalsa a conservé son nom d'origine, *al halisah*, « l'élue, la pure ». Concentré surtout autour de la piazza della Kalsa, le quartier s'étend jusqu'au corso Vittorio Emanuele, incluant ainsi une grande partie des plus intéressants monuments de la cité.

L'entrée du quartier semble être la **Porta dei Greci**, par laquelle on accède à la place où s'élève l'**église Santa Teresa alla Kalsa**, érigée entre 1686 et 1706. L'imposante façade baroque, comportant deux ordres rythmés par des colonnes corinthiennes, est due à l'architecte **Paolo Amato**. En parcourant la via Torremuzza, on notera en particulier au n° 20 la façade aux membrures de pierre du Noviziato dei Crociferi et, un peu plus loin de l'autre côté, l'**église Santa Maria della Pietà** (réalisée par **Giacomo Amato**) dans laquelle on peut admirer une clôture de chœur figurant un soleil levant (partie destinée aux sœurs dominicaines, fondatrices de l'église).

## Via Alloro

Rue principale du quartier à l'époque médiévale, la plupart des élégants palais qui s'y élevaient ont été détruits ou sont très abîmés. Le palais Abatellis, siège de la Galerie régionale de Sicile, et la belle église de la Gancia sont au nombre des édifices subsistants.

## Palazzo Abatellis★

Le palais est un bel édifice de style gothico-catalan enrichi d'éléments Renaissance. Il fut conçu par Matteo Carnelivari, qui séjourna à Palerme à la fin du 15ᵉ s. Son vaste portail carré aux décorations en faisceaux, ainsi que ses fenêtres trilobées et géminées, font l'élégance de sa façade. Le palais, qui s'organise autour d'une belle cour carrée, accueille la Galerie régionale de Sicile *(voir description dans « visiter »)*.

## La Gancia (S. Maria degli Angeli)

Édifiée par les franciscains à la fin du 15ᵉ s., mais très souvent remaniée, notamment à l'intérieur, l'église Ste-Marie-des-Anges n'a conservé de ses caractéristiques d'origine que sa forme carrée à conques régulières. À l'extérieur, sur le côté qui longe la via Alloro, on remarquera ce que l'on appelle *Buca della Salvezza* ou « trou du Salut », creusé par deux patriotes qui s'étaient cachés dans la crypte de l'église durant la révolte contre les Bourbons de 1860, et qui, après être sortis par ce trou, avaient trouvé refuge chez des habitants. L'**intérieur★** est pour l'ensemble de style baroque, mais des éléments datent d'autres époques, notamment du 16ᵉ s. : le plafond en bois peint, avec des étoiles sur fond bleu, le très bel **orgue★★** de Raffaele della Valle (fin du 16ᵉ s.), la **chaire** de marbre et les **médaillons** à reliefs représentant l'Annonciation *(à côté de l'autel)*, d'**Antonello Gagini**. Le décor du 17ᵉ s. est en revanche l'œuvre des **Serpotta**, en particulier dans la grande nef et certaines des chapelles. On remarquera que bon nombre de stucs ont malheureusement disparu. On ne résistera pas au charme malicieux du **petit moine enfant★** dont la tête apparaît en haut d'une corniche dans la chapelle à gauche de l'autel.

*Traverser la piazza della Magione.*

## S. Maria dello Spasimo★

L'église et le couvent forment un complexe édifié en 1506 à l'intérieur du mur de la Kalsa à la demande de Giacomo Basilico. À la même époque, ce dernier passa commande à Raphaël d'une toile représentant la douleur de la Vierge au pied de la Croix, conservée au musée du Prado à Madrid. La construction des bâtiments n'était pas encore achevée quand la menace turque rendit nécessaire l'adjonction du bastion qui s'adosse à l'église. Transformé en forteresse, en théâtre, en lazaret (pendant la peste de 1624), en hospice pour les pauvres (1835) et enfin en hôpital jusqu'en 1986, l'édifice a ensuite été finalement laissé à l'abandon. Les travaux entrepris depuis ont permis de restaurer l'église et l'hospice annexe pour en faire un lieu d'expositions ou de concerts (l'église accueille à présent l'École européenne de jazz). La partie que l'on peut visiter s'organise autour du cloître du 16ᵉ s., remarquable par la pureté de ses lignes. L'**église★** qui s'élève au fond représente l'unique exemple d'art gothique nordique en Sicile. Haute, élancée, la nef centrale sans couverture (peut-être n'a-t-elle même jamais existé), étire ses formes en toute liberté vers le ciel. Elle se termine par une très belle **abside** polygonale. L'entrée d'origine est enrichie d'un pronaos qui comportait deux petites chapelles. Celle de gauche, encore visible, est recouverte d'une coupole en « bonnet d'eunuque ». On passe ensuite dans l'ancien bastion espagnol, transformé aujourd'hui en jardin. À la tombée de la nuit, l'ensemble illuminé des bâtiments fascinera le visiteur.

## La Magione

Précédée d'une agréable petite avenue bordée de palmiers, l'église romane fut fondée au 12ᵉ s. par Matteo d'Ajello, notable au service des souverains normands. En 1197, Henri VI en fit don à l'ordre des Chevaliers teutoniques, dont elle est restée propriété pendant plus de trois siècles. La **façade★** en saillie est ornée de trois rangées d'arcades qui s'enrichissent au premier niveau d'éléments décoratifs et encadrent les portails. L'intérieur, à trois nefs, est simple et dépouillé. L'église renferme aussi un beau cloître provenant d'un monastère cistercien (malheureusement endommagé par un bombardement de la Seconde Guerre mondiale) dans lequel subsistent des vestiges plus anciens encore, telle une tour arabe du 10ᵉ s.

La via della Magione longe un côté du **palais Ajutamicristo**, grand édifice du 15ᵉ s. réalisé par **Matteo Carnelivari**.

## Piazza della Rivoluzione

Petite mais pleine de charme, la place a été le point de départ de la révolte contre les Bourbons en 1848. La fontaine centrale porte le **Génie de Palerme** (17ᵉ s.), statue représentant un roi nourrissant un serpent, symbole de la ville.

*Revenir sur la via Alloro. La promenade se poursuit avec les monuments situés au Nord de la rue.*

## S. Francesco d'Assisi★

De l'église St-François-d'Assise qui date du 13ᵉ s., il ne reste presque plus rien. Plusieurs fois endommagée, restaurée et réaménagée, elle doit son aspect actuel aux derniers travaux de restauration, qui ont tenté de lui rendre sa forme d'origine. D'une grande simplicité, la façade est éclairée par une rosace et un très beau **portail★** gothiques provenant de l'édifice d'origine. Quoique l'intérieur ait été modifié par les interventions des époques suivantes, on peut apprécier le volume ample et l'harmonie de l'ensemble, caractéristique des églises franciscaines. Remarquer les huit statues de Giovanni Serpotta, ainsi qu'un très beau **portail★** de **Francesco Laurana** et **Pietro di Bonitate** *(4ᵉ chapelle à gauche)*.

## Oratorio di S. Lorenzo★★★

*Fermé pour restauration au moment de la rédaction de ce guide. Pour toute information, s'adresser à l'église St-François-d'Assise ☎ 091 61 62 819.*

Le chef-d'œuvre de **Giacomo Serpotta** a été baptisé la « grotte de corail blanc ». Sur les murs de la salle quelques petits théâtres et statues des vertus illustrent des scènes de la vie de saint François *(côté droit)* et de saint Laurent *(côté gauche)* dont le martyre est représenté sur la contre-façade. Sur la partie supérieure des murs, les pensifs nus rappellent quelques-uns des personnages « michelangelesques ». Au détachement altier des vertus et à la tristesse voilée des nus s'oppose par un joyeux contraste le triomphe des délicieux *putti* en liesse, représentés dans des poses et des attitudes des plus fantaisistes (chercher celui qui fait des bulles de savon ou ceux qui s'embrassent tendrement). Mais l'innocente vitalité de ces figurines est souillée par les vols qui ont tristement marqué la vie de ce lieu : en particulier celui en 1969 de *La Nativité* du Caravage, réalisée pour l'autel de l'oratoire.

En longeant le flanc droit de l'église St-François-d'Assise, on arrive au palais Mirto *(voir description dans « visiter »)*.

## Piazza Marina

Au cœur de la cité médiévale, sur la place, le **jardin Garibaldi** est plongé dans l'ombre de gigantesques *Ficus magnolioides*★★ aux racines aériennes développées et robustes comme des troncs d'arbre.

Tout autour s'élèvent de beaux palais : le Galletti (au n° 46), le Notarbartolo (n° 51) et le célèbre palais Chiaramonte, en face de la charmante **fontaine del Garraffo** réalisée à la fin du 17ᵉ s. par G. Vitaliano suivant un projet de Paolo Amato.

## Palazzo Chiaramonte★

Construit en 1307 par la famille dont il porte le nom, l'une des plus riches et des plus puissantes sous le règne des Aragonais, le palais s'appela d'abord **Lo Steri**, d'*Hosterium* (demeure fortifiée) dont il adopte la forme nette et carrée. Il passa aux mains des vice-rois espagnols, et le tribunal de l'Inquisition y siégea du 17ᵉ s. jusqu'en 1782, année de son abolition en Sicile. Sa façade présente de très belles **fenêtres trilobées★★** sur deux étages (remarquer en particulier la marqueterie de pierre au niveau de l'arc couronnant les fenêtres du premier étage). Le style, gothique pour ses lignes essentielles, est nuancé par des éléments propres au style Chiaramonte, très répandu en Sicile dans les édifices civils de la même époque.

Non loin de là se trouve le Musée international des marionnettes *(voir description dans « visiter »)*.

La **Porta Felice** (1582) termine le corso Vittorio Emanuele à l'Est. La masse imposante de ses deux énormes piliers de style Renaissance tardif est allégée par des volutes et des ouvertures au-dessous des tympans. Près de la porte se trouve le **loggiato di S. Bartolomeo**, qui date du 15ᵉ s. et qui appartenait autrefois à un hôpital détruit lors des bombardements de 1943. L'édifice récemment restauré accueille aujourd'hui des expositions et manifestations culturelles.

C'est de cette porte que part le Foro Italico, l'ancienne **Passeggiata alla Marina** (promenade du bord de mer connue depuis le 16e s.) qui, avec son esplanade sur la mer, était un lieu de rencontre et de distraction pour l'élégante aristocratie citadine, et un décor privilégié pour les fêtes et les réceptions. Ici nombre de nobles firent ériger des palais, parmi lesquels le **palais Branciforti-Butera**, au 18e s., avec des terrasses qui offraient une vue magnifique et exclusive sur la mer. L'écrivain allemand Fanny Lewald notait dans *Diogène*, en 1847 : « À Palerme la nuit ne vient jamais, du moins sur le bord de la mer, l'un des plus beaux que l'on puisse trouver en Europe... Sous cette rangée de terrasses se déroule le soir la promenade qui commence à sept heures. À dix heures on entend la musique d'un orchestre qui jouera jusqu'aux alentours de minuit. La Marina ne s'anime véritablement qu'à partir de dix heures. » De cette évocation fascinante du temps passé restent l'enchantement du décor naturel et le kiosque à musique néoclassique *(immédiatement après le croisement avec la via Alloro).*

## Passeggiata delle Cattive (Promenade des Captives)

Construite en 1823 sur la courtine des murs d'enceinte qui délimitait la promenade du bord de mer, elle doit sa dénomination curieuse à l'expression populaire du « remparts des captives » évoquant les veuves (prisonnières du deuil) qui étaient assurées sur ce parcours d'une grande discrétion (ainsi que d'une meilleure vue) vis-à-vis de la promenade située au-dessous d'elles. De là, on peut admirer la belle façade du palais Branciforti-Butera faisant face à la mer.

## De la Cala à la Vucciria ④

La *cala*, ancien port de la cité, était autrefois défendue par la forteresse de **Castellammare**, édifiée sous la domination arabe. Transformée à maintes reprises, elle a servi tour à tour de forteresse, de prison et de résidence. Le massif édifice a été mutilé en 1922 par l'agrandissement du nouveau môle. Le quartier qui s'étend derrière l'ancien port commence à l'église Ste-Marie-de-la-Chaîne qui, des siècles durant, a été la gardienne des chaînes *(catena)* qui le fermaient, d'où son nom.

## S. Maria della Catena★

*Tlj sf sam. 9h-13h. Fermé août. ☎ 091 60 67 111.*
Attribuée à **Matteo Carnelivari**, cette église est précédée d'un vaste portique carré à trois arcades surbaissées, derrière lequel se dissimule le portail dont la corniche est ornée d'un bas-relief de V. Gagini. Le portique est couronné d'une dentelle de pierre qui court aussi sur les côtés (le petit escalier qui le précède est un apport tardif). L'intérieur, qui marie les styles gothique et Renaissance (1490), présente des arcs bombés et des travées à croisées en ogives. Les tiercerons en pierre qui les soulignent contrastent avec la blancheur du plafond. À la croisée du sanctuaire s'ouvrent des fenêtres géminées finement travaillées. La seconde chapelle de droite a conservé les restes d'une fresque de la Vierge, et sur l'autel, on peut voir les symboles des chaînes. C'est la nuit, sous la lumière des projecteurs, que l'église apparaît dans toute sa splendeur.

Longer le port, qui décrit une grande courbe jusqu'à la piazza Fonderia, et pénétrer dans le quartier du pittoresque marché de la **Vucciria** *(de la via Cassari à la piazza San Domenico, voir p. 289).*

*La « Vucciria » de Renato Guttuso.*

MICHELIN © Adagp Paris 2003

## S. Domenico

*Juil.-sept. : 9h30-10h30, dim. et j. fériés 9h30-11h30 ; oct.-juin téléphoner pour connaître les horaires. ☎ 091 32 95 88 ; www.domenicani-palermo.it*

Une statue de la Vierge sur une colonne domine la belle **place** où s'élève majestueusement l'église. Commencée au 17ᵉ s., l'église St-Dominique n'a été achevée qu'un siècle plus tard. Sa façade baroque, répartie sur trois ordres rythmés par des colonnes doriques et corinthiennes, est enrichie de sculptures qui encadrent la statue du saint. L'intérieur, qui donne une impression d'espace, comporte trois nefs, avec des chapelles qui s'ouvrent sous chaque voûte des nefs latérales. On remarquera le décor en marqueterie de pierres semi-précieuses polychromes dans la quatrième chapelle à droite, ainsi que dans celle du Rosaire, dans le transept gauche. Un charmant **cloître** du 14ᵉ s. à colonnettes géminées jouxte l'église.

Non loin, dans des locaux annexes, la Société sicilienne d'histoire de la patrie a installé un petit **musée de l'Indépendance** (Museo del Risorgimento) avec des souvenirs garibaldiens. Des fenêtres du musée s'offre une jolie vue sur le cloître de St-Dominique.

## Oratorio del Rosario di S. Domenico★★★

*Pour toute information sur les visites ☎ 329 61 95 122.*

L'oratoire est un pur joyau de stuc sculpté, dû à **Giacomo Serpotta**. On observera tout d'abord les ébats des putti, saisis dans leur gaieté spontanée enfantine. L'expression de leurs petits visages, joyeux ou pensifs, est d'autant plus remarquable que le matériau ne possède pas la vivacité de la pierre ni du marbre.

Les stucs sont disposés de façon à encadrer les toiles des Mystères joyeux *(murs de gauche et du fond)*, brossées pour partie par **Pietro Novelli**, et celles des Mystères douloureux *(mur de droite)* dont une *Flagellation* de Mattias Stomer. Dans les niches qui alternent avec les toiles figurent les allégories des Vertus, extraordinaires figures féminines au maintien élégant et aux drapés délicats, parfois accompagnées de *putti*. La statue de *La Mansuétude* tient une colombe vers laquelle un angelot vêtu en petit moine tend sa menotte potelée.

Au-dessus des tableaux, les grands panneaux ovales reprennent des scènes de l'Apocalypse selon saint Jean. Dans celle qui montre le diable chassé des cieux, on notera la façon dont le corps du diable exprime le vertige de la chute. Même sensation de vertige, mais dans un contexte plus joyeux, avec les angelots ailés qui soutiennent un drapé sous la coupole au-dessus du maître-autel. La splendide toile de la *Vierge du Rosaire* avec saint Dominique et les saintes patronnes de Palerme, d'**Anton Van Dyck** (1628), est encadrée par deux statues allégoriques qui semblent assister à un spectacle. Sous la voûte, une fresque de Pietro Novelli représente le Couronnement de la Vierge.

## S. Maria di Valverde

*9h-13h. ☎ 091 33 27 79 (Paroisse de S. Mamiliano).*

On accède à cette petite église en franchissant l'élégant porche de marbre de **Pietro Amato** (1691). L'**intérieur** est un festival de décoration baroque, avec plusieurs marbres, qui sous les autels latéraux s'adoucit en délicates draperies. Remarquer dans la première chapelle à droite, dédiée à sainte Lucie, les jeux de perspectives raffinés créés à partir des marbres.

## S. Cita

*9h-13h. Pour les horaires de l'après-midi, téléphoner ☎ 091 33 27 79. Si la crypte de la chapelle est fermée, s'adresser aux sœurs.*

Gravement endommagée par les bombardements de 1943 (à la suite desquels les bas-côtés furent détruits), l'église conserve un bel **arc de marbre★** d'**Antonello Gagini** *(dans le chœur)*. À l'intérieur de l'arc sont représentées la Nativité et la Dormition (nom donné à la mort de la Vierge) ; dans les panneaux des piliers de l'arc, on peut voir des saints dominicains, tandis que dans les deux médaillons ronds, aux angles, figurent saint Thomas d'Aquin et saint Pierre. Dans les huit panneaux des intrados *(faces intérieures de l'arc)*, sont représentés des épisodes de la vie de S. Cita. Remarquer tout particulièrement la belle **chapelle du Rosaire** *(à droite du chœur)* dans laquelle des marqueteries polychromes s'harmonisent avec de délicats stucs. Depuis la chapelle à gauche du chœur on descend à la **crypte de la Cappella Lanza**, ornée de marbres variés.

## Oratorio del Rosario di S. Cita★★★

*Accès par la via Valverde ou par S. Cita. 9h-13h, 15h-17h ; dim. s'adresser aux sœurs de l'Istituto del Sacro Cuore, tout proche. Laisser une offrande. ☎ 091 33 27 79.*

L'oratoire est le chef-d'œuvre du très grand sculpteur baroque **Giacomo Serpotta** qui y travailla entre 1686 et 1718. Anges et joyeux *putti*, dans une envolée remarquable par la totale liberté de mouvement et d'expression, semblent jouer entre

*Une nuée d'angelots encadrant La Bataille de Lépante.*

eux, dorment, pleurent, rient, grimpent sur les corniches des fenêtres, regardent malicieusement au travers des guirlandes de fleurs, nouent pensivement leurs mains autour de leurs genoux, ou tournent tout bonnement le dos au visiteur.

Le regard est saisi dès l'entrée par le revers de la façade : un drapé que des *putti* s'évertuent à soutenir empanache tout le mur. Au centre, un bas-relief représentant la *Bataille de Lépante* montre deux jeunes hommes émaciés, symboles des horreurs de la guerre. Tout autour, des panneaux retracent les Mystères du Rosaire. Sur le côté gauche figurent les Mystères joyeux : l'Annonciation, la Visitation, la Nativité, la Présentation au Temple. Sur le côté droit, les Mystères douloureux : Jésus au jardin de Gethsémani, la Flagellation, le Couronnement d'épines, le Calvaire. Au fond, les Mystères glorieux *(à partir du bas à gauche)* : la Résurrection, l'Ascension, la Descente de l'Esprit Saint, l'Assomption de Marie. En haut au centre, le Couronnement de Marie. Au-dessus de l'autel, une belle toile de Carlo Maratta représente *La Madone du Rosaire* (1690).

Des figures allégoriques semblent garder les huit fenêtres qui ornent les parois latérales.

Non loin de là, sur la place de même nom, s'élève **l'église San Giorgio dei Genovesi**, l'un des rares exemples de style Renaissance tardif à Palerme. Elle a été édifiée par la communauté des marchands génois, dont on voit ici de nombreuses sépultures, avec de belles pierres tombales. *Ouverte uniquement à l'occasion d'expositions.*

Un peu plus loin, dans la via Cavour, se dresse le bâtiment de la **préfecture**, de style néogothique vénitien, autrefois la villa Whitaker, construite par l'un des douze neveux de l'entrepreneur Ingham *(voir p. 244).*

## De la via Roma au Capo ⑤

À droite de la via Maqueda, à la hauteur du théâtre Massimo, la *via dell'Orologio* offre une vue surprenante sur l'un des deux campaniles de Sant'Ignazio all'Olivella, dont l'horloge est probablement à l'origine du nom de la rue.

## S. Ignazio all'Olivella

Belle église baroque commencée à la fin du 16e s., elle s'élève sur l'emplacement, dit-on, d'une villa ayant appartenu à la famille de sainte Rosalie. Le terme Olivella viendrait d'*Olim villa* (autrefois, [il y avait] la villa). Remarquer les deux campaniles qui allègent la composition de la façade.

À l'intérieur, l'inscription rouge flamboyant « Jéhovah au centre de la Gloire » attire le regard, même si elle est placée derrière l'autel. La première chapelle de droite est particulièrement riche en marqueteries polychromes de pierres semi-précieuses. *Depuis le transept de droite on accède à l'oratoire San Filippo Neri ou Sant'Ignazio.*

À côté de l'église se trouve le Musée archéologique régional *(voir description dans « visiter »).*

## Oratorio di S. Filippo Neri
*Accès par la place ou par Sant'Ignazio. Lun.-ven. 17h30-18h, matin et sam. sur demande.*
☎ *091 58 68 67.*
C'est l'œuvre de l'architecte **Venanzio Marvuglia**. L'intérieur renferme les stucs
de la Gloire, un bel ange entouré d'une ronde de *putti* dansant par petits groupes,
œuvre d'**Ignazio Marabitti**.

## Oratorio di S. Caterina d'Alessandria★
*Via Monteleone 50, il faut sonner. Jeu. 13h-14h45* ☎ *091 87 28 047.*
Les stucs de **Procopio Serpotta**, même s'ils sont plus figés et moins vivants que
ceux de son père, Giacomo, représentent avec élégance et rigueur diverses
scènes de la vie de sainte Catherine, protectrice des savants, ainsi que les allégories de la science : Rhétorique, Éthique, Géographie et Astrologie à droite ;
Dialectique, Physique, Géométrie et Théologie à gauche, et sous le bel oratoire
à triple arcade du mur d'entrée, le Savoir et la Science. Le plafond est orné de
précieuses décorations à ramages.
*Poursuivre le long de la via Monteleone jusqu'au croisement avec la via Roma.*
Face à l'église San Domenico, de l'autre côté de la place, l'étroite **via Bandiera**, qui
délimite le quartier du marché de Capo, recèle de beaux palais. Noter en particulier au n° 14, le **palais Termine**, érigé en 1573 dans un style hispanisant. Ses belles
fenêtres géminées sont flanquées de colonnettes soutenant une dentelle de pierre.
La fenêtre d'angle droit a été ajoutée lors de travaux de restauration au début du
20e s. Juste à côté se dresse le **palais Oneto di Sperlinga**, élégante demeure
seigneuriale datant du 18e s.

## S. Agostino
La **façade★** de cette belle église du 13e s. édifiée à la demande des familles
Chiaramonte et Sclafani s'orne d'un portail à motifs géométriques et floraux bico-
lores, surmonté d'une rosace. Un deuxième très beau portail, qui donne sur la via
Sant'Agostino, est l'œuvre de Gagini. L'intérieur, dominé par les modifications de
style baroque, a conservé des stucs de l'école de Serpotta. Remarquer sur le socle
de la seconde statue de droite la signature de l'artiste (le lézard, *serpe* en sicilien).
Continuer dans la via Sant'Agostino jusqu'au cœur du quartier, où a lieu tous les
matins le **marché de Capo**.
Au n° 6 de la via Cappuccinelle, on admirera l'enseigne de la **boulangerie Morello**,
admirable panonceau de mosaïques de style Liberty représentant une figure féminine dans un cadre d'épis de blé souligné d'une guirlande en fleurs de lotus. Le
motif des épis est repris dans la partie supérieure.
*Pour continuer la promenade décrite ci-dessous, prendre la via Porta Carini, puis à droite
la via Mura di S. Vito pour rejoindre la piazza Verdi.*

## La ville nouvelle
Au début du 19e s., Palerme a connu une période d'expansion remarquable. Des
palais de toute beauté ont surgi dans la zone Nord-Ouest, quartier recherché par la
nouvelle bourgeoisie des chefs d'entreprise. C'est l'épanouissement d'un nouveau
style, à base de fer forgé et de verre, agrémenté de motifs floraux. Le quartier de
la prospérité a quitté la via Maqueda pour se déplacer vers un secteur légèrement
en contrebas qui prendra le nom de via Ruggero Settimo, puis de **via della Libertà**.
De grands temples de la musique lyrique, les théâtres Massimo et Politeama, y ont
vu le jour et, dans les rues environnantes, de magnifiques demeures. Il suffit de se
promener dans certaines des rues, comme les via XX Settembre, via Dante, via
Siracusa, pour n'en citer que quelques-unes, pour se faire une idée des fastes de la
bourgeoisie fortunée de la fin du 19e s.

### Un itinéraire « Liberty »
Parmi les belles demeures de style Liberty, outre celles décrites ci-après, figurent le **palais Dato**, à
l'angle de la via XX Settembre et de la via XII Gennaio, que l'on reconnaît aux drapés de couleur rose
qui embellissent ses murs ; la **villa Favaloro Di Stefano**, œuvre de E. Basile, sur la piazza Virgilio ;
le **Villino Ida**, au n° 15 de la via Siracusa, au balcon en fer forgé souligné d'une frise en majolique.
Et bien sûr, même si elle se trouve dans un autre quartier, la **villa Igiea** *(salita Belmonte 43,*
☎ *091 63 12 111)*, superbement située sur les pentes du mont Pellegrino. Cette vaste résidence fut
conçue à l'origine pour y soigner Igiea Florio, atteinte de la tuberculose. Sur un projet d'Ernesto Basile,
l'édifice néogothique préexistant fut transformé en une luxueuse demeure de style exotique, devenue un
hôtel de prestige. On y admire en particulier la salle à manger, aujourd'hui **salle Basile★** *(pour la visiter,
se renseigner auprès du personnel de l'hôtel, toujours très aimable)*, pour la richesse des boiseries et de la
décoration, œuvre d'Ettore de Maria Bergler, artiste Liberty célèbre. Les photographies d'illustres hôtes de
passage, parmi lesquels de nombreuses têtes couronnées d'Europe, ornent les murs des corridors où l'on
flâne comme dans une galerie d'exposition.

## Teatro Massimo★

*Visites guidées. 2,58€. ☎ 800 65 58 58 ; www.teatromassimo.it*

Sous la protection de la statue de Giuseppe Verdi se tient l'un des plus grands théâtres lyriques d'Europe. Commencé par **Giovanni Battista Basile** en 1875, il a été achevé par son fils **Ernesto**. Il avance un imposant fronton triangulaire néoclassique porté par six colonnes, qui fait penser au pronaos d'un temple classique. Derrière, la vaste coupole élevée sur un haut tambour évoque l'Orient. Le style Liberty est représenté par les deux petits kiosques caractéristiques que l'on aperçoit sur le devant (œuvres de Basile fils) : à droite, le kiosque Vicari al Massimo, en bois et fer forgé ; à gauche, le Ribaudo, en métal uniquement. L'**intérieur** est décoré avec élégance. Le plafond de la salle de spectacle est décoré d'une somptueuse roue dorée, où se trouve représenté le Triomphe de l'art lyrique. À l'étage supérieur se trouve le petit salon royal qui permet d'accéder à la loge royale.

## Teatro Politeama

Sur la vaste place Castelnuovo, l'imposant théâtre, de style néoclassique comme le théâtre Massimo, est couronné d'un quadrige de chevaux de bronze. À l'intérieur, on peut visiter la galerie d'Art moderne Empedocle Restivo *(voir description dans « visiter »)*.

À l'Ouest de la place se trouve la via Dante, au fond de laquelle on découvre l'enchanteresse villa Malfitano *(voir description dans « visiter »)*.

Au n° 36 du viale Regina Margherita *(perpendiculaire à la via Dante à la hauteur de la villa Malfitano)* se trouve le **Villino Florio★**, une demeure pleine de fantaisie construite par l'une des plus puissantes familles siciliennes du 19e s., les Florio. Bel exemple du style Liberty à Palerme, entourée à l'origine d'un grand parc, elle est l'œuvre d'**Ernesto Basile**.

*Le théâtre Politeama.*

G. Bludzin/MICHELIN

### FASTES ET MYSTÈRES DU GRAND HÔTEL ET DES PALMES

Datant du milieu du 19e s., il a servi autrefois de résidence à l'Anglais Ben Ingham, responsable du succès du marsala *(voir p. 244)*. Rapidement transformé en hôtel *(via Roma 398, ☎ 091 58 39 33)*, il a accueilli toutes les célébrités de passage dans la ville. Musiciens (Wagner y a terminé son *Parsifal*, et on peut encore voir le tabouret du maître), peintres (des esquisses de Guttuso et de Fiume sont présentées dans une petite salle), ou bien écrivains, hommes politiques d'hier (Crispi) et d'aujourd'hui (Andreotti), personnalités du spectacle ou membres de l'aristocratie. Suites discrètes, grands couloirs et salons ont abrité activités politiques, faits divers, agissements mystérieux liés à la loi du silence et aux intrigues de toutes sortes. C'est ici que se tint en 1957 le banquet secret des plus hauts personnages de la mafia italo-américaine ; c'est également ici que disparut mystérieusement un agent secret, tombé du 7e étage sur la verrière du grand salon des Miroirs et transporté sur-le-champ à « l'hôpital » par deux personnages tout aussi mystérieux. C'est encore ici que se termina la vie dissolue et tragique de l'écrivain français Raymond Roussel (suicide ou mort après une overdose) en 1933. Citons pour finir l'étonnante histoire du baron de Castelvetrano, qui a vécu secrètement plus de cinquante ans dans une suite de l'étage noble : on raconte qu'il était condamné à l'exil pour avoir tué un garçon surpris lors d'un larcin et que cette condamnation avait été demandée par le père de la victime.

# *visiter*

## Dans le centre historique

### Galleria Regionale di Sicilia★★
*Via Alloro 4. 9h-14h (mar. et jeu. également 15h-20h), dim. et j. fériés 9h-13h30 (dernière entrée 30mn av. fermeture). 4,13€. ☎ 091 62 30 011.*

On notera l'intéressante architecture de la galerie, réalisée dans les années 1950 par Carlo Scarpa, grand architecte qui a su exploiter supports, matériaux et couleurs en fonction de la luminosité naturelle.

Le musée rassemble des sculptures et des peintures d'époque médiévale, dont, au rez-de-chaussée, la très belle fresque du *Triomphe de la Mort★★★ (salle II)* qui provient du palais Sclafani. Son titre dérive probablement de la treizième carte du jeu de tarots, très répandu à cette époque sous le nom de Triomphe. Le thème central en est la précarité de la vie : chevauchant une monture squelettique, armée d'un arc et de flèches, la Mort frappe de ses traits des hommes et des femmes en pleine jeunesse. On notera le réalisme et la cruauté qui imprègnent la fresque, en particulier le choix des tons froids pour représenter la Mort, le cheval et le visage du personnage atteint par les flèches. À gauche, dans le groupe des mendiants et des malades épargnés par le terrible cavalier, l'auteur anonyme de l'œuvre, que l'on identifie à son pinceau et à son regard tourné vers le spectateur, a conformément à l'usage de l'époque effectué son autoportrait. La modernité de certains traits est surprenante, comme par exemple la stylisation du museau du cheval.

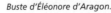

Le buste d'**Éléonore d'Aragon★★** *(salle IV)*, remarquable par la douceur de son expression, ainsi que le buste d'une jeune femme sont l'œuvre du sculpteur **Francesco Laurana**, qui exerçait en Sicile au 15e s. Parmi les œuvres des Gagini, dont les statues et les bas-reliefs ornent nombre d'églises siciliennes, on peut admirer une belle *Vierge à l'Enfant★* d'Antonello.

Au premier étage, entièrement consacré à la peinture (nombreux peintres de l'école sicilienne), on admirera une icône byzantine portative *(première salle face à l'entrée)* représentant des scènes de la vie du Christ. Dans la très belle *Annonciation★★* d'**Antonello da Messina**, le visage de Marie rayonne d'une expression de paix et d'acceptation.

*Buste d'Éléonore d'Aragon.*

Le célèbre *triptyque des Malvagna★★* de **Jan Goass(e)rt** dit **Mabuse** (*Vierge à l'Enfant parmi les anges,* 1510) se trouve dans la salle consacrée aux Flamands. On y voit, placée dans un décor architectural magnifique, avec en toile de fond un riche paysage, la Vierge entourée d'angelots musiciens et chanteurs.

## Museo Archeologico Regionale★★
*Piazza Olivella. (&) 8h30-19h (dernière entrée 30mn av. fermeture). 4,13€, 7,75€ pour le billet groupé avec la palais Abatellis et le palais Mirto. ☎ 091 61 16 805.*

Logé dans le couvent dell'Olivella du 16e s., le musée a été fondé au 17e s. par les pères Philippins en même temps que l'église baroque voisine, **Sant'Ignazio all'Olivella** *(voir plus haut)*. Il abrite une riche collection de vestiges archéologiques provenant des sites siciliens, tout particulièrement de Sélinonte.

Au **rez-de-chaussée**, la visite commence par un **petit cloître★** orné d'une fontaine hexagonale. Remarquer au fond une belle fenêtre ogivale couronnée d'une corniche. Le portique abrite une série d'ancres carthaginoises et romaines ; d'autres sont exposées dans le grand cloître. Deux petites salles sont consacrées à l'art phénicien, représenté par deux sarcophages anthropomorphes du 6e s. avant J.-C., une autre à des pièces égyptiennes et carthaginoises, parmi lesquelles se détache la fameuse *Pierre de Palerme*, gravée d'une inscription en hiéroglyphes retraçant sept cents ans de l'histoire égyptienne (trois autres pierres sont conservées au Caire et à Londres). Une inscription carthaginoise, découverte dans les environs du port de Marsala, montre un prêtre avec un brûle-parfum devant le dieu Tanit.

Plus loin on visite le grand cloître, sur lequel donnent les salles consacrées essentiellement à **Sélinonte**. La première présente des stèles géminées, formées de deux bustes de divinités infernales soit en bas-relief, soit en ronde bosse. La salle Gabrici *(projection de vidéos au choix)* abrite le fronton reconstitué du temple C et quelques triglyphes originaux. Dans la salle Marconi, on peut voir des têtes de lions qui servaient de gargouilles au temple de la Victoire à Himère.

On retrouve **Sélinonte** dans la salle qui expose de très belles **métopes★★**. Les six métopes retrouvées dans le mur fortifié de l'acropole de Sélinonte, et datant de 575 avant J.-C., semblent indiquer qu'il existait dans cette ville, la seule de la région où ont été découvertes de telles décorations, une école de sculpture locale. Certaines métopes évoquent les dieux vénérés à Sélinonte, comme la triade apollinienne (Apollon, Artémis et leur mère Latone), Déméter et Perséphone. Les plus anciennes, bien que de taille modeste, se trouvent à droite sous la fenêtre. Elles proviennent d'un temple de style archaïque du 6e s. avant J.-C. Un détail représente l'enlèvement d'Europe par Zeus transformé en taureau. Sur la gauche, admirer les trois magnifiques métopes du temple C (6e s. avant J.-C.) avec leurs couleurs encore visibles à quelques endroits sur les vêtements et les corps. Le relief presque entièrement en ronde bosse représente Persée tranchant la tête de la Gorgone Méduse, qui tient dans ses bras Pégase, cheval ailé né de son sang *(scène centrale)* ; le quadrige d'Apollon, dieu du Soleil *(à gauche)* ; Hercule capturant les Cercopes (deux frères voleurs) qu'il suspend à un bâton *(à droite)*. Ces œuvres sont la preuve d'une parfaite maîtrise de l'art de la composition.

Les quatre métopes du temple E *(mur du fond)* sont peut-être les plus belles pour leur expression, leur sens du mouvement et leur réalisme qui leur confèrent un caractère tout à fait actuel. À partir de la gauche, on reconnaît Hercule luttant contre une amazone ; Héra et Zeus (assis, il soulève le voile de son visage) ; la métamorphose d'Actéon en cerf (on entrevoit le museau de l'animal derrière la tête d'Actéon attaqué par les chiens) ; Athéna luttant contre le Géant Encélade. Dans les quatre autres salles consacrées aux vestiges étrusques, on admirera de belles urnes funéraires ainsi que des *buccheri*, anciennes céramiques étrusques.

Au **premier étage**, parmi les **bronzes** des époques grecque, romaine et carthaginoise, remarquer ***Hercule abattant un cerf★***, probable ornement central d'une fontaine, et surtout ***Le Bélier★★***, œuvre hellénistique au réalisme étonnant provenant de Syracuse. Ce chef-d'œuvre datant du 3e s. avant J.-C. faisait partie, à l'origine, d'un couple qui ornait le palais des tyrans de la ville (érigé sur l'îlot d'Ortygie). Réalisé avec une précision jamais égalée, le précieux animal est aujourd'hui l'une des pièces les plus remarquables du musée.

Parmi les statuettes de marbre *(salle suivante)*, le beau ***Satyre versant à boire★*** est une copie romaine d'une œuvre de Praxitèle.

Le **deuxième étage** est consacré à la préhistoire, aux céramiques grecques, aux mosaïques et fresques romaines. Dans la salle des Mosaïques, on remarque ***Orphée parmi les animaux★*** (3e s. après J.-C.) et la mosaïque des Saisons, avec des représentations allégoriques et mythologiques étroitement liées au monde dionysiaque. Toutes ces pièces ont été retrouvées dans les fouilles de Palerme.

## Museo Internazionale delle Marionette★★

*Via Butera 1. Tlj sf w.-end 9h-13h, 16h-19h. Fermé j. fériés. 3€. ☎ 091 32 80 60 ; www.museomarionettepalermo.it*

Le musée renferme une très riche collection de *pupi* siciliens *(voir p. 64)*, marionnettes, décors et panneaux de scène du monde entier ainsi qu'un théâtre d'ombres. Les premières salles, consacrées aux marionnettes traditionnelles siciliennes, en mettent plusieurs en scène. On remarquera les traits délicats et expressifs des marionnettes de Gaspare Canino (19e s.). Les salles suivantes renseignent sur les traditions des marionnettes d'Europe (*Punch et Judy* anglais) et d'ailleurs, avec une importante collection orientale : marionnettes chinoises, indiennes, birmanes, vietnamiennes, thaïlandaises, africaines, ainsi que des « ombres » turques, indiennes et malaises (en cuir), exposées dans une pénombre qui suscite l'émotion et l'évasion vers des contrées lointaines. Dans la salle IV est présenté l'orchestre birman, le *hsaing waing*, qui, conformément à un rituel symbolique, commençait à jouer une heure avant le spectacle. La dernière salle regroupe les marionnettes conçues et préparées spécialement pour les scènes de mort violente et spectaculaire. Les murs sont garnis de panneaux de marionnettistes, pancartes illustrées utilisées autrefois par les conteurs comme supports de leurs histoires.

Le musée abrite toujours un petit théâtre, encore en activité *(se renseigner auprès du musée pour les représentations)*.

## Palazzo Mirto★

*Via Merlo 2. 9h-18h30, dim. et j. fériés 9h-13h. 2,58€, 5,16€ ou 7,75€ pour les billets groupés pour deux ou trois musées. ☎ 091 61 64 751 ; www.regionesiciliana.it*

Résidence des princes Lanza Filangeri, le palais fut à plusieurs reprises réaménagé pour répondre à leurs exigences. L'aspect actuel remonte à la fin du 18e s. En entrant, on remarque une **écurie★** du 19e s. avec ses stalles ornées de têtes de chevaux en bronze. Un grand escalier de marbre rouge permet d'accéder à l'étage noble qui a conservé son mobilier d'origine. Le **Petit Salon chinois★** surprend, avec son sol de cuir, son plafond en trompe-l'œil et ses murs tapissés de soie peinte figurant des scènes de vie quotidienne. C'était un petit fumoir prévu aussi pour les jeux de cartes. On voit dans l'antichambre un beau service d'assiettes du 19e s. typiquement napolitain, avec des personnages costumés. À l'occasion des bals masqués, il servait, semble-t-il, à désigner la place de chaque convive en fonction du costume représenté. L'antichambre précède un autre **fumoir★** aux murs revêtus de cuir repoussé et peint, matériau très répandu à l'époque car la fumée ne l'imprégnait pas. Le **salon Pompadour★** frappe par le luxe des murs tapissés de soie et de broderies florales. Le sol en mosaïques est le seul qui se soit conservé. La salle à manger présente un beau service en porcelaine de Meissen du 18ᵉ s. à motifs de fleurs et d'oiseaux.

## Palazzo Comitini

*Via Maqueda 100. ♿ Tlj sf w.-end 9h30-13h30 (jeu. également 15h-17h). Fermé j. fériés. Gratuit. ☎ 091 66 28 260, fax 091 66 28 254.*
Construit entre 1768 et 1771 pour le prince de Gravina, le palais réunit en fait deux anciens palais, le Roccafiorita-Bonanno et le Gravina di Palagonia. Sur sa façade, rythmée à l'étage inférieur par deux grands portails et neuf fenêtres, on remarque de beaux balcons en « jabot d'oie » à l'étage noble. L'adjonction en 1931 du dernier étage, destiné à recevoir les services administratifs de la province, a radicalement modifié son aspect. Dans la cour intérieure, un grand escalier mène à la loggia et à la salle d'Armes, aujourd'hui salon des Huissiers (Commessi) (remarquer à côté de l'entrée deux mascarons qui servaient d'éteignoirs). La Salle verte *(à gauche)* est décorée d'un beau lustre du 17ᵉ s. provenant de Murano. La **salle Martorana★**, où siège le Conseil provincial, est entièrement recouverte de boiseries du 17ᵉ s. et de miroirs qui intensifient la lumière et éclairent la splendide fresque de la voûte, *Le Triomphe du véritable Amour* : après avoir vaincu l'Avarice, la Fausseté et la Perfidie, la Sagesse sur son char renverse Éros et l'Envie, et triomphe dans une guirlande de fleurs tenue par des angelots. Ce thème est repris dans les médaillons d'angle où figurent les quatre Vertus (Force, Tempérance, Prudence et Justice). Quoique très abîmé, le pavement laisse entrevoir des majoliques.
À côté de la salle du Président, autrefois chambre à coucher du prince, se trouvent deux petits boudoirs, à voir pour leurs belles boiseries et leurs consoles ornées de plats en majolique du 20ᵉ s.

## Dans la ville nouvelle

### Villa Malfitano★★

*Via Dante. Visite guidée (30mn) tlj sf dim. 9h-13h. Fermé j. fériés, 15 juil. 2€. ☎ 091 68 20 522.*
Noyée dans un très beau **jardin★★**, cette villa Liberty fut construite à partir de 1886 par Giuseppe Whitaker, neveu de l'entrepreneur anglais **Ingham**. Établi en Sicile en 1806, ce dernier créa un véritable empire commercial, avec la fondation de l'une des trois plus grandes entreprises de production de Marsala et d'une grande compagnie de bateaux à vapeur. Giuseppe, lui, s'intéressa à l'ornithologie et à l'archéologie. Multipliant les périples en Tunisie, il étudia les oiseaux, sur lesquels il rédigea un traité, puis commença une véritable campagne de fouilles archéologiques sur l'île de Mozia *(voir ce nom)*, dont il devint propriétaire. Passionné également de botanique, il fit venir des espèces rares et exotiques de toutes les régions, palmiers, dragonnier *(Dracæna cinnabari)*, l'unique exemplaire en Europe d'*Araucaria Rouler*, et un immense *Ficus magnolioides*. La villa devint bientôt la référence en matière de style de vie pour la riche classe bourgeoise de l'époque et fut souvent le théâtre de fêtes et de réceptions en l'honneur de personnages importants, comme les rois d'Angleterre et d'Italie. Édifiée sur le modèle de la villa Favard de Florence, elle fut enrichie de vérandas en fer forgé qui répondaient à l'engouement naissant pour le style Liberty. Celle qui donne à l'arrière de la maison est vraiment de toute beauté.

*Les jardins de la villa Malfitano.*

M. Magni/MICHELIN

L'intérieur, très soigné, a conservé quelques pièces de mobilier et surtout sa décoration. On peut y voir de nombreux bibelots orientaux (souvent achetés dans les plus célèbres ventes aux enchères anglaises), comme par exemple le couple d'éléphants en émail cloisonné provenant du palais royal de Pékin, ou celui formé par de grands oiseaux aquatiques posés sur le dos d'une tortue, symbole des quatre éléments (les oiseaux représentent l'air, les tortues l'eau, le serpent que l'un des oiseaux tient dans le bec mais qui s'enroule autour de son cou est la terre, et la lanterne qui sert de lampe le feu). La décoration intérieure est l'œuvre des plus habiles artisans de la région (le mobilier de la salle à manger palermitain, à l'exception de la table, anglaise) ou des plus célèbres artistes locaux de l'époque. Il ne faut pas manquer *Safari en Tunisie* de Lo Jacono *(dans le couloir)* et le portrait au pastel des filles de Giuseppe, par Ettore de Maria Bergler, accroché dans le magnifique escalier en spirale au décor de style pompéien (comme les plafonds des couloirs). Mais le véritable joyau de la villa est le **salon d'été**, dont les murs et le plafond décorés en trompe-l'œil donnent au visiteur la sensation d'être dans une fraîche véranda noyée sous la végétation.

## Galleria d'Arte Moderna Empedocle Restivo★

*Via Turati 10. Tlj sf lun. 9h-20h, dim. et j. fériés 9h-13h. 3,10€. ☎ 091 74 07 625 ; www.comunepalermo.it*

Dans un beau décor Liberty (remarquer les grands lustres en fer forgé), on peut admirer des tableaux et des sculptures des 19e-20e s. d'artistes majoritairement siciliens, notamment la **Petite Faunesse** de **Trentacoste**. La figurine de marbre aux proportions classiques étonne par sa pose légèrement affectée, enroulée sur elle-même en spirale.

Le 19e s. sicilien présente un éventail de tendances qui sont nées et se sont développées simultanément sous plusieurs formes. Les artistes se sont spécialisés dans le genre qui correspondait le mieux à leur talent. Les grands thèmes traités sont l'histoire, le paysage et la réflexion psychologique, souvent empreinte d'immobilisme et de sobriété néoclassique. C'est l'époque des portraits de Patania, dont le *Ritratto di un sacerdote infermo* traduit la souffrance avec beaucoup de réalisme, et de Salvatore Lo Forte, qui exprime avec force le caractère de ses personnages. C'est encore l'époque du patriotisme, qu'exprime Erulo Eruli dans la grande composition *Les Vêpres siciliennes*, symbole au 19e s. de la révolte héroïque contre toute domination étrangère.

À travers leurs compositions, les paysagistes siciliens révèlent leurs tendances : le réalisme de Lo Jacono *(Vento in montagna)* cohabite avec « l'impressionnisme » de A. Leto, qui couvre la toile de couleurs fortes et chaudes à grands coups de pinceau (les trois études pour *I Funari*), sans oublier les paysages évanescents et indéfinis de Michele Catti **(Ultime foglie)**. Onofrio Tomaselli *(I Carusi)* ajoute une note de compassion, au sens latin de participation à la douleur, exprimée dans des couleurs chaudes. Certaines toiles, italiennes ou étrangères, illustrent les nouvelles tendances de la fin du 19e s. et du début du 20e s. : l'expressionnisme de la *Natività* de Lienz, le symbolisme de Von Stuck **(Il peccato)**, le pointillisme du *Mattino d'estate* de Terzi.

Les tableaux des années 1930 et de la période suivant la Seconde Guerre mondiale sont réunis dans les dernières salles : **Il Tram** de Sironi, aux tons froids, **Gli scolari** de F. Casorati, dont les lignes géométriques soulignent la tristesse et l'immobilité des enfants (remarquer au premier plan l'élève aux yeux écarquillés, impressionnant), **Autoritratto** de Guttuso, très expressif aussi. Les salles abritent aussi des sculptures : voir le bel **Acrobata** de T. Bertolino, aux lignes courbes et sinueuses.

« I Carusi », par Onofrio Tomaselli.

## L'arbre de Falcone

*Au début de la via Notarbartolo (qui donne sur le viale della Libertà après le Giardino Inglese), sur la droite en allant vers le boulevard périphérique.*

Juste devant l'habitation de **Giovanni Falcone**, tué par la mafia en 1992, on peut voir un arbre à l'aspect singulier. En effet, depuis la mort du juge, cet arbre (devant lequel se trouve la guérite de l'escorte) porte toutes sortes de messages, photos et autres petits objets, qui en ont fait un véritable lieu de culte. Autant de marques d'estime et d'affection envers Falcone et Borsellino.

## Museo della Fondazione Mormino

*Viale della Libertà 52. Tlj sf sam. ap.-midi et dim. 9h-13h, 15h-17h. Fermé j. fériés. Gratuit. ☎ 091 60 85 972 ; www.aesnet.it/fondasicilia*

Installé au 1er étage de la Banque de Sicile (villa Zito), le musée rassemble les œuvres, objets et pièces archéologiques recueillis chaque année par la banque. La première partie est consacrée au produit des fouilles de Sélinonte, d'Himère, de Solunto, et de Terravecchia di Cuti, petite localité de l'intérieur où l'on a découvert un village des 6e-5e s. avant J.-C. La seconde section rassemble des majoliques de Sicile et du reste de l'Italie (avec quelques objets turcs et chinois). La troisième partie est consacrée à une riche collection de monnaies du 13e au 19e s., complétée sur les murs par de belles estampes siciliennes, en particulier le n° 936, du 16e s., qui représente l'ancien Palerme avec ses murailles ; remarquer en haut le palais royal avec, sur la gauche, San Giovanni degli Eremiti, et la rue perpendiculaire, l'actuelle via Vittorio Emanuele, qui court jusqu'à la Cala, autrefois fermée par le Castello a Mare, à gauche. Au centre de la ville se dresse la Martorana.

Une collection philatélique avec des timbres du royaume des Deux-Siciles est présentée au rez-de-chaussée.

## Villa Trabia

*Via Salinas. Prendre la via Latini, puis la via Cusmano qui la prolonge jusqu'à la piazza D. Siculo, d'où part la via Salinas.* Au centre d'un beau parc du même nom s'élève la villa du 18e s. qu'acheta au siècle suivant Giuseppe Lanza Branciforti, prince de Trabia et de Butera. Son aspect actuel résulte de nombreuses modifications à la fin du siècle dernier, mais elle a conservé son escalier monumental à l'entrée. Elle abrite aujourd'hui des services municipaux.

# Au-delà des portes

## Catacombe dei Cappuccini★★

*Via Cappuccini. 9h-12h, 15h-17h. 1,29€. ☎ 091 21 21 17.*

Lieu de fascination macabre, les catacombes sont un labyrinthe de corridors où sont exposés des milliers de momies vêtues de pied en cap, aux expressions grimaçantes, aux postures contorsionnées. Elles sont suspendues au mur (pendues presque, puisqu'elles sont attachées par le cou) à l'intérieur de niches, couchées ou adossées aux parois. La grille qui les protège accroît leur aspect sinistre et impressionnera d'autant plus le visiteur. On recense environ huit mille momies de frères capucins (les plus anciennes remontant à la fin du 16e s.), mais aussi celles de Palermitains illustres ou puissants, enfants, ou jeunes filles, répartis par « catégories ». L'état de conservation des corps, particulièrement favorisé par le processus de dessiccation, est impressionnant. On peut voir l'extraordinaire momie d'une fillette de deux ans décédée en 1920. Une série d'injections chimiques (le médecin qui les a pratiquées est mort sans en révéler la nature) ont permis de la conserver comme si elle était simplement endormie.

Dans le cimetière attenant au complexe des capucins repose l'écrivain **Giuseppe Tomasi di Lampedusa**, mort en 1957 *(3e petite allée à gauche).*

---

### Les parcs de Palerme

À l'époque arabo-normande, la ville était entourée d'immenses parcs et d'espaces verts, dont, à l'Ouest de la ville, le *Genoard*, dit « le paradis sur terre ». Les souverains l'avaient choisi pour y construire des *sollatii*, palais des délices, au sens oriental du terme. Enfouis dans une végétation luxuriante et exotique, dans un dédale abritant vasques poissonneuses, fontaines et cours d'eau, dotés de petites réserves d'animaux sauvages importés de terres lointaines, ils étaient à la fois lieux de repos et de divertissement. C'est ainsi que virent le jour la **Zisa**, le **castello dello Scibene**, très remanié et visible du viale Tasca Lanza *(de la via Pitrè, qui prolonge la via Cappuccini, tourner à droite après avoir passé le viale Regione Siciliana)*, la **Cuba Sottana**, la **Cuba Soprana**, faisant partie de la villa Napoli (on peut à peine en distinguer quelques arcades, *entrée par le corso Calatafimi au n° 575)* et dans le jardin de cette dernière, la **Cubola**, petit pavillon carré surmonté d'une coupole rose en « bonnet d'eunuque » *(on y arrive par la via Zancla, qui se trouve sur la gauche, en allant vers le centre, du corso Calatafimi, un peu après le viale Regione Siciliana).* Cette passion pour les espaces verts s'est perpétuée jusqu'à nos jours, et l'on peut découvrir à travers la ville de véritables havres de paix et coins de paradis : le jardin exotique de San Giovanni degli Eremiti, la villa Bonanno, la villa Giulia, le jardin botanique, la villa Malfitano, la villa Trabia, le jardin Garibaldi sur la piazza Marina, et le très beau **Giardino Inglese** *(viale della Libertà)*, remarquablement entretenu, avec ses palmiers, ses plantes grasses, ses pins maritimes et ses *Ficus magnolioides*.

## La Cuba★

*Corso Calatafimi 100. (&) Été : 9h-19h, dim. et j. fériés 9h-13h ; le reste de l'année : 9h-18h30, dim. et j. fériés 9h-13h. 2,07€. ☎ 091 52 02 99.*

Englobée dans une caserne, la Cuba Sottana était entourée très probablement d'un grand lac artificiel appelé la Pescheria (« pêcherie »). Une maquette reconstituant l'aspect supposé des lieux est exposée dans l'ancienne écurie, à l'entrée sur la droite. Sur le mur, on aperçoit également le moulage de l'inscription coufique qui couronnait l'édifice et permet d'établir avec certitude la date de sa construction, 1180, à la demande de Guillaume II.

L'édifice, très beau dans la simplicité de son décor, comprend une série d'arcs en ogive allongée de différentes dimensions entre lesquels s'inscrivent d'autres ouvertures. Sur un plan rectangulaire enrichi de quatre petits avant-corps édifiés au milieu de chacun des côtés, la Cuba se répartissait, à l'intérieur, en trois espaces (le premier, qui est le dernier dans le sens de la visite, possédait aussi deux pièces de service). Dans l'espace central, on distingue encore la forme de la vasque en étoile à huit pointes par laquelle l'eau passait afin de parvenir sans le moindre remous ni ride dans la *pescheria*, miroir lisse qui reflétait bâtiments et jardins.

## La Zisa★

*Piazza Guglielmo il Buono. (&) Mars-oct. : 9h-19h30, dim. et j. fériés 9h-14h ; nov.-fév. : 9h-19h, dim. et j. fériés 9h-13h30 (dernière entrée 30mn av. fermeture). 4,13€. ☎ 091 69 61 319 ; www.regione.sicilia.it/beniculturali/sopripa.* De l'arabe El Aziz (la splendide, la noble), ce palais au charme incomparable dont il ne reste qu'un édifice nu fut commencé en style arabe sous Guillaume de Hauteville et complété par son fils Guillaume II, entre 1166 et 1175. Laissé un temps à l'abandon, il fut transformé en forteresse au 14e s., puis servit au 16e s. de dépôt d'objets contaminés par la peste, et enfin devint, avec beaucoup de transformations, un palais patricien, jusqu'aux récents travaux de restauration qui ont tenté de lui redonner son aspect d'origine.

Au rez-de-chaussée, l'attention est immédiatement attirée par la **salle des fontaines**, ouverte sur le devant. De plan cruciforme, elle doit son nom à la présence de deux petites vasques carrées alimentées au centre par un jet d'eau. La partie supérieure des murs est décorée d'une frise en mosaïques, animée de paons et d'archers. Les pièces intérieures présentent la particularité d'être pourvues d'un système de refroidissement de l'air au moyen d'ouvertures pratiquées entre elles et assurant une ventilation. Des *mouqarnas*, voûtes à alvéoles et stalactites en pierre typiques de l'art arabe, surplombent les niches et les fenêtres. Le palais abrite une collection d'objets provenant pour la plupart d'Égypte (période mamelouk et ottomane), exemples d'un art qui était probablement assorti au mobilier. On admirera en particulier les moucharabiehs, sorte de paravents en bois découpé et ajouré qu'on plaçait devant portes et fenêtres pour protéger de la chaleur et de la lumière (15e s.).

## Albergo delle Povere

*Corso Calatafimi, 217. Visite possible lors des conférences ou des expositions.* Créé pour les pauvres de la ville à la fin du 18e s., cet hospice fut réservé à partir du 19e s. uniquement aux femmes, qui y créèrent un atelier de tissage. Il abrite actuellement des expositions temporaires et des conférences. Il possède, de chaque côté, deux beaux cloîtres donnant sur une cour commune, dominée par l'église de la Sainte-Trinité. Le pavillon de gauche, destiné de nos jours encore à l'Opera Pia, l'assistance aux pauvres, abrite également le centre des carabiniers pour la garde du patrimoine artistique de la Sicile, les salles d'exposition, ainsi qu'une salle de conférences de grande capacité (trois cent cinquante personnes). De l'autre côté de la rue coule une **fontaine** du 17e s.

> **À ESSAYER...**
> En s'approchant de l'exèdre qui abrite la fontaine, murmurer quelque chose à l'une des extrémités. Les paroles parviendront très clairement à l'autre bout.

## Orto botanico★

*Via Lincoln 38. 9h-17h, w.-end et j. fériés 9h-13h. Fermé j. fériés nationaux. 3,10€. ☎ 091 62 38 241.* Le jardin botanique se trouve encore à l'endroit où on l'a créé en 1789. Il a été dessiné par Dufourny, architecte français, de même que les bâtiments destinés à l'étude et à l'expérimentation. On y trouve des spécimens de toutes sortes d'espèces, dont des plantes orientales et exotiques à l'aspect majestueux, comme le *Dendrocalamus giganteus*, une sorte de bambou gigantesque, et le fameux *Ficus magnolioides*★★, l'espèce la plus répandue dans le jardin. Remarquer les fromagers, bombacées d'Amérique du Sud importés à Palerme à la fin du 19e s. Tout en eux étonne et surprend : leur tronc enflé, couvert d'épines, et leurs immenses fleurs d'un rose intense, donnant naissance à des fruits qui, arrivés à maturité, s'ouvrent et laissent échapper des graines au duvet très épais, autrefois utilisé comme rembourrage. Après les cactus que l'on voit dans la serre, ne pas oublier les énormes « barils d'or », appelés aussi avec humour coussins de belle-mère *(à l'entrée).*

## Ponte dell'Ammiraglio

*Corso dei Mille.* Datant de l'époque médiévale, le pont a été construit en 1113 au-dessus de l'Oreto par Georges d'Antioche, amiral de Roger II. L'Oreto a été dévié depuis.

## S. Giovanni dei Lebbrosi★

*Via Cappello 38 (sur la gauche du corso dei Mille, après le Ponte dell'Ammiraglio).* C'est probablement la plus ancienne église normande. La petite coupole rosée caractéristique qui couronne le portique-campanile laisse supposer qu'elle a été fondée en 1070 (d'autres soutiennent que c'était un siècle plus tard).

## S. Spirito (Chiesa dei Vespri)

*À l'intérieur du cimetière de Sant'Orsola, sur la place du même nom (depuis la petite piazza Montalto, prendre la via Colomba et tourner à droite dans la via dei Vespri). 8h30-13h30.* ☎ 091 42 26 91. Construite en 1178 sous le règne de Roger II, l'église du Saint-Esprit ou des Vêpres est devenue célèbre le 31 mars 1282 *(voir encadré p. 283)* quand éclata la révolte qui marqua le début de la guerre des Vêpres, au terme de laquelle les Siciliens chassèrent les Français.

La façade à saillants est malheureusement incomplète. Sur les côtés et dans les absides, on remarque des arcs entrecroisés bicolores, typiques de l'art normand. L'intérieur, simple et dépouillé (des travaux de restauration à la fin du 19e s. avaient prévu de rétablir son aspect originel en éliminant le lourd appareil ajouté à l'époque baroque), comprend trois nefs, séparées par des arcs en ogives reposant sur des piliers cylindriques. Dans le fond, trois absides, conformément à la tradition normande et, au-dessus de l'autel, un Christ du 16e s. peint sur un panneau de bois.

## Santuario di S. Maria di Gesù

*Suivre le viale della Regione Siciliana jusqu'à la hauteur de la via Oreto (qui prolonge la via Maqueda au Sud), et tourner à droite dans la via Santa Maria di Gesù (repérable à l'enseigne verte d'un magasin de chaussures, à l'angle). 9h-12h30, dim. et j. fériés 11h30-12h30.* ☎ 091 44 51 95. Élevé en 1426 sur les pentes du mont Grifone, le sanctuaire Ste-Marie-de-Jésus est une oasis de paix et de fraîcheur. L'accès se fait par le cimetière voisin, lieu de sépulture traditionnel des familles nobles. Le parvis de l'église est entouré de belles tombes patriciennes de la fin du 19e s. et du début du 20e s., comme la chapelle Liberty des princes Lanza di Scalea. Le portail principal possède une architrave et des montants de marbre, ornés de fins bas-reliefs représentant Jésus parmi les anges et les apôtres. Le portail de gauche, de style gothique, est enrichi de beaux chapiteaux sculptés à motifs de plantes. À l'**intérieur**, ponctué de deux arcades en ogives, on peut voir une superbe **statue de bois de la Vierge★** (1470). On admire aussi sous le porche de l'église un étonnant **plafond** de bois à caissons, peint de motifs floraux et d'anges (début du 16e s.), et au-dessus, dans la loge, le fameux orgue Degno, avec son estrade en bois caractéristique, décorée de scènes de la vie de saint François vivement colorées (1932).

## Parco della Favorita

*3 km au Nord. Suivre le viale della Libertà jusqu'à la piazza Vitt. Veneto. Tourner à droite pour arriver sur la piazza dei Leoni : c'est de là que part le viale del Fante qui longe tout le parc pour finalement arriver au petit palais chinois.* Cet immense espace vert au pied du mont Pellegrino a été créé en 1799 grâce aux nobles palermitains qui donnèrent une partie de leurs terres à Ferdinand III de Bourbon, chassé de Naples par les troupes napoléoniennes (où il régnait alors sous le nom de Ferdinand IV). Le roi y fit aussi construire un amusant petit palais chinois, la **palazzina cinese**, résidence à l'architecture curieuse et aux décors exotiques dessinée par Marvuglia. Un charmant édifice annexe, aux mêmes formes étonnantes, était destiné au logement des domestiques. La cour ouvre sur les cuisines, reliées au palais par un passage souterrain. Aujourd'hui, le bâtiment abrite le musée ethnographique G. Pitré.

**Musée Etnografico Pitré** – *Viale Duca degli Abruzzi 1, Parco della Favorita.* (&) *Tlj sf ven. 8h30-20h (dernière entrée 30mn av. fermeture). Fermé j. fériés en semaine, Pâques. 3,10€.* ☎ 091 74 04 893. Le musée invite à découvrir le monde paysan d'autrefois par le truchement d'objets illustrant les us et coutumes de la Sicile : modèles d'habitation, outils et ustensiles (cruches en corne incisée, gourdes creusées dans des courges), modestes céramiques, tissus (broderies, habits de fête) et meubles (très bel accoudoir du 17e s. en fer forgé). Les salles du rez-de-chaussée renferment de magnifiques charrettes siciliennes, décorées de panneaux peints, d'incrustations et de ferronneries (on consacrera du temps à en observer et admirer les extraordinaires détails), deux voitures de conseillers du 17e s., des jouets d'enfants, des objets de magie et de croyance populaire, ainsi qu'une incroyable série d'ex-voto artisanaux témoignant d'une ardente foi populaire. La bibliothèque abrite de très nombreux documents sur les traditions populaires, pas uniquement de la Sicile *(ouverte seulement le matin).*

---

**ADRESSE**

**Pizzeria Tonnara Florio –** *Discesa Tonnara 4, quartier Arenella -* ☎ *091 54 82 42 - www.tonnaraflorio.it - fermé lun. soir -* 🍽 Un joli bâtiment Liberty doté d'un agréable jardin qui était autrefois une fabrique de thon. On y trouve aujourd'hui une pizzeria et une discothèque.

## Villa Niscemi★

*Piazza Niscemi, au bout du viale del Fante. Parc : de 9h au coucher du soleil ; villa : dim. 9h-13h. Gratuit. ☎ 091 74 04 801.*

À côté de la Favorita s'étend le parc de cette belle maison de campagne qui appartenait autrefois aux princes Valguarnera di Niscemi. En 1987, elle a été achetée par la ville de Palerme qui y a établi ses services. L'intérieur est une suite de salons décorés de fresques et garnis de meubles du 18ᵉ s. L'un des plus beaux est le salon des Quatre Saisons avec la fresque représentant Charlemagne qui fait don des armoiries aux Valguarnera.

# *alentours*

## Monte Pellegrino

*14 km au Nord. Depuis le viale della Libertà, tourner à droite dans la via Imperatore Federico et poursuivre ensuite par la via Bonanno.* La route croise un large chemin dallé du 17ᵉ s., beaucoup plus raide, utilisable pour la montée à pied. Le **panorama★★★** sur Palerme et la Conca d'Oro est splendide. On apercevra sur la gauche le **castello Utveggio**, massif château de couleur rose visible déjà de la ville. La route débouche devant le **sanctuaire de Ste-Rosalie** (17ᵉ s.) aménagé dans la grotte où, dit la légende, la sainte aurait vécu. On dit aussi qu'en 1624 on y aurait retrouvé ses ossements, qui, portés en procession à travers la ville, auraient libéré la population de la peste. Cet événement fit de Rosalie la sainte patronne de Palerme. Les murs de la grotte sont tapissés de gouttières en zinc permettant de recueillir l'eau qui suinte des parois de la roche, considérée comme miraculeuse.

Poursuivre la montée par la route jusqu'au belvédère où se dresse la statue de la sainte, et d'où l'on a une **vue★** magnifique sur la mer.

## Grotte dell'Addaura★

*Entre Arenella et Mondello. Prendre la via Crispi et suivre le lungomare Cristoforo Colombo jusqu'à la pointe de Priola. Si l'on vient du mont Pellegrino, continuer sur la via Bonanno, tourner à droite dans le viale Regina Margherita, puis encore à droite sur le bord de mer. Fermé au moment de la rédaction de ce guide. Pour toute information, contacter la Direction des affaires culturelles de Palerme ☎ 091 69 61 319, fax 091 67 02 070.*

Des grottes habitées à l'époque paléolithique (5ᵉ millénaire avant J.-C.) ont été découvertes sur les pentes du mont Pellegrino. On peut y voir d'extraordinaires **gravures rupestres** qui font penser à une cérémonie d'initiation ou à une scène rituelle. Observer les animaux qui y sont représentés, ainsi que les **neuf figures humaines★** coiffées d'étranges couvre-chefs et disposées en cercle autour de deux autres personnages qui, torse cambré et bras tendus, semblent danser.

## Mondello⌂

*11 km au Nord de Palerme. Continuer sur le bord de mer.* La route qui mène à cet élégant lieu de villégiature est dominée par les pentes du mont Pellegrino. À l'origine, ce n'était qu'un petit bourg. « Découvert » au début du siècle par la classe aisée de la cité comme endroit rêvé pour les courtes périodes de vacances, Mondello vit alors surgir de riches villas, dont certaines existent encore sur la côte, le long du viale Principe di Scalea (la villa Margherita au n° 36), dans la via Margherita di Savoia (surtout au début de la rue), et plus en retrait, comme par exemple au n° 7 de la via Cà da Mosto (villino Lentini).

En bord de mer se dresse un bel établissement balnéaire du début du siècle qui fonctionne encore (il abrite aussi un restaurant et un cercle privé).

# *circuit*

## Dans l'arrière-pays palermitain

*120 km, compter une journée.* Une journée entre archéologie, art et nature dans un paysage verdoyant, parfois presque alpin et avec des vues splendides sur le golfe dans la première partie du circuit.

*Sur le viale Regione Siciliana, sortir à Calatafimi-Monreale et prendre la SS 186 pour Monreale (8 km).*

**Monreale★★★** *(voir ce nom)*

*Reprendre la SS 186.*

Après Pioppo et la bifurcation pour San Giuseppe Jato, vous découvrirez une **vue★** enchanteresse sur Palerme et la mer.

*Après Giacalone, prendre à gauche la SS 624 (Palerme-Sciacca) et sortir à San Cipirello (25 km) ; prendre ensuite la route pour Corleone-Tagliavia. Peu après, suivre sur la gauche les panneaux jaunes indiquant les fouilles du mont Jato (scavi del monte Jato). Monter pendant 5 km (la route goudronnée au début, puis empierrée, est par endroits en mauvais état). Le dernier tronçon, très court, sera parcouru à pied.*

## Scavi del monte Jato (Fouilles du mont Jato)

*Tlj sf lun. de 8h au coucher du soleil. Gratuit. ☎ 091 85 72 976.*

Habitée par les Élymes (ou par les Sicanes) dès le premier millénaire avant J.-C., *Iaitas* est au faîte de sa splendeur au 3e s. avant J.-C. Les habitations de la période souabe se sont superposées un peu partout aux maisons gréco-romaines (remarquer en particulier celles de la *cavea* du théâtre), qui, dans de nombreux cas, disparaissaient au fur et à mesure que les matériaux les plus solides étaient réemployés pour d'autres constructions. L'**agora** (300 avant J.-C.) présente sur le côté Ouest un portique et est flanquée d'un **bouleutérion**, ou salle du conseil, qui pouvait recevoir jusqu'à deux cents personnes. L'orateur, pour s'adresser à l'assemblée, se plaçait entre les deux portes d'entrée qui sont encore bien visibles. En continuant vers l'Ouest, on arrive au **théâtre** (fin du 4e s.-début du 3e s. avant J.-C) qui comptait trente-cinq gradins dont les trois inférieurs (le premier étant pourvu de dossiers) étaient destinés aux personnalités, et qui pouvait contenir environ quatre mille quatre cents spectateurs.

La **maison à péristyle** s'élevait sur deux étages et était construite autour d'une cour. Les trois salles de réception, bien visibles sur le côté Nord, ont des portes décentrées, sans doute pour faciliter la disposition des couches des convives. C'était probablement des salles de banquet. L'une d'elles a conservé un pavement en *opus signinum*, portant une inscription de vœux adressés aux hôtes lorsqu'ils quittaient la maison à la fin du banquet. À l'angle Nord-Ouest du péristyle se trouve une salle de bains avec sa vasque (la petite canalisation pour l'écoulement des eaux est encore visible), suivie d'un local de service où l'on peut voir les traces du foyer qui servait au chauffage de l'eau.

Le **temple d'Aphrodite** *(face à la maison, sur le côté Sud, un peu au-delà de la route pavée),* construit autour de 550 avant J.-C., témoigne, grâce à des éléments architectoniques typiquement grecs, des premiers contacts entre la population indigène et le monde grec.

## Museo Civico à San Cipirello

*San Cipirello, via Roma 320. ♿ Été : 9h-12h, 16h-19h ; le reste de l'année : 9h-13h, 15h-19h, dim. et j. fériés 9h-12h, 14h-18h. Gratuit. ☎ 091 85 73 083.*

Dans une petite salle de ce Musée municipal sont conservées les pièces archéologiques des fouilles du mont Jato. Parmi les œuvres de grand intérêt : les sculptures qui ornaient le théâtre, soit deux ménades et deux satyres, disciples de Dionysos, dieu du Théâtre, ainsi qu'un lion couché. Les différentes céramiques permettent de suivre l'histoire de la ville : céramique indigène gravée, céramique grecque à vernis noir, céramique dite terre cachetée d'époque romaine et céramique vernissée de

---

### LA COMMUNAUTÉ ALBANAISE EN SICILE

Vers le milieu du 15e s., lorsque les Turcs envahissent les Balkans, de nombreux habitants émigrent dans les Pouilles et dans la région de Molise. Un siècle plus tard, Alphonse d'Aragon, souhaitant réprimer des rébellions locales, fait appel à un condottiere albanais qui installe ses soldats en Italie méridionale, principalement en Calabre. Ces derniers, parvenus en Sicile quelques années après, atteignent cette « Plaine des Albanais » où ils sont accueillis de bon gré et où on leur permet de pratiquer leur religion et de célébrer le rite oriental grec orthodoxe. L'Église leur accorde toujours plus d'autonomie administrative et religieuse, ce qui leur permet de maintenir leurs traditions, leur langue, et leur littérature. Piana degli Albanesi est aujourd'hui une communauté très prospère qui, bien que tout à fait intégrée dans la vie locale, est fière de sa culture et a tout fait pour sauvegarder ses coutumes, en particulier, ses célébrations religieuses. À Pâques, les habitants revêtent le costume traditionnel, brodé d'or et d'argent, et se rassemblent sur le corso Giorgio Kastriota où donnent les églises **Santa Maria Odigitria, San Giorgio** *(située non loin de là, sur la via Barbato)* et la *chiesa madre,* **San Demetrio.** Dans la petite ville, encore appelée **Hora,** cité en albanais, on parle facilement le dialecte, on assiste à la célébration du culte grec orthodoxe, et panneaux routiers et panonceaux de rues arborent une double toponymie.

En ce qui concerne les traditions gastronomiques, bien qu'il n'existe pas en Sicile de spécialité albanaise proprement dite, on confectionne pour le 15 août, dans la région de Palerme, un gâteau typique d'origine albanaise, le *gelu i muluni,* à base de pastèque, enrichi de sucre, d'amidon, d'éclats de chocolat, de courge confite et de pistaches, parfumé de cannelle en poudre et de vanille et servi glacé.

l'époque médiévale. Au fond de la salle, on a partiellement reconstitué le toit de l'édifice scénique du théâtre, composé de tuiles portant l'inscription grecque (*EATPOY*, « *du théâtre* »).

*Prendre la SS 624 pour Palerme et sortir à Piana degli Albanesi.*

La route, qui offre une vue magnifique sur la vallée, monte jusqu'à **Portella della Ginestra**, où un mémorial rappelle la tragédie de 1947 durant laquelle le bandit sicilien Salvatore Giuliano (dont la vie a inspiré un film à Francesco Rosi) a tiré sur des paysans et des ouvriers, tuant 11 personnes. La route redescend ensuite vers **Piana degli Albanesi** *(12 km).*

Au Sud-Est de la ville, on découvre en pleine nature le **lac de Piana degli Albanesi**, un beau lac artificiel avec une vue magnifique sur le monastère basilien qui domine la petite ville.

*Depuis Piana degli Albanesi, suivre la route en direction de Ficuzza (20 km au Sud). La route monte en serpentant et offre de belles vues sur la mer et sur le lac artificiel.*

## Palazzo Reale et Bosco della Ficuzza

*Été : 9h30-13h30, 15h30-19h30 ; le reste de l'année : 10h-13h, 14h-17h. Pour toute information sur les excursions dans le bois, contacter le Centre de protection de la faune (mêmes horaires que le palais)* ☎ *091 84 60 107.*

Le petit bourg de Ficuzza s'organise autour de la place située devant le **pavillon de chasse** que Fernand III de Bourbon fit construire au début du 19e s. Sur l'imposante paroi calcaire de la roche Busambra (1 613 m) se détachent les élégantes lignes néoclassiques de l'édifice. L'intérieur, plutôt dépouillé, conserve une belle **salle à manger** ornée de stucs avec des sujets de chasse. À l'arrière s'étend le gracieux parc royal.

À droite du pavillon, le **Centre de protection de la faune des bois de Ficuzza** fait office de centre d'accueil et de renseignements pour les visiteurs.

*Une route à gauche du palais s'enfonce dans le bois et fournit le point de départ pour de nombreuses excursions.*

Le **bois** de la Ficuzza, jadis domaine royal de chasse, est un haut plateau d'environ 7 000 ha dominé par la roche Busambra et peuplé surtout de chênes verts, d'érables et de chênes-lièges. Sa faune riche comprend le porc-épic, la martre, le hérisson, la tortue des marécages, l'aigle royal et le faucon pèlerin.

*De Ficuzza, retourner sur la nationale et suivre la direction de Godrano et Cefalà Diana (17 km à l'Est).*

## Cefalà Diana

Ce petit village de fondation récente mérite d'être visité surtout pour ses bains arabes, qui sont le seul exemple de thermes du 10e s. en Sicile. Mais son **château** du 13e s., dont il ne reste qu'une robuste tour quadrangulaire et un mur d'enceinte en ruine, mérite aussi le détour. D'abord rempart défensif sur la route reliant Palerme à Agrigente, il a connu différentes fonctions au cours des siècles et a servi entre autres de grenier, puis de résidence aristocratique au 18e s.

Autres curiosités à découvrir, les expressives **sculptures en bronze** de Biagio Governali, artiste contemporain de Corleone, les panneaux de la porte des Miracles (église San Francesco di Paola), le monument aux morts et le monument aux émigrants, tous d'une intensité dramatique très forte.

**Les bains** – *Mai-oct. : tlj sf lun. 9h-13h (dim. et j. fériés également 15h-19h) ; le reste de l'année : tlj sf lun. 9h-13h (dim. et j. fériés également 15h-17h). Gratuit.* ☎ *091 82 01 184.* Ils se trouvent à un peu plus de 1 km au Nord du village, près du torrent de Cefalà,

*Le palais royal avec la roche Busambra en fond.*

G. Lacono/MICHELIN

à l'intérieur d'un ancien *baglio* restauré, sûrement antérieur à 1570 (la date ne peut être précisément établie). Les édifices extérieurs aux bains servaient probablement à l'hébergement des malades qui venaient soigner leurs rhumatismes par une cure d'eaux sulfureuses. L'édifice en brique, au plan rectangulaire, comprend une grande salle pavée dotée d'une superbe voûte en berceau et de trois vasques. Il n'y en avait qu'une seule autrefois, très grande, qui emplissait la première partie de la salle. L'autre, surélevée, est formée d'un élégant *tribelon*, triple arcade à arc rehaussé de style arabe, reposant sur des colonnettes de marbre à chapiteaux en terre cuite terminés par des abaques. Derrière le *tribelon*, une autre vasque plus petite servait à recueillir les eaux thermales qui étaient acheminées ensuite vers le grand bassin. La voûte est ponctuée de trous d'aération, tandis que les murs présentent des niches, destinées probablement aux vêtements des curistes.

*Revenir sur la nationale, poursuivre jusqu'au croisement avec la SS 121 et prendre ensuite la direction de Palerme (87 km).*

# Pantalica★

Un site à la fascination sauvage, où se mêlent l'intérêt archéologique pour la très belle nécropole et la richesse naturelle de la vallée de l'Anapo.

## La situation

*Carte Michelin n° 565 P27 ou Atlas Italie p. 93 – Syracuse.* Il existe deux accès au site archéologique : Ferla ou Sortino. Il est préférable de partir de Ferla afin de disposer d'un meilleur aperçu des nécropoles et d'éviter la descente vers la rivière, qu'il faut passer à gué pour atteindre la berge opposée. On peut accéder au site naturel soit par la route Floridia-Sortino (ce qui permet de profiter du site archéologique comme du site naturel), soit par Cassaro au Sud de Ferla *(voir plus loin pour plus de détails).*

*Vous pouvez poursuivre votre voyage en visitant : CALTAGIRONE, SIRACUSA.*

# comprendre

Pantalica, appelée Hybla dans l'Antiquité (le dernier de ses rois, Hyblon, aurait permis en 728 avant J.-C. à des colons grecs de Mégare de fonder sur son territoire une ville appelée en son honneur Megara Hyblea) est habitée depuis l'âge du bronze. Au milieu du 13ᵉ s. avant J.-C., les Sicanes, qui ne se sentaient plus en sécurité sur la côte ouverte aux invasions et y subissaient les arrivées fréquentes de populations venues du Nord, se retirèrent dans l'arrière-pays et choisirent de s'établir aux environs de Pantalica. L'étroite vallée parcourue par les rivières Anapo et Cavagrande bénéficiait de la protection naturelle de deux gorges profondes difficiles d'accès (entrée uniquement par le col de Filiporto, à l'Ouest), parcourues par les rivières, sources de grandes richesses. De cette cité, probablement détruite par les Syracusains avant la fondation d'Akrai en 664 avant J.-C., il ne reste que peu de traces, mis à part un nombre impressionnant de tombes creusées dans les parois calcaires abruptes de la nécropole, travail extraordinaire effectué uniquement à l'aide de haches de bronze ou de pierre, le fer n'étant pas encore utilisé. Sous les Byzantins, Pantalica s'est ranimée et a vu se multiplier les petits villages rupestres. Après avoir abrité des populations arabes, puis normandes, le site a été complètement abandonné jusqu'au début du siècle, époque à laquelle l'archéologue Paolo Orsi commença les recherches.

# visiter

### Le site archéologique★

*Toujours ouvert. Gratuit.* ☎ *0931 48 11 11.*
Les petites grottes artificielles étagées à flanc de falaise abritent plus de cinq mille tombes. Réparties en cinq nécropoles utilisées par des populations successives, les tombes les plus anciennes sont de forme ovale (nécropoles Nord et Nord-Ouest, 13ᵉ-11ᵉ s. avant J.-C.), tandis que les plus récentes (850-730 avant J.-C.) sont rectangulaires. Différentes des sépultures habituellement créées pour des groupes plus importants, elles s'articulent autour de cellules familiales.
À partir de Ferla, suivre les indications pour Pantalica. Au bout de 9 km on peut garer la voiture au col de Filiporto *(signalisation en jaune)*, ancienne entrée de la ville où l'on remarque les traces d'une tranchée de défense. Prendre le sentier qui longe le côté Sud du plateau, et se retourner après quelques mètres afin d'apercevoir la

**nécropole de Filiporto** dans son vaste amphithéâtre rocheux. On a des **vues★★** superbes sur les gorges de l'Anapo tout au long de ce sentier, qui mène à un village byzantin avec des habitations rupestres au plan rectangulaire, et à l'oratoire de San Micidiario.

Après environ un kilomètre, tourner à gauche pour atteindre l'**Anàktoron** ou palais du prince *(accessible également en voiture en poursuivant sur environ 1,5 km)*. On apercevra sur la gauche la **nécropole Nord-Ouest**. Un autre petit sentier *(signalisation jaune)* conduit aux vestiges d'un édifice mégalithique d'influence mycénienne manifeste. Sa construction serait due, d'après l'archéologue P. Orsi, à des ouvriers mycéniens au service du prince.

*Reprendre la voiture.*

À 11 km de Ferla, après le village byzantin de la Cavetta, la route goudronnée s'achève. Un sentier descend vers les gorges du Calcinara, sur lesquelles il offre des **vues★★** superbes, et permet d'observer la vaste **nécropole Nord** dans la paroi rocheuse opposée *(20mn à pied jusqu'au lit du torrent)*.

## Le site naturel★

*La vallée de l'Anapo est accessible par la barrière Fusco (à partir de la route provinciale Floridia-Sortino, parcourir 12 km, prendre à gauche au panneau jaune Valle dell'Anapo. Après 700 m, emprunter sur la gauche une petite route rouge avec une barrière en bois), ou par la barrière de Cassaro (de Ferla, suivre les indications pour Cassaro. Au premier carrefour, prendre à gauche jusqu'au pont sur la rivière, à proximité duquel se trouve la barrière Ponte Diga, 4 km de Ferla). Mai-oct. : 8h-19h30 ; nov.-avr. : 8h-17h. Gratuit. ☎ 0931 46 24 52.*

Le circuit de nature dans la zone protégée de la **vallée de l'Anapo** (bientôt réserve naturelle) conduit le visiteur dans un extraordinaire **paysage de gorges** et de parois abruptes, qui étaient traversées autrefois par la voie ferrée Syracuse-Raguse-Vizzini. Si l'on désire parcourir toute la zone protégée (13 km), il vaut mieux choisir le premier accès, qui joint l'intérêt archéologique au spectacle de la nature en passant devant les **nécropoles de Cavetta** *(tout de suite à droite après le premier tunnel)*, la **nécropole Sud** *(des deux côtés après le second tunnel)* et celle de Filiporto *(après 4 km, paroi de droite)*. Juste après l'entrée, on remarquera à droite (à la hauteur des vestiges du pont écroulé) les évents de l'aqueduc Galermi. Construit durant le règne du tyran Gélon, il permettait d'acheminer les eaux de la rivière jusqu'à Syracuse. Il sert toujours à l'irrigation.

> **SERVICES**
> Le tronçon qui va de la station de Pantalica au refuge Case Specchi peut être parcouru en charrette attelée de deux chevaux *(quatorze passagers maximum)*. Pour profiter de cette excursion, en formuler la demande par écrit quinze jours à l'avance auprès de l'Ispettorato Dipartimentale delle Foreste, via S. Giovanni alle Catacombe 7, à Syracuse. Pour toute information ☎ 0931 46 24 52. L'excursion à pied en vaut vraiment la peine, mais il est recommandé de se munir de torches électriques pour traverser tunnels et galeries.

**FLORE ET FAUNE**

Le phénomène géologique des « carrières d'Ibla », un canyon qui entaille profondément le relief, a favorisé la concentration d'une grande variété de plantes dans un espace réduit : parmi les arbres à tronc élancé formant une forêt dense, on trouve des peupliers blancs et noirs et des saules, associés à des arbustes (tamaris, lauriers-roses) et à des orchidées sauvages, ainsi que l'*Urtica rupestris* (ortie rupestre), témoin de l'époque glaciaire. En remontant les pentes, on trouve la forêt méditerranéenne (chênes, chênes verts, chênes-lièges) alternant avec des zones arides et plus ensoleillées où foisonnent la sauge, le thym, le serpolet, l'euphorbe et l'ajonc. Le platane oriental mérite une mention particulière. Poussant naturellement dans quelques rares sites d'Italie, il est malheureusement menacé par un champignon qui provoque le chancre coloré, mais dont la prolifération semble avoir été pour l'instant enrayée grâce à des interventions adaptées.

La faune de la vallée de l'Anapo présente aussi une grande variété d'espèces : renard, martre, porc-épic, lièvre et hérisson ; parmi les amphibiens, le discoglosse (famille des crapauds) ; parmi les oiseaux, le merle d'eau, la bergeronnette, le martin-pêcheur, la bartavelle, et un couple de faucons pèlerins.

## *alentours*

### Ferla

La bourgade isolée sur le haut plateau calcaire traversé par l'Anapo possède plusieurs édifices religieux du 18ᵉ s. L'**église Sant'Antonio** est précédée d'un gracieux parvis orné de cailloux formant des motifs géométriques. Sa façade se compose de cinq panneaux convexes rythmés par des colonnes, surmontés de deux tours dont l'une est incomplète. On découvre à l'intérieur un joli ensemble baroque de stucs, de peintures, de statues et de panneaux de bois. *16h-18h, dim. et j. fériés 10h-11h30, 16h-18h30. Pour s'informer et réserver (au moins 3 j. à l'avance) ☎ 0931 87 00 81.*

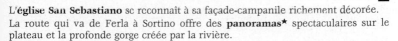

L'**église San Sebastiano** se reconnaît à sa façade-campanile richement décorée.

La route qui va de Ferla à Sortino offre des **panoramas★** spectaculaires sur le plateau et la profonde gorge créée par la rivière.

## Sortino

Entièrement reconstruite au 18ᵉ s. au sommet d'une colline, la ville se caractérise par ses rues à angle droit et sa *chiesa madre*, précédée d'un vaste **parvis pavé de cailloux** disposés en losange. Sa façade en pierre dorée présente une balustrade animée de statues dans l'ordre supérieur et un magnifique portail flanqué de colonnes torses finement sculptées et surmontées de guirlandes de fruits. À l'intérieur on admirera des fresques de Crestadoro sur la voûte et dans l'abside (1777-1778). Le **site★** est particulièrement pittoresque, surtout dans la lumière du couchant. *17h30-19h30.* ☎ *0931 95 21 73.*

L'église du monastère de Montevergine, sur une petite place intimiste, mérite aussi d'être vue avec sa jolie façade-campanile, au mouvement à la fois concave et convexe (18ᵉ s.).

L'ancien couvent San Francesco abrite le **musée du Théâtre de marionnettes** (Museo dell'Opra dei Pupi), où l'on voit le petit théâtre de marionnettes et les fameux *pupi (voir p. 64)* du marionnettiste Ignazio Puglisi (1904-1986). La collection est présentée suivant différents thèmes : salles consacrées aux monstres (diables, squelettes, géants), aux paladins, aux Sarrasins et aux *cartoni*, silhouettes et figures en carton représentant le fond de scène ou l'arrière-plan. Une des dernières salles est dédiée aux personnages de la farce traditionnelle, qui clôture chaque représentation et que l'on joue dans le dialecte sicilien. *10h-12h, w.-end et j. fériés sur demande. Fermé 10 sept. Gratuit.* ☎ *0931 95 207.*

# Pantelleria★★

Avec ses côtes déchiquetées baignées par une mer cristalline, ses fonds marins d'une richesse incroyable, ses versants escarpés couverts de cultures en terrasses maintenues par des murets de terre sèche et ses typiques dammusi, l'île de Pantelleria est tout simplement exceptionnelle. Composée en grande partie de roches basaltiques qui donnent au sol sa couleur sombre si caractéristique, elle est considérée à juste titre comme la « perle noire de la Méditerranée ». La « terre riche d'offrandes » (signification de son nom actuel, d'origine grecque ou byzantine) offre au palais des vins pétillants tels que le solimano ou le passito di Pantelleria, et sa beauté intense et secrète est très appréciée par les célébrités italiennes qui y ont installé leurs résidences secondaires.

## La situation

*7 375 habitants – Carte Michelin nᵒ 565 Q 17-18 ou Atlas Italie p. 84 – Trapani.* Avec ses 83 km², Pantelleria est la plus grande et la plus occidentale des îles satellites de la Sicile. À 84 km seulement du continent africain, elle possède la même latitude que Tunis. Son climat chaud est tempéré par des vents marins très forts, presque omniprésents, d'où son nom *Qawsarah* ou *Bent el Rion*, Fille du Vent, tiré de l'arabe. 🖪 *Piazza Cavour 1,* ☎ *0923 91 18 38.*

# comprendre

**Une terre volcanique** – Le point culminant, la Montagna Grande (836 m), est un ancien cratère volcanique. Ses côtes de lave noire recèlent des grottes et de petits promontoires plongeant en mer. Les terres, de nature éruptive et par conséquent extrêmement fertiles, sont idéales pour la culture de la vigne, dont on tire des vins pétillants au délicat bouquet, le *solimano*, et le *passito di Pantelleria*, deux fameuses spécialités de l'île. À la culture de la vigne s'ajoute celle des câpriers qui éclairent les terres de leurs belles et délicates fleurs.

Sur cette île volcanique, on peut voir encore des manifestations géothermiques, telles que sources thermales sous-marines au voisinage de la côte, grottes naturelles pleines de vapeurs sulfureuses et jets de vapeur intermittents, les *favare*, qui s'échappent des fissures, surtout à proximité des cratères *(voir plus loin)*.

**Des étranges sesi aux typiques dammusi** – Les premiers habitants de l'île arrivèrent probablement d'Afrique à l'époque néolithique, pour en extraire surtout l'or noir, l'obsidienne, autrefois l'un des matériaux les plus précieux. Mais un petit village néolithique présente les mêmes fortifications que celles que l'on ne rencontre qu'à Los Millares en Espagne (près d'Almeria) et on a retrouvé près de ce village des **sesi** *(voir plus loin)*, monuments funéraires mégalithiques spécifiques de l'île, dont la forme rappelle un peu celles des *nuraghi* sardes.

G. Iacono/MICHELIN

*Les « dammusi ».*

Pantelleria a vu ensuite l'arrivée des Phéniciens, qui l'appelèrent Kossura et la dotèrent d'un grand port qui se situait à l'emplacement de l'actuel port principal. Suivirent les Carthaginois, les Romains, les Vandales, les Byzantins et les Arabes qui, en introduisant la culture du coton, de l'olivier, du figuier et en améliorant celle de la vigne, donnèrent un nouvel élan à l'agriculture. De nombreux villages agricoles portent encore leur nom arabe : Khamma, Gadir, Rakhali, Bukkuram, Bugeber, Mursia.

En raison de sa position stratégique, exactement au centre du Canal de Sicile, langue de mer séparant l'Italie de l'Afrique du Nord, l'île a suscité durant la Seconde Guerre mondiale l'intérêt du gouvernement fasciste qui entreprit de la fortifier. Aussi dut-elle subir en 1943 d'intenses bombardements de la part des Alliés installés sur les côtes tunisiennes.

L'habitation traditionnelle de Pantelleria est le **dammuso**, nom d'origine arabe. C'est un édifice cubique, constitué de blocs de pierre équarris (aujourd'hui, on n'en trouve plus qu'en revêtement extérieur) dont le toit en terrasse forme un léger dôme au centre pour faciliter le ruissellement et la collecte des eaux de pluie. Autrefois, chaque *dammuso* constituait une seule unité d'habitation, souvent partagée en deux pièces, une pour les personnes et l'autre pour les animaux. Aujourd'hui, il n'est pas rare de trouver des *dammusi*, restaurés et aménagés en résidences estivales, voire en complexes d'habitations, constitués de plusieurs unités.

Les habitants de Pantelleria, qui sont par tradition agriculteurs plutôt que marins, ont essayé de lutter contre le vent qui balaye vigoureusement l'île pendant une bonne partie de l'année et entrave la croissance des arbres à haut fût (les oliviers même se sont adaptés et, avec l'aide de l'homme, poussent à ras de terre en prenant une belle forme circulaire). Aussi les cultures d'agrumes sont-elles effectuées dans des enclos de forme circulaire ou quadrangulaire, limités par de hauts murs de pierre, appelés **jardins *panteschi***. Tantôt adossés aux *dammusi*, tantôt réalisés au centre d'un terrain, ces fameux jardins forment de vertes oasis qui captent le regard, surtout quand on les voit d'en haut.

## *visiter*

### Tour de l'île en voiture★★
*Circuit de 40 km environ. Suivre la belle route panoramique parallèle à la côte.*

### Pantelleria
Les maisons du chef-lieu, reconstruit après la Seconde Guerre mondiale sans plan d'urbanisme, se concentrent autour du port où s'élève la **barbacane**. Probablement d'origine romaine, elle a subi maintes démolitions et remaniements avant de prendre son aspect actuel de château fortifié avec Frédéric II de Souabe.
*Suivre la côte occidentale en direction du Sud.*

### Village néolithique
Après avoir dépassé Mursia et les **Cuddie Rosse**, d'anciens cratères à la couleur rougeâtre, le site archéologique apparaît à environ 3 km sur la gauche. Entre les murets qui délimitent les champs de fouilles, et parmi les blocs épars sur le terrain, on ne distingue que le **Sese Grande★** *(effectuer encore 50 m environ sur la gauche, peu après la carrière située au bout d'un long mur. Il s'agit d'un édifice funéraire qui se trouve*

# carnet pratique

## TRANSPORTS

Le moyen le plus rapide est l'avion si l'on vient de la Péninsule. Des liaisons directes sont assurées au départ de Trapani ou de Palerme. Durant la période estivale, il existe des vols directs depuis Rome et Milan. L'aéroport se situe à 5 km au Sud de la ville, à laquelle il est relié par une navette qui arrive piazza Cavour.

Si l'on se trouve déjà en Sicile, voire dans la région de Trapani, on peut opter pour le bateau qui effectue l'aller (6h environ) de nuit et le retour (5h environ) de jour. Pour obtenir des informations ou réserver, s'adresser à **Siremar** ☎ 199 123 199 (depuis un téléphone fixe en Italie) ou 081 31 72 999 (depuis un portable ou depuis l'étranger) ; www.gruppotirrenia.it/siremar/html/home/mainframeset.htm

De juin à septembre, il existe des liaisons par hydrofoils (2h30) assurées par **Ustica Lines**, via Amm. Staiti 23, Trapani, ☎ 0923 22 200 ; info@usticalines.it ; www.usticalines.it

## VISITES ET INFORMATIONS TOURISTIQUES

Pour se déplacer sur l'île, il est conseillé d'avoir une voiture (vous pouvez en louer une si vous n'en avez pas) pour pouvoir être totalement indépendant et découvrir toutes les surprises que Pantelleria vous réserve. La route qui fait le tour de l'île est goudronnée, mais étroite.

Un service d'autobus (départ de la piazza Cavour) relie Pantelleria aux autres localités de l'île.

Différentes associations, y compris les associations privées, proposent des formules de séjour et se chargent e l'organisation des vacances et de la location de voiture et de petites embarcations : **Pro Loco** ☎ 0923 91 18 38 ; **Associazione Turistica Pantelleria** ☎ 0923 91 29 48 ; **Promozione Turistica di Pantelleria** ☎ 0923 91 22 57.

Pour les excursions en mer, il est possible de louer un canot pneumatique ou de participer à une promenade organisée.

## RESTAURATION

### • Sur le pouce

**La Favarotta** – *Località Khamma Fuori, Khamma* - ☎ 0923 91 53 47 - 🗓 - 20€. Si la journée est chaude et que vous recherchez un peu de fraîcheur, ce restaurant situé dans l'arrière-pays, à 400 m d'altitude, est idéal. Recettes variées et plats de poisson.

**La Nicchia** – *Scauri Basso, Scauri* - ☎ 0923 91 63 42 - fermé à midi, janv.-fév. (ouvert uniquement w.-end) - 27/35€. Vous aurez le choix entre la terrasse sur la rue, avec tables et chaises en bois, la petite salle intérieure où sont préparées les pizzas et le joli jardin où vous pourrez manger, sous une tonnelle, au milieu des fleurs et des plantes.

**I Mulini** – *Kania 12, Tracino* - ☎ 0923 91 53 98  imulini@galactica.it -fermé de déb. nov. à mi-avr. - 30/49€. Installé dans un ancien moulin restauré avec goût et dans le respect de la tradition, ce restaurant pittoresque propose une cuisine à la fois traditionnelle et inventive.

## HÉBERGEMENT

Une expérience à ne pas manquer, surtout si on prévoit de séjourner plusieurs jours sur l'île : le *dammuso*, typique habitation d'origine arabe *(voir plus haut)*. Pour en louer un, s'adresser à Pro Loco ou à d'autres associations touristiques.

**Port Hotel** – *Via Borgo Italia 71, Pantelleria* - ☎ *0923 91 12 99 - fax 0923 91 22 03 - porthotel@pantelleria.com - 43 ch. : 39/63€* 🛏. Un hôtel simple, mais soigné et confortable, situé sur le bord de mer, près du port. Les chambres ne sont pas très grandes, mais elles sont agréables et fraîches, avec une décoration blanche et bleue.

**Albergo Papuscia** – *Contrada Sopra Portella 28, Tracino* - ☎ *0923 91 54 63 - fax 0923 91 54 63 - albergopapuscia@tiscalinet.it - fermé de déb. déc. à mi-avr. -* 🗓 *- 11 ch. doubles : 77€* 🛏. Ce petit hôtel familial, situé dans la partie haute du village, dispose de chambres confortables aménagées dans les typiques *dammusi*. Les parties communes se composent du bar et de la salle de restaurant très simple, avec véranda en été.

S. Sauvignier/MICHELIN

## ACHATS

On ne peut quitter l'île sans emporter les fameuses câpres et l'excellent vin de dessert, le *passito di Pantelleria*, qui fait la réputation de l'île. On en trouve soit dans les magasins en ville, soit chez les viticulteurs qui vendent souvent leurs produits eux-mêmes.

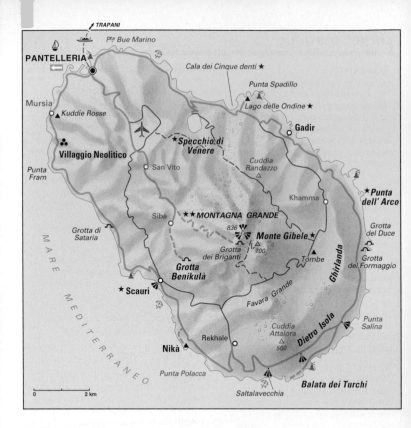

*derrière une maison sur la gauche)*. Construit en forme de tour, en gros blocs de lave elliptiques à la base, le *sese* est orné d'un bandeau qui s'enroule en spirale vers le sommet. Douze entrées reliées entre elles par un couloir au plafond très bas débouchent sur autant de chambres funéraires voûtées. Les morts y étaient ensevelis avec leurs objets, en position fœtale, la tête tournée vers l'Est.

Un peu plus loin, la **pointe Fram** propulse ses roches noires vers la mer. Immédiatement après le cap, un escalier situé immédiatement à droite de la route descend à la **grotte de Sataria** où des vasques sont alimentées par des eaux thermales.

### Scauri★

Le village, superbement ancré sur un **site★** en haut d'une falaise, possède un charmant petit port doté de sources thermales, et un cimetière d'où l'on peut jouir d'une belle **vue★**.

*Continuer le long de la côte, puis garer la voiture pour aller à pied à Nikà.*

### Nikà

*30mn à pied AR.* Ce minuscule petit port de pêche est construit dans une anfractuosité de lave, formant des écueils « alimentés » par les sources thermales.

Reprendre la route et tourner au carrefour à gauche en direction de **Rekhale**, un des villages qui a conservé ses *dammusi* et des jardins *panteschi*. Revenir vers la côte qui est à cet endroit haute et escarpée. Bientôt apparaît le **Saltalavecchia** (le Saut de la Vieille), un des points culminants du massif rocheux avec **vue★★** plongeante sur la mer, à une hauteur de plus de 150 m *(faire très attention, car le terrain comporte des risques d'éboulement)*.

### Balata dei Turchi

C'est ici que les Sarrasins accostaient pour débarquer sur l'île ni vus ni connus. C'est aussi l'une des rares descentes sur la mer (un rocher large et plat) qui soit protégée du vent et donc pourvue d'une haute végétation, notamment de genêts à balais et de pins odorants.

### Dietro Isola

La route offre des **vues★★** splendides sur la région côtière qu'elle surplombe d'une manière vertigineuse.

### Punta dell'Arco★

Ce cap se termine par l'**Arco dell'Elefante★**, spectaculaire arc de lave grise qui évoque, par ses formes et sa couleur, la tête et la trompe d'un pachyderme.

### Gadir

C'est un petit port de pêche où la mer « bouillonne » d'eaux thermales (au fond du petit bassin portuaire).

Un peu plus loin, sur la droite, un sentier qui s'éloigne de la route conduit au phare de la **pointe Spadillo**.

*Dès que le phare est en vue, suivre un autre sentier sur la gauche jusqu'à hauteur de maisons abandonnées. Là, monter à pied aux casemates. Derrière celle qui est blanche, emprunter un petit sentier qui descend à travers des murets de pierre de lave.*

On arrive alors au minuscule **lac des Ondines★** (lago delle Ondine), petite vasque en pierre de lave encadrée de magnifiques falaises et d'amas de roches volcaniques où l'eau de mer forme un miroir vert émeraude.

Après avoir dépassé la belle **Cala dei Cinque Denti★**, bifurquer à gauche.

### Specchio di Venere★

Charmant lac d'un vert profond qui renferme dans sa partie occidentale une source d'eau sulfureuse. Le lac doit son nom « Miroir de Vénus » à la déesse qui s'y regardait, dit la légende, pour comparer sa beauté à celle de Psyché, sa rivale.

### L'arrière-pays★★

En quittant la ville de Pantelleria se diriger vers l'aéroport et continuer vers Sibà. Après avoir dépassé ce petit village, on trouvera la grotte Benikulà, dite aussi « Bagno Ascuitto » (bain à sec).

### Grotta Benikulà (sauna naturel)

*En venant de Sibà, il n'y a pas d'indications. La route se trouve sur la gauche (les indications ne sont visibles que dans l'autre sens). Laisser la voiture et continuer à pied, 10mn AR. Si l'on prévoit une « séance de sauna », se munir d'un maillot de bain et d'une serviette.*

Vue d'en haut, la vallée montre immédiatement deux jardins *panteschi*. Dans la grotte, la température de la vapeur augmente au fur et à mesure que l'on s'éloigne de l'entrée. Il est conseillé de faire une halte au début et de ne progresser vers l'intérieur que lorsqu'on s'est habitué à la chaleur. Ne jamais rester dans la grotte trop longtemps.

### La Montagna Grande★★

Tout au long de la route qui se dirige vers la Grande Montagne et sa pinède *(aires aménagées)*, on découvre de magnifiques **vues★★** sur la région. Au bout de la route carrossable, il faut continuer à pied et dépasser deux édifices (un *dammuso* et une chapelle). Un peu plus loin sur la gauche, un grand escalier de pierre mène à l'entrée de la vaste **grotte des Brigands**, dont la douce température a permis par le passé de servir de refuge à de nombreux hors-la-loi.

### Ghirlanda

Située dans la zone orientale de l'île, Costa Ghirlanda cache des tombes sans âge. Par un chemin très accidenté, qui rend presque nécessaire un véhicule tout-terrain (ou un cheval), on arrive en bordure d'une chênaie *(sur la gauche)* où sont dissimulées des **tombes** creusées à même la roche. Elles sont attribuées d'une manière générale aux Byzantins. L'excursion mérite surtout d'être faite pour la beauté des lieux.

### Monte Gibele★

Cet ancien volcan désormais éteint est devenu un but de promenade très apprécié. Depuis Rakhali, prendre à l'intérieur des terres et, au carrefour, poursuivre sur la droite jusqu'à un sentier qui s'ouvre à gauche et sur lequel on continue à pied jusqu'au cratère, qui n'est plus aujourd'hui qu'une étendue verdoyante. Comme pour rappeler la nature de l'endroit, la **Favara Grande**, un jet très puissant de vapeur d'eau, s'échappe encore du sol. On l'aperçoit avant d'arriver au cratère.

### Tour de l'île en barque★★

C'est la manière la plus adéquate pour découvrir les beautés de l'île qui ne peuvent être appréciées pleinement de la terre ferme. Comment, sinon, admirer de près ces impressionnants rochers noirs qui se découpent sur la mer, tantôt azur, tantôt vert émeraude ? Ou bien comment profiter de la côte et de ses charmantes petites criques, anfractuosités et grottes qui s'y cachent mystérieusement ? Le circuit proposé au départ de Pantelleria et dans le sens des aiguilles d'une montre prévoit tout d'abord de longer la côte Nord, très fracturée et basse, mais regorgeant, dans la région de Cuddia Randazzo, d'étranges formes noires évoquant des silhouettes d'animaux et de monstres. Les petites criques et les grottes n'y manquent pas pour une petite halte ou un plongeon dans les flots. On découvre ensuite le fameux **Arco dell'Elefante★**, suivi d'une série de grottes séparées par des piliers de lave. Le tronçon de parcours compris entre la pointe du Duce et la pointe Polacca offre les plus belles grottes que l'on puisse visiter (à condition que l'embarcation soit de petite taille), les **grottes del Duce**, del **Formaggio**, et de la Pila dell'Acqua. Elles constituent la partie la plus spectaculaire de la côte, grâce à leurs parois vertigineuses et aux rochers surgissant de la mer jusqu'au formidable **Saltalavecchia**. Leur succèdent des sections de côte encore plus abruptes (comme dans les environs de Scauri) ou, au contraire, plus basses et moins escarpées comme aux alentours de la Cala dell'Alga.

# Golfe de **Patti** ☼

Ce petit bout de côte offre des panoramas exceptionnels, avec un littoral dominé par endroits par d'imposants éperons rocheux, de belles plages et de grandes formations lagunaires, derrière lesquelles s'étendent les pentes septentrionales des monts Pelitorani et des Nebrodi. En plus de ces merveilles naturelles, la région compte des sites archéologiques de grand intérêt, comme les villas romaines de Patti et de Terme Vigliatore et les vestiges de la cité grecque de Tyndaris

## La situation

*Carte Michelin n° 565 M27 ou Atlas Italie p. 83 – Messine.* Le golfe de Patti s'étend sur une trentaine de kilomètres entre le cap Calavà et le cap de Milazzo et forme une vaste baie sableuse, dont la forme en faucille s'avance dans la mer. Au centre, le cap Tindari couronné de son sanctuaire sépare en deux cette suite quasi ininterrompue de villages, particulièrement appréciés des touristes l'été, parmi lesquels Gioiosa Marea, Marina di Patti, Oliveri et Falcone. **1** *Piazza Marconi 11, Patti, ☎ 0941 24 11 36, fax 0941 24 11 36.*

*Vous pouvez poursuivre votre voyage en visitant : CAPO D'ORLANDO, MILAZZO.*

## *circuit*

*40 km - une demi-journée*

### Patti

La ville s'étire de l'arrière-pays vers la mer, jusqu'à Marina di Patti où l'on a découvert récemment les vestiges d'une luxueuse villa romaine *(voir ci-dessous)*. Au cœur de la cité, les étroites ruelles médiévales enjambées par des arcs sillonnent encore le quartier de la cathédrale.

Élevée au rang d'évêché par le roi Roger en 1131, puis à celui de cité royale en 1312 sous Frédéric III d'Aragon, Patti reçut de Charles Quint le titre de « magnanime » pour avoir versé un généreux tribut à la couronne. Rares sont les vestiges de son passé glorieux, endommagés à tout jamais par les séismes, notamment ceux de 1693. La **cathédrale** date pour l'essentiel du 18e s., mais son beau portail du 15e s. a été remis en place sur la façade principale. Les colonnettes en faisceaux ornées de chapiteaux de toute beauté portent des bas-reliefs de style roman tardif représentant d'étranges personnages ailés, à deux faces, zoomorphes et anthropomorphes. À l'**intérieur**, dans le transept de droite, se trouve le **sarcophage de la reine Adelasia**, épouse de Roger Ier, copie du 16e s. de l'original de 1118. *Pour toute information sur les horaires ☎ 0941 84 08 13.*

Au Nord de la cité, non loin du torrent Montagnareale, se dresse l'unique porte qui subsiste du rempart aragonais, la porte San Michele. Après l'avoir dépassée, on aperçoit la **petite église San Michele** qui conserve un chef-d'œuvre d'**Antonio Gagini** (1538), un ciboire en marbre composé comme un triptyque, avec au centre un cortège d'anges, et de part et d'autre les saintes Agathe et Madeleine.

### Villa Romana di Patti

*Elle se trouve à proximité du souterrain de l'autoroute, sur la droite, dans le hameau de Patti Marina. De 9h à 2h av. le coucher du soleil. 2,07€. ☎ 0941 36 15 93.*

La luxueuse villa datant de l'Empire romain a été découverte au cours des travaux de construction de l'autoroute. On y distingue un portique à colonnes, entourant un péristyle sur lequel donnent plusieurs salles. L'une d'entre elles, à trois absides, a conservé de très belles mosaïques, à dessins géométriques ou représentant des animaux sauvages et domestiques. Sur le côté Est se trouvent les thermes qui appartenaient à la villa.

> **RESTAURATION**
>
> **Il Casaro** – *Via Luca della Robbia 3, Marina di Patti - ☎ 0941 36 74 75 - fermé lun., déc.-janv. - réserv. conseillée - 18/30€.* Cet établissement, connu dans la région, est un ancien pub transformé en restaurant. Il dispose d'une salle munie d'un beau bar, d'une jolie véranda en bois et d'un petit jardin estival. Cuisine de qualité à des prix honnêtes.

*Suivre la SS 113 pendant 9 km, puis prendre à gauche pour Tyndaris.*

### Tindari★

Si l'on arrive à Tindari par l'Est, la succession de collines qui glissent en pente douce vers la mer pour former le cap Tindari ressemble à un grand dragon paisiblement assoupi, sur la tête duquel serait posé le sanctuaire que l'on aperçoit de loin. En montant sur son « dos », on découvre de beaux **points de vue★** sur le golfe de Patti et les plages, jusqu'au cap de Milazzo. De construction récente, le **sanctuaire** abrite une Vierge noire byzantine. C'est un lieu de pèlerinage, en mai surtout, mois de Marie, et le 8 septembre. De la terrasse située au-dessous du sanctuaire, le regard plonge à pic sur les bassins de Marinello *(voir plus loin)*.

## LA CITÉ DE CASTOR ET POLLUX

La colonie grecque de **Tyndaris** fut fondée en 396 avant J.-C., à la fin de la guerre du Péloponnèse (404 avant J.-C.), par le tyran de Syracuse **Denys l'Ancien** pour les réfugiés spartiates. Son nom renvoie aux Dioscures Castor et Pollux, fils de Léda et de Zeus, et frères d'Hélène (dont l'enlèvement provoqua la guerre de Troie) et de Clytemnestre. Léda étant l'épouse de Tyndare, héros et roi mythique de Sparte, les jumeaux furent l'objet d'un partage familial : Pollux fut « attribué » à Zeus et Castor à Tyndare. Les Dioscures prirent alors aussi le nom de Tyndarides. Ce lien entre la ville et les jumeaux est confirmé par des effigies sur des pièces de monnaie et des mosaïques.

Profitant de défenses naturelles sur les hauteurs, la nouvelle cité fut un point stratégique pour le contrôle de la mer entre les îles Éoliennes et Messine. L'énorme enceinte fortifiée construite côté terre n'empêcha malheureusement pas la ville de tomber aux mains des Carthaginois. Passant ensuite sous domination romaine, elle connut une période de grande prospérité, durant laquelle on construisit ou modifia de nombreux édifices publics : écoles, marchés, établissements thermaux et théâtre. Conçu à l'origine par les Grecs, ce dernier fut transformé pour répondre aux exigences du public romain. Tyndaris s'achemina ensuite vers la décadence, marquée d'une part par un éboulement de terrain qui l'anéantit en partie, d'autre part par la conquête arabe au 9e s. après J.-C.

**La zone archéologique★** – *De 9h à 2h av. le coucher du soleil. 2,07€. ☎ 0941 36 90 23 ; www.regione.sicilia.it*
La montée vers le sommet du cap Tindari longe par endroits d'imposants **murs d'enceinte**. Construits à l'époque de Denys, ils ont été renforcés par la suite et remplacés par un double parement en blocs de pierre de taille. L'enceinte ne défendait la ville que sur les côtés où elle n'était pas protégée naturellement. La cité était bâtie suivant un plan régulier, traversée par trois grands *decumani* (rues principales parallèles) et des *cardines* perpendiculaires. La configuration en pente du terrain facilitait le fonctionnement du système d'égouts qui empruntait le tracé de ces rues secondaires. Derrière l'entrée des fouilles sur la gauche, un petit **antiquarium** présente des pièces trouvées sur le site.
Autour du *decumanus* principal s'étend l'**îlot romain** : thermes, tavernes, logements, et en particulier une grande maison patricienne dont une partie du pavement porte encore des restes de mosaïques.
La **basilique** est un bel édifice à arcades dont les vestiges donnent une idée de ses dimensions d'origine. Même si son nom la désigne comme un lieu réservé aux assemblées, sa fonction réelle demeure incertaine. Il s'agit sans doute de l'entrée monumentale de l'agora, endroit le plus important de la ville. Construite en blocs massifs de grès taillé, elle présentait cinq arcs en façade. Celui du milieu, plus grand, donnait accès à un passage couvert avec des voûtes en berceau, qui servait de galerie dans la rue principale.
*Rejoindre le decumanus supérieur, à gauche.*
Le **théâtre** d'origine grecque (fin du 4e s. avant J.-C.) a été construit en s'appuyant sur la configuration naturelle du terrain, avec sa *cavea* tournée vers la mer et les

### CALENDRIER

Le théâtre de Tindari accueille, entre la dernière semaine de juillet et la troisième semaine d'août, le festival **Tindari Estate**, où sont donnés des représentations théâtrales, des spectacles de danse et des concerts de musique classique et contemporaine.

*Les bassins à la forme sinueuse de Marinello.*

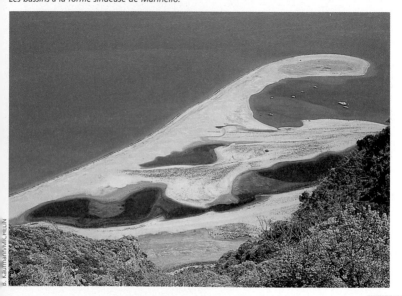

îles Éoliennes. Il a été transformé à l'époque impériale romaine pour accueillir les combats de gladiateurs.

*Suivre la SS 113 pendant 3,5 km, puis prendre la route à gauche pour Oliveri.*

## Laghetti di Marinello

C'est ainsi que sont appelés les **bassins** formés par la mer sur la vaste bande sableuse qui s'étend au pied du cap Tindari. Certains d'entre eux ont une flore aquatique extrêmement riche ainsi qu'une faune ornithologique très intéressante : mouettes, oiseaux migrateurs (dont des palmipèdes comme les plongeons), foulques et hérons blancs. L'apparition de ces plans d'eau est liée à une légende. Une mère impie avait refusé d'accorder sa foi à une Vierge noire. Pour la punir, on précipita sa fillette du haut de la falaise. Mais l'enfant fut miraculeusement sauvée grâce au repli soudain des flots impétueux qui, en se retirant, avaient fait place à un doux tapis de sable pour la recevoir et amortir sa chute. En 1982, l'un des petits lacs adopta le profil d'une femme voilée, ce qui fit dire qu'on voyait la Madone du sanctuaire.

En partant d'Oliveri, on peut se rendre à pied jusqu'à ces petits lacs *(30mn)*. Il suffit de longer la plage, qui tapisse le fond d'une très belle **baie★★** aux eaux cristallines. En été, c'est un paradis pour les baigneurs, jamais nombreux *(la baignade dans les lacs aux eaux stagnantes est vivement déconseillée. Préférer le bord de mer)*.

*Retourner sur la nationale et la suivre pendant environ 6,5 km jusqu'à la localité de San Biagio.*

## Villa romaine de Terme Vigliatore★

*De 9h à 2h av. le coucher du soleil.* ☎ *090 97 40 488.*

Ce luxueux ensemble suburbain du 1er s. après J.-C. fait encore l'objet de fouilles. On y trouve une zone d'habitat proprement dite *(sur la gauche)* et un petit ensemble thermal privé, destiné aux propriétaires de la villa et à leurs hôtes *(a droite)*.

Sur la gauche se dresse un *péristyle* carré, avec huit colonnes sur chaque côté, dont une partie fait l'objet de fouilles. En face, on voit un grand *tablinum* (pièce de réception) au dallage en mosaïque blanc et noir, qui forme des dessins géométriques autour de carreaux de marbre. À gauche du *tablinum* s'étendent les cuisines et les chambres à coucher.

La zone des thermes privés est plus intéressante *(sur la droite, face à l'entrée des fouilles)*. Agrandie à deux reprises, elle présente une vasque semi-circulaire, et, à gauche, un **frigidarium** orné d'une **mosaïque** à tesselles blanches et noires, représentant une barque portant deux rameurs et un pêcheur armé d'un harpon, entourée de gros poissons (quatre dauphins, un espadon). On peut facilement observer le système de chauffage des différentes pièces. L'air, réchauffé d'abord dans un foyer situé derrière les thermes, circulait dans des canalisations à section carrée, traversant les murs ou courant entre le sol et le dallage porté par des *suspensurae*, petites colonnes circulaires en brique.

*De Terme Vigliatore, on peut continuer jusqu'à Milazzo (voir ce nom) ou suivre le circuit décrit p. 257.*

# Piazza Armerina

La ville doit surtout sa célébrité à la magnifique villa impériale du Casale qui se trouve à proximité, mais son joli centre historique développé autour de la cathédrale baroque vaut également le détour. Elle s'anime les 13 et 14 août pour une très belle fête médiévale, où les habitants revêtus de costumes d'époque commémorent l'arrivée des troupes du comte Roger de Hauteville.

## La situation

*22 530 habitants – Carte Michelin n° 432 O25 ou Atlas Italie p. 88 – Enna.* La ville est située en hauteur, à environ 700 m d'altitude, dans un joli paysage de collines. Derrière les constructions modernes se trouve le centre historique, tout en descentes et en montées, très ramassé et dominé par la coupole du Dôme construit au point le plus élevé. Piazza Armerina est la ville la plus proche de la célèbre villa du Casale et ceux qui viennent de Enna ou de Caltagirone devront forcément la traverser pour prendre la route de la villa. ◪ *Viale Generale Muscarà,* ☎ *0935 68 02 01.*

*Vous pouvez poursuivre votre voyage en visitant :* CALTAGIRONE, CALTANISSETTA, ENNA, VILLA IMPERIALE DEL CASALE.

## carnet pratique

## se promener

### Le quartier médiéval★

Au centre de la petite ville trône majestueusement le Dôme qu'on aperçoit de très
loin car il est bâti sur le point le plus élevé du bourg, à 721 m d'altitude. Tout autour
s'étend le vieux quartier, sillonné de ruelles médiévales, parsemé de beaux palais
Renaissance et baroques.

### Duomo

L'imposante église baroque surmontée d'une haute coupole s'élève sur la **place** du
même nom, élément grandiose d'un décor presque théâtral où le **palais Trigona** a
lui aussi belle allure.

Le Dôme a été construit sur les ruines d'une église du 15ᵉ s. qui a laissé sur le côté
droit un campanile aux ornements Renaissance, avec des fenêtres gothico-catalanes aux deux niveaux inférieurs. L'ample façade, rythmée de bandes lombardes, piliers, corniches et bandeaux en grès, est percée d'un beau portail aux colonnes torses et,

Le Dôme et sa coupole majestueuse.

au niveau supérieur, d'une grande fenêtre carrée surmontée d'un aigle, emblème des commanditaires de l'église, la famille Trigona.

L'**intérieur** abrite des œuvres d'art de toute beauté : les fonts baptismaux sous une arcade Renaissance sculptée par les **Gagini**, immédiatement à droite, et au fond de la nef, à l'autel, l'effigie byzantine de la *Madone des Victoires*★ qui passe traditionnellement pour l'étendard donné à Roger II par le pape à l'occasion du concile de Menfi.

La petite chapelle à gauche du sanctuaire est décorée d'un beau **crucifix en bois**★, de 1455, peint sur les deux faces, avec une Résurrection au verso.

---

### LE « PALIO » ET SA LÉGENDE

La légende s'inspire de la fervente admiration de la population pour le Gran Conte. À son arrivée, la ville est aux mains des Sarrasins – les Infidèles disait-on – et l'avancée normande en Sicile est presque perçue comme une guerre sainte. Sans attendre, les habitants de Piazza donnent le signal de la révolte en acclamant le nom de Roger de Hauteville. L'aventurier laisse à la ville son étendard qui est exposé à l'admiration de ses partisans. Mais ensuite l'étendard va être égaré et ne sera retrouvé que vers le milieu du 14ᵉ s., où on le portera en grande pompe à l'église principale. Miraculeusement, l'épidémie de peste qui décime alors la ville s'éteint et le fameux étendard devient un objet de culte. La tradition veut que l'étendard soit la Madone des Victoires, précieusement conservé dans la cathédrale.

---

Dans la nef centrale se dressent deux buffets d'orgue en bois doré. On voit au centre de la tribune des choristes un médaillon représentant la Trinacrie *(à gauche)* et le comte Roger à cheval *(à droite)*.

### En flânant le long des rues

Derrière la cathédrale commence la via Cavour où l'on peut voir le **complexe franciscain** du 18ᵉ s. (aujourd'hui l'hôpital) dont l'église en brique et grès s'orne d'un campanile couronné d'une flèche conique en majolique. Le couvent a conservé sur le côté Sud un beau **balcon** soutenu par des consoles baroques, œuvre de G.V. Gagini.

Un peu plus loin, dans la descente, on aboutit au parvis de Santa Rosalia, près du **palais Canicarao** où est installé l'Office de tourisme, puis on arrive sur la **piazza Garibaldi** où s'élèvent l'**église de Fundrò** (1613), dédiée à saint Roch, et l'hôtel de ville du 18ᵉ s. Remonter par la via Vittorio Emanuele, où l'on peut admirer deux belles églises en vis-à-vis, **Sant'Ignazio di Loyola**, précédée d'un élégant escalier en forme de fer à cheval, et **Sant'Anna** à la façade convexe. À l'arrière-plan, le **château aragonais** (1392-1396) dresse sa haute et imposante silhouette. On peut retourner de là sur la piazza Duomo et descendre la via Monte, pour voir l'**église San Martino di Tours** dont les fondations remontent à 1163.

### En s'éloignant du centre

À l'extrémité de la via San Andrea, à l'Ouest de la ville, on peut voir l'**ermitage Sant'Andrea** (12ᵉ s.) et, non loin de là, l'église et le couvent de **Santa Maria del Gesù** (12ᵉ s.) qui, bien qu'à l'abandon, méritent une visite pour leur beau portique surmonté d'une loggia.

## *alentours*

**Villa Imperiale del Casale**★★★ *5 km au Sud-Ouest (voir ce nom)*

### Aidone

*De Piazza Armerina, prendre la SS 228 (7 km au Nord-Est).* Dans ce petit village se trouve le **Musée archéologique régional**, logé dans l'ancien couvent des capucins. Il rassemble le matériel de l'époque préhistorique et protohistorique retrouvé dans la région. L'entrée du musée se fait par l'église S. Francesco, qui renferme un tabernacle en bois du 17ᵉ s. Parmi les pièces archéologiques, on peut admirer de beaux antéfixes représentant des figures de Gorgone, de lions et de ménades, qui datent du milieu du 6ᵉ s. avant J.-C. *9h-19h. 3€.* ☎ *0935 87 307.*

### Fouilles de Morgantina

*Depuis Aidone, suivre l'indication Scavi di Morgantina (environ 7 km au Nord-Est de Aidone). Avr.-sept. : 8h-18h30 ; oct.-mars : 8h-16h. 2,60€.* ☎ *0935 87 307.*

La région de **Serra Orlando** a été habitée dès l'âge du bronze. À l'âge du fer, une implantation sur la colline est devenue le centre vital de la région. C'est ici qu'a été fondée Morgantina, dont le nom vient probablement de celui du roi des Morgeti, peuple italique originaire du centre de l'Italie méridionale. Au 5ᵉ s. avant J.-C., la ville a été rebâtie non loin de là, à Serra Orlando. Les fouilles que l'on effectue depuis 1955 ont permis de retrouver des vestiges de ce centre sicule, colonisé par les Grecs, et dont l'importance a duré jusqu'à son abandon au 1ᵉʳ s. après J.-C.

Les fouilles s'étendent dans une petite vallée et sur les deux collines qui l'enserrent. On peut voir l'**agora**, un petit **théâtre**, et, sur la colline située au Nord, quelques mosaïques abritées par un auvent.

# Ragusa★★

## Raguse

Raguse compte au nombre des cités qui ont été bouleversées par le séisme de 1693 et contraintes, bon gré, mal gré, de se réadapter. Il fallut reconstruire ce qui avait été détruit et après bien des hésitations quant au choix d'un style, c'est le baroque qui fut retenu pour les quartiers neufs. On adopta alors pour la voirie des rues larges et rectilignes qui permirent de mettre en valeur les nouveaux monuments, en particulier le Dôme San Giovanni. La reconstruction quelque temps après d'Ibla, la partie la plus ancienne, donna naissance à deux noyaux urbains bien distincts : la ville même de Raguse et Ibla, un centre enchanteur qui allie une structure médiévale, avec d'étroites ruelles enchevêtrées, à un aspect baroque d'une grande richesse ornementale.

### La situation

*69 735 habitants – Carte Michelin n° 565 Q26 ou Atlas Italie p. 92.* Raguse est composée de deux villes : la ville haute, moderne et régulière, moins intéressante du point de vue touristique, et Ibla, la ville basse située à l'Est, pleine de charme grâce à ses ruelles médiévales à parcourir à pied. ⓘ *Dans le palais La Rocca, via Capitano Bocchieri 33, Ibla,* ☎ *0932 62 14 21.*

*Vous pouvez poursuivre votre voyage en visitant : CALTAGIRONE, COMISO, Cava d'ISPICA, MODICA, NOTO.*

## carnet pratique

### TRANSPORTS

Si vous n'avez pas de voiture, il existe des cars qui relient chaque jour Raguse à Agrigente (2h30), à l'aéroport de Catane (2h), à Palerme (4h) et à Syracuse (environ 2h). Il existe aussi des trains pour les mêmes liaisons. Les trains et les cars arrivent dans la ville moderne. Pour toute information sur les horaires, contacter l'Office de tourisme.

### RESTAURATION

• *Sur le pouce*

**Il Barocco** – *Via Orfanotrofio 29, Ibla -* ☎ *0932 65 23 97 - ilbarocco@hot.mail.com - fermé mer. -* 🍴 *- 22/26€.* Restaurant-pizzeria familial et sympathique situé dans le centre. La décoration y est curieusement, et peut-être excessivement, variée et risque de déplaire aux amateurs de minimalisme et de sobriété... mais, en tout cas, l'établissement porte bien son nom !

**Baglio la Pergola** – *Contrada Selvaggio (quartier du stade), Raguse -* ☎ *0932 68 64 30 - info@lapergolarg.it - fermé mar. -* 🍴 *- 23/33€.* Un restaurant qui propose une grande variété de plats allant de la pizza aux recettes siciliennes les plus traditionnelles (optez plutôt pour ces dernières !) dans un *baglio* typique.

**Locanda Don Serafino** – *Via Orfanotrofio 39, Ibla -* ☎ *0932 24 87 78 - info@locandadonserafino.it - fermé mar. - 25/41€.* Une bonne adresse qui ne manque pas d'atouts. L'établissement comprend un piano-bar à l'entrée, très agréable après le dîner, et la salle à manger a été aménagée dans les anciennes écuries d'une résidence aristocratique. Cuisine sicilienne.

### HÉBERGEMENT

⌂⌂ **Hotel Montreal** – *Via S. Giuseppe 6 (à l'angle du corso Italia), Raguse -* ☎ *0932 62 11 33 - fax 0932 62 10 26 - montreal@sicily-hotels.it -* 🍴 ♿ *- 50 ch. : 58/83€* ☕. Un hôtel à l'ancienne, sans fioriture, ni recherche esthétique originale. En revanche, l'accueil y est agréable, la propreté irréprochable et sa situation centrale est idéale pour apprécier les beautés de la ville.

⌂⌂⌂ **Eremo della Giubiliana** – *Contrada Giubiliana, 7,5 km au SO de Raguse -* ☎ *0932 66 91 19 - fax 0932 66 91 29 - info@eremodellagiubiliana.it - fermé de déb. janv. à déb. avr. -* 🍴 *- 9 ch. : 156/240€* ☕. Un séjour extraordinaire vous attend dans cet ancien couvent savamment restauré, situé sur un haut plateau. Confort exceptionnel et service de qualité pour une clientèle exigeante.

### LOISIRS-DÉTENTE

Autour de Raguse se trouvent les stations balnéaires les plus fréquentées de la côte Sud, avec leurs plages de sable fin interrompues par des falaises ou des dunes. Sampieri, Donnalucata et Scoglitti sont parfaites pour ceux qui veulent simplement se détendre, tandis que Marina di Ragusa et Marina di Modica (très appréciée par les surfeurs et les véliplanchistes car elle est exposée aux vents) sont plutôt fréquentées par les sportifs et les noctambules.

### CALENDRIER

**Les Mystères** – Le Vendredi saint, procession traditionnelle et retraite aux flambeaux.

**Fête de Saint-Georges** – Le dernier dimanche de mai a lieu la reconstitution du martyre du saint avec un feu d'artifice.

# se promener

### Ragusa Ibla★★

La visite de la vieille ville commence par le grand escalier de Santa Maria delle Scale qui serpente depuis la ville haute jusqu'au cœur de Ragusa Ibla. Le premier tronçon offre un très beau **panorama★★** par-delà les coupoles de Santa Maria dell'Itria *(sur la gauche)* et du Dôme.

L'**église Santa Maria delle Scale**, refaite au 18e s., a conservé sa nef droite d'origine, de style gothique, et ses élégantes **arcades★** en ogive. Sous la seconde arcade, un grand panneau en terre cuite représente la *Dormition de la Vierge*, de l'école des Gagini.

Quand on entre dans Ibla, on est accueilli par la statue de saint François de Paule, qui marque le début de la montée Commendatore *(sur la droite)* à l'angle du **palais Cosentini**, dont les **balcons★★** reposent sur des consoles constituées de personnages et de masques caricaturaux. C'est l'un des endroits les plus resserrés de la ville. Les rues en escalier se croisent et s'entrecroisent pour former un labyrinthe qui recèle des édifices très intéressants.

L'**église Santa Maria dell'Itria**, remarquable pour ses panneaux floraux en céramique de Caltagirone décorant le haut du clocher, abrite des chapelles fermées de colonnes rivalisant de beauté (noter en particulier les colonnes torsadées des chapelles situées à côté de l'autel central).

Un peu plus loin, la façade du **palais Nicastro★★**, appelé aussi ancienne Chancellerie (1760), est percée d'un majestueux portail surmonté d'une galerie. La rue qui descend sur la gauche conduit devant la façade convexe de l'**église du Purgatoire**, précédée d'une série de marches.

*Prendre la via del Mercato, poursuivre sur la droite dans la via Solarino, tourner à gauche dans la via S. Agnese qui débouche dans la via Tenente di Stefano et rejoindre la via Bocchieri.*

### Palazzo La Rocca

*Siège de l'Azienda Autonoma Provinciale del Turismo.* Ce palais baroque a conservé des parties du précédent édifice médiéval. L'entrée est soulignée par un bel escalier en fer à cheval conduisant à l'étage noble, qu'occupent les bureaux de l'administration provinciale du tourisme. Les six **balcons★★** en façade sont ornés de portraits de personnages illustrant l'esprit baroque, parmi lesquels des joueurs de flûte, de luth et de trompette, et une mère et son enfant.

### Duomo di S. Giorgio★★

De loin, l'attention du visiteur est attirée par le grand dôme néoclassique de la cathédrale, éclairé par des vitraux bleus et encadré de colonnes corinthiennes ajoutées au 19e s. Mais une fois sur place, c'est une superbe envolée de marches qui s'impose au regard, et l'attire vers le haut jusqu'à la façade rose. Élégante et harmonieuse, elle se compose d'un corps central légèrement convexe, décoré de trois ordres de colonnes, et de deux ailes surmontées de volutes. De jolis motifs, délicatement sculptés, décorent le portail et la corniche et mettent en valeur la représentation équestre de saint Georges frappant le dragon de sa lance, motif repris à la fois sur la façade *(volute de gauche)* et au centre de la belle grille qui ferme l'escalier. L'édifice a été construit au 18e s. par **Rosario Gagliardi**.

*Santa Maria dell'Itria.*

L'**intérieur**, pourvu de collatéraux, présente tout le long de la nef centrale une frise identique à celle de l'extérieur, constituant ainsi une sorte de prolongement interne de la façade.

### La place

Rectangulaire, légèrement en pente devant l'église, elle est entourée de très beaux édifices parmi lesquels le **palais Arezzi** orné d'une galerie, et plus loin, sur le côté opposé, le **palais Donnafugata**, doté d'une belle jalousie en bois.

### S. Giuseppe*

*Ce monastère étant géré par des sœurs bénédictines en adoration perpétuelle du Saint Sacrement, il convient d'observer un silence absolu.* La façade de cette église ressemble à s'y méprendre à celle de St-Georges, et pour cette raison elle est attribuée à Gagliardi. Ses trois ordres sont rythmés de colonnes corinthiennes et de statues. L'**intérieur** de plan ovale est surmonté d'une coupole, ovale elle aussi. Son dallage est décoré de céramiques et de pierre noire. On remarquera les

San Giorgio.

grilles qui permettaient d'assister à l'office à l'abri des regards des fidèles.
*Prendre la via XXV Aprile.*

### Giardino Ibleo

Ce jardin à la pointe extrême de Ragusa Ibla rassemble des édifices religieux. Non loin de l'entrée, sur la droite, on peut admirer le riche portail en style gothique catalan de **San Giorgio Vecchio** (15ᵉ s.) dont le tympan, en très mauvais état, représente saint Georges à cheval transperçant le dragon de sa lance. Immédiatement à l'entrée sur la gauche, remarquer l'**église San Giacomo**, plus connue sous le nom d'église du Crucifix, d'après le crucifix en bois placé à gauche de l'autel. Édifiée au 14ᵉ s. (le séisme a détruit les deux collatéraux, qui n'ont jamais été reconstruits), son plafond historié date de 1754 (une bonne partie est malheureusement perdue).

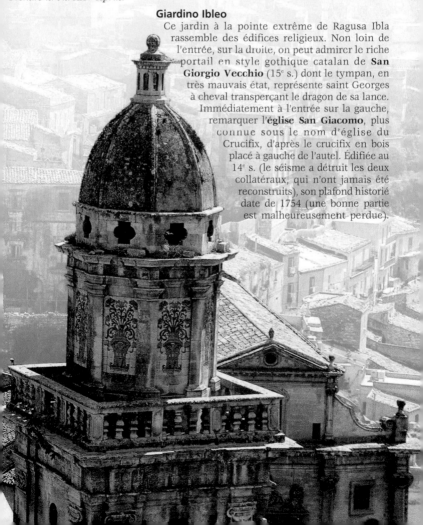

# RAGUSA IBLA

La fausse coupole peinte en trompe-l'œil est de toute beauté. *Pour toute information sur les horaires ☎ 0932 62 14 21.*

Au fond du jardin se trouve l'**église des Capucins** qui renferme un beau **triptyque★** de **Pietro Novelli** représentant l'Assomption de la Vierge, avec de part et d'autre les saintes Agathe et Lucie. Dans le tableau central, le personnage de gauche, tourné vers le visiteur, est un autoportrait du peintre.

Du jardin, belle **vue** sur la vallée de l'Irminio.

Au-delà du jardin, des **fouilles archéologiques** ont permis de découvrir les vestiges d'une rue et d'un quartier d'habitation d'époque classique sur lesquels se sont superposées des constructions médiévales.

En continuant le long de la via Peschiera, on tombe à droite sur **San Francesco all'Immacolata**. L'église, reconstruite au 17ᵉ s., a conservé un portail du 13ᵉ s. de style chiaramontain *(côté Ouest)*.

## LA COLLECTION MUNICIPALE C. CAPPELLO

Carmelo Cappello (1912), sculpteur originaire de Raguse, a débuté dans les années 1930. Son parcours artistique, commençant par des œuvres figuratives pour finir par des réalisations purement abstraites, apparaît clairement à la lumière de cette collection, modeste mais intéressante. *Il freddoloso* (1938), l'une de ses plus célèbres œuvres, représente un personnage d'un réalisme et d'une expressivité manifestes. Ensuite, seuls quelques traits physiques apparaissent, comme dans *Le prime stelle* (remarquer les visages des deux femmes, sans cheveux ni bouche, seuls les yeux et le nez à peine esquissés), pour disparaître même dans *Acrobati* (1953-1954), œuvre composée autour du rythme, du mouvement et de la plasticité des lignes répétitives formant les corps des deux athlètes. Les derniers ouvrages ont des lignes pures et froides (le matériau utilisé est l'acier) qui s'enroulent et s'unissent, cherchant à donner une forme finie à l'univers. *La collection est installée dans l'ASI (Area di Sviluppo Industriale - zone de développement industriel) au Sud de Raguse, Contrada Mugno (sortie sur la SS 115 au km 321,700). Tlj sf ven. ap.-midi et w.-end 9h-12h30, 15h30-17h.*

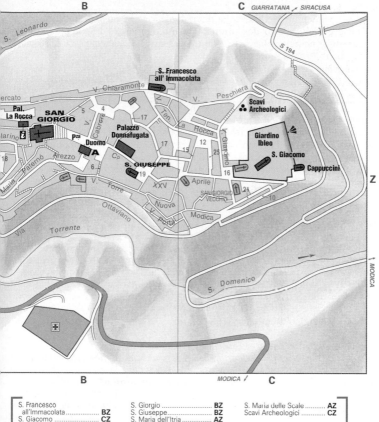

B      C   GIARRATANA / SIRACUSA

B      MODICA /   C

| S. Francesco | | S. Giorgio ....................... **BZ** | S. Maria delle Scale ........... **AZ** |
|---|---|---|---|
| all'Immacolata................ **BZ** | | S. Giuseppe..................... **BZ** | Scavi Archeologici ............ **CZ** |
| S. Giacomo ...................... **CZ** | | S. Maria dell'Itria ............... **AZ** | |

## La ville moderne

Elle se déploie autour de rues parallèles et rectilignes qui se coupent à angle droit et forme un damier légèrement incliné sur le flanc de la colline du Patro. L'élégante **via Roma**, qui traverse la ville parallèlement au flanc de la colline, croise le **corso Italia** qui descend vers Ragusa Ibla et qu'encadrent de beaux palais.

Sur la droite s'ouvre la **piazza San Giovanni**, dominée par la **cathédrale** du même nom. Datant du début du 18ᵉ s., son imposante façade baroque flanquée d'un beau campanile est précédée d'une grande terrasse légèrement surélevée.

Continuer sur le corso Italia, jusqu'à l'église du collège Maria Addolorata (19ᵉ s.) qui s'élève sur la gauche. Le palais Lupis, orné de belles consoles, est suivi du **palais Zacco**, au n° 156 de la via San Vito *(à droite)*, reconnaissable au blason que surmonte une console à l'angle du bâtiment. Sur la façade, remarquer les **consoles** des balcons, décorées de personnages et de grotesques.

Toujours corso Italia, un peu plus loin à gauche, on aperçoit le **palais Bertini**, édifié vers la fin du 18ᵉ s. Sur la clef de voûte des fenêtres, trois **gros mascarons★** semblent observer les passants. Ils sont censés incarner trois sortes de personnages : le pauvre *(à gauche)*, laid, édenté et affamé ; le noble, décidé, serein et sûr de son pouvoir ; le commerçant, coiffé d'un turban, satisfait de son aisance matérielle.

Dans la via Natalelli, sous le pont Nuovo, au premier étage d'un bâtiment qui abrite un garage, se trouve le **Musée archéologique Ibleo** qui rassemble des pièces archéologiques retrouvées dans la région. Les reconstitutions des nécropoles classiques de Camarina et de Rito, ainsi que celles des fours de Scornavacche sont particulièrement intéressantes. *9h-13h30, 16h-19h30. 2,07€. ☎ 0932 62 29 63.*

# circuit

## La côte

*Circuit de 110 km avec départ de Raguse et arrivée à Comiso. Compter une journée. De Raguse, prendre la SS 194 pour Modica (12 km au Sud-Est).*

**Modica** *(voir ce nom)*
*Prendre la SS 115 pour Pozzallo (20 km au Sud-Est).*

## Pozzallo

Cette petite ville située à l'extrémité d'une longue plage possède un monument très caractéristique, la **tour des comtes Cabrera**. Édifiée à l'origine pour résister aux fréquentes incursions barbares, elle n'a pas survécu au séisme de 1693, mais on l'a reconstruite sous sa forme d'origine.

*Poursuivre le long de la route littorale.*

On rencontre les stations balnéaires de **Marina di Modica** et **Sampieri**.

*De la côte, une route à droite conduit à Scicli (voir p. 262) à une dizaine de kilomètres.*

En continuant sur la route littorale pendant environ 6 km, on arrive à la **réserve naturelle de la Foce dell'Irpinio**, que l'on traverse pour rejoindre **Marina di Ragusa**, station balnéaire très fréquentée pendant la période estivale.

Un peu plus loin, entre Puntasecca et Casuzze, s'étend le **parc archéologique de Kaucana**, avec ses deux entrées, l'une donnant sur la route littorale, l'autre sur la route Punta Secca-Marina di Ragusa. On peut y voir les vestiges de quartiers habités autrefois et les ruines d'une petite église paléochrétienne. *Fermé pour restauration au moment de la rédaction de ce guide.* ☎ *0932 91 61 42.*

*Continuer sur la route littorale.*

### Ruines de Camarina

*9h-14h, 15h-18h. 2,50€.* ☎ *0932 82 60 04.*

Cité grecque fondée par Syracuse, Camarina a subi de nombreuses attaques jusqu'à être totalement détruite par les Romains en 598 avant J.-C. Les **fouilles archéologiques** ont mis au jour les vestiges d'un temple dédié à Athéna (inclus dans la ferme du 19ᵉ s. aménagée aujourd'hui en musée), des parties du *decumanus* avec l'agora et le portique du marché couvert, ainsi qu'un quartier résidentiel de l'époque hellénistique *(les murs d'enceinte se trouvent de l'autre côté de la route).*

**Museo Archeologico Regionale** – (&) *9h-14h, 15h-18h (dernière entrée 30mn av. fermeture). 2,50€.* ☎ *0932 82 60 04.*

*La première salle recueille les découvertes les plus récentes, renouvelées au fur et à mesure qu'elles sont transférées dans les salles permanentes. L'ordre des présentations peut donc varier.* Les nombreuses épaves retrouvées dans la mer de Camarina se sont révélées riches de trésors : un beau **casque corinthien★** en bronze (6ᵉ-5ᵉ s. avant J.-C.), un casque attico-étrusque (4ᵉ s. avant J.-C.), un élégant brûle-parfum en bronze émaillé (2ᵉ s. après J.-C.) et une « cagnotte » de plus de mille pièces de monnaie en bronze (an 275). À remarquer, un peu plus bas sous l'agora, la série des **poids étalons** en plomb. Le musée possède également une importante **collection★** d'amphores attiques et corinthiennes (plus anciennes et donc de facture moins fine). On distingue les amphores étrusques et carthaginoises, reconnaissables à leur forme plus allongée. La section consacrée à la période archaïque met en valeur un bel **aryballe** montrant deux lions qui s'affrontent (T2281) provenant de la nécropole de Rifriscolaro.

*De Camarina, s'enfoncer dans les terres vers Donnafugata (12 km).*

### Castello di Donnafugata★

& *Parc : tlj sf lun., pour s'informer sur les horaires* ☎ *0932 61 93 33. Gratuit.* ☎ *0932 61 92 60. Résidence : fermée pour restauration au moment de la rédaction de ce guide.*

Les origines du château remontent pour le premier noyau de construction, dont fait partie la tour carrée, au milieu du 17ᵉ s., époque où le fief de Donnafugata fut acheté par Vincenzo Arezzo La Rocca. Sans cesse remanié jusqu'au début du 20ᵉ s., il présente aujourd'hui une façade dessinée par Corrado Arezzo. Sa remarquable beauté est pour l'essentiel due à l'élégante loggia de style gothique vénitien qui orne le milieu de la façade principale, et aux arcs trilobés qui rythment ses fenêtres géminées.

> **UNE FUITE ?**
>
> Trompeuse, l'association de *Donna* (dame) et *fugata* (enfuie) n'a rien à voir, contrairement aux apparences, avec une femme qui aurait fui on ne sait quel mari ou père tyrannique, ni avec une de ces légendes qui survivent dans l'imagination populaire. C'est purement et simplement la libre interprétation et transcription phonétique de l'arabe *Ayn as Jafât* (source de santé) qui, en « sicilien », devint Ronnafuata avant de prendre la forme actuelle.

**Le parc** – Grand et ombragé d'immenses *Ficus magnolioides*, il dissimule les « folies » destinées autrefois à charmer et divertir les hôtes du château. On découvre, enfouis au cœur d'une végétation méditerranéenne et exotique (cactées, pins maritimes) un petit temple circulaire et la Coffee House (pour se désaltérer) et, plus loin, un labyrinthe en pierre et plusieurs grottes artificielles ornées de fausses stalactites (sous le petit temple).

**La résidence** – En haut du grand escalier en pierre noire, décoré de statues néoclassiques se trouve le **salon des Blasons**, ainsi nommé pour les insignes nobiliaires des grandes familles siciliennes peints sur ses murs. Certaines salles possèdent de beaux plafonds en trompe-l'œil, comme le magnifique **salon des Miroirs**, orné de stucs, les **salles de Musique et de Billard** avec leurs paysages en trompe-l'œil sur les murs, et la chambre à coucher de la princesse de Navarre, au dallage noir et blanc. La princesse Blanche y aurait été séquestrée par le comte Cabrera (légende anachronique, car cette princesse a vécu au 14e s.). La **salle des Dames** et le **fumoir** rivalisent de beauté. On admirera en particulier les décors rappelant la destination des différentes pièces : tapisseries garnies de pipes, plafond émaillé de médaillons et niches d'angles où sont placés des paons.

La beauté du château en a fait un lieu recherché pour le tournage de scènes célèbres comme celle de *la Giara* dans ***Kaos***, des frères **Taviani**.

*De là, poursuivre vers Comiso (16 km au Nord, voir ce nom).*

# Sciacca♈

Toute blanche et à l'allure arabisante, Sciacca est une importante station thermale. Son port, qui a vu s'échouer le dirigeable français Dixmude en 1923, sert surtout aux bateaux de pêche et se distingue par ses maisons colorées. En outre, la ville est célèbre pour la fabrication de céramiques que l'on peut admirer et acheter dans les nombreuses boutiques artisanales.

## La situation

*41 626 habitants – Carte Michelin n° 565 O21 ou Atlas Italie p. 85 – Agrigente.* Située sur le flanc du mont Kronio, à pic sur la mer, Sciacca est une succession de montées et de descentes et sa visite demande une bonne forme physique. Les terrassements naturels divisent la ville en trois : au Nord de la via Licata s'entremêlent les ruelles du quartier médiéval de Terravacchia, entre la via Licata et la piazza Scandaliato se trouvent les plus importants monuments de la ville, et sous la place s'étend la zone portuaire. Les escaliers et les ruelles minuscules étant innombrables, il est indispensable de se garer au plus tôt.
🛈 *Corso Vittorio Emanuele 94,* ☎ *0925 86 247 et corso Vittorio Emanuele 84,* ☎ *0925 21 182, www.aziendaturismo sciacca.it/home.htm*

### L'ÎLE QUI N'EXISTAIT PAS

Nous sommes en 1831. Quiconque regarde le large, droit devant Sciacca, ne peut certes imaginer ce qui va se produire. Pourtant, en l'espace de quelques instants, une terre va émerger de l'océan. C'est une île volcanique, qui va lentement dessiner ses contours en tronc de cône. Les discussions vont bon train devant ce spectacle stupéfiant. L'île est baptisée **Ferdinandea**, en l'honneur du souverain espagnol. Mais sa vie sera brève : elle va disparaître après seulement cinq mois d'existence.

*Vous pouvez poursuivre votre voyage en visitant : AGRIGENTO, CASTELVETRANO, SELINUNTE.*

*Le carnaval est arrivé.*

# carnet pratique

## RESTAURATION

### • Sur le pouce
**Porto San Paolo** – *Largo San Paolo 1, Sciacca -* ☎ *0925 27 982 - fermé mer., 2 sem. nov., 2 sem. avr. -* 🗏 *- 18/30€ + 10 % serv.* À vous de choisir entre l'ambiance authentique de la salle à manger en bois ou l'ambiance plutôt marine de la véranda, donnant sur le port. Plats de poisson.

**Villa Palocla** – *Contrada Raganella, 4 km à l'O de Sciacca -* ☎ *0925 90 28 12 - info@villapalocla.it -* 🗏 *- 20/30€ + 10 % serv.* La Sicile comme on l'aime : un jardin envahi par le parfum des agrumes, au pied d'un bâtiment de la seconde moitié du 18ᵉ s. de style baroque tardif. C'est dans ce cadre enchanteur que vous pourrez apprécier ce restaurant (qui fait aussi hôtel) et sa cuisine à base de poisson.

**Hostaria del Vicolo** – *Vicolo Sammaritano 10, Sciacca -* ☎ *0925 23 071 - fermé lun., de mi-oct. à déb. nov. -* 🗏 *- 23/36€.* Un petit restaurant, accueillant et original, situé en plein cœur de Sciacca. En feuilletant le menu, on découvrira des plats typiquement siciliens mais les recettes ont souvent été revisitées et allégées. Une bonne carte des vins.

## HÉBERGEMENT
*Voir aussi l'adresse signalée p. 161.*

### SCIACCA
☺ **Verdetecnica** – *Via Monte Kronio 22, Sciacca -* ☎ *0925 81 133 - fax 0925 81 133 - verdetecnica@tin.it -* 🗏 *- 6 logements : 70€.* Six logements charmants avec salle de bains et cuisine, de dimensions variables, situés sur la colline qui domine Sciacca. Décoration simple, en harmonie avec la nature environnante. En août, séjour minimal de cinq jours.

### SAMBUCA DI SICILIA
☺ **Lago Arancio Vacanze** – *Contrada Arancio, Sambuca di Sicilia -* ☎ *0923 94 60 03 - fax 0923 94 13 71 -* 🗏 *25/50€.* Un complexe rural de petite taille jouissant d'un beau panorama : peu de chambres, peu d'hôtes... c'est la tranquillité garantie ! Possibilité de pratiquer canoë, ski nautique et pêche sur le lac tout proche.

## PETITE PAUSE
**Bar Roma** – *Piazza Dogana 12, Sciacca,* ☎ *0925 21 239.* Aurelio Licata, le propriétaire, est célèbre pour ses granités au citron qui, accompagnés d'une tendre brioche, constitue la collation typique des Siciliens.

## CALENDRIER
**Carnaval** – C'est l'un des plus célèbres de Sicile, avec son incroyable parade de chars allégoriques.

# se promener

## Le centre historique
Centre idéal pour la ville, la **piazza Scandaliato** est une vaste terrasse belvédère d'où l'on découvre un magnifique panorama sur la mer et le port multicolore grouillant de navires. La place est délimitée à l'Ouest par l'église San Domenico du 18ᵉ s. et, sur son grand côté, par l'ancien collège des jésuites (admirer le cloître du 18ᵉ s.) qui abrite aujourd'hui la mairie. Un peu plus loin s'ouvre la piazza del Duomo.

## Duomo
D'origine normande (elle n'en a conservé que l'extérieur des trois absides), la cathédrale été transformée au 17ᵉ s. La façade, baroque, est inachevée. L'**intérieur**, à trois nefs, renferme des œuvres intéressantes. Dans la nef centrale, on doit les fresques de la voûte en berceau à Tommaso Rosi, artiste de Sciacca (1829) ; elles représentent l'Apocalypse et des scènes de la vie de Marie-Madeleine. Dans la chapelle à droite du chœur, on peut admirer une belle œuvre en marbre d'**Antonio Gagini** (1581) où figurent, sur les panneaux, des épisodes de la Passion du Christ. À droite de la cathédrale se prolonge l'artère centrale, le corso Vittorio Emanuele, bordé à droite du **palais Arone Tagliavia** (15ᵉ-17ᵉ s.), dont l'élégante façade surmontée de merlons est rythmée par trois portails en ogive (belle fenêtre trilobée au-dessus de l'entrée principale). Un peu plus loin, on trouve à gauche la façade Sud de style Empire du **palais San Giacomo** (ou Tagliavia), du 19ᵉ s., présentant quatre hermès en forme de sphinx. La façade principale, de style néogothique vénitien, donne sur la piazza Friscia, qui se prolonge par l'agréable viale della Vittoria. Sur la droite se dresse le **couvent San Francesco**, entièrement restauré et réaménagé en centre de congrès, de manifestations et d'expositions. Le joli cloître renferme des sculptures d'artistes contemporains dont trois grands *Baigneurs* de Bergomi (1989). *Tlj sf dim. 8h-13h, téléphoner pour connaître les horaires de l'ap.-midi. Fermé j. fériés nationaux. Gratuit.* ☎ *0925 96 11 11 ; www.termesciacca.it*

Au bout du viale della Vittoria, sur une hauteur, **Santa Maria delle Giummare** (via Valverde) est d'origine normande, mais a été remaniée au 16ᵉ s. L'église véritable correspond au corps central du bâtiment, orné d'un portail baroque et flanqué des deux « tours » carrées qui constituent le monastère. La sévérité de la façade, couronnée de merlons, est adoucie par les deux fenêtres géminées.

En tournant à droite, on peut admirer un peu plus loin les vestiges du **château des Luna**, édifice de la fin du 14e s. remanié au 16e s., mais presque totalement détruit au 19e s. L'enceinte extérieure et une imposante tour cylindrique ont survécu.

La route qui descend en face du château conduit à la belle église normande San Nicolò la Latina.

## S. Nicolò la Latina

*Été : 18h30-19h ; le reste de l'année : 17h30-18h. Laisser une offrande. ☎ 0925 21 315.*

L'église a été fondée au début du 12e s. par Giulietta, fille de Roger Ier. La façade simple, à double pente, est ornée d'un portail surmonté d'une corniche à double renfoncement que l'on retrouve sur les trois fenêtres simples situées au-dessus (les fenêtres latérales sont aveugles). L'intérieur en croix latine, à nef unique, présente un transept peu profond et trois absides semi-circulaires, typiques des édifices arabo-normands. La lumière filtre au travers de petites fenêtres simples fortement ébrasées, ressemblant à des meurtrières.

Revenir au château et continuer par la via Giglio jusqu'à la porte San Calogero, où l'on découvre les vestiges des fortifications médiévales. Sur la piazza Noceto s'élèvent Santa Maria dell'Itria, annexe de la grande abbaye, et, au fond de la place, la façade baroque de **San Michele Arcangelo** (17e-18e s.). L'intérieur renferme une tribune des chantres (18e s.) supportant un orgue en bois sculpté et peint. Sur la droite, on peut admirer une belle croix catalane de style gothique et, au sein de la nef latérale de droite, le retable de saint Jérôme (1454).

En descendant vers le corso Vittorio Emanuele, on coupe la via Licata avec ses deux charmants palais du 18e s., le palais Inveges et, plus loin sur la droite, le palais Ragusa.

*Continuer jusqu'au croisement avec la via Gerardi et s'y engager sur la gauche.*

À l'angle du corso Vittorio Emanuele se dresse le **palais Steripinto**. De style catalan, il date du 15e s. Sa jolie façade à bossages en pointes de diamant est rythmée par des fenêtres géminées et couronnée de merlons gibelins.

En suivant la via Gerardi, rejoindre la piazza del Carmine où se trouvent l'église du même nom et la porte San Salvatore (16e s.), ornée sur sa façade principale de deux lions affrontés. L'**église du Carmel**, d'époque normande, transformée à plusieurs reprises, a conservé sur sa façade sa belle rosace d'origine.

## S. Margherita

*8h-14h, 16h30-19h, sam. 8h-14h, dim. et j. fériés sur demande. ☎ 0925 20 478 ; www.comune.sciacca.Ag.it*

L'église, fondée au 13e s., a été remaniée à la fin du 16e s. La façade présente un beau portail de style gothique catalan, même si le portail du flanc gauche est plus connu : de style gothique Renaissance, il est l'œuvre de Francesco Laurana (il semble que seule la figure de Madeleine sur le montant de gauche soit de sa main) et de Pietro da Bonitate. Son tympan montre *Sainte Marguerite et le dragon*. À l'intérieur, sous un plafond à caissons imitant un ciel étoilé, on peut admirer un orgue monumental du 19e s. et, dans la chapelle de droite, un retable Renaissance en marbre représentant des scènes de la vie de sainte Marguerite.

Dans le prolongement de l'église Santa Margherita, l'église San Gerlando possède un beau portail en pierre.

Un peu plus loin, on trouve sur la gauche le **palais Perollo** du 15e s., dont la façade montre des fenêtres trilobées de style gothique tardif. Dans la cour subsiste un escalier catalan, malheureusement endommagé.

# *visiter*

## Palazzo Scaglione*

*Piazza Don Minzoni (non loin du Dôme). Tlj sf lun. ap.-midi et dim. 9h-13h, 15h-19h. Fermé j. fériés. Gratuit. ☎ 0925 28 025.*

Dans cette demeure du 18e s. aujourd'hui transformée en musée sont exposés les objets et les œuvres d'art rassemblés par Francesco Scaglione : tableaux (surtout d'artistes siciliens), gravures, monnaies, pièces archéologiques, petites sculptures en bronze, céramiques s'accumulent dans les salles et témoignent de l'esprit de Scaglione, collectionneur encyclopédique typique de son époque. Dans la dernière salle, noter un beau crucifix en ivoire et nacre du 18e s. Le palais possède de beaux pavements en majoliques et des plafonds peints à fresque.

## Les thermes

*Viale delle Terme, au Sud-Est de la ville. Tlj sf dim. 8h-13h, téléphoner pour connaître les horaires de l'ap.-midi. Fermé j. fériés nationaux. Gratuit. ☎ 0925 96 11 11 ; www. termesciacca.it*

Les cures thermales de la région de Sciacca sont réputées depuis l'Antiquité, mais c'est seulement vers la moitié du 19ᵉ s. qu'on a fondé en dehors du centre historique, dans la vallée dite des Bains, un établissement thermal *(en cours de restauration, ouverture prochaine)*. Le **nouvel établissement thermal**, grand ensemble construit en 1938 dans un style néo-Liberty, entouré d'un parc agréable, se trouve juste en face de la mer. On y utilise l'eau sulfureuse pour des bains de boue (qui soulagent l'arthrose), la balnéothérapie (particulièrement recommandée pour l'ostéoarthrose et les maladies de peau) et des inhalations. S'y s'ajoutent les thérapies pratiquées dans les étuves naturelles des grottes de San Calogero sur le mont Kronio, et les bains thermaux de Molinelli, alimentés par une eau salso-bromo-iodique d'une température constante de 34 °C. Ces deux dernières stations sont particulièrement recommandées pour les soins en dermatologie.

## *alentours*

### Mont Kronio

*Sortir par la via Porta S. Calogero. 7 km.* Plus on s'élève vers le sommet, plus le **panorama★★** s'ouvre sur la côte, la plaine de Sciacca et les montagnes desséchées de l'intérieur du pays. Au sommet du mont Kronio se trouve le **sanctuaire de saint Calogero**, tenu par des moines franciscains. La présence de grottes naturelles dégageant des vapeurs chaudes a contribué à faire de cet endroit un lieu de cures thermales renommé depuis l'Antiquité et connu sous le nom d'étuves (Stufe) de saint Calogero. L'émission de vapeurs tient à la présence d'une nappe d'eau thermale juste sous le mont Kronio, qui s'évapore au contact de la chaleur. Remontant par les fissures et anfractuosités de la roche, la vapeur rejoint la surface à une température de 40 °C. Ses propriétés thérapeutiques permettent de soigner de nombreuses affections rhumatismales, des maladies de peau, des problèmes gynécologiques et certaines manifestations allergiques.

**Stufe di S. Calogero** – *Tlj sf dim. 8h-13h, téléphoner pour connaître les horaires de l'ap.-midi. Fermé j. fériés nationaux. 1€.* ☎ *0925 96 11 11 ; www.termesciacca.it*

> ### LE FILS DE LA TERRE ET DU CIEL
> Le nom de ce sommet de 386 m, isolé au milieu d'une région désertique, évoque l'une des plus anciennes divinités grecques, **Cronos**, dieu du Temps (Saturne pour les Romains), fils de la Terre (Gaïa) et du Ciel (Ouranos), que son fils, Zeus, bannit du ciel pour prendre sa place de maître des dieux. La version sicilienne de la légende veut que Zeus, après avoir enivré Cronos, l'ait enchaîné pendant son sommeil et relégué en Sicile, dans les îles des Bienheureux *(Isole dei Beati)*. L'histoire du mont fait encore référence à un autre personnage de légende, **Dédale**, le célèbre expert en labyrinthes, qui cherchait à recueillir les vapeurs bouillantes s'échappant des fissures des rochers. C'est lui qui serait à l'origine des étuves existant sur le site.

Habitées ou consacrées au culte depuis l'âge du cuivre, ces grottes ont été abandonnées vers 2000 avant J.-C., lorsque des émissions de vapeurs dues à un mouvement tellurique ont empêché toute occupation du site. Laissées très longtemps à l'abandon, les grottes ont été de nouveau habitées à l'époque grecque. Les émissions de vapeurs passaient alors pour un phénomène mystérieux, d'origine nécessairement divine. En témoignent les nombreuses pièces archéologiques qui ont été retrouvées, notamment des vases et des statuettes votives *(aujourd'hui conservées pour partie au Musée archéologique d'Agrigente)*. Les grottes ont ensuite pris le nom d'un moine qui, à son arrivée sur le site au 4ᵉ s., avait constaté les vertus thérapeutiques des vapeurs. Ce fut le début de leur transformation en salles dotées de sièges en pierre sur lesquels s'asseyaient les « curistes ». Les plus spacieuses d'entre elles sont l'antre de Dédale et la grotte des Animaux. La grotte du Saint, voisine, a probablement servi de logement à saint Calogero lui-même, représenté sur l'icône en majolique (15ᵉ s.) au-dessus de l'autel. Les grottes font aujourd'hui partie du complexe moderne du Grande Albergo delle Stufe.

À proximité des étuves, un petit **antiquarium** rassemble les pièces archéologiques retrouvées sur place. *9h-13h, 15h-19h, dim.-lun. et j. fériés 9h-13h. Gratuit.* ☎ *0925 28 989.*

### Castello Incantato

*Sortir de la ville par la via Figuli, en direction d'Agrigente (SS 115). 2 km.* (♿) *Avr.-sept. : tlj sf lun. 10h-12h, 16h-20h ; oct.-mars : tlj sf lun. 9h-13h, 15h-17h. Laisser un pourboire.* ☎ *0925 99 30 44 ; www.comune.sciacca.ag.it*

Cet extraordinaire jardin peuplé de têtes sculptées dans la pierre est l'œuvre de **Filippo Bentivegna**. Pendant plus de cinquante ans, *Filippu delli Testi*, comme on l'appelle ici, a sculpté dans chaque recoin de sa grande propriété ces visages aux expressions parfois inquiétantes, parfois sereines.

# circuit

## La vallée du Belice et du Sosio

*Circuit de 160 km environ – une journée*

*Prendre la SS 115 (vers Castelvetrano), puis la SS 188 bis jusqu'à Portella Misilbesi ; de là, prendre à droite pour Sambuca di Sicilia (SS 188).*

La route longe le **lac Arancio**, un bassin artificiel protégé à cause de la présence de cigognes.

### Sambuca di Sicilia

Nonchalamment installé sur une pente douce, Sambuca possède des palais nobles qui donnent sur le corso Umberto I au centre du village. Au fond, un escalier mène à la terrasse du belvédère. Derrière se dresse l'église principale.

*De Sambuca, suivre les indications pour les fouilles (scavi) de Monte Adranone (7 km).*

### Fouilles de Monte Adranone

*Tlj sf lun. et dim. ap.-midi 9h-13h, 15h-19h. Fermé j. fériés l'ap.-midi. Gratuit. Il est conseillé de téléphoner pour avoir de plus amples informations.* ☎ *0925 28 989.*

La colonie grecque du 6e s. avant J.-C. a occupé une implantation indigène plus ancienne. Le site, au sommet du mont, est naturellement protégé sur un côté, et bordé de puissants remparts sur les deux autres, formant ainsi une espèce de triangle. La cité, qui serait l'Adranon mentionnée par Diodore de Sicile, fut probablement détruite en 250 avant J.-C. au cours de la première guerre punique.

Hors les murs, au Sud-Est, se trouve la **nécropole** avec ses hypogées, parmi lesquels on notera celui dit **tombe de la Reine**, en moellons de tuf carrés. Un peu plus loin, on franchit la **porte Sud**, flanquée de grandes tours. Sur sa face intérieure est adossé un bâtiment identifié comme étant une ancienne ferme. En montant vers l'acropole, on voit, sur la droite, un grand édifice de plan rectangulaire, probablement un lieu public ; plus loin, un complexe de magasins, échoppes et habitations. Au sommet se dresse l'**acropole** qui domine toute la vallée, et d'où l'on jouit d'une **vue★★** à 360°, sur l'agglomération de Sambuca et le lac Arancio. L'édifice le plus important est le grand **temple carthaginois** rectangulaire, flanqué sur sa droite d'une vaste citerne. Le temple possédait un espace central à ciel ouvert sur lequel donnait, côté Est, la *cella*.

*Continuer pendant quelques kilomètres, puis tourner à droite pour Bisacquino.*

La route traverse un **joli paysage★** composé de collines très douces, laissant parfois la place à des reliefs plus prononcés. Sur la droite, l'**abbaye de Santa Maria del Bosco** (16e-17e s.), située en position panoramique, a été gravement endommagée par le tremblement de terre qui frappa le Belice en 1968.

### Bisacquino

La ville natale du cinéaste Frank Capra (1897-1991), réalisateur de *La vie est belle*, est agréablement située sur les pentes du mont Triona. Le tissu urbain très resserré est d'influence arabe et dominé par l'imposante coupole de la *chiesa madre* du 18e s. Sur la même place, on peut voir le campanile en majolique de Santa Maria delle Grazie ; celui de San Francesco, également en majolique, est quant à lui curieusement triangulaire. Dans la via Orsini, on peut visiter le joli **Musée ethnologique** où ont été reconstituées différentes scènes liées à la vie paysanne et aux activités artisanales de la région. *8h-14h (mar. et jeu. également 15h-18h), w.-end sur demande. Gratuit.* ☎ *091 83 08 047.*

De Bisacquino, prendre la SS 188c en direction de Palerme, et emprunter la sortie pour le sanctuaire de la **Madonna del Balzo** (17e s.). À 900 m d'altitude, depuis l'esplanade en face du sanctuaire, on jouit d'un **panorama★★** exceptionnel.

*Retourner sur la SS 188c et, après avoir dépassé Bisacquino, suivre la direction de Palazzo Adriano.*

La route longe le petit **lac Gammauta** (que l'on peut aller voir en faisant un petit détour).

### Palazzo Adriano

Le village, dans lequel Giuseppe Tornatore tourna quelques-unes des scènes de *Cinéma Paradiso*, se concentre autour de la belle **piazza Umberto I★**, pavée de pierres blanches et particulièrement élégante grâce à son architecture homogène. On peut y admirer les églises Santa Maria Assunta (de rite grec-byzantin) et Santa Maria del Lume (de rite latin). La partie Nord du village entoure les ruines du château.

De Palazzo Adriano, la route monte vers Prizzi dans un joli paysage de montagne.

### Prizzi

À plus de 1 000 m d'altitude, Prizzi se trouve dans un **site★** magnifique, avec les monts Sicani pour décor. Sur le corso Umberto I, on peut admirer la curieuse plaque de conversion des unités de mesure, posée juste après l'Unité italienne, et peu après, les fresques qui décorent la jolie **piazza Sparacio** (en réalité, il s'agit plutôt d'une ouverture entre les maisons que d'une place) et les autres façades du centre historique, semblable à un musée à ciel ouvert. Au Nord du corso Umberto I, la partie la plus ancienne de Prizzi est un enchevêtrement de ruelles qui s'enroulent autour de la *chiesa madre* et du château. Le jour de Pâques, la ville s'anime pour le *Ballo dei Diavoli* (la danse des diables, *voir p. 67*)

Retourner sur la SS 188 et revenir en arrière pendant environ 30 km ; à la bifurcation, prendre à gauche en direction de **Chiusa Sclàfani**, dont le centre historique, regroupé autour de l'abbaye bénédictine et de son magnifique jardin, a conservé une structure médiévale.

*Environ 10 km après Chiusa Sclàfani, prendre la route pour Caltabellotta.*

### Caltabellotta

La ville jouit d'une superbe **situation**★★ à environ 900 m d'altitude. Son nom arabe, *Kal'at al-ballut* (forteresse des chênes), évoque parfaitement l'image du village accroché à son éperon rocheux abrupt. Sa position dominante, presque imprenable, en a fait pendant des siècles un refuge sûr et un poste militaire. C'est ici qu'en 1302 fut signée l'abdication des Angevins à la fin de la guerre des Vêpres *(voir p. 74)*.

Sur le pic se dressent la chapelle et l'ermitage de San Pellegrino, ainsi que les ruines du château normand qui se confondent presque avec le paysage. Au pied du château se tiennent encore la vieille **chiesa madre** arabo-normande et l'**église del Salvatore** au beau portail gothique tardif.

La route qui descend vers Sciacca offre de belles **vues**★★ sur la vallée alentour.

# Segesta★★★

### Ségeste

De l'antique cité des Élymes, ennemie de Sélinonte toute proche, il ne reste que le temple dorique aux lignes pures et harmonieuses et le théâtre qui accueille spectacles musicaux et pièces de théâtre.

### La situation

*Carte Michelin n° 565 N 20 ou Atlas Italie p. 85 – Trapani.* Dans un **site**★★ superbe, parmi de douces collines ocre et brun rouge qui forment un agréable contraste avec les tonalités infinies du vert, le parc archéologique est dominé par la présence de l'élégant temple dorique. Ce monument, l'un des plus parfaits qui nous soient parvenus de l'Antiquité, se dresse, majestueusement solitaire, sur une butte encerclée d'un profond vallon, qu'encadrent le mont Bernardo et le mont Barbaro, où se trouve le théâtre.

*Vous pouvez poursuivre votre voyage en visitant : ERICE, GIBELLINA.*

## comprendre

La Ségeste antique, probablement fondée par les Élymes, comme Erice, devient rapidement l'une des cités d'influence hellénique les plus importantes du bassin méditerranéen. Elle est, au 5ᵉ s., la principale rivale de Sélinonte. Pour se défendre de cette dernière, elle fait appel en 415 avant J.-C. aux Athéniens, mais ceux-ci sont battus par Syracuse, alliée de Sélinonte. En 409 avant J.-C., elle sollicite alors l'aide des Carthaginois qui, arrivés en Sicile, anéantissent Sélinonte et Himère. Ségeste est détruite à son tour par le Syracusain **Agathoclès** en 307 avant J.-C. ; mais elle renaît avec les Romains. On ignore en revanche le sort de la cité dans la période qui a suivi, et on suppose simplement qu'elle fut rasée par les Vandales. Les lieux continuent à être habités au Moyen Âge, comme l'attestent les ruines du château normand et une petite basilique à trois absides (par la suite abandonnée, puis reconstruite comme ermitage au 15ᵉ s.) ; ces deux bâtiments ont été construits dans la partie Nord de l'ancienne acropole. Cette dernière était partagée en deux par un col : au Sud-Est s'étendait la zone résidentielle, tandis qu'au Nord s'élevaient les édifices publics, dont le théâtre.

## visiter

*Pour le temple, été : 9h-19h (dernière entrée 1h av. fermeture) ; le reste de l'année : 9h-17h. 4,13€. Une navette (1,03€) conduit au théâtre. Service bar et restaurant.* ☎ *0924 95 23 56.*

### Temple★★★

Érigé en 430 avant J.-C., le temple est un élégant édifice dorique aux proportions d'une rare harmonie. Le péristyle a conservé presque entièrement intactes ses trente-six colonnes non cannelées, taillées dans un magnifique calcaire au ton doré.

B. Kaufmann/MICHELIN

L'absence de cannelures et de *cella* intérieure laisse penser que la construction a été abandonnée prématurément. Mais certains spécialistes réfutent cette théorie, voyant dans l'absence de toute trace de *cella* (normalement la première pièce du temple à être construite) la preuve qu'il s'agirait d'un péristyle imitant un temple.

S'y ajoute le mystère de la destination du temple, car aucun élément permettant d'identifier la divinité à laquelle il était consacré n'a été retrouvé.

La route qui monte vers le théâtre *(2 km environ, desservie par une navette très pratique)* offre une **vue★★** magnifique sur le temple. Avant le théâtre, sur la droite, on peut découvrir les restes de l'ermitage San Leone qui ne comporte qu'une abside, mais a été construit sur un précédent édifice triabsidial ; derrière, on aperçoit les vestiges du château normand.

> **CALENDRIER**
>
> En juillet et août, le théâtre accueille un festival prestigieux de concerts et de représentations théâtrales classiques et contemporaines. Les « aubes » qui ont lieu à 5h du matin sont des rencontres passionnantes qui allient théâtre, poésie, musique et littérature. *Pour toute information, contacter l'Office de tourisme Calatafimi Segesta ☎ 0924 95 46 19.*

### Théâtre★

Édifié au 3e s. avant J.-C., sous l'occupation romaine, il est constitué d'un vaste hémicycle parfait de 63 m de diamètre taillé dans un versant rocheux. Les gradins sont orientés vers les collines, au-delà desquelles on distingue, sur la droite, le golfe de Castellammare.

# Antica città di **Selinunte★★**

## Ancienne cité de Sélinonte

Le nom de Sélinonte vient du grec sélinon, terme par lequel on désignait l'ache (sorte de céleri sauvage qui, fleuri, dégage un parfum puissant) qui poussait en abondance dans la région et figurait aussi sur les premières pièces de monnaie frappées par la ville.

### La situation

*Carte Michelin n° 565 O20 ou Atlas Italie p. 85 – Trapani.* Le site archéologique est composé de quatre zones. La première, sur la colline orientale, regroupe trois grands temples dont l'un a été reconstruit en 1957. La deuxième, sur la hauteur occidentale, ceinte de murailles, est l'acropole au Nord de laquelle s'élève la troisième zone, celle de la ville proprement dite. La quatrième, à l'Ouest de l'acropole, au-delà de la rivière Modione, était un autre espace sacré composé de temples et de sanctuaires. *En arrivant de l'autoroute, sortir à Castelvetrano et prendre la S 115d vers Marinella. Des cars assurent la liaison entre le site et Agrigente, Castelvetrano, Marsala, Mazara del Vallo et Trapani. Entre les temples Est et l'acropole, il est possible de se déplacer en voiture.*

*Vous pouvez poursuivre votre voyage en visitant : CASTELVETRANO, MAZARA DEL VALLO, SCIACCA.*

*Pour les hôtels, voir le chapitre CASTELVETRANO.*

# comprendre

Fondée au cours du 7ᵉ s. avant J.-C. par un peuple venu de Megara Hyblæa, Sélinonte a connu une vie brève (environ 200 ans de splendeur) mais intense, sans doute grâce à l'habile gouvernement des tyrans qui s'y sont succédé. Le vaste périmètre des lieux sacrés et publics, qui s'organise en zones distinctes, témoigne de la prospérité de la cité.

Longtemps alliée de Carthage, dont elle espérait l'appui pour faire front à sa rivale Ségeste, elle fut finalement détruite en 409 avant J.-C., par un Carthaginois justement, Hannibal, qui usa de méthodes particulièrement féroces. D'après Diodore de Sicile, seize mille Sélinontins furent massacrés, cinq mille faits prisonniers. Hannibal céda aux prières des survivants, qu'il laissa libres, et épargna les temples de la cité contre le paiement d'un tribut important ; mais une fois la rançon obtenue, il fit piller les temples et détruire les remparts.

Sélinonte se redressa avec difficulté et parvint à grand-peine à se maintenir jusqu'à la deuxième Guerre punique, où elle fut entièrement rasée.

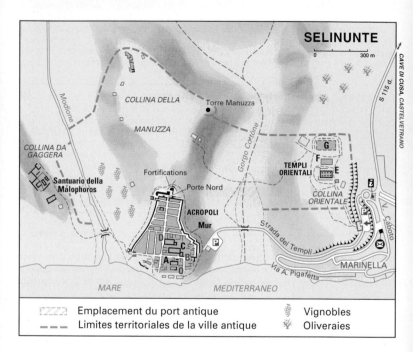

## visiter

&#9855; De 9h à 3h av. le coucher du soleil. 4,13€. &#9742; 0924 46 277.

Dispersés sur une étendue semi-désertique (en raison de l'abandon du site par ses habitants), les temples en ruine élèvent encore vers le ciel leurs imposantes colonnes, et les bâtiments réduits à des amas de pierres, probablement suite à un tremblement de terre, créent une impression d'extrême désolation. Les belles métopes qui ornaient les frises de certains temples sont exposées au Musée archéologique de Palerme *(voir p. 307)*.

Comme on ne sait pas avec certitude à qui les temples étaient consacrés, les spécialistes les ont désignés par des lettres de l'alphabet.

*Pour compléter la visite, il est intéressant de se rendre aux carrières de Cusa (voir plus loin), d'où proviennent les blocs de pierre employés dans la construction des temples.*

### Templi orientali

Le premier à se présenter au regard est le **temple E**, relevé en 1957. Consacré à Héra, il remonte au 5ᵉ s. avant J.-C. et présentait un plan complexe. On y accédait du côté Est par quelques marches qui menaient, après la colonnade, au *pronaos*, précédé de deux colonnes dont il ne reste plus que les chapiteaux posés à terre. À l'arrière se trouvait la *cella*, sur laquelle s'ouvrait une petite pièce secrète *(adyton)* renfermait la statue de la déesse. L'opisthodome, identique au *pronaos*, venait derrière. Sur la droite, le **temple F**, complètement en ruine, probablement consacré à Athéna, était le plus petit. Le dernier, le **temple G**, était le plus imposant. De dimensions colossales (les colonnes, au nombre de dix-sept sur la

*Les ruines, et les colonnes du temple C à l'arrière-plan.*

longueur et de huit sur la largeur, faisaient presque 3,5 m de diamètre et plus de 16 m de haut), il était sans doute dédié à Apollon. Ce n'est plus aujourd'hui qu'un amas de ruines dispersées sur le sol. Certains des blocs de plusieurs tonnes qui formaient les colonnes présentent encore des cannelures préliminaires, ce qui laisse penser que le temple est resté inachevé.

## Acropole

*Du parc de stationnement situé à l'entrée pour les temples Est, continuer jusqu'au parking suivant.* L'acropole s'étendait sur un plateau au-delà d'une dépression appelée Gorgo Cottone, du nom de la rivière qui arrosait autrefois la région et abritait à son embouchure le **port** de la ville, ensablé par la suite. Ceinturée de murailles dès les 6e-5e s. avant J.-C., elle adoptait le dessin classique de la cité à plan en damier, divisée par trois artères principales et des rues moins importantes se coupant à angle droit. C'est là que s'élevaient, en plus des édifices publics et religieux, quelques demeures des classes privilégiées.

On longe un moment les imposantes **murailles** qui entouraient l'acropole à l'Est.

**Les temples** – On découvre en montant les ruines du **temple A**. À l'intérieur, sur le mur d'entrée du *naos*, se trouvaient deux escaliers en colimaçon, les plus anciens connus à ce jour. Les ruines sont dominées par quatorze des dix-sept colonnes du **temple C**, relevées en 1925. Sans doute dédié à Apollon et Héraclès, c'est le plus vieux des temples de Sélinonte (6e s. avant J.-C.). Le fronton (orné d'un bas-relief d'argile représentant une tête de Gorgone) avait pour particularité d'être isocèle, ce qui lui conférait une inhabituelle allure de pagode. C'est de là que proviennent les plus belles métopes conservées au Musée archéologique de Palerme, où l'on trouve également la reconstitution du fronton. Il est intéressant de constater l'évolution des méthodes de construction au cours même de l'édification de ce temple. Les colonnes du côté Sud sont encore monolithes, tandis que les autres sont déjà en tronçons, plus faciles à transporter. Les vestiges de trois autres temples ont été découverts dans l'acropole.

**Les fortifications** – En suivant le *decumanus* principal, on aboutit au mur d'enceinte qui ceinturait l'acropole. Celui que l'on voit aujourd'hui fut érigé après la destruction de 409 avec des matériaux de récupération (les colonnes coupées en deux qui servaient de poutres appartenaient, suppose-t-on, à un temple dont on ignore encore l'emplacement). Passé la **porte Nord**, on découvre l'imposante structure à trois niveaux formée de deux galeries superposées, sur lesquelles s'ouvraient des arches servant au déplacement des machines et des soldats.

## L'ancienne cité

Sur le plateau de la Manuzza se trouvait le quartier résidentiel de la ville, qui, à partir du 4e s. avant J.-C., fut abandonné et utilisé comme nécropole.

## Santuario della Malophoros

*Pour y parvenir, suivre le sentier qui prolonge le premier cardo (rue transversale) à gauche du decumanus principal (en venant de l'acropole). 20mn AR.* Le sanctuaire érigé en l'honneur de Déméter Malophoros (porteuse de grenade), déesse de la Végétation et donc protectrice des agriculteurs, s'élevait au sein d'une enceinte sacrée *(temenos)* sur l'autre rive de la rivière Modione, escale maritime et zone commerciale de la cité. Passé le propylée (que l'on reconnaît aux fragments de colonnes), on arrive à proximité d'un grand autel sacrificiel. Une rigole, qui permettait l'écoulement des eaux provenant de la source de Gaggera, le sépare du temple. Ce dernier, sans soubassement ni colonnes, était composé d'un *pronaos*, d'une *cella* et d'un *adyton*, qui renfermait la statue de la déesse.

# *alentours*

## Cave di Cusa★

*Environ 20 km au Nord-Ouest de Sélinonte. Aller vers Campobello di Mazara, puis suivre les indications. De 9h au coucher du soleil.*

Ces carrières furent les premières à fournir des matériaux pour la construction des temples de Sélinonte. Comme la nature de la pierre extraite, un tuf compact et résistant, était particulièrement adaptée à la construction, elles ont été exploitées pendant plus de cent cinquante ans à dater de la première moitié du 6e s. avant J.-C. Les travaux de la cité ont été interrompus soudainement en raison de la guerre que Sélinonte a dû mener contre les Carthaginois (qui eut pour conséquence la destruction de la ville). Les carrières, de même que les logements de ceux qui y travaillaient (environ 150 personnes), ont alors été abandonnées à la va-vite, comme en témoignent les énormes blocs destinés à des temples qui gisent çà et là à moitié extraits. Le nom actuel des carrières est en fait celui du propriétaire du terrain sur lequel elles ont été découvertes.

### UNE TECHNIQUE LONGUE ET COMPLEXE

Après avoir tracé le périmètre du bloc à extraire, il fallait creuser un double sillon extérieur, profond de 50 cm, pour permettre l'extraction et faciliter la tâche des tailleurs de pierre. Les outils utilisés étaient des pioches, des scies en bronze et des coins. Pour séparer les couches plus résistantes, ces coins de bois étaient insérés dans les fentes, puis imprégnés d'eau afin que leur gonflement fasse éclater la pierre. Le bloc était ensuite séparé de la roche mère, sorti au moyen d'un treuil ou bien placé sur un plan incliné pour le faire glisser après l'avoir détaché. Le levage s'effectuait au moyen de cordes coulissant dans des sillons incisés au préalable. Ce sont les marques en U que l'on aperçoit sur certains blocs cubiques. De nombreux blocs présentent, eux, des cavités carrées à chaque extrémité, dans lesquelles étaient logés des pivots qui facilitaient leur déplacement et leur mise en place. Les blocs étaient transportés par des bœufs ou des esclaves au moyen de roues montées sur des essieux en bois. Une piste large et rocailleuse reliait les carrières à Sélinonte.

Le site s'étire d'Est en Ouest, parallèlement à la côte, sur 1,8 km. Il offre un intérêt particulier à cause des immenses tronçons de colonnes épars sur le sol ou encore en cours d'extraction (on en compte plus d'une soixantaine).

Dans la première zone des carrières, on remarque aussi bien des blocs entièrement extraits, prêts pour le transport, que d'autres à peine entaillés, entourés du sillon externe qui facilitait la tâche des tailleurs de pierre. Dans la deuxième zone, on peut voir un chapiteau brut. Il s'agit d'un bloc cylindrique élevé sur une base carrée portant dans sa partie supérieure douze coins qui servaient à creuser l'échine (moulure courbe placée sous le tailloir du chapiteau dorique). Les fentes portent encore les traces des coups de pioche.

# Siracusa★★★

Syracuse

Cité maritime qui se prolonge sur la mer par l'île d'Ortygie, Syracuse s'étend le long d'une baie harmonieuse. Son nom évoque immédiatement son passé grec, la période des tyrans et celle de sa rivalité avec Athènes et Carthage, passé dont elle conserve de nombreux témoignages. S'y ajoute une époque sans doute moins connue, mais tout aussi évocatrice, que l'on peut revivre en sillonnant les ruelles d'Ortygie, où le temps semble s'être arrêté entre Moyen Âge et baroque ; dans une atmosphère agréablement populaire, on découvre alors des coins caractéristiques et des palais poussiéreux auxquels les travaux de restauration enfin entrepris sont en train de rendre leur splendeur originelle.

## La situation

*126 271 habitants – Carte Michelin n° 565 P27 ou Atlas Italie p. 93.* L'île d'Ortygie est située à l'extrémité de Syracuse et constitue son noyau historique. Elle est reliée à la terre ferme et à la ville moderne par le Ponte Nuovo (unique accès en voiture ; il est conseillé de garer son véhicule aux alentours). Juste après Ortygie s'étend le quartier d'Acradina (ou Achradine), la partie moderne et commerçante traversée par le corso Gelone. Au Nord-Ouest d'Acradina se trouve Neapolis, la « cité nouvelle » qui accueille le site archéologique. À l'Est, le quartier de Tyché, ancien quartier résidentiel, rappelle la présence d'un temple consacré à la déesse Fortune (du grec *Tyche*, le hasard). Dominant l'ensemble, l'*Epipoli* (la « ville qui est au-dessus »), est gardée et défendue par le château de l'Euryale sur son site stratégique.
🛈 *Via Maestranza 33, ☎ 0931 46 42 55, fax 0931 60 204 ; www.flashcom.it/aatsr/*
*Vous pouvez poursuivre votre voyage en visitant : CATANIA, NOTO, PANTALICA.*

## *comprendre*

Colonisée vers le 8ᵉ s. avant J.-C. par les Grecs de Corinthe qui s'établissent dans l'île d'**Ortygie**, Syracuse tombe rapidement aux mains de tyrans. À son apogée (5ᵉ-4ᵉ s. avant J.-C.) la ville compte environ 300 000 habitants et domine la Sicile. Entre 416 et 413, un violent conflit éclate entre Syracuse et Athènes, dont les troupes sont menées par Alcibiade. C'est l'un des épisodes les plus célèbres et les plus sanglants de l'histoire antique.
Tombée sous la coupe des Romains, elle est ensuite occupée par les barbares, les Byzantins, les Arabes et les Normands.
**Les tyrans de Syracuse** – Le tyran, figure antique du dictateur moderne, est l'un des personnages fréquemment rencontrés lorsqu'on reprend l'histoire de la Sicile à l'époque hellénistique, et en particulier celle de Syracuse. **Gélon**, déjà tyran de Gela en 485 avant J.-C., étend sa domination à Syracuse. Ses visées expansionnistes provoquent chez les Carthaginois une hostilité qui se transforme bien vite en affrontement ouvert. Allié à **Théron**, tyran d'Agrigente, Gélon les écrase au cours de la célèbre bataille d'Himère (485 avant J.-C.). Et c'est son successeur, son frère **Hiéron**, qui, une fois au pouvoir, va aider Cumes à se défaire de la menace étrusque (474 avant J.-C.).

*Ortygie.*

Après une courte période de démocratie marquée par des attaques contre Athènes, le fameux **Denys l'Ancien** monte sur le trône (405-367 avant J.-C.) et refuse le titre déjà discrédité de tyran pour prendre celui de *stratēgós autokrátor*. Habile stratège, il fonde son autorité d'une part sur le consensus populaire, qu'il obtient grâce à des dons et des faveurs, d'autre part sur son image de défenseur en lutte contre le danger carthaginois, qu'il ne parvient toutefois pas à supprimer totalement. Avec lui, Syracuse devient une véritable puissance. Le personnage du tyran apparaît en revanche comme un être méfiant, redoutant les complots. Ses craintes se transforment en véritable obsession de la persécution et le conduisent à une réclusion volontaire dans le château d'Ortygie, transformé par ses soins en forteresse inexpugnable réservée à la cour. Son histoire est pleine de bizarreries qui donnent lieu à de nombreux récits, à mi-chemin entre mythe et réalité. Valère Maxime, Cicéron et Plutarque racontent par exemple que, ne se fiant pas aux barbiers, le tyran chargeait ses filles de le raser, mais, de peur qu'elles ne le tuent, les contraignait à se servir de coquilles de noix chauffées à blanc en guise de rasoir et de ciseaux. Il fit creuser autour de sa couche nuptiale un petit fossé qu'enjambait une passerelle qu'il retirait après s'être couché ; pour montrer combien la vie d'un souverain est pleine de dangers, il fit suspendre au-dessus de la tête de Damoclès, courtisan envieux, une épée affilée simplement retenue par un crin de cheval (c'est de là que vient l'expression « épée de Damoclès », symbolisant une menace permanente). Sa cupidité le conduisit même, dit-on, à s'approprier le manteau en or de la statue de Zeus et à lui substituer un manteau de laine.

À sa mort, le trône fut repris par son fils **Denys le Jeune**, qui ne possédait pas les mêmes compétences politiques que son père ; c'est le sanguinaire **Agathoclès** qui lui succède, et qui n'hésitera pas, pour s'emparer du pouvoir, à massacrer les aristocrates. Sa tentative de chasser les Carthaginois de Sicile restera également vaine (défaite à Himère en 310 avant J.-C.).

Le dernier tyran qui gouvernera Syracuse sera **Hiéron II**. En 212, la ville passe aux mains des Romains, sous lesquels elle devient capitale de la province de Sicile.

**Les distractions d'Archimède** – De la vie d'Archimède, célèbre mathématicien né à Syracuse en 287 avant J.-C., on ne possède aucune information attestée. On raconte qu'il était si distrait et absorbé par ses recherches qu'il en oubliait même le boire et le manger. Ses serviteurs étaient contraints de le traîner de force aux bains ; mais même là, il continuait à tracer des figures géométriques en dessinant dans la cendre. C'est dans sa baignoire qu'il découvrit le principe qui l'a rendu célèbre : tout corps plongé dans un liquide subit une poussée verticale égale au poids du fluide déplacé. Enchanté, il se précipita hors de chez lui en hurlant *Eurêka !* (j'ai trouvé !). Il s'intéressa à l'arithmétique, la géométrie, la physique, l'astronomie et la mécanique. De ses inventions techniques, on retiendra la vis d'Archimède, système de pompe à vis hélicoïdale *(voir p. 383)*, la roue dentée, le planétarium, et les miroirs ardents (jeu de miroirs et de lentilles grâce auquel il mit le feu à la flotte romaine). On raconte aussi que lorsque les Romains réussirent à entrer dans la ville, Archimède, absorbé par ses calculs, ne s'en aperçut pas et mourut transpercé par l'épée d'un soldat.

**Les muses de Syracuse** – Au cours de l'Antiquité, la ville occupe une place prépondérante dans le domaine des arts. En effet, de nombreux souverains s'intéressent aussi à la vie artistique et accueillent poètes et écrivains. Il y a aussi ceux qui, comme Denys l'Ancien, se risquent à écrire, quoique sans grand succès. Le premier à se préoccuper officiellement d'art est Hiéron Ier, qui se proclame protecteur des poètes et reçoit à sa cour des artistes de grand renom, tels **Pindare** ou **Eschyle**, le père de la tragédie grecque et auteur des *Perses* (environ 470 avant J.-C.) et des *Etnéennes*, représentés au théâtre grec du quartier de Neapolis. **Platon** entretient avec Syracuse, et surtout avec ses souverains, des rapports agités. Denys l'Ancien l'accueille à contre cœur, pour l'expulser peu après ; à la mort du tyran, le philosophe revient, protégé par le régent Dione, mais il est à nouveau chassé par Denys II, et son projet de créer un théâtre philosophique échoue. **Théocrite**, précurseur de la poésie bucolique dans laquelle s'illustrera Virgile, est sans doute originaire de Syracuse.

Plus récemment, Syracuse a vu naître **Salvatore Quasimodo** (1901-1968), poète du mal de vivre, qu'il chante dans des vers toujours plus hermétiques et incisifs qui lui valent, en 1959, le prix Nobel.

# *découvrir*

## Parc archéologique de Neapolis★★★

&. *Avr.-oct. : 9h-18h ; nov.-mars : 9h-15h. 4,50€. ☎ 0931 48 11 11.*
*Il y a deux entrées différentes, l'une située via Rizzo et l'autre viale Paradiso. Pour l'itinéraire indiqué ci-dessous, entrée via Rizzo.*

## Teatro Greco★★★

C'est l'un des plus grands monuments de l'Antiquité. Le *theatron* a été entièrement creusé dans la roche, exploitant l'inclinaison naturelle de la colline Temenite. La date de construction a été estimée aux alentours du 5e s. avant J.-C.

# carnet pratique

## TRANSPORTS

L'aéroport le plus proche est celui de Fontanarossa de Catane, auquel la ville est reliée par des services quotidiens de cars (1h). Les services de cars, avec départ du piazzale S. Antonio, relient la ville à Catane (1h environ), à Palerme (4h), à Raguse (2h) et à de nombreuses autres localités plus petites. Pour de plus amples renseignements, contacter l'AST, ☎ 0931 46 27 11, et la SAIS, ☎ 0931 66 710.
Si l'on voyage en train, il existe des liaisons avec Catane (1h30), Messine (3h), Raguse (environ 2h) et Taormine (2h15).

## VISITE

**Ancien marché d'Ortygie –** Dans la via Trento au n° 2, l'ancien marché couvert de Syracuse, construit au début du 20e s. et abandonné dans les années 1980, accueille de nombreux services touristiques (vente et réservation d'excursions, billetterie pour des manifestations ou pour les transports, visites guidées, location d'audioguides). Pour toute information ☎ 0931 44 92 01 ; www.anticomercato.it

**Billets groupés –** Ces billets sont valables 2 jours. Billet à 8€ : Musée archéologique régional Paolo Orsi, galerie régionale du palais Bellomo et parc archéologique de Neapolis ; billet à 5€ : Musée archéologique régional Paolo Orsi et galerie régionale du palais Bellomo ; billet à 6€ : Musée archéologique régional Paolo Orsi et parc archéologique de Neapolis.

**Syracuse vue de la mer –** On peut effectuer le **tour du Grand Port et d'Ortygie\*** sur les bateaux *Selene* et *Linea d'Ombra* qui longent la côte en offrant une vue et une perspective différentes sur la ville. La promenade, d'une durée moyenne de 35mn, peut se prolonger à la demande et inclure, sur réservation, le déjeuner ou le dîner. Elle acquiert tous ses charmes au coucher du soleil, ou la nuit, lorsque les monuments s'illuminent les uns après les autres. Les excursions s'effectuent de mars à nov. (et même plus tard si le temps et la mer le permettent) sur réservation. ☎ 0931 62 776, 0931 79 10 33, fax 0931 46 12 01, ou 368 66 67 21/347 12 75 680 (portables à bord).

## RESTAURATION

### • *Sur le pouce*

**Giardino di Epicuro –** *Largo della Gancia 5, (au fond de la via Nizza), Syracuse -* ☎ *0931 46 89 96 - fermé mer. - réserv. conseillée - 20/50€.* Un établissement plein de vie, en plein centre historique, où l'on vous propose avec bonne humeur d'abondants plats de poissons et des pizzas de toute sorte.

**Darsena da Jannuzzo –** *Riva Garibaldi 6 (tourner à droite dès que vous êtes sur l'Ortygie), Syracuse -* ☎ *0931 61 522 - fermé mer. -* 🍴 *- 25/35€.* L'étal de poissons frais, issus de la pêche locale, à l'entrée, vous

donne idée de ce que vous propose ce restaurant. Le poisson y est préparé de façon simple mais savoureuse et vous sera servi dans la salle ou sous la véranda avec vue sur le canal.

## HÉBERGEMENT

⊖⊜ **Bed & Breakfast Dolce Casa –** *Via Lido Sacramento 4, Loc. Isola, SS 115 direction Noto, puis la route à gauche pour Loc. Isola -* ☎ *0931 72 11 35 - fax 0931 72 11 35 - contact@bbdolcecasa.it -* 🅿 🍴 *- 10 ch. : 52/83€* 🍽. À mi-chemin entre les merveilles de Syracuse et la mer, cette villa privée, transformée en un accueillant B&B, dispose de grandes chambres lumineuses, meublées à l'ancienne avec quelques touches romantiques, et d'un beau jardin de palmiers et de pins pour un séjour des plus agréables.

⊖⊜ **Agriturismo La Perciata –** *Via Spinagallo 77, 14 km au SO de Syracuse sur la P 14. Maremonti direction Canicattini, au croisement, prendre pour Floridia -* ☎ *0931 71 73 66 - fax 0931 62 301 - perciata@perciata.it - fermé juin-sept. à midi pour le restaurant -* 🍴 🍽 *- 11 ch. : 65/82€* 🍽 *- rest. 20/25€.* Entourée de verdure, une villa aux accents méditerranéens, pour des vacances à l'enseigne de la détente. Les effets bénéfiques de la campagne se conjuguent à ceux des parties de tennis, des balades à cheval et des hydromassages. Chambres et appartements élégamment authentiques et très confortables.

⊖⊜ **Hotel Gutkowski –** *26, Lungomare Vittorini, Syracuse -* ☎ *0931 46 58 61 - fax 0931 48 05 05 - info@guthotel.it -* 🍴 *- 13 ch. : 73/88€* 🍽. Cet hôtel, qui dispose d'une petite entrée très caractéristique au rez-de-chaussée, propose des chambres meublées avec élégance et une magnifique terrasse-solarium panoramique. Un établissement soigné dans les moindres détails.

⊖⊜⊜ **Albergo Domus Mariae –** *Via Vitt. Veneto 76, Syracuse -* ☎ *0931 24 854 - fax 0931 24 858 - domusmariae@sistemia.it -* 🍴 *- 13 ch. : 93/130€* 🍽. Gestion mise à part (par les religieuses ursulines), il s'agit d'un hôtel traditionnel, au décor et à l'ameublement raffinés, tant dans les grandes chambres que dans les espaces communs plus petits. Une terrasse-solarium avec vue sur la mer vient parfaire l'atmosphère de détente qui y règne.

## PETITE PAUSE

**Enoteca « Capriccio » –** *Via dell'Amalfitania 11, Syracuse -* ☎ *0931 46 49 18 - 10h-22h.* Une occasion unique de découvrir et déguster les meilleurs crus siciliens car vous trouverez dans cette œnothèque un très grand choix de vins, dont quelques-uns sont très particuliers comme le « rosolio à la mandarine » ou « à la cannelle ».

### Gelateria Bianca Salvatore –

*Corso Umberto I (pas de n°), Syracuse.*
Si 30 parfums différents de glaces ne vous
suffisent pas, alors vous pouvez passer votre
chemin. En revanche, si vous décidez de vous
en « contenter », installez-vous à la terrasse
ombragée pour déguster avec délice cornets
ou coupes (à un prix très raisonnable !).

### Pasticceria-Gelateria Dolcidea –

*Viale Regina Margherita 23, Syracuse -*
☎ *0931 22 920.* Glaces et granités
aux mille parfums de Sicile, à savourer
confortablement assis à l'une des tables
de la terrasse ombragée. À deux pas
du petit port.

## SPECTACLES

### Teatro dei Pupi del Fratelli Mauceri –

*Via della Giudecca 17, Syracuse -*
☎ *0931 46 55 40 - tlj sf dim. 9h-12h,*
*16h-19h (magasin).* Situé en plein cœur
d'Ortygie, ce petit théâtre de marionnettes
est géré par les frères Mauceri qui vous
feront voyager dans le temps et découvrir
la culture sicilienne populaire. Juste à côté
se trouve la boutique d'Alfredo Mauceri
où sont fabriqués les *pupi*.

## ACHATS

### Galleria Bellomo – *Via Capodieci 15,*

*Syracuse -* ☎ *0931 61 340 - 10h-13h,*
*16h30-19h, dim. 10h30-13h.* C'est une jolie
histoire que celle de la Signora Massara :
initiée par son beau-père passionné au travail
du papyrus, elle ouvre en 1980 ce petit
atelier/galerie et fait preuve depuis lors
d'un talent indéniable.

### Galleria del Papiro – *Via Ruggero*

*Settimo 35, Syracuse -* ☎ *339 15 02 337*
*(portable) - tlj sf dim. 9h30-13h, 15h30-19h.*
Alessandro Romano est un artiste qui

réalise ses œuvres à base de papyrus.
Un grand choix d'œuvres, dont le style
et les dimensions varient, sont exposées
et proposées à la vente.

## LOISIRS-DÉTENTE

La côte au Sud de Syracuse offre de belles
plages de sable (à **Arenella**), entrecoupées
de falaises et de criques comme celle
d'**Ognina**, véritable paradis pour les amateurs
de plongée. Le site le plus remarquable
est sans aucun doute **Fontane Bianche**,
à environ 20 km au Sud de Syracuse.

Istituto Nazionale del Dramma Antico, Siracusa

## CALENDRIER

**Pièces classiques** – En mai et en juin,
le théâtre grec accueille un prestigieux festival
de théâtre antique. Pour toute information,
contacter l'Istituto Nazionale del Dramma
Antico, corso Matteotti 29, Syracuse,
☎ 0931 67 415, fax 0931 21 424 ;
www.indafondazione.org/
**Fête de sainte Lucie** – Le 13 décembre,
Syracuse fête sa patronne.

en se fondant sur la date connue de la première représentation théâtrale des
*Perses* d'Eschyle. Même le nom du constructeur supposé nous est parvenu,
Damocope, surnommé Myrilla pour avoir utilisé des onguents *(miroi)* le jour de
l'inauguration du théâtre.

Le théâtre a été transformé par Hiéron II au 3ᵉ s. avant J.-C. Partagée en neuf secteurs, la *cavea* est traversée, à mi-chemin environ, par un promenoir *(diazoma).* On
a gravé sur les murs de chaque secteur le nom d'une personnalité ou d'une divinité. Aujourd'hui encore on peut distinguer les lettres qui forment le nom de Zeus
Olympien (ΔΙΟΣ ΟΛΥΜΠΙΟΥ) dans le secteur central ; en continuant sur la droite
en face de la scène, le nom de Hiéron II lui-même (ΒΑΣΙΛΙΕΟΣ ΙΗΡΩΝΩΣ), ceux
de sa femme, Philistide (ΒΑΣΙΛΙΣΣΑΣ ΦΙΛΙΣΤΙΔΩΣ), et de sa belle-fille, Néréide
(ΒΑΣΙΛΙΣΣΑΣ ΝΗΡΗΙΔΟΣ). Adapté à l'époque romaine pour les jeux Aquatiques
(suppose-t-on) et les combats de gladiateurs avant la construction de l'amphithéâtre *(voir ci-dessous),* le lieu a été détourné par la suite de sa fonction première.
Les Espagnols par exemple y installèrent des moulins à eau. Dans la partie centrale
de la *cavea,* on voit encore les sillons laissés par deux meules et la rigole pour
l'écoulement de l'eau.

Derrière la *cavea* se trouve un large espace au milieu duquel s'ouvre ce qu'on
appelle la **grotte du Nymphée**. Elle présente un bassin rectangulaire, alimenté
par les eaux d'un aqueduc grec qui s'étire sur 35 km environ depuis le rio
Bottigliera, affluent de la rivière Anapo dans la région de Pantalica *(voir ce nom).*
Laissé à l'abandon au cours du Moyen Âge, l'aqueduc a été à nouveau exploité
au 16ᵉ s. par le marquis de Sortino pour alimenter les moulins du théâtre. Sur la
gauche débute la **Via dei Sepolcri**. Les murs qui la bordent abritent des hypogées d'époque byzantine et des niches votives qui servaient à déposer des
offrandes.

H. Champollion/MICHELIN

### Orecchio di Dionisio★★★

Cette grotte fascinante se trouve dans l'une des plus belles latomies de Syracuse, la **latomie du Paradis★★**, aujourd'hui ravissant jardin planté d'orangers, de palmiers et de magnolias. Comme son nom « oreille de Denys » l'indique, la forme de la grotte rappelle un pavillon d'oreille, à l'entrée comme dans le dessin sinueux de l'intérieur. C'est **le Caravage** qui, au cours de son voyage en Sicile au début du 17e s., lui a donné ce nom, intrigué aussi par la légende selon laquelle Denys l'Ancien, grâce à l'acoustique exceptionnelle de la grotte, pouvait espionner ses ennemis sans être vu.

---

#### LES LATOMIES

Les latomies (du grec *litos* pierre, et *temnos*, taillé) sont les anciennes carrières d'où provenaient les blocs de calcaire qui servaient à la construction des édifices publics et des grandes maisons. Après avoir délimité une zone susceptible de fournir des blocs réguliers et de bonne qualité, on commençait à creuser et à extraire la pierre *(voir p. 344)*. Une fois l'extraction terminée, les cavités servaient de prison, comme l'affirme Cicéron dans ses *Verrines*. Il est très vraisemblable que les sept mille Athéniens faits prisonniers en 413 avant J.-C. ont été enfermés dans les latomies. Après huit mois de réclusion, tous avaient péri, à l'exception des rares captifs qui avaient eu la « chance » d'être vendus comme esclaves, et de ceux, encore plus rares, qui, raconte la légende, surent réciter des vers d'Euripide. On peut ajouter qu'à l'époque la physionomie des grottes n'était certainement pas la même, elles devaient être plus grandes, plus sombres, mieux adaptées à cette sinistre fonction, car ce que l'on voit aujourd'hui a subi les effets d'effondrements et surtout de secousses telluriques. Par la suite, les lieux furent utilisés pour les cérémonies funèbres, puis comme refuge et enfin comme terrains cultivables. C'est récemment seulement que l'on a pensé à leur rendre leur valeur historique et à les sauvegarder.

Si l'on trace un plan de toutes les latomies (on en a identifié douze, mais certaines sont enfouies sous des constructions), on remarque qu'elles s'organisent autour d'une sorte d'arc correspondant au profil de la terrasse calcaire qui s'élève approximativement à la limite des quartiers de Neapolis et de Tyché. Des hauteurs *(à côté du théâtre grec)*, on en a une vue d'ensemble, et on peut distinguer certains des piliers qui soutenaient la voûte de grottes disparues suite à des mouvements sismiques. Après la **latomie du Paradis**, en continuant sur la même ligne vers l'Est, on rencontre la **latomie Intagliatella** et celles de **San Venera**, **Casale** et des **Capucins**. Cette dernière est sans doute la plus grandiose et la plus spectaculaire avec ses parois rocheuses escarpées.

---

L'éclat des parois, très hautes et régulières, le découpage interne proche du labyrinthe, et la pénombre font douter qu'il s'agisse d'une carrière. Mais cette configuration particulière est due à la technique d'extraction qu'on employait autrefois. On ouvrait une petite fissure dans la partie supérieure, qu'on élargissait ensuite vers le bas (en suivant sans doute le tracé d'un aqueduc) au fur et à mesure que l'on mettait au jour des strates de pierre d'excellente qualité. Sans doute à cause de sa superbe acoustique, il n'est pas rare d'y entendre guides, curieux ou visiteurs s'essayer à un tour de chant.

De nombreuses histoires circulent autour de la grotte et de son utilisation. L'hypothèse la plus vraisemblable lui attribue la fonction de prison (comme toutes les autres latomies). S'y ajoute celle, plus fantaisiste, de « cornet acoustique de Denys ». Certains soutiennent aussi qu'elle servait pour le chœur intervenant dans les pièces jouées au théâtre tout proche.

À côté se trouve la **grotte des Cordiers**, appelée ainsi car il y a peu de temps encore y travaillaient les artisans qui tressaient la corde, bien installés au frais. Visible malheureusement seulement de l'extérieur pour des raisons de sécurité, c'est une magnifique illustration des techniques d'extraction antiques.

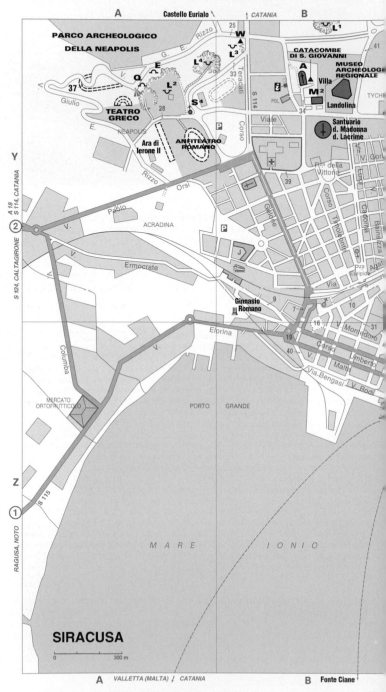

SIRACUSA

### Ara di Ierone II
Édifié au 3ᵉ s. par le tyran Hiéron II pour les sacrifices publics, l'immense autel long d'environ 200 m est taillé en partie dans la roche. En face s'ouvrait une grande place rectangulaire, probablement entourée d'un portique et avec un bassin au centre.

### Anfiteatro Romano★
Construit à l'époque impériale, il a mis à profit la configuration du terrain qui a permis de creuser directement dans la roche la moitié de la *cavea*. C'est la partie la mieux conservée. L'autre hémicycle en revanche était constitué de gros blocs de

pierre qui ont été réutilisés aux époques suivantes. On distingue encore les deux entrées, l'une au Sud et l'autre au Nord. Au centre de l'arène s'ouvre une cavité rectangulaire reliée à l'entrée Sud par un fossé : il s'agissait d'un local « technique » destiné au matériel de scène pour les effets spéciaux des spectacles.

Face à l'entrée de l'amphithéâtre se trouve la chapelle préromane **San Nicolò dei Cordari** (11ᵉ s.) où l'on peut voir, sur son côté droit, le bassin romain qui servait à remplir l'amphithéâtre d'eau à l'occasion des naumachies et à laver l'arène à la fin des combats de gladiateurs et de bêtes fauves.

## Tomba di Archimede

*Visible seulement de l'extérieur, sur la via Romagnoli, à l'angle de la via Teracati.* À l'extrême Est de la latomie Intagliatella se trouve la **nécropole Grotticelli**. Une des cavités creusées dans la roche se remarque par son entrée ornée de colonnes doriques (très endommagées) et d'un fronton à tympan. On l'appelle tombe d'Archimède, mais il s'agit en fait d'un *columbarium* d'époque romaine (lieu pourvu de niches destinées à recevoir des urnes cinéraires).

# se promener

## Ortygie★★★

Au golfe de Sicanie
Et sous l'âpre Plémyre,
Est une île
Toujours appelée Ortygie...
      Virgile, *L'Énéide*, Chant III.

*Étant donné l'abondance de palais et de lieux dignes d'intérêt, il est impossible d'indiquer un itinéraire incluant tout ce qui mérite d'être vu. C'est pourquoi ci-dessous, seules les rues les plus importantes sont signalées, laissant à la fantaisie, aux désirs et à l'émotion de celui qui pénètre en ces lieux chargés d'histoire, le rôle de guide pour une découverte plus précise. On conseillera au promeneur de lever les yeux en permanence, pour ne rien perdre des secrets que recèlent ruelles et palais.*

Implantation la plus ancienne de la ville, l'île est reliée à la terre ferme par le Ponte Nuovo, prolongement du corso Umberto I, l'une des principales artères de Syracuse. Ici la mer se fait plus présente, depuis la darse qui s'étend à droite comme à gauche du pont et s'anime de barques colorées. Si l'on promène le regard le long du quai, on remarque à droite, juste à l'angle, un beau palais de style néogothique. Le crépi rouge et les fenêtres géminées appartiennent à la demeure du poète et écrivain Antonio Cardile (Messine 1883 - Syracuse 1951) et invitent le visiteur à poursuivre sa promenade sur l'île. L'atmosphère qu'on y respire est plus calme, plus tranquille, les rumeurs semblent y parvenir atténuées. À droite la mer, à gauche les anciens remparts espagnols, attestant que toute la vieille ville était autrefois fortifiée. La **porte Marina**, dont la linéarité est interrompue par un joli kiosque de style catalan, s'ouvre sur le passage Adorno, construit sur les remparts du 19e s. Au-delà, le regard embrasse l'immense étendue du Porto Grande, théâtre de terribles batailles dans l'Antiquité.

## Fonte Aretusa★

Source d'eau vive, la fontaine a joué dans l'Antiquité un rôle déterminant dans l'établissement du premier noyau de peuplement. L'existence de cette source est liée à une légende. Aréthuse, nymphe d'Artémis, persécutée par l'amour d'**Alphée** le chasseur, demande assistance à la déesse, qui la fait fuir par une voie souterraine. Ayant ainsi rejoint l'île d'Ortygie, la nymphe se métamorphose en source. Alphée cependant ne se décourage pas et, après s'être transformé en fleuve souterrain, traverse la mer Ionienne pour rejoindre Ortygie, où il mêle ses eaux à celles d'Aréthuse. Oies et canards barbotent aujourd'hui dans la fontaine, entre palmiers et papyrus.

Les façades des maisons aux tons pastel créent une harmonieuse continuité que l'on retrouve aussi dans les rues de l'intérieur.

Sur l'extrême pointe de l'île se détache la masse du **château Maniace**, forteresse en grès construite par Frédéric II de Souabe dans la première moitié du 13e s. Le château porte le nom du général byzantin **Giorgio Maniace**, qui, en 1038, tenta d'éviter que l'île ne tombe aux mains des Arabes en la ceinturant de fortifications, notamment à l'endroit où Frédéric II bâtira par la suite le fort. La structure carrée et massive est caractéristique des constructions souabes. Certains éléments architecturaux montrent que le château avait un rôle certes défensif mais aussi probablement de prestige. *Au moment de la rédaction de ce guide, des travaux de restauration sont en cours pour permettre l'ouverture du château au public. Pour toute information, contacter l'Office de tourisme,* ☎ 0931 46 42 55.

En continuant, on atteint la Riviera di Levante, d'où l'on a une belle vue sur le château (la meilleure restant celle que l'on découvre de la mer). Après avoir dépassé l'**église dello Spirito Santo**, avec sa belle façade blanche à trois ordres reliés par des volutes et rythmée par des pilastres, on arrive dans la **via San Martino** où se trouve l'église du même nom dont la fondation remonte au 6e s. et qui possède un portail de style gothico-catalan.

En continuant dans la via San Martino, on parvient à l'**église San Benedetto**, avec son beau plafond à caissons, et à la Galerie régionale du palais Bellomo toute proche *(voir description dans « visiter »)*.

*Continuer dans la via Capodieci et tourner ensuite à droite dans la via Vergini.*

## Piazza Duomo★★

De forme irrégulière, légèrement arrondie sur le côté qui fait face à la cathédrale, cette charmante place dégage une atmosphère particulièrement émouvante au coucher du soleil et quand elle est illuminée, la nuit venue. Elle est entourée de beaux palais baroques, parmi lesquels on note d'abord l'intéressante façade du **palais Beneventano del Bosco**, renfermant une belle cour intérieure, et, en face, le **palais du Sénat** (avec dans la cour un carrosse sénatorial du 18ᵉ s.). L'**église Santa Lucia** en ferme le petit côté. À proximité se trouvent l'ancien couvent et l'église de Montevergini, qui abrite la Galerie municipale d'art contemporain *(voir description dans « visiter »).*

Les colonnes grecques du Dôme.

H. Champollion/MICHELIN

## Duomo★

Depuis l'Antiquité, le site où s'élève le Dôme abrite des lieux de culte. Un temple élevé au 6ᵉ s. avant J.-C. a été remplacé par le temple d'Athéna, construit en l'honneur de la déesse grâce au butin de l'écrasante et décisive victoire d'Himère contre les Carthaginois (480 avant J.-C.). Au 7ᵉ s., le temple fut englobé dans un édifice chrétien. On a élevé des murs pour combler les ouvertures entre les colonnes du péristyle, et percé huit arcades dans la *cella* centrale pour ouvrir le passage vers les deux nefs latérales ainsi formées. Les énormes colonnes doriques sont encore visibles aujourd'hui sur le flanc gauche du bâtiment, à l'intérieur comme à l'extérieur. Sans doute changée en mosquée par les Arabes, l'église fut remaniée à l'époque normande. Le tremblement de terre de 1693 a provoqué l'effondrement de la façade, reconstruite dans le style baroque (18ᵉ s.) par le Palermitain Andrea Palma, qui a pris la colonne comme unité de composition de base. L'entrée est précédée d'un atrium comportant un joli portail flanqué de deux colonnes torsadées dont les spirales s'enroulent en pampre de vigne.

À l'**intérieur**, le flanc droit de la nef latérale est délimité par les colonnes de l'ancien temple, qui donnent aujourd'hui accès aux chapelles. Dans la première chapelle de droite sont conservés de beaux fonts baptismaux, composés d'un cratère grec en marbre soutenu par sept petits lions en fer battu du 13ᵉ s. La **chapelle Santa Lucia** voisine, présente un remarquable devant d'autel en argent du 18ᵉ s. Une niche abrite la statue en argent de la sainte, œuvre de Pietro Rizzo (1599). La cathédrale renferme de nombreuses statues des **frères Gagini**, dont celles de *la Vierge* (Domenico), de *Sainte Lucie* (Antonello) dans la nef latérale de gauche et de la *Madone de la Neige* (Antonello) dans l'abside de gauche.

Au Nord de la place, via Landolina, s'élève l'imposante façade de l'**église des Jésuites**.

De l'église, on peut rejoindre la **piazza Archimede** toute proche. Animée en son centre par la fontaine d'Artémis (19ᵉ s.), elle est entourée de beaux palais.

## Palazzo Mergulese-Montalto★

*Via Montalto.* Édifié au 14e s., ce magnifique palais est malheureusement en assez mauvais état. La façade se divise en deux ordres séparés par une corniche dentelée. La partie supérieure se pare de superbes **fenêtres**★★ ornementées, entourées d'arcs richement sculptés et séparées par de fines colonnettes torses. À l'étage inférieur s'ouvre un portail en ogive surmonté d'un joli édicule.

*Revenir sur la piazza Archimede.*

## Via della Maestranza★

C'est l'une des artères principales et des plus anciennes d'Ortygie. Elle est bordée de demeures nobles de style baroque, dont nous signalons ci-dessous les plus remarquables. Au n° 10, le **palais Interlandi Pizzuti** ; un peu plus loin, le **palais Impellizzeri** (n° 17) présente une façade rythmée de fenêtres et de balcons aux lignes sinueuses ; plus avant, le **palais Bonanno** (n° 33), siège de l'Azienda Autonoma del Turismo, est une sévère construction médiévale qui donne sur une cour charmante, avec une loggia au premier étage. Au n° 72 s'élève l'imposant **palais Romeo Bufardeci**, à l'exubérante façade ornée de balcons rococo.

La rue s'ouvre ensuite sur une petite place couronnée par l'église **San Francesco all'Immacolata** contre laquelle s'appuie le clocher datant du 19e s. La façade claire, convexe et linéaire, est rythmée par des colonnes et des pilastres. Dans la nuit du 28 au 29 novembre s'y déroulait un rite d'origine antique, la *Svelata* (dévoilée), durant lequel on dévoilait l'image de la Madone (aux premières lueurs de l'aube, afin de permettre aux gens de se rendre ensuite à leur travail, qui autrefois débutait très tôt). Auparavant, dans la nuit, un groupe de musiciens annonçait aux fidèles le début de la célébration.

Au bout de la rue se détache la façade courbe du **palais Rizza** (n° 110). Le **palais Impellizzeri** (n° 99) s'élève au dessus d'une somptueuse et originale corniche à figures humaines et grotesques surmontées de motifs floraux.

Derrière s'étend le **quartier de la Giudecca**, tracé à l'antique avec ses rues étroites et perpendiculaires. La communauté juive y a vécu au 16e s. jusqu'à son expulsion. Au bout de la rue se trouve le **belvédère San Giacomo**, ancien bastion défensif, d'où l'on jouit d'une **vue**★ magnifique sur Syracuse. Non loin de là, sur la droite, se dresse le **fort Vigilena**.

## Mastrarua

Aujourd'hui via Vittorio Veneto, c'était autrefois l'artère principale d'Ortygie. Le roi y passait pour entrer dans la ville, processions et parades officielles et royales s'y déroulaient. On y trouve naturellement de beaux palais. Parmi les édifices prestigieux, on remarque le **palais Blanco** (n° 14), reconnaissable à la statue de saint Antoine placée dans un kiosque en façade et à sa charmante cour intérieure avec perron ; la **maison Mezia** (n° 47) dont le portail est surmonté d'une console en forme de griffon ; l'**église San Filippo Neri**, suivie de la façade linéaire du **palais Interlandi**, puis du **palais Monforte**, malheureusement très détérioré. Ce dernier se trouve à l'angle de la via Mirabella, où s'alignent de magnifiques bâtiments ; en particulier, juste en face du palais Monforte, l'élégant **palais Bongiovanni**, dont on admirera la porte surmontée d'un mascaron au-dessus duquel se trouve une figure de lion en saillie. L'animal tient un cartouche indiquant la date 1772 et sert de soutènement central à un balcon profilé. La fenêtre du milieu est ornée de volutes.

*Suivre la via Mirabella.*

Une petite courbe à droite permet d'admirer le **palais Gargallo** de style néogothique (actuel siège des archives notariales du canton). Piazzetta del Carmine, on voit un deuxième **palais Gargallo** (n° 34), toujours dans le même style. La via Mirabella marque également le début du quartier arabe, caractérisé par des ruelles et impasses particulièrement étroites. L'une d'entre elles abrite la basilique paléochrétienne **San Pietro**, désormais auditorium, qui montre encore un beau portail. Peu après, toujours via Mirabella, on parvient à l'église San Tommaso, d'origine normande (12e s.). De retour dans la Mastrarua, on peut admirer au n° 111 un beau portail sculpté d'êtres monstrueux. Au n° 136 se trouve la **maison natale d'Elio Vittorini**, écrivain né le 23 juillet 1908.

## Tempio di Apollo

Élevé au 6e s. avant J.-C., c'est le plus vieux temple dorique périptère (entouré de colonnes) de Sicile. Dédié à Apollon selon une inscription, ou à Artémis d'après Cicéron, il a été transformé en église byzantine, puis en mosquée et de nouveau en église sous les Normands. On y voit encore des vestiges des colonnes du péristyle et une partie du mur de l'enceinte sacrée.

Sur la place commence le **corso Matteotti**, promenade d'Ortygie où s'alignent d'élégantes boutiques.

# visiter

### Musée archéologique régional Paolo Orsi★★

(&) 9h-14h (mer. et sam. également 15h30-19h30), lun. 15h30-19h30, dim. et j. fériés téléphoner pour s'informer (dernière entrée 1h av. fermeture). 4,13€. ☎ 0931 46 40 22 ; www.regione.sicilia.it

Presque caché à la vue dans le parc de la **villa Landolina**, le musée joue un rôle de référence incontestée dans la connaissance de la Sicile, de la préhistoire jusqu'à l'époque des colonies de Syracuse.

La visite s'organise suivant un parcours qui retrace selon l'ordre chronologique l'origine, puis le développement des différentes périodes historiques. Les trois grandes sections, bien structurées, sont reliées par un espace central d'accueil, avec, au sous-sol, un auditorium où sont projetés des films *(programme à l'entrée)*.

**Secteur A : préhistoire et protohistoire** – La visite commence par une collection de fossiles et de minéraux, de squelettes et de traces d'animaux préhistoriques, accompagnée d'informations nombreuses sur la faune insulaire. On remarquera les deux reproductions d'éléphants nains, découverts dans la grotte de Spiganello à Syracuse (les originaux sont au musée de Paléontologie de Rome) et qui seraient à l'origine du mythe du Cyclope (à cause du trou de la trompe, qui aurait été confondu avec un œil). On découvre ensuite des témoignages humains du paléolithique, du néolithique et des différentes cultures qui ont suivi. Il s'agit surtout d'objets en céramique, parmi lesquels on distingue un grand **vase★** monté sur un très haut pied caractéristique de Pantalica, en céramique monochrome rouge et brillante, de facture sobre et élégante. Cette première partie s'achève par une présentation (que le musée qualifie de « fourre-tout ») d'objets en bronze (pointes de lance, ceinturons, boucles) qui ne sont pas exposés.

**Secteur B : la colonisation grecque** – On y voit des vestiges témoignant de la naissance et de l'expansion des colonies grecques en Sicile orientale. Naxos, Katane et Leontinoi étaient trois colonies ioniques. De la dernière provient le magnifique **Kourosacéphale**, en marbre. Il y avait aussi deux colonies doriques, Megara Hyblæa et Syracuse, très bien représentées ici. L'étrange statue en calcaire de la *Déesse Mère★* allaitant des jumeaux (6ᵉ s. avant J.-C.) provient de la nécropole de Megara Hyblæa. Assise, privée de tête, elle possède un corps puissant et maternel, assez large pour accueillir et bercer les deux nouveau-nés qui semblent faire corps avec elle.

La collection consacrée à Syracuse est très riche. Elle comprend deux des pièces les plus souvent reproduites : le bas-relief en terre cuite polychrome qui représente une **Gorgone**, provenant du temenos de l'Athenaion, et le petit cheval de bronze retrouvé dans la nécropole de Fusco, emblème du musée.

Juste avant la section dédiée à la colonie de Syracuse, on peut admirer la *Vénus Anadyomène★*, dite Vénus Landolina, du nom de celui qui l'a découverte. Copie romaine d'un original de Praxitèle largement utilisé comme modèle dans l'Antiquité (Vénus Médicis, Vénus Capitoline...), ses courbes souples et douces et sa grâce à tenir son

*La « Déesse Mère » de Megara Hyblæa (6ᵉ s. avant J.-C.).*

vêtement sont soulignées par les plis du délicat drapé dont la forme fait penser à un coquillage.

**Secteur C : colonies secondaires et sites hellénisés** – La première partie, consacrée aux colonies de Syracuse, présente de belles figures anthropomorphes, dont celle d'un **cavalier sur son cheval**. La seconde partie illustre l'histoire des sites de moindre importance. On y remarque la grande statue en argile de **Déméter ou Korê**, assise sur un trône, œuvre de la seconde moitié du 6ᵉ s. avant J.-C. La dernière partie est consacrée à Agrigente et Gela. De cette dernière proviennent un impressionnant **masque de Gorgone** peint, élément détaché de la frise ornementale d'un temple, et une belle **pélikè** attique à figures rouges (sorte d'amphore), œuvre de Polignoto.

Trois **statuettes archaïques** en bois provenant de Palma di Montechiaro constituent un rare exemple de l'art votif, certainement répandu, mais dont il reste peu de témoignages du fait de la fragilité des matériaux utilisés.

## Catacombes de San Giovanni★★

*Tlj sf lun. 9h-13h, 14h30-17h30. 3,50€.* ☎ *0931 36 456 ; www.kalosnet.it*

Elles se trouvent dans le quartier d'Acradina qui, depuis la période romaine, est un lieu consacré au culte des morts. À l'inverse des catacombes romaines, creusées dans un tuf fragile, nécessairement étroites pour éviter les risques d'effondrement, les catacombes de Syracuse ont été creusées dans une solide couche de roche calcaire qui a permis l'ouverture de vastes espaces.

Remontant aux 4ᵉ-5ᵉ s., les catacombes de San Giovanni, construites autour de la tombe de saint Marcien, l'un des premiers martyrs, ont une structure complexe. Elles s'organisent autour d'un axe principal rectiligne, creusé en suivant le tracé d'un aqueduc grec sans doute à l'abandon. De cet axe partent, à angle droit, des galeries secondaires. Les sépultures, niches surmontées d'un arc, sont disposées le long des murs et offrent plusieurs « places » (jusqu'à vingt). Entre chaque sépulture se trouvent des niches plus petites destinées aux enfants. À intervalles réguliers s'ouvrent des chapelles circulaires ou carrées, utilisées par les chrétiens comme chambres funéraires pour les martyrs et les saints. Parmi elles, la plus célèbre est la *Rotonda di Adelfia*, où l'on a retrouvé un magnifique sarcophage gravé de scènes bibliques, qui sera sans doute prochainement placé au 2ᵉ étage du Musée archéologique. Dans la galerie, on remarque la présence de citernes de forme conique, d'époque gréco-romaine, transformées par la suite en chambres funéraires.

**Crypte de saint Marcien** – On suppose que c'est dans ce lieu proche de la nécropole qu'est mort le martyr. La crypte en forme de croix grecque se trouve à environ 5 m sous le niveau du sol. Au fond s'ouvrent trois petites absides semi-circulaires. Dans celle de droite se trouve l'autel où l'apôtre Paul aurait prêché en 60 après J.-C., à son retour de Malte (*Actes des Apôtres*, chap. 28-12). À côté, sur la droite, on voit un tombeau en pierre que la tradition attribue au martyr. On dit que « l'ouverture » sur le côté permettait aux fidèles d'apercevoir le saint et de passer sur son corps un linge, qu'ils conservaient ensuite comme relique. Les quatre angles de la voûte centrale sont soutenus par des piliers surmontés de chapiteaux byzantins figurant les quatre évangélistes.

*La basilique San Giovanni Evangelista.*

**Basilique San Giovanni Evangelista** – Les ruines de la basilique s'élèvent à ciel ouvert au-dessus de la crypte. C'est un des endroits les plus fascinants de Syracuse, plus émouvant encore au coucher du soleil, surtout les jours de fête, à l'occasion des célébrations religieuses. La fondation de la basilique est liée à la crypte du martyr, sépulture au-dessus de laquelle on élevait traditionnellement un lieu de culte. Détruite par les Arabes, la basilique a été reprise par les Normands. On voit encore sur le flanc gauche la façade de l'église normande, ornée d'une belle rosace. Le tremblement de terre a détruit une grande partie de l'église, provoquant l'effondrement du toit qui n'a jamais été remplacé. Le portique qui précède la façade est une reconstruction, composée avec des matériaux du 15ᵉ s.

À l'intérieur, l'autel principal encadré de candélabres est de style byzantin.

## Museo del Papiro

*Tlj sf lun. 9h-14h. Gratuit.* ☎ *0931 61 616 ; www.sistemia.it/museopapiro*

C'est à **Saverio Landolina** que l'on doit la redécouverte du papyrus au 18ᵉ s. Il a contribué à revaloriser cette plante, jusqu'alors utilisée simplement dans un but ornemental par la population locale, et réussi à retrouver le procédé de fabrication du papier (plusieurs exemples sont présentés au musée).

---

### LE PAPYRUS

Le *Cyperus papyrus*, plante luxuriante qui pousse en Égypte, mais aussi ici à Syracuse, sur les rives de la rivière Cyane (*voir « alentours »*), est connu depuis l'Antiquité. Plante vivace des marais constituée d'une grande tige (ou hampe) qui s'achève par une touffe (inflorescence), elle peut varier en forme et dimension. Dans l'Égypte ancienne, la plante avait différents usages, liés à sa nature multiple. La hampe servait à construire des embarcations légères, à tresser des cordes, paniers et plateaux, à tisser des vêtements, des perruques et même des chaussures (sandales). La partie supérieure, en revanche, était utilisée comme éventail ou parasol lors des cérémonies civiles ou religieuses ou des rites funéraires. On suppose aussi que la partie la plus tendre de la tige, la moelle, pouvait être consommée.

Le produit le plus connu tiré du papyrus reste le papier, dont la méthode de fabrication est assez complexe. L'âge de la plante est un facteur déterminant, ainsi que les bains destinés à renforcer les petites bandes qu'on coupe dans la partie transversale de la tige, et le procédé de blanchiment définitif. Les petites bandes sont superposées en deux couches perpendiculaires, pressées puis séchées. Le papier présente alors un endroit (fibres horizontales) et un envers (fibres verticales). Il est intéressant de noter que dans de nombreuses langues, le mot actuel désignant le papier dérive justement de papyrus (*papier* en français et allemand, *papel* en espagnol, *paper* en anglais).

Les pièces exposées au musée couvrent la gamme des emplois du papyrus à partir de l'époque pharaonique (quelques fragments du *Livre des morts*) : différentes plantes ornementales, objets en corde, éventails, et pirogues aux extrémités légèrement recourbées, particulièrement adaptées aux zones marécageuses, encore utilisées par certains peuples africains pour la chasse et la pêche. La dernière partie est consacrée au papier, de sa fabrication (reconstitution d'une table de travail) aux pigments utilisés par le scribe.

---

## Santuario della Madonna delle Lacrime

*7h-13h, 15h-20h.* ☎ *0931 21 446 ; www.madonnadellelacrime.it*

On aperçoit de loin la gigantesque structure conique en béton armé de ce curieux sanctuaire (80 m de diamètre à la base pour 74 m de hauteur) construit à la suite d'un prodige survenu en 1953, quand un tableau de la Madone se mit à pleurer. C'est aujourd'hui un lieu de pèlerinage pour de nombreux fidèles. On doit cette œuvre aux architectes français M. Andrault et P. Parat et à l'Italien R. Morandi, responsable de la structure. À l'**intérieur★**, l'impression de hauteur vertigineuse est soulignée et mise en valeur par les lignes verticales et les étroites fenêtres filant vers le haut.

## Santa Lucia extra Mœnia

La basilique Ste-Lucie-hors-les-Murs donne sur la place qui porte son nom, un vaste et paisible espace rectangulaire. La légende la situe à l'endroit exact du martyre de la sainte, en l'an 303, supplice dont traite la toile du Caravage aujourd'hui exposée au palais Bellomo. De style byzantin, elle a été remaniée par la suite jusqu'à revêtir sa forme actuelle, qui remonte aux 15ᵉ-16ᵉ s. Les parties les plus anciennes encore visibles sont le portail de la façade, les trois absides semi-circulaires et les deux premiers ordres du clocher (12ᵉ s.). Le plafond en bois à chevrons portant des décorations peintes date du 17ᵉ s. Sous l'église, la présence des **catacombes de sainte Lucie** (*fermées au public*) serait la preuve que ces lieux ont été le théâtre du martyre de la sainte.

Sur la même place, un petit édifice octogonal, œuvre de Vermexio, correspondrait au **sépulcre** destiné à la sainte. La dépouille de sainte Lucie, emportée au 11ᵉ s. à Constantinople par le général byzantin Maniace, puis, après la prise de la ville lors de la quatrième croisade, transférée à Venise, est aujourd'hui conservée dans le Dôme.

### SAINTE LUCIE

Sainte patronne de la ville, sainte Lucie vécut au 4ᵉ s. à Syracuse. C'est pourquoi de nombreuses églises, dont le Dôme, lui sont consacrées. Le 13 décembre (*dies natalis*, c'est-à-dire jour de la mort terrestre et de la naissance spirituelle de la sainte), une procession, précédée de l'effigie en argent de la sainte, se rend du Dôme au sépulcre.

## Ginnasio Romano

Il se trouve sur la via Elorina, peu après le **Foro Siracusano**, et faisait comme ce dernier partie de l'ancienne agora d'Acradina. L'appellation de gymnase correspond à la désignation antique de centre de vie intellectuelle, car il s'agit d'un édifice complexe formé d'un quadruple portique, d'un petit théâtre dont on voit encore des gradins de la cavea, et d'un petit temple en marbre qui servait de scène.

## Ortygie

### Galleria Regionale di Palazzo Bellomo★

*Tlj sf lun. 9h-14h, mer. également 15h-19h (dernière entrée 30mn av. fermeture). 2,58€.*
☎ *0931 69 511.*

Érigé à l'époque souabe (13ᵉ s.), le palais Bellomo a été agrandi et surélevé au cours du 15ᵉ s. On y distingue ainsi deux styles. Au rez-de-chaussée, un portail en ogive et des meurtrières lui donnent une allure de forteresse ; l'étage supérieur présente des fenêtres trilobées soutenues par de fines colonnettes. D'abord palais privé, il devint au 18ᵉ s. propriété des religieuses du monastère St-Benoît attenant, intégré aujourd'hui au musée.

Une charmante cour intérieure à portique occupe le centre du palais. Elle dessert l'escalier vers l'étage supérieur, dont l'allège est ornée, sur sa partie haute, d'ouvertures trilobées ou en rosace. Au bout de la première rampe se trouve un joli kiosque de style flamboyant.

**Le musée** – Il est en grande partie consacré à l'art sicilien. L'influence byzantine apparaît clairement dans la ravissante série de tableaux crétois-vénitiens *(salle IV)* représentant la création du monde (six panneaux), le péché originel et l'expulsion du paradis terrestre. L'étage supérieur est davantage consacré à la peinture. La pièce la plus intéressante est certainement l'***Annonciation★*** d'**Antonello da Messina**, superbe, mais endommagée. Comme dans beaucoup de ses œuvres, les détails montrent une influence flamande (manteau du saint, paysage peuplé de personnages derrière la fenêtre) alliée à une rigueur toute italienne dans la forme, la composition et la perspective. ***L'Enterrement de sainte Lucie★***, du **Caravage**, a pour cadre l'intérieur des catacombes qui portent son nom. Le style dramatique et provocateur qui caractérise l'œuvre de cet artiste se retrouve dans le choix de ses compositions : la foule des personnes massées derrière le corps de la sainte, à terre, est dominée par les figures des fossoyeurs, dont l'une, impressionnante, apparaît de dos au premier plan. La lumière projette des ombres inquiétantes.

Le musée présente aussi une série d'objets d'art parmi lesquels ornements religieux, crèches, meubles, céramiques et pièces diverses.

### Galleria Civica d'Arte Contemporanea

(♿) *De mi-mai à mi-sept. : tlj sf lun. matin 9h-13h, 17h-21h ; le reste de l'année : tlj sf lun. matin 9h-13h, 16h-20h, w.-end et j. fériés 9h-13h, 17h-21h. Gratuit.* ☎ *0931 24 902.*
Logée dans l'ancien couvent et l'ancienne église de Montevergini *(entrée via delle Vergini)*, la collection se compose essentiellement d'œuvres picturales d'artistes contemporains italiens et étrangers (Sergio Fermariello, Marco Cingolani, Aldo Damioli, Enrico De Paris).

## *alentours*

### Castello Eurialo★

*Sur la via Epipoli, localité de Belvedere, à 9 km environ au Nord-Ouest. De 9h à 1h av. le coucher du soleil. Gratuit.* ☎ *0931 71 17 73.*
La route qui conduit à la forteresse permet de mesurer l'impressionnant appareil défensif dont s'est dotée la ville sous Denys l'Ancien. L'habile stratège s'attache à fortifier Ortygie, mais décide aussi de ceindre la ville de remparts, sans omettre les quartiers de Tyché et Neapolis, jusqu'alors situés hors des murs, et donc proie facile pour les assaillants. À cette fin, il entreprend la construction des imposants remparts dits **mura dionigiane** (remparts de Denys) sur 27 km autour du plateau de l'Epipoli, qui épaule la ville au Nord. L'enceinte était constituée de deux murs parallèles de blocs taillés dans le calcaire, entre lesquels on mettait de la pierraille. Haute d'environ 10 m et large de 3 m, elle était pourvue de poternes qui assuraient le passage sans présenter de point d'attaque à l'ennemi potentiel, contrairement aux portes habituelles qui étaient flanquées de tours défensives. Une partie des remparts apparaît sur la route qui mène à Belvedere *(sur la gauche)*.

C'est au sommet du plateau que l'on bâtit le fort, appelé Euryale du nom du promontoire sur lequel il s'élève, en forme de tête de clou *(euryelos* en grec). C'est l'une des plus imposantes forteresses de l'Antiquité. Avant de parvenir au donjon, cœur de la place forte, il fallait franchir trois fossés sur lesquels débouchaient des galeries souterraines. Celles-ci évitaient que l'assaillant s'oppose au passage des garnisons et du ravitaillement et facilitaient le déblaiement des matériaux jetés dans les fossés par l'ennemi, qui, même s'il parvenait à y pénétrer, s'y perdait immanquablement. L'entrée du site archéologique correspond au premier de ces fossés. Plus loin se dessine le deuxième, profond, aux parois verticales, et enfin le troisième, véritable ouvrage stratégique. Les trois hauts piliers bien taillés sont les restes d'un pont-levis qui reliait la zone du donjon. Le côté Est est parcouru par une série de galeries communicantes dont l'une, longue de 200 m, aboutissait à la porte à tenaille *(Tripylon)*, l'une des sorties de la forteresse. Sur le côté Ouest du fossé s'ouvraient des pièces destinées aux réserves de vivres.

À l'arrière se dresse le donjon carré, précédé par un impressionnant appareil de cinq tours défensives. Après le donjon, on pénètre dans une enceinte où l'on voit encore, sur la droite, trois citernes carrées. Tout au bout de la pointe on découvre un **panorama★** enchanteur sur Syracuse *(en face)* et la plaine *(à gauche)*.

### Tempio di Giove Olimpico

*Sur la via Fiorina, à 3 km environ de la ville, au bout d'une petite route s'ouvrant sur la droite (suivre les indications).* Légèrement surélevé, en position dominante, le **temple de Jupiter Olympien** a été construit vers le 6ᵉ s. avant J.-C. L'allure de l'édifice, grandiose, devait être en rapport avec son importance.

### Fonte Ciane★★

*8 km au Sud-Est. Visite sur demande. Pour toute information, contacter le Signore Vella ☎ 0931 39 889 ou 368 72 96 040 (portable).*

La source Cyane, qui se mêle presque aux eaux de la rivière Anapo toute proche, liaison principale avec la région intérieure de Pantalica *(voir ce nom)*, est le point de départ d'une **excursion★★** en bateau qui permet de remonter une partie du cours d'eau. Au tout début du parcours, on arrive en vue du Grand Port de Syracuse (beau panorama) pour s'acheminer ensuite vers un endroit où la végétation est riche en roseaux, frênes séculaires et eucalyptus. Après une écluse, on s'enfonce ensuite au sein d'une « forêt » luxuriante de papyrus ployant au-dessus de l'eau. D'après une légende mythologique, c'est ici que la nymphe Cyane, épouse d'Anapo, se serait opposée à l'enlèvement de Perséphone par Hadès, et aurait été pour cela changée en source.

*Les toupets exubérants du papyrus.*

# circuit

## Entre les sites archéologiques

*80 km environ – une journée*
*De Syracuse, prendre la S 114 vers Catane.*

### Thapsos

*Tlj sf dim. 9h-14h. Fermé j. fériés. Gratuit. Pour obtenir des informations et réserver, contacter la Soprintendenza (Direction des affaires culturelles) quelques jours auparavant ☎ 0931 48 11 11.*

C'est entre les golfes d'Augusta et de Syracuse, sur la pénisule de Magnisi, reliée à la terre ferme par un étroit isthme de sable, que va se développer au milieu de l'âge du bronze (15ᵉ-13 s. avant J.-C.) une importante civilisation préhistorique. La découverte de céramiques mycéniennes de style maltais laisse penser que Thapsos a été un grand centre d'échanges commerciaux.

La visite du site permet de voir de remarquables vestiges d'habitations. On y distingue des cabanes à plan circulaire remontant aux 15ᵉ-14ᵉ s. avant J.-C., où apparaissent nettement, pour certaines d'entre elles, le foyer central et les trous dans lesquels étaient plantés les poteaux soutenant le toit. De véritables ensembles d'habitations édifiés ultérieurement (13ᵉ-12ᵉ s. avant J.-C.), composés de plusieurs pièces rectangulaires, elles-mêmes organisées autour d'un couloir central pavé de cailloux, présentent une incontestable influence mycénienne. On verra également, en remontant un peu vers l'Ouest, des citernes, ainsi que le petit canal servant à acheminer l'eau vers les habitations.

En suivant vers le Sud le chemin qui longe le site archéologique, on remarquera sur la gauche des traces de fortifications portant les soubassements de tours du guet ; elles remontent à l'âge du bronze ancien.

Après quelques centaines de mètres, on atteint un vaste espace occupé par la **nécropole**. Elle comprend environ quatre cent cinquante tombes, dans des petites grottes artificielles composées d'une entrée qui n'est dans la plupart des cas qu'un petit puits (les entrées des sépultures étaient situées en bord de mer, où l'action des vagues les a mises au jour), d'un *dromos* ou couloir, et d'une chambre funéraire circulaire au plafond voûté. Parfois, les murs sont creusés de niches (bien apparentes pour une tombe dont la voûte s'est effondrée) où étaient déposées les parures funéraires. Le rite funéraire était l'inhumation et les sépultures, collectives, regroupaient parfois un grand nombre de défunts.

*Revenir sur la route littorale et suivre la direction d'Augusta.*

### Megara Hyblæa

(&) *Avr.-oct. : 9h-18h ; nov.-mars : 9h-15h. Gratuit.* ☎ *0931 48 11 11.*

La colonie grecque de Megara Hyblæa, fondée par les habitants de Mégare en 728 avant J.-C., a été rasée par deux fois, en 483 avant J.-C. par Gélon, le tyran de Gela, puis en 213 avant J.-C. par les Romains. Le champ de fouilles est au cœur d'un paysage insolite, où la mer sert de toile de fond aux cheminées des raffineries d'Augusta.

La **nécropole**, située hors des remparts, s'adosse au plus ancien des murs d'enceinte *(avant de franchir le pont du chemin de fer à proximité du virage, emprunter la petite route empierrée qui part sur la droite).*

Après l'entrée, prendre l'un des *decumani* (artères principales) qui conduisait à l'**agora**. L'intérêt de ce site est qu'on peut encore y découvrir les différentes étapes de la vie de la cité, à partir des vestiges archaïques, auxquels se sont superposées les constructions de la période hellénistique. Sur la place, on distingue sur la gauche un sanctuaire, caractérisé par le demi-cercle qui le ferme au Nord. La route D 1, à gauche, longe une grande **maison hellénistique** datant des 4ᵉ-2ᵉ s. avant J.-C. *(un petit escalier en fer en marque l'entrée).* Une vingtaine de pièces sont disposées autour de deux cours, l'une rectangulaire, avec un puits au milieu, l'autre trapézoïdale. Certaines de ces pièces présentent encore des restes de pavement en *opus signinum* (amalgame de tessons d'argile et autres petits gravats mêlés à la chaux). Les seuils des différentes pièces, encore très visibles, ont conservé les marques des gonds de portes. Revenir sur l'agora, en passant sur la gauche devant les **bains hellénistiques**. On peut y reconnaître un foyer *(sous la passerelle métallique)* et une salle ronde, garnie de vasques sur son pourtour, destinée aux ablutions. Le long de la route C 1 *(à droite des bains)*, on trouve un **prytanée** (salle pour les réunions des magistrats) de l'époque archaïque (6ᵉ s. avant J.-C.), caractérisé par des blocs de pierre carrés et réguliers. Après l'agora, le *decumanus* se termine par la **porte Ouest** et des **fortifications** d'époque hellénistique, à moellons réguliers, renforcées par des tours défensives.

*Poursuivre pendant environ 15 km vers le Nord.*

### Augusta

Port industriel très actif dans le raffinage du pétrole et la production de carburant sans plomb, la ville d'Augusta n'a pas été épargnée par les bombardements de 1943 ni par les séismes de 1693 et de 1990. Fondée par Frédéric II, la ville a toujours été, du fait de sa position stratégique, un poste de surveillance et de défense du golfe. En témoigne le château souabe, aujourd'hui en ruine. La **Porte espagnole**, qui marque l'entrée de la citadelle, est close par deux imposants bastions. La ville ancienne est coupée du Nord au Sud par le corso Principe Umberto, où sont rassemblés de nombreux commerces.

### Brucoli

Gracieuse bourgade de pêcheurs, elle possède un charmant **petit port** lové dans l'estuaire de la rivière Porcaria. Le **château** *(fermé au public)* date du 15ᵉ s. Situé au bout du village, à la pointe extrême de la péninsule, il offre une très belle **vue★** sur le port et le golfe de Brucoli.

*Prendre la direction de Lentini (25 km à l'Ouest de Brucoli).*

### Lentini

Lentini est une petite ville agricole, vouée à la production des agrumes, qui fut fortement endommagée par le séisme de 1693. Sur la place centrale se trouve la *chiesa madre* du 18ᵉ s. dédiée à saint Alfier, dont le culte est particulièrement répandu ici et dans les villages proches de l'Etna. L'église renferme un hypogée paléochrétien que l'on considère comme le sépulcre des saints Alfier, Philadelphe et Cirino. On y voit aussi une Vierge byzantine du 9e s., dite *Odigitria*.

Le **Musée archéologique** rassemble des pièces provenant des fouilles de Leontinoi. *Fermé pour restauration au moment de la rédaction de ce guide.*

## Leontinoi

*Passer par Carlentini. Pour toute information sur les horaires ☎ 095 78 32 962.*

Cette zone, habitée depuis l'époque protohistorique (on peut voir des soubassements de cabanes sur la colline de Metapiccola, accessible par un sentier sur la droite à l'entrée du parc archéologique), a accueilli en 729 avant J.-C. les Chalcidiens de Naxos qui y ont fondé une colonie. Le philosophe **Gorgias** y est né. Les fouilles ont permis de mettre au jour des restes de murailles précédées de tombes monumentales en forme de pyramides. La porte de Syracuse, ancienne entrée de la cité, permet d'apercevoir ce qu'on pense être une acropole sur la colline San Mauro, qui accueille les restes d'un temple. La montée passe devant la base circulaire de ce qui était probablement une tour de défense. Le sommet offre un beau

> **ADRESSE**
>
> **Agriturismo Casa dello Scirocco** –
> *Contrada Piscitello, Carlentini, 3 km au SE de Lentini - ☎ 095 44 77 09 - fax 095 78 36 120 - www.casadelloscirocco.it - ⚹ - 50 lits : 40/80€. ⌑. Inséré dans un complexe rupestre de la Grèce antique, cet agritourisme, la « maison du Sirocco », est une villa aux fondations antiques dotée d'un système naturel d'aération permettant de rafraîchir la maison durant les mois chauds.*

panorama sur Lentini, avec, à l'arrière-plan, le **Biviere** (lac artificiel). Sur la gauche, on aperçoit la colline de San Eligio, avec des tombes de l'ancienne nécropole creusées dans la roche.

## Case del Biviere★

*Au hameau Biviere. À la gare de Lentini, tourner à droite et suivre l'indication SP 67 – Valsavoia. Lorsqu'on bifurque à droite, on aperçoit un grand portail vert qui marque l'entrée de la résidence. Visite du jardin sur demande, en téléphonant ou en envoyant un fax au moins 15 j. à l'avance. Pour les groupes, il est possible de réserver un déjeuner, un apéritif, un brunch ou un thé. 5,16€. ☎ 095 78 31 449, fax 095 78 35 575.*

La légende veut qu'**Hercule**, en venant offrir à Cérès la peau du lion de Némée, ait succombé au charme de ces lieux et qu'il ait fait surgir un lac auquel il aurait donné son nom, changé sous les Arabes en Biviere (abreuvoir ou vivier pour les poissons). La maison s'élevait sur les rives orientales du lac, assaini au cours des années 1930 et recréé en plus petit à distance de la villa. Le jardin qui l'entoure aujourd'hui, réalisé vers 1967 grâce aux princes Borghese, contient de nombreuses espèces botaniques méditerranéennes parmi lesquelles des yuccas, diverses sortes de palmiers, des arbres à floraison remontante (comme le jacaranda originaire du Brésil, la parkinsonia et l'arbre de Judée), un rare exemplaire de *Xanthorrea arborea* et un *Encephaloartus horridus*, plante que l'on croyait fossile et qu'on a retrouvée à l'état sauvage en Tanzanie. Les gros blocs de pierre de l'ancien port hébergent aussi une belle collection de plantes grasses.

# Rovine di **Solunto**★

## Ruines de Solonte

Solonte, une des trois cités puniques avec Mozia et Palerme, occupe un très beau site sur les pentes du promontoire que forme le mont Catalfano, d'où l'on domine la mer et le cap Zafferano.

## La situation

*Carte Michelin n° 565 M22 ou Atlas Italie p. 86 – Palerme.* Le splendide **site naturel**★★ sur lequel se trouvent les ruines de Solonte présente un inconvénient majeur : les montées qu'il faut affronter durant la visite ! Il est par conséquent plus sage d'y aller durant les heures les plus fraîches de la journée.

*Vous pouvez poursuivre votre voyage en visitant : BAGHERIA, CEFALÙ, MONREALE, PALERMO, TERMINI.*

# *visiter*

*En partant de Bagheria, traverser le passage à niveau proche de la gare, prendre la route n° 113 et se diriger vers Porticello où l'on tournera à gauche sur une petite route, en direction de la colline. Mars-oct. : 9h-18h30, dim. et j. fériés 9h-13h ; nov.-fév. : 9h-16h30, dim. et j. fériés 9h-13h. 2,07€. ☎ 091 90 45 57.*

Fondée au 4e s. avant J.-C. par les Carthaginois, peut-être sur les vestiges (ou à proximité) d'une ville phénicienne, elle passe sous la domination romaine environ un siècle plus tard. Son nom a deux origines : l'une, légendaire, l'associe à l'être maléfique Solunto, vaincu sur ces lieux par **Hercule** ; l'autre, plus réaliste, le rattache au carthaginois, *selaim*, signifiant rocher.

Le plan de la ville suit le modèle hippodaméen, de l'urbaniste Hippodamos de Milet : les rues, comprenant un axe principal, le *decumanus*, et des rues secondaires, les *ines*, se coupent à angle droit, formant d'étroits îlots où des passages sont pratiqués pour l'écoulement des eaux. Le terrain, très escarpé, a dû être nivelé, et a rendu nécessaire la construction en hauteur des habitations. Si aujourd'hui les étages supérieurs n'existent plus, on peut encore voir les escaliers qui y menaient.

Pour accéder aux ruines, traverser l'antiquarium où sont conservées les pièces archéologiques trouvées sur le site, dont un fragment de fresque représentant un masque tragique.

### Les thermes
On distingue le soubassement du dallage où circulait l'air chaud servant à réchauffer les différentes salles, ainsi qu'une petite pièce avec un pavement en mosaïques qui servait de vasque.

### Via dell'Agorà
C'était le *decumanus* majeur. Son pavage est singulièrement constitué pour partie de pierres, pour partie de briques en terre cuite. Il traverse la cité du Sud-Ouest au Nord-Est, jusqu'au forum, désigné ici par le grec *agora*.

### Ginnasio
C'est l'appellation donnée communément à la maison patricienne, qui comprenait un atrium à péristyle dont il reste encore trois colonnes doriques et l'entablement constitué d'une architrave, d'une frise à métopes et triglyphes et d'une corniche. On voit au fond l'escalier qui conduisait à l'étage supérieur.

### Via Hippodamos de Milet
Tout en bas de cet ancien *cardo* (rue secondaire), on jouit d'un magnifique **panorama★★** sur la baie de Palerme et le mont Pellegrino.

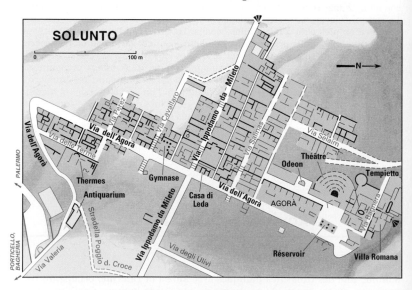

### Casa di Leda
Cette grande maison patricienne doit son nom à une fresque qui représente Léda et le cygne. La demeure s'organise autour d'un péristyle (dont il reste encore un fût de colonne d'angle, les autres colonnes indiquant des logements) au centre duquel un *impluvium* (belle corniche à volutes blanches et noires) est directement relié à une citerne de forme ovale, qui le précède à un niveau inférieur. Dans l'une des pièces donnant sur le péristyle, probablement le *triclinium* (salle à manger), on peut voir encore des murs peints à fresque, de style pompéien. Les escaliers sur les côtés donnent accès à l'étage supérieur.

## Agorà

Sur cette place où se tiennent de nombreux édifices publics étaient regroupées les boutiques *(au fond)*. Sur le côté Est se trouvait une énorme **citerne publique**. On peut encore y distinguer les bases des vingt-six piliers qui en soutenaient la voûte.

## Teatro

*La forme de ce théâtre presque entièrement en ruine n'est perceptible que d'en haut.* Comme pour le théâtre de Ségeste, ses gradins ont été taillés en partie à même la roche. Il date de l'époque hellénistique, mais a été remanié à l'époque romaine (l'orchestre est semi-circulaire). À l'Est, l'édifice circulaire était probablement un **petit temple** où les initiés au culte des dieux laissaient libre cours à leurs visions.

## Odeon

On distingue bien l'orchestre et certains gradins de la *cavea* de ce petit théâtre destiné aux concerts.

## Villa romaine

C'était une vaste demeure à deux étages, avec péristyle. On voit encore l'escalier qui conduisait à l'étage supérieur.

De là, un beau panorama se développe sur le cap Zafferano et le hameau de **Sant'Elia**, avec à droite, sur une pointe, les vestiges du **château médiéval de Solanto**.

# Taormina★★★

## Taormine

Sur un plateau rocheux à 200 m d'altitude, Taormine occupe un magnifique site★★★ en balcon sur la mer, face à l'Etna. L'incroyable beauté du paysage et la richesse des témoignages artistiques qu'elle recèle (le théâtre en est l'exemple le plus frappant) ont contribué à la célébrité de la ville dans le monde entier. Destination de voyage dès le 18ᵉ s., ce n'est qu'au cours des trente dernières années du 19ᵉ s. qu'elle a connu son remarquable essor touristique. Nombreux sont aujourd'hui les étrangers, Anglais et Allemands principalement, qui décident d'y construire des villas et on ne compte plus les personnalités qui y ont séjourné, de l'empereur Guillaume II à Édouard VII, aux familles toujours célèbres comme les Rothschild ou les Krupp, en passant par les écrivains (Lawrence) et, plus récemment, les stars internationales. D'avril à septembre, Taormine est envahie par un flux continu de touristes et perd bien évidemment un peu de son charme, mais la ville reste néanmoins une étape obligée dans le Grand Tour moderne.

### La situation

*10 697 habitants – Carte Michelin n° 565 N 27 ou Atlas Italie p. 89 – Messine.* Inutile de chercher à se garer près du centre historique, il vaut mieux laisser sa voiture dans l'un des grands parkings (bien indiqués) situés le long de la route d'accès à la ville et marcher un peu. Le centre ne peut se visiter qu'à pied et il faudra grimper montées et escaliers pour jouir du magnifique panorama. Il est par conséquent conseillé de faire la visite durant les heures les plus fraîches de la journée. ◨ *Piazza S. Caterina (Palais Corvaja),* ☎ *0942 23 243, fax 0942 24 941 ; www.taormina-network.it/*
*Vous pouvez poursuivre votre voyage en visitant : ACIREALE, ETNA, GIARDINI NAXOS, MESSINA.*

## *comprendre*

**De la légende à l'histoire –** Une légende raconte que des marins grecs, qui longeaient la côte orientale de Sicile, auraient eu l'impudence d'omettre de sacrifier à Neptune. Très en colère, le dieu de la Mer ordonna au vent de souffler avec violence pour provoquer leur naufrage. Un seul rescapé, **Théocle**, fut rejeté sur la plage du cap Schisò. Fasciné par la beauté du site, il retourna en Grèce convaincre ses compatriotes de venir en Sicile fonder une colonie : ce fut **Nasso**, l'actuelle Naxos *(voir Giardini Naxos).*
Il y a un fond de vérité à la légende. Une colonie grecque a effectivement été fondée ici au 8ᵉ s. avant J.-C. Les colons y vécurent en paix jusqu'en 403 avant J.-C., quand **Denys**, tyran de Syracuse, décida d'étendre sa suprématie à cette partie de l'île. Contraints de partir, les colons obtinrent l'autorisation de s'établir sur le promontoire du mont Tauro (à 200 m au-dessus de la mer), occupé autrefois par les Sicules. Ils y fondèrent alors *Tauromenion*, l'actuelle Taormine. Tout d'abord alliée à Rome, puis conquise par Octave, elle devint la capitale de la Sicile byzantine à la chute de

*Le théâtre grec avec l'Etna pour décor.*

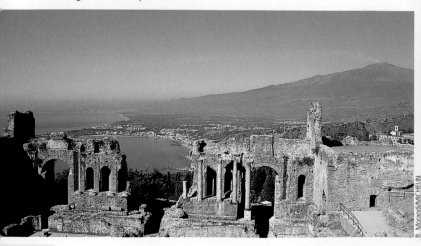

# carnet pratique

## TRANSPORTS

Des services de trains et de cars sont assurés à l'arrivée et au départ de Catane (1h environ), Messine (1h) et Syracuse (2h30). Un service de cars relie tous les jours la ville à l'aéroport Fontanarossa de Catane (65 km). La gare de Taormina-Giardini est située à Villagonia, à 3 km du centre. Le terminal des bus se trouve via Pirandello.

## EXCURSIONS DEPUIS TAORMINE

La CST (Compagnia Siciliana Turismo) propose diverses excursions : Syracuse, Agrigente, Piazza Armerina, Palerme, les îles Éoliennes, les gorges de l'Alcantara et l'Etna. Pour toute information : CST, corso Umberto 101, ☎ 0942 62 60 88, fax 0942 23 304 ; www.compagniasicilianaturismo.it

## RESTAURATION

*Vous trouverez d'autres adresses dans le « carnet pratique » du chapitre GIARDINI NAXOS.*

Outre les adresses signalées, tout le quartier s'étendant à l'Ouest du corso Umberto I respire les odeurs de la cuisine sicilienne. C'est ici en effet que sont concentrés nombre de petits restaurants typiques avec leurs tables installées directement dans les ruelles ou leurs terrasses et jardins, plus intimes.

⊖ **Porta Messina** – *Largo Giove Serapide 4, Taormine -* ☎ *0942 23 205.* Quatre saisons, Capricciosa, Napolitaine, Margherita... ce ne sont là que quelques-unes des pizzas que vous pourrez déguster dans ce sympathique restaurant. Si vous n'avez pas envie de pizza, ne vous inquiétez pas, la carte propose également de bons petits plats.

⊖ **La piazzetta** – *Vícolo F. Paladini 5/7, Taormine -* ☎ *0942 62 63 17 - www.paginegialle.it/ristorantelapiazzetta - fermé lun. (sf juil. et août), nov., janv. - 20/34€ +10 % serv.* Un restaurant typique et particulièrement accueillant, géré par toute une famille. La cuisine est de type méditerranéen, avec de nombreux plats de poisson. Il est particulièrement conseillé de manger sur la petite place, très agréable.

⊖ **Il Baccanale** – *Porta Filea 1, Taormine -* ☎ *0942 62 53 90 - fermé jeu. (sf avr.-sept.) -* ☒ *- 23/35€.* Le décor est simple et authentique et les tables sont serrées les unes aux autres, mme sur la petite place où a été installée la terrasse. Gastronomie sicilienne très soignée, et très appréciée des touristes.

⊖ **Al Saraceno** – *Via Madonna della Rocca 18, Taormine -* ☎ *0942 63 20 15 - info@alsaraceno.it - fermé lun. (sf juil. et août), nov. -* ☒ *- 24/33€.* Situé le long de la route qui part du château sarrasin, ce restaurant totalement rénové possède, au 1er étage, une terrasse spacieuse d'où l'on jouit d'une vue magnifique pouvant aller jusqu'au détroit de Messine. Plats de poissons (très frais !) et pizzas.

⊖☺ **Al Duomo** – *Vico Ebrei 11, Taormine -* ☎ *0942 62 56 56 - info@ristorantealduomo.it - fermé lun., janv., nov. -* ☒ *- réserv. conseillée - 33/41€.* Ce restaurant a tout pour plaire : une terrasse très agréable donnant sur la cathédrale et des recettes alléchantes à base de produits locaux. Que demander de plus ?

⊖☺ **Il Delfino–da Angelo** – *Via Nazionale, Mazzarò, 5,5 km au S de Taormine sur la SS 114 -* ☎ *0942 23 004 - fermé de déb. nov. à mi-mars - 27/37€.* Pour les amoureux de la mer, voici un petit restaurant situé juste à côté des établissements balnéaires. Il ne vous reste plus qu'à choisir votre plat.

## HÉBERGEMENT

*Vous trouverez d'autres adresses dans le « carnet pratique » du chapitre GIARDINI NAXOS.*

⊖ **Bed & Breakfast Villa Regina** – *Punta San Giorgio, Castelmola, 5 km au NO de Taormine -* ☎ *0942 28 228 - fax 0942 28 083 - intelisano@tao.it - fermé nov.-fév. - 10 ch. : 30,99/50€* ☺ *8€.* Très simple, avec un petit jardin frais et ombragé, ce B&B jouit d'une vue enchanteresse sur Taormine et sur la côte. Une adresse à ne pas manquer si vous voyagez en couple et si vous cherchez un endroit intime et romantique.

⊖☺ **Hotel Villa Schuler** – *Piazzetta Bastione, Via Roma, Taormine -* ☎ *0942 23 481 - fax 0942 23 522 - www.villaschuler.com - fermé déc.-fév. -* ☒ ♿ *- 26 ch. : 70/124€* ☺. Ancienne villa dans le centre historique, entourée d'un jardin méditerranéen rempli de plantes et de fleurs tropicales, et transformée en hôtel en 1905. On y trouve encore aujourd'hui une atmosphère fin 19e s. avec des chambres à l'ancienne, mais néanmoins confortables.

⊖☺ **Andromaco Palace Hotel** – *Via Fontana Vecchia, Taormine -* ☎ *0942 23 436 - fax 0942 24 985 - info@andromaco.it -* ☐ ☒ ☒ *- 20 ch. : 85/120€* ☺. En dépit de son nom un peu pompeux, il s'agit d'un hôtel familial et accueillant. Doté d'une vue panoramique et situé non loin du centre, un endroit confortable, tout simplement.

⊖☺ **Hotel Del Corso** – *Corso Umberto 238, Taormine -* ☎ *0942 62 86 98 - fax 0942 62 98 56 - hoteldelcorso@tiscalinet.it - fermé janv.-fév. - 15 ch. : 83/124€* ☺. Établissement historique, totalement restauré en 2000 après un changement de direction. Petite réception, une belle salle à manger and des chambres joliment décorées, même si le goût du détail n'est pas ici une priorité.

⊖☺☺ **Hotel Isabella** – *Corso Umberto 58, Taormine -* ☎ *0942 23 153 - fax 0942 23 155 -* ☒ *- 32 ch. : 105/160€* ☺. Pour ceux qui veulent profiter de la ville plutôt que de la plage, voici l'endroit idéal : un hôtel de bon niveau, soigné et fonctionnel, et très bien situé dans le centre. Fabuleux petit-déjeuner à prendre sur la terrasse avec vue sur le théâtre antique.

**⊜⊜⊜ Hotel Villa Sonia** – *Via Porta Mola 9, Castelmola, 5 km au NO de Taormine* - ☎ *0942 28 082* - *fax 0942 28 083 - intelisano@tao.it - fermé nov.-fév.* - 🅿 🏊 ⇥ ﴾ - 35 ch. : 119/191€ 🍴. Située à l'entrée du joli village de Castelmola, cette agréable villa vous accueille au milieu d'une collection d'objets d'époque et d'artisanat sicilien.

### SUR LES TRACES DES SOUVERAINS ET DES ARTISTES

**Grand Hotel Timeo** – *Via Teatro Greco 59, Taormine* - ☎ *0942 23 801 - fax 0942 62 85 01 - ricevimento.timeo@framon–hotels.it* - 🅿 ⇥ - 87 ch. : 261,80/277,20€ 🍴. Un hôtel qui représente l'hospitalité sicilienne et qui a fait l'histoire de Taormina. Récemment rénové, il a retrouvé le faste et la splendeur d'antan et dispose maintenant de tout le confort moderne. Il ne vous reste plus qu'à faire de beaux rêves...

### PETITE PAUSE

**Caffe Wunderbar** – *Piazza IX Aprile 7, Taormine* - ☎ *0942 62 53 02.* Greta Garbo et Tennessee Williams aimaient boire un cocktail dans ce café historique, situé au pied de la tour de l'Horloge, dans l'un des plus beaux endroits de Taormina. L'intérieur est d'une élégance raffinée, tandis que, de la terrasse, on jouit d'une vue splendide sur la baie de Naxos. À ne pas manquer !

**Mocambo bar** – *Piazza IX Aprile 8, Taormine* - ☎ *0942 23 350.* « Asseyez-vous au Mocambo et vous verrez passer le monde entier... », c'est ainsi que les propriétaires décrivent ce bar-pâtisserie qui donne sur la jolie place. Un endroit agréable du matin jusqu'au soir.

**Pasticceria Saint Honoré** – *Corso Umberto I 208, Taormine* - ☎ *094 22 48 77 - 7h-24h.* Entre les tartes, les glaces, les pâtisseries et les nougats, vous n'aurez que l'embarras du choix et vous risquez d'hésiter longuement ! Une fois votre décision prise, vous pouvez vous installer en terrasse et vous rafraîchir avec un délicieux granité.

### ACHATS

**La Bottega del Buongustaio** – *Via G. di Giovanni 17, Taormine* - ☎ *094 26 25 769 - 9h-20h30.* Légèrement en retrait par rapport à l'animé corso Umberto, un magasin d'alimentation spécialisé dans les produits siciliens d'appellation d'origine contrôlée : vins, liqueurs, sauces, conserves, miel, pâtes, huile... l'endroit idéal pour des courses savoureuses !

### CALENDRIER

**Fête du costume et de la charrette siciliens** – Entre avril et mai ont lieu des expositions de charrettes et des spectacles folkloriques.

**Taormina arte** – C'est un festival international de musique, de théâtre et de cinéma qui se tient de juillet à septembre. *Pour toute information* ☎ *0942 21 142 ; www.taormina-arte.com*

---

l'Empire romain. À l'arrivée des Arabes, elle fut détruite mais aussitôt reconstruite, et tomba en 1079 sous la domination du Normand Roger de Hauteville, qui lui fit connaître une longue période de prospérité.

Durant les siècles qui suivirent, elle passa sous la domination espagnole, puis française et bourbonienne, avant l'Unité italienne.

# découvrir

### Le théâtre grec★★★

(﴾) *De 9h à 2h av. le coucher du soleil. 4,13€.* ☎ *0942 23 220 ; www.regione.sicilia.it* Construit durant la période hellénistique, le théâtre fut transformé et agrandi à l'époque romaine. L'édifice que l'on peut admirer aujourd'hui date du 2ᵉ s. après J.-C. Sa construction s'appuie sur la configuration du terrain, et certains gradins de la *cavea* ont été taillés à même la roche. L'édifice grec comportait un orchestre plus réduit pour les musiciens, choristes et danseurs ; les Romains ont supprimé les premières rangées de gradins pour le transformer en arène circulaire, mieux adaptée aux jeux du cirque, et ont ajouté un corridor pour l'entrée des gladiateurs et des bêtes fauves.

Le rouge de la brique, le blanc du marbre des colonnes ornant encore la scène et l'azur intense du ciel sont les couleurs régnant sur ce havre de paix. Du haut de la *cavea*, le visiteur jouit d'un **panorama★★★** superbe et majestueux sur l'Etna, souvent couronné de neige, dont les pentes douces rejoignent la mer, qui effleure la côte en formant de délicieuses petites baies. La magie de cette vison se renouvelle tout au long de la *cavea* jusqu'à son extrémité gauche, d'où l'on embrasse du regard Taormine tout entière.

Grâce à son acoustique parfaite, le théâtre a déjà accueilli le festival *David de Donatello*, l'un des plus importants événements cinématographiques italiens. Il est aujourd'hui le siège des *Taormina Arte*, rencontres internationales de cinéma, de théâtre, de ballet et de musique symphonique, qui ont lieu en été.

# se promener

Le centre de la cité, piétonnier, s'articule autour du corso Umberto I, artère principale et point de départ de presque tous les circuits qui mènent aux lieux à visiter.

## Corso Umberto I★

Il fait bon flâner en remontant cette paisible rue en pente douce, bordée de restaurants, de cafés et de boutiques élégantes. Fermée en contrebas par la **porte de Messine** et en haut par la **porte de Catane**, elle ouvre (surtout sur sa première partie, côté gauche) sur un dédale de ruelles qui offrent des échappées inattendues et, aux abords des petites pâtisseries artisanales, sentent bon le massepain et la pâte d'amandes. Juste après la porte de Messine, on découvre l'**église San Pancrazio**, du nom du premier évêque de Taormine, édifiée au 17e s. sur les vestiges d'un temple dédié à Zeus Sérapis (que l'on aperçoit dans la paroi gauche de l'église). Son gracieux portail, flanqué de deux niches abritant des statues de saints, est en pierre de Taormine.

Sur le Corso Umberto I s'ouvrent trois belles places.

## Piazza Vittorio Emanuele

Elle occupe l'emplacement de l'ancien forum de la ville. Derrière l'**église Santa Caterina**, au beau portail baroque en marbre rose et pierre de Taormine, on peut voir les vestiges d'un **odéon**, petit théâtre couvert en brique rouge remontant à l'époque romaine (1er s. après J.-C.).

## Palais Corvaja

Les premières pierres de sa construction ainsi que la tour cubique qu'on aperçoit dans le corps central (cour intérieure) datent de la période arabe ; l'aile latérale gauche et l'escalier qui mène à l'étage noble ont été ajoutés au 13e s., l'aile droite au 15e. Laissé à l'abandon pendant de nombreuses années, il a été entièrement restauré à la fin de la Seconde Guerre mondiale, mais présente toujours par endroits les différents styles qui se sont succédé. Le couronnement de la tour est de style arabe. Les fenêtres géminées du salon (du 13e s.) ainsi que le portail d'entrée du palais sont gothico-catalans (l'escalier qui le précède est orné de bas-reliefs avec des scènes de la Genèse, malheureusement abîmées). La salle du Parlement *(aile droite)* est normande ; on la nomme ainsi car c'est là que siégeait le Parlement sicilien au 15e s. Dans la cour, sur la droite, se trouvent les locaux occupés par l'APT (Office de tourisme). On peut y admirer de belles marionnettes traditionnelles, les fameux *pupi,* ainsi que des charrettes siciliennes.

Au premier étage, le palais accueille le **musée sicilien des Arts et Traditions populaires**, où l'on peut voir des charrettes, des *pupi*, des costumes, des broderies, des crèches et une série d'ex-voto. *Tlj sf lun. 9h-13h, 16h-20h. 2,58€.* ☎ *0942 23 243.*

## Naumachies

*Elles se trouvent dans une petite rue latérale sur la gauche.* Leur nom évoque les simulations de batailles navales si appréciées des Romains. Les arcades aveugles en brique rouge d'époque romaine servaient probablement de soutien à une grosse citerne qui faisait partie d'un bâtiment rectangulaire, peut-être un gymnase.

## Piazza IX Aprile★

De cette délicieuse petite place en balcon sur la mer, on a une très belle **vue★★** sur le golfe et l'Etna. Les trois autres côtés sont fermés par l'église San Giuseppe (17e s.), l'église Sant'Agostino à la façade dénudée (aujourd'hui une bibliothèque) et la tour de l'Horloge, dont l'arc donne accès à la vieille ville du 15e s. Cette dernière date de la fin du 17e s., époque où on a installé l'horloge, mais il semblerait que ses fondations remontent au 6e s. après J.-C., quand elle faisait partie d'une ceinture défensive. Cet endroit très animé avec ses nombreux cafés aux petites tables en plein air est le lieu de rencontres privilégié de la ville.

## Piazza Duomo

La belle **fontaine** baroque en pierre de Taormine qui orne cette jolie place porte l'emblème de la cité, le centaure, qui figure ici dans sa version féminine. L'être fabuleux est doté, au lieu des classiques quatre jambes, de deux bras qui tiennent un globe et un sceptre, symboles du pouvoir. Côté Est, la plus grande des vasques à base circulaire servait autrefois d'abreuvoir.

## Duomo

Dédiée à saint Nicolas de Bari, la cathédrale remonte au 13e s. Sa façade, très simple, est ornée d'un portail Renaissance surmonté d'une rosace et orné de part et d'autre d'une fenêtre ogivale. Sa couronne crénelée lui a valu l'appellation de cathédrale-forteresse. Le côté gauche présente un beau portail en arc brisé, souligné d'un sarment de vigne. Au niveau du transept s'ouvre à nouveau une superbe rosace.

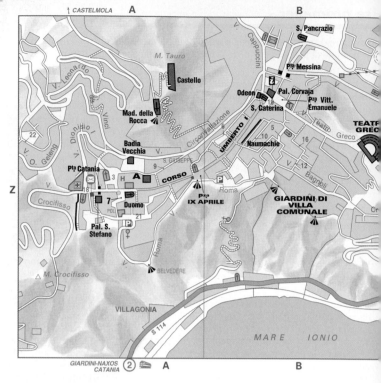

**Intérieur** – L'édifice gothique en forme de croix latine présente une nef centrale éclairée par des fenêtres ogivales et reliée aux nefs latérales par des arcades également ogivales reposant sur des colonnes en marbre rose d'une seule pièce. Sur le deuxième autel de la nef latérale de droite on admire un beau polyptyque du 16ᵉ s. d'Antonello de Saliba.

## Les palais de Taormine*

Le centre historique de Taormine est émaillé de palais qui ont en commun l'alliance du style gothique et des influences arabo-normandes : alternance de la pierre de lave noire et de la pierre blanche de Syracuse pour former des décorations géométriques et souligner les arcs, les petites arcades et les portails.

### Palais de S. Stefano

*Juste avant la porte de Catane, s'engager à gauche dans la via del Ghetto.* Ce palais du 15ᵉ s. fut construit pour les ducs de Santo Stefano, de la famille d'origine espagnole De Spuches. Son avancée massive rappelle une résidence fortifiée. L'élément décoratif qui le caractérise est la frise de losanges en pierre de lave noire et pierre blanche de Syracuse qui borde le haut de la façade. Répartie sur deux ordres rythmés par des fenêtres géminées, elle s'orne dans l'ordre supérieur d'arcades très élaborées. Aujourd'hui, le palais abrite le siège de la **fondation Mazzullo** et une exposition permanente de sculptures et dessins de l'artiste de Graniti (il accueille également au moment de Noël des expositions temporaires, dont des crèches en terre cuite). Les œuvres de basalte, de granit ou de bronze tournent autour du thème de la douleur, notamment dans la série des *Fusillés* (torses mutilés, incomplets) ainsi que dans le *Chat blessé*, qui n'est qu'une forme ébauchée dans la pierre. Mais on est également surpris par le visage impénétrable des bustes féminins, tantôt à peine esquissés, tantôt parfaitement modelés, comme *Sapho* et l'élégante *Amazone*. *9h-13h, 16h-20h. Gratuit.*

### Badia Vecchia

*Via Dionisio I.* Son nom viendrait d'une méprise qui en aurait fait par erreur une abbaye (*badia* en italien). Cette tour rappelle celle des ducs de Santo Stefano par la structure massive, le style et la frise bicolore qui délimite le premier et le second étage comme une dentelle fleurie, en soulignant les belles fenêtres géminées. Le palais abrite un **Musée archéologique**. *9h-13h, 16h-18h. Gratuit. ☎ 0942 62 01 12.*

### Palais Ciampoli

*Il sert de toile de fond aux marches de la salita Palazzo Ciampoli, à droite du corso Umberto I, peu avant la piazza Duomo.* Sa façade, malheureusement en mauvais état et gâchée par l'enseigne d'une ancienne discothèque (aujourd'hui hôtel), présente

## TAORMINA

deux ordres que sépare une bande décorative en pierre ciselée. Son beau portail ogival est surmonté d'un écu marqué de la date de sa construction, 1412.

**Palais Corvaja** *(voir p. 367)*

### Les jardins de la Villa Communale★★

*Via Roma.* Dans ce parc, autrefois privé, on peut admirer toutes sortes de plantes et de fleurs, des plus communes aux plus exotiques. Passionnée d'ornithologie, son ancienne propriétaire, Lady Florence Trevelyan, qui utilisait le parc pour l'observation des oiseaux, y avait fait construire de surprenants édicules dans un style hétéroclite et plutôt exotique. Le plus singulier, tout en arcatures, ressemble au premier coup d'œil à une ruche, conformément au nom qu'elle lui avait donné *(The Beehives)*. De la petite allée qui longe la mer, on a un beau panorama sur l'Etna et la côte Sud.

## *alentours*

### Les plages

*On peut rejoindre les plages grâce au funiculaire qui relie le centre au bord de mer (Mazzarò). De Mazzarò, un service d'autobus (3,50€ pour le Funibus, un billet groupé funiculaire + autobus AR) permet de se rendre sur les autres plages. Le funiculaire part toutes les 15mn tandis que les autobus partent toutes les 30mn.*

Bien qu'elle soit sur un site en hauteur, Taormine possède de belles plages qui s'étendent à ses pieds. La petite baie de **Mazzarò** est fermée au Sud par le **cap Sant'Andrea**, troué de grottes dont la fameuse Grotta Azzura. Les plages résonnent des appels des pêcheurs invitant aux promenades en barque. Au-delà du cap, on découvre une merveilleuse **baie★★** fermée par **Isola Bella**, qu'une mince langue de sable relie à la terre. L'île fait partie de la réserve régionale Isola Bella du WWF *(entrée au km 47,2 de la SS 114 ; pour toute information, viale S. Pancrazio 25, Taormine, ☎/fax 0942 62 83 88).* Les plus grandes plages, **Spisone** et **Mazzeo**, se trouvent au Nord de Mazzarò.

### Château

*À 4 km sur la route de Castel Mola, prendre le sentier sur la droite.* On peut aussi se rendre au château à pied, en empruntant soit la salita Castello, un sentier équipé de marches qui part de Taormine au niveau de la via Circonvallazione (1 km environ aller-retour), soit la salita Branco, qui part de la via Dietro i Cappucini. L'excursion à pied est fortement déconseillée en plein été. Le château s'élève au sommet du mont Tauro (398 m). Avant l'arrivée, on découvre le **sanctuaire de la Madonna della Rocca**.

De la terrasse devant l'église, on a une belle **vue**★★ sur la ville et le théâtre. Poursuivre à pied pour le château. Forteresse construite à l'époque médiévale sur les ruines de l'ancienne acropole, ce château en forme de trapèze ne possède plus que ses murs d'enceinte et les vestiges d'une tour. La **vue**★★ sur Taormine et son théâtre est également magnifique.

## Castelmola★

*5 km au Nord-Ouest.* Le petit village perché sur un **site**★ panoramique en arrière de Taormine tisse autour de sa charmante piazza del Duomo un lacis de ruelles pavées pittoresques. Quel que soit l'endroit où l'on se trouve, mais en particulier sur la piazza Sant'Antonino, on ne peut qu'être ébloui par le **panorama**★ sur l'Etna, la côte septentrionale et les plages qui s'étendent au pied de Taormine.

On voit sur la place, à droite, sous l'ancienne porte d'entrée de la cité, déplacée ici en raison de la construction de la route, des marches qui mènent aux ruines du **château**. Les remparts du 16e s., en partie conservés, offrent également une très belle vue sur les monts Venere, par-delà le cimetière, et Ziretto en contrebas.

> **PETITE PAUSE**
> **Bar San Giorgio** – *Piazza S. Antonio 1 - 98030 Castelmola - 5 km au NO de Taormine -* ☎ *0942 28 228.* Café historique, fondé au début du 20e s., situé dans une position enchanteresse sur la très tranquille piazza S. Antonio, d'où l'on jouit d'une vue superbe sur Taormine et sur la mer. Fréquenté autrefois par Rolls Royce et Rockefeller, il reçoit aujourd'hui encore nombre de célébrités. Parmi les spécialités, goûtez le vin à l'amande.

L'**église de l'Annunziata**, attenante au cimetière, est d'époque normande. Totalement reconstruite, elle a cependant conservé un portail finement travaillé en pierre calcaire.

La région produit une spécialité de vin à l'amande très liquoreux. Certains habitants de Castelmola revendiquent la paternité de son invention.

# *circuit*

## La vallée de l'Alcantara

*Circuit de 60 km – une journée (avec la visite des gorges et le parcours dans le lit de la rivière)*

De la route sinueuse dominée par l'Etna qui semble jouer à cache-cache avec les collines, la vallée de l'Alcantara comble le voyageur de **trésors panoramiques**★.

### Giardini Naxos ☖☖ *(voir ce nom)*

Sur la gauche, ne pas manquer de voir les étranges sculptures en bois d'olivier de Francesco Lo Giudice, dit le Magicien.

### Gorges de l'Alcantara★

*Pour toute information, contacter l'Ente Parco Fluviale dell'Alcantara,* ☎ *0942 98 10 38 ; www.parcoalcantara.it. Lorsque le niveau de l'eau est bas, on peut parcourir les gorges sur 50 à 200 m. À l'entrée des gorges, louer des bottes et des salopettes, indispensables pour avancer dans l'eau, toujours très froide. La rivière est normalement praticable de mai à septembre. Le reste de l'année, seule l'ouverture des gorges est accessible. On peut effectuer la remontée en ascenseur. Possibilité de faire du camping rural sur les petites plates-formes aménagées à cet effet. Mai-oct. : 7h-20h ; nov.-avr. : 7h-17h. 2,07€. Location de bottes et salopettes 6,71€. Les prix indiqués peuvent varier.* ☎ *0942 98 50 10.*

Il est conseillé de descendre à pied pour profiter de la magnifique **vue**★ sur l'ensemble des gorges. Dans le lit de la rivière, les parois (plus de 50 m de haut) se resserrent de part et d'autre du cours d'eau. On peut ici apprécier leur beauté inquiétante, faite de lignes sombres et géométriques, de prismes pentagonaux et hexagonaux qui s'enchevêtrent ou s'affrontent avant de s'élancer vers le ciel. Dans le clair-obscur, ces formes irrégulières et fantastiques inspirent un senti-

---

**LES ORIGINES**

À l'aube des temps, un petit volcan au Nord de l'Etna se réveille. Une énorme coulée de lave glisse jusqu'à la mer, où elle s'enfonce et donne naissance au cap Schisò. Un cours d'eau se faufile dans le lit sinueux qu'elle a formé. C'est le début d'un long travail d'érosion et de polissage des scories qui aboutira, là où le sol est plus friable, à la formation de deux hautes parois de basalte, les gorges de l'Alcantara. *Al Qantarah*, nom de la rivière et de sa vallée, est une appellation qui remonte à l'époque de la domination arabe. Elle fait référence à un pont en voûte que les Romains avaient construit pour parer aux crues subites de la rivière qui, se précipitant dans les gorges, offre toujours un spectacle impressionnant.

ment de légèreté teintée d'angoisse. Richesse des contrastes, dépouillement de la nature réduite à trois éléments, la roche, l'eau, le ciel. Le soleil en accuse les contours en noir et blanc, lumière ou opacité, et se réfléchit dans les milliers de gouttelettes des cascatelles qui ruissellent çà et là le long des parois.

## Motta Camastra

Un embranchement sur la droite permet de rejoindre ce petit village accroché à la falaise à 453 m d'altitude.

## Francavilla di Sicilia

Espagnols et Autrichiens se sont affrontés ici en une terrible bataille le 21 juin 1719. En témoignent les estampes du **couvent** des frères mineurs capucins, situé au sommet de la colline du même nom. Le bâtiment du 16ᵉ s., qui a conservé quelques cellules de moines, héberge un petit musée retraçant les activités du monastère. L'église renferme des œuvres d'art, dont

*L'aventure commence.*

un tabernacle en bois qui montre un pélican nourrissant ses petits de sa propre chair, symbole du sacrifice du Christ.

## Castiglione di Sicilia

Le **Castel Leone** domine ce petit bourg du haut de l'extraordinaire éperon de tuf basaltique dont il semble faire partie *(il n'en reste aujourd'hui que des ruines)*. Le **site★** qu'occupe le manoir a été lieu de guet depuis l'Antiquité. La **vue★★** sur l'Etna et le village est splendide. À l'Est se trouvent les vestiges d'une forteresse datant de 750 avant J.-C.

Les principaux monuments sont regroupés dans la partie haute du village : l'**église Sant'Antonio** du 18ᵉ s., avec sa façade concave et son campanile en forme de bulbe dressé sur un soubassement en pierre de lave, renferme des marbres polychromes, un bel arc de triomphe (1796) et un intéressant orgue en bois (dans le *presbiterio*) ; l'**église San Pietro** et son campanile orné de petits arcs suspendus, vestiges de l'ancien bâtiment normand ; l'**église Santa Maria della Catena**, avec son beau portail aux colonnes torses, précédé d'une volée de marches.

Sur la route de Mojo Alcantara, un embranchement sur la droite mène aux vestiges d'une **cuba byzantine** des 7ᵉ-9ᵉ s.

---

### UNE LÉGENDE

Il fut un temps où l'Alcantara coulait paisible et tranquille dans son lit, sans remous ni rapides, sans chutes ni tourbillons. Elle arrosait la vallée et la rendait fertile. Mais les hommes de cette époque étaient durs : ils se nuisaient mutuellement et ne respectaient pas la nature. Dans la vallée vivaient deux frères, qui cultivaient un même champ de blé. L'un des deux était aveugle. Le jour venu de partager la récolte, celui qui voyait prit le boisseau et commença à compter une mesure pour lui, une mesure pour son frère, et ainsi de suite… en apparence seulement, car le coquin s'arrangea pour garder pour lui la plus grande partie de la récolte. Un aigle qui survolait le champ à ce moment-là aperçut la supercherie et alla la révéler au Bon Dieu. Ce dernier provoqua la foudre, qui frappa le misérable, le tuant sur le coup. Elle atteignit aussi le monceau de grains injustement accumulé, le transformant en une montagne de terre rouge, d'où jaillit une rivière de lave qui s'écoula jusqu'à la mer.

Légende extraite du livre *Al Qantarah* de L. Danzuso et E. Zinna.

---

## Mojo Alcantara

Le nom de la bourgade est associé au petit **volcan** dont la lave a formé le lit et les gorges de l'Alcantara. Qui aurait peur aujourd'hui de ce cône verdoyant à l'aspect inoffensif ?

### Randazzo★ *(voir p. 214)*

À partir de Randazzo, poursuivre sur la Circumetnea *(voir Etna)* ou bien se diriger vers les Nebrodi *(voir Madonie et Nebrodi)*.

# Termini Imerese

Réputée depuis l'Antiquité pour ses eaux thermales chlorurées et iodées, qui jaillissent à 43 °C à la source, Termini est aujourd'hui un port important doté d'un vaste complexe industriel. La ville est également connue pour son carnaval traditionnel haut en couleur et animé de défilés de chars allégoriques et de groupes masqués.

## La situation

*27 923 habitants – Carte Michelin n° 565 N 23 ou Atlas Italie p. 87 – Palerme.* Termini se divise en deux : la ville haute (partie ancienne) et la ville basse (partie moderne), reliées entre elles par des ruelles et des escaliers. Les monuments les plus intéressants se trouvent dans la ville haute qui ne peut se visiter qu'à pied. **8** *Palazzo Civico, Piazza Duomo,* ☎ *091 81 41 700.*
*Vous pouvez poursuivre votre voyage en visitant : BAGHERIA, CEFALÙ, SOLUNTO.*

## se promener

On peut partir de la piazza Duomo, où s'élève le palais de la Commune dont l'ancienne salle du Conseil est décorée de fresques (1610) de Vincenzo La Barbera relatant l'histoire de la cité.

### Duomo

*Tlj sf ven. 9h-12h, 15h30-20h30.* ☎ *091 81 41 291.*
Reconstruite au 17ᵉ s., la cathédrale renferme un haut-relief de marbre finement sculpté, la *Madonna del Ponte* d'Ignazio Marabitti (1842) *(quatrième chapelle à droite)* ; une précieuse Immaculée Conception en bois, dans la chapelle du même nom, attribuée à Quattrocchi (1799) ; ainsi qu'une intéressante chaise à porteurs rococo, d'influence vénitienne, utilisée autrefois pour apporter la communion aux malades, présentée dans la chapelle San Bartolomeo,
De l'autre côté de la place, dans la via Museo Civico, se trouve le Musée municipal *(voir description dans « visiter »)*.
Derrière la cathédrale, la via Belvedere mène à une belle terrasse offrant un **panorama** sur la côte.
À quelques pas sur la gauche se trouve la gracieuse petite **église Santa Caterina d'Alessandria** (14ᵉ s.), au beau portail rehaussé d'un arc en tiers-point orné d'un bas-relief à l'effigie de la sainte. Un peu plus loin, à l'ombre de la **villa Palmeri**, s'étendent les ruines de la **curie romaine**. À la sortie de ce parc, suivre la via Anfiteatro jusqu'aux vestiges de l'**amphithéâtre** romain (1ᵉʳ s. après J.-C.), où l'on voit bien les piliers qui soutenaient le déambulatoire extérieur.

Revenir sur la piazza Duomo et prendre la via Mazzini pour trouver plus loin sur la droite l'**église del Monte** du 17ᵉ s., longtemps utilisée comme panthéon local.

> **PETITE PAUSE**
> Par une chaude journée, rien de tel que les délicieuses glaces et les granités que l'on déguste chez **Cicciuzzu**, bar-glacier sur la terrasse du belvédère derrière le Dôme.
>
> **CALENDRIER**
> **Carnaval** – Défilé traditionnel de chars allégoriques et spectacles en différents endroits de la ville.

## La ville basse

*Reprendre la voiture pour descendre dans la ville basse par la sinueuse via Balsamo.* Après un virage à gauche, on pourra faire une halte dans le passage qui part sur la droite pour la belle vue sur le dôme en céramique bleue de l'**église dell'Annunziata**.
Continuer jusqu'à la **piazza delle Terme** que domine le Grande Albergo delle Terme, édifié au 19ᵉ s. sur les plans de l'architecte Damiani Almeyda.

## visiter

### Museo Civico

*Situé dans la via Museo Civico, de l'autre côté de la place par rapport à la cathédrale.* (&) *Tlj sf lun. 9h-13h30, 16h-19h. Fermé j. fériés. Gratuit.* ☎ *091 81 28 279.*
La visite du musée, bien organisée avec des panneaux explicatifs utiles, comporte une section archéologique et une galerie de peinture. Dans la première partie sont exposés des objets du paléolithique et du néolithique provenant des grottes de la région, des pièces archéologiques trouvées lors des fouilles d'Himère (dont deux beaux cratères attiques à figures rouges du 5ᵉ s. avant J.-C.), une collection numismatique (monnaies grecques, romaines et carthaginoises) et, dans la grande salle, des céramiques hellénistiques et romaines, des lampes à huile, des petits vases et

pots à onguents trouvés dans des trousseaux funéraires, des statues de personnages drapés dans leur toge provenant du Forum et de la maison dite de Stenius (1ᵉʳ s. après J.-C.), des bustes (dont celui d'Agrippine l'Aînée, mère de Caligula, sur lequel on distingue encore des traces de peinture), enfin, des conduites d'eau provenant de l'aqueduc Cornelio, et des épigraphes romaines. De la salle d'archéologie on passe à la chapelle San Michele Arcangelo, décorée de fresques de Nicolò da Pettineo, où l'on peut admirer, entre autres, un triptyque représentant la Vierge entourée de saints, dû à Gaspare da Pesaro (1453), une croix en marbre décorée sur les deux faces (15ᵉ s.) de l'école des Gagini, et une sculpture en bois du 15ᵉ s., inté-ressante sur le plan iconographique, représentant la Trinité sous la forme d'une Pietà (l'Esprit saint est aussi personnifié).

La chapelle donne accès à la **pinacothèque** *(étage suivant)* où sont rassemblées des peintures du 17ᵉ au 19ᵉ s. On y remarque en particulier une Annonciation flamande (16ᵉ s.) ainsi qu'une *Crucifixion* (17ᵉ s.) du peintre local Vittorio la Barbera, et un *Saint Sébastien* de Solimena. Dans une salle moins importante, au fond, se trouve un petit triptyque de voyage byzantin peint sur bois (18ᵉ s.).

# *alentours*

## Acquedotto Cornelio

En suivant la route nationale de Caccamo, on prend un embranchement sur la gauche *(signalé en jaune)* où, au bout de 300 m environ, après un virage, on aper-çoit tout à fait à gauche l'aqueduc romain. L'édifice à deux rangées d'arcades enjambe la petite vallée formée par le torrent Barratina.

## Caccamo

*9 km au Sud.* Sur un rocher escarpé au flanc du mont San Calogero, des petites routes raides montent jusqu'au château, dont la masse imposante règne sur le pay-sage et veille sur la jolie petite ville recueillie à ses pieds.

**Château★** – *Accès par la via Termitana. Août : 9h-12h15, 16h-19h15 ; le reste de l'année : 9h-12h15, 15h-18h15. Fermé 1ᵉʳ janv., 25 déc. Gratuit. Pour toute information* ☎ *091 81 03 111 (aux heures de bureau).*

C'est l'un des mieux conservés de la Sicile. Dressé sur son piton rocheux, il s'est développé vers le bas en suivant une spirale, avec des constructions des 14ᵉ, 15ᵉ et 17ᵉ s. Le noyau d'origine, un fortin, date probablement du 11ᵉ s. Au 17ᵉ s., son aspect défensif renforcé sous les Chiaramonte s'est effacé pour donner l'élégante demeure aristocratique des Amato, qui lui ont adjoint une belle terrasse et des fenêtres ogivales et géminées.

Après une première grille et une rampe datant du 17ᵉ s., une seconde grille ouvre sur une vaste cour pavée d'où l'on accède à la tour Mastra. D'en haut, un superbe **panorama★** s'étend tout autour sur Termini Imerese, Mongerbina, Capo Zafferano, Rocca Busambra et le château de **Vicari**. Après un beau portail du 18ᵉ s., on entre dans la salle des Armes, ou salon de la Conjuration, où se réunissaient, dit-on, les barons ligués contre Guillaume le Mauvais : l'aménagement de l'intérieur est récent ; on accède à la tour gibeline par l'aile située à gauche de la salle ; à droite, on a édifié une belle terrasse panoramique, sur laquelle donne, entre autres, le salon des Nobles, à la belle fenêtre ornée de cinq lobes.

*En arrivant de Termini Imerese, prendre le corso Umberto I, puis tourner à droite pour rejoindre la piazza Duomo.*

**Piazza Duomo★** – Tel un décor de théâtre disposé sur deux niveaux, la place présente au Nord, côté le plus élevé, l'ensemble harmonieux du **palais du Mont-de-Piété** (Monte di Pietà, 17ᵉ s.) et de l'**oratoire du Très-Saint-Sacrement** et, à droite, l'**église des Âmes-Saintes-du-Purgatoire** (chiesa delle Anime Sante del Purgatorio). Une terrasse ornée d'une balustrade rythmée par quatre statues (le bienheureux Giovanni Liccio, sainte Rosalie, saint Nicaise, sainte Teotista) souligne la beauté scénique de cette merveilleuse place.

**Chiesa madre** – Située à l'Ouest de la place, l'église dédiée à saint Georges s'adosse aux remparts du château qui soutiennent ses puissantes arcades. On admirera à l'**intérieur** une belle toile de Mattia Stomer, *Le Miracle de saint Isidore Agricola* (1641), à la remarquable luminosité, et, dans la chapelle du Très-Saint-Sacrement, un autel en marbre incrusté de pierres semi-précieuses, surmonté d'un curieux ciboire enrichi de hauts-reliefs en marbre de l'école des Gagini (15ᵉ s.). À voir aussi, les fonts baptismaux en marbre blanc, à côté du maître-autel (1466), et les délicats bas-reliefs de **Francesco Laurana** sur l'architrave de la sacristie *(transept de droite).*

Descendre le corso Umberto I jusqu'à la piazza San Marco, à droite, pour apercevoir les bâtiments de l'ancien couvent des franciscains, l'**église de l'Annonciation**, reconnaissable à ses deux campaniles, l'église abbatiale et l'**ancienne église San Marco** du 14ᵉ s. (on peut encore voir le portail en arc en tiers-point).

**San Benedetto alla Badia –** La nef unique de l'église a conservé un superbe **pavement** en majolique attribué au Palermitain Nicolò Sarzana (18ᵉ s.). Malheureusement très abîmé, il est en partie caché par des tapis. Monter si possible à la tribune des femmes, autrefois destinée aux sœurs cloîtrées du couvent annexe (qui n'existe plus aujourd'hui), pour avoir une vue d'ensemble et admirer la **petite grille** en fer forgé finement ouvragée (18ᵉ s.). Noter dans l'abside les très beaux **stucs** de Bartolomeo Sanseverino (18ᵉ s.), le *Repas d'Emmaüs* dans la lunette du haut, et les statues allégoriques de la Chasteté et de l'Obéissance, des deux côtés de l'autel.

*Reprendre le corso Umberto I, et juste avant la piazza Torina monter sur la gauche.*

**Santa Maria degli Angeli (ou San Domenico) –** L'église Ste-Marie-des-Anges, à deux nefs, possède un **plafond en bois** dont la charpente apparente très ouvragée, malheureusement fort endommagée par l'humidité, est ornée de portraits de saints dominicains. On voit dans la chapelle *(à droite)* une admirable *Vierge à l'Enfant* d'**Antonello Gagini** (1516), et, sur l'intrados de l'arc d'entrée, une série de petites peintures de Vincenzo La Barbera représentant *Les Mystères du Rosaire* (17ᵉ s.).

Terminer la visite de Caccamo en traversant entièrement la ville pour tourner à droite près de la sortie *(indication centre historique)*. Du court boulevard extérieur, belle **vue d'ensemble★** sur la cité, avec en contrebas la **tour Pizzarone**, qui faisait partie de l'ancien système défensif extérieur, tout comme la tour delle Campane (aujourd'hui campanile du Dôme) et l'actuel campanile gauche de l'église de l'Annonciation.

### Les fouilles d'Himère

*18 km à l'Est. Pour les fouilles, de 9h au coucher du soleil, dim. et j. fériés 9h-13h. 2,07€. Pour l'antiquarium, été : 9h-19h, dim. et j. fériés 9h-13h ; le reste de l'année : 9h-18h30, dim. et j. fériés 9h-13h. 2,07€.* ☎ *091 81 40 128.*

Fondée en 648 avant J.-C. par des colons de Zancle, Himère fut le théâtre de l'écrasante défaite que subirent les Carthaginois en 480 avant J.-C., face aux troupes alliées d'Agrigente et de Syracuse. La victoire grecque fut de courte durée. En 408 avant J.-C., les Carthaginois, de retour sur l'île, prirent leur revanche en s'emparant de la ville et en la rasant définitivement.

L'ancienne cité était construite au sommet d'une colline située au Sud de la route nationale Messine-Palerme. Sur ce site ont été mis au jour les restes des murs d'enceinte et une partie de la zone sacrée, composée de trois temples. Sur la route qui monte aux fouilles se trouve l'**antiquarium**, où sont exposées les pièces archéologiques retrouvées. L'édifice le plus important et le mieux conservé est incontestablement le **temple de la Victoire** (5ᵉ s. avant J.-C.) qui s'élève au pied de la colline au Nord de la route nationale. Sa construction fut probablement imposée par les Grecs aux Carthaginois pour célébrer leur victoire en 480 avant J.-C. Le temple dorique, peut-être dédié à Athéna, présentait six colonnes sur le front et quatorze sur les côtés. Seules celles de la *cella*, du *pronaos* et de l'*opisthodome* sont en partie visibles. Les gouttières étaient superbement décorées de têtes de lions sculptées, conservées aujourd'hui au Musée archéologique de Palerme.

### San Nicola l'Arena

*13 km à l'Ouest.* Un **château** doté de trois tours rondes se dresse en face du charmant petit port touristique de cette bourgade balnéaire. On voit à l'entrée du port une sorte de remise en ruine qui abrite toujours les grosses barques utilisées pour la pêche au thon. Vers l'Ouest à l'horizon, la tour du guet du cap Grosso découpe son impressionnante silhouette.

# Trapani

Trapani, ancienne Drepanon, s'étend sur une langue de terre arrondie terminée par deux pointes, l'une occupée par la tour de Ligny, l'autre par un lazaret. Selon la légende, il s'agirait de la faux que Déméter, déesse des Moissons, aurait laissé tomber lorsqu'elle recherchait désespérément sa fille Proserpine, enlevée par Hadès. La face interne de la faux, protégée par le récif de Tramontana, reçoit les bateaux de pêche, tandis qu'en bord de rivage, à la Pescheria, se tient tous les matins le pittoresque marché aux poissons.

### La situation

*69 221 habitants – Carte Michelin n° 565 M¹⁹ ou Atlas Italie p. 84 – Plan d'agglomération dans le Guide Rouge Italia.* En arrivant de l'autoroute ou de la route nationale, prendre la via Fardella qui traverse la partie moderne de la ville et arrive au bout de la petite péninsule, où se trouvent les quartiers médiévaux. Il est conseillé de laisser sa voiture avant d'entrer dans le centre historique, très concentré, qui abrite les monuments les plus intéressants. C'est de Trapani que partent les bateaux pour les îles Égades et pour Pantelleria. 🅱 *Piazza Saturno,* ☎ *0923 29 00, fax 0923 24 004.*

*Vous pouvez poursuivre votre voyage en visitant : EGADI, ERICE, MARSALA, MOZIA, PANTELLERIA, VIA DEL SALE.*

*Le port.*

# carnet pratique

## TRANSPORTS

Trapani se trouve à environ 150 km d'Agrigente et à 100 km de Palerme, auxquelles elle est reliée par car et par train (respectivement en 3h30 et 2h). La gare ferroviaire et le terminal de cars se trouvent piazza Umberto I. Pour toute information sur les horaires, contacter l'Office de tourisme. L'aéroport de Birgi, situé à 15 km au Sud (☎ 0923 84 25 02), assure des liaisons entre Trapani et Pantelleria.

La liaison avec les îles Égades et Pantelleria est assurée par la **Siremar** (Gruppo Tirrenia), ☎ 199 123 199 (depuis un téléphone fixe en Italie) ou 081 31 72 999 (depuis un portable ou depuis l'étranger) ; www.gruppotirrenia.it/siremar/html/home/mainframeset.htm

## RESTAURATION

Un des plats traditionnels de la région est le *cuscus di pesce*. D'origine évidemment arabe, le couscous s'accommode ici avec le produit local le plus typique, le poisson.

**• Sur le pouce**

**Ai Lumi Tavernetta** – *Corso Vittorio Emanuele 75, Trapani* - ☎ *0923 87 24 18* - *info@ailumi.it* - *fermé dim., juil.* - 📧 -

*réserv. conseillée - 24/36€.* Dans le centre, un petit restaurant bien tenu, jeune et à la mode, où l'on peut déguster des spécialités de viande et de poisson élaborées à partir de produits locaux, pour un prix intéressant.

**Taverna Paradiso** – *Lungomare Dante Alighieri 22, Trapani* - ☎ *0923 22 303* - 📧 - *réserv. conseillée - 30/38€.* Dans cette partie de la Sicile, le thon est roi ! Alors si vous avez envie de manger du thon, ou tout autre poisson, ce petit restaurant, bien tenu et sympathique, situé sur le bord de mer, est fait pour vous.

## HÉBERGEMENT

*Voir le « carnet pratique » de Erice.*

## CALENDRIER

**Semaine sainte** – À Pâques se déroule la magnifique **procession des Mystères** du Vendredi saint, qui dure toute une journée et toute une nuit, au cours de laquelle vingt groupes de statues sont portés à travers les rues du centre. Les groupes en bois et toile encollée, conservés dans l'église du Purgatoire (centre historique, via San Francesco), ont été réalisés par des artisans locaux entre 1650 et 1720.

# se promener

## Le centre historique*

Sur la langue de terre qui s'avance en mer se trouvent les quartiers médiévaux. À la pointe s'étend le quartier implanté par les Espagnols au 14ᵉ s. (quartier Palazzo), réaménagé à l'époque baroque. Derrière, le noyau le plus ancien présente aujourd'hui les caractéristiques de l'habitat arabe, avec son étroit maillage de petites rues. Il était à l'origine entouré de fortifications.

| | | | | | | |
|---|---|---|---|---|---|---|
| Alighieri (Lungomare Dante) | **BZ** | Fardella (Via G. B.) | **BZ** | Mura di Tramontana (Via) | **BZ** 28 |
| Bassi (Via L.) | **BZ** | Garibaldi (Piazza) | **BZ** | Nasi (Via N.) | **AZ** 30 |
| Botteghelle (Via) | **AZ** 4 | Garibaldi (Via) | **BZ** | Nausicaa (Via) | **BZ** 31 |
| Carolina (Via) | **AZ** 6 | Ilio (Via) | **BZ** | Ninfe (Largo d.) | **AZ** 33 |
| Cassaretto (Via) | **AZ** 7 | Italia (Corso) | **BZ** 15 | Orfane (Via) | **BZ** 34 |
| Catulo Lutazio (Via) | **AZ** | Jolanda (Piazza) | **AZ** | Osorio (Via) | **BZ** |
| Colombo (Via C.) | **AZ** 9 | Libertà (Via) | **BZ** 16 | Pallante (Via) | **BZ** 39 |
| Crispi (Via) | **BZ** 10 | Malta (Piazza) | **BZ** | Palmeri (Via G.) | **BZ** 40 |
| Custonaci (Via) | **AZ** 12 | Marino Torre (Via) | **BZ** 21 | Palmerio Abate (Via) | **BZ** 42 |
| Duca d'Aosta (Via) | **AZ** | Matteotti (Piazza) | **BZ** 24 | Passo Enea (Via) | **BZ** 43 |
| | | Mazzini (Via) | **BZ** | Poeta Calvino (Via) | **BZ** 46 |
| | | Mercato del Pesce (Piazza) | **BZ** 25 | Procida (Via G. d.) | **AZ** 48 |
| | | | | Regina Elena (Via) | **AZ** |

A

A

## Rua Nova

Il s'agit de l'actuelle via Garibaldi, percée au 13ᵉ s. par les Aragonais. Elle est aujour-d'hui bordée de beaux palais et églises du 18ᵉ s., parmi lesquels on distingue le **palais Riccio di Morana**, couronné de statues, le **palais Milo** et la **Badia Nuova** (Santa Maria del Soccorso), dont l'intérieur abrite une ornementation baroque en marbre polychrome et deux très riches **tribunes des chantres★** soutenues par des anges. *8h15-13h.* ☎ *0923 43 21 11.*

En face, le palais Burgio possède un joli portail du 16ᵉ s. Après le croisement avec la **via Torrearsa**, bordée de belles boutiques sur la gauche et aboutissant sur la droite à la Pescheria, la rue prend le nom de via Libertà. On y remarque le beau **palais Fardella di Mokarta** (la cour contient un portique et une loggia aux arcs en plein cintre) et le palais Melilli avec son portail du 16ᵉ s.

*S'engager sur la gauche dans le corso Vittorio Emanuele.*

## Rua Grande

Deuxième belle artère ouverte au 13ᵉ s., l'actuel corso Vittorio Emanuele est bordé d'édifices baroques, parmi lesquels le palais Berardo Ferro (nᵒ 86) et l'évêché.

**Cathédrale** – *9h-12h, 17h-18h, sam. matin, dim. et j. fériés 10h30-11h30, 17h30-18h30. Laisser une offrande.* ☎ *0923 23 362 ; www.parrocchie.org.trapani/cattedrale*
Consacrée à saint Laurent, elle fut élevée au 17ᵉ s. à la place d'un édifice antérieur du 13ᵉ s. Sa façade, plus tardive (1740), est un exemple typique d'art baroque. On voit à l'intérieur des tableaux de facture flamande comme une *Nativité (3ᵉ chapelle à droite)* suivie d'une *Crucifixion* et de la **Déposition de Croix** *(4ᵉ chapelle à gauche).*

**Chiesa del Collegio dei Gesuiti** – *Fermé pour restauration au moment de la rédaction de ce guide.*
Cette église du 18ᵉ s. présente une imposante façade de style maniériste rythmée par des bandes lombardes et des figures féminines servant de cariatides.

**Palazzo Senatorio (ou Cavarretta)** – Ce palais termine la rue de façon majestueuse. Sa riche façade est rythmée sur deux ordres par des colonnes et des statues. Elle est surmontée de deux grandes horloges. À côté se trouve la tour de l'Horloge d'origine, du 13ᵉ s.

**B**

## S. Agostino

Bâtie par les templiers au 14ᵉ s., elle a été endommagée au cours de la Seconde Guerre mondiale. La **rosace★** et le portail de style gothique sont d'origine.

Devant l'église, la fontaine de Saturne a été élevée en 1342 pour marquer la construction d'un aqueduc.

Non loin de là, la **bibliothèque Fardelliana** renferme une belle série de gravures et esquisses de Trapani des 17ᵉ-19ᵉ s. (collection Gatto). *Été : tlj sf dim. 9h-13h30 (août 10h-13h) ; le reste de l'année : tlj sf sam. ap.-midi et dim. 9h-13h30, 15h-19h30. Fermé j. fériés, 7 août. Gratuit.* ☎ *0923 21 506.*

## S. Maria del Gesù

*Tlj sf w.-end 7h30-10h (jeu. également 17h-18h). Fermé j. fériés.* ☎ *0923 87 20 21.*

L'église (début du 16ᵉ s.) possède un beau portail de style catalan. A l'intérieur la chapelle Staiti *(au fond du bas-côté droit)* renferme la **Madone des Anges★** d'**Andrea della Robbia**, sur une belle tribune en marbre d'Antonello Gagini (1521).

*S'engager dans le corso Italia et à la hauteur de S. Pietro, tourner à gauche puis tout de suite à droite.*

## Palais Ciambra (ou della Giudecca)

Ce palais de style plateresque (16ᵉ s.) présente des bossages à pointes de diamant qui soulignent ses ouvertures et ornent le devant de la tour.

# visiter

## L'Annunziata

À l'extrémité Est du centre-ville, dans la via Pepoli, s'élève le grand ensemble de l'Annunziata bâti par les carmélites. Le sanctuaire proprement dit est voisin de l'ancien couvent, qui accueille aujourd'hui le musée de la ville, le musée Pepoli.

R. Mattes/MICHELIN

*La procession de Pâques.*

## Sanctuaire★

*Pour toute information, il est conseillé de contacter le curé quelques jours auparavant,*
☎ *0923 53 91 84. Laisser une offrande.*
Construit au début du 14ᵉ s., l'édifice a été transformé et agrandi au cours du 18ᵉ s.
La façade, d'origine, est ornée d'un portail gothique surmonté d'une **rosace** très
élaborée. Sur le flanc gauche, la **chapelle des Marins** (16ᵉ s.), en tuf, est une élégante construction Renaissance coiffée d'une coupole.
L'intérieur de la chapelle marie éléments orientaux et Renaissance, avec pour
motif ornemental récurrent la coquille, qui couronne niches latérales, pendentifs
et abside. Dans l'église, derrière le maître-autel, se trouve la **chapelle de la
Madone**, précédée d'un bel arc Renaissance, œuvre des Gagini (16ᵉ s.), fermé par
une grille en bronze de 1591. Sur l'autel veille l'harmonieuse statue dite **Madone
de Trapani** (14ᵉ s.), attribuée à Nino Pisano. Sur le flanc droit de la nef, à côté de
l'entrée, s'ouvre la **chapelle des Pêcheurs** (16ᵉ s.), surmontée d'une coupole ornée
de fresques.

## Museo Pepoli★

*9h-13h30, dim. et j. fériés 9h-12h30. 2,58€. ☎ 0923 55 32 69.*
À côté du sanctuaire de l'Annunziata, l'ancien couvent des carmélites offre un
cadre magnifique au musée, dont les riches collections historiques et artistiques
vont de la préhistoire au 19ᵉ s.
Le rez-de-chaussée est consacré à la sculpture. La famille Gagini y est bien représentée, avec quatre statues de saints aux lignes harmonieuses. On notera le remarquable *Saint Jacques le Majeur* d'**Antonello Gagini**.
Un magnifique escalier en marbre polychrome permet d'atteindre le 1ᵉʳ étage, où se
trouve la **pinacothèque**. Noter en particulier le **polyptyque de Trapani★** (15ᵉ s.),
une *Pietà*★ du Napolitain Roberto di Oderisio (14ᵉ s.) et une *Madone à l'Enfant avec
des anges* de Pastura (1478-1509). Parmi les tableaux de l'école napolitaine, on
compte un *Saint Barthélemy* de Ribera.
Les artisans locaux s'expriment surtout dans le travail du corail, comme en témoignent les objets de culte et certaines pièces d'orfèvrerie (remarquer celles de
Matteo Bavera, 17ᵉ s.). On admirera aussi la série de seize groupes de figurines en
bois et toile, représentant le *Massacre des Innocents* (17ᵉ s.).
Dans la production locale de **céramiques** se distinguent essentiellement les
panneaux en majolique représentant *La Mattanza* (mise à mort du thon dans les
*tonnare*) et une vue de Trapani au 17ᵉ s.

## À la pointe de la Faux

### Museo della Preistoria e di Archeologia Marina

*Fermé pour restauration au moment de la rédaction de ce guide. ☎ 0923 29 000.*
Bâtie en 1671 comme donjon à l'extrême pointe de la « faux », la **tour de Ligny** renferme une collection de pièces et de panneaux illustrant la période préhistorique
sicilienne, et des vestiges médiévaux provenant d'épaves de navires retrouvés dans
la région. On y voit en particulier des amphores espagnoles. De l'étage supérieur,
on accède à la terrasse, d'où l'on découvre une belle vue sur la ville et les îles
Égades.

# Ustica★★

Cette minuscule île volcanique, partie émergée d'un grand volcan sous-marin, apparue beaucoup plus tôt que les îles Éoliennes, est la plus ancienne de Sicile. Son origine et la couleur noire de la lave ont orienté le choix de son nom, du latin « ustum », brûlé. Ses côtes découpées dévoilent des grottes, des criques et des baies d'une grande beauté. Les habitants vivent surtout de la pêche et du tourisme, même si l'agriculture spécialisée est en expansion (vigne, cultures maraîchères, céréales, lentilles en particulier).

## La situation

*1360 habitants – Carte Michelin n° 565 K21 ou Atlas Italie p. 86 – Palerme.* Située à 60 km de Palerme, cette petite île (8,6 km) n'offre que des plages rocheuses et il est préférable de l'explorer par la mer. Pour en faire le tour, on peut suivre l'unique route carrossable ou emprunter les sentiers pédestres. La côte occidentale abrite la réserve marine. ◘ *Piazza Umberto I,* ☎ *091 84 49 456.*

## comprendre

Après avoir été habitée du néolithique à la fin de l'Antiquité, Ustica a subi les raids des pirates jusqu'à l'époque des Bourbons, lorsque s'établissent quelques habitants venus des îles Lipari. Colonie pénitentiaire jusque dans les années 1950, Ustica devient, grâce à ses eaux limpides et ses côtes rocheuses, un véritable paradis pour les amateurs de plongée sous-marine et elle a été classée réserve marine en 1987. En 1980, le nom de l'île est devenu tristement célèbre à cause d'un terrible accident d'avion qui coûta la vie à 81 personnes.

## découvrir

### La réserve marine

Créée en 1987, la réserve est destinée à préserver et protéger l'immense patrimoine que représentent la faune et l'environnement du monde sous-marin autour d'Ustica. Elle se divise en trois zones : la **zone A**, **réserve intégrale**, qui s'étend de Cala Sidoti à Caletta et jusqu'à 350 m des côtes à l'Ouest de l'île, où la baignade est autorisée mais où il est interdit d'accoster ou de pêcher ; la **zone B**, **réserve générale**, entoure la zone A et s'étend de Punta Cavazzi à Punta Omo Morto (elle suit en fait tout le littoral du Sud-Ouest au Nord-Est sur une bande de 3 milles de large par rapport à la côte). Baignade, photographie (pas la pêche) sous-marine, pêche à la ligne et à la traîne ou pêche professionnelle sont autorisées (sur autorisation de la commune pour le dernier cas). La partie restante constitue la **zone C**, **réserve partielle** qui suit la législation nationale et permet la pêche sous-marine.

### Un monde submergé

La mer, particulièrement propre, sans pollution d'aucune sorte (Ustica se trouve juste au milieu d'un courant venant de l'Atlantique), permet le développement naturel et la prolifération de nombreuses formes de vie aussi bien animale que végétale. Les vastes étendues de la **posidonie océanique** (plante aquatique aussi appelée « poumon de la Méditerranée » car elle rejette de l'oxygène dans l'eau), que l'on trouve jusqu'à 40 m de profondeur, en sont un exemple frappant. Mais déjà en surface on rencontre de grands bancs de sargues, sargues rayées, castagnoles foncées (mais d'un bleu électrique extraordinaire à la naissance), mulets voraces (qui ne pourront que chatouiller les plongeurs), oblades, salpes... Dans les zones sombres, on aperçoit le rouge orangé des rougets ; sur les parois rocheuses, les magnifiques « fleurs » du madrépore orange couvrent parfois de grandes surfaces ; on trouve aussi des éponges multicolores (pour ceux qui ne

# carnet pratique

## TRANSPORTS

Des liaisons directes avec Palerme par bateau (2h30 environ) et hydrofoil (70mn environ) sont assurées par la compagnie **Siremar** (Gruppo Tirrenia), ☎ 199 123 199 (depuis un téléphone fixe en Italie) ou 081 31 72 999 (depuis un portable ou depuis l'étranger) ; www.gruppotirrenia.it/siremar/html/home/mainframeset.htm L'été, Ustica Lines effectue le trajet Naples-Ustica-Levanza-Favignana-Trapani par hydrofoil. Compter environ 4h pour le trajet Ustica-Naples. **Ustica Lines**, via Amm. Staiti 23, Trapani, ☎ 0923 22 200 ; info@usticalines.it ; www.usticalines.it

## VISITE

Pour circuler sur l'île, il est possible de louer un deux-roues ou d'emprunter la navette qui fait le tour de l'île dans les deux sens (passages fréquents). La mairie propose des abonnements très pratiques pour une semaine, deux semaines ou un mois.

## RESTAURATION

• *Sur le pouce*

**La luna sul Porto** – *Corso Vittorio Emanuele II 11, Ustica* - ☎ *091 84 49 799* - *fermé dim. (hiver)* - ⌧ - *réserv. conseillée* - *15/30€*. La propriétaire, originaire du Piémont, est tombée amoureuse d'Ustica il y a une dizaine d'années et a décidé d'ouvrir cet agréable restaurant où l'on peut dîner en terrasse avec vue sur le port. Grand bien lui en a pris ! Le service y est simple et les prix corrects.

**Mario** – *Piazza Umberto I 21, Ustica* - ☎ *091 84 49 505* - *fermé lun. (hiver), janv.* - *25,82€*. Avec sa terrasse pour l'été et sa petite salle accueillante pour l'hiver, Mario reste une étape obligatoire si l'on veut apprécier la cuisine simple et authentique de ce petit coin paradisiaque de Méditerranée.

## HÉBERGEMENT

⌧ **Hotel Diana** – *Contrada San Paolo* - ☎ *091 84 49 109* - *fax 091 84 49 109* - *www.hoteldiana.to.it* - *fermé nov.-fév.* - ⌧ - *30 ch. : 31/62€* ⌧. Situé en dehors de la ville, dans un site très tranquille avec une vue panoramique, cet hôtel possède une structure circulaire et des chambres conçues comme des quartiers d'orange. Le seul inconvénient est que le lit finit par prendre toute la largeur de la pièce. Restaurant satisfaisant.

⌧⌧ **Hotel Clelia** – *Via Sindaco I° 29, Ustica* - ☎ *091 84 49 039* - *fax 091 84 49 459* - *hotelclelia@tin.it* - *26 ch. : 35/105€* ⌧. C'était autrefois une petite pension, mais après de longs travaux de rénovation, l'établissement a grandement amélioré le niveau de confort et d'accueil. Chambres agréables et pourvues de toutes les commodités.

## LOISIRS-DÉTENTE

Amoureux et habitués de la mer ne doivent en aucun cas oublier masque, tuba et palmes, qui leur permettront de goûter les plaisirs de « l'autre Ustica », plus naturelle, plus spectaculaire.

Chaque année, un stage spécialisé pour les amateurs de plongée sous-marine est organisé sur une semaine ; il comprend des leçons théoriques thématiques (archéologie, biologie marine, technique de récupération des épaves), des cours de plongée et des visites guidées. Pour toute information, s'adresser à la réserve ou à Archeologia Viva, ☎ 055 50 62 303.

## CALENDRIER

**Salon international des activités sous-marines** – Organisé en été (habituellement en mai, juin ou septembre), il comprend toute une série de manifestations, expositions, activités, chaque année différentes. Pour toute information, s'adresser à l'Azienda di Promozione Turistica de Palerme, ☎ 091 58 38 47.

les connaîtraient pas, elles peuvent être noires, blanches, jaunes, orange, compactes, allongées ou filiformes), et les mérous cachés à l'ombre des rochers sortent, poussés par la curiosité, lorsqu'on les approche. Dans les profondeurs, les poissons deviennent plus gros, les mérous en particulier. Murènes, langoustes, cigales de mer et crevettes (dans les grottes), oursins, dentex, énormes sargues, et magnifiques gorgones rouges s'ajoutent au paysage. Dans cette compagnie se détache parfois le corail noir (jaune clair en surface, foncé à l'intérieur). Certains heureux verront aussi des thons, des poissons-lunes, des tortues et des barracudas.

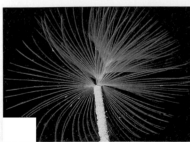

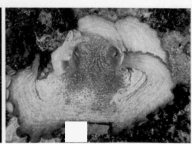

Riserva Naturale Marina di Ustica

**Ce qui est proposé** – Plusieurs possibilités s'offrent au visiteur, qu'il soit chasseur sous-marin ou souhaitant simplement goûter le plaisir de plonger avec une bouteille. Ceux qui préfèrent ne pas aller dans l'eau peuvent aussi participer au spectacle sous-marin avec une excursion (de jour ou de nuit) sur le bateau *Aquario*, équipé d'un fond transparent, qui accueille jusqu'à vingt personnes.

Il existe deux autres centres, l'un à la Torre dello Spalmatore (jumelle de la tour Santa Maria), qui sert de centre pour les conférences et les projets particuliers ; l'autre à Caletta, point de départ de visites accompagnées en surface (Grotta Segreta), et qui abrite un **aquarium** où l'on a recréé treize milieux marins correspondant à différentes profondeurs. *10h-13h, 15h-18h. 2,58€.* ☎ *091 84 49 456.*

**Excursions accompagnées** – Sur le versant Ouest, dans la zone de réserve intégrale, se trouve la **Grotta Segreta**, ou grotte rosée, dont l'accès, par la mer comme par la terre, se cache derrière des rochers. Les magnifiques incrustations d'algues calcaires allant du rose clair au vieux rose soutenu lui donnent la couleur d'où vient son nom. Pour ceux qui aiment explorer la mer en surface, ou plonger en apnée, des sorties d'**exploration accompagnée** *(sea-watching)* sont organisées en zone de réserve intégrale. On y observe les différents organismes vivants et les poissons, qui sont ici particulièrement nombreux et confiants, habitués aux fréquentes visites des hommes.

**Plongée sous-marine** – Parmi les différentes possibilités intéressantes, il faut signaler la **Grotta dei Gamberi**, près de la pointe Gavazzi, dont la visite permet de découvrir un extraordinaire éventail de gorgones rouges (à 42 m de profondeur environ). À ne pas manquer non plus, l'**itinéraire archéologique sous-marin** au large du phare de la même pointe (entre 9 et 17 m de profondeur, signalé par une bouée orange), qui permet d'admirer de nombreux vestiges, essentiellement des ancres ou des amphores d'époque romaine. L'un des endroits les plus appréciés des plongeurs est le **Scoglio del Medico**, écueil basaltique qui par sa configuration riche en grottes et anfractuosités, même à des profondeurs importantes, offre un spectaculaire **panorama★★** sous-marin. La **Secca della Colombara** (40 m de profondeur), avec ses éponges et ses gorgones aux extraordinaires couleurs, est une autre belle excursion.

# *visiter*

## Ustica★

Le petit centre habité forme un amphithéâtre autour de la baie qui abrite le port. Une route et des petites marches bordées de magnifiques hibiscus mènent au centre du village, plus en hauteur. Les maisons ont quelque chose de particulier : depuis quelques années, leurs murs ont été transformés en « toiles » où les artistes ont peint paysages, trompe-l'œil, portraits, natures mortes et tableaux fantastiques. Le village est dominé par la **tour Santa Maria**, siège d'un **Musée archéologique** qui conserve des vestiges en provenance d'un village préhistorique proche des Faraglioni (récifs) et des tombes gréco-romaines du cap Falconiera. On remarquera en particulier un étrange foyer circulaire transportable, en quatre parties, ainsi que de belles coupes à haut pied. *Tlj sf lun. 2,58€. Pour toute information, s'adresser à la Réserve naturelle marine* ☎ *091 84 49 456.*

**Cap Falconiera** – Au bout de la place centrale, fermée par l'église principale, prendre à droite vers le calvaire. De là, un sentier à degrés sur la gauche mène au cap. Au sommet se trouvent les restes d'une forteresse bourbonienne et d'un **village rupestre** du 3e s. avant J.-C., dont l'emplacement a certainement été choisi pour sa position naturellement protégée de poste d'observation sur la Cala di Santa Maria (le port actuel), unique point d'accostage de l'île. Peu étendu et inaccessible, l'endroit a contraint les hommes à construire des terrasses dans le rocher, sur trois niveaux superposés. On peut y voir de nombreuses citernes destinées à recueillir les eaux de pluie, ainsi qu'un escalier taillé dans la roche (tout à fait à la pointe). Au pied des rochers, une nécropole à hypogées datant de la même période a été découverte, ainsi qu'une nécropole à fosses et hypogées d'époque paléochrétienne (5e-6e s. après J.-C.). De là, la **vue★** embrasse le port et le centre de l'île, où l'on aperçoit la silhouette caractéristique des monts Costa del Fallo et du mont Guardia dei Turchi.

**Village préhistorique★**

*Le village est visible de l'extérieur de l'enclos.*

À côté des **récifs** (localité de Colombaia) a été découvert un grand site remontant à l'âge du bronze, présentant des analogies avec le village préhistorique de Panarea. Sur la base circulaire des huttes d'origine ont été bâties des cabanes à plan carré. Les habitations sont desservies par une « rue principale » qui atteste l'existence d'un plan urbain et donc la présence de lieux publics, fait singulier pour une époque où l'habitat était dispersé. Le village était protégé par une puissante **enceinte fortifiée** (la partie conservée en révèle la forme elliptique), composée de deux murs de 6 m de large à la base et renforcée de tours semi-circulaires. L'absence d'une partie de l'enceinte et la présence de cabanes sur le récif semblent signifier que l'îlot rocheux était à l'origine relié à la terre ferme, et qu'un effondrement (probablement dû à un tremblement de terre) a été la cause de l'abandon soudain du village.

**La côte**

La côte du versant Ouest est découpée, truffée de grottes que l'on peut découvrir en bateau (sur le port, les pêcheurs proposent d'emmener les touristes sur de petites embarcations qui permettent de visiter l'intérieur des grottes), mais aussi depuis la terre. Elle recèle des petites plages (Cala Sidoti, Punta dello Spalmatore, au phare) et de magnifiques baies rocheuses comme la **piscine naturelle★**. Le versant Est présente aussi de très belles grottes comme la Grotta Azzurra, la Grotta Verde et la Grotta delle Barche, à explorer équipé de masque et tuba. La Grotta delle Barche est accessible par un joli **sentier★** ombragé de pins et de figuiers de Barbarie, qui débute à la tour Santa Maria et se poursuit à flanc de colline, dévoilant de belles **vues★** sur la mer et la côte.

# La **Via del Sale**★

## La Route du Sel

La route qui relie Trapani à Marsala en longeant la lagune qui baigne Mozia est bordée de marais salants, offrant une très belle vue★★ : les plans d'eau séparés par de minces rubans de terre forment un échiquier irrégulier et multicolore, sur lequel se détache parfois la silhouette d'un moulin à vent, souvenir d'une époque où ils étaient indispensables pour pomper l'eau et moudre le sel.

**La situation**

*Carte Michelin nº 432 N 19 ou Atlas Italie p. 84 – Trapani.* Juste au Sud de Trapani, les blanches étendues des salins suivent la côte presque jusqu'à Marsala. Le paysage est encore plus beau en été, au moment de la récolte, quand les tons roses des étangs s'accentuent et que les bassins de l'intérieur, asséchés, scintillent au soleil.
*Vous pouvez poursuivre votre voyage en visitant : ERICE, MARSALA, MOZIA, TRAPANI.*

M. Magni/MICHELIN

# comprendre

**Une histoire ancienne** – L'exploitation de la zone côtière entre Trapani et Marsala remonte à l'époque des Phéniciens. Ayant repéré les conditions extrêmement favorables du site, ils y établirent des bassins pour recueillir le sel, qu'ils exportaient ensuite dans tout le bassin méditerranéen. C'est ainsi qu'a débuté l'exploitation méthodique de cette portion de terre, légèrement recouverte d'eau particulièrement chaude et bénéficiant de conditions climatiques favorables, notamment de vents favorisant l'évaporation. Une des propriétés essentielles du sel est son pouvoir de conservation des aliments. Les Anciens l'avaient découvert et l'utilisaient pour la conservation et le conditionnement des denrées périssables. Suivant les traces des Phéniciens, les Normands ont laissé des informations intéressantes sur les salins de Trapani. Frédéric II lui-même les mentionne dans les constitutions de Melfi (1231), qui en font un monopole de la couronne. Le port de Trapani voit alors croître son importance. L'histoire économique des salins est marquée de fortunes et de revers, guerres, épidémies, passage d'une domination à une autre, qui influèrent sur la production et le commerce du sel comme sur toute autre activité. La zone étant d'un bon rendement, le travail s'est poursuivi jusqu'à nos jours en dépit des infortunes. On exploite toujours le sel, mais les techniques d'extraction ont changé. Grâce à la mécanisation, la tâche des hommes s'est grandement allégée, et on n'utilise plus les moulins qui ont très longtemps marqué la région.

## Le travail dans les salins

**Les machines** – Les principaux instruments utilisés pour la saliculture autrefois étaient le moulin à vent de type hollandais, le moulin américain, introduit dans les années 1950, et la vis d'Archimède.

Le **moulin** dit **en étoile ou hollandais** possède un corps en tronc de cône et une coupole conique, et six ailes trapézoïdales actionnées par le vent, dont l'armature en bois est garnie de toile. À l'intérieur, un système sophistiqué de roues dentées, d'arbres et d'ancrages permet d'orienter la coupole (et par conséquent les ailes) en fonction du vent, et d'exploiter ainsi l'énergie naturelle pour le broyage du sel ou le pompage de l'eau.

Le **moulin américain**, plus petit que le moulin hollandais, se différencie surtout par ses vingt-quatre ailes en fer, qui remplacent les six ailes en bois, et son automatisme plus poussé : grâce à un système d'engrenages, il s'oriente de lui-même au vent. La base est habituellement ce qui reste d'un moulin hollandais désaffecté. Sur le corps en maçonnerie sont montées trois roues dentées, reliées aux ailes. La **vis d'Archimède** s'actionne à la main ou au moyen d'un moulin. Il s'agit d'un arbre sur lequel sont fixées des lamelles de bois formant une spirale continue. La vis est munie de godets, maintenus par des bandes métalliques qui empêchent l'eau de sortir par les côtés. C'est la machine la mieux adaptée pour recueillir l'eau, car elle fonctionne même s'il n'en reste que quelques centimètres.

**Les hommes** – Très peu d'hommes étaient employés toute l'année à ce travail. Il y avait d'abord le *curatolo*, homme de confiance du propriétaire, chargé du bon fonctionnement du moulin. Les autres personnes étaient pour la plupart des saisonniers. Pour la récolte, on avait recours à différentes sortes de travailleurs. En juillet, une équipe était chargée de casser la croûte de sel et de construire de petits canaux pour évacuer l'eau, recueillie ensuite dans le *vasu cultivu*, où elle restait jusqu'à l'année suivante. Puis le sel était disposé en petits tas bien alignés, de manière que toute l'eau s'écoule. On embauchait une équipe, la *venna*, pour la récolte finale : vingt personnes environ, sous la conduite d'un *capovenna*, remplissaient les paniers et les vidaient sur la digue pour former des tas plus importants. En automne, on protégeait les tas ainsi formés à l'aide de tuiles, mission confiée au *curatolo*.

# circuit

*Parcours de 30 km environ allant de Trapani à Marsala par la SP 21. Prévoir une journée, en intégrant la visite de la presqu'île de Mozia.*

## Trapani *(voir ce nom)*

De Trapani, suivre la route littorale SP 21 qui mène à Marsala. Les **vues★★** sur les marais salants de Trapani, Paceco et sur le Stagnone sont remarquables. La première étape sera **Nubia**, où se trouve le siège du WWF qui gère la **réserve naturelle des salins de Trapani et de Paceco** *(via Garibaldi au n° 138)*, une zone saumâtre naturellement riche, où séjournent environ cent soixante-dix espèces d'oiseaux, et où il n'est pas rare de rencontrer flamants, cigognes, grues et hérons de passage. (&) *Oct.-mars : 9h-17h ; avr.-sept. : 9h-18h. Fermé 25 nov., j. fériés.* ☎ *0923 86 77 00.*

## Museo del Sale, à Nubia

 *Tlj sf dim. ap.-midi 9h30-13h, 15h30-18h30 (hiver 17h). Visites guidées possibles (30mn). Programme audiovisuel. 1,03€.* ☎ *0923 86 71 42.*

Dans une maison de salin vieille de trois cents ans a été aménagé un musée de dimensions modestes mais très intéressant, qui illustre les différentes étapes de la saliculture, au moyen d'outils utilisés pour l'extraction et la récolte, engrenages de moulins, pales, roues dentées, mandrins, pignons. Le visiteur est plongé dans l'univers du marais salant grâce aux panneaux explicatifs et aux photographies des saliniers au travail.

### Les salins de Nubia

Ils s'étendent devant le musée et illustrent bien la conception et les différentes phases de la saliculture. Un canal domanial assure le remplissage de deux grands bassins extérieurs, appelés *fridde* (froids) en raison de la température de l'eau. Le moulin américain *(voir ci-dessus)* installé entre les deux bassins est équipé d'une vis d'Archimède *(on en voit un modèle à l'intérieur du musée)* qui fait remonter l'eau dans le *vasu cultivu* (réservoir), où les résidus de la récolte précédente servent d'enrichissement. L'augmentation de la salinité (mesurée en degrés Baumé) va de pair avec celle de la température de l'eau. L'eau passe ensuite dans la *ruffiana* (l'entremetteuse) qui, comme l'indique malicieusement son nom, sert d'intermédiaire entre le *vasu* et le *caure*, où la température de l'eau augmente pour atteindre un degré de salinité de 23° Baumé. L'eau est ensuite acheminée dans les *sintine*, où l'augmentation de la concentration saline et de la température lui donne une couleur rosée. Une dernière étape de la production consiste à faire passer l'eau dans les bassins salants ou *caseddri*, dans lesquels, à 27-28° Baumé, se forment les bancs de sel pur prêt pour la récolte, qui aura lieu mi-juillet et mi-août. Le sel, disposé d'abord en petits tas coniques le long de l'*arione*, où il sèche à l'air libre (la pluie importe peu, car elle emporte les impuretés), est ensuite protégé à l'aide de tuiles des intempéries et des salissures.

*De Nubia, retourner sur la route principale et continuer en direction du Stagnone, où se trouvent les salins les plus spectaculaires. Un panneau indique les salines Ettore et Infersa.*

### Le moulin

*S'il y a assez de vent, le moulin est remis en marche. Été : mer. et sam. 16h-18h ; le reste de l'année : w.-end et j. fériés sur demande. 2,58€. Pour toute information, contacter les salines Ettore et Infersa* ☎ *0923 96 69 36.*

Si ce moulin du 16ᵉ s. a survécu, c'est grâce à l'amour de ses propriétaires (les salines Ettore et Infersa), qui l'ont remis en marche pour permettre à ceux qui n'en avaient jamais vu d'admirer cet outil jadis indispensable pour broyer le sel.

Les ailes peuvent tourner à une vitesse de 20 km/h en développant une puissance de 120 chevaux. Il faut un minimum de 30/40 chevaux pour actionner la meule qui se trouve au rez-de-chaussée.

### Mozia★ *(voir ce nom)*

Continuer jusqu'à Marsala par la route du littoral où le panorama est particulièrement beau au coucher du soleil.

### Marsala *(voir ce nom)*

# Villa Imperiale del **Casale**★★★

## Villa impériale du Casale

Cette magnifique et imposante villa romaine doit sa renommée à son extraordinaire pavement de mosaïques qui la recouvre presque entièrement. Cette œuvre, attribuée à des maîtres africains, frappe par l'incroyable diversité des tons et des sujets traités. En 1997, la villa impériale du Casale a été inscrite sur la Liste du patrimoine mondial de l'Unesco.

### La situation

*Carte Michelin n° 432 O25 ou Atlas Italie p. 88 – Enna.* Pour rejoindre la villa depuis Caltagirone ou Enna, il faut aller à Piazza Armerina, puis prendre la route pour Caltanissetta (il n'y a pas de liaison directe entre cette route et la S 117b).

*Vous pouvez poursuivre votre voyage en visitant : CALTAGIRONE, CALTANISSETTA, ENNA, PIAZZA ARMERINA.*

*Pour les adresses d'hôtels et de restaurants, voir le chapitre PIAZZA ARMERINA.*

## comprendre

Probablement construite à la fin du 3ᵉ s. ou au début du 4ᵉ s. après J.-C., cette imposante villa romaine aurait appartenu à un membre de la famille impériale, Maximien, l'un des tétrarques qui gouverna l'Empire de 286 à 305. Il s'agit d'une résidence secondaire qu'entourait un vaste domaine et qui ne fut donc habitée que temporairement jusqu'au milieu du 12ᵉ s. Détruite par un incendie puis enfouie sous les alluvions laissées par une inondation en 1161, elle ne fut en partie redécouverte qu'à la fin du 19ᵉ s.

Son immense superficie (3 500 m² environ) se répartissait sur plusieurs niveaux. L'entrée principale **(A)** donnait immédiatement accès à une cour polygonale d'où l'on passait dans un grand péristyle autour duquel étaient disposées des chambres d'hôtes *(au Nord)* et celles des maîtres de maison *(à l'Est)*. Contiguës aux premières, des pièces de service **(B)**, assorties d'une cuisine, étaient réservées au seul usage des invités. La partie consacrée aux maîtres de maison comprenait deux ailes, séparées par une grande basilique servant pour les réunions et les réceptions officielles. À l'extérieur, à l'arrière de la villa, se trouvaient des petites latrines octogonales réservées aux membres de la famille **(C)**. L'espace affecté aux repas, situé au Sud, se composait d'un grand *atrium* en forme d'ellipse, sur lequel ouvraient un grand *triclinium* (salle à manger) trilobé, six petites salles et les pièces de service **(D)**. Les thermes, qui occupaient la partie Ouest de l'ensemble, étaient alimentés par l'eau de la rivière Gela, toute proche, au moyen de deux aqueducs reliés à la rivière par un canal collecteur.

**Les mosaïques** – Constitué en presque totalité de mosaïques polychromes demeurées par bonheur en très bon état, le pavement de la villa est unique par la diversité des sujets traités. Scènes mythologiques et de la vie quotidienne ou événements particuliers, tels que chasse, jeux du cirque, fêtes de divinités et vendanges se succèdent et alternent avec les décors géométriques, les médaillons, les étoiles et les grecques dans un arc-en-ciel de couleurs. Le sens du mouvement et de l'action est en outre si prodigieux qu'il confère vie et réalisme aux fauves et aux animaux exotiques, reproduits ici avec une telle fidélité que l'on a attribué cette réalisation à des maîtres africains.

Afin d'en apprécier toute la qualité, les scènes centrales ont été réalisées de façon à se présenter de front dès l'entrée dans les pièces.

## visiter

*Il est vivement conseillé d'y aller tôt le matin, car l'été, les hordes de touristes qui envahissent la villa et les plaques de plexiglas qui créent un effet de serre peuvent rapidement transformer la visite en cauchemar. 8h30-19h30 (dernière entrée 1h av. fermeture). 4,50€. ☎ 0935 68 73 02.*

### Thermes

*Consulter aussi au sujet des thermes le chapitre L'art en Sicile.* Dès l'entrée, sur la gauche, on côtoie un tronçon de l'**aqueduc** qui desservait la villa. Immédiatement après, on passe devant les différents éléments du complexe thermal. On reconnaît d'abord les grands fours *(praefurnia,* **1**) qui servaient à provoquer l'évaporation de l'eau. Pour chauffer les pièces, la vapeur se propageait par des conduits dont on peut encore voir les restes par endroits, et passait par des interstices du pavage et des murs. Ce système est parfaitement visible dans le **tepidarium (3)**, pièce à température modérée située immédiatement après le **caldarium** (destiné aux bains de vapeur et d'eau très chaudes, **2**) : les colonnettes de terre cuite sur lesquelles reposent les dalles permettaient de réserver au-dessous de celles-ci un espace où l'air chaud circulait librement.

**Salle des Onctions (4)** – Petite pièce carrée, son décor de mosaïque rappelle la fonction à laquelle elle était destinée. Des esclaves s'apprêtent à oindre et masser des « baigneurs » *(représentés en haut à gauche)* à l'aide des « instruments » traditionnels : le strigile, sorte de peigne courbe à manche servant à frotter et nettoyer la peau, et le flacon d'huile *(en haut, à droite)*. En dessous, deux esclaves, Titus et Cassius (leurs noms sont inscrits sur la bande de toile qui leur sert de ceinture), arrivent avec seau et balai. Le second est coiffé d'un béret conique, couvre-chef typiquement syrien.

**Frigidarium (5)** – De plan octogonal, le local destiné aux bains froids présente en son centre une mosaïque évoquant le milieu marin : des Amours pêcheurs entourés de tritons, de Néréides (nymphes marines) et de dauphins.

Dans un exèdre *(pièce où l'on se réunissait pour converser)* figure un homme assis sur une peau de léopard, accoudé près de deux serviteurs.

Du frigidarium, on aperçoit la **piscine** et l'extrémité de l'aqueduc.

En traversant le **kiosque de Vénus (6)**, qui doit son nom au seul fait que des fragments d'une statue de la déesse y ont été découverts, on rejoint la **cour polygonale** que délimite un portique à colonnes. On remarque en son centre un *impluvium*, bassin recueillant les eaux de pluie canalisées ensuite vers les grandes **latrines (7)**, et au Sud les restes du portail d'entrée principal **(A)**, flanqué de deux portes latérales.

### Péristyle

On y accède par un **vestibule (8)** dont la mosaïque représente des personnages portant chacun un candélabre et un rameau de laurier, à l'exception de celui du bas, qui semble souhaiter la bienvenue au maître de maison et à ses hôtes en lisant un diptyque (petit livret formé de deux tablettes). En face, le **laraire (9)**, sanctuaire où l'on plaçait les statuettes des lares, dieux protecteurs du foyer.

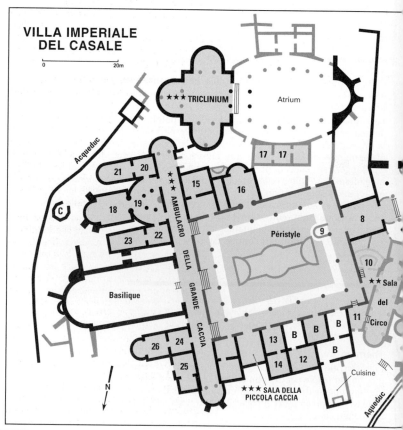

L'imposante colonnade rectangulaire (huit colonnes sur la largeur, dix sur la longueur) est dominée par une grande fontaine galbée ornée d'une statuette centrale.

**Mosaïque**★★ – Tout autour du péristyle court une décoration faite de médaillons ronds s'inscrivant dans des carrés ornés à chaque angle d'oiseaux et de feuilles. Dans ces médaillons sont représentées des têtes d'animaux sauvages (ours, tigres, sangliers, panthères) ou domestiques (chevaux, bovins).

### Petites latrines (10)
La mosaïque au sol est décorée d'animaux, parmi lesquels on reconnaît un âne sauvage, un serval, un lièvre et une perdrix.

### Salle du Cirque★★
Oblongue et arrondie à ses extrémités, cette pièce servait très probablement de salle de gymnastique. La décoration de mosaïque reproduit le cadre d'un cirque identifié comme le *Circus Maximus* de Rome. Le thème illustré ici est la course de quadriges qui marquait la fin des festivités données en l'honneur de Cérès, déesse des Moissons, dont le culte était très populaire à Enna, ville voisine *(voir p. 180)*. Noter la foule de détails intéressants. Sur la *spina*, murette centrale autour de laquelle couraient les chevaux, un magistrat en toge remet la palme de la victoire au vainqueur, tandis qu'un autre personnage sonne à la trompe la fin de la compétition. Sur la gauche, le long de la courbe, on voit un jeune garçon distribuer des pains parmi les spectateurs. Sur la courbe de droite, au pied de trois temples dédiés à Jupiter, Rome et Hercule, un aurige – conducteur de char – se prépare pour la course : un enfant lui apporte son casque, un autre lui remet son fouet. Selon qu'ils représentaient l'une ou l'autre des quatre « factions » en compétition, les auriges endossaient des tuniques vertes, blanches, bleues ou rouges.

Sur le côté Nord du péristyle s'ouvrent les pièces destinées aux invités. On y accède par un **vestibule (11)**, dont la décoration met en scène la maîtresse de maison et ses enfants, entourés de servantes leur présentant des vêtements et un coffret d'huiles. Une cuisine, où l'on peut encore voir le four, complétait l'ensemble de ces salles de service **(B)**.

### Salle de la Danse (12)
Bien que la mosaïque soit incomplète, on y reconnaît des danseurs parmi lesquels, en haut à gauche, se remarque par sa souplesse une jeune fille coiffée d'un voile.

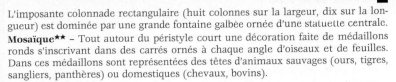

THERMES

PÉRISTYLE

MOSAÏQUES

A

Cour
Polygonale

7

6

5

4   3   2   1
        2   1
        2   1
        2   1

Piscine

### Salle des Quatre Saisons (13)
À l'intérieur de médaillons, deux femmes en buste, que l'on reconnaît à leurs robes, personnifient le printemps et l'automne, tandis que deux hommes, une épaule dénudée, représentent l'été et l'hiver.

### Salle des Amours pêcheurs★★ (14)
Quelques amours sont représentés en train de pêcher à la ligne, au harpon et au filet ou de jouer avec des dauphins. Dans la partie supérieure se dessine la côte, où une grande villa à la façade ornée d'un portique à colonnes est encadrée de palmiers et de pins maritimes. Sur les murs de la salle apparaissent dans des cadres carrés des restes de fresques représentant des amours.

### Salle de la Petite Chasse★★★
Cinq tableaux illustrent les temps forts d'une battue. Un chasseur mène les chiens en laisse *(en haut, à gauche)* ; libérés, les chiens poursuivent un renard *(à droite)*. Afin de s'attirer les faveurs de Diane, déesse de la Chasse représentée sur une colonne au centre du second registre, on procède à un sacrifice en son honneur. Deux personnages de haut rang brûlent de l'encens, pendant qu'on transporte un sanglier dans un filet *(à gauche)* et qu'un chasseur brandit un lièvre *(à droite)*. Un banquet se déroule au centre de la mosaïque. Sous une toile rouge tendue entre les arbres rôtit le gibier. C'est le moment du repos : les chevaux sont attachés, les filets suspendus aux branches, et les chasseurs assis en demi-cercle se restaurent. Tout autour, des

scènes de chasse : en haut, à gauche, deux fauconniers guettent des oiseaux cachés dans le feuillage d'un arbre ; à droite, un homme parmi les buissons excite les chiens à la poursuite d'un lièvre ; en dessous, un chasseur à cheval essaie d'embrocher un autre lièvre, tapi dans un buisson. Le dernier panneau représente la capture de cerfs au filet et la mise à mort d'un sanglier qui, après avoir blessé un homme à la jambe (étendu au sol, *à gauche*), est attaqué à l'épieu par les compagnons du chasseur.

## Promenoir de la Grande Chasse★★★

Cette immense galerie rectangulaire longue de 66 m se terminant par deux exèdres est la pièce la plus évocatrice et la plus monumentale de la villa. Au sol, une stupéfiante scène de chasse met en scène la capture et la mise en cage de panthères, lions, antilopes, sangliers, autruches, dromadaires, éléphants, hippopotames et rhinocéros qui, transportés par bateau jusqu'à Rome, participeront aux spectacles du cirque. La composition est étonnante par sa diversité, et la lutte entre les hommes et les animaux y est rendue avec un réalisme rare. Il faut là encore admirer le sens de l'action et du mouvement manifesté par les artistes, autant que la richesse des détails et le soin apporté à les traiter (remarquer par exemple la différence de couleur entre les pattes immergées des animaux et le reste de leurs corps).

Au tiers supérieur de la scène figure un groupe, dont le personnage central serait l'empereur Maxence, que deux soldats protègent de leurs boucliers. Plus loin, autre détail frappant par son extraordinaire précision, l'image d'un tigre se réfléchit dans la boule de cristal sur laquelle il se précipite. Sur le côté, une scène représentant un griffon ailé tenant entre ses serres une caisse où apparaît le visage d'un jeune garçon est sujette à diverses interprétations. D'aucuns soutiennent que le garçon sert d'appât humain pour la capture de l'animal, d'autres que l'artiste a inversé les rôles pour mettre en relief par le biais de cette allégorie la cruauté de la chasse.

Dans l'exèdre de droite, un personnage féminin représentant l'Afrique tient une défense en ivoire ; elle est entourée d'un éléphant, d'un tigre et, en haut à gauche, d'un phénix, oiseau mythique symbole de l'immortalité, qui se jette dans les flammes et renaît de ses cendres.

Sur toute la longueur de la galerie s'ouvraient à l'Est les appartements privés des propriétaires, répartis de chaque côté d'une basilique servant aux audiences et aux réceptions *(voir plus loin)*.

## Salle des Dix Jeunes Filles en bikini★★ (15)

Dix jeunes filles dont le costume rappelle de manière étonnante le « deux-pièces » de notre époque occupent deux registres différents. Elles portent en fait la *fascia pectoralis* (soutien-gorge) et la *subligatura* (sorte de culotte) que revêtaient les jeunes filles au cours de leurs exercices physiques. On les voit ainsi soulever les haltères, lancer le disque, courir, jouer à la balle... Dans le registre inférieur, une

*Une scène de la mosaïque de la Grande Chasse.*

*Bikini d'avant-garde.*

jeune fille en toge s'apprête à remettre la palme de la victoire et à couronner une compagne qui vient de terminer l'épreuve à la roue, consistant à faire rouler une roue à rayons à l'aide d'un petit bâton.

### Salle du mythe d'Orphée* (16)
Pièce destinée à la musique, son décor campe un Orphée (peu visible) assis sur un rocher, charmant au son de sa cithare tous les animaux qui l'entourent. La statue d'Apollon occupe l'abside du fond.

La partie Sud du complexe, réservée aux festins, comprend un vaste *atrium* central avec trois petites pièces de part et d'autre sur la longueur (deux des pièces situées sur le côté Nord renferment des scènes de vendanges animées par des amours, **17**) et un grand *triclinium* trilobé.

### Triclinium***
Trois exèdres en hémicycle ouvrent sur une très grande salle carrée centrale.

**Partie centrale** – Certaines des mosaïques représentant les **douze travaux d'Hercule** ne sont malheureusement plus visibles. Sur la gauche, émerge des flots le puissant taureau de Minos que Thésée refusa de sacrifier *(voir p. 133)* et qu'Hercule captura. Sur le côté, on reconnaît l'Hydre de Lerne, dont Hercule trancha les têtes. L'une d'elles étant immortelle, le monstre qui, comme son frère aîné Cerbère, avait la garde des Enfers, apparaît avec cette seule tête sur un corps de serpent. Pour accomplir cet exploit, Hercule fut aidé par son neveu et ami Iolaüs, qui est probablement le personnage représenté à son côté dans l'abside gauche. En haut, au centre, on identifie l'énorme lion qui terrisait toute la région de Némée. Après l'avoir écorché, le héros endosse sa peau et fait de sa tête un casque. C'est pour honorer cet exploit que Jupiter, père divin d'Hercule, plaça le lion au ciel et en fit l'un des signes du zodiaque.

Sur la droite, on peut voir la biche aux sabots d'airain, capturée sur le mont Cérynie au terme d'une course héroïque. À sa gauche, on reconnaît Cerbère, le chien à trois têtes enchaîné par Hercule à la porte des Enfers.

**Hémicycle gauche** – Au centre est représentée la **gloire d'Hercule**, qui tient par la main son ami Iolaüs *(à gauche)*, tandis que Jupiter le couronne de lauriers.

La mosaïque située au-dessous illustre la métamorphose de **Daphné** en laurier *(à gauche)* et celle de **Cyparissos**, transformé en cyprès *(à droite)*. Poursuivie par Apollon qui en était follement amoureux, Daphné, au bord de l'épuisement, souhaita être changée en plante ; elle le fut en laurier, et Apollon choisit alors cet arbuste pour symboliser la gloire. C'est ainsi que naquit la coutume de couronner de lauriers guerriers valeureux, empereurs et poètes.

**Hémicycle central** – On y découvre une impressionnante **gigantomachie**, combat au cours duquel cinq Géants tombent sous les flèches d'Hercule. À l'exception du personnage central, les quatre autres ont pour jambes des serpents. Au cours de l'un de ses exploits, le héros ramena en Grèce les bœufs de Géryon, et le voyage fut particulièrement mouvementé *(voir p. 87)*. C'est en traversant l'Italie qu'Hercule rencontra les Géants, au nombre desquels se trouvait Alcyonée, et les combattit dans les champs Phlégréens, près de Naples.

389

Sur la bande inférieure, **Hésione**, fille du roi de Troie Laomédon, est menacée par un monstre marin envoyé par Poséidon (après avoir apporté son aide à Laomédon pour construire Troie, le dieu, dupé par le roi qui ne lui avait pas donné la récompense promise, le poursuivait de sa vindicte). La scène montre Hercule tuant le monstre pour secourir la jeune fille. Sur la droite, Endymion, le regard songeur, attend celle qu'il aime, Séléné (la Lune).

**Hémicycle droit** – La légende d'**Ambroisie** et de **Lycurgue** constitue le thème principal illustré ici. À gauche, trois ménades attaquent Lycurgue, roi de Thrace, qui, après avoir surpris Dionysos sur ses terres (au cours d'une bacchanale), l'en chassa et massacra les satyres et les ménades qui l'accompagnaient. Parmi ces dernières se trouvait Ambroisie, que l'on voit métamorphosée en vigne. Derrière elle se profilent Pan, Dionysos et Silène.

Longer l'aqueduc. Peu après de petites latrines hexagonales **(C)**, un escalier sur la gauche conduit à la pièce 18.

### Salle d'Arion (18)

Probablement affectée à la musique et à la poésie, la pièce est décorée de mosaïques dépeignant la légende d'Arion. Tandis que le poète et musicien, assis sur le dos d'un dauphin, joue de la lyre, autour de lui nymphes marines, tritons et amours chevauchent bêtes fauves et dragons. La précision et la minutie avec lesquelles ont été exécutées les mosaïques éclatent encore ici : le visage d'une nymphe, sur la droite, se réfléchit dans le miroir qu'elle tient à la main.

### Atrium des Petits Pêcheurs** (19)

Le portique semi-circulaire est couronné sur toute sa longueur de belles scènes de pêche.

### Vestibule du Petit Cirque** (20)

Des enfants sont les protagonistes de la scène de cirque représentée ici. Autour des *metae*, bornes marquant les extrémités de la piste, s'élancent *(dans le sens contraire des aiguilles d'une montre)* des biges (chars romains tirés par deux chevaux) entraînés par des flamants, des oies blanches, des échassiers et des pigeons. Chaque couple d'oiseaux symbolise, semble-t-il, une saison, évoquée par leurs colliers, tressés respectivement de roses (printemps), d'épis (été), de grappes de raisins (automne) et de feuilles (hiver).

### Chambre des Musiciens et des Acteurs (21)

C'était sans doute la chambre de la fille des maîtres de maison. Dans l'abside, deux fillettes assises au pied d'un arbre tressent une couronne de fleurs. La pièce, rectangulaire, est ornée d'une mosaïque en trois registres où figurent musiciens et acteurs. Dans les disques des 2e et 3e registres apparaissent les lettres qui désignaient alors les notes de musique.

### Vestibule d'Éros et de Pan (22)

Au centre, Pan, divinité sylvestre, que l'on reconnaît à ses cornes et à ses pattes de chèvre et près duquel se tient un « arbitre » couronné de lauriers, lutte avec Éros, dieu de l'Amour. Derrière les deux adversaires sont groupés leurs « supporters » : satyres et ménades (le thyrse à la main) pour Pan, la famille du maître de maison pour Éros. Le combat symbolise la difficulté pour qui est laid de conquérir l'amour. Au second plan, sur une table, s'alignent quatre couronnes de diadèmes et de palmes, et, en dessous, deux petits sacs remplis, comme le dit l'inscription, de deniers.

### Chambre des Enfants chasseurs* (23)

Vraisemblablement la chambre du fils du maître de maison, son décor de mosaïque se divise en deux parties, elles-mêmes subdivisées en trois registres. La partie haute montre des fillettes cueillant des fleurs pour en faire des guirlandes tandis qu'un jeune garçon porte deux paniers de roses sur ses épaules. La partie basse est moins romantique, qui voit les enfants capturer et tuer un lièvre, un canard et une petite antilope.

En longeant la grande **basilique**, on peut voir des vestiges de son dallage en marqueterie de marbre.

### Vestibule d'Ulysse et de Polyphème* (24)

Il illustre la célèbre ruse d'Ulysse offrant au monstrueux Cyclope (représenté avec trois yeux au lieu d'un seul !) la coupe de vin qui l'endormira. Derrière lui, ses compagnons remplissent une autre coupe.

### Chambre de la Scène érotique (25)

Des médaillons hexagonaux représentent les quatre saisons gravitent autour d'un médaillon polygonal ourlé de lauriers reproduisant l'étreinte de deux jeunes gens. La jeune fille est à moitié dévêtue. Cette pièce est l'une des rares où subsistent encore des traces de peintures murales montrant des danseurs.

Dans la pièce **(26)** située derrière le vestibule, on admirera une fois de plus la minutie et le réalisme de la **mosaïque***, où les médaillons illustrant les **fruits** sont enrichis de motifs géométriques complexes, ainsi que le délicat dessin de fleurs sur fond clair ornant l'abside.

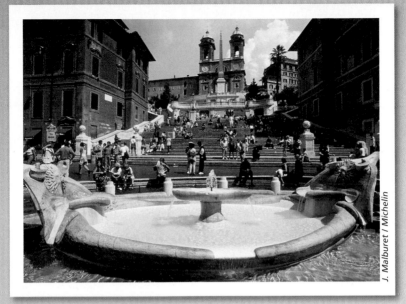

J. Malburet / Michelin

- ☐ a. *Piazza del Campo*
- ☐ b. *Piazza di Spagna*
- ☐ c. *Piazza dell'Anfiteatro*

Vous ne savez pas quelle case cocher ?
Alors plongez-vous dans Le Guide Vert Michelin !

- tout ce qu'il faut voir et faire sur place
- les meilleurs itinéraires
- de nombreux conseils pratiques
- toutes les bonnes adresses

Le Guide Vert Michelin, l'esprit de découverte

# Index

*Manufacture française des pneumatiques Michelin*
Société en commandite par actions au capital de 304 000 000 EUR
Place des Carmes-Déchaux – 63 Clermont-Ferrand (France)
R.C.S. Clermont-Fd B 855 200 507

Dépôt légal octobre 2003 – ISSN 0293-9436
Printed in Singapore 12-2006/4.1

Compogravure : NORD COMPO, Villeneuve-d'Ascq
Impression et brochage : KHL Printing, Singapour

Conception graphique : Christiane Beylier à Paris 12e
Maquette de couverture extérieure : Agence Carré Noir à Paris 17e